2008中国粮食年鉴

CHINA GRAIN YEARBOOK 2008

主　编　聂振邦

副主编　郄建伟　任正晓　张桂凤　杨　兵　曾丽瑛

图书在版编目（CIP）数据

2008中国粮食年鉴/ 国家粮食局编.—北京：经济管理出版社，2008.11

ISBN 978-7-5096-0470-0

Ⅰ.中… Ⅱ.国… Ⅲ.粮食—工作—中国—2008—年鉴
Ⅳ.F 724.721-54

中国版本图书馆CIP数据核字（2008）第191121号

出版发行：经济管理出版社
北京市海淀区北蜂窝8号中雅大厦11层
电话：（010）51915602　邮编：100038

印刷：精美彩色印刷有限公司　　经销：新华书店

责任编辑：张永美
技术编辑：乔　炜

880mm×1230mm/16　42.25印张　1130千字
2008年12月第1版　2008年12月第1次印刷
印数：1—3000册　定价：380.00元
书号：ISBN 978-7-5096-0470-0/F·453

聂振邦同志在黑龙江调研

聂振邦同志在江苏调研

郄建伟同志在山东考察农户储粮情况

任正晓同志在上海检查粮食质量安全专项整治工作

张桂凤同志在安徽检查夏粮收购工作

杨兵同志在河北夏粮收购现场调研

曾丽瑛同志出访巴西

2008
中国粮食年鉴编辑委员会

委 员

王宝伟	国家发展和改革委员会经济贸易司司长
曹长庆	国家发展和改革委员会价格司司长
叶贞琴（女）	农业部种植业管理司司长
李晓超	国家统计局国民经济综合统计司司长
赵建华	国家统计局农村社会经济调查司副司长
孙鉴奇	国家粮食局办公室主任
徐京华	国家粮食局人事司司长
刘 韧	国家粮食局外事司司长
卢景波	国家粮食局调控司司长
颜 波	国家粮食局政策法规司司长
刘小南	国家粮食局监督检查司司长
邓亦武	国家粮食局财务司司长
何 毅	国家粮食局流通与科技发展司司长
金 刚	国家粮食局机关党委常务副书记
辛志光	中纪委、监察部驻国家粮食局纪检组副组长、监察局局长
张 普	国家粮食局离退休干部办公室主任
王亚平	国家粮食局机关服务中心主任
张本初	国家粮食局军粮供应中心主任
尚强民	国家粮油信息中心主任
杜 政	国家粮食局标准质量中心主任
夏吉贤	中国粮食经济杂志社社长兼主编
赵小津	国家粮食局科学研究院院长
何松森	中国粮食研究培训中心主任
田雨军	国家粮食局发展交流中心主任
宋丹丕	中国粮食行业协会秘书长
胡承淼	中国粮油学会秘书长
李广禄	北京市粮食局局长
马春波	天津市粮食局局长
徐受棠	河北省粮食局局长
姚高宽	山西省粮食局局长
卫庆国	内蒙古自治区粮食局局长
李汪洋	辽宁省粮食局局长
祝业辉	吉林省粮食局局长
金 辉	黑龙江省粮食局副局长
张新生	上海市经委副主任、粮食局局长

委　员

撰稿人员
（按姓氏笔画为序）

丁 斌	万劲松	万富世	于 涛	于英威	于振峰	马常宝	马新华
亢 霞	孔伟娟	尹成林	牛庠山	王 弘	王 江	王 旭	王 昕
王 静	王 震	王元慧	王双喜	王正友	王国强	王宝伟	王金云
王家忠	王高升	王鸿鸣	王耀鹏	邓 立	邓玉兵	邓亦武	付立中
付艳丽	卢景波	史京华	玄红建	田 临	田 野	田雨军	白 鸥
龙伶俐	任占平	任昌坤	刘 平	刘 韧	刘小南	刘冬竹	刘青青
刘莉华	刘铁宏	刘嘉楠	匡广忠	朱之光	朱六九	朱传碧	朱其俊
毕金元	曲贵强	许 策	许发辉	齐朝富	吴永顺	吴国梁	吴晓玲
宋丹丕	宋铁叶	张 云	张永刚	张永强	张玉琪	张生彬	张庆娥
张延华	张步先	张树淼	张鸿玺	李 可	李 玥	李 琦	李 德
李小维	李亚莉	李志敏	李建国	李青宁	李美琴	李寅铨	李福君
杜 政	杨 正	杨 波	杨卫辰	杨卫路	杨文利	杨加慎	杨振立
杨绪珍	肖 玲	肖春阳	芦珍琼	苏仁福	豆志峰	邹 炜	陈 玲
陈加乐	陈玉中	陈军生	陈秀玲	陈学坪	陈建军	陈家积	陈晓辉
周 辉	周志和	周冠华	周晓耘	林 华	林 潇	林风刚	林兆宇
林明亮	林善为	罗文娟	罗俊雄	郁士祥	金 刚	金 贤	金巍巍
鱼金明	姚 海	姚秀敏	段建丽	祝志光	胡承淼	贺 伟	赵 奕
赵文先	赵红梅	赵启玉	赵素丽	赵耀辉	徐京华	柴玉军	秦 剑
袁 辉	袁玉生	贾素梅	郭 建	郭尚营	郭绍彬	郭晓虹	陶 英
高 波	高卫华	高美华	商卫国	梅 伟	符永光	隋晓刚	麻 婷
麻国杰	龚 伟	龚震源	智振华	曾令清	曾伟明	曾衍德	程传秀
程继伟	蒋心宏	韩继志	解 涛	熊贵斌	潘朝松	颜 波	魏 然

编审人员
（按姓氏笔画为序）

邓亦武　卢景波　刘小南　孙鉴奇　严　涛　何松森　夏吉贤
颜　波

编辑部工作人员

编辑部主任：何松森
编辑部人员：刘珊珊

编写说明

为全面、准确地反映国家和地方粮食工作，国家粮食局从2006年开始组织编撰《中国粮食年鉴》。《中国粮食年鉴》是经新闻出版总署批准出版、由国家粮食局主办并委托中国粮食研究培训中心组编的官方年鉴，是粮食行业实用性、资料性工具书。

《中国粮食年鉴》全面、系统地记述了上一年度中国粮食工作的主要情况，刊载有重要的粮食政策法规文件和统计资料，与国家粮食局主办并委托中国粮食研究培训中心组编的《中国粮食发展报告》成为姊妹篇。本期年鉴由综述、专文、全国粮食工作、各地粮食工作、粮食政策与法规文件、附录六部分组成。年鉴收集的数据和资料均未包括我国香港特别行政区、澳门特别行政区和台湾省。各省（自治区、直辖市）的排列顺序，按照全国行政区划的统一规定排列。年鉴涉及的单位名称、姓名和职务均以截稿日期为准。

本期年鉴在编辑出版过程中得到了国家粮食局、国家发展和改革委员会、农业部、国家统计局以及各省（自治区、直辖市）、计划单列市及新疆生产建设兵团粮食行政管理部门的大力支持，在此，我们表示衷心的感谢！不足和错误之处，敬请读者批评指正。

《2008中国粮食年鉴》编辑委员会

中国粮食研究培训中心

二OO八年十月

1 2 3 4 5 6

目 录

1

第一篇

综　述

2007年全国粮食工作综述

国家粮食局局长、党组书记 聂振邦

2007年，粮食部门认真贯彻党的十七大、中央一号文件、中央经济工作会议和中央农村工作会议精神，全面落实科学发展观，按照粮食流通工作的总体目标，坚持以改革促发展，不断巩固和发展粮食流通体制改革成果，加强和改善宏观调控，大力发展现代粮食流通产业，各项粮食流通工作取得了显著成效，为稳定粮食市场，保障国家粮食安全，促进国民经济又好又快发展作出了积极贡献。

一 高度重视农业生产，粮食产量实现连续四年增长

2007年，中央进一步加大支农惠农力度，大幅增加涉农补贴资金，促进粮食生产稳步发展。中央财政用于“三农”支出达到4318亿元，比上年增加801亿元。安排对种粮农民直接补贴资金151亿元，比上年增加9亿元，13个粮食主产省（区）均达到本省（区）粮食风险基金的50%以上；中央财政对种粮农民柴油、化肥等农业生产资料增支综合直补资金276亿元，比上年增加156亿元；安排良种补贴资金66.6亿元，补贴品种扩大到高油大豆、优质水稻、小麦、玉米、油菜和棉花六种；安排农机具购置补贴资金20亿元，比2006年增加14亿元。在内蒙古、吉林、江苏、湖南、新疆和四川6个省（自治区）开展水稻、小麦等重要农作物保险保费补贴试点。继续对重点地区的重点粮食品种实行最低收购价政策。中央一系列支农惠农强农政策的实施，进一步激发了种粮农民的积极性，促进了粮食生产持续发展和种粮农民收入持续增加。据统计，2007年，全国粮食产量达到10032亿斤，比上年增加71.2亿斤，实现了连续四年增产；农村居民人均纯收入达4140元，比上年增加553元。

二 认真落实国家粮食宏观调控政策，确保粮食市场供求和价格基本稳定

高度重视粮食收购工作，认真落实粮食最低收购价政策。粮食收购期间，各级粮食部门加强对粮食收购工作的指导、协调、监督和服务，督促国有粮食企业发挥主渠道作用，引导和鼓励多元主体积极入市收购。2007年，全国各类粮食企业累计收购粮食4026.5亿斤，其中国有粮食企业收购2033.5亿斤，其他多元主体收购1993亿斤，分别占总收购量的50.5%和49.5%。2007年，小麦、稻谷最低收购价执行预案得到较好落实。在启动预案的河北、江苏、安徽、山东、河南、湖北、黑龙江7个省，按最低收购价收购小麦578.6亿斤，收购粳稻6.8亿斤，种粮农民的利益和积极性得到了保护。为进一步落实好最低收购价政策，中央和地方共安排专项资金约8.5亿元，对9个小麦和稻谷主产区的粮库仓房进行维修，有效地缓解了粮食主产区执行最低收购价政策的仓容紧张问题。

2007年，全球粮食库存降到30年来的最低点，国际粮食供求偏紧、粮价大幅上涨。面对复杂多变的国际粮食市场形势，为保证国内粮食市场供应，抑制粮价快速上涨，国家粮食局会同有关部门妥善做好粮食宏观调控工作，常年常时组织最低收购价粮食竞价销售，并适当降低销售底价，加大销售力度，全年累计销售最低收购价小麦634.2亿斤、稻谷201.6亿斤，并销售国家临时存储进口小麦5.6亿斤、中央储备玉米8.5亿斤。在京、津、沪和东南沿海等主销区及时安排投放中央储备食用植物油20

万吨。为有效充实销区粮食库存，缓解主产区收储压力，共下达了四批最低收购价粮食跨省移库计划186亿斤，其中小麦178亿斤、稻谷8亿斤。

加强储备粮行政管理，适时下达中央储备粮年度轮换计划并督促实施，及时研究和落实中央储备食用植物油增储计划，提出地方储备粮分省规模的指导性意见。各地进一步充实地方储备粮规模，规范地方储备粮管理。落实国家粮食应急预案要求，进一步做好粮食应急各项工作。同时，进一步加大粮食产销衔接工作指导力度。2007年，全国共举办粮食产销衔接交易会、贸易洽谈会、粮油精品展销会等17次，签订粮食购销合同380亿斤。继续指导各地做好退耕还林、水库移民、救灾等政策性用粮的供应工作，严格按照国家有关规定销售处理库存陈化粮。加强军粮供应网点和信息化建设，顺利实施军用购粮卡改革，扩大服务范围，稳步提高军粮供应质量、保障能力和服务水平。

三 继续深化粮食流通体制改革，确保国有粮食企业改革稳步推进

2007年，各级粮食部门继续贯彻落实《国务院关于完善粮食流通体制改革政策措施的意见》（国发[2006]16号）精神，深入学习推广宁夏经验，加强对粮食主产区、主销区和产销平衡区改革的分类指导，推进改革工作。截至2007年底，吉林、黑龙江、上海、山东、江西、福建、四川、新疆等17个省（区、市）结合本地实际，出台了粮改实施意见，加大推进改革的力度。

国有粮食企业改革取得新进展，市场竞争力逐步增强。截至2007年底，各地已基本完成了政策性粮食财务挂账的清理、审计、认定和剥离工作，绝大部分政策性粮食财务挂账从企业剥离，上划到粮食行政管理部门集中管理。北京、广东、宁夏等省（区、市）已经消化政策性挂账104.1亿元。国有粮食企业积极安置分流富余职工，全国累计安置下岗职工再就业124.9万人，其中粮食部门安置77.6万人，占全部安置数的62.1%。企业产权制度改革稳步推进，截至2007年底，全国国有粮食企业共有21439个，其中购销企业14778个，比上年末分别减少3735个和1168个。北京、天津、河北、上海、江苏、浙江、安徽、福建、江西、山东、河南、湖北、湖南、广东、四川、云南、新疆17个省（区、市）国有粮食购销企业实现盈利。据统计，2007年，全国国有粮食购销企业统算实现盈利1.67亿元，是自1961年以来的首次盈利。

四 积极推进粮食依法行政，确保粮食市场监管力度不断加强

2007年，国家粮食局深入贯彻《粮食流通管理条例》和《中央储备粮管理条例》，提高粮食流通管理和服务水平。组织粮食系统开展《粮食流通管理条例》颁布实施3周年的宣传活动，提高《条例》的社会认知度。健全粮食收购资格许可制度，取得粮食收购资格的经营者达7.8万个。建立全国粮食收购资格信息系统，加强对粮食收购经营者的管理、指导和服务。认真开展中央储备粮代储资格认定工作，优化中央储备粮代储资格企业布局，依法开展第六批代储资格认定。目前，全国共有1772户企业取得粮食类代储资格，157户企业取得油脂类代储资格。加强对已取得资格企业的管理，先后取消了17户不符合中央储备粮代储要求企业的资格。

粮食监督检查队伍进一步加强。截至2007年底，全国94%的省级粮食部门、78%的地（市）级粮食部门、61%的县（市）级粮食部门设立了监督检查机构，取得粮食行政执法资格的人员达到24573人。为加大粮食收购市场秩序的监管力度，国家粮食局会同有关部门和单位组成联合工作组，对河

北、山东、江苏、河南、湖北五省小麦最低收购价政策落实情况进行巡查，指导和督促企业严格执行粮食收购质价政策，规范粮食经营行为，切实保护种粮农民利益。积极开展收购环节的原粮卫生监测，在全国共采集稻谷、小麦、玉米等主要粮食样本15901份，取得检验数据117438个，基本掌握了我国原粮卫生的整体状况。加强对临时存储粮竞价销售出库和移库情况的监督检查。开展粮食质量安全专项整治行动，加强粮食质量卫生监管，在全国建立144个国家粮食质量检测中心（站），初步形成了粮食质量安全检验检测网络。

五　认真做好粮食市场规划和指导，确保现代粮食流通产业又好又快发展

2007年，各地按照构建粮食宏观调控体系、现代粮食市场体系、粮食产业化体系和粮食流通行政执法监督保障体系的要求，深入调查研究，积极研究制定规划，出台相关扶持政策，认真组织实施，现代粮食流通产业发展迈出重要步伐。湖北、江苏、安徽等省以省政府文件印发了大力推进现代粮食流通产业发展的实施意见，给予资金支持和政策扶持。湖北省粮食局邀请12个省（区、市）粮食局开会专题研究发展现代粮食流通产业思路。河北、安徽、河南、湖北、甘肃等省召开粮食产业化工作现场会，积极推进现代粮食流通产业的发展。

国家粮食局制定了《全国粮食市场体系建设“十一五”规划》，加强对粮食市场建设的规划和指导。批准组建10个国家粮食交易中心，逐步完善以国家粮食交易中心为支撑、统一远程交易网络为平台、规范运行机制为核心的全国粮食竞价交易系统，推动最低收购价粮食和其他政策性粮油的联网交易，为合理配置粮食资源和粮食宏观调控服务。配合有关部门制定《粮食现代物流发展规划》，支持和指导粮食现代物流体系建设。落实“十一五”全国食品工业发展纲要，抓好示范工程建设，推进粮油加工向深度和广度发展。会同农业发展银行确定第二批重点支持的粮食产业化龙头企业，截至2007年底，全国国有粮食产业化龙头企业1631个，其中购销企业987个。

六　扎实做好粮食基础性工作，促进粮食行业全面协调发展

2007年，国家粮食局继续推进粮食产后安全保障工程和“放心粮油”工程，启动了“粮食科技丰产工程”产后减损项目，与12个粮食主产省签订建立农户储粮示范点合同，推广适合不同区域、不同品种的农户储粮技术和装具，并在四川、山东、辽宁3省启动农户储粮试点工作。在全国城乡继续推进“放心粮油”进农村、进社区工程，提高放心粮油市场占有率，让放心粮油进入城乡千家万户。

广泛宣传并认真落实国家粮食流通统计制度，进一步扩大粮食统计的社会覆盖面。发布10项国家标准和19项行业标准，完成80余项粮油标准的审定。全面修订小麦等主要粮食质量标准，积极推进收购环节仪器化检验。加强粮食新闻报道，积极宣传国家粮食流通的各项方针政策，正确引导社会舆论。加强粮食行业国际交流，初步建立中国—中亚粮食行业交流合作平台，成功举办国际谷物科技大会。继续推进行业特有工种职业技能培训和鉴定工作，举办首届全国粮食行业职业技能大赛和财会知识竞赛，逐步形成全国粮食行业重技术、重技能、重人才的良好氛围。

2

第二篇

专 文

锐意改革构和谐 务实创新谋发展

——在国家粮食局全体干部职工大会上的讲话

国家粮食局局长、党组书记 聂振邦

2007年1月8日

同志们：

在全局干部职工的共同努力下，我们圆满地完成了2006年的各项工作任务。新年伊始，我们一起认真回顾过去的一年，总结经验，发扬成绩，找出差距，进一步做好新一年的工作，更好地履行党中央、国务院赋予我们的职责。

2006年工作回顾

2006年，在党中央、国务院的正确领导下，在国家发展改革委党组的指导下，国家粮食局以邓小平理论、“三个代表”重要思想为指导，认真贯彻落实十六届五中、六中全会和中央经济工作会议、中央农村工作会议精神，全面树立和落实科学发展观，积极参与和服务社会主义新农村建设、构建和谐社会，粮食流通的各项工作取得了新的成绩。

一 认真贯彻中央关于建设社会主义新农村的战略部署，推动粮食部门积极参与和服务社会主义新农村建设

粮食部门是重要的涉农部门，粮食流通工作与社会主义新农村建设紧密相关。为了深入贯彻党中央、国务院关于推进社会主义新农村建设的重要战略部署，切实履行好粮食部门的职责，全局研究提出了粮食部门积极参与和服务社会主义新农村建设的指导意见，明确了粮食部门服务社会主义新农村建设的工作思路、指导思想、基本原则和主要目标，指导各地粮食部门积极参与和服务社会主义新农村建设。加强与有关部门协商，下发了《关于支持粮食产业化经营，促进社会主义新农村建设的通知》，积极发挥粮食政策性信贷资金的作用，支持国有粮食企业做大做强，大力发展粮食产业化经营，实现企业增效、农民增收，服务社会主义新农村建设。制定了粮食部门《参与和服务社会主义新农村建设的宣传方案》，充分利用《中国粮食经济》及广播电视、报纸、网络等媒体，加强粮食部门参与和服务新农村建设工作宣传，促进和推动服务于新农村建设工作的开展。各地粮食部门根据全局的指导意见，牢固树立粮食流通工作服务“三农”的思想，围绕促进粮食生产稳定发展、促进农业效益稳步提高、促进种粮农民收入持续增加和确保国家粮食安全的目标，研究提出关于支持农业增效和农民增收、加快建立支持“三农”长效机制的初步意见，认真抓好粮食购销工作，深入开展“放心粮油进农村”活动，全面推进农户储粮技术创新，努力搞活粮食流通，积极服务于社会主义新农村建设。

二 认真研究制定和组织实施完善粮食流通体制改革的政策措施，加强对改革的指导

——研究提出粮食流通体制改革工作建议，抓好各项政策措施的落实。3月中旬，组织召开全国粮食局长会议暨全国粮食系统先进集体和先进工作者（劳动模范）表彰大会，贯彻落实党的十六届五中全会和中央经济工作会议、中央农村工作会议精神，总结“十五”时期特别是2005年的粮食流通工作，研究提出“十一五”期间的工作思路，部署2006年粮食流通的各项工作。曾培炎副总理接见会议代表并作重要讲话，国家发展和改革委员会领导一同接见了会议代表。根据国务院领导同志的指示精神，会同有关部门认真研究和提出完善粮食流通体制改革政策措施的建议。5月中旬，国务院印发了关于完善粮食流通体制改革政策措施的意见（国发16号）后，全局抓紧部署，集中精力抓好贯彻落实。5月下旬，召开全国国有粮食企业改革工作会议，及时贯彻落实国务院文件精神，研究提出下一步工作任务。配合有关部门对宁夏等地粮食流通体制改革的经验进行调研，总结经验。经国务院同意，11月中旬，会同有关部门和单位召开全国粮食流通体制改革宁夏现场经验交流会，落实国务院领导同志批示精神，学习、借鉴和推广宁夏经验，研究部署完善粮食流通体制改革的相关工作。

——指导各地推动国有粮食企业改革和发展，初步解决国有粮食购销企业的“三老”问题。会同国家发展改革委等部门制定下发关于进一步推进国有粮食企业改革和发展的意见，对继续深化国有粮食企业改革提出指导性的政策措施。深入开展调查研究，提出解决国有粮食购销企业改制中面临问题的建议。及时掌握各地国有粮食企业改革进展情况，指导各地做好粮食财务挂账的清理、认定和剥离工作。稳步推进企业产权制度改革，指导国有粮食购销企业建立自主经营、自负盈亏的经营机制。高度重视企业改制中的人员分流安置，提出相关政策措施，保护职工合法权益。分流安置工作平稳有序地进行，维护了社会稳定。加强粮食行业财会指导，指导各地做好扭亏增盈工作。截至2006年11月底，国有粮食购销企业亏损43.4亿元，同比减亏49亿元，减幅达53%。北京、安徽、福建、江西、湖北、湖南6省（市）实现盈利，其中江西、湖南两省实现了全行业盈利。国有粮食购销企业亏损额创近10年来最低水平。

——加强粮食重点战略问题的研究。开展我国粮食安全长期战略选择、西部地区粮食安全问题、粮食安全库存水平的量化调控指标研究和政策建议等一系列课题的研究，重点关注粮食领域历史遗留问题的解决、产销协作机制的建立、粮食物流的发展、影响粮油加工发展因素等前瞻性问题。组织编写《中国粮食发展报告》和《中国粮食年鉴》，集中力量开展《现代粮食辞典》编撰工作。成立国家粮食局学术委员会，推动粮食流通领域学术交流。继续开展粮食软科学课题研究，并汇总整理研究成果，为深化改革提供理论准备。

三 认真落实粮食最低收购价政策，加强对中央储备粮的行政管理，做好政策性粮食供应工作

——做好粮食购销工作，认真落实最低收购价政策。加强对粮食供求和价格走势的研究，提出稻谷和小麦最低收购价格水平建议。新粮上市前，及时分析粮食生产、收购形势和价格走势，安排部署粮食收购工作。认真研究制定最低收购价执行预案并督促实施。配合有关部门先后起草并下发2006年小麦、早籼稻和中晚稻最低收购价执行预案，完善预案启动机制和补贴机制，保证了预案顺利实施。预案启动后，全局先后组成多个工作组，分赴主产区指导和检查，及时协调解决收购过程中的问题。《中国粮食经济》编发“关注小麦收购”专题，引导企业模范遵守国家收购政策。最低收购价政策的实施，使主产区小麦、稻谷市场价格基本稳定在最低收购价水平之上，有效地保护了种粮农民利益和生产积极性，农民、收购企业和基层政府都比较满意。采取措施解决部分主产区仓容不足问题。根据市场形势，及时安排最低收购价粮食在粮食批发市场公开竞价销售，保证市场供应，稳定市场价格。

——加强中央储备粮行政管理，指导地方储备粮管理工作。及时下达中央储备粮年度轮换计划并督促实施，会同有关部门对特种储备粮库点进行调整，以更好地适应战备工作的需要。指导各地积极充实地方粮食储备，认真测算并提出地方储备粮分省规模的初步意见。召开全国地方储备粮管理工作现场会，总结交流近年来地方储备粮建设与管理经验，指导各地进一步充实地方储备，提高地方储备管理工作水平，督促各地完善地方储备管理办法及相关配套制度。参与研究妥善解决国债投资建设粮库的产权归属问题。

——搞好社会粮食流通统计，健全粮食应急监测预警系统。做好粮食收购进度和旬（月）报统计工作，开展对非国有粮食经营企业和加工转化企业的统计调查，进一步提高统计数据质量。完成2005年度全国粮食供需平衡调查。初步建立粮食市场监测信息直报体系，对粮食购销价格等进行实时监测。在收购旺季实行价格日报制度，为预案启动提供参考。完善重点联系粮食批发市场制度，及时掌握粮食市场动态信息。继续督促各地健全粮食应急保障系统。开展粮食仓储设施、粮油加工业统计工作，研究提出粮食流通设施投资统计及完善粮油加工业统计制度的工作方案，为最低价收购预案执行、有关规划编制提供参考。

——促进粮食产销合作发展，指导各地做好陈化粮销售处理和政策性粮食供应等工作。组织起草并与有关部门联合印发《关于进一步促进粮食产销合作发展的指导意见》。鼓励和支持地方通过产销衔接贸易洽谈会等多种形式，推进粮食产销合作。及时下达陈化粮销售处理计划，并要求各地认真做好陈化粮的销售处理工作。配合有关部门做好退耕还林、退牧还草调研，完善相关政策措施，巩固退耕还林成果。

加强军粮应急保障机制建设，提升军粮供应综合服务功能和整体保障能力。印发关于切实做好“十一五”军粮供应工作的指导意见，修订军粮供应管理暂行办法，研究制定战时军粮供应管理办法和军粮供应应急预案。指导各地制定军粮应急预案，加强应急演练，健全军粮应急保障体系。调整军供网点布局，提高重点地区军粮加工能力。做好军用购粮卡全面推广使用的准备工作。粮食部门的军供职能和力量得到加强，初步建立了平战结合的军粮供应保障机制。

四 提高粮食行业依法行政水平，实现对全社会粮食流通监管

——做好普法依法治理工作，深入宣传《粮食流通管理条例》。认真总结粮食“四五”普法工作。制定“五五”普法规划和2006年全国粮食系统普法依法治理工作要点，做好启动工作。以“保护粮农利益，保障粮食安全”为主题，指导各地粮食部门开展《条例》“六进”活动。开展对地方粮食流通立法和执法工作进展情况的专项检查，推动地方粮食流通立法，指导地方粮食行政复议工作。

——推进粮食监督检查体系建设，加强粮食市场监管。督促各地加快监督检查机构建设，初步建立全国粮食监督检查体系。目前，全国已有27个省级粮食行政管理部门内设了监督检查机构，市级粮食部门设立监督检查机构的超过50%，县级已达44%，经培训持证上岗执法人员达2.1万人。会同国家发展改革委等部门，发布实施《粮食库存检查暂行办法》，促进粮食库存检查工作规范化、制度化。《粮食库存检查暂行办法》的发布实施，受到社会各界关注，中央政府网专门邀请国家粮食局领导对《办法》进行解读，国内多家主流媒体都做了报道。指导各地研究制定粮食流通监督检查配套规章制度，为依法行政、依法管粮提供制度保障。组织和指导各地对执法人员的培训、考核及发证工作，逐步健全粮食流通监督检查队伍。加大对陈化粮处理的监管力度，严防陈化粮流入口粮市场。认真做好面向全社会的监督检查和各类涉粮案件的查处工作，监督检查执法6.1万次，处罚违规行为1.5万次，维护了粮食生产者、经营者、消费者的合法权益。

——加强粮食库存检查，确保国家粮食宏观调控的物质基础有可靠保证。按照《粮食库存检查暂行办法》的有关规定，会同有关部门和单位，开展2006年全国粮食库存检查工作。在各省（区、市）自查、复查的基础上，对河北等10个省（区、市）粮食库存情况进行抽查，并将检查结果上报国务院。加强对地方储备粮管理工作的指导，会同有关部门和单位对部分省地方储备粮管理情况进行巡查。

——推进粮食质量安全体系建设，开展粮油标准制修订和粮食质量监测工作。加快完善粮油标准体系，完成45项国家粮油标准的制定。启动国家粮食质量监测体系建设。配合粮食最低收购价预案的实施，组织开展了小麦、早籼稻、中晚籼稻和粳稻收获质量会检。认真履行原粮卫生监管职责，组织开展首次全国原粮状况卫生专项调查，从源头上加强食品安全把关，保护消费者利益。

——依法实施行政许可项目，做好中央储备粮代储资格认定工作。制定地下仓代储资格认定标准。年内完成了两批代储资格认定。到2006年底，全国共有1939户企业取得资格，其中粮食类1777户，油脂类162户，认定粮食类仓容9223万吨，油脂类仓容198万吨。完善代储资格企业数据库，规范代储资格档案管理。

五 努力构建行业科技创新体系，指导粮食安全生产

——加强粮食科技创新体系和创新能力建设，开创粮食科技工作新局面。组织召开首次全国粮食科学技术大会。会议期间举办了“十五”粮食科技成果图片展、专题参观、科技发展形势报告会，并出版了《中国粮食经济科技增刊》和《“十五”粮食科技发展报告》。在全国范围内举办了以“粮油食品安全与农村科学储粮”为主题的粮食科技活动周，社会反映良好。面向全局机关干部，首次举办了“生物技术、信息技术在粮食行业的应用及发展前景”科技知识系列讲座。重视发挥企业在创新体

系中的主导作用，初步形成以国家级科研院所为骨干，省级粮食主管部门、科研单位及企业共同参与的粮食科技创新体系。加强科技项目管理，做好“十一五”国家科技计划“粮食丰产工程”、“安全绿色储粮”等科技项目的前期工作和有关项目的申报立项，以及“十五”科技项目的验收。启动省级科研单位申报国家粮食局工程技术研究中心工作，促进行业工程技术转化平台建设。完善粮油科技成果评价指标体系和充实评审专家库，加大科研成果应用推广力度。

——指导粮油加工业协调发展，推进加工高技术产业化。促进粮油加工机械装备的自主创新和引进消化吸收再创新，提出加强管理的有关措施建议。围绕粮油加工业布局、科技创新等问题开展调研，召开粮油加工业发展座谈会、加工转化与粮食外运——东北地区粮食物流研讨会，提出关于粮油加工业协调发展的政策建议，并积极拓展粮油深加工的国际合作。提出建立以企业为主体、产学研和用户相结合的技术创新体系的建议。推进粮油精深加工高技术产业化，加强国家高技术产业化示范工程项目监督管理，两个农产品深加工食品工业示范工程项目取得良好效果并通过验收。

——完成粮食物流、粮食科技发展等规划的修改完善及编制工作，加强粮食流通设施建设。继续修改完善粮食现代物流发展规划和促进粮油加工业发展的若干意见。印发“十一五”粮食科技发展指导意见，研究提出落实和保障措施。根据国务院领导同志的批示精神，会同国家发展改革委研究起草“北粮南运”及全国粮食流通设施条件存在问题的专题报告；研究提出解决最低收购价政策执行过程中的仓容不足问题的意见。抓好剩余国债投资项目和机械化粮库国债转贷项目的管理工作，妥善解决粮库项目拖欠工程款问题。争取中央财政补贴资金和地方配套资金，推进地方粮库仓房维修改造。局科研院科研楼项目作为重大科研基础设施正式完工投入使用，为粮食科研工作创造了良好的条件。落实了信息安全改造等部门自建项目。

——进一步加强粮食行业安全生产和粮食仓储行业管理工作。2005年12月西安会议后，在广泛调研的基础上，印发《关于加强粮食行业安全生产工作的指导意见》，编写出版《粮食行业安全生产培训教程》，并组织开展培训。创新仓储行业管理工作机制，成功举办首届“粮食储藏管理技术论坛”。粮食仓储行业淘汰甲基溴国际援助项目取得初步成效。

六 加强机关党的建设和党风廉政建设，全面提高干部队伍素质

——进一步加强机关党建工作。围绕中心，服务大局，认真开展政治理论学习，切实抓好全局党员干部理论武装。着重开展中央1号文件、《党章》、《江泽民文选》和十六届六中全会精神学习。深入推进基层组织和党员队伍建设，加强对司级党员领导干部民主生活会的监督指导。认真开展调查研究，坚持抓好党建工作宣传，积极促进党建经验交流。进一步加强精神文明建设，全面推进建设和谐机关。坚持“以人为本、和谐发展”，积极开展文体活动和“送温暖”活动。认真落实中央扶贫工作会议精神，做好对口贫困地区的帮扶工作。一年来，全局为贫困地区捐款捐物，折合人民币14万余元，捐赠计算机、打印机等设备31台套，棉被、衣物等886件。

——加强党风廉政建设，认真开展治理商业贿赂专项工作。以粮食行业和其他部门发生的典型商业贿赂案件为警示材料，对党员干部进行警示教育。通过对粮食系统各项业务的认真调查，确定粮食购销、粮库建设、粮食企业产权改革、行政审批等方面为治理重点，总结归纳容易产生商业贿赂的45个薄弱环节，督促各单位对照检查，开展自查自纠。制修订了35项具体治理和防范商业贿赂的制度，为建立长效机制打下基础。各职能部门注重将治理商业贿赂与落实《实施纲要》提出的任务紧密结

合，制定和完善政务公开、陈化粮拍卖、项目招投标、代储资格认定等工作的监督制约机制。认真学习贯彻中纪委六次全会和国务院第四次廉政工作会议精神，开展警示教育，增强廉政意识。制定和完善领导干部监督制度，加大对党员领导干部的监督和对干部提拔任用的监督。进一步落实党风廉政建设责任制。结合粮食流通工作实际，认真开展行政监察、行业纠风和案件查处工作，全年共受理举报案件及领导交办件等103件，行业举报、立案查处案件的数量比往年有所下降。

——推进机关和事业单位人事制度改革，促进行业人才队伍建设。联合人事部，开展了自1980年以来第一次全国粮食系统先进集体和劳动模范、先进工作者表彰活动，共有90个先进集体和126名先进个人受到表彰。贯彻实施《公务员法》，认真做好公务员登记和工资套改工作。以司级领导班子配备为重点，加强领导班子建设。进一步加强干部培养锻炼，努力创造留住人才、吸引人才的良好环境。以事业单位岗位设置和工资改革为契机，进一步深化事业单位人事制度改革。加强行业教育培训工作的指导，全面推进职业技能鉴定工作，建立鉴定和培训工作体系，组织8个省进行首批鉴定试点。开展系统先进评选表彰，全面促进行业人才队伍建设。全年共举办培训班19期，培训学员近4000人。

七 进一步落实“三个转变”，抓好机关建设的各项工作

——继续推进机关工作的“三个转变”。以坚持依法行政、实行政务公开为重点，进一步转变职能；以机关工作制度化、规范化为抓手，进一步转变作风，提高机关工作质量、效率和服务水平；以进一步精简会议和文件、大力开展调查研究为主要措施，转变机关工作方式。做好全国人大代表建议、政协委员提案的办理工作，倾听代表、委员和社会各界的意见和建议，切实改进工作。加强政务督察、办公组织协调，实现机关工作的制度化、规范化。认真做好群众来信处理、来访接待和安全保卫保密工作，维护社会稳定，保证机关安全。

——加强政务信息报送、电子政务建设和新闻宣传报道，搞好粮食流通信息服务。围绕党中央、国务院关注的重点、热点问题，进一步加强粮食政务信息报送工作。通过《粮食信息》、《情况通报》，及时、全面、准确地向党中央、国务院报送粮食流通信息和粮食工作情况。做好全国粮食调控信息系统的开发与完善工作，积极参与“金宏”、“金农”工程建设，完成全国粮食动态信息系统、安全信息系统等项目的前期工作。加强对国内外粮食市场的监测，坚持国内外粮油市场价格日报制度，面向社会提供信息服务。加强新闻宣传，把握舆论宣传导向。对国家粮食局门户网站进行改版，推出“局长信箱”、“农民之友”等栏目，开设“全国粮食局长会议”、“新农村建设”、“粮食科技活动周”等9个专题，对重点工作进行深度报道。

——加强世界粮食调研，推进粮食行业的国际、国内合作与交流。积极借鉴国外粮食科学技术和管理经验，邀请美、加、澳、日等国的专家来华介绍粮食储藏、品质检验和深加工等方面的先进技术，接待国外来访团组30多个。举办了第六届中国粮油精品展示交易会、2006杂粮论坛暨产品推介会、面粉强化国际高层论坛等，搭建与中亚区域等各国的粮油国际贸易交流合作平台。组织开展“世界粮食日”和“爱粮节粮展览会暨宣传周”活动。加强食品安全信用体系建设试点工作，积极推进名牌战略。

——认真做好老干部工作，尽最大努力落实各项待遇。组织开展多种适合老年人特点的文体活动和学习研讨活动，充分发挥老同志在社会主义精神文明建设和构建社会主义和谐社会中的作用。尽最

大努力解决涉及老同志切身利益的生活待遇问题。

——坚持服务宗旨，积极为机关工作提供有力的后勤保障和周到细致的服务。努力提高服务质量，为机关会议等公务活动提供有力的后勤保障；克服困难，为职工就餐、单身职工生活提供服务；千方百计、精心组织，做好南菜园老干部旧房改造工作，完成了互助巷47号院“油改电”供暖工程，解决了多年来努力解决而未能解决的问题；启动了机关会议室、接待室改造工程；在节油、节电、节纸等资源节约方面采取了一系列有效措施，在清理回收报国寺等地破旧零散房产工作及车辆更新工作等方面成效显著。

——加强部门财务管理，支持各项粮食工作的开展。修订下发了机关差旅费开支暂行规定等5个财务管理办法和规定，初步健全财务管理制度。做好财政预算资金管理工作，为全局工作开展提供经费保障，特别是保证了全局围绕中心任务开展的各项重要工作的经费支出，努力改善机关办公条件。认真做好2007年预算编报工作。

过去的一年，我们进一步巩固保持共产党员先进性教育成果，坚持以科学发展观统领粮食工作全局，积极参与构建社会主义和谐社会和服务社会主义新农村建设，坚定不移地贯彻落实党中央、国务院关于粮食流通工作的各项政策措施，大兴调查研究之风，谋大局、议大事，切实保障种粮农民利益，继续深化和完善粮食流通体制改革，加强和改进粮食宏观调控，保证了市场粮食供应和粮食价格的基本稳定，保证了国家粮食安全。与此同时，全体干部职工的素质进一步提高，凝聚力和战斗力不断增强，有力地保障了各项粮食工作的顺利完成。

在肯定成绩的同时，也应该看到，粮食流通工作中还存在不少难点和问题。主要是：国有粮食购销企业改革进展不平衡，有的地方企业产权制度改革进展较慢；分流职工再就业工作任务还很繁重，企业经营性挂账的消化处理难度较大；部分地区和部分粮食品种以市场供求为基础的价格形成机制还需完善，粮食宏观调控的体制机制有待进一步健全；保证粮食供求品种结构平衡，维护粮食市场和价格基本稳定、保护种粮农民利益的任务仍很艰巨；粮食流通产业需要加快发展，产销协作关系还要进一步加强；粮食行政管理机构不健全，监管全社会粮食流通的职责尚未完全落实到位。在机关建设方面，职能转变和管理创新工作还需要进一步努力。

2007年主要工作

2007年，我们要以邓小平理论和“三个代表”重要思想为指导，全面树立和落实科学发展观、加快构建社会主义和谐社会的战略思想，认真贯彻中央关于做好粮食工作和积极发展现代农业的方针政策，围绕国家粮食安全和社会主义新农村建设，狠抓政策落实，重点在完善体制、创新机制、加强调控、保证供应、稳定价格、依法行政、发展产业、服务“三农”等方面开展工作，切实保护种粮农民利益和种粮积极性，确保国家粮食安全。

我们要紧紧围绕全局的中心任务，创造性地开展工作，为努力实现国民经济又好又快发展作出积极贡献。

一 精心组织，加强指导，贯彻落实粮食流通各项政策措施

——继续贯彻落实国发16号文件确定的各项政策措施，推广宁夏粮食流通体制改革先进经验，加强改革的分类指导。根据粮改进展情况，指导督促各地完善本地区粮食流通体制改革政策措施的意见和方案。抓紧准备，于1月下旬召开全国粮食局长会议，具体部署2007年粮食流通工作。

——加强调查研究，及时了解和掌握改革进展情况。针对粮食主产区、产销平衡区和主销区的不同情况，研究提出继续完善粮改政策措施、健全体制、创新机制的建议。做好县级粮改联系点的有关工作，着手建立粮食企业联系点制度，掌握第一手材料和信息。

——继续完善粮食批发市场重点联系制度，促进粮食市场体系有序发展。总结推广批发市场在地方储备粮进场交易、开展电子商务等方面的经验。加强市场信息收集发布，及时、准确、全面地为领导决策提供信息服务。加强粮食市场体系建设研究，修改印发《全国粮食市场体系建设“十一五”规划》，指导地方落实规划。深入开展“放心粮油进农村”活动，构建农村“放心粮油”营销网络。培育和发展农村经纪人队伍，搞活粮食流通。

——加强对粮改重大问题的专题调查研究。完成《中国粮食安全长期战略选择》、《中国西部地区粮食安全问题研究》、《中国粮食指数研究》和2007年安排的软科学等研究课题，编辑出版《2007中国粮食发展报告》和《2007中国粮食年鉴》。全面推进《现代粮食辞典》编撰等相关工作。

二 进一步落实支持国有粮食企业改革的有关政策措施，深入推进企业改革和发展

——指导和督促各地完成政策性粮食财务挂账从企业剥离、上划到县以上（含县级）粮食行政管理部门集中管理工作。配合有关部门研究制定政策性粮食财务挂账消化处理的具体措施，指导各地核实经营性粮食财务挂账数额，研究提出企业经营性财务挂账的处理办法。

——指导各地落实好支持国有粮食企业改革政策，做好富余职工分流安置和有关社会保障工作。继续向有关方面协商多渠道筹集资金，专项用于落实有关政策和企业分流安置职工。指导各地贯彻再

就业各项扶持政策，做好下岗职工再就业工作。指导各地国有粮食企业充分利用现有资产开展多种经营，增加就业岗位，促进和谐社会建设。

——加强对国有粮食企业改革改制工作指导，推进企业产权制度改革。规范企业改制，确保国有资产安全，切实维护职工合法权益。配合有关部门理顺国债投资、世界银行贷款投资形成的粮食仓储资产产权关系。指导各地积极探索国有粮食企业国有资产的经营和监管的有效形式，推进粮食企业现代企业制度建设，加强对各地企业产权制度改革情况的调研和检查，及时纠正违规行为。

——争取和落实支持粮食产业化发展的财政、金融和税收方面的政策，推进粮食产业化发展。根据粮食产销衔接、粮食产业发展和粮食宏观调控的需要，确定并重点扶持一批粮食产业化骨干龙头企业。积极争取财政部门和金融机构的支持，建立财政和信贷资金支持粮食产业化发展的机制，帮助企业做大做强。

——加强粮食行业财会工作指导，做好国有粮食企业扭亏增盈工作。配合财政部门加强对粮食风险基金的监管，确保粮食风险基金及时、足额到位。搞好粮食财务信息统计和财务分析，指导各地贯彻执行企业会计制度，规范企业会计核算，提高企业管理水平。加强对国有粮食企业扭亏增盈工作的指导，支持企业搞好粮食购销。督促和指导各地加强企业财务管理，建立健全各项管理制度，完善内控措施，降低成本费用，提高经济效益。

三　完善粮食宏观调控机制，确保粮食市场供求平衡和价格基本稳定

——准确把握粮食供求形势，做好粮食宏观调控工作。认真研究分析粮食供求形势，及时提出调控措施建议，指导各地做好粮食购销工作，促进粮食总量平衡、区域平衡和品种结构平衡。加强对粮食市场的分析预测，定期发布粮食供求及市场价格信息，正确引导生产和流通。配合有关部门做好粮食进出口工作，搞好粮食余缺和品种调剂，为国内粮食供求平衡服务。

——进一步做好粮食购销工作，确保粮食市场基本稳定。继续完善最低收购价执行预案操作办法，发挥好宏观调控和市场机制的作用。按照顺价销售、不压低价格的原则，常年常时在粮食批发市场竞价销售按最低收购价收购的临时存储粮食，并根据宏观调控需要和市场供求形势及价格变化情况，把握好销售力度和节奏，保证市场供应，保持市场粮价在合理水平基本稳定。指导各地继续做好库存老粮销售处理工作。继续做好退耕还林、救灾等政策性粮食供应工作。

——完善粮食储备调节体系，增强宏观调控能力。及时下达中央储备粮年度轮换计划，加强对轮换计划执行情况的跟踪检查，研究解决轮换工作中的问题。进一步完善中央储备粮轮换机制，推进中央储备粮轮换通过规范的粮食批发市场公开进行，确保中央储备粮轮换与宏观调控要求相适应。加强对地方储备粮管理工作的指导，继续督促各地落实地方储备粮规模。开展对各类粮食经营者库存水平的调研，指导和督促各地研究制定粮食经营者保持最低和最高库存制度。

——积极推动粮食产销合作，促进粮食有序流通。认真落实《关于进一步促进粮食产销合作发展的指导意见》，加强对产销衔接工作的探索和指导，妥善解决产销合作中出现的问题，推动产销区建立长期稳定的合作关系，实现粮食合理、有序、顺畅流通，保证粮食区域平衡。

——加强社会粮食统计工作，完善粮食监测预警系统和粮食应急工作体系。在做好国有粮食企业统计工作的同时，重点加强对非国有粮食企业执行国家粮食流通统计制度的督促和检查。完善社会粮

食供需平衡抽查制度，抓紧建立农户粮情固定监测点，提高统计调查质量。完善粮食宏观调控监测预警系统，合理调整市场监测信息直报点的数量和布局。督促和指导各地做好本地区粮食应急预案制修订和学习培训工作。

——继续加强军粮供应体系建设，以兵为本，提高军粮供应综合服务能力。认真落实《关于"十一五"军粮供应工作的指导意见》，抓好军供粮源统筹，进一步优化网点布局，提升骨干军供站的辐射功能和应急保障能力。推进《军粮供应管理暂行办法》、《战时军粮供应管理办法》和《国家军粮供应应急预案》等的制、修订工作，完善军粮供应体制机制。

四 抓好两个条例的贯彻落实，建立健全粮食行政执法体系

——以宣传贯彻两个条例为重点，深入开展普法工作。贯彻落实全国粮食行业"五五"普法规划，进一步增强粮食行政管理部门工作人员贯彻落实条例的意识和自觉性，提高依法管粮的能力。创新普法形式，面向全社会开展条例颁布实施三周年征文和知识竞赛，组织编写粮食行业"五五"普法读本，注重宣传实效。加强对粮食经营者和生产者的宣传，增强各类粮食经营者依法经营和生产者依法维权意识。

——加快粮食立法工作，进一步推进依法行政。继续研究粮食流通基本法律的可行性，积极争取立法项目的申报。加强对地方粮食流通立法的指导，完善粮食流通法规体系。开展粮食部门依法行政示范创建活动，建立依法行政示范单位联系制度。推动和完善粮食收购资格审核等行政执法工作，开展全国粮食收购资格审核专项检查，研究完善粮食收购资格审核的有关政策措施。抓紧研究制定《粮食行政复议工作规程》，进一步做好粮食行政复议工作。

——进一步加大对全社会粮食流通监管力度，建立经营活跃、管理规范、流通有序、供求稳定、卫生安全的粮食流通秩序。认真组织开展全国粮食库存检查，适时开展储备粮轮换、代储资格管理等随机抽查，加强对中央和省级储备粮及其他政策性用粮的监督检查。推进粮食质量监测体系建设，进一步完善粮油质量标准体系，推进粮食质量与原粮卫生抽查、监测工作规范化、制度化。加强对陈粮出库的质量检查和销售、使用的监管，严防有毒、有害粮食流入口粮、饲料市场。高度重视并认真查处涉粮案件。

——加强粮食流通监督检查机构建设，健全完善、实用、有效的监督检查工作长效机制。加快建设中央储备粮监管体系，起草《中央储备粮监管办法》，推进对中央储备粮的动态监管。督促各地落实粮食流通监督检查行政执法机构，实现省、市、县三级监督检查机构建设的突破。抓好库存检查资格、行政执法资格和执法实务培训，提高执法人员素质。建立全国统一的粮食行政管理部门粮食流通监督检查行政执法规范程序。建立粮食流通监督检查评议考核制度，研究制定粮食流通监督检查评议考评办法。

五 推进现代粮食物流设施建设、农村粮食产后安全保障工程、科技创新体系建设，进一步做好粮食安全生产工作

——继续抓好现代物流体系设施建设。推进全国粮食物流规划的实施，指导和协调主要通道和大型粮食物流企业的物流设施建设。督促各地加强仓房维修改造，积极争取财政资金支持。完成国债建设项目扫尾工作，继续加强中央预算内项目管理。做好粮食工程建设标准和技术规范的编制工作。

——加大面向“三农”的科技工作力度，推进农村粮食产后减损安全保障工程实施。落实国务院领导批示精神，研究提出做好农户储粮工作的措施和指导意见。积极向有关部门申请安排专项试点资金，修改完善《农村粮食产后减损安全保障工程试点方案》并组织实施。

——建立粮食行业科技创新体系，提高粮食科技自主创新能力。鼓励开展跨行业合作，建立利用社会资源和服务社会的粮食科技创新体系。完善行业科技基础平台，继续推进地方院所和企业申请局级工程中心的评审工作及国家级实验室、工程技术研究中心和企业技术中心建设等。组织推动高技术产业化示范项目的研究，做好科研项目日常管理，研究制定《国家粮食局科技支撑计划项目管理细则》等。积极开展科技基础性工作项目及其他科技专项的申报和实施工作。

——建立粮食行业安全生产长效机制和新型粮食仓储管理机制。重点抓好安全生产指导意见的落实，组织开展专项检查。督促各地做好安全生产培训工作，通过开展安全生产月等活动，加强安全生产宣传。继续组织“粮食与粮食储藏”系列讲座，开展仓储技术和管理经验交流。全面完成“仓储行业淘汰甲基溴”国际项目。

——推进粮油加工业协调发展。贯彻实施《全国食品工业“十一五”发展纲要》，加快粮油加工业的结构调整和优化升级，推进粮食产业化经营和粮食产业协调发展。研究制定粮油加工业结构调整目录，指导完善粮油加工统计监测服务机制。

六 服务粮食流通工作大局，进一步加强机关党的建设、干部队伍建设和机关作风建设

——加强机关党的建设，巩固和发展先进性教育活动成果。深入学习“三个代表”重要思想和《江泽民文选》，组织党员干部认真学习贯彻党的十六届五中、六中全会精神，积极抓好十七大精神的贯彻落实。弘扬理论联系实际的优良学风，学以致用、用以促学、学用相长，使理论学习成为推动工作的力量和源泉。强化基层组织建设,做好司级党员领导干部民主生活会的指导和党员发展工作。深入开展党建工作调研，积极推进系统党建成果交流转化。加强精神文明创建工作，努力建设和谐机关。认真落实离退休人员的政治待遇和生活待遇。进一步发挥机关工会、妇委会等群众组织的作用，积极开展有关文化体育活动，扩大参与面，丰富干部职工业余文化生活。贯彻中央有关扶贫工作精神，进一步做好对口扶贫工作。

——贯彻落实中纪委第七次全体会议和国务院第五次廉政工作会议精神，进一步做好党风廉政建设工作。深入贯彻党中央关于《建立健全教育、制度、监督并重的惩治和预防腐败体系实施纲要》及中纪委贯彻落实惩治体系《实施纲要》2007年工作要点的部署，做好党风廉政建设和反腐败各项工

作。贯彻落实中央关于领导干部廉洁自律的各项规定，强化廉政教育，完善监督制约措施，继续加大对党员领导干部的监督力度，确保党员领导干部正确履行职责和行使权力。围绕粮食流通中心工作，开展行政监察和执法监察，切实纠正各种违法、违纪、违规行为，维护人民群众利益。

——进一步做好干部人事和行业教育培训工作。完善公务员管理各项规章制度，做好公务员考试录用和事业单位公开招聘工作；继续加强司级领导班子建设，加大干部交流力度，提高干部任职能力；深化事业单位人事制度改革，指导事业单位加强岗位设置管理，逐步完善事业单位岗位绩效工资分配制度。加强行业教育培训，加大职业技能鉴定和培训工作力度。完成粮食行政管理机构编制状况调查，为加强机构建设奠定基础。

——继续推进机关工作的“三个转变”，加强机关作风建设。抓好机关规章制度的落实检查，加强督查督办，提高机关工作的质量和效率。编印政务公开目录，全面推进政务公开，促进机关职能转变和管理创新。进一步做好政务信息报送和电子政务建设工作，完善新闻发布制度和信息服务体系，抓好政府门户网站建设。积极开展国际国内合作交流，扩大为涉粮企业服务范围。进一步加强机关和直属事业单位的财务管理，提高财务管理水平。按照全国开展行政、事业单位资产清查工作的整体要求，做好局机关和直属事业单位的资产清查工作。搞好机关后勤服务，努力改善工作和生活条件。

同志们，2007年，我们将迎来党的第十七次全国代表大会的胜利召开。我们要在以胡锦涛同志为总书记的党中央的坚强领导下，以邓小平理论和“三个代表”重要思想为指导，全面落实科学发展观，推动社会主义和谐社会建设，认真贯彻党中央、国务院关于推进社会主义新农村建设的战略部署和农业、农村工作的方针政策，锐意改革，务实创新，扎实工作，全面完成新一年粮食流通的各项工作任务，为迎接党的十七大胜利召开作出新的、更大的贡献。

狠抓政策落实 加强市场调控 积极推动现代粮食流通产业发展

——在全国粮食局长会议上的工作报告

国家粮食局局长、党组书记 聂振邦

2007年1月30日

同志们:

前不久召开的中央经济工作会议、中央农村工作会议，明确了今年经济工作、农村工作的方针政策和重点任务，也为今年粮食流通工作指明了方向。这次会议的主要任务是，认真贯彻落实中央精神，总结交流去年粮食流通工作情况和经验，分析当前粮食流通工作面临的新形势，研究部署今年粮食流通工作。

一 巩固和发展粮食流通体制改革成果，“十一五”粮食流通工作开局良好

2006年，粮食部门认真贯彻党中央、国务院关于粮食工作的部署，深化粮食流通体制改革，完善政策措施，初步确立新的粮食流通体制。粮食宏观调控成效显著，粮食市场供应稳定，抑制了粮食价格下行的压力，保护了种粮农民的利益和种粮积极性。多年困扰国有粮食购销企业的“三老”历史包袱基本解决，企业产权制度改革稳步推进，初步形成了以国有粮食企业为主渠道、市场主体多元化的格局。粮食依法行政得到重视，全社会粮食流通监管工作进一步加强，逐步转变了粮食行政管理职能。粮食科技工作顺利推进，行业服务水平进一步提高，人才队伍得到加强。一年来，我们重点抓了以下几方面工作:

（一）认真落实国务院关于完善粮食流通体制改革政策措施的意见，不断巩固和发展粮食流通体制改革成果

去年3月份，召开全国粮食局长会议，认真贯彻中央的重要部署，提出了“十一五”粮食流通工作的主要目标、任务和措施，明确了深化粮食流通体制改革和做好粮食流通工作的思路与重点。5月中旬，及时召开全国国有粮食企业改革工作会议，学习领会国发[2006]16号文件精神，推动各地贯彻落实文件提出的各项任务。根据国务院领导批示，积极配合国家发展改革委等部门，对宁夏粮食流通体制改革的经验进行调研和总结。组织召开全国粮食流通体制改革宁夏现场经验交流会，深入学习推广宁夏经验。加强对粮食主产区、主销区和产销平衡区改革的分类指导，推动改革工作。各地对贯彻国务院16号文件精神十分重视，吉林、甘肃、宁夏、四川、陕西等地以政府文件形式，下发了完善粮食流通体制改革政策措施的意见，有关部门也及时下发了推进国有粮食企业改革的指导意见，加大推进改革的力度。

目前，企业“三老”问题基本解决，粮食财务挂账的清理审计已基本完成，29个省（区、市）对政策性粮食财务挂账进行了认定，有2760亿元挂账已从企业剥离，实行集中管理。北京、宁夏已开始对政策性挂账进行消化。企业产权制度改革取得新的进展，截至去年底，全国国有粮食企业总数为25174个，其中购销企业15946个。19181个国有粮食企业已经改制，其中购销企业改制数12356个。

多元市场主体进入流通领域，企业布局和结构趋于合理。国有粮食企业扭亏增盈成效明显，经营状况明显好转。据统计，全国国有粮食购销企业全年亏损额为29.7亿元，比上年减少67.8%，为10年来最低。有12个省国有粮食购销企业实现了盈利，5个省全行业盈利。

（二）认真落实国家粮食宏观调控政策，有效抑制局部地区市场粮价波动

在认真分析粮食生产、收购形势和价格走势的基础上，针对小麦、稻谷上市后面临的价格下行压力，我们和有关部门及时公布实行最低收购价政策的粮食品种和价格水平，研究制定小麦和稻谷最低收购价执行预案，并及时启动。

一是落实粮食最低收购价政策，保护了种粮农民利益。加强对粮食收购工作的检查指导，协调解决粮食收购过程中的问题，研究提出完善执行预案的政策建议。申请专项资金，对有关主产区仓库进行维修改造，实行最低收购价小麦跨省移库和稻谷省内跨县集并，缓解主产区仓容不足的矛盾。各地粮食部门加强对粮食收购工作的指导、协调、监督和服务，督促国有粮食企业发挥主渠道作用，使粮食最低收购价政策得到较好落实。2006年国有粮食企业收购粮食2451亿斤，比上年增加153亿斤。在启动小麦、稻谷最低收购价执行预案的省份，按最低收购价收购小麦814亿斤、早籼稻73亿斤、中晚稻99亿斤，分别占这些省份国有粮食企业同期收购总量的94%、90%和73%。粮食最低收购价政策的落实，有力地支撑了市场粮价。初步测算，实施小麦最低收购价政策的地区，农民增收40亿元以上。

二是认真组织最低收购价粮食销售，稳定粮食市场和价格。针对去年第四季度部分地区市场粮价上涨的情况，分期分批在规范的粮食批发市场组织最低收购价粮食竞价销售。截至2006年底，共组织24次2005年最低收购价稻谷拍卖，累计销售169亿斤；共组织7次2006年最低收购价小麦拍卖，累计销售101亿斤，保证了市场供应，稳定了市场粮价，实现了粮食宏观调控目标。

三是加强储备粮行政管理，做好政策性粮食购销管理和产销衔接工作。及时下达中央储备粮轮换计划，认真开展中央储备粮代储资格审核认定工作，并结合轮换适当调整特种储备库点布局，使中央储备粮的布局和品种结构逐步优化，粮食宜存率进一步提高。总结交流地方粮食储备体系建设经验，积极充实地方储备规模，做好相关管理工作。加强军粮供应政策制度建设，着眼军粮应急保障，改进粮源筹措方式，提升军粮供应综合服务功能和整体保障水平。与有关部门联合下发进一步促进粮食产销合作发展的指导意见，多次举办产销衔接贸易洽谈会、粮油精品展销会，积极推动粮食产销合作发展。

（三）认真落实中央关于建设社会主义新农村的战略部署，积极参与和服务社会主义新农村建设

一是加强对粮食部门参与和服务新农村建设的指导。在调研的基础上，按照中央的部署，研究制定粮食部门积极参与和服务社会主义新农村建设的指导意见。各地粮食部门积极推动，湖南、安徽、四川、重庆、云南、福建、天津等省市粮食局结合本地实际，下发了参与和服务社会主义新农村建设的意见，并积极开展工作，取得明显成效。

二是积极争取政策支持，服务新农村建设。把发展粮食产业化作为参与新农村建设的抓手，会同中国农业发展银行采取信贷扶持的办法，积极支持粮食产业化经营。目前，已审定1212个粮油产业化龙头企业作为第一批重点支持的企业。湖北、四川、河南等省在发展粮食产业化经营方面，采取资金支持和政策扶持的支农惠农措施，促进企业增效、农民增收。

三是组织开展农户粮食产后减损工作，推动农村产后技术服务体系建设。通过实施丰产科技工程粮食产后减损项目，以中央级科研院所为骨干，有关省级科研院所为依托，装具制造企业和粮食收纳库为支撑的模式，在12个主产省建立30多个装具加工基地，对一万多个农户进行减损示范。积极推动

放心粮油进农村活动，提升农村居民生活质量。

（四）积极推进粮食依法行政，认真履行监管全社会粮食流通的职责

一是积极推进粮食法制工作。认真贯彻执行两个条例，会同有关部门制订和完善粮食库存检查暂行办法、国家粮食流通统计制度等配套规章。大力开展粮食普法和行政复议工作，各地结合本地实际制定粮食流通管理办法，加快地方储备粮管理的立法进度。

二是加强全社会粮食流通监管工作体系建设。粮食流通监督检查机构建设取得较大进展，目前全国已有28个省（区、市）和一半左右的市、县粮食行政管理部门设置了监督检查机构，为进一步加强粮食流通监管提供了坚实的组织保证。组织开展社会粮食流通统计调查，面向社会提供粮食信息服务，初步建立粮食市场信息直报体系。启动国家粮食质量标准和监测体系建设，组织开展小麦、早籼稻、中晚籼稻和粳稻收获质量会检，以及原粮卫生状况专项调查。结合粮食行业特点，研究提出建立粮食行业安全生产长效机制的具体措施。初步建立粮食行业特有工种职业技能鉴定和培训工作体系。

三是认真开展粮食库存和粮食流通监督检查。在各省（区、市）自查、复查的基础上，会同有关部门对10个省（区、市）粮食库存情况进行抽查，并将检查结果上报国务院，为做好粮食宏观调控、改进和加强库存粮食管理提供了科学依据。认真抓好地方储备粮管理、粮食收购资格审核、仓储设施设备使用、粮食流通统计制度和最低收购价预案执行情况等方面的监督检查。加大对陈化粮处理的监管力度，严肃查处各类涉粮案件，维护粮食流通正常秩序。

（五）认真落实全国科学技术大会精神，推进粮食科技创新体系建设

一是召开全国粮食科技大会，全面部署“十一五”粮食科技发展工作。各地认真贯彻会议精神，有些省专门召开了全省粮食科技大会部署工作，有些省（区、市）制订、下发本省推进粮食科技发展的指导意见。许多省还提出，通过建设工程中心、科技园区等搭建科技开发平台，大力发展粮食深加工。

二是中央级科研院所、省级科研院所和企业三级创新体系建设的构架初步形成。中央级院所切实发挥引领作用，承担了国家“十一五”科技计划部分课题和国家高技术研究计划863课题、国家自然科学基金课题，在高技术研究和粮食基础性研究方面取得了一些突破性的进展。省级院所在区域创新和成果推广方面的作用，大型龙头企业在研发平台、成果转化及产业发展方面的先导作用也得到促进。一些重点大型企业和省粮科所直接参与国家“十一五”科技项目的研究工作，具体承担了研究及试验、示范、转化任务。

三是大力宣传普及粮食科技知识，积极推进粮油精深加工高技术产业化。以北京为主会场，在全国20多个省、自治区和直辖市举办“粮食科技活动周”，推广农村储粮技术，宣传粮食质量安全营养卫生知识。在粮食储藏、加工和粮油机械研发等方面，取得一批科研成果。实施了一批国家高技术产业化示范工程项目。

（六）积极发展粮食市场，加强粮食现代物流体系建设

及时落实国务院领导同志批示精神，认真研究“北粮南运”和物流体系建设中的关键问题，修改完善“粮食现代物流规划”。中储粮总公司和10个省区的粮食物流设施建设规划已经完成。华粮物流集团公司的组建和运营，环渤海地区港口粮食中转设施建设项目，以及上海外高桥、浙江舟山、广东东莞等地的“北粮南运”主通道粮食物流设施建设项目陆续开工或完工投入使用，使“北粮南运”的铁海联运能力进一步增强。国债投资安排的散粮汽车试点项目进展顺利，一批新型散粮专用汽车陆续投入运营，为黄淮海等地区开展汽车散粮运输试点、推进“四散”作业创造了条件。加强粮食市场体

系建设的指导和规划研究工作，通过粮食批发市场组织国家政策性粮食竞价销售，发挥服务粮食宏观调控等方面的重要作用。

去年，国家人事部和全局联合表彰了全国粮食系统的先进集体和先进工作者（劳动模范），国务院副总理曾培炎代表党中央、国务院，亲切会见先进集体和先进个人代表，国家发展改革委领导马凯主任、春正、井泉副主任也一同会见了与会代表，这是对广大粮食系统干部职工极大的鼓舞和鞭策。上述成绩的取得来之不易，是党中央、国务院正确领导的结果，是国家发展改革委直接指导和有关部门大力支持的结果，是各级党委、政府重视支持的结果，是粮食部门广大干部职工共同努力、扎实工作的结果。在此，我代表国家粮食局，向一年来为粮食工作付出辛劳的同志们和支持粮食工作的有关部门表示衷心的感谢！

二　科学分析形势，准确把握粮食流通工作目标

2007年，是贯彻落实科学发展观和党的十六届五中、六中全会精神，实施“十一五”规划和构建社会主义和谐社会的重要一年，也是巩固和发展粮食流通体制改革和粮食宏观调控成果、积极发展现代粮食流通产业、更好地参与和服务社会主义新农村建设的关键之年。随着粮食流通体制改革的逐步深入和粮食供求形势的变化，粮食流通工作面临新的形势和任务，也将迎接新的机遇和挑战。

（一）经济社会发展和农村工作新战略，给粮食流通工作提出新要求

党的十六届六中全会提出了构建社会主义和谐社会的重大战略任务。今年中央经济工作会议要求推动经济社会发展切实转入科学发展的轨道，实现国民经济又好又快发展。中央农村工作会议和中央1号文件进一步强调要积极发展现代农业，扎实推进社会主义新农村建设。这些重要发展战略给粮食流通工作的发展提出了新的要求。

从粮食工作目标看，我们要始终牢记，我国有13亿人口，保障粮食安全必须立足于国内。由于粮食在国民经济中所处的特殊地位和我国的基本国情粮情，确保粮食安全是国民经济又好又快发展的重要前提，是构建和谐社会的重要基础。坚持立足国内保障粮食基本自给，逐步建立供给稳定、调控有力、监管规范、运转高效的粮食安全保障体系，是粮食流通工作的主要目标。加强市场调控和监管，保护种粮农民利益，保障国家粮食安全，是粮食行政管理部门的重要任务。随着我国经济社会发展向工业反哺农业、城市支持农村的阶段转变，粮食流通工作的重点转为支持引导发展粮食生产、衔接粮食产销、稳定粮食市场；粮食部门的职能定位也要转变为宏观调控、市场监管、政策指导、协调服务，全面服务于农业、农村和农民，并不断满足广大消费者对粮食的多样化、优质化需要。

从粮食流通产业发展战略看，粮食不仅是重要的生活资料，也是重要的加工原料，粮食流通产业不仅具有保障粮食供给的功能，而且具有促进经济发展、增加就业、促农增收的功能。随着建设社会主义新农村战略的推进，城乡居民消费结构的升级，必须顺应发展现代农业的需要，积极发展现代粮食流通产业，这是增加种粮农民收入的基本途径，是提高粮食综合生产能力、保障国家粮食安全的重要举措。发展现代粮食流通产业，需要构建三个体系、强化一个保障。一是建立健全以粮食储备为骨干、国有粮食企业为主渠道、粮食应急供应系统为保障的粮食宏观调控体系，加强对粮食生产、消费、库存及进出口的监测和调控，促进粮食生产稳定发展，保证粮食供给和市场粮价的基本稳定；二是建立健全以城乡集贸市场和超市等零售市场为基础、粮食批发市场为骨干、粮食期货市场为先导的开放统一、竞争有序的现代粮食市场体系，培育多元化、多层次的粮食市场主体，促进粮食市场发

育，搞活粮食流通，提高粮食流通效率；三是建立健全以优势企业为龙头、现代粮食物流和加工业为依托、科技为支撑的粮食产业化体系，大力发展订单生产、订单收购，让农民分享粮食流通和加工效益，促进粮食生产结构调整和品质优化，增加粮食商品附加值，促进农民增收、企业增效。强化一个保障是：建立健全以粮食法律法规为依据、以库存监管为主线、以质量安全为重点的面向全社会的粮食流通行政执法监督保障体系，确立权责明确、行为规范、监督有效、保障有力的粮食行政监管机制，形成经营活跃、管理规范、流通有序、供求稳定、卫生安全的粮食流通秩序。

从粮食流通产业发展环境看，中央1号文件明确提出，要开发农业多种功能，健全发展现代农业的产业体系，促进粮食生产稳定发展，扶持农业产业化龙头企业发展。这为发展现代粮食流通产业提供了重要机遇。目前我国粮食流通产业总体上处于比较初级的发展阶段，经营管理比较粗放；生产、加工、流通联结不够紧密,企业规模小，集约化程度不高，对农户的带动力较弱；加工初级产品多，转化利用效率较低。这也说明，现代粮食流通产业具有十分广阔的发展空间。当前，要抓住机遇，转变经济增长方式，加快培育和发展粮食产业化龙头企业，加快建立从农村粮食产后服务到城乡粮食销售服务的产业链，探索建立集粮食收购、仓储、加工、销售为一体的粮食产业或功能配套的粮食产业集群，逐步推进从粮食购销到餐桌的全程产业化服务，发挥产业集聚效应，推动现代粮食流通产业的发展。

（二）粮食供需形势发生新变化，给粮食宏观调控提出新任务

我国粮食生产连续三年丰收，产不足需的矛盾得到有效缓解。但也要清醒地看到，粮食生产、消费格局出现了新的变化，给粮食宏观调控提出了更高要求。

从国内粮食生产看，在国家支农惠农政策的作用下，2006年粮食再获丰收，总产量达到9800亿斤以上，国内粮食供需状况明显改善。但从今后的发展趋势看，耕地减少、淡水资源短缺的矛盾越来越突出，粮食播种面积继续扩大的余地越来越小，单产水平继续稳步提高难度加大，粮食生产稳定发展的基础并不稳固。

从国内粮食消费需求看，当年粮食产需还有一定缺口，地区和品种结构不平衡状况依然突出。主产区产业化龙头企业发展较快，粮食消费需求显著增加；主销区和部分产销平衡区粮食产需缺口较大，有些地区的缺口还有扩大的趋势。当前我国粮食供给比较薄弱的地区，主要集中在东南沿海、西南和西北的部分地区。从品种结构看，小麦和稻谷由前几年产不足需转变为产需基本平衡；玉米工业消费增长较快，将由以往供需平衡有余逐步向平衡偏紧转变；大豆产需缺口继续扩大，需要通过增加进口来解决。

从国家粮食库存看，随着我国粮食的恢复性增产，国家粮食库存从2005年开始平稳增加，特别是主产区临时存储小麦库存增加较多，增强了粮食宏观调控的物质基础，但粮食库存大多集中在主产区，销区粮食库存比较薄弱；大米和玉米库存所占比重偏低；企业商品周转库存下降较多，地方储备还没有达到国家规定的要求，对保证供应、稳定价格带来不利影响。

从国际粮食市场看，当前供需形势偏紧。据美国农业部2006年12月数据分析，由于美国、欧洲、澳大利亚等受到干旱天气的不利影响，2006~2007年度全球粮食产量19.74亿吨，比上年度减产2.1%，其中小麦5.89亿吨，减产5%；大米4.16亿吨，与上年度基本持平；玉米6.93亿吨，减产0.3%。随着人口增长和经济发展，世界粮食消费需求稳定增长，预计本年度世界粮食消费量为20.46亿吨，比上年度增长1%，当年产需缺口达0.72亿吨。预计本年度世界粮食库存将下降到3.24亿吨，比上年度减少0.72亿吨，是近几年的最低水平。

去年世界粮食生产下降幅度较大，从我们分析看，对我国粮食供应不会带来大的影响，国内粮食安全是完全有保证的。但是，国际市场粮食价格大幅上涨，对国内粮食市场价格也会带来一定影响。同时也要看到，随着城镇化的发展和进城务工人员的增加，粮食商品率稳步提高，粮食流通规模扩大，市场调控难度加大。受国际、国内两个市场的影响，我国粮食市场和价格变化的不确定因素增加。去年底部分地区市场粮价出现较快上涨，我们分析原因：一是当前粮食（含大豆）产需还存在一定缺口，供求总量总体上还是偏紧的，市场粮价上涨还有一定空间，这是粮价上涨的重要原因。二是启动最低收购价预案后，粮源主要流向国家委托的收购企业，市场粮源减少。三是去年秋冬季气候干旱，对粮食生产带来不利影响，农民惜售。四是国际市场粮价攀升，影响到国内市场。因此，在粮食购销市场化程度明显提高、国际国内两个市场联系日益密切的情况下，保持国内粮食市场和价格基本稳定的难度加大，需要按照“基本立足国内保障粮食供给”的方针和“努力实现粮食供求紧平衡”的调控目标，进一步健全粮食宏观调控体制，加快建立以市场供求为基础的经营机制。在保障粮食安全方面，无论是主产区，还是主销区、产销平衡区，都负有重要责任；既要关注总量问题，更要关注品种结构和地区分布问题，需要采取有力措施，保持粮食供求总量和区域、品种结构的基本平衡，保证市场供应，维护市场稳定。

（三）粮食购销市场化改革过程中出现新情况，给粮食流通工作提出新挑战

近两年实施的粮食最低收购价政策，得到了农民、受委托企业和地方政府的普遍欢迎，但在执行过程中也出现了一些新情况、新问题。一是在市场预期价格较多低于最低收购价的情况下，多渠道未能充分发挥活力，市场机制的作用难以充分发挥。二是部分主产区粮食仓容不足矛盾突出，多数基层收购点的仓储条件较差，储粮安全存在隐患，加上委托收储库点较多，库存监管难度较大。三是产销区粮食购销渠道发生改变，产销衔接受到一定程度影响。因此，还需进一步完善粮食最低收购价政策，处理好保护农民利益和发挥市场机制作用的关系。

粮食购销市场化改革全面推进，要求粮食行政管理部门更多地运用经济和法律手段调控和管理全社会粮食流通。但是，目前部分地区粮食法制及执法机构、人员和经费还没有完全到位。有的地方粮食行政管理部门还习惯用过去的办法直接管理企业，运用经济手段和依法行政的新办法不多。有的地方粮食行政管理人员依法行政的观念还没有树立起来，一些新的职能和工作任务还没有落实到位。粮食市场主体点多面广，规模不大，流动性强，也加大了市场监管的难度。这些情况表明，粮食依法行政的难度和压力依然很大，需要进一步转变观念，提高素质，不断加强粮食行政管理队伍建设。

三 狠抓政策落实，扎实做好2007年粮食流通工作

今年粮食流通工作的总体要求和主要任务是：以邓小平理论和“三个代表”重要思想为指导，认真贯彻党的十六大和十六届三中、四中、五中、六中全会精神，全面落实科学发展观，按照加快构建社会主义和谐社会的要求，坚持为耕者谋利、为食者造福的理念，狠抓政策落实、完善体制机制、加强市场调控、推进依法行政、推动科技进步，积极发展现代粮食流通产业，为社会主义新农村建设服务，确保国家粮食安全，促进国民经济又好又快发展，以优异成绩迎接党的十七大胜利召开。

（一）狠抓粮食流通体制改革各项政策措施的贯彻落实，通过深化改革促进发展

国发[2004]17号、国发[2006]16号文件明确了深化粮食流通体制改革的政策措施，当前的首要任务是抓好政策落实。

一是要认真落实国有粮食企业改革的各项政策，继续推进企业改革和发展。督促国有粮食企业完成政策性挂账的剥离上划和集中管理工作，积极争取地方政府和有关部门的支持，多方筹措改革改制资金，做好富余人员分流安置、社会保障和再就业工作，保护职工合法权益，促进和谐社会建设。加强对国有粮食企业扭亏增盈工作的指导，不断提高企业经营管理水平和经济效益。积极配合有关部门完善消化政策性粮食财务挂账和处理经营性挂账的措施，理顺国债投资、世行贷款投资形成的粮食仓储资产产权关系，研究探索国有粮食企业国有资产监管办法，适时总结和推广各地推进企业产权制度改革的经验。

二是要加强重大问题的调查研究，进一步健全体制机制。要针对关系粮食流通工作全局、涉及粮食安全的重大战略问题深入调查研究。主要是如何处理好宏观调控与市场机制的关系，进一步完善粮食最低收购价政策；最近粮食价格的上涨反映出粮食流通体制和购销渠道还有哪些问题；粮食库存地域分布和品种结构还存在哪些隐患，需要进一步调整和优化；为保持市场稳定、价格合理，保护农民和消费者利益，需要做哪些应对准备工作。这些问题都需要我们深入基层，专题开展调查研究，有针对性地提出政策建议，加快形成以市场供求为基础的经营机制，完善粮食购销体制。

三是要认真推广宁夏粮食流通体制改革经验，继续加强对改革的分类指导。宁夏粮食流通体制改革的做法，为全面落实国务院文件精神、进一步推进粮食流通体制改革提供了重要经验和启示。宁夏经验的核心是落实粮食省长负责制，关键是推进体制机制创新。各地要以学习推广宁夏经验为契机，完善和落实改革的配套政策，积极消化历史挂账，落实粮食行政管理机构和人员，根据粮食产销区的不同实际情况，逐步健全粮食行政管理、储备调节、购销市场三大服务功能，确保改革顺利推进。

（二）继续落实和完善粮食最低收购价政策，保持粮食市场和价格基本稳定

为加强粮食宏观调控，促进粮食生产稳定发展，国家决定继续对重点地区、重点粮食品种实行最低收购价政策。我们要积极会同有关方面做好实施工作。

一是继续完善最低收购价执行预案，认真抓好粮食收购。进一步健全粮食最低收购价的启动机制、补贴机制和监督机制，合理引导市场预期，发挥中央和地方两个积极性。要认真做好粮食收购工作，在发挥国有粮食企业主渠道作用的同时，采取措施积极引导多元市场主体入市收购，保持市场粮价在合理水平上基本稳定，切实保护种粮农民利益。当前，特别要抓好东北地区玉米、南方地区中晚稻收购。

二是继续做好最低收购价粮食的销售工作，把握好销售力度和节奏，确保粮食供应不断档、不脱销，稳定粮食市场。当前，特别要保障好春节期间的粮油供应，保障粮油价格的基本稳定。有关省级粮食行政管理部门要积极督促本地承储库点按销售计划和相关要求及时出库。

三是加强对最低收购价粮食的监管工作。全局和有关部门将按照粮食库存检查暂行办法，加强对最低收购价粮食的监督检查。国家委托的最低收购价政策执行主体，要加强对委托收储库点收购粮食的监管，确保储粮安全。各地也要积极支持做好监管工作。

（三）完善粮食储备调节体系，进一步增强政府调控粮食市场的能力

一是充实和加强地方粮食储备。各地要抓住近几年粮食增产、市场粮源较多的有利时机，按照国家下达的地方储备规模建议数，抓紧充实地方粮食储备。按照调控有力、高效灵活、规范运作的原则，进一步优化地方储备粮的布局和品种结构，完善地方储备粮管理体制和运行机制，保障规范运作和储存安全。

二是加强中央储备粮行政管理。继续完善中央储备粮轮换机制，重点抓好中央储备粮轮换计划执

行情况和储粮安全的督促检查。积极推动中央储备粮与地方储备粮协同运作，发挥储备粮对稳定粮食市场和价格等方面的作用。要服从国家粮食宏观调控大局，严格执行中央储备粮轮换计划，把握好储备吞吐、轮换的时机和力度，避免造成对市场粮价带来大的波动。同时，要加强库存管理，切实做到“三严格，两确保”。今年暂停对中央储备粮代储资格认定工作，要加强对代储企业的检查，总结代储资格认定工作经验，完善认定办法。

三是继续做好粮食应急准备和军粮供应工作。各地要进一步完善本地区粮食应急预案，特别是要抓紧制定和完善地方储备粮应急动用预案，切实提高应急能力和水平，健全粮食应急保障系统，在出现粮食应急状态时，确保能够及时将地方储备可用于消费的成品粮油投放市场，保证市场供应。坚持以兵为本、平战结合，继续加强军粮供应主渠道建设，提高军粮供应综合服务和整体保障能力，做好军粮和其他政策性粮食的供应服务工作。

四是加强社会粮食统计和市场监测分析。在做好国有粮食企业统计工作的同时，重点加强对非国有粮食企业执行国家粮食流通统计制度的督促和检查。继续加强粮食市场信息服务体系建设，实行对国际、国内粮食市场的有效监测和预测，健全粮食监测预警系统。完善社会粮食供需平衡抽查制度，抓紧建立农户粮情固定监测点，提高统计调查质量。

（四）积极抓好粮食产销衔接和移库工作，促进粮食供求品种结构和区域平衡

国家有关部门《关于进一步促进粮食产销合作发展的指导意见》已经正式下发，各地要认真抓好落实，进一步细化各项扶持措施。

一是不断探索创新产销合作形式。鼓励粮食产区与销区企业积极开展粮食购销贸易、库场租赁并购、联营，以及代收、代储、代销等多种形式的合作，扩大合作规模和范围。主销区可以利用主产区的粮源和仓储资源，建立一定数量的异地粮食储备。积极引导产区和销区企业以资产为纽带，通过合资、合作等方式，共同组建跨区域的粮食收储、加工和经营企业，实现资源共享、优势互补，形成产销区长期合作、互利多赢的格局。

二是加大指导和协调力度，落实好有关扶持措施。要加强对销区企业到产区采购粮食的组织和运输协调工作，积极争取铁路、交通部门优先安排运输和农业发展银行优先给予贷款的支持。建立省际间粮食产销合作联系制度，及时沟通粮食生产、供求、质量、价格等方面的信息。充分发挥粮食批发市场和行业中介组织的作用，通过举办产销洽谈会、交易会等形式，为产销区企业开展合作搭建服务平台。

三是做好最低收购价粮食的跨省移库工作。要抓紧利用春节后的铁路运输有利时机，从主产区向库存薄弱地区移库最低收购价粮食，以促进数量、品种、布局的基本平衡。同时，腾出仓容为夏粮收购做好准备。调出地区要按照出库计划积极做好这部分粮食移库的组织安排，粮食行政管理部门要督促当地承储企业按时出库和发运。调入地区要做好这部分粮食的接运、仓容准备和监管工作。

（五）依法加强对全社会粮食流通监管，进一步提高依法行政水平

一是继续抓好条例的贯彻落实。加大对《粮食流通管理条例》、《中央储备粮管理条例》的宣传力度，切实做好“五五”普法工作，增强依法行政意识。各地要抓紧研究制订条例的配套规章，及早研究制订粮食经营者最低和最高库存制度。积极推动粮食行政执法责任制，进一步做好粮食行政复议工作。

二是继续做好粮食库存检查工作。认真执行《粮食库存检查暂行办法》，重点强化对各类政策性粮食库存的专项检查，适时开展储备粮轮换、代储管理等随机抽查，建立经常性检查制度。研究制定

中央储备粮监管办法，加快建设中央储备粮油监管体系，推进中央储备粮油动态监管。

三是继续加强对粮食流通市场的监管。积极培育粮食市场主体，稳步发展粮食经纪人队伍。加强粮食收购资格审核，加强对政策性用粮购销活动的监督检查，开展粮食收购专项监督检查工作，严厉打击扰乱粮食收购秩序的违法、违规行为，大力推动粮食流通监督检查工作向社会粮食流通领域延伸。继续推进国家粮食质量标准和监测体系建设，开展原粮卫生专项摸底调查，规范粮食质量和原粮卫生抽查、检测工作，严防不符合卫生标准的粮食流入口粮市场。认真开展粮食行业安全生产专项检查，建立健全行业安全生产长效机制。继续做好粮食行业特有工种职业技能鉴定和培训工作。

（六）加快以粮食购销、加工企业为龙头的粮食产业化体系建设，促进粮食精深加工和产业化经营发展

一是积极争取有关方面的支持，利用农业发展银行信贷和财政贴息、税收优惠等手段，重点支持、大力培育一批粮油产业化经营的龙头企业。鼓励和引导企业向粮食生产领域和加工领域延伸，积极发展订单生产、订单收购和粮食精深加工，大力推进粮食产业化经营。

二是加强对发展粮食产业化经营的政策指导、协调、服务和管理。要抓紧研究制订粮食产业化发展政策，及时发布粮油加工生产能力和产业结构调整指导目录。修订完善本地区“十一五”粮油加工业发展规划等。

三是加快粮油加工产业的结构调整和优化升级。积极实施“粮油加工产业升级工程”，建设现代化粮油加工基地，推进优势产业的集聚，做强、做大一批重点骨干企业，构建协调发展、优势突出、带动能力强的粮油加工业布局。实施名牌战略，加大粮食及加工产品的营销力度，加强国际交流与合作，大力开拓国内外市场。

（七）加强粮食市场体系和现代物流体系建设，促进粮食顺畅有序流通

一是加快制定并组织实施《全国粮食市场体系建设“十一五”规划》，逐步建立开放统一、竞争有序的现代粮食市场体系。综合考虑粮食商品流向、地理区位、物流设施、交通条件等，对粮食批发市场建设进行科学规划，合理布局。根据国家粮食宏观调控需要和全国总体规划布局，发展区域性的粮食批发市场，积极推进粮食电子商务，逐步构建全国统一的粮食现货交易平台，更好地服务于国家粮食宏观调控。各地要进一步加强对粮食批发市场建设工作领导，根据全国总体规划，提出本省粮食市场建设规划。积极争取地方政府和有关部门对纳入国家和当地规划的粮食批发市场进行扶持，提升市场服务功能，发挥其在调控粮食市场、保证市场供应中的积极作用。

二是加强粮食现代物流体系建设，大力推动散粮运输发展。要进一步调查研究粮油深加工项目的发展对粮食物流的流量、流向、品种的影响，提出发展粮油深加工、粮食现代物流的规划和政策措施。我们将积极配合有关部门，抓紧推进粮食现代物流发展规划的发布实施，推进散粮火车“入关”和加大铁海联运比例有关政策的落实。各地要加强对粮食物流设施建设的指导。在充分利用现有设施的基础上，通过政府投资引导，加快主要物流设施项目的建设。在中央投资补助近期没有落实的情况下，各地要不等不靠，通过自筹资金，抓紧启动条件成熟项目的建设工作。

三是研究建立新型仓储管理机制，加强仓库维修改造。针对市场化改革后粮食仓储业的发展趋势，加强对仓储管理对象、重点环节、监管方法等方面的研究，完善粮食仓储管理制度、技术标准。要将新建粮食物流设施和对现有粮库进行技术改造、功能提升统筹规划，在推进物流设施建设的同时，抓好仓房维修改造工作。

（八）大力推进农村粮食产后安全保障工程和放心粮油进农村活动，积极为改善农民生产生活条件服务

确保农村粮油食品安全，减少农村粮食产后损失，关系到农民的身体健康，关系到农民收入的提高，关系到社会主义新农村建设和社会和谐稳定，各地要高度重视，摆上重要议程。

要继续推广先进、适用的农户储粮技术设备，逐步建立农村产后服务体系。承担丰产科技工程“粮食产后减损”项目的14个省，要落实配套资金和实施单位及示范点。争取启动农村粮食产后安全保障建设工程，开展农户储粮设施建设试点，逐步建立农村科学储粮技术服务体系，指导农户安全储粮。

要逐步构建农村放心粮油营销网络，深入开展放心粮油进农村活动。搞好放心粮油、放心粮店管理，实行行业自律，加强质量监管，打造放心品牌。根据农村市场的特点，开发生产多样化、多档次的产品，开展“两代一换”，积极发展粮油连锁经营，建立农村粮油服务社、粮油超市、便民店等。大力开展食品安全教育，提高农民群众的健康意识和食品安全意识，为放心粮油进农村营造良好的氛围。

同志们，今年粮食流通工作任务十分繁重。市场经济的发展和粮食购销市场化改革的推进，对粮食行政管理理念、管理职能、管理方式、管理手段等都提出了新的要求。要顺利完成粮食流通工作的各项任务，必须加快转变职能，加强思想作风、学风、工作作风、领导作风和干部生活作风建设，加强粮食行政管理队伍、专业技术人员队伍、企业经营管理人员队伍和高技能人才队伍建设。各级粮食行政管理部门要按照“经济调节、市场监管、社会管理、公共服务”四大政府职能的要求，坚持政企分开和依法行政，努力做到粮食行政管理工作不缺位、不越位、不错位，提高依法行政水平。要把中央的方针政策同粮食工作的实际紧密结合起来，使粮食流通体制改革和粮食宏观调控成果不断巩固和发展。要进一步加强廉政教育，切实抓好粮食系统党风廉政建设和反腐败工作。对此，我们还将召开专门会议进行部署。

同志们，为耕者谋利，为食者造福，是粮食部门的光荣使命。让我们紧密团结在以胡锦涛同志为总书记的党中央周围，以邓小平理论和“三个代表”重要思想为指导，全面贯彻落实科学发展观，按照中央关于粮食工作的部署，狠抓政策落实，切实保护种粮农民利益，保证国家粮食安全，为建设社会主义新农村和构建社会主义和谐社会作出新的贡献！以优异成绩迎接党的十七大胜利召开！

在全国粮食系统纪检监察工作会议上的讲话

国家粮食局局长、党组书记 聂振邦
2007年3月28日

同志们：

这次会议的主要任务是，以邓小平理论和“三个代表”重要思想为指导，深入学习胡锦涛总书记在中央纪委第七次全体会议上的重要讲话、吴官正同志的工作报告和温家宝总理在国务院第五次廉政工作会议上的重要讲话精神，认真贯彻中央纪委第七次全会和国务院第五次廉政工作会议精神，按照党中央、国务院关于今年党风廉政建设和反腐败工作的统一部署，结合粮食系统实际，总结去年党风廉政建设和反腐败工作情况，研究落实今年全国粮食系统党风廉政建设和反腐败工作的具体安排和部署。有关工作安排，杨兵同志将要作出具体部署，请大家回去后结合本地的实际情况认真落实。下面我讲几点意见。

一 认真总结2006年粮食系统党风廉政建设工作，正确认识当前粮食系统党风廉政建设形势

2006年，全国粮食系统贯彻落实科学发展观和构建社会主义和谐社会的要求，粮食流通体制改革和各项粮食流通工作取得很大成绩。与此同时，各级粮食流通部门认真贯彻标本兼治、综合治理、惩防并举、注重预防的方针，牢牢把握贯彻落实《实施纲要》这条主线，认真学习贯彻党章，继续加大惩治和预防工作力度，深入开展社会主义荣辱观教育，扎实推进粮食流通领域治理商业贿赂专项工作，坚决纠正损害群众利益的不正之风，严肃查处违纪违法案件，党风廉政建设各项工作取得了新进展。主要表现在以下几个方面：

一是加强反腐倡廉教育，领导干部廉洁自律更加自觉。各级粮食部门以领导干部为重点，认真学习和贯彻党章，深入进行社会主义理想信念教育、荣辱观教育和反腐倡廉教育，运用典型案例开展廉政警示教育，增强廉政教育的针对性和有效性，粮食系统各级领导干部廉洁自律意识进一步增强，从政行为不断规范。

二是坚决纠正损害群众利益的不正之风，行业作风建设取得新成效。各地粮食部门按照构建社会主义和谐社会的要求，以人为本，以粮食收购、市场监督和质量监管等环节为重点，确保国家粮食收购政策落实，加强监督检查，坚决纠正损害群众切身利益的问题，推进“放心粮油”工程，维护了种粮农民利益和消费者、经营者合法权益，行业作风建设有了新进展。

三是开展治理商业贿赂专项工作，严肃查处违纪案件，案件发案率有所下降。按照中央要求，加强宣传教育，提高对治理商业贿赂工作的认识，积极开展自查自纠，确定粮食购销、粮库建设、粮食企业产权改革、行政审批等方面为治理重点部位和环节，边查边改，针对存在的问题建章立制，取得了阶段性成效。严肃查处违纪案件，从去年全国粮食系统的举报案件数量和查办案件情况看，违纪违

法案件有所减少，举报案件数量、处理人数近四年均呈逐年下降趋势。

四是加大制度建设力度，强化监督制约，源头治理深入开展。各地粮食部门继续深化体制改革，不断完善反腐倡廉制度建设，继续推进干部人事制度、行政审批制度、投资体制改革。认真执行党内监督各项制度，加强对权力运行的监督，源头治理不断深化。

总之，在过去的一年，全国各级粮食部门对加强党风廉政建设和反腐败工作的态度坚决，各级粮食纪检监察机关和干部的工作积极主动，措施有力，成效明显。这些成绩的取得，是党中央、国务院关心重视和正确领导的结果，是粮食系统广大干部职工积极支持的结果，也是粮食系统各级党员领导干部认真履行“一岗双责”和纪检监察干部辛勤努力的结果。在此，我代表国家粮食局党组，感谢中央纪委、监察部多年来对粮食流通事业和粮食系统党风廉政工作的有力指导和支持，感谢全国粮食系统纪检监察干部所作出的辛勤努力和重要贡献。

在充分肯定粮食系统反腐倡廉取得新的成效的同时，按照胡锦涛总书记、温家宝总理的重要讲话精神，对照中央关于反腐倡廉工作的要求，我们还应当清醒地看到工作中存在的差距和不足。主要是：有的单位对党风廉政建设还不够重视，对反腐倡廉工作的认识还需要进一步深化；个别地方，党员领导干部的思想作风、领导作风等还不完全适应新形势、新任务的要求，自律意识还需要进一步加强，从政行为还需要进一步规范；在某些地方和个别企业，违反国家粮食政策，损害农民利益的行为还时有发生；个别企业负责人采取不正当手段，侵占国家和企业资产等违纪案件还时有发生，查办案件还需要进一步加大力度；从源头上防治腐败的体制机制还需要不断创新、规章制度还需要不断完善。我们必须充分认识反腐倡廉的长期性、艰巨性、复杂性，增强政治责任感，加大工作力度，深入扎实地落实中央纪委第七次全会和国务院第五次廉政工作会议精神，采取有效措施，坚定不移地把粮食系统党风廉政建设和反腐败斗争推向深入。

二 认真学习贯彻胡锦涛总书记讲话精神，全面加强和改进粮食系统领导干部作风建设

（一）深刻领会胡锦涛总书记在中央纪委第七次全会上讲话的重大意义，充分认识加强和改进领导干部作风建设的极端重要性

胡锦涛总书记在中央纪委第七次全会上发表的重要讲话，从贯彻落实科学发展观、加强党的执政能力建设和先进性建设的战略高度，深入分析了当前党风廉政建设和反腐败斗争面临的形势，明确提出了加强反腐倡廉工作的重点任务，阐述了加强领导干部作风建设的极端重要性和紧迫性，强调在领导干部中要大力倡导八个方面的良好风气，全面加强领导干部作风建设。总书记的重要讲话高屋建瓴，内涵丰富，论述深刻，语重心长，具有很强的政治性、理论性、思想性、针对性和指导性，对于推动全党进一步落实科学发展观、构建社会主义和谐社会，进一步提高党的执政能力、保持和发展党的先进性，进一步做好新形势下的反腐倡廉工作，都具有十分重大的现实意义和深远的历史意义。粮食系统广大党员干部要认真学习、深刻领会。要通过学习，深刻认识到加强领导干部作风建设是全面贯彻科学发展观的必然要求，是构建社会主义和谐社会的必然要求，是提高党的执政能力、保持和发展党的先进性的必然要求，是全面落实中央各项方针政策和工作部署的必然要求，也是在新形势下做好反腐倡廉工作的必然要求。

粮食流通工作一头连着亿万农民，一头连着广大消费者，直接关系到党对亿万农民支农惠农政策的落实，关系着广大人民群众的生产、生活和健康，关系着整个国家的粮食安全和经济社会的稳定发展，责任重大，任务艰巨。近年来，全国粮食系统按照党中央要求，始终把作风建设作为反腐倡廉工作的重要内容来抓，取得了显著成效。从总体上看，粮食系统党员干部的作风是比较好的，但也有少数党员干部尤其是领导干部在工作作风、领导作风、生活作风等方面不同程度地存在一些问题，与中央的要求还存在一定的差距。我们必须引起高度重视，采取措施坚决予以纠正。要紧密联系粮食流通工作的特点和实际，从全面落实科学发展观、践行党的宗旨的高度，从履行政府部门职能和行业管理责任的高度，从做好粮食流通工作、维护国家粮食安全、推进社会主义新农村建设和和谐社会建设的高度，学习好、贯彻好、落实好胡锦涛总书记的重要讲话精神，深刻理解和认识加强粮食系统领导干部作风建设的极端重要性和紧迫性，把作风建设作为长期的战略任务，摆在更加突出的位置。

（二）全面把握加强和改进领导干部作风建设的总体要求，切实加强粮食系统领导干部思想作风、学风、工作作风、领导作风和生活作风建设

胡锦涛总书记的重要讲话，提出了加强领导干部作风建设总的要求和目标任务，讲得非常具体、明确，为我们指明了方向。我们要深刻领会讲话的精神实质，切实把握加强领导干部作风建设的行动要求，特别是对八个方面良好风气的意义、内涵、要求要逐条研读，深入思考，融会贯通。要深刻认识到胡锦涛总书记提出的勤奋好学、学以致用，心系群众、服务人民，真抓实干、务求实效，艰苦奋斗、勤俭节约，顾全大局、令行禁止，发扬民主、团结共事，秉公用权、廉洁从政，生活正派、情趣健康这八个方面，是一个内容丰富、有机统一的整体，涵盖了党的思想作风、学风、工作作风、领导作风和干部生活作风，提出了领导干部做人从政的基本规范和主要原则，具有很强的现实针对性和指导性，既是加强领导干部作风建设的基本内容，也是进一步实现领导干部作风好转的鲜明标志。粮食系统各级领导干部要结合自身实际，把八个方面良好风气的要求具体化，明确努力方向，进一步加强作风建设，解决作风建设中存在的突出问题。

1. 切实加强领导干部思想作风建设。坚持解放思想、实事求是、与时俱进的思想路线和优良作风，领导干部就能保持正确的政治方向和奋发有为的精神状态；忽视思想作风建设，放松主观世界改造，思想作风不端正，就很容易走向腐败。粮食系统各级领导干部要充分认识思想作风建设的重要性，切实加强党性锻炼，转变思想作风。要讲政治、顾大局、想大事，在思想上、行动上与以胡锦涛同志为总书记的党中央保持高度一致，自觉维护中央权威，做到政令畅通、令行禁止。要以更加强烈的政治责任感和发展意识、开放意识，主动推进理念创新、体制机制创新和政策创新。要坚决反对不尊重客观规律、思想严重脱离实际、凭主观意志办事、盲目蛮干的精神状态和思想作风。

2. 切实加强领导干部学风建设。大力弘扬理论联系实际的马克思主义学风，坚持勤奋学习，是领导干部增强党性、提高本领、做好工作的前提；放松学习，缺乏理论武装，就会思想滑坡、意志消退，甚至走向堕落。粮食系统各级领导干部一定要深刻认识学习的重要性，牢固树立终身学习的思想，通过学习，充实自己，不断提高自己的素质。要深入学习马列主义、毛泽东思想、邓小平理论和“三个代表”重要思想，深入学习科学发展观、构建社会主义和谐社会等重大战略思想，真正学懂弄通，掌握精神实质。要自觉学习现代科学文化知识，加快知识更新，优化知识结构，不断丰富做好领导工作的知识武装和知识储备。要弘扬理论联系实际的学风，学以致用，切实把学习的体会和成果转化为提高做好粮食流通工作的能力，提高依法行政、依法办事的能力。

3. 切实加强领导干部工作作风建设。坚持党的群众路线，发挥密切联系群众的政治优势，就能

保持良好的党群干群关系；宗旨意识不强，群众观念淡薄，习惯于做表面文章，热衷于搞形象工程和政绩工程，损害群众利益，甚至以权谋私、与民争利，迟早会出大问题。粮食系统各级领导干部一定要牢记党的宗旨，树立和实践正确的政绩观、权力观和利益观，坚持心里装着群众、密切联系群众，切实把立党为公、执政为民的本质要求具体、深入地落实到各项工作中。在制定粮食流通的政策措施和具体工作中，要坚持以保护种粮农民利益为出发点，以确保国家粮食安全为落脚点，把中央的支农惠农政策切实落实到农民手中。在企业改革改制中，要坚持公开、公正、公平的原则，千方百计解决职工分流资金、再就业、社会保障等方面的困难，切实保护职工的合法权益。要坚决反对贪图虚名、不务实效等形式主义，反对脱离实际，脱离群众、漠视群众利益等官僚主义。

4. 切实加强领导干部的领导作风建设。充分发扬民主、坚持正确集中，是领导干部维护班子团结、进行科学决策、调动各方面积极性、提高凝聚力和战斗力的必然要求；而作风不民主、搞“一言堂”，权力运行脱离监督必然导致腐败。粮食系统各级领导干部一定要身体力行民主集中制，坚持按制度和程序办事，坚持集体领导和民主决策。个人不能凌驾于组织之上，不能游离于组织监督之外。要善于团结共事，自觉接受组织和群众的监督。

5. 切实加强领导干部生活作风建设。生活正派、情操高尚，就能有效抵御各种腐朽思想的侵蚀；生活作风不检点、不正派，就很难做到清正廉洁。粮食系统各级领导干部一定要牢记树立正确的世界观、人生观、价值观和荣辱观，自觉做到自重、自省、自警、自励，自觉加强思想道德修养，自觉抵制权力、金钱、美色的诱惑，自觉抵御拜金主义、享乐主义、极端个人主义的侵蚀。要培养健康的生活情趣，慎重对待朋友交往，检点自己生活的方方面面，始终保持共产党员的本色。

加强和改进干部作风建设，领导干部是关键。粮食系统广大领导干部，一定要按照胡锦涛总书记要求，以身作则，率先垂范，做作风建设的表率，确保作风建设取得实效。要加强对领导干部作风建设的领导和监督，建立健全加强领导干部作风建设的领导机制和工作机制，加强对领导干部作风状况的监督，注重事前监督和防范，及时发现和纠正领导干部作风建设方面的问题。

（三）深入开展廉政教育，推进领导干部廉洁自律和廉洁从政

粮食系统各级领导干部要以加强作风建设为契机，以树立社会主义核心价值体系为目标，继续深入开展理想信念教育、社会主义荣辱观教育、廉洁自律教育，坚持社会主义核心价值体系，用马克思主义中国化的最新成果武装头脑，筑牢廉洁从政的思想道德基础。要认真开展遵守党的纪律尤其是政治纪律的教育，促使党员干部严格遵守党章和党内法规，对党忠诚，立场坚定，自觉抵制错误言论和倾向。要做到讲政治、讲正气，严守党的秘密，不信谣，不传谣，维护党的团结统一。

粮食系统各级领导干部要认真落实党中央关于反腐倡廉的重要部署，严格执行“四大纪律、八项要求”，自觉遵守廉洁自律各项规定，自觉坚持廉洁从政。按照中央纪委的要求，对领导干部利用职权和职务影响，在商品房买卖置换中以明显低于市场价格购置或以劣换优谋取不正当利益的，以借为名占用他人住房、汽车的，以赌博或变相赌博等形式收钱敛财的，借委托他人投资证券或其他委托理财的名义获取不正当利益的，为本人谋取预期的不正当权益或以各种方式为配偶、子女和其他亲友谋取不正当利益的，要坚决纠正清理。继续严肃查处领导干部违反规定收送现金、有价证券和支付凭证等问题。加强对领导干部配偶、子女从业情况的监督检查，坚决纠正存在的问题。绝不允许对领导干部的亲属搞特殊照顾，绝不允许为他们谋取不正当权益提供任何方便。坚决防止和纠正超标准超编制配备使用小汽车、违规集资建房、违规超标准多占住房等问题。

三 以加强作风建设为动力，全面推进粮食系统党风廉政建设

2007年粮食系统党风廉政建设，要坚持以邓小平理论和“三个代表”重要思想为指导，全面落实科学发展观，深入贯彻以胡锦涛同志为总书记的党中央关于反腐倡廉的一系列重大部署和要求，深入贯彻中央纪委七次全会和国务院第五次廉政工作会议精神，坚持标本兼治、综合治理、惩防并举、注重预防的方针，贯彻落实《实施纲要》具体意见，推进惩防体系建设；全面加强领导干部作风建设，促进领导干部作风进一步转变；突出重点，继续抓好领导干部的教育、监督和廉洁自律，继续抓好大案要案的查处，继续抓好纠正损害群众利益的不正之风，继续抓好源头治理，推进体制机制创新；紧密结合粮食流通工作改革发展的实际，深入开展粮食系统党风廉政建设和反腐败工作。

（一）坚决执行党的方针政策，在粮食流通工作中贯彻落实科学发展观的要求

科学发展观是指导发展的世界观和方法论的集中体现，是推进社会主义经济社会发展、加快推进社会主义现代化建设必须长期坚持的重要指导思想，是粮食流通工作改革和发展的重要指导思想。中央纪委七次全会强调要“加强对科学发展观贯彻落实情况的监督检查，促进社会主义和谐社会建设”。粮食系统各级领导干部要把贯彻落实科学发展观作为推进粮食流通工作必须长期坚持的根本指导方针，把贯彻落实科学发展观作为粮食系统各级领导干部必须严格遵守的政治纪律。

粮食系统党风廉政建设各项工作要按照全面贯彻落实科学发展观、加快构建社会主义和谐社会的要求，紧紧围绕粮食中心工作，把完善流通体制、加强市场调控、保护种粮农民利益、保障国家粮食安全作为重要任务，切实加强对科学发展观贯彻落实情况的监督检查。一是要加强各级粮食部门领导干部对科学发展观认识情况的监督检查，增强各级领导干部贯彻落实科学发展观的自觉性和坚定性，切实把科学发展观的基本理念与粮食流通工作的具体实践有机结合起来。二是要加强对工作思路、工作措施和工作效果的监督检查，促进各级粮食部门从完善粮食流通发展思路、全面推进粮食流通工作等方面进一步贯彻落实科学发展观。三是要始终坚持以人为本，加强对与人民群众切身利益密切相关的粮食流通工作的监督检查，在加强调控、保证供应、稳定价格、依法行政、服务“三农”、完善体制、创新机制等方面确保科学发展观的落实。四是要加强对重大事项决策制度和程序贯彻执行情况的监督检查，保证重要干部的推荐任免和奖惩、重大工程项目安排、大额度财政资金使用等重要问题的决策科学民主。通过监督检查，采取切实有效的措施，坚决纠正违背科学发展观、违背社会主义和谐社会建设要求的行为，切实保护农民利益和种粮积极性，保证国家粮食安全，保证粮食市场和价格基本稳定。

（二）深入推进治理商业贿赂专项工作，坚决查处违纪案件

商业贿赂违背公平竞争原则，破坏市场经济秩序，损害人民群众利益，毒化社会风气。粮食部门各级领导干部务必对商业贿赂的危害性，对治理商业贿赂工作的长期性、艰巨性有清醒的认识。去年粮食系统治理商业贿赂工作取得了阶段性成果，今年要按照中央的部署和温家宝总理的讲话要求，继续采取更加有力的措施治理商业贿赂，务必取得明显成效。一是要加大查办商业贿赂大案要案的力度，形成对腐败分子的强大威慑。对行政机关公务员利用审批权、执法权搞官商勾结、权钱交易的案件，要一查到底，绝不姑息。要针对粮食购销、粮库建设、粮食企业产权改革、行政审批、政府采购、储备粮轮换、工程建设、产权交易、粮食市场监督检查等重点防范部位，查找问题。要认真调查核实群众反映的商业贿赂线索，对权钱交易等严重商业贿赂案件，要加大督办力度，重点查办。二是

要注重做好典型案件的调研分析，抓住苗头和倾向性问题深入开展预防工作。要分析发生案件的特点和规律，突出重点领域，瞄准热点部位，抓住关键环节，把握易发多发的时机，有针对性地加强制度建设，形成防治商业贿赂的长效机制。三是要强化对经营者和从业者的引导、约束和监管，对有商业贿赂行为的企业和个人，要加大处罚力度，依法严肃处理。

从严治党，从严治政，严肃党纪政纪，坚决查办违纪违法案件，是反腐倡廉的重要任务，也是惩治腐败的重要手段。要始终保持惩治腐败的强劲势头，按照中央纪委的部署，重点查办粮食系统党员领导干部滥用权力、贪污受贿、腐化堕落、失职渎职的案件，利用人事权、审批权、行政执法权谋取私利的案件；严厉查办官商勾结、权钱交易的案件，在政府投资项目中虚假招标投标案件，在国有粮食企业改革改制中隐匿、私分、转移、贱卖国有资产的案件；严肃查办违反津贴补贴有关规定的案件；严肃查办在中央和地方储备粮购销活动中弄虚作假套取费用补贴、侵吞国家粮款、私自倒卖库存粮食非法牟利的案件；坚决查办严重侵害群众利益的案件。对违纪人员要严肃处理，涉嫌犯罪的要移送司法机关。

（三）坚决刹住违规建设楼堂馆所的不良风气，大力推进政风建设

温家宝总理在国务院第五次廉政工作会议上对违规建设楼堂馆所的不良风气进行了严肃批评，通报批评了山西省粮食局违规建设"云峰阁"宾馆和"粮神殿"问题。国家粮食局党组高度重视，立即召开扩大会议进行传达学习，坚决拥护国务院刹住违规建设楼堂馆所的决定，坚决拥护对山西省粮食局违规建设问题的通报批评，坚决落实中央采取的党风廉政建设措施。我们要通过对这一问题的处理，从中汲取教训，在粮食系统中开展警示教育，举一反三，认真整改，坚决杜绝有禁不止、奢侈浪费等问题，提高政治鉴别力和政治敏锐性，确保反腐倡廉工作取得实效。粮食系统各级领导干部一定要深刻认识违反规定建设高档楼堂馆所的危害性，深刻认识违反规定建设高档楼堂馆所，追求和攀比办公场所豪华气派，是一种严重的铺张浪费行为，也是滥用行政权力的腐败行为。这种做法挥霍浪费国家资财，加重人民群众负担，严重背离艰苦奋斗的优良传统，助长追求奢侈享乐的不正之风，腐蚀党员干部的服务意识和进取意志，影响很坏，危害极大，人民群众深恶痛绝，严重损害政府形象。要切实落实温家宝总理的讲话要求，对近些年来兴建办公楼、培训中心等情况进行全面彻底的清查；对于违反规定拟建和在建的楼堂馆所，要坚决停建和缓建；对违反规定建设楼堂馆所的直接责任人和有关领导人员，要根据情节轻重追究责任，依法依纪严肃处理。要切实贯彻中央精神，严格控制高档楼堂馆所建设。对各级粮食部门办公楼建设规模、占地面积、装修及设备标准、项目工程造价和资金来源要严格控制。现有办公楼已经达到标准的，一律不准改扩建或购买办公楼。对确需新建、改扩建和加固改造的机关办公用房，要严格报批，严禁未经批准开工建设。今后不得批准新建培训中心项目，不得再安排政府预算内投资对现有培训中心进行扩建和改造。要完善项目建设审批程序和监管机制，严格公共财政支出管理制度，把党政机关办公楼等楼堂馆所建设作为政务公开的重要内容，接受群众监督。

政风建设是反腐倡廉的一项重要基础性工作。粮食系统各级领导干部要按照胡锦涛总书记在中央纪委第七次全会上讲话精神和温家宝总理在国务院第五次廉政工作会议讲话的要求，大力倡导八个方面的良好风气，始终牢记"两个务必"，办一切事情都要勤俭节约，量力而行，精打细算，讲求实效，反对大手大脚，奢侈浪费。一是要认真贯彻落实《党政机关国内公务接待管理规定》，严格规范各级粮食行政管理部门机关公务接待，严格控制会议、差旅、出国考察和公务用车等支出，严禁用公款大吃大喝、游山玩水和进行高消费娱乐活动。二是要严格管理和规范机关干部职务消费，将机关各

种公务消费费用纳入财政预算管理，并作为政务公开的重要内容，接受人民群众和社会的广泛监督，严肃查处各种奢侈浪费行为。三是要下大力气解决会风文风问题。文山会海不仅耗费干部大量精力，而且浪费政府大量资源，是官僚主义和形式主义的表现。各级粮食部门都要按照中央的要求，进一步精简会议和文件，控制会议规模，提高会议质量，减少文件数量，增强文件的针对性和实效性。四是要全面清理和严格控制各种名目的节庆、达标评比和表彰活动。采取切实有效的措施，显著降低行政成本，加快建设节约型政府。

（四）认真解决损害群众利益的问题，为社会主义新农村建设和和谐社会建设作出积极贡献

行风是党风政风在行业各项业务工作中的具体体现，是群众评价政府部门工作的窗口。损害群众利益的实质，是一些政府部门滥用权力或行政不作为的问题。粮食系统各级部门要按照温家宝总理关于“我们是人民的政府，要关心和解决群众的疾苦，各种权力都必须用来为人民谋福祉。各级政府要把解决民生问题摆在更加突出的位置，用人民赋予的权力为群众办实事”的讲话要求，认真解决粮食行业发生的损害群众利益的突出问题，切实加强粮食行业作风建设。

一是要认真落实粮食最低收购价政策，保护种粮农民利益。为加强粮食宏观调控，促进粮食生产稳定发展，国家决定继续对重点地区、重点粮食品种实行最低收购价政策。各级粮食部门要积极会同有关方面做好实施工作。切实加强对粮食收购工作的检查指导，协调解决粮食收购过程中的问题，继续完善最低收购价执行预案，健全粮食最低收购价的启动机制、补贴机制和监督机制。在发挥国有粮食企业主渠道作用的同时，采取措施积极引导多元市场主体入市收购，保持市场粮价在合理水平上基本稳定。广泛宣传粮食最低价收购政策，按规定及时启动最低价收购执行预案，公布最低价收购粮食的委托收购库点。督促企业积极收购，并做到政策、价格、等级、标准“四公开”，及时向农民结算售粮款，让农民卖“明白粮”、“放心粮”。加强粮食收购资格审核，认真开展粮食收购专项监督检查工作，严厉打击扰乱粮食收购秩序的违法、违规行为。对不执行国家粮食最低收购价政策、拒收限收、压级压价等损害农民利益的问题坚决进行查处，坚决防止损害种粮农民利益的行为发生。

二是要依法加强对全社会粮食流通的监管，切实维护粮食市场正常秩序。继续做好对军供粮、退耕还林供粮、水库移民供粮、救灾供粮等政策性用粮购销活动的监督检查，推进国家粮食质量标准和监测体系建设，规范粮食质量和原粮卫生抽查、检测工作，加大对粮食质量的监管力度，严防有毒有害粮食流入口粮市场。会同有关部门，加强粮食市场监管，查处掺杂使假、以次充好、克扣数量、销售不符合卫生标准的粮油等损害消费者利益的行为。规范粮食市场秩序，查处不按规定及时出库或擅自动用国家临时存储粮等违规行为，确保市场供应不断档、不脱销，稳定粮食市场和价格，坚决防止损害消费者利益的行为发生。

三是要加强对国有粮食企业改革改制工作的指导，认真落实国有粮食企业改革的各项政策。进一步规范企业改制行为，做好富余人员分流安置、社会保障和再就业工作，切实维护职工合法权益，促进和谐社会建设，防止国有资产流失。加强政策引导和监督检查，对改制中未落实职工基本生活保障和安置措施的，及时予以纠正。做好职工群众信访举报接待工作，坚持领导接待群众制度，化解矛盾，解决问题，维护社会稳定和社会和谐。

四是要继续推进“放心粮油进农村”活动和粮食产后安全保障工程，为社会主义新农村建设作出贡献。开展“放心粮油进农村”活动、推进农村粮食产后安全保障工程是粮食行业改进作风、加强精神文明建设的具体措施，是粮食工作服务于“三农”的重要体现，也是粮食部门和企业为建设社会主义新农村作贡献的重要措施，是一项民心工程。我们要按照建设社会主义新农村的要求，继续推

进“放心粮油进农村”活动向纵深发展。要逐步构建农村放心粮油营销网络，搞好放心粮油、放心粮店管理，实行行业自律，加强质量监管，打造放心品牌，为改善农民生活条件、提升农民生活质量服务。要继续推广先进、适用的农户储粮技术设备，逐步建立农村科学储粮技术服务体系，指导农民安全储粮，减少储粮损失，增加农民收入。各级粮食行政管理部门要把这项民心工程摆上重要议事日程，加强组织领导，理清发展思路，明确工作重点，采取有效措施，切实抓好落实。要以服务“三农”作为这项活动的根本宗旨，以农民群众是否满意作为衡量工作成效的标准。引导粮食企业为农民提供各种服务，贴近群众，方便农民，真正为农民办实事、办好事。要继续办好“行风热线”，倾听群众意见，推进行风建设，解决农民在粮食生产和流通中最关心的问题。在行风建设上，各级粮食行政管理部门要坚持“管行业必须管行风”的原则，把行风建设寓于行业管理和业务工作之中，围绕群众关心的问题开展专项检查和行风评议，逐步建立行风评议工作长效机制。对民主评议政风行风活动中涌现出来的好典型、好经验，要在全系统宣传推广，推进粮食行业精神文明建设迈上新台阶。

（五）加强制度建设，规范行政权力运行

粮食系统各级领导干部要不断深化对新形势下党风廉政建设和反腐败工作特点、规律的认识，深刻认识到各种腐败行为发生的深层次原因是政府职能转变不到位、制度不完善和行政权力运行不规范。要从根本上解决滥用行政权力问题，必须加快建立结构合理、配置科学、程序严密、制约有效的行政权力运行机制。制度带有根本性、全局性、稳定性和长期性。遏制腐败要把制度建设作为重点，把廉政建设和反腐败的要求作为制度建设的重要原则和内容，坚持用制度管权、用制度管人、用制度管事，从根本上消除滥用权力的问题。要坚持以改革统揽预防腐败工作的全局，继续深化各项改革，加快制度建设，规范行政权力运行，加强对领导干部的监督。

一是深化行政审批制度改革，加强对行政审批的规范和监督，完善政务公开、厂务公开制度。对保留的行政审批事项，要进一步规范审批程序、方式，明确各个审批环节的标准、条件、时限和相应的责任，及时向社会公布，做到分工合理、职责明晰、相互制约、相互监督。对容易发生腐败的重点环节和部位，要完善监管制度。加强对行政审批权运行的监控，最大限度地减少行政审批的随意性和暗箱操作。不断完善政务公开制度，扩大公开的范围和层次，规范公开的内容和形式。抓紧编制政务公开目录，建立健全政务公开基本制度。加强机关网站建设，促进行政机关提高工作透明度和行政效能。围绕涉及群众切身利益的事项，深入推进粮食系统政务公开、厂务公开。完善储备粮轮换、临时存储粮食销售、代储库资格审批、粮食收购资格审核等工作的公开制度。严格执行国有企业领导人员廉洁从业若干规定，规范工资、津贴补贴和职务消费行为，发挥职代会作用，加强企业效能监察。

二是继续深化干部人事制度、财务管理制度、投资体制等体制改革和制度建设，推进治本抓源头工作。深化干部人事制度改革，加强对干部的日常管理，落实和完善相关制度和措施，实施党政领导班子和领导干部综合考核评价办法，防止干部“带病提拔”、“带病上岗”。进一步落实“收支两条线”各项规定，继续清理“小金库”，严格公共资金、科技经费的使用和管理。深化投资体制改革，完善工程建设项目招标投标制度，强化对政府投资工程招标投标的监督管理，严格政府采购制度。

三是认真执行党内监督制度，健全对行政权力监督的体制机制，规范权力运行。加强对民主生活会、述职述廉、诫勉谈话和函询等制度执行情况的监督检查。严格执行党员领导干部报告个人有关事项的规定。认真贯彻民主集中制，健全领导班子议事规则。积极推进党务公开，认真执行党内重要情况通报和报告、情况反映等制度。进一步加强对领导干部的经济责任审计。推行行政问责制度，建立机关绩效评估制度，科学评估机关工作人员履行职责的情况。积极开展执法监察，加强对国家粮食宏观调控政策措施落实情况的监督检查，加强效能监察，健全行政效能投诉受理机制。各级领导干部要增强监督意识，自觉接受上级监督、班子内部监督以及下级监督，自觉接受专门监督机关的监督。

（六）认真落实党风廉政建设责任制，确保党风廉政建设和反腐败工作落到实处

今年党风廉政建设和反腐败工作的任务已经明确，粮食系统各级领导干部要以党风廉政建设责任制为抓手，切实加强组织领导，扎实推进源头防腐工作各项任务的有效落实。

一是各级领导部门和领导干部要按照党风廉政建设责任制的要求，切实履行第一责任人的政治责任。党政一把手要对反腐倡廉工作负总责，对重要案件、重大问题要亲自过问，领导班子其他成员要抓好分管部门和单位的反腐倡廉工作。各级领导班子要坚持党风廉政建设与粮食行政业务工作相结合，做到业务工作与廉政建设同时研究、同时部署、同时检查和考核。要把反腐倡廉的任务分解到相关职能部门，明确抓好落实的具体目标和措施。各牵头部门要各负其责，协作配合，齐心协力，深入推进。要加强督促检查，狠抓工作落实。加强对责任制执行情况的检查考核，并将考核结果作为业绩评定、奖励惩处、选拔任用的重要依据。

二是粮食系统各级领导干部一定要做廉洁自律的表率。干部带头廉洁自律是搞好党风廉政建设的关键，特别是主要领导干部是否廉洁自律对一个单位的党风廉政建设起着决定性作用。各级领导干部还要对党员干部严格要求、严格教育、严格管理和监督，不断提高干部的忧患意识、公仆意识、节俭意识。只要领导干部带头做得正，机关就会有好的风气，我们才能赢得干部群众的信任和支持，反腐倡廉工作才有坚实的基础。

三是粮食系统各级纪检监察机关要在党委领导下，积极、主动地协助党组织切实抓好党风廉政工作和干部作风建设。进一步增强责任意识，自觉把反腐倡廉工作和作风建设放在全局工作中去谋划，自觉服从服务于中心工作。纪检监察机关要加强监督检查，加大责任追究力度，对那些领导不力，甚至不抓不管，导致严重不正之风长期得不到治理、屡屡出现重大腐败问题的部门和单位，要追究主要领导的责任。纪检监察干部要进一步加强思想建设、作风建设和能力建设，坚定理想信念，忠实履行职责，严格遵纪守法，清正廉洁、秉公执法、刚直不阿，继续保持谦虚谨慎的作风和奋发有为的精神状态，不断提高做好纪检监察工作的本领和水平。各级粮食部门要高度重视纪检监察机关的工作和纪检监察干部队伍建设，在政治上高度信任，在工作上积极支持，在生活上十分关心，建立健全机构，创造良好条件，使这支队伍更好地发挥作用。

同志们，2007 年粮食系统党风廉政建设和反腐败工作的任务艰巨，责任重大。让我们紧密团结在以胡锦涛同志为总书记的党中央周围，进一步统一思想，明确责任，以高度的政治责任感和使命感，以奋发有为的精神状态，以更坚决的态度和更有力的措施，求真务实，开拓进取，不断推进粮食系统反腐倡廉工作，以饱满的精神、务实的作风全面推进粮食流通工作，以实际行动和优异成绩迎接党的十七大胜利召开！

在全国粮食政策法规工作座谈会上的讲话

国家粮食局局长、党组书记 聂振邦
2007年8月20日

同志们：

很高兴参加全国粮食政策法规工作座谈会。会前，政策法规司的同志给我看了会议的工作报告，对一年来的粮食政策法规工作进行了总结，对下一步有关工作作出了安排，我都赞同。这次会议内容很丰富，议程很紧凑，材料很充实，希望大家开好会，认真讨论研究粮食政策法规工作，回去后认真抓好落实。借这个机会，和从事政策法规工作的同志们一起座谈，总结上半年工作，研究准备明年工作，同时讲几点意见。

一 粮食政策法规工作取得了新的成绩

粮食问题关乎国计民生。党中央、国务院高度重视粮食工作。2001年以来，我国粮食流通体制发生了深刻变化，粮食购销体制完成了向市场化的转变。根据改革的新形势，我们加强调查研究，起草了深化和完善粮食流通体制改革措施意见的代拟稿，以及粮食流通管理有关行政法规的送审稿。国务院先后颁布实施了国发[2004]17号、国发[2006]16号文件、《中央储备粮管理条例》和《粮食流通管理条例》。国家粮食局和各地粮食行政管理部门认真贯彻落实两个文件、两个条例，一起抓落实，推动粮食流通体制改革和依法行政、依法管粮工作，取得了明显成绩。

一是认真落实党中央、国务院关于粮食工作的部署，积极稳妥地推进粮食流通体制改革，认真抓好粮食流通体制改革各项政策措施的贯彻落实，初步确立新的粮食流通体制。

二是认真落实国家粮食宏观调控政策，落实好粮食最低收购价政策，建立粮食应急机制，有效地保护了种粮农民利益，保证了粮食市场的稳定供应，保持了市场粮价的基本稳定。

三是妥善解决国有粮食购销企业历史包袱，推进企业转换经营机制，企业产权制度改革取得突破性进展。

四是加强粮食法制建设，积极推进粮食依法行政，认真履行监管全社会粮食流通的职责。

五是积极推动粮食市场体系和粮食物流体系建设，加强粮食质检和军粮供应等各项工作。

最近一年来，全国粮食流通体制改革进一步深化，粮食法治工作稳步推进。各级粮食部门的政策法规工作机构，围绕粮食流通中心工作，以深化粮食流通体制改革和加强粮食法治建设为主线，在贯彻落实粮食流通体制改革的各项政策措施，施行《粮食流通管理条例》，推进粮食市场体系建设，加强粮食流通理论、流通政策研究和新闻宣传等方面，都取得了新的成绩，为完成粮食流通工作中心任务作出了积极贡献。

这些工作成绩的取得，凝聚了各级粮食部门广大干部职工的辛劳、智慧和汗水。从事政策法规工作的同志做了大量工作，一项政策、法规、措施的出台，需要大家全心投入、协同工作、相互配合，多次调研、反复修改、数易其稿，在实践中总结粮食流通工作的经验，形成指导粮食流通工作的各项政策措施的建议，为此大家都作出了很大的努力，做了很多基础性工作，付出了辛勤的劳动，作出了积极贡献。

二 不断提高粮食政策法规工作的能力和水平

当前粮食流通工作正处于改革和发展的关键时期。随着粮食流通体制改革的深化和粮食依法行政的深入，粮食政策法规任务更加繁重，责任更加重大。从事粮食政策法规工作的同志，一定要充分认识到肩负的重担，切实履行当好领导参谋助手的职责，在观念、知识、素质、能力、方法等方面不断进行修炼，在抓好具体组织实施粮食流通体制改革工作、推进粮食法治建设的同时，要积极为整个粮食流通工作出谋划策，更好地为粮食流通工作的全局服务。为了适应新形势，完成好承担的工作任务，我个人的看法是从事粮食政策法规工作的同志要突出三种能力和水平的提高。

一是努力提高科学判断粮食形势的分析综合能力和水平。科学判断粮食形势，既要着眼于国内市场，又要考虑到国外市场，要综合分析国内外两个市场、两种资源，同时还要了解掌握和全面分析本地粮食产需供求、品种结构情况，这样才能提出切合实际的政策建议；在工作深度方面，既要吃透基层粮食生产、流通、消费的情况，又要吃透国家粮食方针、政策、法律，做深入细致的调查研究。这样，研究的报告、提出的建议、起草的文件，才能更全面地反映客观情况，更准确地体现国家关于粮食工作的方针政策，更真实地符合基层实际，更加具有针对性和可操作性。

二是努力提高应对粮食复杂情况的前瞻能力和水平。粮食流通工作的一项很重要的任务，就是保证粮食市场的稳定供应，保障国家粮食安全。要完成这项任务，要注重平时预防性的工作，防止粮食市场剧烈波动的发生，当然出现了问题也要及时采取应急措施，这也需要提前做好充分准备。凡事预则立，不预则废。做政策法规工作的同志，要善于调查研究，见微知著，提出的措施建议要具有前瞻性，要努力提高这方面的能力和水平。当前粮食流通的主要任务就是做好粮食收购和保证本地市场供应和价格的稳定。特别是食用植物油的供应大家更要给予重视，采取妥善的应对措施及时掌握信息，做好引导和调控工作。

三是努力提高粮食依法行政的顾问能力和水平。粮食依法行政工作的专业性、技术性很强，从事粮食政策法规工作的同志要不断提高粮食流通法制建设、行政决策、行政执法责任制、行政复议等方面的能力和水平，为领导出谋划策，发挥好法律顾问作用。这就需要加强相关知识的学习，不断提高自己，充实自己，以适应新形势下做好粮食流通工作的需要。

粮食政策法规工作是一项非常重要的工作，牵涉到粮食流通工作的全局，综合性很强。自国家粮食局成立以来，这项工作得到了加强。我分管政策法规工作，并专门设立了政策法规工作机构，调整和加强了这方面的力量。各地粮食行政管理部门也高度重视这项工作，不少省（区、市）粮食局的主要负责同志亲自抓，并且已有17个省级粮食局设立专门的政策法规机构，充实了力量。各级粮食行政管理部门干部职工，特别是领导干部要充分认识到，深化粮食流通体制改革、推进粮食依法行政，不只是一项具体的业务工作，而且是涉及粮食行政管理部门各方面的全局性工作；不单是政策法制机构的事，而且是粮食行政管理部门职责内的大事；不仅是主管政策法规工作负责同志的责任，更是主要负责同志的责任。各地粮食行政管理部门要高度重视政策法规工作，加强政策法规工作机构和队伍建设，充实必要的专业人员，要重视相关人员的培养、锻炼和提高。

三 当前政策法规工作要注意抓好的几项工作

粮食流通体制改革，关系到粮食生产者、消费者、经营者的利益，关系到国家的粮食安全，关系到社会主义市场经济体制的完善。当前政策法规工作要重点抓好以下几项工作：

一是继续落实和完善粮食流通体制改革各项政策措施，推动改革不断深化。继续把抓好国发[2004]17号、国发[2006]16号文件政策的落实作为首要任务，认真总结改革经验，及时发现和研究解决改革中出现的新情况、新问题，切实加强对改革的分类指导。各地要结合本地实际，完善落实粮食流通体制改革的配套政策，积极消化企业历史挂账，落实粮食行政管理机构和人员，确保改革顺利推进。

二是研究完善和健全粮食宏观调控机制，提高调控粮食市场的效率。今年夏粮虽然获得丰收，但是全国的自然灾害较重，各地粮食部门要密切关注秋粮生产，切实加强粮食供求形势和价格变化情况的监测分析。继续落实好粮食最低收购价政策，完善粮食储备调节体系，积极抓好粮食产销衔接和最低收购价粮食移库工作，建立健全粮食市场监测预警系统，推进政府调控粮食规范化，保持粮食市场和价格基本稳定。

三是抓紧推进粮食市场体系建设和发展，完善粮食市场体系。为加强对粮食市场建设和发展的指导，我们按照中央的有关精神和国发[2006]16号文件的有关要求，在深入调研、认真征求各有关方面意见的基础上，编制了《全国粮食市场体系建设“十一五”规划》。《规划》印发后，各地要结合本地实际认真组织实施，加强对粮食市场体系建设的规划和指导，积极争取各有关方面的支持，促进全国粮食市场体系的健康有序发展。

四是要加强粮食流通法治建设，进一步推进粮食依法行政。要加大粮食立法力度，提高人员法律素质和能力水平，加快推进粮食行政管理部门职能转变，开展粮食依法行政示范创建活动，强化粮食行政执法监督。要加强粮食行政复议工作，落实《行政复议法实施条例》中关于行政复议机构、行政复议工作人员、工作经费和专门办公场所的相关规定，及早做好化解粮食行政争议的行政复议准备工作，推动依法管粮水平的提高。

五是要加强重大问题的调查研究，促进粮食流通工作全面发展。针对关系粮食流通工作全局、涉及粮食安全的重大战略问题，特别是当前粮改中尚未完成的体制转换、财务挂账、下岗分流职工再就业、宏观调控等问题，以及如何推动现代粮食流通产业发展等问题，国家粮食局和各地粮食部门都要深入基层，开展专题调研，提出完善措施和切实可行的建议。

另外，要加强粮食新闻宣传和政府网站建设。粮食流通工作，要做到领导重视、群众关注。各地粮食行政管理部门要高度重视粮食新闻宣传工作，要增强新闻的准确性、时效性和主动性，要加强国家粮食局、省级粮食局政府网站建设，更好地服务社会、引导新闻舆论和加强行业指导。

同志们，当前粮食流通工作任务仍然相当艰巨和繁重，粮食流通依法行政任重道远。希望粮食政策法规战线的同志们，全面贯彻落实科学发展观，开拓进取，扎实工作，为粮食流通工作作出新的贡献。

在全国粮食局长会议上的总结讲话

国家粮食局副局长、党组成员 郄建伟
2007年1月31日

同志们：

全国粮食局长会议开了两天，今天就要结束了。按照会议的议程，现在我对这次会议做简要的总结。

一 会议的主要收获

这次会议的主要收获是：

（一）肯定了成绩，鼓舞了干劲

大家在讨论中谈到，振邦同志的工作报告对2006年粮食流通工作的总结，符合粮食工作的实际。去年以来，各地认真贯彻国务院16号文件，基本解决了多年困扰国有粮食购销企业的“三老”问题，企业产权制度改革取得了新的进展。同时各地在加强粮食宏观调控，参与和服务社会主义新农村建设，推进依法行政，履行对全社会粮食流通的监管责任，推进粮食科技创新体系建设等方面都取得了新的成绩。大家认为，这些成绩的取得，是党中央、国务院和地方各级党委、政府高度重视、正确领导的结果，也是各有关部门大力支持和粮食部门广大干部职工艰苦努力的结果。回顾一年来的历程，大家进一步增强了继续深化改革，做好粮食流通各项工作的信心。

（二）提高了认识，统一了思想

大家认为，振邦同志的工作报告，从全面贯彻落实科学发展观和加快构建社会主义和谐社会的高度，系统、深刻地分析了粮食流通工作面临的新形势，是对当前粮食流通工作形势的科学判断。关于粮食流通工作面临的新形势和新任务，以及将迎接的新机遇和新挑战的论述，进一步提高了广大粮食工作者对用科学发展观统领粮食工作的认识，对当前解决粮食购销市场化过程中的问题和矛盾具有重要的指导意义，也对今后一段时间推进改革、做好各项工作提供了新的思路。

（三）突出了重点，明确了任务

与会同志认为，振邦同志在工作报告中明确提出今年粮食流通工作的重点，即要狠抓粮食流通体制改革各项政策措施的落实，加强对粮食市场的宏观调控，积极推动现代粮食流通产业的发展。同时要积极开展粮食产销衔接，依法加强对全社会粮食流通的监管，促进粮食精深加工和产业化经营发展，加强粮食市场体系和现代物流体系建设，大力推进粮食产后安全保障工程和放心粮油进农村活动。今年的工作任务思路清晰，任务明确，重点突出。大家表示，要紧紧围绕今年粮食流通工作的重点和各项工作任务，进一步推进改革，做好工作。

（四）交流了经验，拓宽了思路

会议安排了11个省（市）和河南省孟州市粮食局的代表，分别介绍了在参与和服务社会主义新农村建设、落实粮食最低收购价政策等方面的经验和做法，从不同侧面反映了过去一年各地粮食工作取得的成绩。分组讨论中，其他一些地方也介绍了各自的一些探索和思路。同时，不少同志还对深化改革、加快发展、加强调控和发展产业等方面的工作，提出了很多好的意见和建议。大家听后都感到深受启发，达到了拓宽思路、相互交流、相互促进的目的。

在这次会议的讨论中，大家对进一步深化粮食流通体制改革及下一步的具体工作提出了很多很好的观点和建议，如进一步完善粮食最低收购价政策，加强对粮食物流、粮食加工产业的领导，进一步做好国债建设粮库的上收工作等。另外，对国家粮食局进一步转变职能、改进作风、提高效率提出中肯的意见。对此我们将认真研究，不断改进我们的工作。

二 不断提高粮食行政管理工作的整体水平

今年的全国粮食局长会议召开的比历年早一些，这将便于各地尽早安排全年的工作。在振邦同志的报告中，对2007年全年的粮食工作已经作了明确的部署，希望大家在认真领会的基础上抓好落实。在这里我强调一下提高粮食行政管理工作水平的问题。

（一）切实加强学习

在去年的中央经济工作会议上，胡锦涛总书记深刻阐述了加强学习的重要性，并对全党加强学习作出了部署，我们要深刻领会，认真落实。要做好粮食行政管理的各项工作，就一定要把学习放在更加突出的位置。要加强政治理论和中央各项政策的学习，准确把握精神实质，不断提高理论素养，增强贯彻落实中央各项方针政策的自觉性。要加强业务学习，重点是要围绕推进粮食流通体制改革、加强和改善粮食宏观调控、发展现代粮食流通产业、加强对全社会粮食流通的监督检查、推进粮食科技工作和自主创新等方面的问题，认真学习有关经济知识、科技知识、法律知识以及社会管理知识，提高认识、把握、遵循经济发展规律的能力，提高谋划粮食流通工作的能力，努力做到学以致用，用有所成。

（二）积极推动创新

理论和实践的创新是我们做好各项工作的重要前提。达到新要求、完成新任务、应对新挑战都需要在各个领域中积极创新。世界经济格局的调整，中国经济体制的深刻变革，都要求我们用新的理论、新的观念、新的思维方法去解释、去分析出现的新情况和新问题，找到解决问题的新办法，需在实践中不断探索，不断尝试，不断创新，并力争在理论上有所突破。当前，我国粮食流通体制改革在继续深化和完善，粮食供求形势也在发生新的变化，粮食流通工作面临新的形势和挑战，如何进一步推进改革，健全体制机制，需要创新；如何充分发挥市场机制配置粮食资源的基础性作用，又要保护种粮农民的利益，需要创新；如何引导促进粮食生产的稳定发展，又要保持市场粮价稳定在合理的水平之上，需要创新。特别是我们在工作中，如何使决策进一步符合实际情况，提高工作效率，推动各项工作，需要在工作的方式、方法上不断创新。这次会议交流的典型经验中，很多地方的做法体现了这种创新精神。创新，包括思想上的创新，观念上的创新，体制上的创新，方法上的创新等，应该成为今年我们工作的主旋律。

（三）坚持依法行政

我们必须认识到，要履行好粮食行政管理的职责，要完成粮食流通体制改革的各项任务，就一定要坚持推进依法行政。要进一步增强粮食行政机关工作人员依法行政的自觉性，严格按照法律法规履行职责，提高依法管粮的能力。要抓紧建立健全落实行政执法责任制的各项制度和办法，不断提高粮食行政执法人员的素质，做到有法可依、有法必依。要规范行政执法行为，在开展对全社会粮食流通的监督检查等工作中自觉接受社会监督。我们的思想观念、管理方式和行政行为，都必须尽快转变到依法行政的轨道上来，使粮食流通各项工作真正做到依法行政、依法管理。

（四）增强服务意识

为人民服务是各级政府的神圣职责和全体公务员的基本行为准则，建设服务型政府是构建社会主义和谐社会的重要目标和任务。各级粮食行政管理部门承担着为粮食生产者、消费者、经营者和本系统职工服务的职责。要通过做好粮食收购工作，为粮食生产者服务。要通过加强粮食宏观调控，为粮食消费者服务。要通过培育、发展和规范多元粮食市场主体，维持粮食正常流通秩序，为粮食经营者服务。要通过规范国有粮食企业改制行为，加大资金筹措力度等政策措施，妥善解决粮食企业职工分流安置和再就业问题，保护职工合法权益，为粮食系统职工服务。在实际工作中，我们必须增强服务意识，认识到做好服务是对我们工作的一个基本要求，做好了这些服务，也就是为加强和改善国家粮食宏观调控、保障国家粮食安全服务，也就是为加快构建社会主义和谐社会和推进社会主义新农村建设的大局服务。另外，国家粮食局的同志在各项具体工作中，也要虚心听取各方面的意见，多换位思考，要增加工作的透明度，简化办事程序，提高办事效率。要更多地深入基层，调查研究，为地方和基层的工作服务。

（五）转变工作作风

各级粮食行政管理部门的工作作风关系到自身的形象，对粮食流通工作的发展有着重要的影响。最近胡锦涛总书记对加强党的作风建设又提出了新的要求，我们一定要认真贯彻，认真落实。在新的一年里我们要进一步转变工作作风，提高工作效率，增强凝聚力，始终保持饱满的热情，蓬勃的朝气，昂扬的斗志。要顾全大局，讲求实效，真抓实干，务求实效。我们要增强工作的责任感和紧迫感，脚踏实地，埋头苦干，克服浮躁情绪，抛弃私心杂念，把心思用在干事业上，把精力集中在抓落实中，要面对困难，正视矛盾，创造实实在在的工作业绩。

春节临近，再强调一下确保节日期间粮油市场供应、价格基本稳定和安全生产的问题。前一段时间粮油价格上涨较快，我们及时采取有效的调控措施，平抑了粮价，保证了市场供应。当前要加强协调，组织好粮油调运，保证节日期间市场供应。粮食行业的安全生产问题要坚持常抓不懈，节日期间更要抓紧抓好，保证大家过一个欢乐、祥和的春节。

最近两年来，有10多个省份的粮食局长，因为工作需要或年龄的原因，调任新的工作岗位或者退休。他们是北京田鸿儒局长、河北刘兆亮局长、辽宁张宝林局长、吉林李福升局长、黑龙江王常俊局长、江苏李明生局长、河南崔银太局长、湖南王柏林局长、陕西贾建文局长、青海祁崇喜局长、宁夏赵永彪局长、新疆阿不都克里木·阿西木局长。这些老局长在粮食局长任内，为推进粮食流通体制改革和各项粮食工作做了大量卓有成效的工作。借这次会议的机会，我代表国家粮食局向这些老局长表示衷心的感谢，并祝愿调任新岗位的同志工作顺利，祝愿退休的同志身体健康。请与会的各位同志向他们转达我们的敬意和问候。

同志们，实干兴邦，空谈误国，在新的一年里，我们要进一步认清形势，勤于学习，勇于创新，求真务实，不辱使命，把粮食流通体制改革和粮食流通工作不断推向深入，为粮食事业的发展作出更大的贡献！

充分利用全球粮食科技创新资源 努力开创粮食科技国际交流合作工作的新局面

——在粮食科技外事工作座谈会上的讲话

国家粮食局副局长、党组成员　郄建伟

2007年4月3日

同志们：

今天，我们在这里召开粮食科技外事工作座谈会。会议的主要任务是：贯彻第八届全国科技外事工作会议和全国外国专家局长会议精神，总结近年来粮食科技国际交流与合作工作的经验，部署和研讨今后一个时期粮食科技外事工作，努力开创粮食科技国际合作工作的新局面。这是继去年召开的全国粮食科技大会、今年召开的全国粮食局长会议后，在推进社会主义新农村建设和发展现代粮食流通产业的新形势下召开的一次重要会议。借此机会，向广大粮食科技外事工作者致以亲切的慰问！下面，我谈几点意见。

一　近几年来粮食科技国际交流与合作工作的简要回顾

“十五”期间局党组积极推进国家粮食科技创新体系建设，逐步形成了适应新时期要求的新的粮食科技发展思路。经过广大粮食科技工作者的积极努力和扎实工作，使粮食科技工作进入了一个新的发展时期。

（一）粮食科技国际交流合作工作取得的主要成绩

近几年来，粮食科技国际交流与合作的渠道日趋多样、领域不断拓展、内容日益丰富，粮食行业在深化“引进来”、推进“走出去”等方面不断取得新成绩。粮食科技国际合作工作在引进资金、引进和输出技术、培训人员、参加国际会议、增进交流、扩大合作等方面取得了明显的成效。“十五”期间粮食科研院所共组织出访38个团组（150人次），参加国际会议40余人次，开展国际合作研究10人次。接待了国外访问团组60个，约320人次。举办国际会议8次，还承担了一定数量的国际粮油工程总承包项目。2004年以来，全局向外国专家局申请引智项目16项，出国培训27项。深入了解了国际粮食质量标准、粮食储藏、加工先进技术和管理经验，有效提高了行业管理水平。

（二）存在的主要问题

新的形势和任务，对国际粮食科技合作提出了更高、更紧迫的要求。我们要清醒地看到，粮食科技国际合作工作还存在许多不足，粮食科技合作中存在的一些体制、机制和管理方面的问题还很突出，粮食行业整体技术水平与发达国家相比差距较大。如国际合作的渠道和方式比较单一，科技合作的广度、深度和力度不够；投入经费不足，基础工作和能力比较薄弱；项目比较少，引进高水平的人才较少；一般性交流的多，实质性合作不够；许多粮食企业还缺乏获取海外科技资源的渠道；外事服务水平还需要进一步提高；等等。对于这些不足，我们必须高度重视，采取有力措施加以改进和完善。

二 认真学习全国第八届科技外事工作会议和全国外国专家局长工作会议精神，充分认识粮食科技国际交流与合作工作的重要意义

（一）两个会议精神总体部署

去年底科技部召开了全国科技外事工作会议。会上徐冠华部长作了“充分利用全球科技资源，加快建设创新型国家”的工作报告。会议正式发布了《“十一五”国际科技合作实施纲要》，提出“十一五”期间，国际科技合作要全面落实科学发展观，紧紧围绕建设创新型国家的总体目标和《规划纲要》的重点任务与要求，围绕一个中心，服务两个大局，取得三个突破，实现五个转变。今年1月国家外国专家局召开了“全国外国专家局长工作会议”。季允石局长作了“坚持用科学发展观统领引智工作，为构建社会主义和谐社会作出新的贡献”工作报告。坚持“以我为主，按需引进，突出重点、讲求实效”的方针，部署了“十一五”及2007年引智工作。新的形势和任务，赋予了粮食科技国际交流合作工作更加艰巨而光荣的使命。我们要认真学习和深刻领会会议精神，结合行业的实际，努力做好粮食科技国际交流合作工作，扩大多种形式的国际和地区间粮食科技交流合作。

（二）深刻认识做好粮食科技外事工作的重要意义

以信息、生物、纳米科技的全面突破和交叉融合为显著标志，新一轮科技革命正在全球蓬勃兴起。当今科技问题的范围、规模和复杂性远超出一个国家的能力，开展国际合作成为研究开发的内在要求，成为提升本国科技创新能力的重要途径。经济科技全球化加剧了国家间综合国力的竞争，竞争的焦点提前到基础研究、前沿技术研究和人才的竞争。加强粮食科技自主创新，绝不意味着“闭门创新”或“自我创新”，而是要求以更加宽阔的视野，积极借鉴世界经验，在充分利用全球创新资源的基础上提升自主创新能力。自主创新必须充分利用全球粮食科技资源，国际科技交流合作正在高起点上促进自主创新。粮食行业各级领导一定要充分认识粮食科技国际交流合作工作的重要性。粮食科技国际交流与合作是为粮食流通体制改革与产业发展服务的。因此，做好粮食科技国际交流与合作工作，对学习借鉴国外先进技术和管理经验，引进国外资金和人才，推进科技创新、制度创新和观念更新具有十分重要的意义。

三 正确认识粮食流通产业和粮食科技的形势，坚定做好粮食科技国际交流合作工作的信心

（一）发展现代粮食流通产业提出了新的要求

2007年，是贯彻落实科学发展观，是巩固和发展粮食流通体制改革和粮食宏观调控成果，积极发展现代粮食流通产业，更好地参与和服务社会主义新农村建设的关键之年。依靠科技进步与创新，加强市场调控和监管，保护种粮农民利益，保障国家粮食安全，是粮食行政管理部门的重要任务。从粮食流通产业发展环境看，中央1号文件明确提出，要发展现代农业。这为发展现代粮食流通产业提供了重要机遇。目前我国粮食流通产业总体上处于比较初级的发展阶段，现代粮食流通产业具有十分广阔的发展空间。我国粮食科技具有自主知识产权的核心技术缺乏，科技队伍中创新型人才比较缺乏，科研单位的人才结构和学科结构有待调整完善。当前，要依靠科技进步与创新，积极推动现代粮食流

通产业的发展。这些都对粮食科技国际交流合作工作提出了新的要求。

（二）坚定做好粮食科技国际交流合作工作的信心

目前粮食科技创新环境显著改善，粮食科技事业呈现出蓬勃发展的良好态势。大力发展粮食科技进步与创新是保障国家粮食安全的根本措施，是实现粮食流通现代化的重要基础，是建设社会主义新农村的迫切要求，是提高粮食企业竞争力和效益的基本途径，是粮食现代流通产业可持续发展的重要支撑。国家粮食局制定了《“十一五”粮食科技发展指导意见》，明确了粮食科技发展的目标，实现到2020年使我国粮食科技自主创新能力显著增强，科技促进粮食流通产业发展和保障国家粮食安全的能力大幅度提高，粮食科技整体实力进入世界前列的目标。这是新时期粮食流通工作的一项重大战略任务，是全国粮食行业和粮食科技工作者光荣而艰巨的历史使命。

四 加强领导，全面实现“十一五”粮食科技外事工作的目标

（一）新时期粮食科技国际合作工作的总体要求

以提高粮食科技自主创新能力为中心，围绕国家外交大局和发展粮食现代流通产业的需要，坚持“以我为主，为我所用，互利共赢”的方针，积极实施“走出去、引进来”战略，充分利用国际国内两种科技创新资源，结合粮食行业的实际情况，贯彻落实“十一五”粮食行业科技发展规划，大力引进吸收国外先进技术、人才和管理经验，加强关键技术的攻关，强化企业的自主创新能力，开发原始创新技术和产品，力争“十一五”期间争取形成以基础科研为支撑，以企业自主创新为主体的产学研体系，以市场需求为先导研发一批安全、环保、健康的粮油加工产品和深加工产品，以满足市场不同消费阶层的需求，保证全民的营养健康和粮食安全。进一步加强统筹协调，在政策环境营造、经费投入、项目支持、人才培养等方面加大力度，努力在拓展合作领域、创新合作方式、提高合作成效三个方面取得新突破。

（二）新时期粮食科技国际交流合作工作的目标和任务

第一，进一步加强政府间粮食科技交流合作，拓宽政府间合作渠道。要加强同国外粮食管理部门的合作，签订合作协议，建立定期交流互访机制。不但要发展同发达国家粮食管理部门的合作关系，也要重视同发展中国家的粮食合作，积极引进和输出先进技术和经验。要在已有的粮食仓储、质量标准等科技交流的基础上，加强粮油资源综合开发利用、粮食现代物流、粮食政策法规制定等方面的交流合作。

第二，扩大国际交流合作工作的范围，深化交流内容。充分利用现有的双边科技交流机制，切实做好UNIDO“粮食仓储行业淘汰甲基溴国际援助项目”的收尾，要争取与布勒公司、日本佐竹公司等粮油加工等方面的科技交流合作协议的签订及项目执行工作等。充分发挥粮食科研院所、院校等单位在对外合作交流中的积极性，鼓励他们广泛开展对外合作。实施“走出去”战略，鼓励能够发挥我国粮食科技优势的经济技术合作。吸引国际学术组织和跨国公司研发机构“走进来”。

第三，结合行业实际，争取组织实施几个重大国际粮食科技合作项目。紧紧抓住国家实施“十一五”科技发展规划、《“十一五”国际科技合作实施纲要》、大幅度增加科技投入和国际科技合作重点项目计划的有利契机，在重大项目实施等方面争取获得科技部等部门更多的支持。加大对粮食行业科研院所、院校争取国际科技项目的指导和支持，提高申报国家项目质量，积极组织与整合科研力量申报项目。

第四，积极参加国际粮食科技重大活动，提高中国粮食科技国际影响力。积极参与全球及区域粮食科技活动和国际会议、国际粮食科技项目，在有关国际组织中发挥积极作用。加强高层互访，广泛交流信息，大力宣传中国粮食科技发展的成就。培养一批高层次粮食科技人才，争取在更多的国际组织和重大国际粮食活动中发挥主导作用。筹备办好由我国主办的国际谷物科技大会、国际气调薰蒸大会等国际会议。

第五，充分利用国际智力资源，引进和培养多层次的国际一流人才。进一步加强引进国外智力工作，围绕粮食科技工作的重点、难点和热点问题大力开拓引智渠道，重点加强引进先进技术成果和高新技术领域的科技合作。结合粮食工作实际，有针对性地组织粮食科技出国培训考察，提高出国团组的科技含量和引智力度。鼓励承担国家计划项目的科技人员加强国际交流合作，鼓励承担国家科技计划重点项目的单位多派出一些出国培训考察团组。积极开拓培训渠道，培养一批熟悉国情和粮情、能熟练运用国际惯例、能与国际接轨的复合型粮食科技人才。

（三）实现新时期粮食科技国际交流合作的措施

第一，加强粮食科技国际交流合作工作政策措施研究，提高对外工作水平。面对新情况、新问题，必须坚持解放思想、实事求是、一切从实际出发的思想路线，把握时代发展的脉搏，努力提高驾驭粮食对外工作的能力和水平。提高国际合作的战略性、针对性和有效性，形成全行业合力的体制保证。要做好粮食科技国际合作领域的调查研究工作，研究新形势下粮食科技国际合作的国别政策和涉外政策，拟定利用外资、国际科技合作、引进国外智力、参与国际粮食科技活动等发展战略。

第二，加强粮食科技外事管理工作，为推动和促进粮食科技国际合作提供良好的服务和保障。越是扩大开放，越要加强外事管理。要牢牢把握外交大权在中央、外事工作授权有限的外事工作原则。各级粮食科技外事管理部门，要认真贯彻执行中央的对外方针政策和外事工作规章制度，严格把关，绝不允许政出多门、各行其是的现象发生。在对外交往中，要切实维护国家整体利益。坚持统一领导、归口管理、分级负责、协调配合的外事管理体制。

第三，开展教育培训，加强粮食科技外事干部队伍建设。从事外事工作的同志，位于对外开放和国际交往的前沿。必须提高外事人员的政治素质和业务素质，加强粮食科技外事干部队伍建设是做好对外合作工作的关键。要提高外事工作人员的政治理论水平、外事工作能力和综合业务素质，建设一支高素质的粮食外事干部队伍。一要政治坚定，二要加强学习，三要熟悉业务，四要廉洁勤政。

同志们，当前完善粮食流通体制改革与发展现代流通产业已进入了一个新的阶段，我们肩负的责任光荣而重大，粮食科技国际交流合作工作任重而道远。让我们以邓小平理论和“三个代表”重要思想为指导，贯彻落实科技发展观，按照这次会议的部署，狠抓落实，转变作风，扎扎实实地做好粮食科技国际交流合作工作，努力提升粮食科技自主创新能力，开拓粮食科技外事工作的新局面。

在部分省（区、市）国有粮食企业改革和发展工作座谈会上的讲话

国家粮食局副局长、党组成员　任正晓

2007年7月31日

同志们：

历时两天的部分省（区、市）国有粮食企业改革和发展工作座谈会就要结束了，经过与会同志们的共同努力，圆满地完成了既定的各项议程。国家粮食局党组对这个一年一度的企业改革座谈会非常重视，聂振邦局长亲自过问会议的议程，对会议讨论的主题作出重要指示。会议期间，与会代表交流了各地国有粮食企业改革和发展情况，针对存在的主要问题和下一步的工作任务进行了认真研究和讨论，提出了很多很好的意见和建议。总的来看，会议取得了良好的效果。下面，我讲几点意见，供大家参考。

一　去年以来各地国有粮食企业改革和发展工作进展顺利

去年以来，各地认真贯彻落实《国务院关于完善粮食流通体制改革政策措施的意见》（国发[2006]16号）和国家发展改革委、国家粮食局等6部门联合印发的《关于进一步推进国有粮食企业改革和发展的意见》（国粮财〔2006〕123号），继续推进国有粮食企业改革和发展，总体进展顺利。

（一）政策性粮食财务挂账的清理、审计、认定和剥离工作基本完成，进一步减轻了企业负担

据粮食部门统计，目前，各地基本完成了对政策性粮食财务挂账的清理、审计、认定和剥离工作。粮食政策性财务挂账的认定和剥离，减轻了企业负担，为推进企业改革和发展创造了良好条件。

（二）企业职工社会保障和再就业工作取得积极进展，形成了较为平稳的改革氛围

一是企业职工分流安置和社会保障工作取得积极进展。各地按照党中央、国务院关于粮食流通体制改革的总体部署，积极落实社会保障政策，努力做好职工社会保障工作。通过地方财政补助、从粮食风险基金中列支和企业自筹等多渠道筹集资金，积极稳妥地做好企业富余职工的分流安置和社会保障工作。据粮食部门统计，各地自实行粮改以来，至2007年6月底，共筹集国有粮食企业改革资金400多亿元，用于支付企业富余职工分流的经济补偿金和社会保障资金。全国国有粮食企业职工参加养老保险的有80.6万人，失业保险的有60.8万人，医疗保险的有51万人，分别占职工人数的94.2%、71%和59.6%。

二是各地认真落实国家各项再就业政策，安排下岗职工再就业。各地通过各种方式，努力创造就业岗位。2007年上半年安置国有粮食企业下岗职工再就业9.8万人，其中粮食部门安置下岗职工再就业6.1万人，占全部安置数的62.2%。自1998年粮改初期至2007年6月底，全国累计安置国有粮食企业下岗职工再就业122万人，占全部分流职工的49.8%，其中粮食部门安置下岗职工再就业76.6万人，占全部安置数的31.3%。

（三）企业产权制度改革稳步推进，企业布局和结构不断优化

各地采取改组联合、兼并重组、股份制改造、整体转制、国有民营等多种形式，优化国有粮食

企业产权结构，逐步实现投资主体多元化。截至2007年6月底，全国国有粮食企业总数为24300个，其中购销企业15847个，比上年末分别减少874个、99个，减幅分别为3.6%、0.6%。与粮改初期的1998年年底比，分别减少28940个、14587个，减幅为54.4%、47.9%。现有国有粮食企业中，已改制企业19243个，其中购销企业12511个，分别占全部企业数的79.2%和78.9%。

（四）企业经营机制进一步转换，促进了粮食产业化发展

各地积极支持国有粮食企业通过兼并重组，培育产业化龙头企业，鼓励企业做大做强，大力开展粮食产业化经营，带动农民增收。截至2007年6月底，全国国有粮食企业的粮食产业化龙头企业1507个，其中购销企业974个。为支持粮食产业化发展，会同农业发展银行在去年确定的1212家重点支持的粮油产业化企业的基础上，进一步增加粮食产业化龙头企业支持范围，在粮食收购资金、技术改造、基地建设等方面优先提供贷款支持。截至2007年6月底，农发行发放的粮油产业化龙头企业贷款余额为477.27亿元，同比增加234.17亿元。同时，辽宁、河北、上海、安徽、湖北、湖南、四川、新疆、宁夏等省（区、市）积极争取了地方财政专项资金用于粮食产业化龙头企业贷款贴息补助，重点扶持一批产业化骨干企业做大做强，有力促进了粮食产业化的发展。

（五）改革改制后的国有粮食企业竞争力逐步增强，继续发挥市场主渠道作用

2006年全国国有粮食企业收购粮食2451亿斤，同比增加153亿斤，占全社会粮食收购总量的61%。2007年上半年全国国有粮食企业收购粮食1010亿斤，占全社会粮食收购总量的53%，有效地发挥了市场主渠道作用，增强了在粮食流通和宏观调控中的影响力。同时，企业的经济效益不断提高，2007年1~6月，国有粮食企业比上年同期减亏了18.17亿元，减幅为53%，一些省（区、市）实现整体盈利。

二 当前推进国有粮食企业改革和发展要处理好几个关系

当前，国有粮食企业改革中也还面临一些老问题和新情况，主要是：不少省份国有粮食企业粮食财务挂账还有些遗留问题没有解决，尤其是企业经营性挂账数额较大，附营企业改革难到位，遗留的隐患多，制约整个国有粮食企业的改革和发展；多数地区国有粮食企业改革配套资金存在较大缺口，富余职工分流安置和社会保障工作任务仍然较重；部分地区国有粮食企业产权制度改革进展比较缓慢，国债资金建设粮库形成资产的产权关系还没有理顺；大部分企业法人治理结构不健全，适应市场要求的企业经营机制尚未建立等。要解决这些问题，需要我们继续贯彻落实党中央、国务院关于粮食流通体制改革的有关政策措施，坚定不移地深化改革，用改革的办法，发展的思路，解决存在的问题。当前，要着重处理好以下几个关系：

（一）正确处理好加快形成以市场供求为基础的企业经营机制与服从粮食宏观调控的关系

近几年来，随着粮食购销市场化改革的逐步深入，各地通过实行政企分开，减轻企业历史包袱，推进兼并重组、转换经营机制等措施，加大了国有粮食企业的改革力度，国有粮食企业自主经营、自负盈亏的经营机制初步确立，并已取得了明显成效。但是，有些地方尤其是实行粮食最低收购价政策的地方，在推进改革中又出现了新情况和新问题。一方面，粮食最低收购价政策实施以来，执行粮食最低收购价政策地区的国有粮食企业按照国家粮食购销政策，积极入市收购，发挥了收购主渠道作用，保持了粮价的稳定，促进了农民增收，为国家实施粮食宏观调控发挥了重要作用。另一方面，一些国有粮食企业承担粮食最低收购价任务后，由于只管收储，并能得到收购费用和储存费用，不负

责销售，企业做“坐商”、吃补贴饭的思想又有了抬头，市场经营理念开始淡薄，对企业继续深化改革、形成以市场供求为基础的企业经营机制带来了一定影响。

因此，各地粮食部门要加强对国有粮食企业改革和发展的指导，使国有粮食企业切实领会国家粮食宏观调控政策的目标，处理好服从国家粮食宏观调控与加快形成以市场供求为基础的企业经营机制的关系。既要认真贯彻落实好国家粮食购销政策，服务粮食宏观调控大局，发挥国有粮食企业的市场主渠道作用，又要坚定不移地加快企业改革步伐，不断增强市场经营意识，建立适应市场化要求的企业经营机制，依靠深化改革、转换经营机制、加强管理，赢得市场竞争力，在竞争中求得生存和发展，不断巩固已取得的改革成果。

（二）正确处理好发展粮食产业化与符合国家产业政策的关系

当前，粮食产业化已成为发展现代粮食流通产业、促进社会主义新农村建设的重要内容。各地结合推进国有粮食企业改革，积极培育粮食产业化龙头企业，大力发展粮食产业化经营。有些地方还结合旧城改造、粮食企业搬迁，建设粮食产业园区，发展势头很好。但我们也看到，各地在发展粮食产业化过程中，也出现一些新情况、新问题。一是一些地方对当地发展粮食产业化没有进行充分的分析论证，盲目上项目、建“园区”，造成低水平重复建设。有些粮食产业化企业没有形成真正的产业链，规模小，科技成果转化能力不足，经营附加值较低，难以形成辐射力和带动力。二是有些地区对当地的粮食供求状况缺乏全面的分析和判断，确保国家粮食安全的思想意识淡化，在发展粮食产业化过程中，尤其是在发展以粮食为原料的生物质能源过程中，出现了与人争粮的现象，有的玉米主产区的玉米工业消费总规模超出了本地区玉米的年产量。玉米工业消费数量的快速增加，直接减少了饲用玉米的供给量，给国家粮食安全带来一定影响。

这些问题的出现，归根结底就是一些地区没有处理好国家产业政策与粮食产业化发展的关系，片面追求粮食产业化的规模和数量，忽视了国家产业政策的方向，其结果必然会制约粮食产业化的实际绩效，甚至带来损失和浪费。因此，在发展粮食产业化过程中，要统筹规划，从国家粮食产业政策出发，因地制宜，科学决策，积极稳妥地发展粮食产业化，决不能急功近利，搞形象工程、政绩工程。

（三）正确处理好做好企业富余职工分流安置与创造更多就业机会的关系

富余职工分流安置是国有粮食企业改革的重点和难点。认真做好企业富余职工的分流安置工作，是确保国有粮食企业改革顺利进行的关键。近几年来，各地粮食部门在当地党委、政府的统一领导下，认真贯彻落实国务院及有关部门关于推进国有粮食企业改革和发展的有关政策措施，正确处理好做好企业富余职工分流安置与促进下岗职工再就业的关系，做了大量工作，取得了明显成效。自粮改初期以来，分流了245万职工，有近50%的下岗职工得到了妥善安置，改革基本上做到了平稳有序，没有出现大规模的群体上访现象，维护了社会稳定。但是，我们也要看到，这几年来企业富余职工分流安置工作还存在不少遗留问题，还有相当一部分下岗职工没有找到就业渠道，生活比较困难。因此，作为政府的粮食行政管理部门，要牢固树立执政为民的思想，时刻把职工尤其是下岗职工的冷暖放在心上，继续做好职工的社会保障和再就业工作。一方面，要争取地方政府和有关部门的支持，积极筹集分流安置职工的资金，落实职工的社会保障政策，切实解决好改革中的遗留问题。另一方面，要把推进改革和创造就业结合起来，将国有粮食企业分流职工纳入当地就业再就业规划，促进下岗职工再就业。各地粮食部门要发挥自身优势，为粮食部门的下岗职工创造更多的就业机会。要支持国有粮食企业利用现有网点、仓房和产业优势，拓展经营网络，构建新的发展平台，增加就业岗位。鼓励国有粮食企业通过资产重组，发展产业化经营，吸纳下岗分流人员再就业，维护社会稳定，促进和谐社会建设。

（四）正确处理好推进企业产权制度改革与维护国有资产安全的关系

产权制度改革是企业改革的核心。推进国有粮食企业产权制度改革，有利于实现投资主体多元化，促进企业转换经营机制，增强企业的市场竞争力。因此，各地要把加快推进企业的产权制度改革作为企业改革的一个重要阶段，不能把企业产权制度改革停留在换个企业名称等表面形式。要通过产权制度改革，进一步优化国有粮食企业的布局和结构，推进企业的兼并重组，支持企业做大做强，逐步形成真正意义上的市场主渠道。

近几年来，各地在推进国有粮食企业产权制度改革方面作了积极的探索，通过对国有粮食企业实行股份制改造、兼并重组等多种形式，逐步实现了投资主体多元化，增强了企业的活力。同时，有些地方如湖南、河北等，在推进产权制度改革中，对国有粮食企业国有资产的监管形式也作了一些探索，取得了一些明显成效。但从各地反映的情况看，有的地方在企业产权制度改革中，也出现了少数企业不按法定程序和步骤操作的问题；一些地方对由国债资金建设粮库形成的资产，没有严格按照国家有关政策规定处理，有的还造成了国有资产流失。这些问题如果不加以解决，就会影响到国有粮食企业产权制度改革的顺利进行。因此，各地在推进国有粮食企业产权制度改革的同时，绝不能以牺牲国有资产安全为代价，要严格按照国务院有关文件精神，做好国有粮食企业产权制度改革工作。加强对国有粮食企业产权制度改革的指导和监督，规范改制步骤和操作程序，把维护国有资产安全作为企业改制的重要考核内容。对国有粮食企业产权制度改革中存在的问题，要及时加以纠正。对利用国债资金建设的粮食仓储设施，要尽快理顺国有资产的产权关系，防止国有资产流失。

三 进一步推进国有粮食企业改革必须突出抓好的几项工作

当前，国有粮食企业改革工作取得了阶段性成果，但改革和发展的任务仍十分艰巨。下一步要进一步加强对国有粮食企业改革和发展工作的指导，认真落实粮改尤其是推进国有粮食企业改革的有关政策措施，争取有关部门的支持，着力解决制约国有粮食企业改革和发展的突出问题，推动国有粮食企业改革和发展的顺利进行。

（一）继续解决好国有粮食企业的历史遗留问题，为企业改革和发展创造良好条件

一是要继续研究和完善粮食财务挂账的消化处理办法和措施，切实减轻企业负担。今年年初，财政部、国家发展改革委和国家粮食局等九部门下发了《关于进一步做好国有粮食购销企业政策性粮食财务挂账清理认定及从企业剥离工作的通知》（财建[2007]10号），要求以省政府的名义报送各地粮食财务挂账认定数。目前还有少数几个省份没有报送，请这些省份粮食部门商有关部门尽快完成上报工作。同时，各地要抓好企业经营性财务挂账的核实、处理工作，结合企业改革，积极研究和探索企业经营性粮食财务挂账的处理办法。

二是多渠道筹集资金，认真落实社会保障政策，解决分流安置职工的遗留问题。各地要争取地方政府的支持，加大地方财政安排力度。有条件的地方可以继续从粮食风险基金中列支一部分资金。同时，国有粮食企业也要结合产权制度改革，用国有资本退出的收入，以及企业经营的利润，解决国有粮食企业分流安置职工的资金缺口。通过多渠道筹集资金，切实落实职工的社会保障政策，维护职工的合法权益，促进社会稳定。

三是积极落实国家再就业政策，促进国有粮食企业下岗职工再就业。各地粮食部门要积极争取

地方政府的支持，将国有粮食企业下岗职工纳入当地再就业规划，并享受相应的政策，在公益性岗位安置中向粮食企业下岗职工倾斜。要指导国有粮食企业利用自身的优势，开展多种经营和便民服务，增加就业岗位。尤其是要通过改革，转换机制，做大做强企业，提高经济效益，吸纳下岗分流人员再就业。

（二）加强对国有粮食企业产权制度改革工作的指导，研究和探索粮食企业国有资产经营和监管的有效形式

各地要加大对企业产权制度改革的指导，积极开展调研，了解国有粮食企业产权制度改革的情况，以及出现的新情况和新问题。指导企业规范改制，妥善处理好有关政策的衔接，及时纠正各种违规行为，切实维护职工合法权益。要严格按照国务院和有关部门的有关文件要求，制定企业产权制度改革方案，并按规定程序审批。企业产权制度改革中涉及企业国有资产转让的，要严格按照国家有关法律以及国务院有关部门的文件规定执行。对国家投资和利用国债资金建设的粮食仓储设施，不得随意处理。

要按照国家所有、分级管理、授权经营、分工监督的原则，积极探索粮食企业国有资产经营和监管的有效形式，加强对国有粮食企业的绩效考核，确保国有资产保值增值。对于各地在国有资产监管方面所取得的经验，要互相学习、互相借鉴，及时总结并加以推广。

（三）积极支持产业化龙头企业做大做强，因地制宜促进粮食产业化发展

发展粮食产业化经营，是社会主义新农村建设的重要内容，是促进农民增收的重要途径，也是粮食流通工作的重要任务。要鼓励企业以资本运营为纽带，整合资金、技术、人才等要素，开展兼并和联合，发展大型骨干粮食产业化企业。在发展粮食产业化经营过程中，要防止低水平扩张，要重点培育一批起点高、有竞争力、带动力强、效益好的龙头企业，支持这些企业做大做强，使之成为发展粮食产业、促进产销衔接、实现粮食宏观调控和服务社会主义新农村建设的重要力量。

各地要因地制宜，制定好粮食产业化发展规划。有条件的地区要发展粮食产业化企业集群，积极探索粮食物流和产业化园区建设。统筹规划好粮食产业化基地建设，推动城区粮食仓储、加工企业向适合于粮食产业化发展的地区转移，形成企业集群。同时，在粮食产业化园区，要上一批高新科技粮油产品，实行投资主体多元化，为粮食产业化龙头企业提供发展平台。

要充分发挥财政、税收和信贷的作用，大力支持粮食产业化发展。一是争取财政支持，采取财政贴息等措施，建立财政支持粮食产业化发展的机制，支持粮食产业化企业进行技术引进和技术改造，建设仓储、加工设施等。二是加强与农业发展银行等金融部门的沟通，建立粮食信贷资金支持粮食产业化发展的机制。根据粮食产销衔接、粮食产业发展和粮食宏观调控的需要，落实信贷资金，支持产业化企业做大做强。

（四）推进企业科技创新和品牌战略，增强企业自主创新能力和竞争实力

实施科技创新和品牌战略是国有粮食企业提高竞争力、赢得市场的法宝。一方面，有条件的国有粮食企业要加快企业科技创新建设，努力建立以企业为主体、市场为导向、产学研相结合的技术创新体系。国有大型粮食企业要积极开展技术创新和技术开发，加大科技投入，全面提升企业的自主创新能力，努力形成一批集研究、开发和应用于一体、具有国内国际竞争力的大型骨干粮食企业。要以市场需求为导向，重点发展粮库技术改造、粮油加工产业升级、农村粮食产后减损和产后安全保障、粮食质量快速检测技术、现代粮食物流技术以及粮食流通信息技术等。加快科技成果在企业中的转化和应用，促进企业产品优化升级，增强企业竞争能力。

另一方面，国有粮食企业要增强品牌意识，通过树立品牌形象，发挥品牌优势，积极参与市场竞争。一是要加强营销宣传。国有粮食企业要准确把握市场需求，大力发展优质、特色粮油品种。加大营销宣传力度，充分利用各种媒体，宣传展示企业的产品，提高市场占有率。二是要提高产品质量。国有粮食企业要严格按照国家食品标准生产粮食产品，加强行业自律和监管，通过严格的标准化管理，加强质量控制，依靠过硬的产品质量占领市场。三是要实施区域品牌整合。通过品牌经营战略，将分散化的经营通过品牌整合形成合力，提高品牌的市场知名度。

（五）逐步建立现代企业制度，切实转换企业经营机制

积极推进国有粮食企业现代企业制度建设，既有利于增强国有粮食企业竞争能力，又是发挥粮食流通主渠道作用的需要。各地在推进国有粮食企业改革和发展中，对改革改制后的企业，要着力按照现代企业制度的要求，规范运作，提高企业的竞争能力。一是要积极指导条件成熟的国有粮食企业建立现代企业制度，处理好粮食宏观调控下的政企关系，使企业真正成为自主经营、自负盈亏的市场主体。二是要完善企业法人治理结构，依据《中华人民共和国公司法》，明确股东会、董事会、监事会和经理层的职责，制订各自的议事规则，建立权责分明、责权对等、协调运转的公司权力制衡机制，提高管理和决策水平。三是要改革企业内部用工分配制度，实行全员劳动合同制。通过加强企业制度创新和管理创新，不断完善企业内部的激励和约束机制。

（六）把推进改革和加强管理结合起来，努力提高企业的经济效益和经营管理水平

企业经济效益的好坏，是衡量企业改革是否取得成效的一个重要指标之一。国有粮食企业经过几年来的改革和发展，历史包袱逐步得到解除，经营环境有了明显改善，企业竞争力得到增强，经济效益也逐步好转。但从目前情况看，大部分国有粮食企业仍然发生亏损，影响到企业改革和发展的顺利推进。因此，各地要将推进改革和加强管理结合起来，以改革促管理，以提升企业的管理水平来巩固企业的改革成果。各地在推进企业改革中，要切实指导企业加强经营管理，抓好企业扭亏增盈工作。要实行扭亏增盈目标责任制，分级负责，层层落实。继续通过深化改革，减轻企业负担，为企业提高经济效益创造条件。指导国有粮食企业抓好粮食收购，拓宽销售渠道，搞活粮食经营。同时，充分利用企业现有资源发展多种经营，培育企业新的利润增长点。进一步加强企业管理，特别是财务管理，建立健全各项管理制度，严格控制费用支出。总之，要通过各级粮食部门和粮食企业的共同努力，不断提高企业的经济效益和经营管理水平，早日摘掉国有粮食企业亏损的帽子，提高企业的竞争实力，为更好地发挥粮食购销的市场主渠道作用奠定基础。

在全国粮食质量监管工作会议上的讲话

国家粮食局副局长、党组成员 任正晓
2007年8月24日

同志们：

这次全国粮食质量监管工作会议是国家粮食局在今年内第二次召开的专题研究粮食质量工作的重要会议。会议的主要任务是：传达贯彻全国质量工作会议、全国产品质量和食品安全专项整治行动电视电话会议精神，深入贯彻落实科学发展观，研究分析当前粮食质量工作面临的新形势，动员部署全国粮食质量安全专项整治行动，采取有力措施，进一步提高我国粮食质量工作的整体水平，为促进现代粮食流通业和整个国民经济又好又快发展作出新的贡献。国家粮食局党组对这次会议非常重视，党组书记、局长聂振邦同志原定亲自主持这次会议，因国家发改委另有重要会议而未能出席。但振邦同志亲自审阅了会议的主要文件，对开好这次会议提出了明确的要求。

党中央、国务院高度重视产品质量工作，胡锦涛总书记、温家宝总理多次就产品质量、食品安全问题作出重要批示。今年7月27日，国务院专门召开全国质量工作会议，温家宝总理亲自到会作重要讲话，从我国经济社会发展全局的高度，分析了质量工作面临的新形势，明确了当前和今后一个时期我国产品质量和食品安全的主要工作任务。刚才，我们原原本本地传达学习了温总理的重要讲话，这对我们进一步统一思想认识，正确分析形势，全面加强与改进粮油质量安全工作，进一步提高粮食质量安全监管水平都具有重要的指导意义。昨天下午，国务院又专门召开全国产品质量和食品安全专项整治行动电视电话会议，吴仪副总理作了重要讲话，对此次专项整治行动作出了具体部署，提出了明确要求。这两次重要会议的精神和国务院领导的重要讲话，是我们当前和今后一个时期做好粮食质量工作的指导方针。为认真贯彻落实好这两次重要会议的精神，特别是按照国务院的统一部署，迅速在全国范围内扎扎实实地开展粮食质量安全专项整治行动，进一步做好粮食质量工作，下面我讲五点意见，提请同志们讨论。

一 切实提高对粮食质量监管工作重要性的认识

温家宝总理强调指出，产品质量事关人民群众切身利益，关系企业的生存和发展，关系国家经济社会的长远发展和国家形象，必须充分认识产品质量和食品安全工作的重要意义，增强做好这项工作的自觉性。各级粮食部门一定要认真领会温总理讲话的深刻内涵，切实把思想认识统一到全国质量工作会议和全国产品质量和食品安全专项整治行动电视电话会议精神上来，统一到温总理和吴仪副总理的重要讲话精神上来。国以民为本，民以食为天，食以粮为重，粮以质为先。粮食质量工作直接关系到广大人民群众“一日三餐”的饮食安全与身体健康，百姓吃粮无小事，质量安全大于天。粮食质量工作是各级粮食行政管理部门应当长抓不懈的一项重要职责，是粮食流通监督检查的核心内容，也是各级粮食部门服务“三农”、促进社会主义新农村建设的有效方式。

我认为，当前我们应当从以下四个方面来认识粮食质量工作的重要性，切实做好粮油质量安全监管工作：

一是落实中央统一部署的要求。7月26日国务院正式颁布了《国务院关于加强食品等产品安全监督管理的特别规定》（国务院第503号令），8月5日发出《国务院关于加强产品质量和食品安全工作的通知》（国发[2007]23号），8月22日国务院办公厅印发了《全国产品质量和食品安全专项整治行动方案》（国办发[2007]57号）。国务院连续下发的这三个重要文件和相继召开的两个重要会议，都严格要求各地区、各部门务必将产品质量和食品安全工作放在重要的位置上，切实抓紧抓好、抓出成效。粮油是食品的重要组成部分，我们必须按照中央的统一部署，从讲政治、讲大局，坚持以人为本、执政为民的高度，十分重视、切实抓好粮食质量工作，特别是要坚决打好年内的这场产品质量和食品安全专项整治的特殊战役。

二是履行法规赋予职责的要求。《粮食流通管理条例》、《中央储备粮管理条例》明确规定，粮食的收购、储存、运输环节和政策性粮食购销活动的质量监管和收购、储存活动中的原粮卫生监管工作是各级粮食行政管理部门的职责，我们必须认真履行法规赋予的责任，依法监管好粮食质量，不能不作为，也不可乱作为。

三是维护人民利益的要求。在农村，广大种粮农民期待粮食行政管理部门切实加强粮食质量工作，加强粮食品质测报，引导农民种粮，实现优质优价，增产增收；要求我们切实监管好粮食收购市场，督促执行好国家的粮食质量标准，坚持依质论价，优质优价，杜绝压级压价、坑害农民的行为。在城市、工矿企业和学校等用粮领域，人民群众也热切期待我们加强全社会粮食流通的质量监管督查，从源头上切实把好质量关，保证人民群众一日三餐食用粮油的安全。人民的期盼就是我们的责任，我们没有任何理由不依法依规履行粮食质量监管职责，没有任何理由不高度重视粮食质量工作。

四是继续加强粮食质量工作的现实要求。这些年来，各级粮食行政管理部门在当地党委政府的正确领导和有关部门的全力支持下，粮食质量工作取得了长足的进步，得到了稳步的发展。我们建立了粮食质量监管制度，加大了粮食质量监管工作力度，积极开展粮油标准研究和制修订工作，大力推进粮食流通监督检查体系和质量检验检测体系的建设，成绩是显著的。目前，全国粮食系统共有专业粮食质量检验机构776个，其中省级32个，市级191个，县级553个，粮食质量监管能力明显增强。这些年来，我们在大力推进国有粮食企业改革，重新构建现代粮食企业的同时，高度重视加强企业的质量体系建设，企业的质量意识显著增强，质量管理日趋制度化、规范化，产品质量和企业信誉明显提高。但是,我们也要清醒地看到，粮食质量工作还存在着一些薄弱环节，还面临不少的问题和困难。其一是少数粮食收购企业对入库粮食质量把关不严，执行出库检验制度不规范；其二是有的收购企业诚信度低，收购粮食压级压价，损害农民的利益，销售粮食以劣充优,损害消费者的利益，尽管这样的情况仅发生在个别地方、少数企业，但负面影响很大；其三是一些地方存在粮食污染的问题,原粮卫生抽检中发现有害重金属超标、真菌毒素污染、农药残留超标的情况,给粮油食用安全带来威胁；其四是质量监管手段、检验检测技术装备亟待完善，一些地方粮食检验检测体系不健全，“检不了、检不出、检不准、检得慢”的问题还比较突出。所有这些问题都现实地摆在我们面前,不能不引起各级粮食行政管理部门的高度重视，必须尽快采取切实有效的措施把这些问题解决好。

综上所述，我们应当从“中央有号令，法规有要求，人民有期待，现实有需要”这四个方面，充分认识粮食质量工作的重要性，增强做好粮食质量安全监管工作的自觉性和紧迫感，切实把粮食质量工作作为各级粮食行政管理部门的一项重要行政职责，长抓不懈，切实抓好。

二 扎实开展粮油质量安全专项整治行动

国务院决定从8月下旬到今年底，用4个多月时间，在全国范围内全面开展产品质量与食品安全专项整治行动，刚才我们认真学习了国务院办公厅印发的《全国产品质量和食品安全专项整治行动方案》，了解了这次专项整治行动的任务、目标与要求。按照国务院的统一部署，我们粮食部门要紧密结合粮食行业的特点和工作实际，在全行业内全面开展粮食质量安全专项整治行动，在今年内要扎扎实实地抓好以下三大检查整治行动：

（一）全面开展库存粮食质量检查

集中在8、9两个月，对全国粮食系统所有的库存粮食进行全面的质量检查，有仓必检，有粮必查。在粮食经营企业开展自查的基础上，省级粮食部门要认真做好复查工作，国家粮食局将会同有关部门开展联合抽查。为紧密配合全国专项整治行动，在今年国家粮食库存检查中，拟对中央储备粮和地方储备粮的质量和卫生安全状况做一次比较全面的抽查。这项工作，国家粮食局已经以国粮检[2007]149和国粮检[2007]193号文件作出了部署。

中央储备粮质量抽查任务由国家粮食局委托设在各省的国家粮食质量监测中心承担，各监测中心要严格把关，严格遵守抽查程序和工作纪律，严格按照任务书规定的抽查库点、样品数量、检验项目进行扦样和检验，并按照规定的时间报送抽查检验结果。地方储备粮质量抽查由地方粮食行政管理部门统一安排部署。各级粮食检验机构要积极配合做好工作，确保在全国粮食库存检查规定的时间内完成抽查任务。在检查中发现存在质量安全隐患的，要及时进行复查或跟踪检验；对不符合国家卫生安全标准的粮食，要及时报请当地政府批准就地封存，进行无害化处理或限定用作工业用途。

粮食库存年年查，粮食质量年年检，但今年库存清查和质量检查的意义非同以往。今年组织的粮食库存数量、质量、储存安全检查，是全国产品质量和食品安全专项整治行动的一部分，一定要按照国务院颁布的“行动方案”的要求，认真细致地把库存粮食质量状况摸清楚，对检查中发现的问题，要分析原因，查清责任，做出处理，不留后患。

（二）对收购粮食的质量进行全面监管和检查

当前，小麦收购已进入淡季，早中稻收购逐渐进入高潮，再过两个月秋粮收购也将开始。加强对收购环节粮食质量安全监管是《粮食流通管理条例》赋予各级粮食行政管理部门的重要职责，也是2006年国务院16号文件的明确要求。今年的夏粮和秋粮收购期间正值全国产品质量和食品安全专项整治。我们要把加强收购环节粮食质量安全监管作为开展专项整治工作的重要内容。一是要督促粮食购销企业认真执行国家粮食质量标准和相关政策，依质论价，优质优价，切实维护农民的合法权益；二是要从源头上把好粮食质量安全关，严格执行粮食收购准入制度和出入库检验制度，严格执行粮食储存技术规范，建立和规范进货台账，确保出库粮食符合国家强制性标准要求。国有粮食企业一定要带头遵守国家的质量法律法规和政策，进一步完善质量管理体系，全面加强质量管理，为促进全行业质量管理水平的提高作出表率。各级粮食行政管理部门都要组织得力的工作班子，领导同志带队，深入收购现场，加强检查督促，确保收购粮食质量安全。

（三）对政策性用粮进行全面质量检查

确保政策性用粮的质量安全是粮食质量监管工作的重要内容。在这次专项整治行动中各地要把军供粮、水库移民粮、退耕还林粮、救灾粮等政策性用粮的质量检查作为清查整治的重点，尤其是军供粮要作为专项整治行动的重中之重。对所有政策性粮食供应的原料采购、加工、包装、储存、运输和配送、供应全过程都要进行质量检查，逐个环节查找安全隐患和监管漏洞，发现问题就地整改。对所有向部队供应的粮油产品及其他连带供应的食品，都要进行全面的质量检查，对存在质量安全隐患的产品一律下柜，严禁出售，各省级粮食局、军粮供应中心和有关供应单位一定要切实履行职责，加强军粮供应各环节的质量安全把关，确保军粮质量安全，做到万无一失。

以上三大任务是这次粮食部门开展专项整治行动的主要内容。各级粮食行政管理部门一定要高度重视，周密部署，精心组织，领导同志要靠前指挥，各个部门要协同配合，打一场漂亮的粮油质量专项整治的特殊战役，使我国粮油质量安全水平得到进一步提升。要加强粮食质量安全专项整治行动的宣传工作，在专项整治行动期间，各地应将所做的工作、取得的成效、发现的好典型及时上报国家粮食局和当地政府，要利用新闻媒体广泛宣传，形成一个粮食系统讲质量、抓质量、保质量的良好氛围。

三 认真抓好原粮卫生状况专项调查

原粮卫生状况专项调查工作很重要、很敏感、很严格。一是很重要。原粮卫生状况调查,是一项直接影响粮食质量监管工作效果、直接关系人民群众粮食食用安全的基础性工作。粮食的卫生安全得不到保障，就会直接危及人民群众的身体健康，甚至影响和妨碍社会主义小康社会、和谐社会建设目标的实现，所以说这项工作非常重要。二是很敏感。原粮卫生状况备受各方面关注，调查检验结果很敏感，特别是从根本上解决粮食重金属污染、农药残留超标等问题决非一蹴而就，将是一项长期的、复杂的系统工程，如果在工作程序和节奏上把握不好，极易引起社会和市场的不稳定。因此，对调查结果一定要慎重对待，防止引发不稳定因素。三是很严格。由于原粮卫生调查这项工作既很重要，又很敏感，因此对开展原粮卫生调查必须作出严格的规定。首先是取样要科学。样品的选取直接决定检验结果的代表性和准确性，各地在开展卫生调查采样时，必须按照国家粮食局的统一部署合理布点，按取样规程科学采样，使样品具有尽量广泛的代表意义。其次是检验要准确。检验数据的真实准确是确保原粮卫生调查工作质量的核心，所有承担卫生调查检验任务的检验机构都必须把好数据准确这一关。要坚持实事求是、客观公正的质检作风，真实准确地检验、记录和上报原粮卫生检验数据，绝不能将无事报有事，小事变大事，也不能将有问题说成没问题，大问题说成小问题。检验检测机构要对出具的检验检测报告负法律责任，质检中心（站）主任是第一责任人，各级粮食局要严格把关，上报结果时局长要签字。再次是报告要及时。专项调查工作完成后，要以省为单位在规定的时间内向国家粮食局报送综合调查报告。报告要阐述总体状况、存在的问题、形成的原因、采取的应对措施、解决问题的对策建议，形成有情况、有数据、有分析、有意见、有分量的报告。最后是调查结果不得随意发布。各省（区、市）的原粮卫生调查结果由省级粮食质检机构负责汇总和整理，各省级粮食局直接掌控，省以下各级都不准对外发布本地区原粮卫生调查结果。各省级粮食局对检验结果要认真分析把关，经集体研究审定后，正式标密上报国家粮食局和省级人民政府。以上四条，要作为严格的质检工作纪律，各地必须严格遵守。各级粮食行政管理部门都要本着对国家、对人民高度负责任的态度，切实抓好原粮卫生状况专项调查工作，把这项很重要、很敏感、很严格的工作落到实处。

四 抓紧构建粮食质量安全监管的长效机制

粮食质量监管工作是一项长期的、艰巨的工作任务，必须持之以恒、长抓不懈。我们要在扎实抓好为期4个多月的专项整治行动基础上，按照《国务院关于加强产品质量和食品安全工作的通知》的要求，立足长远，标本兼治，抓紧构建粮食质量安全监管的长效机制。

（一）进一步加强标准体系建设

质量工作标准为先，建立长效机制标准工作首当其冲。国家标准化管理委员会授权全局归口管理的粮油标准包括粮食及加工产品、油料及油脂、粮食储藏、粮食加工及仓储设备、粮食专用检验仪器等范畴。目前，全局正在组织制订和修订的粮油标准有200多项，已经列入标准制修订计划的还有100多项，标准制修订工作任务非常繁重。国家粮食局标准质量中心要尽快制定粮油标准制修订工作计划，分解落实标准制修订任务，把粮油标准制修订工作切实抓紧、抓好。希望各地粮食部门、粮食企业、粮食质检机构、相关科研院所和院校都积极参与和支持粮食标准化工作。

（二）加强质量监管制度建设

目前，国家粮食局虽已会同有关部门制定了一系列行之有效的粮食质量监管制度和办法，但还不够完善，需要进一步加强。要根据国务院最近召开的两次重要会议和近期发布的有关法规和文件要求，加快建立和完善能够涵盖粮食流通全过程的质量监管制度，如粮食质量追溯制度，不合格粮油产品召回制度，粮食质量与原粮卫生监测抽查制度，粮食质量安全报告制度，粮食质量信息发布制度，粮食质量安全突发事件应急处理机制等，从而以制度的建设和实施，规范和促进粮食质量监管工作。

（三）加强粮食质量监测体系建设

去年以来，国家粮食局启动了国家粮食质量监测体系建设工作。按照充分利用现有检验资源，择优选用，合理布局，共建共享的原则，第一批已经授予66个单位为国家粮食质量监测机构称号，第二批70个机构的考核工作也已基本完成，国家粮食质量监测网络体系初步形成。各级粮食行政管理部门对这项工作高度重视，配合国家粮食局做了大量工作，按照《国家粮食局关于建立国家粮食质量监测体系的通知》（国粮发[2006]146号）的要求切实加强了对已挂牌检验机构的管理和支持，全国粮食质检体系建设发展势头很好。我国作为一个粮食生产和消费大国，这两批130多个监测机构还难以担当起全国粮食质量监管的繁重任务，今后还要根据需要适当增加国家粮食质量监测机构。选择一批条件较好的地方粮食质检中心（站、所）加挂国家粮食质量监测机构牌子，既是整合全国质检资源、形成监管网络体系、加强粮食质量监管工作的客观需要，也是积极支持地方粮食质检体系建设的有效举措。各省（区、市）粮食行政管理部门一方面要一如既往地加强对国家粮食质量监测机构的支持和管理，另一方面，也要从本省实际情况出发，根据辖区内粮食的分布、流向和质量安全状况，结合国家粮食质量监测体系建设，合理规划设置本省的质量监管体系，全面提升粮食质量安全监管的能力。

（四）加强粮食质量检验能力建设

各地粮食部门要在充分利用现有检验资源条件，合理定位检验机构职责分工的基础上，理顺粮食检验机构的性质，改善检验机构的技术装备条件，全面提升粮食检验机构的检验能力。要借国家加强产品质量和食品安全工作、开展专项整治行动的东风，积极争取落实粮食质检机构的公益性机构地位和编制、人员、经费，按照国务院国发[2007]23号文件的要求，积极争取各级财政对检验机构的场地、仪器设备的投入，为粮食检验机构开展检验检测工作提供良好条件，尽快解决质量监管工作中存在的“检不了、检不出、检不准、检得慢”的问题。

（五）加强标准质量队伍建设

目前全国粮食行业已经拥有一支优秀的质量监管检测和标准化管理的人才队伍，但是客观地看，在一些地方和单位质量监管的技术人才和标准化管理人才仍然不足，有的甚至面临后继乏人的局面。为此，必须高度重视标准质量工作的人才培养和队伍建设，要抓紧培养造就一大批标准、质量工作的技术专家和管理专家。在人才队伍的建设和管理方面，一是要尊重老专家，充分发挥“老标准”、“老质检”的作用；二是要外引好专家，聘请外行业、外单位的优秀专家帮助我们开展工作；三是要培养新专家，要大胆培养、使用年轻同志，从大专院校挑选优秀的专业人才，使他们在工作实践中尽快成才，成为粮食标准质量工作的新专家。今年11月，国家粮食局将举办首届全国粮食质量检验人员职业技能大赛，这将有力地促进粮食行业的质量、标准人才队伍的建设，各地要积极支持、认真组织好参赛工作。

五 切实加强对粮食质量监管工作的领导

粮食质量工作非常重要，加强对全社会粮食质量的监管，是各级粮食行政管理部门的一项重要行政职责。各地要按照国务院的部署要求，切实加强对粮食质量工作的领导。国务院明确规定：“县级以上地方人民政府对本行政区域内的产品质量和食品安全监督管理负总责。各地方、各有关部门都要各负其责，各司其职，管好本行政区和本行业的产品。”振邦同志明确要求，各级粮食行政管理部门的一把手要亲自抓粮食质量工作，同时要明确专门的领导直接抓，专门的机构和人员具体抓，要在组织领导上把质量监管工作落到实处。各地要进一步加大对各级质检机构的支持力度，从机构、人员、经费、装备等方面及时解决实际困难和问题，以充分发挥质检机构对粮食质量监管的技术支撑、保障作用。

同志们，我们肩负的粮食质量监管工作，任务繁重，责任重大。让我们以邓小平理论、“三个代表”重要思想为指导，全面贯彻落实科学发展观，按照党中央、国务院的统一部署，齐心协力，勤奋工作，扎实推进粮食质量监管工作，圆满完成粮油质量安全专项整治任务，把我国粮食标准质量工作提高到一个新水平，为促进现代粮食流通业和整个国民经济又快又好的发展作出积极贡献。

谢谢大家！

在中国企业跨国投资研讨会暨粮油企业“走出去”战略研讨会上的总结讲话

国家粮食局副局长、党组成员 张桂凤
2007年5月17日

各位领导、同志们：

中国企业跨国投资研讨会暨粮油企业“走出去”战略研讨会是在党中央、国务院提出“走出去”战略的新形势下召开的，也是在我国粮食流通体制全面市场化的新形势下召开的，很及时，很重要，也很成功。在这次会议上，有关领导、专家学者及企业家，围绕粮油企业、特别是粮油机械制造企业能不能“走出去”、如何“走出去”以及如何做好准备等问题作了精彩的发言，中国粮食行业协会会长、中国贸促会粮食分会名誉会长白美清同志作了题为《稳步“走出去”，开拓新天地》的重要讲话，国务院发展研究中心副部长、博士研究员隆国强同志从我国对外投资情况和对策进行了深入地探讨。王瑞元副会长、周明臣副会长、美国斐培律师事务所和新疆、江苏、河北、湖北等5家企业的同志也从粮油机械发展与走出国门、开拓中亚粮机市场等不同方面进行了深入交流。负责会务工作的同志们为这次会议的召开做了充分准备和精心安排，提供了很好的条件，全体与会代表认真听会、积极讨论、广泛交流，会议开得很好，不仅提高了对实施“走出去”战略重要性的认识，也进一步理清了实施这一战略的思路和努力方向。下面，我作一简要总结，并就我国粮油企业下一步实施“走出去”战略讲几点意见。

一 会议开得很成功，达到了预期目的

这次粮油企业的“走出去”的战略研讨会，是在“中国企业跨国投资研讨会”期间举办的。大家通过参加“中国企业跨国投资研讨会”，对企业跨国投资的政策措施以及在实施跨国投资中应注意和准备的问题等方面，有了较深刻的认识，对于鼓励我国粮油企业“走出去”，进行跨国投资，起到了启蒙和引领作用。

在此期间举办的中国粮油企业、粮机企业的“走出去”战略研讨会，为全国知名的米、面、油加工企业和粮油机械的著名厂商提供了很好的交流平台，大家共聚一堂，交流经验和体会，研讨对策，沟通友情，为我国粮油系统、粮机企业开拓进取、在国际市场中经风雨受磨炼、全面提升企业的竞争能力和综合实力意义重大，影响深远。

总的来说，这次会议达到了预期的效果。通过这次会议，大家进一步提高了认识，开拓了思路。我希望这次会议能够成为粮油行业贯彻“走出去”的战略方针、全面进军国际市场、加快发展的新的起点、新的里程碑。

二 对会上反映的几个主要问题和观点的进一步探讨

关于粮食行业“走出去”的问题，会上有关领导和专家已作了阐述，有几个观点我认为还需要再明确一些，主要是：

（一）粮食行业实施“走出去”发展战略有着较深的历史渊源，不是“即兴”之作

粮食行业的对外经济贸易合作并不是从今天才开始，而是在几十年前就进行了大胆的实践，形成了一定的规模，为保障国计民生和发展国民经济作出了应有的贡献，创造了辉煌的业绩。在粮食科技进步取得高速发展的今天，如何把对外经济贸易的合作内容向更深、更广的范围拓展，如何把粮油精品、深加工产品向高附加值产品、加工机械产品方向延伸，则是今天需要研究并且在今后需要付诸实施的问题。这一点需要大家一定要有清醒的认识。

（二）要用历史唯物主义的观点和方法来看待我国粮油工业发展的历史，不能简单地否定过去

瑞元同志在发言中，详细阐述了我国粮油机械从无到有、从小到大、从弱到强的发展历程，也向我们描述了粮食行业的广大科技人员和干部职工在过去几十年里对粮油工业的发展作出的积极贡献。正是因为有了艰苦奋斗的昨天，才会有快速发展的今天，才能够为“走出去”创造良好的条件。同时，我们也要看到粮食行业发展中还存在影响“走出去”战略实施的一些因素，比如说信息不对称问题、中国个别企业信誉不佳在国外造成不良影响问题、售后服务不到位问题、粮机的标准与国际标准不接轨问题、货币兑付不畅问题，等等。对此我们要有清醒的认识，要早作准备，要积极应对。正如周明臣同志提出的，“走出去”，我们一定要做好方方面面的准备，不打无准备之仗。

（三）粮油企业“走出去”要以科学发展观为指导，在用好外部环境资源的同时通过自身挖潜实现可持续发展

实施“走出去”发展战略，国家和行业主管部门会努力创造条件，搭建平台，搞好服务。但是，粮油企业作为“走出去”的主体，一定要练好内功，要从产品质量、经营管理、自主品牌、售后服务、信誉保障等方面下功夫，通过扎扎实实的工作，使自己的产品享誉海外，使自己的企业真正走向国际市场，永立于不败之地。

三 关于下一步实施“走出去”战略的几点意见

总的来说，目前，我国在宏观经济发展与国际环境、粮食行业发展和粮油企业自身发展等方面，已基本具备了让粮油企业“走出去”的良好条件。粮油企业一定要抓住机遇，以这次会议为契机，积极进取，大胆探索，勇敢地“走出去”，为粮食行业对外经济贸易再创辉煌。

关于下一步的“走出去”工作，我认为要注意发挥好以下三个方面的优势：

（一）充分发挥我国经济发展和国际地位空前提高的优势

从国内经济的发展来说，在最近20多年的时间里，我国持续保持了国民经济稳定、高速发展，国家实力的增强，人民生活水平的提高，在国际上引起了强烈的反响。特别是近年来，我国坚持市场化改革取向，全面履行加入世界贸易组织的各项承诺，积极完善涉外经济体制和法规政策，大力深化和扩大与各国的经贸往来。中国海尔等很多知名大公司已走出国门，创造了良好的国际声誉和经济效益，树立了中国产品的良好形象。“中国制造”风行国际。

从国际形势来看，我国坚持独立自主的和平外交路线，统筹国际、国内两个大局，积极倡导建设和谐世界，推动对外关系全面发展，在世界上广交朋友，为维护世界和平、促进共同发展作出了新贡献，赢得了世界上绝大多数国家和人民的拥护，中国的国际地位空前提高。“中国—东盟峰会”的召开，上海合作组织的建立，中非合作论坛的举办，为我们实施“走出去”战略，营造出了良好的环境，搭建了很好的平台。

国家已确定了要“引导和规范企业对外投资合作，完善财政、信贷、外汇、保险等政策措施，支持有实力、有信誉、有竞争力的各种所有制企业走出去”的方针政策，为我国的粮油企业实施“走出去”战略创造了良好的宏观环境。我们一定要抓住这一机遇，利用好这个优势。

（二）充分利用好粮食部门和行业中介组织的服务平台优势

当前，我们有了很好的国际环境，也有质优价良的产品作后盾，但是，粮油企业要顺畅地“走出去”，还需要解决一个平台问题。在20世纪的五六十年代，因为许多国家还没有与我国正式建立外交关系，中国贸促会以民间团体的身份，组织各行业的企业“走出去”，开展了广泛的国际联系，在发展我国对外经济贸易交流方面起了重要的作用。在计划经济体制下，政府各部门都有管企业、管生产的职能，形成组织企业“走出去”的强大力量。今天，在新的形势下提出“走出去”的发展战略，就需要同时考虑重新组合力量，开辟一个顺畅的渠道，搭建一个合适的平台，那就是政府支持、协会牵线、整合提升、扩大联合。去年9月初，在国家粮食局的支持下，中国贸促会粮食行业分会和新疆粮食局，共同举办了由中国企业和中亚各国政府、行业组织和企业代表参加的研讨会，双方进行了深入的交流和研讨，并就尽快建立合作平台问题达成了共识。这个要求迅速得到上海合作组织中国实业家委员会的支持，他们准备将其纳入上海合作组织框架内，设置一个粮油方面的分支机构。

这个月底，粮食贸促会负责同志将组织粮食部门的粮机企业，随同中国贸促会万季飞会长赴俄罗斯和部分中亚国家访问，届时将进一步商讨密切各国之间粮食行业之间的联系、搭建交流平台等问题。国家粮食局也将适当对中亚搭建平台继续给予一定的经费支持。我们有理由相信，不久我们与中亚各国的经济贸易合作就会出现新的起色。在此，我希望粮食贸促会和中国粮食行业协会进一步发挥中介服务的功能，抓紧与有实力的企业联系，把他们吸收到这个组织内，形成一个中国对中亚粮食行业合作的强大群体，为这些企业“走出去”创造有利条件。同时，协会等中介组织将把企业“走出去”中的意见、要求、困难和建议，向国家有关部门反映，帮助企业解决难题。

（三）坚持区域合作方向，全面发挥国家竞争优势和企业竞争优势

当前，我国粮油企业正处在新的成长期。我们既要坚持在国内市场起主导作用，同时也要学会利用两个市场、两种资源，锻炼两种本领，力争在国际市场上争得应有的地位。

比如，在与中亚各国开展经济贸易合作的过程中，我们要准确把握自身具备的区域合作优势，正确处理国家竞争优势和企业竞争优势问题，维护好国家利益和企业自身利益。目前，我国粮机企业在中亚市场相互恶意竞争，消耗很大，不能获得应有的国际贸易利润，不能保证优质的服务，这种急功近利的行为，给中亚国家留下了价低质次的印象。实际上，我国的粮机产品，从技术上和制造水平上都达到了国际先进水平，只是不能在成套设备和参与区域市场竞争方面形成合力，影响了我们“走出去”。

我非常赞同新疆的同志在发言中提到的，我们应该向德国人、日本人、韩国人学习，彻底打破小农意识，建立大协作的经营模式，形成对外出口的合力，打响中国粮机自己的品牌。一方面，我们要积极“走出去”，把自己的优质产品、优良的售后服务推出去，占领区域市场。另一方面，要加强与

中亚地区同行的交流与合作，注意学习他们的经验，引进相关技术，做到为我所用，加速我国粮油企业的成长进程。

事实证明，没有经过国际市场风雨洗礼的企业，不可能成为立于世界先进之林的大企业；没有经历国际市场波澜锻炼的企业家，不可能成为全面的、成熟的企业家。一切有条件的企业都需要在“走出去”的过程中去接受考验，增强自身的国际竞争力，共同为我国粮食行业的对外经济贸易发展作出应有的贡献。

最后，让我代表国家粮食局，对与会的各位领导、专家和代表对我们工作的支持表示感谢，对这次会议负责会务工作的同志们的精心组织、辛勤工作表示感谢！

谢谢大家！

在部分省区粮食局机关党建工作座谈会上的讲话

国家粮食局副局长、党组成员 张桂凤
2007年9月16日

同志们：

自2006年全国粮食系统党建研究会成立以来，各会员单位遵照《研究会章程》，紧密配合部门党组，积极适应粮食流通事业改革发展的新形势，认真开展调查研究，加强党建研究工作，积极探索和尝试有益做法，并努力加以实践，为深入推进机关党的建设，促进粮食流通工作全面、协调、可持续发展作出了有益贡献。按照计划，国家粮食局机关党委将于今年年底前择时组织召开全国粮食系统党建研究会全体会员大会。为做好会员大会的准备工作，我们召开这次座谈会，对部分省区党建工作的开展情况进行调研，并听取同志们关于做好新形势下粮食系统党建研究工作的建议和构想。

从今天上午开始，各地与会同志先后作了发言，介绍了本部门在工作中的一些做法和体会，而且就推进党建研究工作提出了意见和建议，这些对于我们掌握和了解实际情况很有帮助，回去后，我们将把这些建议吸纳到年底会员大会的工作报告中去。通过大家的交流，我感到，自去年研究会成立以来，各地粮食部门的机关党建工作在部门党组的高度重视下，经过广大党建研究会会员和党务工作者的辛勤努力，取得了较大发展。在推动中心工作方面，各地紧密配合党组和上级党组织，结合机关业务，找好切入点和结合点，积极促进中心工作与党建工作协调发展。如内蒙粮食局以“三创一落实”活动为载体，强化党员干部团结向上的集体观念教育、改革开放的思想观念教育、敢于思考的创新观念教育和依法行政的法制观念教育，取得了较好效果。江苏省局在党建工作中坚持打造以“学习型、创新型、服务型”为主要内容的“三型”党组织，努力实现在学习中提高战斗力，在创新中增强创造力，在服务中强化保障力，不断提高机关党组织建设和先进性建设，取得了很好的效果。江西省结合实际，开展了“抓作风、促效能、创事业”主题实践活动，狠抓党员干部作风建设，取得阶段性成效。河南省局每年确定一个党建工作主题，自觉把机关党建纳入中心工作中去，有效地促进了各项业务工作的顺利进行。青海省粮食局紧紧围绕改革创新与和谐发展的主题，以创建“学习型、服务型、创新型、廉洁型”单位为党建工作目标，不断加强基层组织建设和党员队伍建设，并结合机关建设，围绕转变作风、提高效能，认真开展了“重学习、办实事、建制度、求实效”作风建设年活动，取得了较好效果。在加强党建课题研究方面，比如辽宁等地将每年组织召开一次全省粮食系统机关党建工作座谈会，围绕专门主题交流党建研究成果。福建省局在党建研究工作中通过专家讲座、理论研讨、专题调研、论文评选等形式，积极构筑研究平台，努力吸引思想政治素质高、写作能力强、热心党建工作的同志参与党建研究，并结合先进性教育活动经验，推出了一批质量较高、具有现实指导意义的调研文章，党建研究工作取得了一定进展。广西粮食局向全区粮食部门印发《基层党组织建设及党员结构情况统计表》，在掌握党建情况第一手资料的基础上，确定党建课题研究方向，开展课题研究，进行理论研讨，参与论文评选，取得较好成绩。云南省局把加强对全省粮食系统党建和党风廉政建设研究作为党建研究工作的重要内容来抓，制订了党建课题调研提纲，并组织有关单位开展课题调研活动。江西省局则以粮食政研会为依托，切实加强阵地建设，积极组织专家学者进行理论研讨，开展交流，效果显著，并受到了上级的表彰。此外，去年以来，各地根据研究会提出的党建课题研究方向，自选题目，撰写了一批内容比较丰富、具有一定深度的优秀论文，我们将在年底全体会员大会上，组织各地进行研讨交流，对优秀论文给予表彰。

这次座谈会尽管时间不长，但内容丰富，效果很好，达到了预期目的。下面，我想借此机会，针对系统内的党建研究工作简要谈几点意见。

一 把握方向，坚持用马克思主义中国化的最新成果指导粮食系统党建研究工作

党的十六大以来，以胡锦涛同志为总书记的党中央，高举邓小平理论和“三个代表”重要思想伟大旗帜，着眼于党和国家事业发展的全局，立足于国内外形势的发展变化，坚持解放思想、实事求是、与时俱进，把马克思主义基本原理同中国具体实际相结合，不断推进实践基础上的理论创新，先后提出了科学发展观、构建社会主义和谐社会、加强党的执政能力建设和先进性建设等重大战略思想和重大战略任务，特别是今年6月25日胡锦涛总书记在中央党校省部级干部进修班上发表的重要讲话，对我们党新时期30年来带领全国各族人民改革开放和社会主义现代化建设的宝贵经验和巨大成就进行了科学总结，明确提出了“四个坚定不移”的重要思想，并进一步阐释了科学发展观的内涵，对全面贯彻落实科学发展观提出了新的要求。这“四个坚定不移”的重要思想进一步丰富了党的基本理论、基本路线、基本纲领和基本经验，深化了对共产党执政规律、社会主义建设规律和人类社会发展规律的认识，不仅为加快推进社会主义现代化、全面建设小康社会、实现中国人民和中华民族根本利益提供了强大的思想武器，也为我们进一步做好新形势下的党建研究工作指明了方向，拓宽了视野，提出了要求。因此，我们必须坚持用马克思主义中国化的最新成果来指导粮食系统党建研究工作，这是我们做好工作的出发点和落脚点。我们要认真学习宣传贯彻胡锦涛同志“6·25”重要讲话精神，按照中央的要求，充分认识讲话的重大意义，深刻领会讲话的科学内涵，全面把握讲话的精神实质，紧紧围绕“四个坚定不移”的重要思想抓好党建理论研究，进一步解放思想、实事求是，以宽广的眼界、敏锐的目光、前瞻的思考、战略的思维及时发现问题、研究对策、探索规律，努力实现有所创新、有所推进，从而更好地开辟粮食系统党建研究工作的新境界，在工作实践中不断取得新成效，积累新经验。

二 贴近实际，不断提高党建研究的针对性、时效性和启迪性

要搞好党建研究工作，就不能离开工作实际。当前，粮食系统的工作实践给党建研究提出了许多新课题，迫切需要我们深入研究；各地粮食部门的党组织在党的建设工作中创造了一些新鲜经验，急需我们进行概括和总结。更为重要的是，在粮食流通改革发展的新形势下，显露出的一些新情况，更需要我们进行科学的回答，为粮食系统广大干部职工解疑释惑。因此，在研究工作中，我们要尽力避免那些“炒冷饭”、“马后炮”的现象，进一步增强党建研究的针对性、时效性，给广大粮食系统党员干部和党务工作者以更多启迪。

（一）要深入调查研究

搞好调查研究，是党建研究工作的基本功。离开了调查这个关键和基础环节，党建研究就会成为无源之水、无本之木。加强调查，必须到基层去、到群众中去、到实践中去。因此，我们要做好粮食系统党建研究工作就必须走出去、沉下去、钻进去，舍得投入时间和精力，认真听、深入看、多提问、细琢磨，摸清真实情况，抓住关键问题。既要解剖典型，又要了解全局。既要到工作局面好和先进的单位去总结经验，又要到困难较多、情况复杂、矛盾尖锐的地方去研究问题。要拓宽调查渠道，创新调查方式，综合运用归纳与演绎、分析与综合、具体与抽象以及比较、分类、统计等手段，对调查中掌握的材料进行去粗取精、去伪存真、由此及彼、由表及里的深入思考和研究，找出规律性和普遍性的东西，找到解决问题的有效办法，让我们的研究工作在党的实际工作中、在粮食流通改革发展中发挥不可替代的作用。

（二）要注意总结提炼

在开展党建研究工作中，我们一定要紧密联系粮食流通工作的实际，紧密联系粮食系统党建工作的实际，紧密联系全系统广大党员、干部、群众关心关注的重点、热点、难点问题来进行。要高度重视对实际问题、实践经验进行理性思考和理论概括，认真总结粮食系统党建工作方面的新鲜经验和有益做法。今年以来，胡锦涛总书记先后在中纪委七次全会和中央党校省部级干部进修班上发表了重要讲话，各地粮食部门按照中央的要求，相继开展了学习贯彻胡锦涛总书记“6·25”重要讲话精神，以及加强领导干部作风建设的专题活动，对此，我们要特别注意总结专题学习活动中的典型经验和有益做法，并上升到理论高度，为新的实践提供指导。

（三）要坚持与时俱进

我们的研究工作，不仅要始终体现鲜明的党性特征，始终体现与时俱进的时代品格，自觉地为坚持党的性质、增强党的活力、推进党的伟大事业服务，还要积极适应粮食市场化改革，适应转变职能、加强宏观调控，为粮食行业未来发展的需要服务。当前，粮食系统的党建研究工作，要紧紧围绕推进粮食行业改革发展这个中心任务，抓住完善流通体制、深化企业改革中干部群众关心关注的重点、难点、热点问题，加以研究和分析。要重点在如何加强和谐机关建设、促进社会主义和谐社会建设中发挥积极作用，如何在加强党员干部经常性教育中体现社会主义核心价值观，不断保持和发展粮食系统党员干部队伍的先进性，以及在贯彻落实胡锦涛总书记“6·25”重要讲话精神，按照“四个一定要”的要求，加强党员干部队伍建设等方面，为各级领导班子科学决策提供有价值的思路和建议，为推进粮食系统党建理论的发展贡献智慧和力量。

三 广泛宣传，不断增强研究会的吸引力和凝聚力

当前，我们研究会尚处于初创阶段，在系统内的影响有限，为了更好地服务于粮食流通中心工作，促进全行业的科学发展，需要我们进一步扩大研究会在系统内的影响力，因此，我希望各会员单位要认真做好以下工作。

（一）要促进成果转化，充分展示研究会价值

我们的党建研究成果只有得到转化，才能产生实际效益，从而起到为粮食流通事业服务的作用，也才能使大家重视党建研究。对此，我们可以采取一些行之有效的方法，比如是否可以争取建立与有关职能部门领导与党建研究论文作者的定期对话制度，使党建科研成果的供需双方见面。我们党建研

究会也可根据需要将一些优秀论文以适当方式进行编发，推介研究成果，为我们粮食系统的党建研究者搭建信息平台，同时，对那些针对性强、质量高、产生积极效应的研究成果，以适当方式给予奖励，并及时予以运用，以促进党建研究成果转化的工作力度，进而扩大研究会的影响。

（二）要积极进行宣传，不断吸收新同志加入党建研究会

虽然我们粮食系统党建研究会成立仅有一年，但聚集了来自粮食系统党建工作第一线的党务工作者、长期从事党务工作的领导同志。总的来说，研究会的同志们政治上强，对党的历史和优良传统比较熟悉，理论水平较高，实践经验较为丰富，对推进粮食系统党的建设发挥了积极作用。但是，近年来一些粮食部门的机关党委有了部分调整，人员结构也发生了一些变化。因此，我们要进一步做好党建研究工作，就需要积极做好研究会的宣传工作，努力多吸收一些热心党建工作，善于进行党建理论研究，具有较高思想政治素质的同志加入研究会，不断为研究会注入新鲜血液，逐步发展壮大研究会组织，从而进一步推动党建研究工作的深入开展。

同志们，粮食系统党建研究不同于一般社会性学术研究，它以党的建设为主要研究对象，以我们粮食系统的改革发展稳定为研究对象，我始终认为，只有政治素质强，思想觉悟高，甘于奉献的同志才能做好这项重要的工作。在党建研究工作中，我们广大研究会会员和工作在粮食系统党建工作岗位第一线的党务工作者一直默默无闻、始终坚守在党建领域最前沿，为确保中心任务的完成而驻守幕后，安贫乐道，作出了出色的成绩。在这里，我代表国家粮食局党组向你们表示由衷的感谢并致以崇高的敬意！祝愿大家身体健康，万事如意，再创佳绩！

这次座谈的顺利进行，得益于青海省粮食局的大力支持，他们精心组织、周密安排，尽心尽力地做好服务保障工作，为我们提供了良好的工作和生活条件，在此，我也代表与会同志对他们的辛勤工作表示感谢。

同志们，胡锦涛同志“6·25”重要讲话为做好当前和今后一个时期党建研究工作指明了方向，对于全面推进党的建设新的伟大工程具有重要的指导意义，让我们始终坚持以马克思主义中国化的最新成果为指导，紧密联系粮食流通工作实际，认真思考、深入研究、不断探索，努力取得党建研究工作的新成果，为实现粮食行业全面、协调、可持续发展，提供有力的思想、理论保证，以优异的工作迎接党的十七大胜利召开。

谢谢大家！

加强作风建设 坚持源头治理 深入开展粮食系统党风廉政建设和反腐败工作

——在全国粮食系统纪检监察工作会议上的工作报告

中纪委驻国家粮食局纪检组组长、国家粮食局党组成员 杨兵

2007年3月28日

同志们：

这次会议的主要任务是传达贯彻中央纪委七次全会和国务院第五次廉政工作会议精神，学习胡锦涛总书记、温家宝总理的重要讲话和吴官正同志的工作报告，总结去年的工作，研究和落实今年的任务。国家粮食局党组非常重视这次会议，党组书记、局长聂振邦同志出席会议并作重要讲话，对今年粮食系统党风廉政建设和反腐败工作作出部署，我们要认真学习，抓紧贯彻落实。下面，我受局党组的委托就2006年粮食系统纪检监察工作情况和今年的工作安排讲几点具体意见：

一 2006年粮食系统纪检监察工作取得了新的进展和成效

2006年，全国粮食系统认真贯彻落实中央纪委全会和国务院廉政工作会议精神，围绕粮食中心工作，坚持标本兼治、综合治理、惩防并举、注重预防的方针，落实《实施纲要》，党风廉政建设和反腐败斗争不断深入，取得了新成效，特别是在严肃党纪政纪、治理商业贿赂、查处腐败分子、纠正损害群众利益的不正之风方面取得了较好效果。

（一）学习党章，加强党风党纪教育，领导干部廉洁自律性增强

去年，各地粮食部门普遍认真开展了学习党章、遵守党章、贯彻党章、维护党章活动，学习胡锦涛总书记提出的“八荣八耻”社会主义荣辱观。通过组织收看反腐倡廉教育片、参观展览、召开领导干部党风廉政建设座谈会、学习优秀共产党员先进事迹、利用当地典型案件进行警示教育、举行干部廉政宣誓，上廉政党课等多种教育形式，促进了领导干部廉洁从政。黑龙江、江苏、广东、江西、青海、海南省粮食局把学习贯彻党章与树立社会主义荣辱观教育结合起来，举办“学党章”知识竞赛，组织撰写学习体会。重庆市、贵州省粮食部门开展了“家庭助廉活动”。湖北、云南省和新疆兵团粮食部门开展了党风廉政教育月活动。浙江、新疆、大连粮食部门组织学唱廉政歌曲、举行演讲比赛，利用局域网创建廉政文化论坛，撰写廉政学习心得。山东省粮食局组织党员干部参观监狱，开展警示教育。湖南省粮食局纪检组撰写了3万多字讲课教材，先后四次对568名参加培训干部进行廉政教育。

各地粮食部门严格执行“四大纪律、八项要求”和领导干部廉洁从政各项规定。辽宁、西藏、陕西、河北等省区粮食部门清理领导干部违反规定收受现金、有价证券和支付凭证，参加赌博等问题，检查领导干部用车、住房、兼职、违反规定发放津贴、补贴等情况。上海市粮食局加强了领导干部收入申报、个人重大事项报告和出国管理。四川、广西等省区粮食局深入开展了清理纠正投资入股企业工作。河南、天津等省市粮食局纪检组认真落实廉政谈话制度，宁夏区粮食局纪检组领导干部任前廉政谈话92人次。国家粮食局党组两次开会学习讨论中纪委领导“关于加强监督工作”的讲话，印发了《关于贯彻中纪委派驻纪检组履行监督职责意见的实施办法》、《国家粮食局党组成员党风廉政建设

情况沟通办法》、《关于贯彻中央〈党员领导干部报告个人有关事项规定〉的实施意见》等文件规定，加强了对涉及权、钱、物等粮食流通主要业务和干部提拔任用等工作的监督，规范司级以上干部述职述廉工作。

（二）推进党风政风建设，切实纠正损害群众利益的不正之风

围绕落实科学发展观、构建和谐社会、建设社会主义新农村，各地粮食行政管理部门和纪检监察机关以落实粮食最低收购价政策、稳定市场粮价为重点，转变工作作风，加强行风建设，开展监督检查，切实解决损害种粮农民利益的问题。国家粮食局在政府网上开辟了“局长信箱”、“农民之友”等服务栏目，积极宣传粮食部门的工作和行业新风尚。在粮食收购旺季，各级粮食行政机关和粮食收购企业认真执行最低收购价格政策，做到政策、价格、等级、标准“四公开”，让农民卖“明白粮”、“放心粮”。各地纪检监察部门配合中心工作，对粮食收购情况进行监督检查，及时解决收购中出现的问题，防止出现“谷贱伤农”、“卖粮难”。为防止收购中出现压级压价、超量扣水扣杂、拖欠农民售粮款等损害农民利益的行为，安徽省粮食局纪检组监察室会同有关部门派出6个检查组深入收购工作一线进行明查暗访，在小麦最低收购价预案执行期间受理群众投诉和政策咨询143件。新疆自治区粮食局组织5个检查组由局领导带队，多次深入收购企业开展粮食收购“直补政策”专项监督检查，重点查处扰乱收购秩序、套取收购“补贴款”行为等涉粮案件21起。河南省粮食局组成8个督导组，由局领导分片包干深入收购现场，督促检查，使夏粮收购期间不正之风投诉大幅下降。

为加强陈化粮销售监管，保护消费者利益，国家粮食局会同有关部门连续下发了关于陈化粮销售处理有关问题的《通知》，将2001年清仓查库时鉴定的库存陈化粮全部安排销售处理，并派调查组赴吉林、辽宁查处了违规倒卖陈化粮事件。各地粮食纪检监察部门普遍开展了军供、救灾等政策性供粮和陈化粮处理、储备粮轮换等专项检查。全面加强陈化粮监管，严防陈化粮流入口粮市场。上海市粮食部门对本市23家陈化粮购粮企业购粮资格、合同、定向销售、生产使用、出入库等进行全程监管，开展市场联合检查，共监管陈化粮9万吨。在军粮供应方面，目前全国大部分地方都开展了不同形式的军粮供应粮源联购分销统筹工作，确保军粮质量，树立了军供部门良好形象。

为加强政风行风建设，湖北、甘肃、山东、四川、江西、广西、内蒙等地粮食局参加了省电台“政风行风热线”、“阳光政务热线”栏目节目，局领导与群众直接对话，派人登门走访投诉人，公开日常投诉电话，接受群众监督。江苏省粮食部门大力宣传《江苏省粮食行业服务公约》，加强职业道德教育。黑龙江省粮食部门总结经验，继续抓“班子、亲民、兴粮、系统”四项重点工作,组织对全省各地市评议活动检查，召开评议经验交流会。安徽、吉林、海南、云南省粮食部门开展了全省粮食行政机关政风评议工作。陕西省粮食系统开展精神文明创建活动，评选“诚信服务最佳单位”和“十佳服务明星”，推进优质服务。

去年，各地粮食部门继续推进“放心粮油进农村”活动，推进放心粮油产品进社区、进军营、进学校。国家粮食局在济南召开了全国放心粮油进农村工作会议，表彰了56家先进单位。各地落实国家发改委和国家粮食局等六部门联合下发的《进一步推进国有粮食企业改革和发展的意见》，积极开展农村粮食连锁经营，推进放心粮油进农村活动。自2001年以来粮食行业协会共推出放心粮油产品2662个，放心粮店176个，中央电视台做了专题报道。

（三）严明纪律，继续查办违纪案件

2006年，全国粮食系统纪检监察机关认真学习中央纪委领导关于案件查办工作有关指示精神，认真梳理、总结案件查处工作中存在的力度不够、能力水平不高等问题，制定改进措施，认真排查线

索，加大案件查处力度，严格维护党纪政纪。据不完全统计，全国粮食系统纪检监察机关2006年共收到信访举报3294件，其中初查核实件为1226件，立案件为378件，案件涉及县级干部9人，科级干部79人，其中113件司法机关已介入。结案331件，受到各种处分337人，其中县级10人，科级79人。驻国家粮食局纪检组监察局2006年受理各类举报95件。江苏省粮食系统去年共收到群众来信265件，接待来访878人次，受理举报电话52次，已查结和处理1174件次。查处违法违纪案件62件，已结案57件，系统内立案68人，受到党政纪处分或司法处理68人，其中开除党籍30人，判刑27人，追回资金464万元。四川省粮食系统去年共受理举报件161件，初核151件，立案31件，结案32件，11人受到党政纪处分，挽回经济损失194.98万元。河南省粮食系统去年共受理举报件179件，初核105件，立案68件，结案65件，其中司法机关介入25件，57人受到党政纪处分。重庆、黑龙江、山东、吉林、河北等地案件查处工作也取得了新进展。

从去年全国粮食系统的举报件数量、内容和查办案件情况看，总体上粮食系统违纪违法案件有所减少，举报案件数量、处理人数近四年均呈逐年下降趋势，但反腐败任务依然艰巨。各地粮食纪检监察机关自办案件有所增加，如重庆市粮食局纪检组对市油脂公司原经理等人的受贿案件进行了认真处理，有3人因受贿罪受到司法机关的法律制裁。广西自治区粮食局纪检组派人直接参与调查柳州五里卡粮库主任私自将陈化粮当口粮处理及陈化粮当新粮入库问题，对5名违纪人员进行了处分。山西省粮食局违反规定在运城五老峰旅游风景区修建“云峰阁”宾馆和“粮神殿”，温家宝总理在国务院第五次廉政工作会议上点名进行了严肃批评。我们配合山西省纪委组成专案组进行立案调查，此案还在调查中。

（四）开展治理商业贿赂专项工作

根据党中央、国务院的统一部署，国家粮食局和全国粮食系统普遍开展了治理商业贿赂专项工作，制定工作方案，成立领导机构和工作机构，借鉴安徽省粮食局的经验，通过宣传动员、自查自纠、整改建制等阶段有序开展专项治理，取得了一定成效。

一是粮食系统干部职工增强了法制纪律观念和抵制商业贿赂的自觉性。各地粮食纪检监察部门将有关治理商业贿赂的文件、领导讲话、法律、政策规定汇编成册，编发粮食部门商业贿赂典型案件警示材料，编印治理工作简报，结合每个阶段开展宣传教育。新疆自治区粮食局党委、纪委先后四次召开处以上干部会议，学习有关治理商业贿赂的精神，举办专题讲座，组织干部观看警示教育片，举办“树荣辱，唱正气歌”比赛。北京、贵州、甘肃等省市粮食局通过板报、墙报、专栏等多种形式宣传治理商业贿赂工作的意义。

二是各地粮食部门找到了薄弱环节和存在的问题，明确了工作重点。天津、广东、四川、江苏、福建等地粮食部门把储备粮轮换、陈化粮拍卖、粮食购销、军粮供应、工程建设、产权交易、粮食市场监督检查、政府采购和其他采购等领域和环节作为重点，总结粮食行政管理部门重点防范部位，归纳粮食流通领域商业贿赂10种表现形式。河南省粮食局确定局机关及直属单位重点岗位108个、重点环节93个、重点人员194人。

三是各地粮食部门落实《实施纲要》，加强了制度建设。驻局纪检组监察局对各司室、直属单位逐个检查，重点落实有粮食部门特点的18项具体防范制度，同时，认真查清涉及商业贿赂行为的举报件。新疆自治区粮食局各部门共修订完善了41项规章制度，补充出台了11项规章制度。河南省粮食局各部门共新建规章制度53项，修订完善规章制度94项。青岛市粮食局制定了《关于对重点事项实施提前介入加强监督的意见》，针对粮食购销、工程建设、设备采购等重要事项，加强监管。

（五）深化改革，创新制度，加强监督，推进治本抓源头工作

各地粮食部门深化改革，完善制度建设，加强权力监督，继续推进干部人事制度、行政审批制度、投资体制改革和政务公开。江西、甘肃省粮食局以制度推动源头治理和预防腐败。制定了《行政执法责任制》及其考核评议办法、过错责任追究办法、《流通监督检查人员行为规范》、《集中审理行政许可事项制度》等一系列规章制度。江苏省粮食局将去年定为“制度建设推进年”，制定了一系列制度，修订了《机关制度汇编》。

各地还重视制度落实，加强监督。安徽省粮食局纪检监察机关认为业务单位拟发文件中提出的粮食流通监督检查执法人员统一着装等规定违反了《国务院办公厅关于整顿统一着装的通知》精神，引起局领导高度重视，及时予以纠正。北京市、黑龙江、四川、山东省粮食局纪检组围绕“三重一大”，不断完善监督方法和理顺监督程序，积极参与陈化粮拍卖、办公楼改造装修工程招标、军粮采购招标的监督。陕西省粮食局对局机关和事业单位银行账号、“小金库”、“账外账”严加监管，落实“收支两条线”。上海市粮食局制定了《专用资金管理暂行办法》，积极推进储备粮轮换的市场化竞价交易，制定《地方储备粮电子交易管理规则》。各地粮食纪检监察机关对拟提任干部认真贯彻《党政领导干部选拔任用工作条例》，坚持原则，严格把关，充分行使一票否决权，加强了对干部选拔任用的监督。

过去的一年里，全国粮食纪检监察部门和广大纪检监察干部在当地党委、政府和驻在部门党组的领导下，坚持围绕粮食流通中心工作，为粮食改革发展服务，积极探索建立健全教育、制度、监督并重的惩治和预防腐败体系，着力解决损害群众利益的突出问题，认真查处违法违纪案件，加强自身建设，扎实工作，党风廉政建设和反腐败工作取得了新的成绩。但也要清醒地看到，我们的工作与党中央、国务院的要求、与粮食流通工作的需要还有很大差距，各地工作开展还不平衡，还存在一些薄弱环节。一是粮食纪检监察工作如何更好地围绕中心、服务大局还要认真研究；二是对惩防并举、注重预防等指导思想理解还有待加深，工作主动性、创造性不够；三是面对粮食流通体制改革中出现的新情况、新问题，缺乏针对性强、行之有效的防范措施。腐败问题、损害群众利益的问题时有发生。对于上述问题，要在今后的工作中认真研究解决。

二　2007年粮食系统纪检监察工作的主要任务

2007年是全面贯彻落实科学发展观、构建和谐社会、迎接党的十七大胜利召开、全面开展“十一五”规划建设的重要一年。做好粮食系统党风廉政建设和反腐败工作，对于推动粮食流通体制改革、加快粮食事业发展具有重要意义。根据党中央、国务院的统一部署，2007年国家粮食局党风廉政建设和反腐败工作的总体要求是：坚持以邓小平理论和“三个代表”重要思想为指导，全面落实科学发展观，深入贯彻以胡锦涛同志为总书记的党中央关于反腐倡廉的一系列重大部署和要求，深入贯彻中央纪委七次全会精神，坚持标本兼治、综合治理、惩防并举、注重预防的方针，贯彻落实《实施纲要》具体意见，推进惩防体系建设。要全面加强领导干部作风建设，促进领导干部作风进一步转变。要突出重点，继续抓好领导干部的教育、监督和廉洁自律，继续抓好大案要案的查处，继续抓好纠正损害群众利益的不正之风，继续抓好源头治理，推进体制机制创新。紧密结合粮食流通工作改革发展的实际，深入开展粮食系统党风廉政建设和反腐败工作，以实际行动迎接党的十七大胜利召开。为认真贯彻中央纪委七次全会和国务院第五次廉政工作会议精神，结合粮食工作实际，今年我们要重

点做好以下工作：

（一）加强对粮食系统贯彻落实科学发展观情况的监督检查，促进和谐社会建设

粮食系统各级纪检监察部门要按照全面贯彻落实科学发展观、加快构建社会主义和谐社会的要求，以解决人民群众最直接、最关心、最现实的利益问题为重点，紧紧围绕贯彻中央关于做好粮食工作和积极发展现代农业的方针政策，在加强调控、保证供应、稳定价格、依法行政、服务“三农”、完善体制、创新机制等方面加强监督检查，促进各项任务落实。要教育党员干部深刻认识又好又快发展是全面落实科学发展观的本质要求，不断增强贯彻落实科学发展观的自觉性和坚定性。坚决纠正违背科学发展观、违背和谐社会建设要求的行为，确保政令畅通，维护中央权威，切实保护农民利益和种粮积极性，保证国家粮食安全，保证粮食市场价格基本稳定。

要把改进党员干部作风作为促进和谐社会建设的切入点，认真解决领导干部在思想作风、学风、工作作风、领导作风、生活作风等方面存在的突出问题。要坚持求真务实、勤俭节约、反腐倡廉。一是坚决克服形式主义、官僚主义，严格控制各种名目的节庆、达标评比活动；二是改进会风和文风，精简会议和文件，认真执行会议、公务接待和差旅费管理有关规定；三是严肃处理搞脱离实际的“形象工程”、“政绩工程”，弄虚作假、虚报浮夸获取荣誉和利益的行为；四是严格控制党政机关修建楼堂馆所，坚决制止奢侈浪费行为；五是严禁用公款大吃大喝、游山玩水和进行高消费娱乐；六是坚决纠正以学习考察招商引资等名义公款旅游特别是出国（境）旅游的不正之风。对违反规定的，视情节予以组织处理或纪律处分。要切实加强反腐倡廉建设，完善相关制度规定，加强监督检查，严格执行党风廉政建设责任制。

（二）总结经验教训，牢记“两个务必”，增强政治鉴别力

温家宝总理在国务院第五次廉政工作会议上通报批评了山西省粮食局违规建设“云峰阁”宾馆和“粮神殿”问题。国家粮食局党组高度重视，认为温总理的严肃批评对推进党风廉政建设，刹住违规建设楼堂馆所的不良风气，刹住违背艰苦奋斗、勤俭节约的行为，密切党群、干群关系，促进粮食工作又快又好发展具有十分重要的作用。坚决拥护国务院刹住违规建设楼堂馆所不良风气的决定，坚决拥护对山西省粮食局违规建设问题的通报批评，坚决落实中央抓党风廉政建设采取的措施。对于地方粮食行政管理部门发生的违规违纪奢侈浪费行为绝不袒护。山西省粮食局违规建设宾馆和“粮神殿”，性质严重，影响恶劣。温总理的批评一针见血，切中要害，指出了粮食系统党风廉政建设和领导干部作风建设中存在的问题，体现了国务院领导和中纪委领导同志对粮食系统领导干部的关心、爱护，是对粮食工作的有力指导和支持。我们纪检监察部门要切实履行职责，协助党组认真研究解决好粮食系统中存在的有禁不止、奢侈浪费、政治敏感性不强等突出问题。要通过这一问题的处理，从中汲取教训，在粮食系统中开展警示教育，举一反三，认真整改，确保反腐倡廉工作取得实效。

粮食系统领导干部要认真学习胡锦涛总书记关于“加强领导干部作风建设”和温家宝总理在国务院第五次廉政工作会议上的重要讲话，明确认识到违规建设高档楼堂馆所，追求和攀比办公场所豪华气派是一种严重的铺张浪费行为，也是滥用行政权力的腐败行为。要牢记“两个务必”，带头发扬艰苦奋斗、勤俭节约精神，带头反对铺张浪费和大手大脚，带头抵制拜金主义、享乐主义的奢靡之风，在各项工作中自觉贯彻勤俭节约原则，精打细算，严格把关，真正把有限的资金和资源用在刀刃上。要按照中央的部署，对近年来粮食行政机关修建楼堂馆所的情况进行全面彻底地清查，对违反规定建设楼堂馆所的直接责任人和有关领导人员，要追究责任，根据情节轻重，严肃处理，典型案件要进行曝光。

粮食系统领导干部要总结“粮神殿”的教训，认真学习胡锦涛总书记关于“我国社会价值观念日趋多样，正确的与错误的，先进的与落后的，主流的与非主流的思想观念相互交织。面对意识形态领域复杂形势，如果我们不敏感、不研究、不能采取切实可行的应对措施，不能有效地引导社会思潮和社会舆论，就会削弱党执政的思想基础，甚至危及党的执政地位”的重要论述，要认真学习江泽民同志就河南省南阳市建造“清官祠”问题要求“领导干部要增强政治鉴别力和政治敏锐性”的重要文章，查找自身存在的不足，剖析思想根源，提出整改措施，全面加强作风建设，在事关方向、事关原则的问题上保持清醒的头脑和坚定的立场。中央领导要求领导干部要讲政治，牢记“两个务必”，增强政治鉴别力、政治敏锐性，我们纪检监察干部更应该首先做到，这样才能更好地履行职责。

（三）开展思想道德教育和党纪国法教育，增强领导干部廉洁从政的自觉性

粮食系统党员干部要认真学习党中央关于反腐倡廉的重要部署，坚持社会主义核心价值体系，用马克思主义中国化的最新成果武装头脑。认真开展遵守党的纪律尤其是政治纪律教育，促使党员干部严格遵守党章和其他党内法规，对党忠诚，立场坚定，警惕境内外敌对势力对我实施西化、分化的图谋，抵制错误言论和倾向。做到讲政治、讲正气，严守党的秘密，不信谣，不传谣。严肃查处对党的决议和政策阳奉阴违、各行其是的行为，维护党的团结统一。

继续深入开展理想信念教育、党章和法纪学习教育、社会主义荣辱观教育、廉洁自律教育，筑牢廉洁从政的思想道德基础。加强反腐倡廉宣教工作，表彰先进典型。推进廉政文化建设，开展职业道德、社会公德和家庭美德教育，不断增强廉洁意识。

严格执行“四大纪律、八项要求”，切实解决领导干部廉洁从政方面存在的突出问题。一是对领导干部利用职权和职务影响，在商品房买卖置换中以明显低于市场价格购置或以劣换优谋取不正当利益的，以借为名占用他人住房、汽车的，以赌博或变相赌博等形式收钱敛财的，借委托他人投资证券或其他委托理财的名义获取不正当利益的，为本人谋取预期的不正当利益或以各种方式为配偶、子女和其他亲友谋取不正当利益的，要坚决清理纠正，并视情节作出组织处理或纪律处分；涉嫌犯罪的，移送司法机关依法处理。二是继续严肃查处领导干部违反规定收送现金、有价证券和支付凭证等问题。加强对领导干部配偶、子女从业情况的监督检查，开展申报登记，坚决纠正存在的问题。领导干部对配偶、子女和身边工作人员要严格教育和严格要求。绝不允许对领导干部的亲属搞特殊照顾，绝不允许为他们谋取不正当利益提供任何方便。三是在地方各级领导班子集中换届中，要教育引导粮食系统各级领导干部严格遵守组织人事纪律，正确对待进退留转。配合有关部门做好规范津贴补贴和驻京办事机构专项清理工作。完善制度，严肃纪律，坚决防止和纠正超标准超编制配备使用小汽车、违规集资建房、违规超标准多占住房等问题。

（四）严肃党的纪律，保持查处案件工作力度

1. 要重点查办粮食系统党员领导干部滥用权力、贪污受贿、腐化堕落、失职渎职的案件，利用人事权、审批权、行政执法权谋取私利的案件。

2. 严厉查办官商勾结、权钱交易的案件，在政府投资项目中虚假招标投标案件，在国有粮食企业改革改制中隐匿、私分、转移、贱卖国有资产的案件。

3. 严肃查办违反津贴补贴有关规定的案件。

4. 严肃查办在中央和地方储备粮购销活动中弄虚作假套取费用补贴、侵吞国家粮款、私自倒卖库存粮食非法牟利的案件和严重侵害群众利益的案件。

认真剖析粮食系统违规违纪案件的新特点，完善规章制度，改进实际工作。进一步加强纪检信访

举报、案件检查和审理工作，保障党员权利。依纪依法、安全文明办案，及时移送涉嫌犯罪的案件。坚持惩前毖后、治病救人的方针，做到宽严相济，充分发挥查办案件的治本功能。认真做好新形势下纪检监察部门协助党委组织协调反腐败各项工作，健全组织协调机制和制度。继续深入开展治理商业贿赂专项工作，认真查处商业贿赂案件，督促落实防范制度，不断完善防治商业贿赂的长效机制。

（五）加强行风建设，切实纠正损害群众利益的不正之风

纠正和治理损害群众利益的不正之风是粮食系统党风廉政建设的工作重点，是构建和谐社会的重要任务。

1. 在粮食收购工作中，加强对粮食收购企业执行最低收购价政策情况的监督检查。要按规定及时启动最低价收购执行预案，广泛宣传最低价收购政策，公布最低价收购粮食的委托收购库点。督促企业积极挂牌收购，并做到政策、价格、等级、标准“四公开”，及时向农民结算售粮款，让农民卖“明白粮”、“放心粮”。坚决查处不执行国家粮食最低收购价政策、拒收限收、压级压价等损害农民利益的问题。

2. 在粮食销售工作中，切实做好对军供粮、退耕还林供粮、水库移民供粮、救灾供粮等政策性用粮购销活动的专项监督检查，加大对粮食质量的监管力度，严防有毒有害粮食流入口粮市场。会同有关部门，加强粮食市场监管，查处掺杂使假、以次充好、克扣数量、销售不符合卫生标准的粮油等损害消费者利益的行为。规范粮食市场秩序，查处不按规定及时出库或擅自动用国家临时存储粮等违规行为，确保市场供应不断档、不脱销，稳定粮食市场和价格。

3. 在国有粮食企业改革改制中，规范企业改制行为，切实维护职工合法权益，防止国有资产流失。加强监督检查，对改制中未落实职工基本生活保障和安置措施的，及时予以纠正。做好职工群众信访举报接待工作，坚持领导接待群众制度，化解矛盾，解决问题，维护社会稳定。

4. 继续深入开展“放心粮油进农村”活动，构建农村“放心粮油”营销网络，提供订单服务、信息服务、农技服务、购销服务、兑换服务，贴近群众，方便农民。办好“行风热线”，倾听群众意见，解决农民在粮食生产和流通中最关心的问题。要及时发现和总结宣传基层政风行风建设先进典型经验，发挥示范作用。各级粮食行政管理机关要切实搞好行风评议和政风建设。

（六）深化体制改革和制度创新，推进治本抓源头工作

以制度建设为重点，继续抓好各项改革,规范行政权力运行。按照深化干部人事制度改革的要求，实施党政领导班子和领导干部综合考核评价办法，切实加强对党员的经常性监督，防止考察失真和干部“带病提拔”、“带病上岗”。深化行政审批制度改革，加强对行政审批的规范和监督，完善政务公开。推进财政管理制度改革，进一步落实“收支两条线”各项规定，继续清理“小金库”，严格公共资金、科技经费的使用和管理。推进领导干部职务消费改革。切实降低行政成本。深化投资体制改革，完善政府投资监管体系。完善工程建设项目招标投标制度，强化对政府投资工程招标投标的监督管理。落实企业国有产权进场交易制度和政府采购制度。推进诚信体系建设，加强行业自律和行业监督。

（七）执行党内监督各项制度，加强对领导干部的监督

切实执行党内监督各项制度，完善监督机制，促进领导干部正确行使权力。加强对民主生活会、述职述廉、诫勉谈话和函询等制度执行情况的监督检查。严格执行党员领导干部报告个人有关事项的规定。进一步加强对领导干部的经济责任审计。

认真贯彻民主集中制，健全领导班子议事规则。积极推进党务公开，认真执行党内重要情况通报

和报告、情况反映等制度。加强党内监督。围绕涉及群众切身利益的事项，深入推进政务公开、厂务公开。完善储备粮轮换、临时存储粮食销售、代储库资格审批、粮食收购资格审核、国家粮食检验机构推荐等工作的公开制度。

加强国有粮食企业党风廉政建设，严格执行国有企业领导人员廉洁从业若干规定，规范工资、津贴补贴和职务消费行为，建立和完善有关制度。发挥职代会的作用，切实维护企业职工的合法权益。加强企业效能监察，促进国有资产保值增值。

积极开展执法监察，加强对国家粮食宏观调控政策措施落实情况的监督检查，继续开展对《公务员法》、《行政许可法》等法律法规和《粮食流通管理条例》、《中央储备粮管理条例》贯彻落实情况的监督检查，确保中央储备粮数量真实、质量合格、库存安全。加强效能监察，健全行政效能投诉受理机制。积极推进行政问责制和行政执法责任制。

三 加强领导干部作风建设，保证各项工作任务顺利完成

（一）切实加强对领导干部作风建设的领导

要认真组织学习胡锦涛总书记在中央纪委七次全会上的重要讲话，充分认识加强领导干部作风建设的极端重要性和紧迫性。领导干部要按照胡锦涛总书记讲话中提出的八个方面的要求，对照检查找差距，认真解决思想作风、学风、工作作风、领导作风、生活作风等方面存在的突出问题。要从粮食主管部门做起，粮食系统领导干部要做表率，以身作则，切实改进作风，增强忧患意识、公仆意识、节俭意识。领导班子成员要带头发扬求真务实的精神，聚精会神、心无旁骛地抓好各项工作的落实。要深入实际调查研究，切实解决粮食系统影响改革发展稳定的实际问题，心系群众，服务人民，积极为群众排忧解难。要牢记“两个务必”，大力提倡勤俭节约的风气，坚决反对铺张浪费，坚决反对拜金主义、享乐主义和奢靡之风。要全面加强思想作风、学风、工作作风、领导作风、干部生活作风建设，大力倡导总书记提出的八个方面的良好风气，努力做到为民、务实、清廉。党组要加强对领导干部作风建设的领导，纪检监察部门、机关党委要协助党组抓好领导干部作风建设，定期分析作风建设方面的情况和问题，研究改进作风的对策措施，制定工作方案，加强监督检查。

（二）落实党风廉政建设责任制

继续坚持和完善党委统一领导、党政齐抓共管、纪委组织协调、部门各负其责、依靠群众支持和参与的反腐败领导体制和工作机制，充分发挥党风廉政建设责任制的作用。把反腐倡廉工作纳入到业务工作和党的建设的总体规划中，党政领导班子正职要对职责范围内的反腐倡廉工作负总责，重要工作和重大问题亲自过问和部署。各级粮食纪检监察机关要认真履行组织协调职责，协助党委研究、部署、督促反腐倡廉各项工作，建立健全与有关部门的协作配合、信息反馈和情况通报等制度。要抓好反腐倡廉工作任务的分解、督促和落实。坚持责任考核和责任追究制度，把考核结果作为业绩评定、奖励惩处、选拔任用的重要依据。纪检监察机关要围绕中心，服务大局，履行党章赋予的职责，发挥纪检监察职能作用，紧紧围绕贯彻中央重大决策和部署加强监督检查，促进各项任务落实。

（三）加强粮食系统纪检监察机关自身建设

粮食系统各级纪检监察机关和纪检监察干部要按照胡锦涛总书记的要求，进一步加强思想、作风和制度建设，开拓进取，牢记宗旨、艰苦奋斗，继续开展“做党的忠诚卫士，当群众的贴心人”主题实践活动，不断提高纪检监察干部的工作能力和水平。既要秉公执纪，又要关心爱护党员干部，支持

和保护他们改革创新实践的积极性。纪检监察干部要清正廉洁，敢于碰硬，刚直不阿，始终保持谦虚谨慎的作风和奋发有为的精神状态，自觉接受党组织和人民群众的监督，努力成为加强学习、真抓实干、严格自律的模范。要认真研究粮食系统党风廉政建设和反腐败工作中的新情况、解决新问题，不断开拓创新。

同志们，党的十七大即将在今年召开，我们要紧密团结在以胡锦涛同志为总书记的党中央周围，认真贯彻十六大以来的各项方针政策，勤勤恳恳、扎扎实实、任劳任怨地做好各项纪检监察工作，与时俱进，求真务实，开拓创新，以实际行动推动粮食系统党风廉政建设和反腐败工作取得新的成效，为党的十七大胜利召开、为粮食流通事业的改革发展作出自己的贡献。

在粮食系统纪检监察工作研讨会上的讲话

中纪委驻国家粮食局纪检组组长、国家粮食局党组成员 杨兵
2007年11月6日

一 学习宣传贯彻十七大精神是粮食系统纪检监察干部当前和今后一个时期的首要政治任务

1. 重大意义。十七大是在我国改革发展关键阶段召开的一次十分重要的大会，胡锦涛总书记所作的报告描绘了在新的时代条件下继续全面建设小康社会、加快推进社会主义现代化建设的宏伟蓝图，为我们指明了前进方向，是坚定不移地走中国特色社会主义道路、在新的历史起点上继续发展中国特色社会主义的政治宣言和行动纲领。大会通过的党章修正案，体现了党的理论创新和实践发展的成果，体现了党的十七大报告确定的重大理论观点、重大战略思想、重大工作部署，对坚持和改善党的领导，加强和改进党的建设提出了明确要求。认真学习宣传贯彻十七大精神，关系党和国家工作的全局，关系中国特色社会主义事业的发展，对于我们在以胡锦涛为总书记的党中央领导下，高举中国特色社会主义伟大旗帜，奋力争取全面建设小康社会新胜利，开创中国特色社会主义新局面具有重大现实意义和深远历史意义。

2. 首要任务。中央对学习宣传贯彻党的十七大精神已作出部署，明确要求在当前和今后一个时期的首要任务，就是学习宣传和全面贯彻落实党的十七大精神，为实现党的十七大确定的奋斗目标和工作任务而扎实努力。国家粮食局党组经学习研究，对粮食部门学习贯彻十七大精神作出安排，要求以十七大精神统一思想，凝聚力量，指导实践，推动工作。要深刻领会十七大的主题、中国特色社会主义理论体系、科学发展观、全面建设小康社会奋斗目标、经济、政治、文化、社会建设和党的建设等方面的精神实质和新要求。要联系实际着眼于粮食行业的改革、发展、稳定，进一步明确粮食工作的奋斗目标；厘清粮食行业未来发展的总体思路，努力适应我国改革发展关键阶段粮食流通工作面临的新形势；深入分析粮食流通体制改革不断深化形势下的基本粮情，认真贯彻中央关于做好粮食工作和积极发展现代农业的各项方针政策；围绕确保国家粮食安全、切实保护农民利益和种粮积极性、保障城乡消费者口粮安全开展工作。要大力推进放心粮油工程，不断加大粮食基础设施建设，努力探索新的流通组织形式，推动粮食生产和流通协调发展，为实现国民经济又好又快发展提供雄厚的物质基础，为推动科学发展、促进社会和谐、争取全面建设小康社会的新胜利作出应有的贡献。

3. 带头学好。反腐倡廉是党和国家工作全局的重要组成部分，十七大的主题就是我们工作的主题，学习领会好十七大精神是做好纪检监察工作的前提，要自觉以十七大精神武装头脑，统一认识，统一行动。要按照中央的部署和地方党委的安排，认真研读十七大文件，原原本本地学习十七大报告和党章，注意学习领会中纪委向十七大的工作报告和建议。纪检监察部门处以上领导干部要学在前面，带头学好，带头宣传，带头贯彻落实。要按照十七大提出的新任务新要求，认真审视我们的工作，总结成绩和经验，认识把握反腐倡廉工作规律，找准问题和薄弱环节，开阔思路，不断创新，提高粮食系统纪检监察工作水平。

二 以十七大精神指导实践，把反腐倡廉建设放在更加突出的位置

十七大报告提出坚决惩治和有效预防腐败关系人心向背和党的生死存亡，是党必须始终抓好的重大政治任务。我们要深刻领会和准确把握十七大对党风廉政建设和反腐败斗争提出的新要求，进一步明确当前和今后一个时期的工作总体思路和主要任务。

以十七大精神审视我们的工作，五年来按照党中央和国务院的统一部署，粮食系统党风廉政建设和反腐败工作取得了新进展、新成效，但也存在一定的问题和不足。

1. 成效。切实加强对党中央国务院关于做好粮食工作的方针政策贯彻情况的监督检查，保证了政令畅通；认真抓好领导干部教育和廉洁自律工作，提高了粮食系统领导干部廉洁从政的自觉性；坚决纠正损害群众利益的不正之风，初步树立了较好的粮食行业形象；严肃查处违纪违法案件，促进了粮食行业的改革发展；不断加大对领导干部的监督力度，逐步规范了粮食部门行政权力运行；深入开展治本抓源头工作，建立了一系列具有粮食行业特点的预防腐败的制度。

2. 问题。我们清醒地看到粮食系统违法违纪案件在一些地方还呈多发态势，有的影响十分恶劣；有些领导干部思想、工作、生活作风上存在一定的问题；损害群众利益的问题还时有发生，群众反映还很强烈；反腐倡廉的形势依然严峻。从我们自身看，也存在一定的问题需要解决。如：履行监督职责方面还存在薄弱环节，有时监督工作不到位；有些案件情况复杂难度大，查处工作进展缓慢，需要努力提高突破案件的能力；对基层反腐倡廉创新做法总结不够，面对粮食系统改革发展中出现的新情况新问题，缺少及时有效的应对方法等。

3. 要把反腐倡廉建设放在更加突出位置，旗帜鲜明地反对腐败。要充分认识反腐败斗争的重要性和紧迫性，全面履行党章赋予的职责，加强对十七大提出的重大战略部署和各项重大任务贯彻落实情况的监督检查，为实现十七大作出的各项重大决策和战略部署提供有力保证。

要切实加强对粮食系统反腐倡廉建设的领导，认真落实党风廉政责任制。纪检监察部门要充分发挥组织协调作用，不断完善领导体制和工作机制。

要坚持惩防并举，注重预防，建立健全与粮食改革发展相适应的惩防体系。抓查处、抓制度落实，任何时候也不能放松。把治标和治本、惩治和预防始终贯穿于粮食行业反腐倡廉的全过程，也要做到“两手抓，两手都要硬”。

要全面加强领导干部和领导机关作风建设，大力倡导八个方面的良好风气。要保持党和政府与群众的血肉联系，以解决粮食系统中损害群众利益的突出问题为重点，逐步建立维护群众利益的长效机制，以优良的党风促政风带民风。

要用十七大精神指导粮食系统反腐倡廉实践，围绕中心服务大局，为推动科学发展，促进社会和谐服务。要结合粮食改革发展实际，抓住行使权力这个关键，抓住防止谋取非法利益这个重点，抓住思想教育这个基础，抓住维护群众利益这个根本，求真务实，不断创新，努力拓展粮食系统反腐倡廉建设的领域。

三 以学习贯彻十七大精神为动力，切实抓好年底各项工作

1. 要按照年初中纪委全会和国务院廉政工作会议的部署及本单位制定的全年工作计划，认真对照检查。对尚未完成的有关工作，要研究改进措施，狠抓落实，保证全年各项党风廉政任务完成。要抓紧时间做好年终工作总结，及早研究明年的工作思路。

2. 要安排调查研究，抓紧考虑和制订本单位落实《实施纲要》2008~2012年惩防体系建设工作规划。尤其要仔细研究民主集中制、选拔任用干部、资金使用等方面制度落实中的薄弱环节，有针对性地修订和完善预防腐败的规定和措施。

3. 要按照国务院常务会议关于做好第四季度经济工作的部署，协助行政领导认真做好秋粮收购、加强市场监管保证粮油供应、妥善安排困难职工生活、严格控制一般性支出、防止铺张浪费和年底突击花钱等工作。

4. 要继续保持查处违纪违法案件的工作力度，对于群众上访、举报和网络媒体反映的有关案件线索，要及时过问，认真核实，问题属实的要严肃处理。

5. 要进一步加强纪检监察干部自身建设。要深入学习中国特色社会主义理论体系，深入基层了解实情，增强工作的前瞻性、系统性和主动性，模范遵守党的纪律和国家法律法规，自觉接受党和人民群众的监督，做党的忠诚卫士，当群众的贴心人。

认清形势 把握重点 进一步提高粮食调控工作水平

——在全国粮食调控与统计工作会议上的讲话

国家粮食局副局长、党组成员 曾丽瑛
2007年4月11日

同志们：

这次全国粮食调控与统计工作会议的主要任务是，贯彻落实全国粮食局长会议精神，回顾总结去年粮食调控与统计工作，会审汇编2006年度全国粮油统计年报，研究分析今年粮食供求形势和价格走势，安排部署全年粮食调控与统计工作，并对全国粮食统计工作综合评比先进单位和个人予以表彰。振邦同志对这次会议非常重视，专门做了重要批示，我们一定要认真学习，切实抓好落实。下面，我讲三个问题。

一 2006年粮食调控工作取得了很大成绩

2006年是我国实施“十一五”规划的开局之年，也是巩固粮食流通体制改革和宏观调控成果的关键之年。在党中央、国务院的正确领导下，在有关部门的支持配合下，在各地粮食行政管理部门的共同努力下，2006年全国粮食宏观调控成效显著，成为去年粮食工作的一大亮点。特别是在粮食连续三年丰收、粮食价格走低的情况下，各地加大工作力度，采取有效措施，积极落实国家宏观调控的各项政策，保证了粮食市场供应，抑制了粮食价格下行的压力，并把市场粮价稳定在比较合理的水平上，促进了粮食生产稳定发展和农民增收，保护了农民的种粮积极性，为保持国民经济平稳较快发展和社会稳定作出了积极贡献。回顾2006年的粮食调控与统计工作，主要有以下几个方面：

（一）深入分析粮食供求形势，及时提出宏观调控建议

随着粮食购销市场化改革的全面推进，我国粮食流通出现了一些新情况和新问题。对此我们高度重视，积极组织各地加强调查研究，认真分析粮食供求和粮食流通发展变化规律和特点，及时提出相应的调控措施和建议。一是认真开展粮食供需形势和有关政策措施的分析研究。一年来，先后向中办、国办、国家发改委报送了《关于当前粮食供求情况及做好粮食宏观调控工作的建议》等大量分析材料，及时反映全国粮食收购、销售、库存、价格等变化情况，提出加强粮食宏观调控的措施建议,为领导决策提供参考依据。二是加强对粮食安全有关重大问题的研究。在认真调研的基础上，起草了《关于我国粮食安全形势和对策建议的报告》，供国家发展改革委组织编制粮食安全中长期规划参考。三是积极组织各地开展专题调研。围绕粮食部门的中心工作，确定了“粮食供求紧平衡指标体系研究”和“粮食安全监测预警模型研究”两个重点课题，并提出六个专项调研题目，分别落实到各省粮食局和有关院校进行深入研究，为增强粮食宏观调控工作的科学性和预见性打好基础，做好政策储备。此外，各地粮食局还进一步建立和完善了粮食信息发布制度，通过广播、电视、报纸、网络等媒体发布粮食供求等相关信息，积极主动引导粮食生产、流通和消费，为粮食生产者、经营者和消费者服务。

（二）积极做好粮食购销工作，认真落实最低收购价政策，有效保护种粮农民利益

2006年，粮食收购工作呈现出一些新的变化和特点。一方面，国家继续在部分主产省实行粮食最低收购价政策，这些地区国有粮食企业收购比重进一步上升；另一方面，在未实行最低收购价政策的地区，其他多元市场主体在粮食收购中所占份额继续扩大。做好粮食收购工作，落实好最低收购价政策，事关粮食生产稳定发展和农民增收的大局，党中央、国务院领导同志对此十分关心，并多次做出重要批示。我局也始终把抓好粮食收购作为粮食流通工作的中心任务。

一是适时组织召开小麦、早籼稻、中晚稻、玉米等主要粮食品种的收购工作座谈会，研究分析形势，统一思想认识，加强指导协调，对收购工作提出明确要求。同时，督促各地积极做好新粮收购的各项准备工作，研究分析收购工作中可能遇到的困难和问题，及时做好应对准备。各地普遍反映，在新粮上市前及时召开收购座谈会，分析预测粮食供求和收购形势，对进一步做好粮食收购工作起到了很好的促进作用。

二是认真落实最低收购价政策。在总结经验的基础上，会同有关部门分别制订印发了2006年小麦、早籼稻、中晚稻最低收购价执行预案。新粮上市后，根据主产区粮食市场价格情况，及时启动小麦、早籼稻和中晚稻最低收购价执行预案，由指定的粮食收储企业按最低收购价格挂牌收购，对保持粮食市场价格基本稳定发挥了重要作用，有效地保护了种粮农民利益。为了解掌握粮食收购工作进展和最低收购价政策执行情况，督促指导各地做好粮食收购工作，我局会同有关部门先后组成多个工作组，分赴有关主产省，对粮食收购工作进行检查指导，及时协调解决收购过程中出现的困难和问题。从调查了解的情况看，粮食最低收购价政策切实得到落实，地方政府、农民和粮食企业均表示满意。

三是积极采取措施解决部分主产区仓容不足问题。为保证收购工作的顺利进行，确保储粮安全，我们在认真调查研究的基础上，提出了解决部分主产区仓容紧张问题的具体方案。去年年初，抓紧对安徽、江西、湖北、湖南、四川5个稻谷主产省需维修的仓容及库点名单进行了审核，并及时报送给财政部。中央财政据此安排仓库维修补助资金1.26亿元，有关省地方财政也安排了部分配套资金，使部分危旧仓房及时得到维修，有效改善了这些地区的仓储条件。夏粮收购开始后，我们会同有关部门先后下发了《关于妥善解决仓容问题进一步做好夏粮和早籼稻收购工作的紧急通知》（国粮电[2006]8号）和《关于最低收购价粮食省内跨县集并和跨省移库等有关问题的通知》（国粮调[2006]144号），安排第一批2006年最低收购价小麦跨省移库计划37.5亿斤，2005年最低收购价稻谷省内跨县集并计划12.1亿斤，露天设施储粮计划45亿斤，对缓解部分主产区仓容紧张的矛盾发挥了重要作用。目前，这批最低收购价粮食跨省移库计划已全部完成。

四是及时组织最低收购价粮食销售，保证市场供应。根据市场供求、价格以及用粮企业需求等情况，及时安排最低收购价粮食在粮食批发市场公开竞价销售。去年新稻谷上市前，共安排销售2005年最低收购价稻谷135亿斤。新稻谷上市期间，为稳定市场价格，暂停了最低收购价稻谷销售。收购工作结束后又适时组织销售，以满足市场需要。去年11月中旬开始，局部地区小麦价格出现较大幅度上涨，并波及其他粮油品种，引起了社会各方面的广泛关注。为稳定市场粮价，保证市场供应，我们和国家有关部门及时采取调控措施，组织竞价销售2006年最低收购价小麦，同时进一步扩大销售渠道，增加交易市场，完善交易规则，简化出库手续，推进有关批发市场联网进行网上交易，方便企业就近购粮，较好地实现了国务院领导同志提出的“要保证供应，顺价销售，不要压低价格”的调控工作目标。社会各方面对此也给予积极评价，认为国家适时适量安排临时存储小麦销售，供应市场，满足需求，稳定粮价，宏观调控意图明确、效果良好；在操作上采取批发市场公开竞价的方式，体现了公

开、公正、公平的原则。截至目前，已累计销售最低收购价稻谷188亿斤，最低收购价小麦235亿斤。

（三）认真做好中央和地方储备粮管理工作

中央和地方粮食储备是宏观调控的重要物质基础，也是粮食调控工作的重要手段之一。2006年，我们加大工作指导协调力度，认真抓好中央和地方储备粮管理工作。一是积极做好中央储备粮轮换工作。及时下达中央储备粮年度轮换计划，进一步加强对中央储备粮轮换计划执行情况的跟踪检查，全面了解和掌握中央储备粮的库存、轮换等情况，较好地完成了中央储备粮轮换工作任务。二是结合轮换适当调整特种储备库点布局。前几年，国家有关部门下达了特种储备粮定点储存方案，对强化特种储备粮管理发挥了重要作用，但随着形势的变化，一些储存库点布局不合理的问题逐步显现，我们会同有关部门对特种储备粮库点进行了适当调整，以更好地适应战备工作的需要。三是妥善解决国债投资建设粮库的产权归属问题。按照国家有关部门的工作安排，去年上半年，我局就中储粮总公司上收直属库问题征求有关省（区）粮食局意见，并要求省粮食局向当地政府请示。根据各地反馈的意见，我们提出了中储粮总公司上收直属库的建议，并报国家发展改革委。目前，国家有关部门正在对直属库上收问题进行沟通协调。四是召开现场会总结交流地方储备粮管理工作经验。为认真贯彻落实《国务院关于完善粮食流通体制改革政策措施的意见》（国发[2006]16号）提出的“进一步充实地方粮食储备”和“地方储备粮要严格管理”等有关要求，我局于去年10月在山东省青岛市召开了全国地方储备粮管理工作现场会，总结交流近年来地方储备粮建设与管理工作经验，研究分析地方储备粮管理工作面临的形势和任务，提出了进一步提高地方储备粮管理工作水平的思路。目前，地方粮食储备得到进一步充实，主销区地方储备已经达到或接近预定规模，粮食主产区和产销平衡区地方粮食储备也有所增加，储备布局和品种结构进一步优化。五是合理测算地方储备粮规模。为督促各地进一步充实地方粮食储备，在反复测算的基础上，我们提出了全国地方储备粮规模的初步意见，并请各地粮食部门向省政府报告，研究提出意见。目前，多数地区已反馈了意见，还有一些地区正在请示省级政府。

（四）统计基础工作得到加强，统计服务水平进一步提高

为适应粮食流通工作的新形势，2006年，我局和各地重点加强了统计基础工作建设和粮食流通统计制度贯彻执行情况的跟踪调查，进一步提高了统计工作质量。一是对统计制度进行了修订。在认真调查并征求地方意见的基础上，及时修订了《国家粮食流通统计制度》。新修订的统计制度对部分统计报表、统计指标等进行了调整和完善。为了使社会各方面增加对新修订的统计制度的了解，我局通过政府网对统计制度的有关内容进行了解读。各地也结合本地实际，完成了粮食流通统计制度的修订工作。一些地方还通过召开会议、组织培训、知识竞赛等方式，深入学习和宣传新制度。二是进一步加强统计基础工作。为切实履行《粮食流通管理条例》赋予的全社会粮食流通统计的职能，各地积极落实国发[2006]16号文件精神，进一步充实统计人员，落实统计工作经费，统计调查经费逐步纳入了各级财政预算。我局也继续安排部分统计专项经费支持各地开展统计调查工作。北京、天津、广东、青海等省（市）粮食局设立或增加内部机构，承担统计调查职责。各地还稳步推进统计信息化建设，基层粮食统计工作条件逐步改善。三是认真搞好统计信息服务。在较好地完成粮食统计旬（月）报等日常工作的同时，加强了对最低收购价粮食的收购进度统计和分析，并建立收购价格日报制度。粮食购销存统计报表和分析材料及时上报中办、国办并多次被采用。为实现资源共享，我们与国家有关部门还建立了稳定的信息交换机制，并向各省（区、市）粮食局及时反馈有关信息。此外，通过国家粮食局政府网站、《中国粮食经济》等媒体，及时发布全国粮食购销、临时存储粮竞价销售等情况，向社会提供统计信息服务。一年来，在广大粮食统计人员的共同努力下，粮食统计工作取得了很大成

绩，得到了政府有关部门的好评。国家统计局连续两年发函对我局粮食统计工作提出表扬，一些地方粮食局也受到当地政府统计部门的表彰。

（五）社会粮食供需平衡调查质量不断提高，粮食市场信息监测工作稳步推进

各地粮食局按照我局要求，继续认真组织开展社会粮食供需平衡调查工作，积极与有关部门沟通协调，落实调查工作经费，指导基层开展调查工作。一些省份还成立了社会粮食供需调查领导小组，协调解决调查中遇到的困难和问题。为提高调查工作质量，我局及时召开了社会粮食供需平衡调查数据评估会议，深入分析调查结果，认真查找存在问题。各地进一步加强对调查数据的审核，认真撰写调查报告，对本地粮食供求形势和发展趋势，进行了全面、深入的分析。为保证基础数据的准确性，各地逐步建立了农户和城镇居民粮情固定调查点和统计台账，健全了粮食经营企业和转化用粮企业名录库。根据各地调查结果，我局完成了全国社会粮食供需平衡调查数据汇总和调查报告撰写工作，及时将调查报告报送国务院办公厅和国家有关部门，并印发各地政府和粮食部门作为工作参考。总体来看，2005年度社会粮食供需平衡调查工作质量有了进一步提高，调查结果得到了国家有关部门和地方政府的重视和肯定，一些调查数据多次被有关部门引用。

为加强粮食市场信息监测，2006年5月，我局启动了粮食市场信息直报工作，制定了粮食市场监测方案，明确了监测对象、监测内容、信息采集方法、信息报送时间和方式等，完成了粮食市场监测信息网上直报软件系统的开发。在各地粮食局审核推荐的基础上，确定了首批300多个粮食市场监测点，并组织对信息监测人员和各地粮食部门有关人员共300多人进行了业务培训，初步形成了全国粮食市场信息监测网上直报体系。各省（区、市）粮食局还根据需要，建立了本地粮食市场监测网络，宁夏粮食局投入20万元建立了28个粮食市场监测点，覆盖了全区主要粮食批发市场、收储企业、加工龙头企业、连锁超市和集贸市场。

（六）积极落实国家粮食应急预案，完善应急工作机制

按照国家粮食应急预案的要求，认真组织开展预案的培训工作，2006年上半年，我局举办了两期粮食应急预案培训班，对《国家粮食应急预案》进行了系统的学习培训，对进一步增强各级粮食行政管理部门的应急意识、提高应急管理水平发挥了积极作用。浙江杭州、山东东营等地还结合本地区实际情况，对粮食应急保障工作进行了演练。

为了加强粮食应急能力建设，我局及时下发通知，要求各地按照国家粮食应急预案的有关规定，及时报送本地区粮食应急预案制订（修订）工作进展情况、粮食应急工作指挥部及其办公室通讯录、粮食应急加工指定企业名单和应急供应指定企业名单，同时督促和指导各地进一步健全应急工作体系，提高应急保障能力，保证应急工作的需要。

（七）粮食产销合作继续发展，政策扶持力度进一步加大

为贯彻落实中央一号文件和国发16号文件精神，促进粮食产销合作关系的进一步发展，去年3月，我们召开了部分主产区和主销区参加的座谈会，对各地粮食产销合作工作进展情况进行了认真研究分析，起草了进一步促进粮食产销合作发展的政策文件。经与国家有关部门反复沟通协调，2006年底，我局会同国家有关部门印发了《关于进一步促进粮食产销合作发展的指导意见》（国粮调[2006]224号），明确了促进粮食产销合作发展的重要意义、总体思路和基本原则、主要任务、政策措施、工作机制等，并就建立粮食产销区利益协调机制、改善运输环境、加大信贷资金扶持力度以及完善工作机制等方面提出了相应的政策措施，进一步加大了对粮食产销合作的政策扶持力度。同时，对各地在粮食产销合作中遇到的运输等方面的问题，我们积极帮助协调解决。

在各地政府的高度重视和粮食部门的积极努力下，去年以来粮食产销合作得到较快发展，合作方式进一步创新，利益协调机制不断完善，积累了不少好的经验和做法。黑龙江举办了第三届“黑龙江金秋粮食交易合作洽谈会”，福建举办了第二届“七省粮食产销协作福建洽谈会”，成交量分别达到了671万吨和335万吨，合同履约率进一步提高。北京市与吉林、河南、黑龙江等省建立了政府间稳定的产销合作关系，委托三省国有粮食企业代购代储地方储备粮18万吨。河北、天津等省市组织企业开展合作对接，宁夏、贵州等省区大力发展“粮食订单”，进一步提升了产销合作水平。

（八）认真抓好陈化粮销售处理、退耕还林和救灾粮供应等工作

根据国务院的批复精神，我们会同有关部门下发了《关于陈化粮销售处理有关问题的通知》（国粮调[2006]2号），明确将2001年清仓查库时鉴定的库存陈化粮全部安排销售处理，并对各省新鉴定出的陈化粮销售处理做出了具体规定。目前，陈化粮集中销售处理工作基本接近尾声。剩余的陈化粮库存主要集中在黑龙江和吉林两省。针对个别地方出现的陈化粮倒卖问题，2006年11月，我局配合国家工商总局下发了《关于进一步加强陈化粮监管工作的紧急通知》（工商市字[2006]215号），其后全局又下发了《关于进一步强化陈化粮销售处理和监管工作的通知》（国粮调[2006]200号），要求各地认真落实责任制和责任追究制，严防陈化粮流入口粮市场，并进一步明确了工商行政管理部门、粮食行政管理部门陈化粮监管职责，各地对陈化粮销售处理工作的监管进一步加强。

为做好退耕还林粮源供应保障工作，我们积极配合有关部门开展调研，及时下达退耕还林、退牧还草年度任务计划，完善相关政策措施，要求各地加强粮源组织调度，保证退耕还林地区的用粮需要，以巩固退耕还林的成果。同时，继续做好退耕还林面粉营养强化试点工作，争取国际组织的支持，进一步推动面粉营养强化工作的开展。此外，根据江西、湖南部分灾区的需要，我们及时安排了部分最低收购价稻谷定向销售，保证灾区粮食供应。四川、重庆等灾情较重地区的粮食部门积极做好调查摸底工作，制定具体方案，切实保障灾区居民的粮食供应。

同志们，2006年粮食宏观调控与统计工作取得了较好的成绩。这是各级党委政府关心支持和各有关部门密切配合的结果，是各级粮食部门高度重视、开拓进取、扎实工作的结果，是大家共同努力、团结合作、真抓实干的结果。在这里，我代表国家粮食局，向全国各级粮食部门从事粮食调控和统计工作的同志们表示诚挚的慰问，对给予我们大力支持的各有关部门表示衷心的感谢！

二 今年粮食调控工作面临新的形势

近年来，随着我国粮食购销市场化改革的不断深入和经济社会的快速发展，粮食流通的体制环境和市场环境发生了深刻变化，国内粮食供求关系正处于一个新的调整期，粮食宏观调控工作面临新的形势和任务。

（一）准确把握当前粮食供求形势

近年来，由于国家高度重视发展粮食生产，我国粮食形势逐步由供需偏紧向供求基本平衡转变。回顾去年以来的粮食供求形势，大体有以下几个特点。

一是当年产需缺口进一步缩小。2006年国家进一步加大了对粮食生产的扶持力度，有效地调动和保护了农民种粮的积极性，粮食生产连续三年获得丰收。全国粮食产量达到9949亿斤，比上年增加269亿斤。粮食消费量继续保持平稳增长，据有关部门初步分析，2006年全国粮食消费量预计在10100亿斤以上，当年产需缺口进一步缩小。

二是粮食收购继续增加，销售基本平稳。2006年，国家继续在部分粮食主产区实行最低收购价政策，由于最低收购价高于市场价较多，农民售粮比较踊跃，国有粮食企业特别是主产区收购量显著增加。据统计，2006年国有粮食企业共收购粮食2451亿斤（原粮2640亿斤），同比增加153亿斤。其中启动稻谷最低收购价执行预案的安徽、江西、湖北、湖南四省，共收购最低收购价早籼稻和中晚稻187亿斤；启动小麦最低收购价执行预案的河北、江苏、安徽、山东、河南、湖北6省，共收购最低收购价小麦814亿斤，小麦收购创历史最高纪录。2006年国有粮食企业累计销售粮食2491亿斤(原粮2732亿斤)，同比增加63亿斤。此外，重点非国有粮食企业及转化用粮企业粮食购销量也有所增长，全年共收购1580亿斤（原粮1706亿斤），同比增加236亿斤。

三是粮食库存增加较多，布局和结构不尽合理。由于2006年粮食继续获得丰收，年末国有粮食企业库存继续增加，主要是国家在部分主产区启动小麦、稻谷最低收购价执行预案，最低收购价粮特别是小麦收购较多。当前国家粮食库存属历史中等偏上水平，但目前粮食库存地区分布和品种结构还不尽合理。粮食库存主要集中在主产区。2006年末主产区库存占库存总量的75%，主销区仅占11.1%；主销区粮食商品周转库存比较薄弱，仅占主销区库存总量的8.2%。稻谷库存所占比重偏低。2006年末稻谷库存占粮食库存总量的31%，仍低于稻谷在粮食消费中所占比重。

四是粮食价格上涨较多，目前保持基本稳定。由于去年我国粮食又获得丰收，国内产不足需的矛盾大为缓解，市场粮价面临较大的下行压力。新粮上市后，国家及时在部分主产区启动了粮食最低收购价执行预案，使市场粮价大体稳定在最低收购价水平。11月份以后，部分地区粮食价格快速上涨，国家及时采取措施加强调控，粮食市场价格逐步稳定。据分析，这次粮价上涨的主要原因：其一是当年粮食产需还存在一定缺口，供求总量总体偏紧，市场粮价有一定上涨空间。其二是启动最低收购价预案后，粮源主要流向国家委托的收购企业，市场粮源减少。其三是去年秋冬季气候干旱，对粮食生产带来不利影响，农民惜售。其四是国际市场粮价攀升，影响到国内市场。

从2007年情况看，全年粮食供求还存在一些不确定因素。初步分析，由于国家继续强化各项支农惠农政策，如气候条件基本正常，今年粮食生产可能继续保持增长势头，粮食消费也将继续平稳增长，当年产需仍存在一定缺口。在最低收购价政策的支撑下，市场粮价将在较高水平上保持基本稳定。

（二）正确认识粮食调控工作面临的新形势

粮食调控工作综合性强、涉及面广，影响因素较多。正确分析当前面临的新形势、新任务，是做好粮食调控工作的基础和前提。初步分析，今年的粮食调控工作，既有不少有利条件，也面临着一些矛盾和挑战。

一是中央高度重视粮食问题，对粮食工作提出了明确要求。今年中央连续第四年下发了关于“三农”方面的1号文件，强调继续坚持立足国内保障粮食基本自给的方针，逐步构建供给稳定、调控有力、运转高效的粮食安全保障体系，同时要求加强对粮食生产、消费、库存及进出口的监测和调控，建立和完善粮食安全预警系统，维护国内粮食市场稳定。今年“两会”期间，温家宝总理多次强调粮食问题，并告诫大家，我国经济出问题，可能还是出在农业特别是粮食生产上，对此绝不可掉以轻心。这既为粮食宏观调控工作指明了方向，也对粮食宏观调控工作提出了新的要求。对此我们一定要有清醒的认识，要把思想认识统一到中央确定的方针政策上来。必须充分认识到，对于我国这样一个人口众多的发展中国家而言，粮食始终是经济发展、社会稳定和国家自立的基础，任何时候都不能出现闪失。因此，必须把加强粮食市场调控，落实好最低收购价政策，保持市场粮价在合理水平上基本稳定，保护种粮农民的利益，保障国家粮食安全作为当前粮食宏观调控工作的重要任务。

二是粮食流通市场环境出现的新变化，对粮食宏观调控工作提出了新的挑战。近年来，我国粮食生产、消费、流通格局和政策环境正在发生新的变化，国内市场与国际市场的联系更加紧密，粮食市场面临的不确定性因素增多。这些都对粮食宏观调控工作提出了更高要求。从国内供需看，虽然粮食当年产需缺口逐步缩小，供需总量趋于基本平衡，但品种结构矛盾仍然存在，并逐步发生新的变化。小麦由产不足需转变为产略大于需。稻谷产需实现基本平衡，但粳稻供求仍然偏紧。玉米加工转化增长迅猛，产需余量明显缩小。大豆产需缺口继续扩大，需要增加进口来弥补。从粮食购销变化看，最低收购价政策的实行，一方面保护了农民的利益和种粮积极性，另一方面也使粮食过多地由国家收购并储存，并主导了市场价格，在一定程度上影响了市场机制作用的充分发挥。另外，由于承储企业对最低收购价粮没有销售自主权，企业原已形成的比较稳定的购销渠道被打乱，这对产销区企业之间的购销合作也带来了一定影响。从国际市场看，近年来国际市场粮价波动比较频繁，对国内市场的影响也在逐步增强。比如，在燃料乙醇生产快速扩张的带动下，今年美国玉米播种面增加15%，而大豆播种面积减少11%，可能会直接影响到国际市场玉米和大豆的供求平衡，也将对国内市场产生一定影响。

三是粮食市场流通量不断扩大，将使粮食宏观调控任务逐步加重。近年来，随着城镇化步伐的加快、进城务工人员的增多、农户存粮和消费观念的变化，我国粮食商品率不断提高，当前已接近50%，粮食流通量也随之大幅度增加，粮食市场供应任务进一步加重。同时，随着粮食购销市场化改革的不断深入，粮食流通更加活跃。据我局社会供需平衡调查数据，2005年度跨省粮食流通量在2400亿斤左右，比上年增加100亿斤，比2003年增加400亿斤，其中13个粮食主产区净调出1000亿斤左右。今后市场流通扩大的趋势还会继续发展。另一方面，我国粮食库存结构正在发生明显变化。特别是粮食购销市场化后，随着国有粮食企业老库存的销售处理，目前商品库存比重已大幅度下降，将使企业作为粮食流通的蓄水池作用降低，增加了市场波动的可能性，也使保持市场粮价基本稳定的难度进一步加大。

四是粮食统计工作任务加重，还面临不少困难和挑战。近年来，随着粮食购销的全面放开和市场流通量的逐步扩大，粮食流通市场主体迅速增加，目前取得粮食收购资格的市场主体已达7.8万个，作为承担全社会粮食流通统计的粮食行政管理部门，统计工作任务明显加重；加之基层粮食统计人员编制偏少，经费不足，一些非国有粮食经营企业统计法制观念不强，不能够及时、全面报送统计数据，要顺利完成各项统计调查任务面临很大困难。此外，有些地方对统计工作重视不够，统计手段比较落后；地方粮食统计体系和中央储备粮统计体系衔接不够，难以实现信息共享，也在一定程度上影响着统计工作质量的提高。

三　把握重点，进一步提高粮食调控工作水平

2007年，是我国实施“十一五”规划和加快构建社会主义和谐社会的重要一年，也是全面推进社会主义新农村建设的关键之年。我们要认真贯彻党的十六大以来的各项方针政策和中央经济工作会议、中央农村工作会议精神，全面落实科学发展观，按照构建社会主义和谐社会、建设社会主义新农村的要求，进一步改善和加强粮食宏观调控，健全粮食宏观调控体系，促进粮食供求总量基本平衡和

价格基本稳定，确保国家粮食安全。为此，需要着重抓好以下工作：

（一）准确把握粮食供求形势，进一步增强粮食宏观调控工作的预见性

一是加强粮食供求形势分析，为粮食宏观调控提供可靠依据。正确认识和分析粮食供求形势，是做好粮食宏观调控工作的基础。近几年我国粮食供求形势变化较快，要进一步加强对粮食生产、消费、库存、价格和进出口变化情况的分析预测，准确把握粮食供求发展变化趋势，及时提出粮食宏观调控的政策措施建议，为领导决策提供可靠依据。各地要重点加强对主要粮食品种的分析研究，定期发布市场供求及价格信息，正确引导生产、流通和消费。要积极配合有关部门做好粮食进出口工作，及时提出有关政策建议，通过进出口搞好粮食余缺和品种调剂，为保持国内粮食供求基本平衡服务。

二是继续做好粮食安全预警和供求紧平衡指标体系的研究工作，逐步建立健全粮食安全预警系统。今年中央一号文件对建立和完善粮食安全预警系统提出了明确要求，这也是进一步增强粮食宏观调控工作的科学性和预见性的重要前提。我们将指导和督促有关单位抓紧完成粮食安全预警模型等课题的研究，争取尽快形成一套比较完整的粮食安全预警和供求紧平衡评价指标体系，为建立和完善粮食安全预警系统提供理论支撑。各地也要加强对粮食安全预警等问题的研究，逐步建立和完善适应本地特点的区域性粮食安全预警系统，为搞好粮食宏观调控服务。

三是抓紧完成粮食专题调研工作。去年我局向各省（区、市）粮食局布置了一些粮食专项调研课题。这些课题是针对我国粮食流通面临的新形势、新任务和粮食供求中出现的新情况、新问题而提出的，对进一步提高粮食调控工作水平具有重要意义。各地对此一定要高度重视，认真组织力量加强调查研究，把情况摸准、问题搞清、分析搞透，在此基础上研究提出有情况、有数据、有分析、有建议的专题报告，并按规定时间报送我局。

（二）进一步做好粮食购销工作，确保市场供应和价格基本稳定

一是积极抓好粮食收购工作，落实好最低收购价政策。在国家宏观调控下，目前粮食市场价格保持在较高水平。但受供求关系的影响，粮食市场价格仍面临一定的下行压力。特别是新粮上市后，随着粮食供给的增加，市场粮价可能会有所下降。如果市场粮价低于最低收购价水平，就需要启动最低收购价预案。大家对此要有清醒的认识，并提前做好充分准备。为此，我们在认真总结近两年最低收购价政策执行情况的基础上，研究提出了完善2007年最低收购价预案的初步意见，将在这次会上进行讨论，请大家认真研究并提出修改意见，以便进一步完善后提交国家有关部门共同研究，争取尽早下发。为做好今年的粮食收购工作，在小麦等主要粮食品种上市前，我们还将及时召开收购形势座谈会，深入研究分析粮食供求形势和价格走势，部署和指导各地做好粮食收购工作。各地要及早动手，提前做好粮食收购的各项准备工作。新粮上市后，要指导和督促国有粮食企业带头执行国家粮食政策，积极做好粮食收购工作，掌握粮源，发挥主渠道作用。同时要采取有效措施，为多元主体入市收购创造良好的市场环境，引导其他市场主体积极入市收购，充分发挥市场机制的作用。收购期间，我们将派出检查组，对各地收购工作进行督促检查，并及时研究解决收购过程中出现的新情况和新问题，切实保护种粮农民利益。各地要加强对粮食收购工作的指导，帮助企业分析粮食形势和市场行情，引导他们面向市场，服务农民，搞活经营，积极主动地做好粮食收购工作。

二是继续做好最低收购价粮的移库和仓库维修工作，努力扩大收储能力。当前，部分主产区仓容紧张是影响新粮收购的重要因素之一。做好最低收购价粮食跨省移库工作，是解决主产区仓容不足问题、保证储粮安全和确保粮食收购工作顺利进行的重要措施，同时也有利于调整和优化粮食库存布局。最近我们已会同有关部门下达了第二批最低收购价粮跨省移库计划43亿斤，并正在就第三批移库

计划的安排与有关部门进行沟通协调。各有关省（区、市）粮食局要提高认识，高度重视，积极协助中储粮总公司及相关分公司认真做好最低收购价粮的出库、发运、接收、入库和监管等工作，争取按时完成移库任务。另外，我局正在积极与国家有关部门进行沟通协商，争取中央财政再拿出部分仓库维修补助资金，支持主产区进一步做好仓库维修工作，各地也要积极争取地方财政的支持，搞好仓库维修，努力扩大收储能力，保证今年新粮收购的需要。

三是认真做好粮食销售工作，保证市场供应。按照《国家临时存储粮食销售办法》的有关要求，我们将会同有关部门根据宏观调控需要和市场价格情况，继续分期分批安排最低收购价小麦和稻谷的竞价销售，把握好销售时机和节奏，既要保证市场粮食供应不断档、不脱销，又要坚持顺价销售的原则，防止打压市场价格。请各地督促有关承储企业认真履行合同，严格按规定积极出库，保证销售工作顺利进行。要加强对交易过程和合同履约情况的监督检查，对干扰客户正常交易和设置障碍影响粮食出库的承储企业，必须按有关规定严肃处理，并追究企业负责人的责任。要继续妥善做好陈化粮销售处理工作，严格执行陈化粮销售处理和监管的各项规定，严防陈化粮流入口粮市场。同时，要继续认真做好退耕还林用粮、救灾粮以及贫困缺粮地区的口粮供应等工作，加强货源组织调度，保证充足的粮源，满足供应的需要，努力维护社会和谐与稳定。最近，部分地区花生油价格上涨幅度较大，国家发展改革委和国家粮食局已下发通知，要求各地积极采取措施，确保市场供应不脱销、不断档，保持食用植物油市场稳定。请各地高度重视，认真抓好落实。

（三）继续完善粮食储备调节体系，增强宏观调控能力

储备粮是国家调控粮食市场的最重要手段之一。为充分发挥储备粮的宏观调控作用，要继续完善粮食储备调节体系，创新机制，规范运行，进一步提高各级储备粮的管理水平。一是加强对中央储备粮轮换工作的指导。要及时下达中央储备粮的年度轮换计划，随时掌握和跟踪检查中央储备粮轮换计划执行情况，研究解决轮换中出现的新情况、新问题。二是进一步完善中央储备粮的轮换机制。积极引进市场机制，稳步推进中央储备粮轮换通过规范的粮食批发市场公开进行，逐步实现储备粮轮换的公开化、透明化，保证中央储备粮的吞吐轮换和国家粮食宏观调控目标相适应。三是配合有关部门妥善处理国债投资建设粮库产权归属问题，进一步理顺产权和管理关系。四是进一步充实地方粮食储备，完善储备粮紧急动用机制。各地要抓紧对全局提出的地方储备规模建议数提出反馈意见，我们也将积极与国家有关部门加强沟通协调，争取尽快下达地方储备粮规模建议数，并督促各地认真落实。要继续加强地方储备粮管理，创新运行机制，完善紧急动用预案，优化储备布局和品种结构，逐步形成比较完备的地方粮食储备管理体系。需要强调的是，在粮食购销市场化深入推进的新形势下，地方储备粮已成为保证本地区粮食安全、调节供求、稳定市场、应对重大突发公共事件的“第一道防线”。必须从保障国家粮食安全的战略高度，充分认识加强地方粮食储备工作的重大意义，切实把地方储备粮管理的各项工作落到实处。

（四）认真做好粮食统计和供需平衡调查工作，更好地为宏观调控服务

粮食统计是国家粮食宏观调控的一项重要基础性工作。各级粮食部门要进一步落实国发[2006]16号文件精神，以提高粮食统计数字质量为核心，完善工作措施，创新工作方法，进一步提高统计工作水平，更好地为国家粮食宏观调控服务。一是积极抓好新统计制度的贯彻落实。要继续加大对新统计制度的宣传力度，组织好统计人员的业务培训，使广大统计人员及时了解有关粮食政策，提高统计人员的业务素质。要积极探索粮食统计的新思路、新办法，在继续做好对国有粮食企业统计的同时，进一步加强非国有粮食企业和转化用粮企业的统计数据报送工作，扩大统计覆盖面。要加大对粮食流通

统计制度执行情况的监督检查力度，督促各类粮食经营企业和用粮企业自觉执行统计制度。同时要认真清理各类统计报表，坚决杜绝随意滥发统计报表的现象，切实减轻基层统计人员的负担。二是切实加强粮食统计基础工作。各级粮食部门认真落实国务院文件精神，积极争取地方政府和有关部门的支持，健全统计机构，充实统计人员，落实统计经费。积极推进统计信息化建设，努力改善基层统计人员工作条件，提高工作效率。三是认真做好粮食供需平衡调查工作。目前，各地已完成2006年度社会供需平衡调查数据的收集、整理、汇总工作。下一步，要加强对调查数据审核、分析，按时完成调查报告并报送我局。要认真开展对农户粮情固定监测点建立情况的检查，做好对粮食经营和转化企业名录库的维护和更新。

（五）加强粮食市场监测，进一步完善粮食应急工作机制

为进一步改进粮食市场监测工作，提高监测信息的时效性和准确性，我局最近对粮食市场监测点进行了较大幅度的调整和充实。各地要按照我局的有关要求，继续加强对粮食市场监测工作的指导，及时帮助解决工作中遇到的困难和问题，努力提高粮食市场监测的质量和水平。同时，各地要根据本地的实际情况，进一步健全区域性粮食市场监测网络，在粮油市场出现波动时要加大监测密度和频率，及时了解和掌握粮油市场动态变化情况。要增强对市场监测工作的敏感性，对出现的苗头性、趋势性问题要做到早发现、早报告，并及时采取措施加以解决。

进一步完善粮食应急工作机制。各地要按照国家粮食应急预案的有关要求，认真抓好各项工作的落实。要抓紧上报本地区粮食应急预案制订（修订）工作进展情况、粮食应急工作指挥部及其办公室通讯录、粮食应急加工指定企业名单和应急供应指定企业名单，以便我们及时进行汇总，编印粮食应急工作手册，保证应急工作的需要。要切实加强粮食应急保障体系的建设工作，进一步完善粮食应急加工、储运、供应网络系统，提高应急保障能力。要加强对承担应急工作定点企业的业务指导和监督检查，及时了解和掌握企业运行情况，对不符合应急工作要求或不能正常运营的企业，要及时作出调整，确保应急网络系统始终处于正常运转状态，保证应急工作的需要。要继续抓好粮食应急预案的学习培训，并结合日常工作进行演练，尽快形成一支熟悉日常业务管理、能够应对各种突发公共事件的训练有素的专业化队伍，保障各项应急措施的贯彻落实。

（六）继续大力推进粮食产销合作，不断提高合作水平

国家有关部门联合下发的《关于进一步促进粮食产销合作发展的指导意见》，是指导各地开展粮食产销合作的重要政策性文件。各地要认真学习，切实抓好各项措施的落实。一是要进一步创新产销合作方式。积极鼓励粮食产区与销区企业大力开展购销贸易、库场租赁并购、联营，以及代收、代储、代销等多种形式的合作，扩大合作规模和范围。主销区可以利用主产区的粮源和仓储资源，建立一定数量的异地粮食储备。积极引导产区和销区企业以资产为纽带，通过合资、合作等方式，共同组建跨区域的粮食收储、加工和经营企业，实现资源共享、优势互补，形成产销区长期合作、互利多赢的格局。二是加大协调力度，落实好有关扶持措施。各地要加强对销区企业到产区采购粮食的组织和运输协调工作，积极争取铁路、交通部门优先安排运输和农业发展银行优先给予贷款支持。根据国家有关部门协商的意见，为便于集中统一安排跨省粮食运输，要求粮食部门承担对产区运出粮源和销区接收粮源的组织协调工作。为完成这项工作，请销区粮食主管部门定期收集本地区各类粮食经营和用粮企业的运粮需求，及时研究提出粮食运输指导方案，并与产区搞好对接。产区粮食部门要做好粮源集运的组织工作，加强与铁路、交通等部门的沟通协调，争取能够定点定时发运铁路专列和船运班轮，形成相对稳定的粮食运输快速通道。同时，要充分发挥粮食批发市场和行业中介组织的作用，通

过举办产销洽谈会、交易会等形式，为产销区企业开展合作搭建服务平台。三是健全工作机制，加强监督指导。为进一步推动粮食产销合作的发展，国家有关部门将建立部门间沟通协调机制，由国家发展改革委和国家粮食局牵头成立粮食产销合作协调小组，及时研究解决产销合作中出现的新情况和新问题，推广产销合作中的成功经验和做法，共同推进产销合作发展。各地也要积极建立产销合作履约协调机制，加大对合作协议履约情况的督促检查，努力提高合同履约率。要建立省际间粮食产销合作联系制度，及时沟通粮食生产、供求、质量、价格等方面的信息，协商解决合作中出现的问题，为双方粮食企业服务，促进产销合作的健康发展。

同志们，做好2007年的粮食调控与统计工作任务艰巨，意义重大。让我们进一步增强责任感和使命感，全面落实科学发展观，坚定信心，扎实苦干，开拓进取，奋力拼搏，圆满完成各项工作任务，为加快构建社会主义和谐社会和建设社会主义新农村作出积极贡献，以优异成绩迎接党的十七大胜利召开。

在全国粮油市场信息工作会议上的讲话

国家粮食局副局长、党组成员 曾丽瑛
2007年12月27日

同志们:

今天，我们在这召开全国粮油市场信息工作会议。主要任务是: 认真总结交流一年来开展粮油市场信息工作和粮油竞价交易工作的新经验、新体会，研究提出进一步做好粮油信息工作和竞价交易工作的新目标、新要求。

今年以来，在国家粮食局和各级粮食行政管理部门的领导下，在各方面的大力支持下，在同志们的共同努力下，各地粮食市场信息工作，特别是重点时期粮油价格监测和分析工作得到进一步加强，为粮食宏观调控提供了有效的信息支持，为粮食经营与加工企业提供了良好的服务。同时，我们建立了统一的全国粮食竞价交易平台，实现了有关省级粮食批发市场的计算机联网，为最低收购价粮食的竞价销售提供了优质可靠的技术支持和服务，为国家宏观调控政策的落实作出了积极贡献。在此，我谨代表国家粮食局，向全国从事粮食市场信息和竞价交易工作的同志们表示衷心的感谢!

下面，我简要回顾一下今年以来的工作情况和粮食购销形势，并就明年的工作目标谈几点意见，供大家参考。

一 我国粮食市场信息工作水平有了新的提高

随着我国粮食流通体制改革的深入进行，粮油市场信息事业快速发展,市场信息需求日益增加。几年来，在各级粮食行政管理部门和粮食信息系统广大干部职工的共同努力下，粮油市场信息服务组织不断完善，逐步形成了全国粮油市场信息服务体系，建立了全国粮食市场的动态监测系统，市场信息分析预测水平有了很大提高。贴近市场，抓住热点，深入分析，及时报告，为粮食生产者和经营者提供及时的信息服务，为粮食宏观调控方面提供可靠的信息支持，是2007年粮油市场信息工作的一个突出亮点。

（一）不断提高市场监测能力，加强行情分析与市场预测

针对国内外粮油市场的新变化，国家粮油信息中心和各省级粮油市场信息机构，努力提高市场监测质量，加强行情分析与市场预测，市场分析水平有了显著提高。黑龙江省粮油信息中心多次召开市场行情研讨会，听取各方面专家意见，加强对本省大豆、稻谷等重要商品的监测分析，及时提供分析报告，积极为粮食行政管理部门和粮油生产者经营者提供决策支持和信息服务。安徽省粮油信息中心对全省100多个粮油价格监测点，进行分类型、分品种、分区域监测，全面真实地反映本省每一周粮食价格变动情况。吉林省粮油信息中心深入市场进行周密调查，形成专题报告《玉米市场走势分析预测》、《大豆及豆油、豆粕市场分析》，及时上报省局领导，得到好评。上海市粮油信息中心加强市场动态监测，通过粮食批发市场监测系统，采集和发布上海粮油当日成交价格行情、价格走势，监测主要粮油的进货量、销售量、库存量、来源地区构成，提高了对粮油市场变化的快速反应能力。福建

省粮油信息中心进一步完善价格监测网络，设立批发市场、零售市场、收购价格和出库价格监测点，形成了比较完整的价格监测体系，在粮食价格波动时为主管部门提供了翔实准确的价格信息。浙江省粮油信息中心通过全省75个粮食批发价格监测点和40个零售价格监测点，较好地落实了行情周报制度。同时，9家重点粮食批发市场每日报送市场交易情况，及时反映粮食市场行情变化情况。天津市粮油信息中心全面系统地做好市场监测工作，坚持对全市18个区县粮油集贸市场的大米、面粉、食用油等价格进行日监测，并将监测信息向国家发改委、国家粮食局、天津市发改委和天津市粮食局等部门按时报送。

为进一步提高信息工作质量，各地还认真开展培训工作，不断加强信息员的市场走势分析预测能力，提高了工作效率和监测水平。各级粮油市场信息机构通过粮油市场信息服务网站、专业媒体、广播和电视、编发专业性的市场报告等多种手段，面向社会提供了大量的有价值的信息，提供了优质的服务。

（二）认真做好国内外食用油市场监测工作

针对我国食用油市场对外依存度不断提高，而全球大豆产量下降的新情况，粮油信息机构分析，2007年我国粮食安全问题很可能表现在食用植物油市场上，因此及时地加强了对国内外食用油的市场监测。在对全球及国内食用油市场供求状况进行深入分析的同时，对全国食用油加工与经销渠道进行了专门的调查与研究。针对国内大豆加工能力过剩、外资压榨能力已经达到较高水平、单一企业已经占有小包装食用油市场较高份额等问题，提出了加强对国内食用油市场宏观调控的意见和建议。今年的食用油市场监测预测工作，既重视对价格变化的跟踪调查，也重视对供应量的分析，还注意对未来市场的预测，并及时提出有价值的政策性建议。

（三）提出控制国内外玉米深加工盲目增加的政策建议

随着玉米深加工业和燃料乙醇生产的迅速发展，国内外玉米市场出现了一些新的情况。粮油信息机构及时加强监测，较早地开展了系统性研究，提出了专项研究报告，建议国家控制国内玉米深加工能力盲目增加的势头，加强对玉米深加工行业发展的政策性指导。国家粮油信息中心还派员参加国家发改委《玉米加工业发展指导意见》的撰写工作。该文已经国务院批准下发。

二 全国粮食竞价交易平台建设取得显著成绩

去年以来，国家粮食局着手建立健全全国性粮食竞价交易体系，积极推进临时存储粮食和中央储备油在全国统一竞价交易平台上进行销售。各有关省级粮食批发市场，在省级粮食行政管理部门和有关单位的领导与支持下，克服困难，积极拼搏，出色地完成了国家最低收购价粮食竞价销售任务。

今年年初，我们连续向市场投放最低收购价临时存储小麦，市场供应明显增长，小麦价格由涨趋稳，取得了明显的调控效果。今年下半年粮食价格呈现上涨趋势，为稳定市场粮油供应，在每周继续公开竞价销售最低收购价稻谷和小麦的同时，安徽、大连、江苏、福建、湖北、湖南、江西、广东、上海、河北等市场从9月份开始，也承担了联网竞价销售国家临时存储进口小麦的任务；安徽、天津、广东市场联网竞价销售中央储备食用植物油。从9月26日起，降低最低收购价稻谷的拍卖销售底价，进一步增加竞价销售数量，11月份又调整最低收购价小麦的竞价销售时间，稻谷实行挂牌交易。

通过全国统一竞价交易系统，采取及时灵活的调控措施，有效地保证了全国市场的粮油供应，稳定了市场粮油价格。截至2007年12 月中旬，通过统一竞价及网上挂牌交易，全国累计销售542万吨最低收购价早籼稻和1001万吨中晚籼稻，累计销售了2261万吨最低收购价小麦和12.8万吨临时存储进口小麦，还销售了20万吨中央储备食用植物油和38.6万吨的中央储备玉米。郑州粮食批发市场也销售了978万吨。

目前全国粮食竞价交易平台稳定高效运行，临时存储粮竞价销售做到了常年常时公开竞价销售。全国统一竞价交易系统的建立，促进了我国粮食批发市场体系的发展，实现了用现代化技术手段武装传统粮食产业，使我国粮食系统电子商务应用水平有了突破性的提高。全国粮食竞价交易系统，已经成为了当前国家实现粮食宏观调控目标强有力的抓手。实践证明，构建全国统一的竞价交易平台，建立规范统一覆盖全国的政策性粮食交易体系，积极建设国家粮食交易中心，有利于在销售国有政策性粮食的过程中，体现国家粮食宏观调控意图，提高调控效率；有利于根据“公开、公平、公正”的原则，规范交易行为；有利于提升粮食批发市场的服务功能，方便粮食加工及相关企业入市交易。

各地粮食批发市场，服从大局，相互支持，务实工作，很好地完成了竞价销售任务，得到了国家有关部门的肯定。同志们辛苦了！

三 当前粮食供需形势

在党中央、国务院一系列支农惠农政策的指引和推动下，我国粮食生产连续四年获得丰收，粮食形势逐步由供需偏紧向供求基本平衡转变。国家粮食库存有所增加，并处于历史较高水平。2007年粮食供需形势是好的，市场供应是有保证的。

（一）预计粮食生产丰收，消费平稳增长，供需基本平衡

据国家统计局数据，今年夏粮总产11535万吨，比上年增产145万吨，增长1.3%；早稻产量3195万吨，与上年基本持平。据农业部预测，今年我国粮食产量在5亿吨以上，粮食生产连续第四年获得丰收。粮食消费方面，由于人口增加，粮食加工转化增长较快等因素，今年粮食消费继续平稳增长，预计将超过5亿吨，考虑到大豆进口等方面，当年粮食供需仍将是基本平衡的形势。

从粮食品种结构来看，今年夏粮连续第四年获得丰收，小麦仍是产大于需的形势。在稻谷最低收购价政策的支撑下，2007年稻谷产量继续增加，预计当年产需基本平衡。由于国家目前已采取了严格控制出口、取消酒精出口退税和限制玉米深加工项目盲目发展等措施，对玉米需求快速增长起到抑制作用，预计今年玉米消费量比上年略增，当年玉米供求仍是产略大于需的格局。近几年我国大豆播种面积与产量呈下降趋势，预计大豆产需缺口继续扩大，需要增加进口来弥补。

（二）粮食进口总量减少，大豆进口数量继续增加

随着我国粮食供需形势的变化，粮食进出口情况发生了一定变化，粮食进口比上年同期有所减少。从品种结构看，除大豆进口继续保持增长外，其余各品种均有所下降。2007年1~10月，共进口粮食2583万吨，比上年同期减少76万吨。其中，大豆进口2454万吨，同比增加106万吨；小麦进口9万吨，同比减少48万吨；大米进口37万吨，同比减少22万吨。1~10月，共出口粮食878万吨，比上年同期增加409万吨。其中，玉米出口475万吨，同比增加238万吨；小麦出口184.5万吨，同比增加124.5万吨。进出口相抵后，1~10月净进口1705万吨，同比减少485万吨。

（三）粮食购销基本平衡

今年国家继续对稻谷和小麦实行最低收购价政策。从收购情况看，各地各有关部门认真落实小麦和稻谷最低收购价政策，收购工作总体进展比较顺利。据统计，截至11月底，各类粮食企业累计收购

小麦6490万吨。其中，国有粮食收购企业收购4604万吨，同比减少1235万吨；河北、江苏、安徽、山东、河南、湖北6省按最低收购价累计收购小麦2893万吨，同比减少1176万吨。由于去年国家首次启动小麦预案，国有粮食企业收购量创历史最高，今年收购量虽然较上年有所减少，但仍属正常水平。

稻谷市场价格较高，籼稻最低收购价执行预案没有启动，国有粮食企业收购量减少，其他市场主体收购量有所增加。今年收购旺季，8个早籼稻主产区各类粮食经营企业累计收购2007年新产早籼稻638万吨，比上年同期减少115万吨。其中，国有粮食企业收购412万吨，占收购总量的65%，比上年同期减少139万吨。其他市场主体收购226万吨，比上年同期增加25万吨。从中晚稻收购看，截至11月底，13个中晚籼稻主产区各类粮食企业累计收购2007年新产中晚籼稻1174万吨，其中国有粮食企业收购609万吨，占收购总量的52%，比上年同期减少1920万吨。

截至11月底，国有粮食企业累计销售粮食10995万吨（贸易粮），比上年同期减少250万吨。其中，2006年最低收购价小麦竞价销售成交2130万吨，2005年和2006年最低收购价稻谷竞价销售成交1702万吨。

（四）国内粮食价格在较高价位上运行

从国际市场看，受原油价格上涨、美元贬值、部分主产国因灾减产等因素影响，今年以来国际市场粮油价格大幅上涨。从国内市场看，今年各主要粮食品种价格稳中有升，多数粮食品种价格已接近或达到历史最高水平。受国际市场大豆和油料价格大幅上涨影响，今年国内大豆和食用植物油价格涨幅较大。近期，小麦和面粉及南方销区的玉米价格出现不同程度的上涨。据分析，当前市场粮价上涨的原因，一是需求增加。11月到来年 3 月是小麦销售的高峰和面粉加工旺季，季节性需求增加，国际市场价格上涨又带动了面粉出口增加，同时玉米价格的上涨也使小麦用于饲料的数量增加。二是供给减少。主要是大豆和南方油菜籽减产，以及南方玉米出现区域性供给不足。三是种粮成本和粮食运输成本上升。

（五）近期采取的调控措施

为稳定粮油市场价格，保证市场供应，近期国家采取了一系列宏观调控措施。一是加大了最低收购价粮食的销售力度，增加了市场投放数量。已将最低收购价小麦的竞价销售数量从 8 月初的每周40万吨，逐步增加到上周的350万吨，本周将增加到450万吨。自9月30日小麦最低收购价执行预案结束后，已竞价销售最低收购价小麦1150万吨，目前，小麦成交价格已有所回落。同时，安排最低收购价稻谷常年常时在网上挂牌销售，今年已累计销售920万吨。二是择机投放部分中央储备玉米。截至12月18日共安排第二批100万吨中央储备玉米在粮食批发市场进行竞价销售，目前已拍卖38.6万吨，缓解南方地区供求矛盾。同时还采取措施加快了东北地区的玉米销售。三是竞价销售了部分中央储备食用油，满足市场需要。四是加强了向粮食库存薄弱地区的移库工作，进一步优化库存布局。已安排四批移库计划共计930万吨，目前已完成425万吨。目前移库正在加紧进行。五是加强了粮食调运工作的组织协调，进一步完善了粮食应急预案，加强了市场监管和监督检查。六是根据粳稻价格下跌情况，12月10日已在黑龙江省启动最低收购价预案，保护种粮农民利益。以上调控措施的实施，对保证当前粮油市场供应、稳定市场价格将发挥积极作用。

四 下一步的工作目标和要求

面对国际国内粮食市场的新形势、新变化，我们要认真贯彻落实十七大报告中提出的“确保国家粮食安全”的重要指示精神，按照“统筹国内国际两个大局”的重要理念，注重从国际国内形势的相互联系中把握粮食工作全局，正确分析判断国内外粮油市场走势，认真做好粮食工作。新时期、新形势下，粮油市场信息工作和粮食竞价交易工作越来越重要，任务越来越重，我们从事粮油市场信息工作和粮食竞价交易工作的同志，要认真分析形势，开创性地工作。2008年重点要做好以下工作。

（一）加强国内外粮油市场监测与预测工作体系建设

第一，确保不漏报任何重大的粮油市场变化。要不断提高粮油市场预测工作水平，提高报出信息的质量，通过日报、快报、专报等多种形式，随时报告国内外市场的变化，为粮食宏观管理与调控提供信息支持。要根据当前国际国内粮食市场变化程度加大的情况，扩大监测范围，强化监测分析，实现对国内外粮油市场的动态实时监测。提高对粮油市场变化的快速反应能力。

第二，积极开展国内外粮油市场重点与热点问题研究。面对当前复杂的粮食形势，要从粮食的生产、流通、加工、贸易、消费等环节，开展专题调研，认真研究解决粮食工作中出现的新问题。同时，信息工作开展要有超前性，要实现日常监测与重点监测工作的相互结合与相互促进。在国内外市场融合度不断提高的情况下，要注重与我国粮油市场有密切联系的国外市场的系统监测，积累监测数据。

第三，要继续加强粮油市场信息体系建设。经过多年的努力，全国粮食市场信息工作体系已经初步形成。大部分省市区已建立专门的信息机构、配备了专门的工作人员，建立了粮油市场价格监测系统，有了提供粮油市场信息服务的网站。但总体上看，粮油市场信息体系还处于建设的过程之中，体系建设还不能完全适应市场的需要，个别地区对粮油市场信息工作重视不够，机构和人员还没有落实。我们要从转变粮食行政管理部门职能的角度，充分认识开展粮油市场信息工作的必要性与重要性。根据新的形势要求，抓住发展的机遇，提高信息队伍的政治与业务素质，进一步加强粮油市场信息的采集、整理、分析、研究、发布等一系列工作。

第四，积极建立权威的信息发布制度。目前，我国还没有由国家有关部门建立或授权建立的动态反映粮食供求平衡状况的信息发布制度。国家粮食局在《全国粮食市场体系建设“十一五”规划》中明确提出，由国家粮食行政管理部门所属的专门信息机构承担面向社会提供信息服务的任务。最近，我们正在与国家发改委等多部门协商，着手建立我国主要农产品供求状况月度报告的定期发布制度。我国主要粮油商品供需状况发布制度，将按粮油作物的市场年度，以供求平衡表的形式，按月发布包括我国谷物和油脂油料类商品的粮油供需状况信息。根据信息发布工作的需要，将建立高效率的市场调查系统、专家工作系统和各部门会商系统。目前筹办工作正在加紧进行。希望各地的粮油市场信息机构和粮食批发市场，支持国家粮油信息中心承担该项工作任务，并积极参与这项工作的开展。国家粮油信息中心要与各地粮油市场信息机构和批发市场建立更加紧密的联系，争取各地粮食部门、信息机构、批发市场对该项工作的支持。

（二）认真贯彻落实国家粮食局《全国粮食市场体系“十一五”规划》，完善全国统一的粮食竞价交易系统

国家粮食局已经下发了《全国粮食市场体系“十一五”规划》，是“十一五”期间我国粮食市场

体系建设工作的纲领性文件，要认真地抓好落实工作，按照规划提出的工作思路，积极推进粮食批发市场的建设和发展。

粮食批发市场在组织大宗粮食品种交易、形成现货市场价格、传递市场供求和价格信息、服务国家宏观调控等方面，发挥着重要的作用。随着粮食市场化改革的不断深入，粮食宏观调控任务加重，在现有省级粮食批发市场的基础上，国家粮食局已经批准建立了10家国家粮食交易中心，并以国家粮食交易中心为支撑、统一远程交易网络为平台、规范的运行机制为核心，构建了体系完善、运转高效、成本节约的全国粮食竞价交易系统。力争在“十一五”末期，政策性用粮主要通过国家粮食交易中心进行交易。要达到这一目标，需要同志们认认真真地做好当前的工作。

认真做好最低收购价粮食竞价销售工作，对于稳定当前的国内粮食市场，具有重要的意义。11月，国家粮食局和中储粮总公司联合发出了《关于切实做好国家临时存储粮食竞价销售出库工作的通知》，要求有关企业严格执行国家临时存储粮食销售出库的各项规定，严格按照合同规定的品种、数量、质量及时组织出库，不得设置障碍或以各种借口拖延出库进度，严禁在交易细则规定的出库环节有关费用标准之外，向买方额外收取或索要其他费用。对出现商务纠纷的，粮食批发市场要抓紧协调解决，必要时提请有关省级粮食行政管理部门和中储粮分公司帮助协调。

近年来，中央和地方在推进粮食批发市场建设方面投入了大量的资金，给予了积极的支持，许多省级粮食批发市场具有了较好的工作基础。在加强批发市场硬件建设的同时，我们更要注重批发市场软件建设，全面提升批发市场的服务功能和管理水平，为实现《粮食流通管理条例》关于国家政策性粮食进入市场进行规范交易做好各项准备工作。

同志们，粮食市场信息和竞价交易工作任务繁重，意义重大！大家长年在第一线踏实工作，十分辛苦。希望大家再接再厉，继续创造性地开展工作，认真贯彻落实十七大会议精神，为确保国家粮食安全作出新贡献！

同时，感谢厦门市粮食局的同志们，他们为这次会议的成功举办做了周到细致的安排，提供了很大的帮助，付出了辛勤劳动。让我们以热烈的掌声向他们表示感谢！

谢谢大家！

3

第三篇

全国粮食工作

粮食生产

一 粮油生产情况

2007年，党中央、国务院对“三农”工作继续给予高度重视，制定出台了一系列更直接、更有力的强农惠农政策。各地各部门按照中央的统一部署和要求，加大工作力度，强化各项政策措施的落实，扎实推进粮食综合生产能力建设，粮食生产实现连续第四年稳定发展，为国民经济平稳运行作出了重大贡献。据国家统计局统计，2007年粮食总产量50160.4万吨，比上年增加356.1万吨；油料总产量2568.7万吨，比上年减少71.6万吨。

（一）2007年粮食生产的特点

1. 粮食播种面积稳定增加。2007年粮食播种面积10558.2万公顷，比上年增加51.4万公顷，增幅0.5%。粮食面积增加对粮食增产的贡献率为68.4%。

2. 粮食单产再创历史新高。2007年粮食平均单产每公顷4751.0公斤，比上年提高11.0公斤，增幅0.2%，再创历史新高。粮食单产提升对粮食增产的贡献率为32.6%。

3. 粮食总产连续第四年增产。2007年粮食总产50160.4万吨，比上年增产356.1万吨，增幅0.7%。实现自1985年以来，首次连续四年稳定增产。

4. 优质专用品种生产快速发展。2007年四大粮食作物品种综合优质率达到61.3%，比上年提高4.3个百分点。其中，优质稻谷面积2090.8万公顷，优质率72.3%，比上年提高3.2个百分点；优质专用小麦1466.0万公顷，优质率61.6%，提高6.4个百分点；优质专用玉米1377.3万公顷，优质率47.1%，提高5.1个百分点；高油高蛋白大豆615.4万公顷，优质率70.3%，提高4.6个百分点。

5. 三季粮食实现“三增”。

夏粮增产：2007年夏粮播种面积2687.7万公顷，比上年减少7.9万公顷，减幅0.3%；总产11737.1万吨，比上年增产81.1万吨，增幅0.7%；单产每公顷4367.0公斤，比上年提高43.0公斤，增幅1.0%。

早稻增产：2007年早稻播种面积574.2万公顷，比上年减少14.6万公顷，减幅2.5%；总产3151.5万吨，比上年增产11.8万吨，增幅0.4%；单产每公顷5488.2公斤，比上年提高155.6公斤，增幅2.9%。

秋粮增产：2007年秋粮播种面积7296.2万公顷，比上年增加73.9万公顷，增幅1.0%；总产35271.8万吨，比上年增产263.3万吨，增幅0.8%；单产每公顷4834.0公斤，比上年降低13.0公斤，减幅0.3%。

6. 主要粮食品种“三增一减”。

稻谷增产：2007年稻谷播种面积2891.9万公顷，比上年减少1.9万公顷，减幅0.1%；总产18603.4万吨，比上年增产431.6万吨，增幅2.4%；单产每公顷6433.0公斤，比上年提高153.0公斤，增幅2.4%。

小麦增产：2007年小麦播种面积2379.9万公顷，比上年增加7.6万公顷，增幅0.3%；总产10930.1万吨，比上年增产83.7万吨，增幅0.8%；单产每公顷4593.0公斤，比上年提高21.0公斤，增幅0.5%。

玉米增产：2007年玉米播种面积2924.3万公顷，比上年增加77.9万公顷，增幅2.7%；总产15230.2

万吨，比上年增产69.9万吨，增幅0.5%；单产每公顷5208.0公斤，比上年降低118.0公斤，减幅2.2%。

大豆减产：2007年大豆播种面积875.4万公顷，比上年减少55.1万公顷，减幅5.9%；总产1272.7万吨，比上年减产234.7万吨，减幅15.6%；单产每公顷1454.0公斤，比上年降低166.0公斤，减幅10.2%。

7. 多数省份增产。北京、山西、吉林、黑龙江、上海、浙江、广西、新疆8省（区、市）减产，其他23个省（区、市）均有不同程度增产，其中河北、山东、河南、湖北、重庆、四川、贵州7省（市）增产50.0万吨以上。13个粮食主产省粮食产量占全国粮食总产量的75.0%，比上年增产22.0万吨；18个粮食主销省和产销平衡省粮食产量占全国粮食总产量的25.0%，比上年增产334.1万吨。

（二）2007年油料生产的特点

2007年油料播种面积1131.6万公顷，比上年减少42.3万公顷，减幅3.6%；总产2568.7万吨，比上年减产71.6万吨，减幅2.7%；单产与上年基本持平。

1. 油菜“两减一增”。2007年油菜生产面积减少、总产减少、单产提高。据国家统计局统计，2007年全国油菜面积564.2万公顷，比上年减少34.2万公顷，减幅5.7%；单产每公顷1873.8公斤，比上年提高41.2公斤，增幅2.2%；总产1057.3万吨，比上年减产39.4万吨，减幅3.6%。

油菜生产滑坡的主要原因是生产效益偏低，特别是肥料、农药等物化成本和劳动力成本不断上涨，农民的生产积极性下降。2006年每公斤油菜籽价格只有2.4元，每公顷油菜生产的净利润只有41.4元。加之2006年秋播后期出现比较严重的干旱，使部分地区油菜无法适时移栽，部分晚播油菜不能出苗。

2. 花生稳定发展。2007年花生生产与上年基本持平。受干旱等自然灾害影响，花生面积略有减少，但单产略有提高、总产有所增加。播种面积394.5万公顷，比上年减少1.1万公顷，减幅0.3%；单产每公顷3302.4公斤，比上年提高44.8公斤，增幅1.4%；总产1302.7万吨，比上年增产14.1万吨，增幅1.1%。

3. 其他油料减产。受北方干旱和江淮地区洪涝等自然灾害影响，2007年向日葵、芝麻、胡麻等油料作物生产面积下滑，单产下降，总产减少。

2007年全国向日葵收获面积71.9万公顷，较上年减少6.2万公顷，减幅7.9%；单产每公顷1650.0公斤，比上年降低193.0公斤，减幅10.5%；总产118.7万吨，比上年减产25.3万吨，减幅17.6%。

2007年全国胡麻收获面积34.0万公顷，比上年减少2.8万公顷，减幅7.7%；单产每公顷789.0公斤，比上年降低225.0公斤，减幅22.2%；总产26.8万吨，比上年减产10.5万吨，减幅28.2%。

2007年全国芝麻收获面积48.6万公顷，比上年减少7.8万公顷，减幅13.9%；单产每公顷1147.0公斤，比上年降低26.0公斤，减幅2.2%；总产55.7万吨，比上年减产10.4万吨，减幅15.8%。

二 国家扶持粮食发展的政策

2007年，党中央、国务院继续稳定、完善、强化各项强农惠农政策，采取更直接、更有力的措施扶持粮食生产稳定发展。

（一）粮食直补

2007年，粮食直补资金达到151亿元，比上年增加9亿元，实现了中央一号文件提出的各地粮食直补资金达到当地粮食风险基金规模50%以上的目标。

（二）农资综合直补

2007年，中央财政安排276亿元资金对种粮农民柴油、化肥、农药等农业生产资料增支实行综合直补，比上年增加156亿元，增幅130%。

（三）良种补贴

2007年，国家安排水稻、小麦、玉米、大豆四大粮食作物良种补贴资金达51.6亿元，比上年增加10.1亿元；补贴省份19个，比上年增加2个；补贴面积3013.3万公顷，比上年增加526.7万公顷。

（四）农机具购置补贴

2007年，国家安排农机具购置补贴资金20亿元，比上年增加14亿元，实施范围覆盖全国31个省（区、市）2/3以上的农业县。

（五）测土配方施肥

2007年，中央财政安排测土配方施肥项目补贴资金9亿元，比上年增加4亿元；实施县（场）达到1200个，比上年增加600个。

（六）粮食最低收购价

2007年继续在河北、江苏、安徽、山东、河南、湖北6省启动小麦最低收购价执行预案，按每市斤国标三等白麦0.72元、红麦和混合麦0.69元进行收购；在黑龙江、吉林2省启动粳稻最低收购价执行预案，按每市斤0.77元进行收购，在辽宁省按每市斤0.77元实行国家临时收储。由于主产区早籼稻、中晚籼稻市场价格一直高于每市斤0.70元和0.72元的最低收购价水平，籼稻主产区没有启动最低收购价执行预案。

（七）产粮大县奖励

2007年，中央财政安排125亿元对全国产粮大县进行奖励，比上年增加40亿元，增幅47%。

三 农业科技入户工程

2007年国家安排6000万元资金实施科技入户工程，共组织5000多名农业科研、教学和推广单位的专家，1.5万名基层技术指导员，在全国300个县的3000个乡镇、3万个村，选择和培育26万多名科技示范户，大力推广主导品种和主推技术，辐射带动390万周边农户。

（一）主要做法

1. 加强组织，统筹部署。继续实行各级科技入户工作联席会议制度，督促各级科技入户工作联席会议办事机构加强项目管理，抓好经费落实，确保项目规范运行。及时下发做好2007年农业科技入户工作的通知，全面部署相关工作，要求农业科技入户专家组成员及时开展指导，带成果、带技术与技术指导员和科技示范户对接。召开两次专家组会议，研究科技入户工程相关问题，并分别组织召开水稻、小麦、玉米、大豆等工作或现场会，研究技术方案，解决行业共性技术问题，交流科技入户经验。

2. 巩固制度，创新方法。根据新的发展形势，组织制定《农业科技入户工程规划（2008~2015）》（征求意见稿），并着手开展项目管理办法和资金管理办法的修订工作。继续坚持和完善专家组技术负责制、技术指导员包户制、科技示范户辐射带动制和绩效考评制度。遴选和发布2007年60个主导品种和30项主推技术，带动各地进行主导品种和主推技术的筛选；统一印发《科技示范户手册》和《技术指导员手册》，免费发放到1.5万技术指导员和26万科技示范户手中，保证项目规范运作。

3. 严格管理，强化考评。采用随机抽样、电话问卷调查等“盲考”方式，以农民满意度为绩效考评的重要指标，对专家、技术指导员、科技示范户和示范县进行动态管理，实行末位淘汰。根据绩效考评结果，通报表扬了10个示范县，黄牌警告了7个示范县，淘汰了3个示范县。委托华盛中天公司对科技入户工程项目实施情况进行全面考核。不定期开展项目资金使用情况检查。

4. 加强宣传，营造氛围。继续办好《中国农业科技入户网》，目前该网已成为科技入户工程项目的信息交流、数据上报、工作部署和项目管理的平台；在《农民日报》设立专版，报道科技入户工作；先后邀请中央电视台、《人民日报》、《科技日报》、《农民日报》等新闻媒体，对科技入户工程的经验、做法、成效和科技推广标兵等进行专题报道；编印《农民科技教育培训》水稻、油菜和马铃薯专刊，免费发放到技术指导员手中，进一步提高科技入户工程的知名度和影响力。

（二）主要成效

1. 加快主导品种和主推技术推广，促进农业增产增收。2007年，农业部重点推介60个主导品种和30项主推技术，引导地方推广一大批主导品种和主推技术，使项目区主导品种和主推技术的入户率和到位率达95%以上，有力促进了农民增产增收。

2. 创新农技推广机制，促进农业科技推广。通过选聘专家和基层技术指导员，深入基层开展技术指导和服务，构建科技成果转化应用的新机制。通过项目带动和政策激励，充分调动广大农技人员的积极性，深入田间地头开展技术培训，指导农民生产，促进科研与推广的结合。在项目带动下，各省积极创新农技推广方式。浙江省按照“村村都有科技示范户”的要求，在各试点县设立首席农技推广专家、农技指导员、责任农技员，按照区域划分职责，大力培养农村各类科技示范户，充分发挥其“传、帮、带”作用，解决责任区内农业生产中的技术问题。甘肃省在32个县建立2.35万个示范户，辐射带动45万农户，逐步建立起推广机构、农民专业技术协会、科技示范户“三位一体”的农业科技示范推广体系。

3. 提高示范户的能力和水平，加速培育新型农民。通过技术指导员的入户指导和多种方式的技术培训，增强了示范户的科技意识，提高了示范户的种田水平，成为观念新、技术强、留得住的“乡土专家”，成为发展现代农业的新型农民。过去农民种田是“村看村，户看户，群众看干部”，现在是“村看村，户看户，群众看示范户”。过去是“庄稼一枝花，全凭经验抓”，依赖大肥大水来耕耘，丰年稳产不增产；现在是良种良法、配方施肥、病虫统防、科学管理，灾年稳产，常年增产。如湖北省武穴市通过3年项目实施，80%示范户已熟练掌握应用高产栽培管理技术，实现增产增收；江苏省金坛市金城镇韦家村科技示范户孙庆祥，示范带动全村85%以上水稻采取机插秧，机插水稻品种全部选用高产优质品种，全部采用无纺布全程覆盖技术。

4. 搭建网络平台，促进支农项目实施。科技入户工程的网络体系，为落实强农惠农政策、发挥科技人员作用和实施其他支农项目搭建了平台。各级政府利用这一平台，可以快速传达强农惠农政策；广大科技人员利用这一平台，找到了用武之地，更好地服务于农业生产。一些地方将良种补贴、农机具购置补贴、测土配方施肥等与科技入户工程结合实施，政策效应得到了更充分的发挥。

四 良种补贴

良种补贴实施六年来，补贴品种、范围和规模不断扩大，补贴成效明显，已成为一项提升粮食综合生产能力的重要强农惠农政策。

（一）基本情况

2007年良种补贴项目实现了“四个扩大”：

1. 品种范围扩大。2007年新增棉花和油菜良种补贴，补贴品种扩大到水稻、小麦、玉米、大豆、棉花和油菜6个粮棉油主要品种。

2. 补贴面积扩大。2007年合计补贴面积达3866.7万公顷以上，比2006年增加1333多万公顷。水稻补贴新增广西、四川、重庆三省（区、市），棉花和油菜主产省纳入补贴。

3. 补贴资金扩大。2007年项目资金达66亿元以上，其中：高油大豆1亿元，专用玉米3亿元，优质专用小麦10亿元，水稻近38亿元，棉花5亿元，油菜10亿元左右。

4. 惠及农户数量扩大。2007年粮食作物良种补贴惠及农户1.21亿多户，比上年增加6000多万户。棉花良种补贴惠及726万农户。

（二）实施成效

良种补贴不单纯是一般意义上的种子补贴，更注重良种良法配套，通过增加生产的科技含量提高了财政资金的使用效率，起到了“四两拨千斤”的作用。良种补贴最直接的成效可概括为“一个调动、二个增加、三个提高、四个推动”。

1. 调动了农民生产积极性。良种补贴等强农惠农政策的实施，极大地调动了农民种粮积极性，粮食面积连续四年恢复性增长，2007年粮食总产量达到5亿吨以上。同时，棉花良种补贴项目实施也极大调动了农民植棉积极性，棉花种植面积和单产分别比上年增加1.6%和7%，总产量再创历史新高。

2. 增加了单产和效益。2007年高油大豆、青贮玉米、籽粒玉米、优质专用小麦、棉花项目区平均每公顷产量比非项目区分别提高364.5公斤、9735.0公斤、784.5公斤、519.0公斤、75.0公斤（皮棉）,平均每公顷纯效益（包括省工节本增效、增产增效和优质提效）比非项目区分别增加1330.5元、1774.5元、1165.5元、1011.0元、1545.0元。

3. 提高了良种覆盖率、优质化率和统一供种水平。项目区粮食作物统一供种率和良种覆盖率均可达到100%，棉花达90%左右，品种布局基本实现了“一主两辅”、“一乡一品（品种）”，并探索出了市场经济条件下大面积生产统一供种的有效模式。在良种补贴项目推动下，2007年全国水稻、小麦、玉米、大豆优质率分别达到72.3%、61.6%、47.1%、70.3%，分别比上年提高3.2、6.4、5.1、4.6个百分点。

4. 推动了区域化布局、标准化生产、产业化开发和市场化运作。良种补贴对同一品种或同一品质类型的品种实行区域化布局和规模化种植，有力地促进了我国水稻、小麦、玉米、大豆、棉花等优势产业带的形成，有利于做到“五个统一”，即统一品种、统一播栽、统一肥水管理、统一病虫防治、统一收购加工储藏，从而提高标准化生产技术水平和龙头企业订单生产的积极性。据统计，2007年小麦、玉米、大豆项目区优质优价订单面积分别为400.9万公顷、136.2万公顷、58.7万公顷，订单率分别达到60.1%、68.1%、88.0%，分别比上年提高5.2、5.2、3.8个百分点。

（三）主要措施和经验

1. 强化组织领导和政策宣传。良种补贴是一项重要的强农惠农政策，涉及面广，工作量大。各地高度重视此项工作，加强组织领导，明确分工，强化责任，加强协调，确保政策落实到位。同时，通过新闻媒体、在线访谈等方式，强化政策成效宣传，公开补贴区域、补贴标准、补贴品种、供种企业、良种价格、实施办法、举报电话等信息，提高广大农民对政策的理解和参与热情。

2. 强化规范操作和措施到位。各地在总结前几年良种补贴实施经验的基础上，进一步完善管理办法，规范项目实施，总结形成了招标采购、差价供种，市场购种、事后补贴，按计税或种植面积直接将资金补贴到户三种方式，确保将政策及时足额兑现到户。此外，各地认真贯彻落实国务院办公厅《关于推进种子管理体制改革加强市场监管的意见》（国办发[2006]40号）精神，明确要求不与农业行政部门脱钩的种子企业不得参与良种补贴项目政府采购投标，很大程度上克服了招标采购中的地方保护主义倾向。

3. 强化公示核查和项目监管。各地在项目实施过程中，更加重视项目监管。一是实行村级公示制。项目区以村为单位实行“四公开”，将补贴金额、补贴农户、补贴数量、供种价格等进行公示，并公布举报电话，接受群众监督。二是实行督查制。供种结束后，省、市（地）级农业、财政部门对项目县进行全面检查和不定期、不通知抽查；各项目县也广泛组织自查和抽查，对项目实施过程中的违规行为及时查处并通报。三是实行补贴资金报账制。按照财政部、农业部《农作物良种推广项目资金管理暂行办法》及相关规定，将关键条款落实到招标采购合同中，及时拨付项目资金，加强资金管理。

4. 强化良法配套和技术服务。各地通过举办培训班、现场咨询、印发明白纸、建立丰产示范方、组织补贴品种集中展示等，开展多种形式的技术培训和宣传活动。据统计，全国各省、市、县在良种补贴实施过程中，共举办各类培训班8.6万期，培训人数达4122.8万人次，印发资料5453.8万份，建立丰产示范方2.6万个，有力促进了良种良法的集成配套，加快了先进实用技术的普及推广。

五 农机具购置补贴

2007年国家进一步加大了农机购置补贴投入，扩大了实施范围，增加了补贴品种，使更多农民享受到农机购置补贴政策实惠。

（一）基本情况

2007年中央财政农机购置补贴资金规模由2006年的6亿元增加到20亿元，实施范围由1126个县（场）扩展到1716个县（场）。补贴对象为纳入实施范围并符合补贴条件的农民（含地方农场职工）和直接从事农业生产的农机服务组织。补贴机具种类为7大类24个品种的机具，包括大中型拖拉机、耕作机械、种植机械、收获机械、植保机械、粮食干燥机械、排灌机械，基本覆盖了粮食生产急需的农业机械。补贴标准为不超过机具价格的30%，且单机补贴额不超过5万元。一户农民年度内享受补贴的购机数量不超过1套（4台，即1台主机和与其匹配的3台作业农具），具备一定规模的农机服务组织可补贴购置农机具2套（8台，即2台主机和与其匹配的6台作业农具）。

（二）主要做法

按照财政部、农业部联合制定的《农业机械购置补贴专项资金使用管理暂行办法》（财农[2005]11号）的规定，操作中主要是严格实施了五项制度：

1. 选型采用竞争择优筛选制。通过竞争性择优筛选的办法，每年制定补贴产品目录，让农民在目录内自主选择，保障农民自主选择权。

2. 补贴资金实行省级集中支付制。中央补贴资金只下达省级财政部门，不再向下拨付，确保资金安全。

3. 受益对象实行公示制。按照优选的条件、报名顺序或农民认可的方式初选受益者名单，并在乡村张榜公示，确保补贴对象的确定过程公开公正。

4. 管理实行监督制。一方面，将享受补贴农民的姓名、购机情况等全部录入到全国统一开发的计算机档案信息系统中，实现远程随时、随地、随机的检查监督。另一方面，将补贴政策内容、程序等全部公开，接受社会监督。

5. 成效实行考核制。把实施的成效与资金安排挂钩，对于出现违规问题地区，将暂停或调减补贴资金规模。对于不认真履行承诺的企业，将取消目录内产品的补贴资格。

（三）主要成效

农机补贴政策的实施产生了良好的政策效应，调动了农民购买农机的积极性，拉动了农机工业和农机服务业的发展，提高了农业机械化水平，促进了粮食增产、农业增效和农民增收，取得了农民受益、产业提升的一举多得的良好效果。

1. 资金带动作用强，充分调动农民从事农业生产的积极性。2007年中央财政共安排补贴资金20亿元，充分调动了地方投入农机和农民购机的积极性。带动地方各级财政配套投入13亿元，比上年增加18%。全年共补贴购置大中型拖拉机、水稻插秧机、联合收割机等各类农机具60多万台套，受益农户达56万多户。

2. 提高农业装备总量，优化农机装备结构。在农机购置补贴政策的引导下，农民购买重点转向了先进适用、经济安全、节能环保的农机具。高性能、大马力、复式作业的田间作业和配套农具连续三年高速增长，农业装备总量稳步提高，农机结构进一步优化。2007年，全国农机总动力达到7.68亿千瓦，比上年增长5.84%。其中，大中型拖拉机204.79万台，增长22.16%；大中拖配套农具309.99万台，增长17.3%；联合收割机63.24万台，增长11.38%。

3. 加快了农业科技进步，促进了农机作业水平的提高。农机购置补贴政策推动了先进适用农机化技术普及应用，各环节农机化作业水平不断提高。全国耕、种、收综合机械化水平比上年提高了3.19个百分点，达到42.47%。其中，机耕、机播、机收水平分别为58.89%、34.43%、28.62%，比上年分别提高3.51、2.44、3.5个百分点。主要粮食作物的生产机械化发展迅速，小麦生产基本实现了全程机械化；水稻机插、机收快速推进，水稻栽植机械化水平达到11.06%，收获机械化水平达到46.2%；玉米收获机械化较快推进。大豆、马铃薯、油菜、花生等经济作物和设施农业、畜牧业、林果业生产机械化取得新进展。

4. 培育了市场主体，推进了农机服务产业化。在农机补贴政策的扶持和引导下，农机大户、农机作业合作社等新型社会化服务组织纷纷涌现。2007年全国各类农机作业服务组织达到3654.57万个，其中农机专业户400.15万个，同比增长3.4%。农机服务领域和范围不断拓宽，农机销售、作业、维修市场日益兴旺。全年农业机械化服务经营收入达到2986.68亿元，同比增长5.56%。

5. 带动了农机产品技术水平和企业效益同步提升，农机市场购销两旺。受农机补贴政策的拉动，农机市场产销两旺，农机工业持续快速发展，推动了优势企业产业集聚，加快了自主创新和技术进步，农机产品质量和科技含量不断提高。从抽查情况看，产品质量总体过关，玉米收获机械在华北地区适应性问题基本解决。据国家统计局统计，2007年规模以上农机企业实现工业总产值1517.5亿元，同比增长21.13%，工业销售产值1342.9亿元，产销基本平衡。

6. 实施“以机代牛”工程，促进了血防疫区农机化水平的提高。利用农机购置补贴资金在南方血吸虫病流行地区实施“以机代牛”工程，将血吸虫病流行村农民购置农田作业机械补贴比例提高至50%。2007年中央财政共投入“以机代牛”补贴资金1.9亿元，补贴购置微耕机等各类“以机代牛”农机具4.8万台套，受益农户4.4万个，血防重点疫区县机耕水平平均提高10个百分点左右。

六 测土配方施肥

2007年，中央财政进一步加大对测土配方施肥工作的支持力度，项目补贴资金由5亿元增加到9亿元，项目实施县（场）由600个扩大到1200个，在进一步加强粮食作物测土配方施肥的基础上，向油菜、棉花等作物扩展。

（一）主要成效

全年推广应用测土配方施肥面积4266.7万公顷，免费为1亿农户提供测土配方施肥服务，减少不合理施肥110多万吨（折纯量，下同），项目区肥料利用率提高3个百分点以上，每公顷节本增效均在450元以上。

1. 实现了粮食增产，促进了农民增收。通过实施测土配方施肥，有效地促进了农作物单产水平提高，为实现粮食总产超5亿吨、单产再创新高和农民持续增收作出了贡献。项目区冬小麦平均每公顷增产420.0公斤，增幅达8.0%，每公顷节本增效705.0元；早稻平均每公顷增产400.5公斤，增幅6.6%；中稻平均每公顷增产525.0公斤，增幅6.8%。

2. 减少了不合理施肥，降低了农业面源污染。通过实施测土配方施肥，施肥结构趋于合理化，有效地解决了施肥不合理的问题。2007年项目区减少不合理施肥110万吨，相当于节约原油145万吨或天然气1.5亿立方米，减少温室气体排放量350多万吨二氧化碳当量、硝酸盐流失470多万吨，有力地推动了农业和农村节能减排工作的开展，降低了农业面源污染。项目区小麦过量施用氮肥、磷肥的现象得到有效控制，减少不合理施肥7.45万吨，水稻“奢侈”用氮现象明显改善，减少不合理施用氮肥24.9万吨。

3. 转变了施肥观念，改变了施肥方式。随着测土配方施肥技术的大面积推广，“施肥越多越好”等盲目施肥观念在逐步改变，农民学习科学施肥技术的热情高涨。许多农民主动给土肥部门送土样，要求开展测土配方施肥服务。农民施肥观念的转变带动了施肥方式的改变。具体表现在：第一，增加有机肥投入，冬小麦项目区秸秆还田面积和绿肥种植面积明显扩大，平均每公顷增施有机肥5400.0公斤，耕地地力水平有所改善。第二，选择合理施肥时期，黄淮海冬小麦区采取氮肥后移措施，有效地保证了小麦的正常生长发育，增强了抗逆性；东北部分地区减少水稻分蘖期氮肥比例，增施磷钾肥，提高了水稻抗逆性，减少了无效分蘖，增加了千粒重。第三，采用科学施肥方式，将测土配方施肥与深松、深耕、旋耕等农机措施相结合，提倡肥料适当深施，提高了肥料利用率。

4. 创新了工作体系，探索了企业参与模式。各地进一步完善“测土到田、配方到厂、供应到点、指导到户”和“免费测土、提供配方、按方购肥、指导施肥”等工作体系，并在实践中不断创新。同时，建立一系列相对成熟的企业参与模式。一是“大配方、小调整”的生产模式。企业按照农业部门提供的“大配方”组织生产，农业部门利用“图、表、卡”等方式，指导农民对“大配方”进行“小调整”。二是“连锁经营”的供应模式。运用连锁、超市、配送等现代物流手段，构建和完善基层供肥服务网络，实现产销直接对接，减少流通环节。三是“大户带小户”的推广模式。以农民专业合作社、种植大户为抓手，率先搞好龙头企业和农民专业合作组织的测土配方施肥技术服务，发挥示范带动作用。

（二）主要措施

2007年，农业部将测土配方施肥列为为农民办的16件实事之一。为确保工作顺利开展，突出抓好以下五方面工作：

1. 在工作部署上，做到未雨绸缪。2007年伊始，即认真做好各项准备工作。2月初，会同财政部下发了申报项目实施方案及补贴资金的通知。2月底，在小麦田间管理科技会商会暨科技入户春季行动启动仪式上，对测土配方施肥工作做了总体部署，提出加强组织领导和务求实效的要求。3月5日，农业部下发了2007年全国测土配方施肥工作方案。3月6日，财政部提前下达了2007年项目方案和补贴资金。4月初，在春耕生产关键时期，农业部及时组织举办了测土配方施肥管理与技术培训班，对全年工作进行了动员和部署。会后，各地迅速行动，结合本地实际，明确工作思路，制定实施方案，细化目标任务。由于启动早、行动快，实现了测土配方施肥与春耕生产相协调、相配合，有力地支持和服务了春季农业生产。

2. 在工作方法上，注重创新。针对操作难度大、技术要求高的耕地地力评价工作，改变以往专家讲课、层层培训的做法，组织有经验的省份现身说法，直接培训到县，收到了良好效果。湖南省针对各项目县技术力量薄弱、建立施肥指标困难的现状，省级统一组织安排，划分区域，建立区域施肥指标体系；甘肃省实行“四定、三查、两考核、一评比”制度，增强了工作人员的责任感和积极性。各项目县也积极转变服务方式，从传统的坐台咨询转变为上门服务、被动服务转变为主动服务、单一服务转变为综合服务、会议讲解转变为现场指导。通过创新工作方法，有效推动测土配方施肥工作的开展。全国共采集土壤样品280万个，布置田间试验4.8万多个，示范面积142.3万公顷，推广配方肥1120万吨左右（实物量）。

3. 在培训指导上，突出重点。根据工作需要，适时组织对核心环节的技术培训。5~10月，分5期对第一批200个项目县开展耕地地力评价培训，9月份举办测土配方施肥数据汇总系统软件培训，10月份举办高级肥料配方师培训班并进行职业技能鉴定。同时，积极发挥技术专家作用，实行包干负责制，开展测土配方施肥指导服务。通过开展技术培训与指导，测土配方施肥突破了原有技术瓶颈，具备了强有力的技术支撑。2007年全国共计举办培训班75000多期，培训技术骨干81万人次，培训农民1845万人次，培训营销人员20多万人次，发放培训资料4790多万份。

4. 在舆论宣传上，侧重典型。4月份，农业部通过中央新闻媒体，集中宣传了测土配方施肥工作，引起了社会各界的广泛关注，收到了良好的社会反响。8月份、11月份，在《农民日报》头版分别对小麦、水稻应用测土配方施肥取得的显著成效进行了宣传。11月份，在中央电视台七套“聚焦三农”栏目报道水稻应用测土配方施肥取得的明显成效。全年在中国农业信息网“测土配方施肥专栏”及时发布有关信息。全国共计开展电视广播宣传3.2万多次，报刊简报16.8万多条，墙体广告29.3万多条，科技赶集2.5万多次。

5. 在组织实施上，强化监管。农业部注重对测土配方施肥项目监督管理，确保项目顺利实施。一是实行合同管理。明确目标任务、技术指导、质量标准等。二是加强监督检查。农业部对2005年测土配方施肥试点补贴资金项目县抽查复验，总结典型做法和经验，提出整改意见。三是强化关键环节监管。抽取60个项目县进行化验室检测质量考核，并组织招标开发基础数据库、制订专家咨询系统编制规范、完善测土配方施肥进度统计系统等，强化各环节质量的监督管理。四是严格资金使用。各地按照《测土配方施肥试点补贴资金管理办法》，严格资金使用支出范围，省级加强检查督促力度。农业部通过测土配方施肥进度统计系统及时掌握资金使用进度，并对违规行为加大惩罚力度。通过严格监督管理，有效地保证了项目的规范操作、有序运行。

七 病虫害防治

2007年，全国农作物病虫草鼠害发生面积47728.4万公顷次，造成粮食损失1772.5万吨。全年累计防治面积54351.6万公顷次，通过防治挽回粮食损失8706.3万吨。

（一）主要特点

2007年是近年来病虫害发生程度最严重的一年，主要表现在：

1. 发生早。2月份小麦条锈病发病面积比上年同期增加13.3万多公顷，水稻“两迁”害虫等病虫害发生均早于往年。

2. 来势猛。从4月下旬开始，水稻“两迁”害虫不断从境外迁入，峰次多、数量大，密度高于往年，局部地区接近20年同期最高水平。5月份广东、广西、福建局部地区发生数量为上年同期的2~3倍。

3. 范围大。水稻“两迁”害虫发生区域比上年向北推移了2个纬度。

4. 种类多。不仅小麦条锈病、水稻“两迁”害虫大暴发，而且水稻螟虫、稻瘟病、纹枯病、条纹叶枯病等也在西南、江南和长江流域稻区相继发生。东亚飞蝗、西藏飞蝗和土蝗在局部地区严重发生，草地螟在东北、华北和新疆农牧交错区大暴发，洞庭湖区东方田鼠暴发。

（二）主要措施

1. 及时监测预警。年初在组织专家调查、会商的基础上，科学判断今年水稻“两迁”害虫等病虫害发生形势，分析预测水稻“两迁”害虫等病虫的迁入时期和迁入地区，并以《种植业快报》和《农业部信息》等方式及时向全国发布。在防治关键期实行24小时值班制度，将病虫监测报告频率由原来的“十天一报”调整为“五天一报”，及时跟踪和掌握病虫发生动态。

2. 全面动员部署。年初组织专家研究制定小麦条锈病、水稻“两迁”害虫中长期综合治理意见。2月2日，农业部召开春季麦田管理视频会对小麦条锈病防控工作进行全面部署，及时印发《小麦条锈病中长期治理意见》、《水稻“两迁”害虫治理意见》、《关于做好稻飞虱等水稻病虫害防治工作的紧急通知》、《农业部办公厅关于加强秋粮重大生物灾害防控工作的紧急通知》、《关于加强中晚稻病虫害防治工作的紧急通知》和《关于加强洞庭湖区鼠害防控工作的函》，要求各地加强领导，加大投入，采取科学、综合的防控措施，有效控制病虫鼠害的危害。组织召开小麦病虫害应急防治现场会、全国蝗虫防治工作视频会议、水稻重大病虫防控暨重大植物疫情阻截带建设现场会和东方田鼠防控现场会，对生物灾害发生形势进行分析判断，重点部署蝗虫、水稻等重大病虫害防控工作。

3. 强化督导检查。派出工作组先后到河北、天津、广西、江西、安徽等省（区、市）督导蝗虫、水稻“两迁”害虫防治工作。成立重大病虫应急防治办公室，抽调专门人员集中办公，进行病情虫情调度，组建6个督导组，对16个病虫重发生省（区、市）进行分片包干，责任到人，对重点地区病虫防治进行全过程实时督导，并组织科研教学部门的专家，分片建立观测点和进行技术指导。

4. 加大财政支持。全年共争取小麦条锈病、蝗虫和水稻重大病虫应急防治补助经费2.15亿元，比上年增加9500万元，下拨时间比上年提早3个月。争取农作物有害生物监测与防治专项和统一灭鼠专项经费4900万元，比上年增加1400万元。

由于中央和地方各级政府高度重视，农业部门采取及时有效防治措施，财政部门加大资金支持力度，2007年水稻“两迁”害虫等重大病虫害暴发危害的势头得到了有效遏制，损失率控制在5%以下，为粮食生产实现连续4年增产提供了安全保障。

八 防灾减灾

2007年，我国气候年景中等偏差，极端气候事件明显增多，造成农业损失重于常年。

（一）主要特点

1. 农作物受灾重于前三年。据农业部、民政部、水利部会商核实，2007年全国农作物受灾面积4900.0万公顷，比2006年增加793.3万公顷，其中成灾2506.7万公顷，绝收574.7万公顷，分别增加43.3万公顷和33.8万公顷。受灾、成灾和绝收面积均大于近三年。

2. 因灾农业损失偏重。据农业部门统计，2007年因气象灾害损失粮食5395.0万吨，农业直接经济损失1225亿元，比2006年分别多损失925.0万吨和174亿元，均超过近10年平均值。

3. 粮食主产区损失比例大。13个粮食主产区农作物受灾、成灾、绝收面积，分别占全国受灾、成灾、绝收面积的69.8%、70.7%和71.5%；因灾损失粮食占全国总损失的72.7%；农业直接经济损失占全国总损失的67%。

4. 干旱严重发生。2007年全国农作物最大受旱面积2940.0万公顷，其中成灾1620.0万公顷，绝收319.1万公顷，比2006年分别增加866.7万公顷、275.9万公顷和89.5万公顷。受灾和成灾面积均大于近10年平均值。因旱损失粮食比2006年增加1090.0万吨，占各种气象灾害损失粮食的61.8%。因旱农业直接经济损失比2006年增加161亿元，占各种气象灾害农业直接经济损失的46.8%。

5. 部分地区洪涝灾害较为严重。2007年全国农作物因洪涝受灾1046.7万公顷，其中成灾510.5万公顷，绝收164.1万公顷，比2006年分别增加236.2万公顷、53.6万公顷和21.5万公顷。因洪涝损失粮食比2006年增加290.0万吨，占各种气象灾害损失粮食的25.2%。因洪涝农业直接经济损失比2006年增加71亿元，占各种气象灾害农业直接经济损失的31.8%。汛期，淮河发生新中国成立以来仅次于1954年的第2位流域性大洪水，安徽、江苏、河南三省农作物受灾面积达327.8万公顷，其中成灾169.5万公顷，绝收70.2万公顷。同时长江流域的四川、重庆、湖北等省（市）也遭遇严重洪涝灾害，三省（市）农作物受灾面积达220.2万公顷，其中成灾114.3万公顷，绝收37.0万公顷。

6. 台风、低温冻害和风雹灾较轻。2007年全国有10个省（区、市）因台风受灾，农作物受灾面积208.5万公顷，其中成灾86.5万公顷，绝收21.3万公顷，比2006年分别减少86.7万公顷、80.7万公顷和26.5万公顷；全国农作物因低温冻害受灾407.2万公顷，其中成灾150.9万公顷，绝收27.1万公顷，分别减少84.1万公顷、132.6万公顷和23.3万公顷；因风雹受灾298.6万公顷，其中成灾141.5万公顷，绝收43.0万公顷，比2006年分别减少140.1万公顷、72.9万公顷和27.5万公顷。

（二）主要措施

针对2007年严重发生的农业自然灾害，农业部高度重视，按照党中央、国务院的部署和要求，增强忧患意识，切实履行职责，工作安排立足于早、立足于抗灾夺丰收，严格执行《农业重大自然灾害突发事件应急预案》，加大防灾减灾力度，尽最大努力减轻灾害损失。重点做了以下五项工作：

1. 及时部署安排。在2006年底召开的全国农业工作会议上，就对2007年农业防灾减灾工作做出部署安排。每次灾前主要领导都作出重要指示，要求相关司局提前做好准备和安排，灾后亲自带队深入一线指导抗灾救灾和灾后生产恢复。部防汛抗旱领导小组先后7次召开办公会议，专题研究防灾抗灾救灾和灾后生产恢复工作。先后7次下发紧急通知，部署防汛抗旱等防灾减灾工作。

2. 开展汛前检查。4月上中旬派出10个工作组，结合春季农业生产督导，对10省（区）开展了汛前防汛抗旱工作检查；5月中旬，组织黑龙江、广东、海南三个直属垦区，对辖区内防汛抗旱责任制、应急预案、应急措施等准备和落实情况进行了认真检查；5月8~17日，派出检查组对广东、福建、浙江等东南沿海省份渔港的渔业防台减灾准备情况进行了检查，并在温州召开了东南沿海6省（区）渔业主管部门分管领导参加的渔业防台减灾工作座谈会，研究部署渔业防台减灾工作。

3. 加强监测预报。坚持主汛期值班制度和灾情报告制度，加强与有关部门和各省农业部门联系，及时监测、收集、反映、发布农业重大自然灾害发生及农业损失情况，确保信息畅通。继续与中国气象局合作，定期在中央电视台发布干旱监测预报信息。

4. 狠抓措施落实。气象灾害发生后，及时会商灾情和作物长势，研究制定并印发田间管理意见和技术方案；针对灾情，按照《农业重大自然灾害突发事件应急预案》规定，先后启动了二级应急响应1次、三级应急响应9次、四级应急响应3次；先后向重灾区派出61个救灾工作组和专家指导组，帮助地方做好抗灾救灾和恢复生产工作。组织农机具投入抗旱救灾、抢种、补种、改种工作，全年抗旱抽水面积达3666.7万公顷，抽水量近600亿立方米；“三夏”期间，精心组织跨区机收会战，小麦机收率达到81.5%，有效克服了麦收期间降雨天气过程的影响，实现了龙口夺粮。全年处理风暴潮、台风黄色预警10次、橙色预警13次、红色预警5次；沿海各级渔业行政主管部门及渔政渔港监督管理机构调度派遣渔政船和渔船1982艘次，参与海上抢险救助655起，救助渔船647艘，救助渔民3112人，挽回经济损失2.06亿元。

5. 加大支持力度。全年商财政部向29个省份下拨农业生产救灾资金3.7亿元，动用国家救灾备荒种子520万公斤，支持干旱、洪涝等灾区做好灾后农业生产恢复工作；针对安徽洪涝灾情，农业部组织动员10多家种子企业捐赠蔬菜种子5118公斤，从河南调运30万公斤绿豆种子支援安徽灾区恢复生产。

通过上述措施，2007年农业防灾减灾工作取得明显成效。全年补种改种挽回粮食损失800万吨左右，为全年农业及粮食生产稳定发展起到了重要作用。

粮食流通

一 2007年粮食商品率51%，比上年提高1个百分点

2007年全国粮食商品量约为25410万吨，商品率为51%，比上年增加1个百分点，增幅较前两年明显放缓。商品量继续增加的主要原因：一是粮食生产连续四年获得丰收，粮食产量比上年增加356万吨，可供市场流通的商品粮源增加；二是国家各项惠农支农政策的落实，小麦、稻谷主产区最低收购价政策的延续，粮食收购价格保持相对合理的水平，有效地保护了种粮农民的利益，农民售粮积极踊跃。分地区看，东北地区粮食商品量减少，其他地区均有不同程度的增加，其中商品量增加100万吨以上的有江苏、山东、四川、陕西、河北、黑龙江6省。安徽、辽宁、内蒙古、江西4个粮食主产区商品量减少较多，减幅为12%。河南粮食商品量位居全国首位，达到3006万吨，占全国总量的12%。分品种看，小麦商品量5770万吨，比上年减少400万吨；稻谷商品量8105万吨，比上年增加515万吨；玉米商品量9050万吨，比上年增加705万吨。

二 粮食收购基本保持上年水平

2007年，为确保粮食生产的稳定发展，保护种粮农民的利益，国家继续实行小麦和稻谷最低收购价政策。由于收购期间小麦和籼稻市场价格较高，按最低收购价收购的小麦数量比上年减少较多，早稻和中晚籼稻均没有启动最低收购价预案。秋粮收购期间，黑龙江省的粳稻价格持续走低，国家在黑龙江省首次启动了粳稻最低收购价执行预案。

2007年，社会各类粮食企业（包括国有粮食企业、重点非国有粮食企业和转化用粮企业）共收购粮食20133万吨（贸易粮，下同），与上年相比减少26万吨。其中，收购小麦6873万吨，同比减少892万吨；大米3783万吨，同比增加188万吨；玉米7978万吨，同比增加667万吨；大豆1099万吨，同比减少59万吨。

（一）国有粮食企业收购粮食10167万吨，与上年相比减少2089万吨

主要粮食品种收购均有不同程度下降。小麦收购4733万吨，同比减少1307万吨；大米1985万吨，同比减少168万吨；玉米3008万吨，同比减少416万吨；大豆321万吨，同比减少171万吨。国有粮食企业收购减少的主要原因：一是其他多元主体不同于两年前的等待观望，主动入市收购争取粮源，当年国有粮食企业与非国有粮食企业收购呈现平分秋色的局面，收购量各占50%左右；二是由于多数地区市场价格高于国家规定的最低收购价，国有粮食企业政策性收购明显减少。2007年中储粮公司委托收储库点按最低收购价收购粮食2927万吨，比上年减少1795万吨，减幅为38%。其中，按最低收购价收购小麦2893万吨、粳米34万吨。收购减少较多的是河南、河北、山东、安徽、辽宁、黑龙江、新疆、湖南、内蒙古9个省区，粮食收购量减少2342万吨。

（二）重点非国有粮食企业和转化用粮企业全年粮食收购均比上年增加，增幅分别为25%和29%

非国有企业粮食经营量呈逐年增加的趋势，且增长速度较快，收购量比上年提高10个百分点。2007年重点非国有粮食企业粮食收购6232万吨，比上年增加1233万吨，其中小麦、大米和玉米三大谷物品种的收购量分别比上年增加375万吨、347万吨和363万吨，大豆增加76万吨。重点转化用粮企业粮食收购3733万吨，比上年增加830万吨，其中玉米收购比上年增加721万吨。

总体上看，2007年各类粮食企业总收购量与上年基本持平。国有粮食企业粮食收购量约占社会收购总量的50%。重点非国有粮食企业和转化用粮企业的小麦、大米、玉米和大豆收购总量均比上年增加，特别是玉米收购高达4970万吨，远远超过国有粮食企业3008万吨的收购量。

三　粮食销售同比增加

2007年国有粮食企业累计销售粮食12958万吨，比上年增加924万吨。分品种看，小麦销售5104万吨，同比增加858万吨；大米2896万吨，同比增加225万吨；玉米3890万吨，同比减少243万吨；大豆893万吨，同比增加45万吨。河北、辽宁、吉林、黑龙江、江苏、安徽、山东和河南等省粮食销售量都在600万吨以上，8省共销售8238万吨，占全国销售总量的64%。国有粮食企业小麦、大米销售增加的主要原因是为了稳定市场粮价，保障市场供应，国家有关部门加大了最低收购价小麦、稻谷的竞价销售力度，当年最低收购价粮销售出库3037万吨，其中小麦2325万吨，大米712万吨，占国有企业销售总量的23%。玉米销售减少主要是受到收购减少的影响。

四　粮食市场价格稳中有升，食用油价格上涨较多

2007年,由于国际粮食市场供求偏紧，全球粮价大幅上涨。受此影响，国内各主要粮食品种价格也呈现稳中有升的态势，但上涨幅度大大低于国际市场。据监测，年末小麦、早籼稻、中籼稻、晚籼稻和玉米价格分别比上年同期增长1.3%、7.6%、7.8%、9.2%、12.7%，粳稻价格同比下降3.9%。由于国内大豆和食用植物油自给率低，受国际市场传导效应强，全年涨幅较大，大豆和豆油、菜籽油、花生油价格分别比上年同期上涨60.3%、38.2%、38.2%、55.7%。2007年，国家继续实施最低收购价政策，新麦上市期间在河北等 6个小麦主产省启动了小麦最低收购价执行预案，年底在黑龙江省启动粳稻最低收购价执行预案，有效保护了种粮农民利益，维持了市场粮价的基本稳定。

五　社会粮食库存总量减少，库存粮食品种结构和地区分布发生变化

（一）国有粮食企业库存同比减少

2007年国有粮食企业库存同比减少，但库存总量仍处于历史中等水平。主要原因有：一是2007年粮食市场价格较高，小麦最低收购价收购量减少，籼稻最低收购价执行预案没有启动，加上东北地区受气候影响，玉米收购期延迟，粮食收购量减少；二是国家为保证市场价格稳定，加大了临时存储粮的市场投放力度，加上市场需求较旺，粮食销售量大于收购量，致使库存减少。从库存品种看，除小麦库存增加外，其他主要粮食品种库存均减少。分地区看，主产区粮食库存减少较多，主销区库存略增，产销平衡区库存略减。总体上看，年末粮食库存仍然集中在主产区，但主产区库存比重略降，主

销区库存比重略有上升。

（二）非国有粮食企业库存和转化用粮企业粮食库存都有所增加

2007年，由于消费需求旺盛，各地非国有粮食企业和加工转化企业主要粮食品种经营量与上年相比明显增加，相应增加了小麦和大米库存。

（三）城乡居民存粮总量增加

2007年末农户存粮24370万吨，同比增加1640万吨，增幅为7.2%。农户存粮增加的主要原因，粮食市场价格上涨，农民惜售心理较重。分品种看，农户存粮中稻谷和玉米增加较多，小麦基本平稳，大豆及其他粮食有所减少。分地区看，大部分地区农户存粮增加，其中粮食主产区农户存粮增加明显。

2007年末城镇居民户存粮570万吨，与上年基本持平。大米和面粉是主要口粮品种，占存粮总量的92.3%。在国家宏观调控下，全年市场粮食供应充足，粮价波动不大，城镇居民消费心态平稳，没有出现抢购和囤积现象，存粮变化不大。

粮食调控

2007年是我国经济社会发展非常重要的一年，也是深化粮食流通体制改革和加强粮食宏观调控的关键之年。在党中央、国务院的正确领导下，在有关部门的大力支持配合下，在各级粮食行政管理部门的共同努力下，粮食宏观调控工作成效显著。各地认真学习贯彻党的十七大精神，以科学发展观为指导，认真落实最低收购价政策，切实做好粮食购销工作，着力加强中央和地方储备粮管理，积极完成粮食统计和市场监测预警工作，进一步健全应急工作机制，积极抓好抗灾救灾工作，圆满完成了各项工作任务。特别是在全球农产品供求趋紧，国际粮食价格大幅上涨，国内物价总水平上涨压力较大的情况下，各地认真贯彻落实各项粮食宏观调控政策措施，保证了粮油市场供应和价格基本稳定，促进了粮食生产稳定发展和农民持续增收，为保持国民经济的平稳快速发展作出了积极贡献。

一　加强粮食收购工作指导，认真落实最低收购价政策

2007年的粮食收购工作呈现新变化和新特点，区域不平衡和季节不平衡的矛盾比较突出。新粮上市时，小麦市场价格低于最低收购价，6个小麦主产省启动了最低收购价执行预案。南方籼稻市场价格一直高于最低收购价水平，早籼稻和中晚籼稻均没有启动最低收购价执行预案；而受粳稻增产、运力紧张等影响，2007年东北粳稻上市后，粳稻市场价格持续下降，黑龙江和吉林两省部分地区市场价格跌破了最低收购价水平，国家先后于2007年12月10日和2008年2月18日，在黑龙江和吉林两省启动粳稻最低收购价执行预案，保护了种粮农民的利益。东北玉米上市后，市场价格持续走低，国家又及时采取收购中央储备和临时储存粮等措施，确保了收购工作顺利进行。

一是国家粮食局适时组织召开小麦、早籼稻、中晚稻、玉米等主要粮食品种的收购工作座谈会，安排部署收购工作。指导各地做好新粮收购的各项准备工作，分析收购形势和价格走势，研究收购工作中可能遇到的困难和问题，统一思想认识，加强指导协调，及时做好应对准备，确保收购工作顺利进行。

二是认真落实最低收购价政策，积极组织开展粮食收购工作。在总结前两年经验的基础上，国家有关部门分别制订并印发了2007年小麦、早籼稻、中晚稻最低收购价执行预案，进一步完善预案启动机制、补贴机制，细化具体操作措施，保证了预案的顺利实施。新粮上市后，根据主产区的市场价格情况，及时启动小麦和粳稻最低收购价执行预案，由指定企业按最低收购价格挂牌收购。针对东北地区粳稻收购出现仓容不足、水分偏高等问题，国家有关部门在调研的基础上及时采取措施，完善有关政策。主要是：及时下达露天设施储粮计划；给予收储库点烘干费用补贴；为保护农民利益，对实际水分高于标准规定指标的，只实行扣量，不再扣价；增加临时收购网点，方便农民售粮；组织最低收购价粳稻省内跨县集并，异地烘干储存等。2008年3月21日起，还适当提高了吉林、黑龙江两省粳稻最低收购价格水平，对辽宁省粳稻实行国家临时储存收购，并将预案截至时间由2008年3月31日延长至4月30日。另外，针对东北地区玉米价格较低的情况，国家有关部门还下达了两批中央储备和国家临时储存玉米收购计划。通过采取上述措施，有效地保护了种粮农民利益，对保持粮食市场价格基本

稳定发挥了重要作用。

三是加强对粮食收购工作的指导和督促检查。为及时掌握粮食收购进展情况，检查最低收购价政策执行情况，督促指导各地做好粮食收购工作，国家粮食局会同有关部门先后组成多个调研组，由局领导带队分赴有关主产区检查指导粮食收购工作，协调解决收购过程中出现的困难和问题，及时上报有关情况。各级粮食部门负责同志也深入收购第一线，加强对粮食收购工作的指导、督促和检查，做了大量组织协调工作，督促国有粮食企业发挥主渠道作用，引导和鼓励多元主体积极入市收购。收购期间，国家粮食局调控司及时编印报送《粮食收购情况简报》，反映各地收购工作进展情况。总体看，2007年粮食收购政策措施得到了较好的落实，地方政府、农民和粮食企业都比较满意。

二 积极做好粮食销售和移库工作，保证粮油市场供应和价格基本稳定

2007年,国际粮食市场供求偏紧、粮价大幅上涨。为稳定国内粮油市场价格，保证市场供应，国家有关部门积极组织开展最低收购价小麦、稻谷和中央储备粮油的竞价销售工作，安排好粮食跨省移库，对保持国内粮油市场的稳定发挥了重要作用。

一是做好临时存储粮食的销售工作。加大最低收购价稻谷和小麦销售力度，适当降低销售底价。从2007年9月底开始，定期安排销售国家临时存储进口小麦，满足加工企业对进口小麦的需求。

二是及时安排中央储备玉米销售。为了满足南方主销区和养殖大省对饲料玉米的需求，从2007年11月起，结合中央储备玉米轮换投放部分储备玉米。此后每周在粮食批发市场安排部分中央储备玉米公开竞价销售。

三是适时安排中央储备食用植物油销售。2007年国庆前夕,在京津沪和东南沿海等主销区及时安排抛售中央储备食用植物油20万吨。

四是继续做好中央储备和国家临时存储粮食的跨省移库工作。为充实销区粮食库存，改善库存品种结构，缓解主产区收储压力，近两年国家有关部门（单位）共分五批下达了最低收购价粮食跨省移库计划980万吨，其中2007年以来共下达四批跨省移库计划790万吨。此外，还下达两批中央储备玉米跨省移库计划245万吨。

各地也及时采取有效措施加强市场调控，合理把握地方储备粮油的轮换时机和销售节奏，保证当地粮油市场供应，稳定了市场价格。

三 加强中央和地方储备粮管理工作，增强宏观调控物质基础

一是积极做好中央储备粮轮换工作。及时下达中央储备粮年度轮换计划，进一步加强对中央储备粮轮换计划执行情况的跟踪检查，全面了解和掌握中央储备粮的库存、轮换等情况，为国家粮食宏观调控服务。

二是及时研究和落实中央储备大豆和食用植物油增储计划。积极落实《国务院办公厅关于促进油料生产发展的意见》（国办发[2007]59号）中关于增加中央储备大豆和食油的各项工作，进一步充实中央储备大豆和食用植物油库存。同时，研究提出了下一步中央储备大豆和食用植物油的增储方案。

三是妥善解决国债投资建设粮库的产权归属问题。按照国家有关部门的工作安排，经研究协调，将各方协商一致拟划转上收的97个国债投资建设粮库名单，提交财政部组织进行专项审计。审计工作

结束后，有关部门将正式下发文件，对符合条件的粮库进行划转上收。

四是督促各地积极充实地方粮油储备。要求各地结合本地实际进一步充实地方储备粮油，尤其是成品粮油（含小包装）储备，以增强宏观调控能力和应急保障能力。在反复测算的基础上，提出了全国地方储备粮规模初步建议数，并分别征求了各省级人民政府意见。

四 加强粮食统计工作，提高统计服务水平

2007年，各级粮食部门切实履行全社会粮食流通统计职能，进一步加强和改进粮食统计工作。粮食系统广大统计人员认真执行《国家粮食流通统计制度》，较好地完成了全社会粮食流通统计各项任务。

一是切实加强食用植物油统计，认真完成社会粮食供需平衡调查工作。修订完善《国家粮食流通统计制度》，建立食用油统计信息直报制度，适时召开社会粮食供需调查数据分析评估会，及时完成数据汇总和调查报告撰写工作。

二是积极做好市场监测工作，全面推进统计工作信息化建设。强化国家粮食局粮食市场价格监测系统的功能，每周编印《粮油市场监测信息》，实现了全国200多个重点食用油企业统计信息的实时传输和安全管理。

三是对相关食用油企业信息直报人员进行了统计基础知识培训，组织编写《粮食流通统计培训教材》。此外，完成了“社会供需平衡调查工作开展情况”等6个专项统计调查课题。

五 完善应急工作机制，提高应急保障能力

为了加强粮食应急能力建设，国家粮食局多次下发通知，要求各地按照国家粮食应急预案的有关规定，及时报送本地区粮食应急预案制订（修订）工作进展情况、粮食应急工作指挥部及其办公室通讯录、粮食应急加工指定企业名单和应急供应指定企业名单。目前大多数省份已成立了粮食应急工作指挥部，印制了指挥部及办公室通讯录，并建立了粮食应急加工指定企业和应急供应指定企业等应急保障体系。有些省份还进一步细化了应急预案，制订了预案实施意见、实施细则、应急供应方案、应急运输方案、储备粮紧急动用方案等具体操作规定和应急工作制度。天津、河北、陕西等地还将有关应急资料编印成手册。2007年，北京、江苏、陕西、青海等地先后开展了应急演习演练活动。

六 大力促进粮食产销合作发展，做好政策性粮食供应

2007年，在各地政府的高度重视和粮食部门的积极努力下，粮食产销合作得到较快发展，合作领域不断拓宽，合作规模不断扩大，合作内容不断丰富。一是鼓励和支持地方举办产销合作贸易洽谈会，做好粮食产销衔接工作。召开产销区粮食运输协调会，帮助地方协调解决粮食铁路运输困难等问题。2007年全国共举办各类粮食产销衔接交易会17次，签订粮食购销合同1900万吨，促进了粮食资源在产销区间的有序流通。二是认真落实关内销区到东北采购粳稻运费补贴政策。为解决东北三省粳稻（大米）“卖粮难”问题，国家采取了对关内销区到东北三省采购粳稻给予适当运费补贴的政策，销区企业到东北地区采购粳稻（大米）的积极性明显提高。

此外，继续指导各地做好退耕还林、水库移民、救灾等政策性用粮的供应工作，积极配合有关部门就退耕还林、退牧还草进行调研，完善后续政策，圆满完成了退耕还林面粉营养强化试点工作，推动面粉营养强化工作继续发展。

粮食流通体制改革

2007年，粮食部门认真贯彻《中共中央国务院关于积极发展现代农业切实推进社会主义新农村建设的若干意见》（中发[2007]1号）精神，继续落实《国务院关于完善粮食流通体制改革政策措施的意见》（国发[2006]16号），不断深化粮食流通体制改革，坚持以改革促发展，不断巩固和发展改革成果，加强和改善宏观调控，积极推动现代粮食流通产业的发展。

一 全面安排部署，明确粮食流通体制改革工作任务

1月底，国家粮食局召开全国粮食局长会议，深入贯彻中央经济工作会议、中央农村工作会议精神，认真分析粮食流通体制改革过程中出现的新情况、新问题，要求各级粮食行政管理部门加快转变观念和职能，以学习推广宁夏经验为契机，完善和落实改革的配套政策，积极推进国有粮食企业的改革和发展，消化历史财务挂账，逐步健全粮食行政管理、储备调节、购销市场三大服务功能，确保改革顺利推进。根据中央确定的经济社会发展和农村工作新战略对粮食流通工作提出新要求和深化改革的需要，首次提出了积极推动现代粮食流通产业发展的重大战略任务。各省级粮食行政管理部门在省委、省政府的正确领导和各有关部门的大力支持下，深入调查研究，完善政策措施，以省级政府（办公厅）文件形式印发粮改实施方案，全面部署改革各项工作。2007年，内蒙古、黑龙江、上海、江西、宁夏、新疆等省（区、市）和大连市印发了完善粮食流通体制改革政策措施的实施意见，江苏、安徽等省印发了关于加快推进现代粮食流通产业发展的意见。

二 加强宏观调控，确保粮食市场和价格基本稳定

2007年，国际粮食市场供求偏紧、粮价涨幅较大，为保证国内粮食市场供应，抑制粮价过快上涨，按照国务院部署，国家粮食局会同有关部门常年常时安排最低收购价粮食在批发市场公开竞价销售，并适当降低销售底价，加大销售力度，全年累计销售最低收购价小麦3240万吨、稻谷1010万吨，并销售国家临时存储进口小麦25万吨、中央储备玉米45万吨。在京津沪和东南沿海等主销区及时安排抛售中央储备食用植物油20万吨。为有效充实销区粮食库存，改善库存地区结构，缓解主产区收储压力，下达四批最低收购价粮食跨省移库计划930万吨，其中小麦890万吨、稻谷40万吨。各地配合国家粮食宏观调控需要，合理把握储备粮油轮换时机，对区域粮油市场进行适时调节，保证本地区粮油市场供应和价格的基本稳定。

在总结近几年经验的基础上，进一步完善最低收购价执行预案，健全启动机制和补贴机制，细化操作措施，经国务院批准后印发。及时启动小麦和粳稻最低收购价执行预案。在启动预案的7个省，按最低收购价收购小麦2895万吨，收购粳稻50万吨，粮食最低收购价政策得到较好落实。

三 化解历史包袱，提高国有粮食企业市场竞争力

2007年，各地基本完成粮食财务挂账的清理、审计和政策性财务挂账的认定、剥离工作，绝大部分政策性粮食财务挂账从企业剥离，上划到粮食行政管理部门集中管理。北京、广东、宁夏等省（区、市）消化政策性挂账103亿元。各地对企业经营性粮食财务挂账进行了核实，抓紧研究处置办法和措施。各地认真做好国有粮食企业富余职工分流安置工作，继续稳步推进企业产权制度改革，进一步优化企业布局和结构。截至2007年底，全国国有粮食企业21439个，其中购销企业14778个，比上年末分别减少3735个和1168个。改革改制后的国有粮食企业竞争力逐步增强，主渠道作用继续发挥，经济效益不断提高。2007年，全国国有粮食购销企业统算盈利1.67亿元，这是自1961年以来首次实现盈利。北京、天津、河北、上海、江苏、浙江、安徽、福建、江西、山东、河南、湖北、湖南、广东、四川、云南、新疆17省（区、市）实现盈利。

四 加强市场监管，维护粮食流通正常秩序

继续深入贯彻《粮食流通管理条例》。推进粮食监督检查队伍建设，健全粮食收购资格许可制度，建立全国粮食收购资格信息系统，加强对已经取得粮食收购资格经营者的管理、指导和服务，全国具有粮食收购资格的经营者达到7.8万个。加大对粮食收购市场秩序的监管力度，国家粮食局会同有关部门和单位组成联合工作组，对河北、山东、江苏、河南、湖北五省小麦最低收购价政策落实情况进行巡查，指导和督促企业严格执行粮食收购质价政策，规范粮食经营行为，切实保护种粮农民利益。加强对临时存储粮竞价销售出库和移库情况的监督检查。开展粮食质量安全专项整治行动，加强粮食质量卫生监管。

五 加强规划指导，推动现代粮食流通产业发展

按照关于构建“粮食宏观调控体系、现代粮食市场体系、粮食产业化体系和粮食流通行政执法监督保障体系”，积极推动现代粮食流通产业发展的要求，国家粮食局组织部分地方粮食部门加强对涉及粮食流通产业发展重大问题的研究，提出了发展现代粮食流通产业的指导思想、基本原则、战略目标、主要任务、发展重点和保障措施建议。各地积极争取党委、政府和有关部门的支持，研究制定发展规划，并认真组织实施。湖北、江苏、安徽等省印发了大力推进现代粮食流通产业发展的实施意见，给予资金支持和扶持政策。湖北省粮食局邀请12个省（区、市）粮食局开会专题研究发展现代粮食流通产业思路，河北、安徽、河南、湖北、甘肃等省召开粮食产业化工作现场会，积极推动现代粮食流通产业发展。

继续推动农村粮食产后安全保障工程和“放心粮油”工程。启动国家“十一五”科技支撑计划“粮食科技丰产工程”产后减损项目，与12个粮食主产省签订建立农户储粮示范点合同，推广适合不同区域、不同品种的农户储粮技术和装具。利用国家预算内专项资金，在四川、山东、辽宁3省启动农户储粮试点，配置标准化储粮装具。在全国城乡继续坚持不懈地推进“放心粮油”进农村、进社区工程，促进粮油企业管理和产品质量水平提高。据国家质检总局公布的抽样调查结果，目前全国粮油产品总体合格率位居食品合格率榜首，小麦粉、大米合格率分别达到98%和99%。

国有粮食企业改革和发展

2007年，各地按照党中央、国务院关于完善粮食流通体制改革政策措施的总体部署，根据国家发展改革委、国家粮食局等6部门联合印发的《关于进一步推进国有粮食企业改革和发展的意见》（国粮财[2006]123号），结合当地实际，继续推进国有粮食企业改革，总体进展顺利。

一 国有粮食购销企业政策性粮食财务挂账的认定、剥离工作基本完成

各地积极解决政策性粮食财务挂账认定和剥离中的遗留问题，认真做好政策性粮食财务挂账的集中管理工作。截至2007年底，除个别省份外，各省级人民政府已向国务院报送了粮食财务挂账情况，其中政策性粮食财务挂账已从企业剥离上划到县级以上（含县级）粮食行政管理部门集中管理。北京、山东、广东、宁夏等省（区、市）已消化政策性粮食财务挂账103亿元。粮食政策性财务挂账的认定和剥离，减轻了企业负担，为推进企业改革和发展创造了良好条件。

同时，各地对企业经营性粮食财务挂账进行了核实，正在研究处置办法和措施。

二 企业富余职工分流安置、社会保障和再就业工作取得新进展

各地通过地方财政补助、从粮食风险基金中列支和企业自筹等多渠道筹集资金，积极稳妥地做好企业富余职工分流安置和社会保障工作。截至2007年底，全国国有粮食企业职工总数77.4万人，其中购销企业54.7万人，分别比上年减少17.4万人、8.1万人，减幅分别为18.4%、12.9%。与粮改初期的1998年比，分别减少253.2万人、140.1万人，减幅为76.6%、71.9%。

企业职工分流安置和社会保障工作取得新成绩。截至2007年底，全国国有粮食企业职工参加养老保险69.1万人、失业保险62.4万人、医疗保险52.5万人，分别占职工总数的86.1%、77.7%和65.4%；其中购销企业职工参加养老保险50.8万人、失业保险47.1万人、医疗保险39.4万人，分别占购销企业职工数的92.3%、85.6%和71.6%。

各地认真落实国家各项再就业政策，安排下岗职工再就业。采取多种方式，积极创造就业岗位。2007年安置国有粮食企业下岗职工再就业10.5万人，其中粮食部门安置6.6万人，占全部安置数的62.8%。从粮改初期的1998年至2007年，全国累计安置国有粮食企业下岗职工再就业124.9万人，占全部分流职工数的49.7%，其中粮食部门安置下岗职工再就业77.6万人，占全部安置数的62.1%。基本没有出现大的群体事件，保障了改革平稳推进，促进了社会和谐。

三 采取多种形式进一步优化企业布局和结构

各地采取改组联合、兼并重组、股份制改造、整体转制、国有民营等多种形式，优化国有粮食企业产权结构，逐步实现投资主体多元化。截至2007年底，全国国有粮食企业总数21439个，其中购

销企业14778个，分别比上年减少3735个、1168个，减幅分别为14.8%、7.3%。与粮改初期的1998年比，分别减少31801个、15656个，减幅为59.7%、51.4%。1998~2007年，国有粮食企业累计改制企业数21838个，其中购销企业14314个。

四 改革改制后的国有粮食企业竞争力明显增强，继续发挥市场主渠道作用

2007年，全国国有粮食企业收购粮食10400万吨，占全社会粮食收购总量的51%左右，有效地发挥了市场主渠道作用，增强了在粮食流通和宏观调控中的影响力，保障了国家粮食安全。同时，企业经济效益不断提高，2007年，国有粮食购销企业统算盈利1.67亿元，这是自1961年以来首次实现盈利。其中北京、天津、河北、上海、江苏、浙江、安徽、福建、江西、山东、河南、湖北、湖南、广东、四川、云南、新疆17省（区、市）实现盈利。

粮食流通监督检查

2007年是粮食流通监督检查工作取得显著成效的一年。各级粮食部门认真学习贯彻党的十七大精神，以科学发展观为指导，围绕粮食工作大局，切实履行监管职能，积极推进监督检查体系建设，扎实开展各项监督检查，取得了新的成绩。

一 建立完善监督检查工作体系

2007年4月，国家粮食局下发2007年粮食流通监督检查工作要点，提出了省、市、县三级粮食监督检查机构建设分别达到100%、80%、70%的目标。各地按照这个目标，加大工作力度，监督检查机构得到进一步落实。截至2007年底,全国29个省（区、市）和新疆生产建设兵团粮食局设立了监督检查机构，比2006年底增加2个省。地（市）级粮食部门设立监督检查机构的有274个，比2006年增加78个,比例达到78%，提高了22个百分点。县（市）级粮食部门设立监督检查机构的有1507个，比2006年增加423个，比例达到61%，提高了17个百分点。为加强监督检查日常工作，全国市、县级粮食部门还成立了1096个粮食行政执法队。执法队伍进一步壮大，全国取得行政执法资格的人员24573人，比2006年增加2254人。各级粮食部门积极采取措施改善行政执法条件，23个省级、143个地（市）和543个县（市）粮食部门，得到了同级财政部门的监督检查专项经费支持。河北、江苏、江西、安徽、山东、河南、湖南、甘肃等省（区）粮食局还配备了专用的执法车辆和设备器材。

二 认真开展专项检查工作

（一）库存检查开展情况

2007年7月下旬，国家粮食局会同国家发展改革委、财政部、中国农业发展银行下发了《关于开展2007年全国粮食库存检查工作的通知》（国粮检[2007]153号），部署了全国粮食库存检查工作，对2007年8月末的全国所有国有粮食库存进行了清查。在各地自查和复查的基础上，9月下旬，国家有关部门和单位派出10个联合工作组，对北京、内蒙古、黑龙江、江西、山东、海南、广西、四川、贵州、陕西10个省（区、市）共83家企业的粮食库存情况进行了抽查。在这次粮食库存检查中，北京、山东两省（市）粮食局试用了国家粮食局组织开发的“粮食库存检查软件”，取得了较好效果。库存检查结果表明，粮食库存数量的真实性提高，质量及原粮卫生指标总体良好，储存安全有较好保障。但也发现个别地方对粮食库存检查的认识和工作成效需要进一步提高，粮食库存的品种、结构和布局需要进一步完善，有的省份地方储备粮规模需要进一步落实，一些地方的粮食质量卫生安全水平需要进一步提高，中央储备粮管理的一些环节还需进一步规范等。针对存在的问题，国家粮食局提出了相应的建议措施，并将检查结果上报了国务院。

（二）最低收购价政策落实情况检查

2007年5月国家启动小麦最低收购价预案。为保证这一惠农政策落到实处，6月，国家粮食局会同国家发改委联合下发了《关于开展粮食收购政策落实情况专项检查的通知》（国粮检[2007]133号），对预案执行情况开展专项检查进行部署，并派出工作组赴河北、山东、河南等重点地区巡查督导。河北、山东、河南、湖北等小麦主产省粮食局对预案执行情况高度重视，制定详细的检查方案，精心组织，深入基层开展指导和督察活动。针对最低收购价粮食和临时存储粮销售出库、移库进度缓慢等问题，2007年12月，国家粮食局专门派出工作组进行巡查，河南和安徽等省份粮食局会同有关单位专门成立检查工作组，督促有关企业严格执行国家规定，对个别承储库点无故推延出库的行为进行了严肃处理。

（三）粮食质量监管情况

2007年8月，国家粮食局按照国务院的统一部署，在长春召开了全国粮食质量监管工作会议。会上传达了全国质量工作会议、国务院产品质量和食品安全专项整治行动电视电话会议精神，全面动员和具体部署了粮食部门的质量安全专项整治行动。会后，下发了《全国粮食质量安全专项整治行动方案》，确定9~12月开展专项整治活动，并及时了解各地的进展情况，派工作组赴南方七省进行督导。地方各级粮食部门也高度重视，加强组织领导，粮食流通监督检查机构和质检机构相互支持配合，细化整治措施，健全责任体系，突出重点环节，强化监督检查，基本实现和完成了专项整治行动确定的4项工作任务、15个工作目标和5个100%量化指标，达到了预期效果。

2007年，结合全国粮食库存检查，国家粮食局还专门下发《国家粮食局关于开展中央储备粮质量抽查工作的通知》（国粮检[2007]149号），《国家粮食局关于开展地方储备粮质量抽查工作的通知》（国粮检[2007]193号文件），对中央储备粮、地方储备粮质量进行了重点抽查。为加强原粮卫生调查工作，又下发《国家粮食局关于进一步开展全国原粮卫生状况专项调查的通知》（国粮发[2007]124号），对全国原粮卫生状况专项调查工作进行了工作进度实时跟踪，对各地工作进行指导。

（四）其他专项检查开展情况

2007年，围绕《粮食流通管理条例》和粮食宏观调控政策措施的贯彻落实，各地开展了其他有针对性的专项检查。贵州、云南、宁夏等省（区）粮食局在辖区内对发放的粮食收购许可证进行定期审核，规范了粮食收购主体。一些地方加大了对粮食流通统计制度执行情况、政策性用粮购销活动开展情况的检查。许多地方粮食部门按照国家有关要求，积极参与当地政府组织的市场和价格专项检查，会同有关部门对粮油加工、批发、零售环节的质量卫生、保持必要库存量等情况进行检查，对保证粮油市场供应和价格稳定发挥了重要作用。据统计，2007年地方各级粮食部门共开展各种形式的监督检查行政执法活动8万多次，出动人员36万多人次，检查企业34万多个次，对18221例违反两个条例和国家粮食政策的案件进行了处理。

三 进一步完善规章制度

2007年各地粮食监督检查制度进一步完善。天津、安徽、河南、湖南、甘肃等省（市）制定了粮食行政执法岗位责任制和责任追究制度、投诉举报和案件办理制度、行政执法监督制度等一系列工作制度。内蒙古、辽宁、吉林、福建、河南、湖北、湖南等省（区）完善了执法人员行为规范制度。山西、云南、陕西等省制定了监督检查行政执法案卷评查制度。宁夏自治区粮食局成立了监督检查工作领导小组和粮食行政复议领导小组及案件审理委员会。贵州省对粮食行政处罚罚款汇缴等事项进行了规范。吉林、江苏、河南等省制定了行政处罚自由裁量权行使办法和标准。

各地还建立了层级监督机制，进一步加强对基层工作的指导。天津市、湖北省粮食局制定了监督检查行政执法综合考评办法，从机构建设、执法培训、制度建设、执法工作开展、监督检查基础工作等方面进行综合考评，为开展层级监督提供了依据。北京、浙江、广西、四川、贵州、宁夏等省（区、市）粮食局加大层级监督力度，制定年度工作计划，定期检查，年底考核，有力地推动了工作。吉林、山东、四川等省粮食局召开现场会，宣传推广行政执法典型经验，推进粮食流通监督检查工作。山西、辽宁、安徽、湖北、青海等省粮食局建立了信息交流和通报制度，促进全省整体工作的提高。健全对粮食行政执法人员管理的有关办法。山西、江苏、山东等省针对行政执法人员变动的情况，根据《粮食监督检查证件管理规定》的要求，加强对证件使用的管理。

四 努力探索监管方式

2007年，天津、内蒙古、吉林、江苏、江西、山东、河南、湖北、青海等省（区、市）粮食部门对粮食经营企业、应急定点加工企业和粮油定点销售网点等进行调查摸底，建立监管对象数据库，实施分类监管。河北、安徽、重庆、四川等省（市）粮食局坚持“寓服务于执法”，以服务“三农”、服务粮食经营者为立足点，将执法与服务有机结合。上海、安徽、广东、重庆、青海等省（市）和贵阳、西安等市粮食局加强与工商、卫生、质监、物价等部门的沟通与协调，推行监督检查行政执法联席会议制度。一些地方粮食部门专门开发了粮食流通监督检查计算机专用软件。

五 营造良好执法环境

内蒙古、山东、青海、宁夏等省（区）利用世界粮食日、《粮食流通管理条例》颁布三周年纪念日等时机，结合监督检查工作的开展，以网络发布、案例分析、现场解答、印发资料、入户到村等多种形式开展宣传。各地围绕政府关注的重点、群众关心的热点，加大涉粮案件的核查，处理了一批典型案件，扩大了粮食流通监督检查工作的社会影响。

六 认真组织执法培训

为指导各地做好检查工作，2007年4~7月，国家粮食局组织编写了《粮食库存检查实务》和《粮食流通监督检查行政执法案例分析教材》，作为各地粮食行政执法培训教材。2007年5~6月，国家粮食局举办了两期粮食流通监督检查行政执法培训班，取得了良好的效果。2007年7月，国家粮食局举办了粮食库存检查人员的专业培训，共培训了970多名业务骨干，对考试成绩合格的同志颁发了“粮食库存检查资格证书”，并从中挑选部分业务能力强、政策水平较高的同志纳入“全国粮食库存检查专家库”，初步建立粮食库存检查持证上岗制度。

粮油标准化与质量安全监管

一 粮油标准制修订和标准化体系建设

（一）标准制修订工作

2007年，国家粮食局按照粮油标准制修订计划，共安排国家标准制修订计划任务78项，其中强制性标准2项；申报2007年标准计划292项。国家标准化管理委员会颁布了《高粱》、《营养强化小麦粉》、《小麦粉馒头》、《营养强化维A油》、《小麦沉淀指数测定Zeleny试验》、《动植物油脂氧化稳定性的测定（加速氧化测试）》、《小麦粉与大米粉及其制品中甲醛次硫酸氢钠含量的测定》、《小麦硬度测定硬度指数法》、《谷物及谷物制品水分的测定常规法》、《涂渍油脂或石蜡大米检验》10项粮油国家标准。国家粮食局发布了《小麦硬度指数测定仪技术条件与试验方法》等19项粮食行业标准。

2007年，全国粮油标准化技术委员会（简称粮标委）对《小麦》等4项国家标准和19项行业标准进行了审定。围绕小麦等重要标准修订工作，多次召开标准专题研讨会。

2007年，国家发展和改革委员会、国家粮食局、国家质检总局和国家标准委员会联合发布《关于执行<谷物储存品质判定规则>国家标准的通知》（国粮发[2007]19号），要求有关单位认真贯彻执行《小麦、稻谷、玉米储存品质判定规则》等三项国家标准。同时明确大豆、食油的储存品质判定仍按《粮油储存品质判定规则》（国粮发[2000]143号）的规定执行。

2007年3月、9月、10月和12月，全国粮油标准化技术委员会秘书处在“中国粮食标准质量服务网”上，分五批向全社会公开征求对《小麦》等55项粮油国家标准、行业标准的制修订意见。

（二）标准化工作体系建设

2007年，为进一步做好行业标准化工作，加强粮油标准制修订工作的管理，规范粮油标准制修订工作的程序，提高粮油标准制修订过程的社会参与度和透明度，国家粮食局组织制定并发布实施了《粮油行业标准管理办法》（国粮通[2007]7号，简称《办法》）。该《办法》依据《中华人民共和国标准化法》和《中华人民共和国标准化实施条例》的规定，结合粮食行业的实际情况制定，明确了粮油标准的覆盖范围、粮油标准管理的有关职责和粮油标准制修订应遵循的原则，规范了标准制修订每个步骤的程序和要求，力求行业标准制修订工作的规范统一，同时，对标准化经费的管理作出了规定。

2007年，根据工作需要，国家粮食局办公室致函农业部办公厅，请农业部重新推荐全国粮油标准化技术委员会委员（国粮办发[2007]145号）。农业部复函重新推荐了1位副主任委员和9位委员，从而使粮标委得到了进一步充实。

2007年，为进一步推动我国粮油标准化工作，充实标准起草人员对制修订标准的知识，提高标准制修订质量，国家粮食局举办了粮油标准制修订培训班，对来自粮标委各单位委员、各技术工作组以及25个省（区、市）的国家粮食质量监测机构共计110余名业务骨干和承担标准起草工作的人员进行了培训和考核。粮标委秘书处向考核合格者颁发《粮油标准编写员证书》。这些都为今后粮油标准的起草与编写逐步实施持证上岗制度奠定了基础。

2007年，为确保粮油储存安全和质量良好，指导粮油合理轮换，确保最低收购价稻谷收购中严格执行国家粮食质量标准和质价政策，规范收购检验工作，提高粮食行业质量安全管理水平和粮食质量与原粮卫生的检验能力，国家粮食局会同有关部门先后举办了《谷物储存品质判定规则》国家标准培训、稻谷标准及检验技术培训、粮食质量安全检验技术专题讲座等一系列粮油标准宣贯培训活动，对全国各粮食质检机构、有关科研院所、大型粮食企业和其他有关单位等共计220余人进行了培训，推动了有关粮油标准的全面实施和正确执行。

2007年，国家粮食局对拟选实验室进行了技术考核，启动了建立粮油标准验证实验室的工作。

（三）国际标准化工作

2007年，自我国成功申请到承担国际标准化组织食品技术委员会谷物与豆类分技术委员会（ISO/TC34/SC4）秘书处（设在国家粮食局标准质量中心）后，秘书处按照ISO/IEC技术工作导则要求扎实开展工作，按照国际惯例与ISO中央秘书处以及各成员国紧密合作，国际标准项目管理工作取得可喜的进展。所有的标准制修订项目都按照ISO的工作程序稳步推进，新项目立项工作如期启动，发布了国际标准7项。秘书处的工作得到了ISO中央秘书处和成员国的肯定。

2007年6月14~15日，由ISO/TC34/SC4主办、国家标准化管理委员会和国家粮食局承办的ISO/TC34/SC4第32次会议在北京成功举行。会议通过了SC4秘书处工作报告，讨论了《谷物水分测定》等17项国际标准制修订过程中的关键技术问题。会上我国争取到作为牵头国承担《小麦》等两项国际标准的修订任务，实现了我国在农业领域承担国际标准制修订项目零的突破。

2007年，我国组织专家代表出席了国际标准化组织动植物油脂分会（ISO TC/34/SC11）的第十九次会议。参加了对20项国际标准草案的讨论，并就推动有关中国国家标准提升为国际标准、参与国际联合实验等问题与秘书处进行了沟通。组织了国内15家实验室参加了国际环形验证试验，选派专家参加了8项国际标准项目的制修订。完成了11项ISO国际标准最终阶段的投票工作，履行了我国作为ISO成员国应尽的义务。

（四）标准基础研究

重点对主要粮食种类、粮油产品、粮油产品质量安全检测方法和快速检测方法以及服务于国家粮油储备等方面的标准进行了研究，包括《小麦》、《稻谷》、《玉米》、《稻谷整精米率测定》、《一次出米法测定稻谷出米率》、《植物油储存品质判定规则》和《大豆储存品质判定规则》等。

2007年，按照近红外检测技术在粮食收购环节应用的发展规划，国家粮食局组织21个省级粮油质检机构和有关单位，对稻谷、玉米、小麦的部分品质指标进行了定标验证工作，并对近红外测定方法国家标准的基本内容、近红外网络的架构、网络运行方式及规范等方面的内容进行了充分研讨，形成了近红外测定方法国家标准和近红外网络操作规程的初步方案。

二　粮食质量安全监管体系建设

（一）粮食质量监管制度建设

2007年，国家粮食局组织开展了《中央储备粮油质量抽查扦样检验管理办法（试行）》修订工作，印发了《粮食质量档案样本（试行）》等规范性文件。各地粮食部门积极推动粮食质量安全监管制度建设工作，截至2007年底，吉林、山东、湖北、广西、重庆、西藏、陕西、青海8省（区、市）出台了《粮食质量监管实施细则》，北京、天津、河北、山西、河南、四川6省（市）在出台的粮食流通管理条例实施细则或实施办法中明确了质量监管的条款，17个省（区、市）制定了地方储备粮的质量管理制度。北京、山西、安徽、山东、河南、青海6省（市）已出台了5项以上粮食质量监管相关的制度和规章，大力推进粮食质量监管法制化、科学化、规范化进程，对于各地加强和规范粮食质量监管工作发挥了重要作用。为了扩大社会各界对粮食监管工作的认知，提高粮食质量安全意识，各级粮食部门继续通过发放宣传单、制作宣传板、设立宣传台、摆放粮油样品和现场讲解及利用广播、电视、报刊、网络等新闻媒体相结合的方式，多形式、多渠道广泛开展了粮食质量政策、法规、标准及相关知识的宣传活动。

（二）粮食质量检验检测体系建设

2007年，各地高度重视粮食检验机构建设工作，各级粮食行政管理部门在当地政府的领导和有关部门的大力支持下，积极落实检验机构的编制和人员经费，充分发挥监测检验的技术的支撑作用，粮食检验检测体系建设工作实现了新的突破。

一是建立了国家粮食质量监测网络体系。为了加强粮食质量与原粮卫生监管，更好地开展粮食质量安全监督抽查和日常监测工作，本着充分利用现有资源、合理布局、择优选用、因地制宜、共建共享的原则，国家粮食局开展了依托地方粮食检验机构，建立国家粮食质量监测网络体系工作。2007年，在组织专家对地方推荐的机构进行逐一考核基础上，分两批对144个机构进行了认可挂牌，初步形成了国家粮食质量监测网络体系。

二是加强地方各级粮食质量检验机构建设。截至2007年底，全国粮食系统共有粮食检验机构890个，通过计量认证的389个，其中省级32个，地市级145个，县级212个。2007年新增粮食检验机构89个，其中地市级机构新增29个，县级机构新增60个。有111个检验机构的拨款性质转变为财政全额拨款，24个机构转变为财政差额拨款。目前，各地基本形成以省粮食检验机构为龙头，以市级机构为骨干和支撑，以县级机构为延伸的上下联动、比较健全的质检机构体系。

三是继续加大对粮食检验机构的投入力度，重点加强市、县级机构建设。通过各级财政拨款和质检机构自筹经费等途径，全年共向394个粮食检验机构投入资金8876.7万元，其中向省级粮食检验机构投入1399.2万元，向地市级机构投入5119.8万元，向县级机构投入2357.7万元，为各级粮食检验机构配备单价2000元以上的检验仪器设备2370台套，新增办公、实验室面积50420平方米，粮食检验机构的整体装备水平和检验检测能力有了大幅度提高。

四是加强培训与考核，提高检验机构的技术水平。各级粮食行政管理部门在对质检机构加大硬件建设的同时，加强了对粮食质量检验人员的培训工作，定期开展技术比对与考核，全年共培训检验人员15970人次，有效提高了粮食检验机构专业技术人员的政策理论水平和检验技术能力。同时，指导和帮助检验机构加强自身建设，规范检验行为，不断提高检验水平。

（三）认真开展粮食质量与原粮卫生监管工作

各级粮食行政管理部门认真履行粮食质量与原粮卫生监管职责，结合全国产品质量和食品安全专项整治行动，国家粮食局着力加强对重点环节、重点单位、重点区域的粮食质量安全监管力度。

一是把好入库粮食质量关。严格要求粮食收购和储存企业按照国家标准对入库的粮食进行检验，建立粮食质量档案，完善质量管理制度。

二是抓好储存环节粮食质量安全工作。在储粮企业日常监测的基础上，地方粮食行政管理部门通过定期开展春、夏、冬季三次粮油普查或春秋两季储粮安全检查及不定期抽查等方式，对储存粮食质量、储存品质等情况进行动态监控。国家粮食局也加大了对储存环节粮食的质量安全抽查力度，全面开展中央储备粮、地方储备粮专项抽查和原粮卫生状况专项调查工作。

三是把住出库粮食质量关。粮食出库实行质量检验制度，严格按规定检验各项质量指标，使用过化学药剂并在残效期内的粮食必须进行药剂残留检测，出具规范的检验报告，确保出库粮食质量安全，严防有毒有害粮食流入口粮和饲料市场。

四是严格执行供应标准，确保军供粮等政策性粮食质量安全，建立粮源统筹机制，在原粮采购、加工、运输等环节严格把关，认真实行统一采购、统一配送、统一结算、统一管理的“四统一”和“一批一检一报告”制度，规范加工等级质量和卫生标准，完善产品质量监控体系，确保政策性粮食质量安全、稳定、可靠。

五是坚持开展全国原粮卫生状况专项调查，2007年国家粮食局在全国范围内继续组织开展了原粮卫生状况专项调查，在总结2006年专项调查工作的基础上进一步完善调查工作方案，对各省（区、市）的采样份数、布点要求和检验项目作了统一安排，共扦取样品15901份，涉及全国1377个产粮县，取得卫生检验数据117438个，对全国原粮卫生状况有了更为全面的了解。据统计，2007年全国各级粮食检验机构共抽查检测样品25万余份。

三 主要粮食收获质量与品质状况分析

2007年，国家粮食局组织最低收购价执行预案实施省份和相关省份开展收获粮食质量集中会检工作，同时，各有关省份也积极自行组织开展辖区内收获粮食质量调查工作，共计检验样品约1.4万份，取得检验数据近15万个，对当年收获的小麦、稻谷、玉米、大豆质量状况作出了全面客观的评价，为指导当地粮食收购提供了依据。另外，有13个省（区）开展了小麦、稻谷、玉米、大豆等主要粮食品种的品质测报工作，共采集样品约5600份，取得检测数据约9万个，基本反映了当年收获的主要粮食品种的内在品质状况，为推动种植结构优化，促进产销衔接提供了支持。

（一）稻谷质量和品质

1. 早籼稻

收获质量。2007年，我国早籼稻整体质量较好。安徽、福建、江西、湖北、湖南、广东6个主产省质量会检结果表明，质量在中等（三等）以上的占91.3%，与上年基本持平，其中安徽省提高幅度较大，增幅达12个百分点；江西、广东两省有所下降，降幅超过4.5个百分点。整精米率总体水平较上年有明显提高（含仪器优化因素），大于50%的比例由上年的62.4%，增加到77.0%；大于44%的比例由上年的79.5%，增加到91.7%。不完善粒率较上年下降了1个百分点，安徽、湖南、福建3省降幅明显。

品种品质。2007年，湖北、广东两省开展了早籼稻品质测报工作。测报结果表明，湖北省优质（优良）品种早籼稻全项目符合国家优质籼稻标准的极少，胶稠度、垩白度和垩白粒率等指标是制约达标的主要因素。广东省优质（优良）品种早籼稻达标率仅为7.5%，较2006年下降近25个百分点，垩白度和直链淀粉含量偏高影响了其达标率。该省江门、广州和云浮等地区达标率分别为32%、27%和22%。齐粒丝苗、粤晶丝苗等品种达标率较高。

2. 中晚籼稻

收获质量。2007年，我国中晚籼稻整体质量略低于上年。安徽、江西、湖北、湖南、四川5个主产省质量会检结果表明，质量在中等（三等）以上的较上年降低1.7个百分点。总体整精米率明显提高（含仪器优化因素），大于50%的比例由上年的67.5%，上升到80.8%；大于44%的比例由上年的84.7%，增加到93.7%。不完善粒率较上年有所增加，其中四川省增幅较大。

品种品质。2007年，浙江、福建、江西、湖北、广东5省开展了中晚籼稻品质测报工作。测报结果表明，优质（优良）品种中晚籼稻全项目符合国家优质籼稻标准的比例，福建省为13.4%，较上年提高2.1个百分点；浙江、广东两省分别为6.6%和24.5%，较上年分别下降了3.6和18.5个百分点；江西省为22.1%。垩白度和垩白粒率仍然是影响达标的主要因素，湖北省的中晚籼稻分别还存在胶稠度低和不完善粒率较高的问题，导致达标率较低。

浙江省杭州、衢州、金华地区优质（优良）品种达标率分别为21%、10.3%和8.6%，除垩白度和垩白粒率偏高外，整精米率偏低和不完善粒率偏高也在较大程度上影响了其达标率。

福建省龙岩地区优质（优良）品种达标率达到52%，除稻谷外观粒型（长宽比）外，其他质量和内在品质指标全部达到国家标准。

湖北省优质（优良）品种全项目达标的仍以鄂中5号、鉴真2号、中香1号等品种为主，扬两优6号、丰两优1号、两优培九、中9优288也有部分能够达标。除主要受垩白度和垩白粒率影响外，胶稠度、整精米率和直链淀粉含量对其达标率的影响也较大。

广东省广州、江门、惠州、潮州、云浮等地区优质（优良）品种达标率较高，天优998，广州的美香粘，江门的粤晶丝苗、野丝粘、齐粒丝苗，湛江的粤香粘，肇庆、云浮的雪花粘等品种达标率较高。

四川省优质（优良）品种受垩白度、垩白粒率和不完善粒率较高的影响，除自贡、乐山、凉山等地区各有10%左右的能够达到标准外，其他地区的中晚籼稻品种均达不到标准要求。

3. 粳稻

收获质量。2007年，我国粳稻整体质量好于上年。黑龙江、吉林、辽宁、江苏4个粳稻主产省质量会检结果表明，中等（三等）以上的比例达到99%，较上年提高了3.5个百分点，其中，黑龙江省提高近8个百分点。4个主产省一等品比例超过六成，较上年提高了15个百分点。分省看则有增有降，黑龙江、吉林两省增幅均超过25个百分点，辽宁、江苏两省降幅均在10个百分点左右。4个主产省平均整精米率为69.3%，大于60%的比例为95.4%，大于55%的比例为98.1%。平均不完善粒率为3.1%，较上年有所下降。

品种品质。2007年，辽宁、吉林、黑龙江、江苏、浙江5省开展了粳稻品质测报工作。测报结果表明，优质（优良）品种粳稻全项目符合国家标准优质稻谷（三等以上）的比例，吉林为67.8%、辽宁26.8%、黑龙江26.1%、浙江8.4%、江苏0.8%。

辽宁省推广种植的优质（优良）粳稻品种约有20个，其中盐丰47系列、辽星系列、辽粳9、富康系列、苏粳系列等种植面积较大，品质表现较好，但食味评分值较上年略有下降。吉粳88、秋田小町、越光、超级稻、丰优307在抚顺、本溪、丹东等地区的品质表现优于其他品种。受直链淀粉含量和垩白度影响，除沈阳、鞍山、抚顺和丹东地区达标率在30%以上外，其他地区达标率较低。

吉林省推广种植的优质（优良）粳稻品种约有20个，其中吉林地区的超级稻、丰优301、307、吉利518，通化地区的丰优307、超级稻、秋田小町、9236，松原地区的丰优307、98122、超级稻等都有较好的表现。通化、吉林地区优质品种达标率分别高达96%和74%；受整精米率偏低的影响，白城地区达标率约为25%。

黑龙江省主推优质（优良）粳稻品种以空育131、垦稻系列、9934、龙粳系列、普优系列、五优系列等为主，约占到六成左右。哈尔滨、双鸭山、牡丹江、绥化等地区达标率均超过30%。哈尔滨地区的垦稻系列、9934，双鸭山、佳木斯地区的空育131等达标率较高。整精米率、垩白度和不完善粒率是影响达标率的主要因素。

江苏省优质（优良）品种粳稻达标率主要受垩白粒率、垩白度和直链淀粉的影响，不完善粒率和胶稠度对达标率影响也较大。

浙江省推广种植的优质（优良）粳稻中约有50%是秀水系列品种，全省达标率较上年降低约20个百分点，除杭州、嘉兴地区达标率分别为27%和11%外，其他地区基本没有达标粳稻。杭州地区的秀水系列，嘉兴地区的嘉花1号达标率相对较高。造成达标率下降的主要因素是垩白度、垩白粒率和不完善粒偏高。

（二）小麦质量和品质

收获质量。2007年，我国小麦整体质量与上年相比变化不大。河南、山东、河北、安徽、江苏、湖北、陕西、四川8个小麦主产省质量会检结果表明，平均容重达到780克/升，二等和三等以上的比例分别达到73.6%和93.5%，平均不完善粒率为5.0%。从容重看，河北、湖北两省分别较上年提高15克/升和20克/升，陕西省降低了9克/升左右；中等（三等）以上比例，河北省较上年提高了8个百分点，陕西省降低了10个百分点；不完善粒率，河南、安徽两省较上年分别增加了2.4和2.8个百分点，陕西、四川两省分别减少了2.2和7.2个百分点。

品种品质。2007年，江苏、河南、湖北、四川、陕西、新疆6省（区）开展了小麦品质测报工作。测报结果表明，各地主推优质（优良）品种的品质差异仍然较大。

江苏省主推品种以烟农19和郑麦9023为主，约占四成。全省优质小麦达标率为4.5%，全部为弱筋小麦，其中南通市的宁麦系列达标率达到86%；徐州地区的淮麦18各项指标均接近国家标准；淮安地区弱筋小麦品种的稳定时间普遍较短，基本能够达标；南通、无锡以及盐城南部地区的扬麦13号表现较好。对于强筋小麦，徐州市铜山县的淮麦20各项指标均基本达标。

河南省达到国家优质强筋小麦标准的比例为3.8%，较上年有所降低。豫北、豫东地区优质麦达标率较高，西农979、新麦18和济麦20的达标率分别为12.2%、7.1%和7.1%。达到国家优质弱筋小麦标准的比例较上年约提高1.0%，郑麦004、豫麦18、金博士、太空6号4个品种的部分样品可以达到弱筋标准。

湖北省小麦经多年的品种结构调整，目前已形成品种较少，单品种集中程度较高的特点。据有关部门统计，2007年，郑麦9023约占全省小麦种植面积的70%，鄂麦18和鄂麦16约占20%。小麦品质状况改善明显，优质（优良）小麦比例增大，表现为稳定时间延长，约有25%的样品稳定时间超过7分钟，达到国家优质强筋小麦标准，郑麦9023稳定时间的达标率超过五成。

四川省主推品种以川麦系列和绵阳系列为主。小麦面筋含量高但筋力较弱的质量特征较为明显，全省有近半数的样品稳定时间达到国家优质弱筋小麦标准，且主要集中在川北的广元和德阳地区。由于生芽粒率普遍较高，降低了样品的降落数值，也影响了优质小麦的达标率。部分强筋小麦品种品质退化较为明显，稳定时间显著下降。

陕西省主推品种有郑麦9023、陕253、小偃503和西农979等，达到国家优质强筋小麦标准的比例为3.2%。主要品种的粗蛋白质和湿面筋含量较高，但稳定时间较短，只有宝鸡、西安地区的西农979平均稳定时间达到7分钟以上。

新疆自治区达到国家优质强筋小麦标准的比例约为2.0%，主要是奎冬系列和新春系列。昌吉地区强筋小麦的达标率达到6.8%，喀什和伊犁地区弱筋小麦达标率则均超过4.0%。南疆的新冬20品种，除湿面筋和粗蛋白质含量较高外，基本能够达到弱筋小麦标准，该品种在喀什地区的表现也较好。巴州、和田地区的新春6号稳定时间较短，基本能够达到弱筋小麦的要求。强筋小麦中，昌吉州的新冬22虽然粗蛋白质和湿面筋含量不高，但稳定时间可达到5~7分钟。

（三）玉米质量和品质

收获质量。2007年，我国玉米整体质量良好。吉林、黑龙江、辽宁、内蒙古、河南、山东、河北、陕西8个玉米主产省（区）质量会检结果表明，平均容重749 克/升，一等和二等以上的比例分别达到88.7%和96.8%。平均不完善粒率为4.0%，其中小于等于5.0%的比例为70%。平均生霉粒率为2.0%，其中小于等于2.0%的比例为73%。

品种品质。2007年，辽宁、吉林、黑龙江、陕西4省开展了玉米品质测报工作。测报结果表明，辽宁省主推优质品种有丹玉、东单、富友、铁单等系列。淀粉含量全部达到国家淀粉发酵工业用玉米标准，其中中等（二等）以上的比例约为六成，粗蛋白含量达到国家饲料用玉米标准中等（二等）以上的比例近八成。淀粉含量各地区差别较大，沈阳北部、辽阳、阜新等地区的富友系列，沈阳东南部、丹东、朝阳等地区的丹玉系列，沈阳、大连、辽阳、葫芦岛等地区的东单系列等淀粉含量较高。

吉林省2007年主推品种的品质较上年有较大提高。淀粉含量达到国家淀粉发酵工业用玉米标准中等（二等）以上的比例近九成，其中一等品的比例近二成，各地区均有适合本地种植的高淀粉玉米品种；粗蛋白含量一般都可达到国家饲料用玉米标准中等（二等）以上要求，超过一等品要求的达到五成，军单11、吉单198和伊单2等品种的部分样品，粗蛋白含量可达到11%以上。

黑龙江省2007年主推品种有龙单、吉单、丰禾、绥玉等系列。淀粉含量达到国家淀粉发酵工业用玉米标准的约为42%，其中中等（二等）以上的约为27%；粗蛋白含量达到国家饲料用玉米标准的约为66%，其中中等（二等）以上的约为35%，龙单系列、绥玉7号、克旱37等品种的部分样品，粗蛋白含量可达到一等品的要求。

陕西省2007年主推品种有郑单、户单、沈单、俊单、豫玉、正大、中单和登海等系列等。全省主要品种粗蛋白含量一般都可达到国家饲料用玉米标准要求，其中中等（二等）以上的比例约占六成；淀粉含量达到国家淀粉发酵工业用玉米标准的比例为16%。

（四）大豆质量和品质

收获质量。2007年，吉林、黑龙江两省大豆质量良好，纯粮率分别为94.2%和93.7%，较上年分别提高了1.2个百分点和降低了0.8个百分点；中等（三等）以上的比例分别为85.0%和84.3%，较上年分别提高了2.4个和17.3个百分点；平均不完善粒率分别为10.6%和10.4%。

品种品质。2007年，吉林、黑龙江两省开展了大豆品质测报工作。测报结果表明，吉林省主推品种的品质较上年有所下降，平均粗脂肪和粗蛋白质含量分别为20.8%和39.9%，粗脂肪含量超过22%和粗蛋白质含量超过42%的比例均不到一成。

黑龙江省主推品种有合丰、黑河、黑农、垦鉴、垦农、绥农等系列，平均粗脂肪和粗蛋白质含量分别为21.0%和40.2%，其中粗蛋白质含量在43%以上的比例为4.5%。双鸭山的饶河县、宝清县，佳木斯的富锦市等地区高脂肪大豆品种的粗脂肪含量大部分能达到22%以上；齐齐哈尔市优质品种中，粗脂肪含量在21%以上，粗蛋白质含量在42%以上的“双优大豆”的比例达到40%；垦鉴25和垦鉴29等高蛋白品种的蛋白质含量分别达到42%和43%以上。

四 储备粮质量与储存品质状况分析

按照全国产品质量和食品安全专项整治行动的统一部署和国家粮食局有关通知要求，2007年，各级粮食行政管理部门切实加强对国有粮食购销企业库存粮食质量与储存品质情况检查。

（一）中央储备粮

结合粮食质量安全专项整治行动，国家粮食局组织开展了中央储备粮质量安全专项检查。在全国31个省份，抽查了441个中央储备粮承储库点，其中直属库97个、代储库344个，扦取样品1807份，取得检验数据2.59万个。抽查检验结果表明，中央储备粮质量和储存品质状况持续良好。质量综合合格率为97.1%（全项指标合格率为 86.2%），宜存率为97.8%，轻度不宜存率为2.2%，未发现重度不宜存粮食。全项指标合格率比上年有较大幅度提高，中央储备粮质量状况明显提升。分品种情况是：

稻谷质量综合合格率为90.4%（全项合格率75.5%，比上年提高12.1%），不合格项目主要是杂质和黄粒米。由于中央储备稻谷库存中2004年和2005年生产的分别占16.2%、42.6%，因储存时间较长，因此总体宜存率比上年略有下降，但仍高达97.5%。

小麦质量综合合格率为99.7%（全项合格率90.7%，比上年提高17.4%），不合格项目主要是不完善粒，2004年和2005年的小麦分别占41.1%、32.3%，宜存率为98.5%。

玉米质量综合合格率为98.7%（全项合格率88.2%），不合格项目主要是杂质和不完善粒，2004年和2005年的玉米分别占17.0%、37.1%，宜存率为96.2%，比上年略有上升。

（二）地方储备粮

按照国家粮食局下达的全国粮食质量专项整治行动方案，29个省份进行了地方储备粮质量抽查检验工作，在945个库点共抽样2479份。抽查检验结果为：地方储备粮质量综合合格率92.4%（全项指标合格率74.3%），整体质量良好，宜存率96.8%，轻度不宜存率3.1%，重度不宜存率0.1%。分品种情况是：

稻谷质量综合合格率82.5%（全项指标合格率54.9%），比上年略微下降，不合格项目主要是整精米率、杂质和黄粒米。宜存率为93.5%，轻度不宜存率6.5%，未发现重度不宜存粮。

小麦质量综合合格率98.7%（全项指标合格率85.4%），比上年有所提升，不合格项目主要是杂质和不完善粒。宜存率为99.8%，轻度不宜存率0.2%，未发现重度不宜存粮。

玉米质量综合合格率96.2%（全项指标合格率89.0%），比上年有一定下降，不合格项目主要是不完善粒。宜存率为92.3%，轻度不宜存率6.1%，重度不宜存率1.7%。

大米、小麦粉和青稞等成品粮质量合格率均为100%。

粮油市场体系建设

一 粮油现货与期货市场发展情况

2007年，国家粮食局继续加强对粮食市场建设的指导与扶持，粮油市场体系建设取得初步成效，目前已初步形成了多元市场主体、多种交易方式、多层次市场结构的粮食市场体系。

（一）粮食现货市场

2007年，国家粮食局高度重视粮食市场建设工作，全国粮食局长会议强调，要"加快制定并组织实施《全国粮食市场体系建设"十一五"规划》，逐步建立开放统一、竞争有序的现代粮食市场体系"，"综合考虑粮食商品流向、地理区位、物流设施、交通条件等，对粮食批发市场建设进行科学规划，合理布局。根据国家粮食宏观调控需要和全国总体规划布局，发展区域性的粮食批发市场，积极推进粮食电子商务，逐步构建全国统一的粮食现货交易平台，更好地服务于国家粮食宏观调控"。

国家粮食局加强了对粮食市场建设工作的指导和扶持，有力促进了粮食市场快速发展。一是研究编制《全国粮食市场体系建设"十一五"规划》。在经过多次调查研究、专家论证基础上，正式编制印发《全国粮食市场体系建设"十一五"规划》（以下简称《市场规划》），明确"十一五"粮食市场建设指导思想、原则和目标，提出粮食零售、收购、批发和期货市场建设的主要任务,进一步推动了粮食市场体系健康有序发展。二是组织抓好《市场规划》贯彻实施工作。国家粮食局主要负责同志在中国政府网等媒体对《市场规划》进行解读，介绍《市场规划》出台背景、编制依据和重点内容，并对《市场规划》贯彻落实提出了具体要求；组织召开全国粮食市场体系建设工作会议，专题部署贯彻落实《市场规划》有关工作，提出各省级粮食行政管理部门规划编制要求，深入推动《市场规划》组织实施。三是切实加强粮食收购市场管理。2007年各地进一步完善粮食收购市场准入制度，加强对已经取得粮食收购资格企业的指导、服务和监管，维护了粮食收购市场秩序。截至2007年底，有31个省（区、市）已经建立了粮食收购市场准入制度，全国已取得粮食收购资格的粮食经营者近7.8万个，全年各类粮食企业累计收购粮食20133万吨（贸易粮）。四是稳步发展粮食零售市场。各地积极引导企业开拓新零售渠道和创新零售模式，切实按照粮食应急工作需要加强粮食应急供应网络建设，粮食零售市场在平稳发展中出现一些新型零售模式，如城市里依托于物流配送网络的"B–TO–C"粮食电子商务模式、农村粮油超市及连锁经营方式等都有所发展。五是继续完善重点批发市场联系制度，加强对重点联系市场的指导。批复宁夏、北京、山东3家省级粮食批发市场为重点联系单位，进一步扩大联系市场范围，截至2007年底，重点联系市场已发展到43家（其中商流型市场19家，成品粮市场24家）。组织召开重点联系市场会议，在政府网开设"粮食批发市场建设与发展"专栏，重点介绍和宣传市场发展概况，加强对重点联系市场建设的指导。六是推进全国粮食竞价交易系统建设。根据全国粮食市场体系建设规划和宏观调控需要，2007年，在重点联系粮食批发市场的基础上，陆续批准组建了6个国家粮食交易中心，进一步加快全国粮食竞价交易系统建设步伐。截至2007年底，已批准组建了10个国家粮食交易中心。2007年，仅通过全国粮食竞价交易系统，累计销售最低收购价小麦

3225万吨、稻谷1010万吨；中央储备玉米45万吨、食用植物油20万吨，临时存储进口小麦30万吨，对保证市场供应、稳定市场价格起到了积极有效的作用。

2007年，按照国家粮食局《全国粮食市场体系建设“十一五”规划》要求，各地粮食行政管理部门也进一步加强了对粮食市场特别是粮食批发市场建设的规划、监管、指导与服务工作，促进了地方粮食市场的健康有序发展。总体看，在各级粮食行政管理部门的指导与扶持下，2007年各类粮食市场取得了很大的发展，市场服务功能进一步提升，在国家粮食宏观调控和粮食资源配置中发挥了积极作用。

（二）粮油期货市场

2007年，是我国农产品期货市场迅速发展的一年，菜籽油、棕榈油等新期货品种上市交易，农产品期货成交量和成交金额进一步扩大，农产品期货市场价格正越来越成为重要的市场指导价格，其对国民经济发展的促进作用进一步发挥。农产品期货市场快速发展，既是国家多年来对农产品期货市场相关扶持政策的累积效应的直接体现，也是国际国内农产品现货市场变化的真实反映。具体分析：一是宏观政策方面。近年来国家越来越重视农产品期货市场的发展，自2004年起连续4年的中央一号文件都提出要充分发挥农产品期货市场引导生产、稳定市场、规避风险的作用。2007年的政府工作报告和全国金融工作会议，都提出要大力发展农产品期货市场。9月国务院办公厅《关于促进油料生产发展的意见》，提出了要“培育油脂、油料期货市场”。二是国际市场方面。由于世界经济快速增长和主要粮食生产国粮食减产、生物质燃料生产对粮食需求增加，国际市场粮食供求趋紧，同时在美元不断贬值、石油价格大幅上涨和粮食生产成本大幅增加等因素的共同影响下，2007年国际市场粮价一直处于高位运行，国际农产品期货也受到了更多资金的关注和追捧。三是国内市场方面。由于受国内通货膨胀预期较高、流动性相对过剩、农业生产成本增加以及国际农产品价格高企的影响，国内农产品价格上涨压力较大，虽然在政府积极有效的宏观调控作用下国内农产品价格与国际市场相比涨幅相对较小，但是都有不同程度的上涨，特别是进口较多、与国际市场关联度较高的豆类市场价格涨幅较大。基于以上因素，2007年国内农产品期货基本都呈现牛市特征，交易也比较活跃，仍然是国内期货市场的主力。2007年农产品期货成交量和成交金额分别占到了全部成交量和成交金额的75%和42%。其中，粮油商品期货基本全年都保持在高位运行。从成交量看，2007年全国粮食期货成交量和成交金额为42255.42万手和112140.49亿元，比上年分别增长了69.4%和143.6%。从价格走势看，大豆、豆粕、豆油、菜籽油等品种期货基本全年保持强势运行，价格屡创新高；小麦和玉米品种呈现震荡行情，前半年呈现稳中趋弱行情，后半年呈现反季节的扬升行情，而年末又呈现出高位震荡态势。

二 粮油市场信息体系建设

（一）粮食部门市场信息工作水平有了新的提高

随着我国粮食流通体制改革的深入进行，全国粮食市场的不断发育,粮油市场信息需求增加，信息工作越来越重要，我国粮油市场信息事业快速发展。经过各级粮食部门和粮食信息系统干部职工的努力工作，粮油市场信息服务组织不断完善，形成了全国粮油市场信息服务体系，建立全国粮食市场的动态监测系统，市场信息分析预测水平有了一定提高。贴近市场，抓住热点，深入分析，及时报告，为粮食生产者和经营者提供及时的信息服务，为粮食宏观调控提供及时的信息支持，是2007年粮油市场信息工作的一个突出特点。

1. 加强国内外食用油市场监测工作。针对我国食用油市场对外依存度不断提高，而全球大豆产量下降的新情况，粮油信息机构不仅较早地作出了重要判断——2007年我国粮食安全问题很可能表现在食用植物油市场上，并及时加强了国内外食用油市场监测工作。在对全球及国内食用油市场的供求状况进行了深入分析的同时，对全国食用油的加工与经销渠道进行了专门调查研究，针对国内大豆加工能力过剩、外资压榨能力已经达到较高水平、单一企业已经占有小包装食用油市场较高份额等一系列问题，提出了具体的对国内食用油市场进行必要的宏观调控的意见和建议。2007年以来食用油市场监测预测工作，既重视对价格变化的跟踪调查，也重视对全国供应量的分析，还注意了未来市场的预测，并能够及时提出有价值的政策性建议。

2. 针对国内外玉米市场的新情况提出政策建议。随着玉米深加工业的快速发展，特别是在石油价格大幅度上涨的刺激下，燃料乙醇生产迅速发展，国内外的玉米市场都出现了一些新的情况。粮油信息机构及时监测到了这一情况，较早地开展了系统性的研究工作，提出了专项研究报告。指出，近几年工业玉米消费量迅猛增加，已成为国内玉米需求增长的主要动力，而且由于大型深加工项目更多地集中建设在玉米主产区，产区玉米供应能力明显下降，如果传统的产区在很大程度上成为销区，全国玉米短缺问题将会凸显。中国进口玉米和进口大豆与小麦有很大的不同，中国可以从巴西、阿根廷和美国三个国家进口大豆，可以从加拿大、澳大利亚、美国和法国进口小麦，但要进口玉米将主要靠美国。具有玉米出口资源的国家较少，必然加大进口玉米的成本。而且美国已加强石油替代战略，燃料乙醇生产发展迅速，其国内玉米消费数量猛增，寄希望于未来从美国进口玉米存在着巨大的风险。报告建议，要遏制国内玉米深加工能力盲目增加的势头，加强对玉米深加工行业发展的政策性指导。除提交有关研究报告外，国家粮油信息中心还派出专业分析人员，参加了撰写国家发改委《玉米加工业发展指导意见》等政策性文件的工作。

国家粮油信息中心已经在全国范围内建立起了一支具有一定监测能力、具有一定的市场分析水平，爱岗敬业踏实肯干的市场分析人员队伍。所提出的市场分析预测意见，为广大粮食生产者、经营者提供了及时的市场信息，为粮食宏观调控提供了决策参考依据，为保证国家粮食安全发挥了积极作用。

（二）全国粮食竞价交易平台及信息系统建设取得显著成绩

自2006年以来，国家粮食局积极建设并不断完善全国性的粮食竞价交易体系，积极推进了最低收购价粮食等临时存储粮食和储备油销售在多市场联网的全国统一竞价交易平台上进行的工作。各粮食批发市场在省粮食局和有关部门领导与支持下，克服了各种困难，出色地承担并完成了国家最低收购价粮食竞价销售任务。

2007年初，国家连续向市场投放最低收购价临时存储小麦，使市场供应明显增长，小麦价格由涨趋稳，保持在了合理的价格水平，取得了明显的调控效果。下半年因猪肉涨价等原因粮食价格呈现上涨趋势，为降低通货膨胀预期，稳定市场粮油供应，在每周继续公开竞价销售最低收购价稻谷和小麦的同时，9月起安徽、大连、江苏、福建、湖北、湖南、江西、广东、上海、河北等市场，共同承担了联网竞价销售国家临时存储进口小麦的任务；安徽、天津、广东市场联网竞价销售中央储备食用植物油；从9月26日起，降低最低收购价稻谷的拍卖销售底价，进一步增加竞价销售数量；11月份又调整最低收购价小麦的竞价销售时间，稻谷实行挂牌交易。

通过国家粮食交易平台统一的竞价交易系统，采取这些及时灵活的调控措施，有效地保证了全国市场的粮油供应，大量的交易信息在平台上及时发布，全国统一的粮食交易信息发布体系初具规模，对稳定国内粮油市场起到重要作用。

目前全国粮食竞价交易平台稳定高效运行，安徽、河北、山东、江西、江苏、湖南、湖北、辽宁、上海、广东、福建、天津等省市粮食批发市场，根据销售需要实现联网，统一竞价销售临时存储粮食和储备油；河南的郑州粮食批发市场和河南省粮食交易物流市场分别轮流竞价销售临时存储小麦。

临时存储粮竞价销售已做到了常年常时公开竞价销售。全国统一竞争交易系统的建立，促进了我国粮食批发市场体系和信息体系的发展，使我国粮食系统电子商务应用水平有了明显提高。特别重要的是，全国粮食竞价交易系统，已经成为当前国家实现粮食宏观调控目标的强有力手段。实践证明，构建全国统一的竞价交易平台，建立规范统一覆盖全国的政策性粮食交易体系，积极建设国家粮食交易中心，建立交易信息发布体系，有利于在销售国有政策性粮食的过程中，充分体现国家粮食宏观调控意图，提高调控效率；有利于根据“公开、公平、公正”的原则，规范交易行为；有利于提升粮食批发市场的服务功能，方便粮食加工及相关企业入市交易；有利于全国粮食市场体系的更快发展。

（三）各地粮食部门信息工作取得进展

1. 安徽省粮油信息中心加强信息化、网络化建设，为粮食企业搭建更好的服务平台。2007年安徽省粮油信息工作保持了持续、稳定的发展，特别是网络应用方面，得到进一步提高。安徽省坚持一手抓网络化建设，一手抓信息化应用，以信息网络化带动粮食批发交易市场建设，以批发交易市场的建设来促进信息网络化发展，取得成效。自2006年以来，粮油信息工作和粮食批发市场建设工作，在省粮食局党组的领导下，为更好地完成国家指定的最低收购价粮食的销售，为各级领导搞好宏观调控提供信息服务，为促进粮食经济的发展，发挥了重要作用。省粮食局提出信息与市场协调发展的新要求，并将粮油信息工作纳入省粮食局机关处室一并考核。各市粮食局重视粮油信息工作，市局领导对粮油信息工作亲自抓落实，主持信息工作会议，全面布置、督促，将粮油信息工作列入考核评比内容，有效地促进了工作的开展。安徽粮食市场粮油贸易十分活跃，粮食主要是销往东南沿海省市和西部省份，市场行情十分敏感。为了把握市场行情，了解市场情况，掌握市场动态，安徽省加强了粮油市场价格监测预报工作。一是对全省100多个粮油价格监测点，进行分类型、分品种、分区域监测，按时上报价格信息资料，全面真实地反映了安徽粮食市场每一周的粮食价格变动情况。二是积极开发粮油价格信息资源。对各地上报的粮油价格资料，进行汇总、整理、加工，撰写简要的分析报告，提供给领导，并绘制成粮油品种价格走势图，供会员单位和粮食企业参考，为掌握市场动态和价格行情发挥了重要作用。

2. 北京市粮食局信息中心注重创新与实效，打造适应发展的工作新构架。2007年，按照北京市粮食局的部署和要求，北京市粮食局信息中心加大信息监测力度，多次进行实地调研，为市粮食局和相关部门提供了大量信息。北京作为大销区，90%以上的粮食需要从产区调入，市政府、市粮食局对粮油市场价格监测工作十分重视。信息中心组织员工认真细化信息监测工作：一是加强市场监督力度，对北京市7家骨干批发市场面粉、大米及食用油的批发价和交易情况定期进行抽查，掌握一手资料。二是瞄准北京市监测网络中的家乐福、美廉美、物美、京客隆、超市发、华堂、易初莲花等大型超市，在各区县和信息中心信息员报送信息的同时，加强市场监督力度，及时进行抽查，了解市场活的信息。三是把握北京周边及全国重点油厂的销售量和价格变动情况，及时了解金龙鱼、福临门、鲁花、汇福、绿宝等大品牌的食用油生产、销售情况。陆续在批发市场和超市增设花生油、调和油监测品种，密切监测油脂品种的连锁反应。四是掌握主要港口的进口食用油报价和到货情况。五是在已建立的主销区互动制度基础上，加强大中城市间的信息交流。六是通过国家粮油信息中心了解全国粮油市场情况。坚持通过中国粮食信息网及各大门户网站搜集粮油市场信息，掌握市场动态。信息中心多次对北京市的骨干批发市场、城八区的零售超市以及昌平、大兴、怀柔、密云等远郊区县进行实地抽查，监测市场价格，了解交易和库存的实际情况，及时汇总形成《城北回龙观商品交易市场食用油经营活跃》、《节前各重点批发市场价格稳定、备货充足》、《北京市三个重点批发市场调研情况汇总》、《北京市零售超市大豆油出现断档现象》等及时有效的信息上报市局。根据《北京市粮食供给应急预案》的要求，形成《北京市粮食供给应急预案之信息中心使用手册》，绘制《北京粮油市场信息监测预警工作流程图》，理顺应急预案的思路。4月初开始，全国乃至北京市花生油市场价格出现上涨， 5月底，散油价格也出现了上涨势头。为及时把握这些事件可能对北京粮食市场的影响，北京粮食局信息中心积极应对，密切关注北京粮食市场的变动，多次在第一时间组织人力深入市场，了解第一手的市场价格、购销存量的变化情况以及居民购买心理的变化情况，并及时向市粮食局汇报反映情况。信息中心与十八区县监测点保持密切联系，坚持进行抽查工作，及时把握市场动态，为稳定首都粮食市场作出了贡献。

3. 天津粮油信息工作坚持以“津粮网”网站为主导、以信息刊物为补充的信息发布体系，完善市信息中心和区县监测站两级价格监测体系，推进以市场导向和分析预测为主要功能的信息服务体系。继续在办好刊物上下功夫，针对近年粮油市场的价格起伏日趋激烈,对信息部编辑的5个刊物中传播周期较长的半月刊与内容简短的周刊合并为旬刊，在注重提高刊物质量的同时，加大刊物信息量，充实天津市场内容，增加了分析预测篇幅。除坚持对全市18个区县的粮油集贸市场价格进行日监测外，在2007年还增加对超市粮油价格日监测工作，向国家发改委、国家粮食局、天津市发改委和天津市粮食局等部门报送监测日报信息。2007年1月全国粮油价格快速上涨、2007年3~5月食用油价格快速上涨、5月份肉蛋价格较大幅度上涨、9~11月份食用油价格持续大幅上涨触摸历史高位等时期，市粮油市场监测系统都加大监测力度，每日及时、准确上报天津粮油市场零售与批发价格、货源供给情况，每周对天津市粮油市场变化情况及后期走势进行预测。经过几年的努力，终于形成了天津粮油市场粮油批发、零售价格较为全面、准确的系列数据和走势图。基层监测站中宝坻、蓟县、河北、南开等监测站也相应建立了自己的价格数据库和走势图，为全面、直观地了解天津粮油市场价格走势，分析市场、预测未来提供了科学依据。根据具体的形势和工作情况，巩固并适时调整粮油信息监测网点，稳定信息源基础，扩大监测品种的范围。同时，建立完整的应急通讯网络，快捷联系到基层监测站、点，及时准确地了解和反馈粮油市场价格波动情况，尤其在价格波动较大时期发挥了重要作用。河北、南开、河西、北辰、东丽、宝坻、蓟县、静海等监测站，不仅监测的内容丰富，而且粮油价格监测范围覆盖农贸零售、批发市场、粮油批发企业和超市，形成了突出本地特色的监测体系。宝坻、蓟县、河北、南开、津南、塘沽、汉沽等监测站的周、月市场综述以及品种价格走势分析预测，已经形成固定的信息在津粮网上发布。天津粮油价格指数自2002年6月建立发布以来，已经运转5年有余。由于它及时、准确、直观、全面地反映了天津地区的粮油市场价格变化情况，成为有关机构和人士研究、分析天津粮油市场行情的权威资料，成为研究和预测天津乃至全国粮油市场动态和趋势的重要依据。天津粮油价格指数以1999年1月为基期（基数为100）。基本涵盖了天津市粮油批发、零售市场主要品种。原零售价格指数包括：面粉、大米、绿豆、大豆、花生油、色拉油6个单品种指数和一个综合指数。原批发价格指数包括：小麦、玉米、面粉、大豆、豆油、色拉油6个单品种指数和一个综合指数。基础数据来源于天津市统计局、天津市粮食局及天津粮油批发市场价格体系。价格指数系统包括16个品种，零售价格指数包括：面粉、大米、玉米面、绿豆、大豆、一级豆油、四级豆油、花生油8个单品种指数和一个综合指数。批发价格指数包括：小麦、大米、玉米、面粉、大豆、一级豆油、四级豆油、花生油8个单品种指数和一个综合指数。

4. 黑龙江省粮油信息中心服务“三农”，创龙江品牌。2007年围绕省局确定的中心工作，结合批发市场的实际认真谋划全省信息工作思路，研究信息工作措施，深入扎实有效地开展了信息服务工作。围绕服务“三农”，拓宽信息服务领域，打造“两刊一网”、“农民服务热线”等龙江信息品牌，促进产销区信息合作，稳定粮食市场，以搞活粮食流通为目标，努力工作、不断创新，积极探索做好粮油信息的新思路和新办法。进一步完善了粮油市场信息服务体系，拓展了服务功能。一是建立了省、市（地）、县（市）、企业四级信息工作网络体系，明确了机构人员和工作任务。二是整合了信息资源，进一步完善了全省的粮食市场价格监测体系，形成了省、市（地）、县（市）、企业四级信息工作网络框架。目前，省内各种信息机构（分中心、工作站、监测点、直报点）和信息采集点已经分别增加到120个和1173个。三是加强对各级信息直报点的监督管理工作，提高上报信息的质量。通过多种渠道采集信息，有效地保证了信息来源的准确性、及时性和真实性。首先，我们通过全省粮食价格监测网络的采集点收集省内各品种的市场价格，形成每周一、周四上报制度，通过互联网络，在国内外各粮油信息网站、财经网站进行有价值的信息采集，通过电话咨询的方式，每周两次直接询问省内大型加工、转化、经营企业的生产经营情况，举办周例会，信息部的全体成员每周四下午都要举行一次信息分析例会。通过不定期的市场调研对省内个别市场波动比较异常的地区进行实地调研，得到第一手的资料，及时写出调研分析报告。全年相继在建三江、佳木斯、尚志、五常、庆安、鹤岗等地进行了调研。多次深入农户家中、田地等和农民交流。黑龙江省粮油信息中心主办的 “龙粮网”经过近8年多的发展，已经成为黑龙江地区最有影响力的粮油信息门户网站，日访问量已经突破1000人次。为了使更多的农民能够利用网络快捷地了解市场信息，解决自己在有关种植、销售等方面的问题，2006年初，在“龙粮网”上特别开辟了“农民之友”专栏。内容包括“粮农资讯”、“价格信息”、“问题反馈”、“产销区供求信息”等板块，不但让农民了解到当前的市场行情，也让农民通过网络媒体发布自己的供求信息。其中“粮农资讯”拓宽了信息渠道，增加了种植、田间管理等相关信息。就“问题反馈”中农民提出的当前粮食价格、市场走势以及疑惑等诸多问题及时反馈，无偿为农民提供参考，使其真正成了“农民之友”。本年度共为农民发布资讯信息1200条，价格信息1040条，替农民发布卖粮信息160条，在线回答农民提出的问题30条。

5. 山东省粮油信息中心积极推进信息化建设。2007年，山东省粮油信息中心认真做好省政府电子政务平台的拓展与应用。一是认真落实全省电子政务工作会议精神，做好新形势下的电子政务工作。省政府召开的全省电子政务工作座谈会，中心根据全省电子政务建成上下贯通、纵横互联、功能完善、安全可靠的电子政务网络的总体目标，认真修订了局电子政务建设规划。二是按照省信息化工作领导小组办公室的要求，认真开展局电子政务自查。三是积极配合省政府办公厅，做好基于政务专网的桌面视频通讯系统的建设。为提高政府信息化水平和应急处置能力，省政府办公厅组织建设基于政务专网的桌面视频通讯系统，按照省政府办公厅要求，我中心及时拟定了全局基于政务专网的桌面视频通讯系统的建设方案，积极组织实施，目前该系统基本运行良好，完全符合省政府办公厅要求。四是认真做好省政府专网人事分网的接入工作。按照电子政务建设统一部署，中心积极配合。关于“金农”、“金宏”工程的各项准备工作：一是积极做好“金农”工程立项、审批工作。“金农”工程山东粮食流通数据中心在完成可研报告后，中心将积极做好工作，争取早日建设。二是积极做好

"金宏"工程国家纵向网各项工作。9月，国家粮食局对"金宏"工程国家纵向网工程建设有关工作专门下发通知，中心按照国家粮食局要求，认真做好工程建设中的各项工作，目前这项工作正在有条不紊地进行。中心承担着省局内网、山东金粮网、国家粮食局山东分网、省政府专网省粮食局分网等四网的信息收集、加载工作，还承担着省委、省政府、国家粮食局政务信息电子报送工作，为把这些工作做好，花费了大量精力，保证了四网信息的及时、丰富、量大，保证了政务信息及时上报。一是积极做好全局6个项目的宣传报道工作。今年，全局各项工作硕果累累，共有6个项目建成、揭牌或投入使用，这6个项目分别是山东国家粮食质量检测中心揭牌、鲁粮商务酒店开业典礼、垦良大厦落成典礼、济南国家粮油交易中心隆重落揭牌、山东省商务职业学院新校区落成典礼、山东谷丰粮食储备库一期工程竣工典礼，中心全方位、全过程地进行了网上报道。及时报道了全省粮食工作会议、省局表彰大会、省领导视察山东省粮食局、全省粮食局长会议等30多个省局会议和活动等。二是主动配合办公室，做好上报省委、省政府、国家粮食局信息的工作。全年共通过省委党务内网、省政府专网、国家粮食网上报各类政务信息近200期。三是及时收集加载国内外有关粮油方面的最新信息。四是做好电子公文的接收。

6. 河北省粮油信息中心以服务为宗旨，2007年进一步完善系统网络体系，加大市场价格监测和预警预报工作力度，为政府决策和企业经营提供全面、及时、准确的粮食信息，为推进粮食流通现代化发挥了积极作用。河北省粮油信息中心在全省设立了162个基层价格报送点，每周上报各类价格，其中包括粮食购销企业原粮的购进价和出库价，粮油批发市场和集贸市场的成品粮批发价和零售价，油脂企业主要油脂油料品种的购进价和出库价等。在此基础上，建立了完整的价格数据库和查询系统，可随机查询并生成价格图表，力求使用户能够最全面、最直观地了解当前的粮食价格走势。同时，将粮食市场价格监测数据汇总整理后，及时报国家粮油信息中心、省发改委、省粮食局、省物价局等单位及相关领导，为决策提供价格信息依据。通过多种渠道收集、整理，发布大量、准确、及时的粮食政策、市场动态、市场行情等信息，每天从多家网站筛选信息投放在网站上，保证为省局及各级粮食管理部门提供完善快捷的信息服务。继续办好《粮食政策与信息》。进一步充实了分析队伍，指定专人对各个粮油品种的价格进行监测，力求准确把握市场走势，并定期对粮油价格进行分析预测，了解各方面信息，掌握最新动态，给市场以指导。加大监测分析力度，定期测报市场价格动态，预测走势，及时在网上发布。在维护好燕赵粮网的同时，继续做好冀粮政网、国家粮食局网站河北粮食站点和省政府网站中国河北站点粮油栏目的维护和信息发布工作。为做好这几项工作，指定专人负责收集、整理有关信息，及时发布到网上。

7. 吉林省粮油信息中心紧紧围绕粮食中心工作，积极开展粮油市场分析预测及网络管理工作，为粮食企业经营、农民增收提供信息服务，并努力探索新形势下粮油信息工作新思路。2007年认真做好《中外粮油信息》周刊的编辑、印刷、发行工作。加强了省国有粮食购销企业产权制度改革的深入报道，宣传粮食工作的有关政策及省粮改成果。积极主动扩大服务范围，做好每一期信息的编辑、排版和校对工作，确保发行质量。同时，为保证信息的时效性，改变了延续多年的刊物发行时间，将发行日期提前一天为领导决策和企业经营提供参考。继续本着"送信息下乡，为农民服务"的宗旨，在秋粮收购上市初期，深入到各市县农村，为广大农民提供信息服务，切实帮助他们了解市场，分析市场，把握市场机会。2007年吉林省粮油信息中心扩大市场监测范围，进一步完善粮油市场监测网络。继续完善粮油市场行情监测体系，加大对玉米、水稻、大豆等主要的粮食品种市场价格监测的力度。做到有专人负责价格上报、整理、汇总、发布等工作，确保价格信息真实可靠。自年初以来，把省内成品粮油的价格监测纳入工作之中，并及时发布监测报告。6月份，国内豆油市场价格异常波动，信息中心深入市场进行调查，全面收集基础信息资料并加以汇总、分析，形成专题报告《玉米市场走势分析预测》、《大豆及豆油、豆粕市场分析》，及时上报省局领导，并以"吉林粮食情况"报送省委、省政府及相关部门。与省内农业、气象、统计等部门密切交流，进一步拓宽信息来源渠道。为适应国内粮食市场供求形势的新特点，针对粮食市场的热点问题，加强力量深入基层开展实际调研工作，掌握了大量第一手资料，为进一步提高分析预测水平奠定了基础。自吉林省粮食局公众信息网（http：//grain.jl.gov.cn）开通以来，始终坚持对网上信息及时更新，确保信息的时效性。在此基础上，不断对网站进行改版升级、完善网站栏目，丰富、充实网上内容。并且加强了对省内重要粮食会议、粮食系统重要活动等新闻和现场图片的报道，做到及时加载上网。

8. 浙江省粮油信息分中心按照省粮食局确定的"抓改革、促发展、保安全"工作方针，紧紧围绕抓好粮食市场体系、粮食调控体系、粮食法治体系三大体系建设的主要任务，本着信息工作为各级政府和领导服务、为各类粮食企业和有关中介组织服务、为广大消费者和粮农服务的根本宗旨，多管齐下，继续扎扎实实地做好粮油市场信息工作。根据《浙江省价格监测预警办法》和《浙江省粮食安全应急预案》的要求，进一步修订完善了粮食流通统计制度中关于粮油市场监测的内容，自2007年1月1日开始执行。全省75个粮食批发价格监测点和40个零售价格监测点较好地执行了行情周报制度，9家重点粮食批发市场每日报送市场交易情况，及时反映粮食市场的行情变化。作为全国第二大缺粮省，粮食安全问题始终是浙江省粮食工作重点，分中心积极开展了对省内、国内和国际市场粮食供求关系、主要粮油品种市场价格走势的跟踪监测和综合分析，发现苗头性和趋势性问题，及时作出专题汇报。同时与省价格监测中心合作，加强对基层企业粮食竞价交易活动和市场成交价格等基本情况的了解和掌握。在早稻和晚稻上市前，专门发布早晚稻生产和市场价格信息。通过"粮油在线"网站这个载体，免费为基层有关单位发布粮食竞价销售、招标采购、招商等公开信息。一些基层单位反映，现在有拍卖等方面的信息需要发布，首先想到的就是"粮油在线"网站。分中心主动将经营者比较关心的国家最低收购价粮食销售动态，全国早稻、晚稻入库进度，全国各地粮食竞价交易情况，有关粮油市场分析会、研讨会、交易会等重要信息，及时在网站显著位置发布。对于一些读者提出的有关问题，能够耐心给予解答，或帮助查阅相关信息，通过各种服务，不仅促使了政府部门的职能转变和服务意识的逐步强化，也使"粮油在线"网站成为省粮食局对外服务的一个重要窗口。

9. 上海粮油市场信息工作认真贯彻落实《国家粮油信息中心关于全国粮油信息网络发展的工作意见》，积极推进粮食市场信息工作，并取得新成效。一是通过上海粮食网上的粮食批发市场监测系统，采集和发布上海粮食批发市场粳米、籼米、面粉、大豆、玉米、豆油当日成交价格行情，周、月价格动态以及价格走势。另外，10家粮食批发市场每日通过这一监测系统向粮食行政管理处报送粳米、面粉、大豆、豆油的进货量、销售量、库存量、价格和粳米来源地区构成。通过信息化持续动态监测，提高了对粮油市场变化的快速反应能力，特别是在发生粮油市场价格波动期间，使市粮食行政管理部门及时了解粮食批发市场动态，为领导制定调控决策提供服务，发挥了应对粮油价格波动及时有效的作用。二是在上海粮食网"粮油市场"栏目发布本市、国内和国际粮油市场行情走势及趋势分析预测等信息，为区县粮食部门和全社会粮食经营企业提供市场信息服务。三是建立和完善粮油市场价格信息采集点，按时向国家粮油信息中心上报上海粮油市场信息。为进一步适应粮食市场经济的发展，在广泛征求意见的基础上，对《中外粮油信息上海版》进行了改版，并改名为《中外粮油信息》。首先，对栏目进行了调整，以提供粮油供求及市场走势分析预测、粮食部门工作动态和国内外粮食资料信息为主，强化信息时效性，增强资料可读性，使之成为集权威性、前瞻性、资料性与参考性于一体的上海市粮油信息内部刊物，更加符合读者需求。其次，对封面、内页、纸张等也进行了全新设计。以提供优质服务为宗旨，做好《中外粮油信息》的编辑和出版工作，及时反映本市和外省市粮食行政管理部门最新工作动态，收集、刊登全国粮油市场分析预测报告和美国农业部粮食、油料月度分析预测报告以及联合国粮农组织发布的世界粮食生产、供求等信息，增强信息的权威性、可读性。

10. 福建省粮油信息中心认真贯彻全国、全省粮食市场信息工作会议精神，按照新年度粮食市场信息工作要点，从加强信息基础工作入手，改进工作手段，努力提高市场信息工作质量和工作水平，取得了一定的成绩。一是努力做好福建粮食信息网信息发布工作，保证福建粮食信息网的正常运行。每日对网站的内容进行及时的更新和维护，不断充实和提高信息的数量和质量，以更好地为政府部门、粮食经营企业和广大农户提供信息服务，同时加强了省内各地市粮食市场信息的搜集、整理和更新。二是认真做好国家粮食局网站福建栏目和省三农服务网中粮食信息的维护工作。不仅及时将重要粮食政务信息发布到两个网站上，同时还注意加强了粮食市场信息的发布。中心积极扩大服务范围，努力开展《中外粮油信息》刊物的征订工作，为更好地为粮食企业服务，中心积极开拓征订渠道，加强与省粮食行业协会的合作，将省粮食行业协会会员单位发展为《中外粮油信息》刊物的用户，扩大了刊物的影响范围。根据《福建省粮食局应对突发事件粮食供应工作预案》的要求，中心继续积极努力地做好市场粮油动态收集、监控和测报工作，并结合自身实际，对市场价格信息监测工作，包括监测点的选择、监测品种等进行了补充完善，进一步完善了省粮食市场价格监测网络，目前共设立批发市场价格监测点14个，零售市场价格监测点15个，收购价格监测点11个，出库价格监测点11个，形成了一套比较完整的价格监测体系，能够对全省主要粮食批发市场、零售市场的主要粮油品种的价格进行及时准确的价格监测，在本年度粮食价格波动之际及时为主管部门提供翔实准确的价格信息以供进行决策依据。同时，中心积极配合福建省农产品价格信息服务工作联席会议，一如既往地做好价格收集汇总工作，每周按时将全省粮食出库、收购、零售、批发价格上传到“福建农产品价格信息服务网”。为了及时把握各地粮油市场动态和行情，中心要求各地要随时反映市场行情和动态，积极开展区域市场研究和预测工作。同时，中心每周都及时广泛收集与粮食流通有关的各类信息资料，综合省主要粮油价格的情况，对省粮油市场行情的变化发展进行分析预测，形成了短小精悍的《福建省粮油市场价格一周简析》，为各级粮食主管部门和网员单位及时掌握全省的价格动态和特点提供了方便。为进一步强化福建粮食信息网的政府网站性质，更好地加快粮食部门职能转变的步伐，加强对粮食行业的指导，加大粮食工作的有关政策措施宣传力度，努力完善政府网上办事、信息咨询和政务公开功能，中心对福建粮食信息网进行了较大规模的改版，新增了各类与用户实时沟通、交流反馈的栏目和通道，并增加了行风评议和政风建设栏目，提供了网上投诉信箱，为群众和省粮食局进行意见交流提供了更多的沟通渠道，提高了办事效率。同时提供了更全面的政务公开信息，将所有能公开的、不涉密的粮食局公文都在网站上公开，进一步提高了省粮食局行政办公的透明度。目前，福建粮食信息网已经成为省粮食局面向社会、面向市场提供信息服务的重要载体。

11. 重庆市粮油信息工作坚持以服务“三农”、服务粮油经营企业者、服务粮食市场流通、服务粮食流通体制改革和粮食经济的发展为重点，认真按照上一年粮油信息工作会议提出的工作思路和要求，加强市场价格监测系统建设和维护，密切关注粮油市场、监测粮油市场的动态变化，努力做好粮油市场分析预测工作，为各级政府粮食宏观调控决策提供可靠的依据。2007年，全市粮油信息工作紧紧围绕上年提出的工作重点，着力于市场价格的监测和市场动态分析预测，努力做好信息服务，认真完成国家粮食局、国家粮油信息中心和市粮食局提出的各项工作任务。市粮油信息中心加强了粮油市场分析预测工作，利用重庆市粮情监测系统提供的第一手资料，做到每周有简评、半月有概述、每月有综合评述、季度有分析、半年有全面的分析与预测，并结合粮食生产、供求、消费等情况的变化，开展有针对性的市场调查，从供给和需求的角度，对粮油产量、库存量、进口量、不同用途的消费与使用量、出口量和期末库存进行研究，形成有针对性的调查分析报告。各区县在粮油市场分析、预测和工作情况等方面的上报材料数量增加，文章质量提高，分析预测的准确度有所提高。为充分发挥“重庆市粮情监测系统”的功能，增强对全市的粮油价格的全面监测，确保粮情监测系统的运行，实现粮油市场信息的高效、快捷传递，及时、准确地反映粮食市场经济活动动态变化。2007年，加强了对粮油信息网的管理维护工作，认真完成价格监测资料的整理、粮情分析与预测等信息资料的加载和更新，并对粮情监测系统进行了完善，增加了更多的板块和内容，信息更加全面，更好地实现了推行政务公开、宣传粮食政策、沟通粮食产销、指导粮食工作等功能。目前，各区县（自治县、市）上报价格监测信息和下载信息资料均在“重庆市粮情监测系统”上完成。通过网络传输、接收资料，提高信息传递效率，增加信息的时效性，提高工作效率。2007年食用油价格多次大幅度的上涨，市政府领导、局领导和相关的新闻媒体对此高度关注，要求提供粮油价格快速上涨的分析材料，市民也电话咨询，根据中心掌握的情况给他们较为满意的答复。按照国家粮食局统一部署和要求，积极落实、完成了粮油价格监测点的选定工作，并组织各价格监测点的上报人员参加国家粮食局举办的培训班，学习上报软件的使用方法。承担价格上报任务的7个粮油价格监测点认真按照国家粮食的要求上报当地的价格和市场信息。

12. 湖北省粮食信息中心与华中粮食中心批发市场有机结合，在省局各级领导的重视和帮助下，有了长足的发展。信息工作发展思路进一步明确，信息化建设投入不断增加，信息网络和服务功能日益完善，价格监测力度不断加大，分析预测水平得到提高，市场交易量明显扩大。“湖北粮食网”是湖北粮食市场通向全国和世界的桥梁，是市场交流和网上交易的平台，为湖北粮食企业与省内外粮食企业的交流合作提供了快速通道，提高了时效性。加大了粮食主要品种市场价格的监测力度，做到有专人负责价格的上报、整理、汇总、发布等工作，确保价格信息真实可靠。不断完善粮食市场价格监测体系，建立了全省粮油市场价格监测点30个，并通过“湖北粮食网”的报价系统，基本实现了网上价格直报。省粮食局网站的湖北省粮油价格和全国粮油价格栏目均直接与“湖北粮食网”价格中心联系，湖北省人民政府门户网站的热点专题“湖北粮油价格”与“湖北粮食网”价格中心也建立了链接。同时，被国家发改委价格监测中心确定为全国重点农产品批发市场采报价定点单位。中心及时对粮食市场行情的变化和发展趋势进行分析预测，力求做到准确把握市场行情，客观分析市场变化，并提出合理化建议。《粮食市场信息》刊物，是中心信息发布的一个重要方式。为了确保粮食信息准确、及时、全面，对各地的相关资料进行严格筛选，认真审稿，严把质量关，保证省局及各级粮食管理部门提供完善、快捷的信息服务，更好地满足不同客户的需求。《粮食市场信息》刊物适时增加了“他山之石”、“关注食用油”、“粮油购销”、“市场动态”等专栏，对市场每半个月的竞价交易情况及时进行数据汇总分析。

13. 陕西省粮油信息中心积极开展全省粮食系统信息化建设工作，取得成绩，对促进全省粮食系统信息化建设起到积极作用。全省粮食系统信息化工作由一名分管局领导主抓，局办公室负总责，省粮油信息中心负责具体工作。陕西省粮食局门户网站于2007年7月5日正式开通，网站的日常运作管理和维护由省粮油信息中心负责。2007年7月17日省局下发了《陕西省粮食局门户网站信息公开试行办法》，7月20日省局又下发了《陕西省粮食局门户网站管理办法（试行）》，对网站的日常管理和信息的发布与审核作了严格的规定。7月23日省粮食局网站完成了与省内所有开通网站的市粮食局的网站链接，8月9日与国家粮食局网站实现连通，8月27日与陕西省人民政府网站实现连通，完成了主要信息渠道的对接。网站正式开通4个多月，浏览点击量已达26000多人次，初步形成了全省粮食系统信息枢纽的雏形。由省粮油信息中心具体负责，陕西省粮油科学研究设计院规划实施，建设了陕西省粮食局机关局域网。目前省粮油信息中心已全面接管局域网的运行管理和维护工作，正等待与陕西省电子政务网进行挂接，实现局机关的办公自动化。2007年依托粮科院计算机技术力量和信息业务力量对中心机构和人员进行了重组，实现了省直系统信息业务、信息技术和信息管理等多方面资源的有效整合。整合后，省粮油信息中心的业务职能有所拓宽，在继续承担原有职能和信息业务的基础上，围绕省粮食局机关和全省粮食行业的信息业务开展工作。确保省局机关信息设备、设施和网络的正常运转，处理省粮食局交办的信息工作的各项任务，对全省粮食信息工作进行技术支持和业务指导，为全省粮食系统的信息化建设打下了坚实的基础。目前全省的11个市（区）已有7个市的粮食局建立了自己的网站。

14. 云南粮油信息分中心把信息工作放在为领导决策服务、为粮食企业增效服务、为粮农增收服务、为确保灾区和贫困地区粮食市场和价格稳定的服务上，抓重点、抓落实，依托云南省粮食局电子政务门户网站，积极开展粮油信息监测、收集、整理和上报工作。省局领导要求各级粮食部门要加强对粮食市场监测和预警工作,密切关注库存、销售、加工数量和价格走势等情况,及时对粮油供求形势及其变化趋势进行分析预测。信息中心2007年加强了对全省38个粮油集市价格监测点，特别是受灾地方和主要粮食市场的粮油市场的标一粳米、标一中籼米、标一晚籼米、二等玉米、标一面粉、二级菜油六个品种的供求、价格变化等情况要重点进行监测和分析，实行日报告、周分析制度，加大监测频率和密度。加强了与市场经营大户的信息沟通，了解主要粮食品种的经营成本及价格。加强了与发展改革委、统计局等部门的工作联系，建立定期分析制度，逐步统一数字口径，确保信息的准确性和时效性，提高监测工作效率，为各级政府及时决策提供依据。建立健全了工作机制，每半个月对全省粮油价格进行综合分析并上报。根据《云南省粮食局电子政务实施方案》，信息中心已经建立了云南省粮食局电子政务门户网站，电子政务门户网站初步设置12个板块，即基本栏目、工作动态、通知通告、价格行情、决策参考、网上办事、公众反馈、局直属单位、州市粮食局、粮食行业协会与粮食经济学会、便民服务和友情链接，其中基本栏目设置14个子栏目，即政务公开、政策法规、粮食财务、流通统计、监督检查、质量管理、企业改革、基础设施、粮油科技、粮食保管、党建工作、人事教育、工青妇园地和老干之窗。云南粮油信息分中心依托云南省粮食局电子政务门户网站，专人负责，将每日标一粳米、标一中籼米、标一晚籼米、二等玉米、标一面粉、二级菜油6个品种粮油集市价格发布到价格行情栏目，确保价格信息的实效性、连续性，绘制出主要粮食品种的收购、销售价格走势图，使所提供的粮油市场信息更具准确性、实效性。

三　粮油统计信息

根据国务院下发的《关于进一步深化粮食流通体制改革的意见》（国发[2004]17号）的文件精神和《粮食流通管理条例》的相关规定，国家粮食局研究制定了覆盖全社会的《国家粮食流通统计制度》，自2005年正式实施。三年以来，在各地粮食行政管理部门的大力支持和广大粮食统计人员的共同努力下，新的粮食流通统计制度得以较好地贯彻实施，对掌握我国粮食流通状况发挥了重要作用，取得了显著成效。

（一）依法统计的观念逐步深入人心，为开展全社会粮食统计创造良好的社会氛围

在贯彻落实《粮食流通管理条例》的同时，各地加大对新的粮食流通统计制度的宣传力度，利用报刊、杂志、电视等媒体，向社会各方面宣传粮食统计制度的内容和有关规定，提高了各类涉粮企业对依法统计的认识，使各项统计调查活动逐步得到理解和支持，为新制度的顺利实施创造良好的社会氛围，实现了从部门统计向全社会统计的职能转变。

（二）获取了大量统计信息，为做好粮食宏观调控提供了可靠的决策依据

一是通过粮食统计旬（月）报、市场信息周报等日常统计工作，基本掌握了全社会粮食流通状况，及时反映了全国粮食收购、销售、库存、价格等变化情况。认真组织开展全社会粮食供需平衡调查工作，全面掌握粮食生产、流通、消费、库存等情况，对全国粮食供求现状、面临的形势和未来发展趋势，作出全面、深入的分析。在粮食收购旺季或市场价格异常波动期间，建立信息日报制度，及时反映新粮特别是最低收购价粮的收购进度和价格水平，随时掌握粮油市场出现的新情况和新动态。二是初步掌握了粮油加工企业数量、生产规模、区域分布，主要粮油产品的产量，以及粮油加工业经营效益等情况，为科学制定粮油加工业发展规划、正确指导粮油加工健康发展提供了主要依据。三是基本摸清了全国粮食仓容规模、仓型、区域分布、使用状况以及仓库其他配套设施等情况，为准确把握和分析实行粮食最低收购价政策地区仓容情况、科学安排跨省移库粮食数量发挥了积极作用。四是基本掌握了粮食行业机构设置和从业人员构成等情况，为加强粮食行业管理，做好粮食行业从业人员培训工作，提供了基础数据。

（三）不断改进和完善统计制度，逐步形成一整套粮食流通统计调查体系

按照《粮食流通管理条例》的规定，为不断适应粮食流通发展变化的新形势，满足宏观调控的要求，进一步完善粮食流通统计制度，已逐步建立了4个粮食流通统计调查体系：涉粮企业定期统计报告体系、社会粮食供需平衡统计调查体系、社会油料及食用植物油供需调查体系和粮油市场信息监测体系。目前纳入日常统计范围的各类粮食经营企业和转化企业数量超过10万个，农户粮情固定调查点7.5万个，信息直报点332个。随着统计对象的覆盖面不断扩大，统计数据也越来越全面、准确。

（四）有力推动了各地粮食流通统计工作，在制度、队伍和信息化建设方面均取得较大突破

为切实履行《粮食流通管理条例》赋予的全社会粮食流通统计的职能，认真执行《国家粮食流通统计制度》，各省粮食部门制定了省级粮食流通统计制度和粮食统计台账，并统一印发至各有关统计对象。同时，各地积极充实统计人员，落实统计工作经费。特别是《国务院关于完善粮食流通体制改革政策措施的意见》（国发[2006]16号）文件下发后，各地粮食部门根据粮食流通统计工作的需要，进一步落实了统计调查职责、机构和人员，将统计工作经费逐步纳入了各级财政预算。各地还稳步推进统计信息化建设，基层粮食统计工作条件逐步改善，粮食流通统计工作迈上新的台阶。

粮食流通基础设施建设

2007年，粮食流通基础设施建设投资统计制度建立并正式开展年度统计，《粮食现代物流发展规划》发布实施，各主要物流通道和节点建设初见成效，粮食现代物流体系建设迈出实质性步伐，农村粮食产后减损安全保障工程试点项目启动，配合执行最低收购价政策的主产区仓房维修改造投资和规模进一步扩大，粮食工程建设标准体系进一步完善，粮食流通基础设施建设各项工作取得了重大进展。

一　粮食现代物流体系建设取得实质性进展

为指导今后十年我国粮食物流的发展，国家发展改革委会同国家粮食局编制了全国《粮食现代物流发展规划》，并由国家发展改革委以专项规划的形式于2007年8月发布实施。为加强主要物流通道和节点的散粮设施建设，做好国家投资支持的粮食现代物流项目管理，国家发展改革委会同国家粮食局制定了《粮食现代物流项目管理暂行办法》，并先期筛选了一批条件成熟的重点粮食物流节点项目，共安排2007年度和2008年度中央预算内补助投资3亿元，对60个项目进行了重点投资扶持。全国粮食现代物流发展规划的发布实施和中央补助投资的安排，有力地推进了各地粮食现代物流体系的建设工作，一些主要物流通道和节点项目相继开工建设，散粮汽车等运输装卸新技术新设备得到进一步推广和应用。对一些关系粮食安全和保障"北粮南运"重要物流节点项目，各地政府积极给予投资扶持和引导，坚持政府主导、市场运作，实行投资主体和经营主体多元化，吸引和鼓励社会多元经济主体参与项目建设。据不完全统计，目前我国在建和规划建设的总投资在1000万元以上的粮食物流项目约460多个，计划总投资约560亿元。

二　粮食流通基础设施建设投资统计工作正式开展

2007年是国家建立粮食流通基础设施建设投资统计制度、开展投资统计的第一年，各级粮食行政管理部门高度重视，克服困难，较好地完成了此项统计工作。据统计，2007年度全国粮食流通基础设施建设各类项目完成总投资161.24亿元，新增或维修改造仓容1963万吨，其中立筒仓和浅圆仓175万吨；购置各类设备3.74万台（套），增加散粮接收发放能力7.89万吨/小时。年内共建各类项目6249个，其中投产项目4872个，在建项目1377个。各地积极筹措资金，加强粮食流通基础设施建设，以保障粮食安全，推进粮食现代物流发展，以企业为主体、各级政府适当予以扶持和引导、拓展多渠道投资的粮食流通基础设施建设投资方式正逐步形成。

三　主产区仓房维修改造取得实效

2007年全国粮食仓房维修改造投入资金约13.8亿元，主要集中在粮食主产区，北京、云南、广西、贵州等非主产区也积极筹措资金，加大对仓房维修改造的投入。为确保2007年最低收购价政策的贯彻落实，解决粮食主产区仓容不足和收储条件差的问题，2007年共安排中央财政专项补助资金2.1亿元，用于河北、江苏、安徽、江西、山东、河南、湖北、湖南、四川9个粮食主产省最低收购价粮食收储库点的仓房维修改造。到2007年底，上述9省的维修工作全面完成，除河北、山东两省外，其余7省共安排维修资金8.58亿元，维修库点9741个，维修仓容2227万吨。本年度维修资金、库点和仓容数量均远大于2006年（约两倍）。通过这次维修改造，上述地区的仓储设施得到了较大改善，仓容不足的压力得到了缓解，科学储粮水平不断提高，一些地区露天储存粮食的数量大为减少，这对于增强粮食主产区的仓储能力、保障最低收购价政策的顺利实施起到了重要作用。但是，从粮食主产省现有仓储设施条件来看，一些基层库点的条件仍然较差，不能满足最低收购价粮食收购的要求。为此，国家粮食局经过认真调查核实，研究提出了2008年11个主产省的仓房维修改造投资需求和总体方案，积极向国家有关部门争取中央财政资金支持，以进一步缓解粮食主产区仓容不足的矛盾，保证执行最低收购价政策所需的收储能力，切实保护好种粮农民的利益，确保储粮安全。

四 农村粮食产后减损安全保障工程启动试点

为贯彻落实温家宝总理关于做好农户储粮工作的批示精神，加强对农民储存粮食的技术指导，改善我国农户储粮条件，减少粮食产后损失，保障国家粮食安全，推进社会主义新农村建设， 在多次深入调研和论证的基础上，国家粮食局研究提出了《农村粮食产后减损安全保障工程总体方案》和2007年试点方案，并制定了《农村粮食产后减损安全保障工程2007年试点项目实施办法》。国家安排2007年中央预算内补助投资600万元，用于辽宁、四川、山东三省2007年试点（三省试点总投资2120万元），为符合项目选点要求的3.2万个农户建设（改造）标准化小型粮仓、配置新型储粮装具，对农户进行科学储粮培训和技术指导。计划通过三省的试点工作，为正式实施农村粮食产后减损安全保障工程，在全国推广农户储粮新装具、新技术打好基础。试点省地方政府配套资金已落实，各试点省均已初步建立技术服务体系，装具已开始批量生产，预计在2008年8月底前全部完成项目试点。在试点专项的带动下，未纳入全国试点的部分省份也积极筹措资金，推进农户储粮减损工程。计划在三省试点工作的基础上，国家粮食局将进一步明确项目组织管理模式和国家补贴标准、资金拨付方式等问题,争取在2008年将再选择一些工作基础和技术支撑条件较好、地方和农民积极性较高、粮食品种、地域条件等较典型的粮食主产省进一步扩大试点。

五 粮食储藏实验室建设项目开工建设

为改善科研条件，提升科研基础设施水平，国家粮食局在继续做好小汤山中试基地改造、信息系统安全基础设施改造工程等中央预算内投资基本建设项目建设和验收工作的同时，总投资2032万元的粮食储藏实验室建设项目已经开工建设，计划2009年竣工验收。该项目将建设室外180型实验仓、室内180型、2型和3型等系列实验平台，配备进出粮工艺设备，仓体设备，环流熏蒸、气调、通风、降温、烘干设备，粮情测控、储粮水分检测、害虫和霉菌检测、粮堆重量及压力检测、通风控制及流量均匀性检测系统，气体检测装置，计算机信息管理系统等新型工艺设备。粮食储藏实验室的建设，将填补国内粮食储藏科研平台的空白，为我国粮食储藏科学高水平的基础研究、应用研究提供技术条件保证，为提高我国粮食储藏科技水平和创新能力提供良好支撑。

六 粮食工程建设标准体系进一步完善

为规范和指导粮食流通基础设施建设，在继续做好《粮库管理信息系统建设标准》、《粮食仓房维修改造技术规程》、《散粮接收发放设施设计规程》、《粮食立筒库设计规范（修订）》、《粮食工程建设设计文件编制深度规定》、《粮食工程建设设计施工图审查要点》、《粮油仓库工程验收规程》、《粮食工程建设技术标准体系》、《植物油库建设标准(修订)》、《植物油库设计规范》10项粮食工程建设标准和技术规范的编制的同时，国家粮食局在2007年又启动了《粮食物流园区总平面设计规范》、《散粮汽车配置标准》、《粮库管理信息系统设计规范》、《粮食工程可行性研究报告编制深度规定》、《农户小粮仓及储粮装具技术标准》5项标准的编制工作。《粮食立筒库设计规范（修订）》、《粮食工程建设设计文件编制深度规定》、《粮食工程建设设计施工图审查要点》3项粮食工程建设行业标准已于2007年底批准发布，并于2008年2月实施。为规范粮食工程建设标准管理，国家粮食局制定发布了《粮食工程建设标准管理办法》。上述粮食工程建设标准的编制和发布实施，将对推进和规范粮食物流设施建设、仓房维修改造、农户储粮试点等专项设施建设工作奠定坚实的基础。

中央储备粮代储资格认定

2007年，国家粮食局就中央储备粮代储资格认定工作进行了广泛深入的调查研究，根据调查研究的结果，部分启动了中央储备粮代储资格认定工作，并对检查出不符合规定的企业、申请变更事项的企业进行了处理。

一 集中开展中央储备粮代储资格检查活动

2007年2月下旬至6月上旬，国家粮食局先后派出16个检查组、110人次，对20个省份的232户代储资格企业进行了现场检查，通过检查，得出以下结论：

1. 中央储备粮代储资格企业总体状况良好。从检查的结果看，绝大部分企业的申报材料与实际情况一致，设施设备条件符合要求，企业管理规范。检查的资格企业中，基本符合要求企业204户，占检查企业的87.9%，其余的占12.1%。

2. 资格企业在中央储备粮的保管中发挥了重要作用。从检查的情况看，有2612.9万吨中央储备粮存储在资格企业中，占这部分省份中央储备粮数量的65.8%。这些资格企业在管理上比较规范，在确保中央储备粮数量真实、质量良好、储存安全中发挥了重要作用。

3. 代储资格认定标准在仓储设施建设与管理方面，起到了标准示范作用。目前，中央储备粮代储资格认定标准已经成为企业进行仓房改造和仓房建设的标杆。

4. 部分资格企业存在不同程度的问题。一是部分资格企业在门窗密闭、装备计算机测温系统和机械通风设备、仓房编号等方面还存在问题。二是重大变更未按规定上报，反映监管还存在漏洞。

二 研究完善中央储备粮代储资格认定政策

在广泛调查的基础上，国家粮食局对影响中央储备粮代储资格认定的重大问题进行了专题研究，提出了完善代储资格认定制度的意见建议。

1. 关于中央储备粮代储资格企业总量问题。总体上看，中央储备粮代储资格企业已经能够满足中央储备粮代储的需要，但是存在资格企业布局与中央储备粮布局不适应的问题。

2. 关于2.5万吨最低仓容规模规定的问题。综合考虑中央储备粮应适当集中存放，小粮库在设施、设备、管理上达标比例较低以及全国2.5万吨以上规模粮库可以满足中央储备粮存储规模的要求等因素，应继续维持现行单一库区取得资格仓容不小于2.5万吨的标准不变。

根据调查研究结果，国家粮食局于2007年9月决定恢复下半年代储资格认定工作。2007年申报中央储备粮代储资格的企业范围是：上海、浙江、福建、广东4省（市）辖区内的国有粮食企业，其他省（区、市、单位）2006年12月前曾申报过中央储备粮代储资格的企业。

三 调整中央储备粮代储资格认定标准

为规范中央储备粮代储资格认定行为，提高中央储备粮代储资格企业质量，根据《中央储备粮代储资格认定办法》和《中央储备粮管理条例》的规定，国家粮食局决定调整中央储备粮代储资格企业粮油保管、检验人员的审核标准。标准从各类各级部门单位颁发的资格证书、专业院校毕业证书、培训证书均符合要求，调整为：新申报企业的粮油保管员、粮油质量检验员必须获得国家粮食局统一颁发的《职业资格证书》。已经获得代储资格的企业在提出延续申请时，持有国家粮食局统一颁发的《职业资格证书》的粮油保管员、粮油质量检验员数量必须达到规定要求。

四 2007年度中央储备粮代储资格认定情况

2007年下半年，国家粮食局开展了第六批资格认定工作。本次共收到26个省（单位）205户企业的申请。经审核，决定授予河北藁城国家粮食储备库等23户企业代储资格，其中粮食类企业22户，授予资格仓容70.3万吨；油脂类企业1户，授予资格罐容2.6万吨。

五 中央储备粮代储资格企业变更情况

报告期内，共有336户企业申请代储资格变更。变更结果是：取消9户企业代储资格，取消20户企业部分仓房资格，合计取消资格仓容68.8万吨，取消资格罐容0.4万吨；122户企业名称发生变化；180户企业属于备案性变更；7户企业提出的变更事项不符合规定要求，不予以变更。

六 严肃处理违反规定的代储资格企业

中盛粮油工业（镇江）有限公司违反规定，将中央储备油与其他业务混合经营，同时存在擅自动用中央储备油、挪用中央储备油专项贷款等问题。上述行为已经违反了《中央储备粮代储资格认定办法》的有关规定，国家粮食局决定取消该公司中央储备粮（油脂类）代储资格。

至此，全国共有1772户企业取得了粮食类中央储备粮代储资格，取得资格仓容9168万吨；157户企业取得了油脂类中央储备粮代储资格，取得资格罐容183万吨。

粮食安全生产

国家粮食局于2006年发布了《国家粮食局关于加强粮食行业安全生产工作的指导意见》，提出了粮食行业安全生产工作的宗旨，明确了粮食行政管理部门的主要职责和工作目标，确定了粮食行业安全生产工作的重点，建立了安全生产责任制、安全生产检查制度、事故报告制度和责任追究制度，提出了建立安全生产长效机制的具体措施。《指导意见》发布后，粮食行业安全生产逐步走向正轨。2007年，国家粮食局主要从加强粮食企业应急管理、坚决遏制重特大事故、汲取安全生产事故教训等方面开展工作，粮食行业安全生产形势平稳。

一　加强指导，强化粮食企业应急管理工作

要求各级粮食行政管理部门督促企业以编制企业应急预案为契机，认真研究粮食企业生产管理工作中存在的不足和隐患，明确管理目标，理顺管理程序，改进管理方法，完善管理机制，强化企业管理基础，提高企业管理水平。要分析本企业风险隐患特点，本着“简明、管用、注重实效，有针对性和可操作性”的原则，在年底前完成企业应急预案编制工作，并抓紧建立企业应急管理组织体系。预案编制过程中要充分吸收专家的意见和建议，提高预案质量。按属地管理原则，各粮食企业及时将预案报当地粮食行政管理部门和有关单位备案，并开展多种形式的演练，以改进和提高企业应急管理水平。

要求各地区各单位建立并完善粮食行业安全生产监管体系。要将粮食行业的安全生产工作纳入粮食行政工作体系，切实担负起行业管理与指导的责任，做到领导到位、人员到位、责任到位、措施到位。在做好国有粮食企业安全生产监管工作的同时，要加强与非国有粮食企业的联系，探索强化非国有粮食企业安全生产监管的方式和方法，提高监管能力。各地粮食行政管理部门要加强对粮食企业应急预案编制工作的指导。对企业备案的应急预案，要与有关部门共同做好审查工作，提高企业应急预案水平。要注意企业与企业间应急预案的衔接，发挥不同企业优势，充分利用社会资源，形成有地方特色的粮食企业应急预案体系。

二　突出重点，认真做好粮食行业安全生产工作

2007年度粮食行业安全生产工作的重点是：

一是提高对安全生产工作重要性的认识。国家粮食局在《中国粮食经济》杂志和局政府网上建立了“粮食行业安全生产知识”专栏，宣传安全生产政策、规定和做法。各地要采取多种方式和方法，切实提高各粮食企业负责人的安全生产意识和安全生产知识水平。力争用一年左右的时间，将基层粮食行政管理部门负责安全生产的同志、粮食企业的主要负责人培训一遍。

二是加强仓储设施设备安全管理，防范安全生产事故发生。要求各地粮食行政管理部门指导粮食企业做好仓储设施设备的维护工作。严格按设计要求装粮出粮，严格按规程组织作业。要加强作业现

场管理，防止安全生产事故发生，特别要注意防范粉尘爆炸事故的发生。

三是认真做好防汛工作。要求各级粮食行政管理部门和粮食企业要加强与气象部门的联系，加强预测预报，防止极端气候现象对粮食企业和库存粮食造成威胁。处于水患区的粮食企业，要控制粮食库存水平，并采取必要的防范措施。

四是做好露天储粮的仓储管理。要重点关注露天储存粮食的粮情变化趋势，加大对露天储粮的检查监测频率，确保粮食品质。要严格按规定的程序搭建露天储粮设施，并加强现场管理，防止出现粮堆坍塌事故。

五是加强粮食收购现场管理。要求收购企业加强对现场车辆、人员的管理，禁止无关人员进入粮食收购现场，防止出现意外伤亡事故。要加强现场火源管理，禁止在收购现场、仓房内、储粮区内吸烟，禁止在收购现场、入粮仓房内动用明火。

三 汲取事故教训，提高行业安全生产管理水平

2007年4月4日，安徽省霍邱县西湖粮食购销公司9名工作人员以及公司临时聘用的10名临时工在对麻纺厂储粮点熏蒸作业过程中，发现丢失磷化铝1瓶（规格500克）。丢失事件发生后，现场人员立即组织追查，并于4月9日向公安机关报案，但丢失药剂尚未追回。

4月29日，中国华粮物流集团公司所属北良有限公司在清仓作业时，该公司聘用的庄河劳务公司职工李某在用钢钎疏通板结大豆时因用力过猛，身体失去平衡，坠入仓内出粮口，被粮食掩埋窒息死亡。

6月18日凌晨，山西省稷山县引黄水库发生溃坝事故，洪水袭击了山西省稷山省粮食储备库，导致该库倒塌围墙1000米，倒塌锅炉房1座，4栋存粮仓房进水，浸泡粮食约450吨。

事故发生后，安徽省粮食局、中国华粮物流集团公司、山西省粮食局立即派人赴现场组织事故处理，调查事故原因。国家粮食局将3起事故情况向各地做了通报，并提出以下要求。

一是加强安全生产培训，切实提高粮食企业负责人安全生产意识。让企业负责人了解相关的法律知识，熟悉企业的安全生产状况，切实提高企业负责人的安全生产责任意识和危机意识，为做好安全生产工作创造一个良好的政策环境。

二是加强制度建设，严格按规定组织作业。要求粮食企业健全企业安全生产责任制，落实企业安全生产岗位职责，完善企业相关管理制度，建立规范的生产作业流程。企业要加强职工业务培训，加强对临时聘用人员的管理，严格按规定组织作业，防止安全生产事故的发生。

三是加强储粮化学药剂管理，规范熏蒸作业行为。要求各级粮食行政管理部门推进储粮化学药剂中心库建设工作，加强药剂库的安全保卫措施，严格执行双人双锁管理规定。严格药剂领用和库存管理，防止药剂丢失流失。开展熏蒸作业前必须制订科学周密的工作方案，并严格按规定做好各项防护工作，防止出现伤亡事故。

四是加强出租设施和聘用人员管理，防止安全生产事故发生。请有关粮食企业在开展多种经营或分包业务时，必须在合同中明确安全生产责任、义务和安全生产规定。企业要加强外来单位和人员的日常安全管理，不能以包代管。各级粮食行政管理部门要将企业出租设施、分包业务列入安全生产检查和监管的工作范畴，并加强指导。

粮食法治建设

一 认真做好粮食流通立法工作

2007年，国家粮食局进一步加快粮食法制建设步伐，重点围绕《粮食流通法》的立项，开展了以下几项工作：一是整理近年来粮食立法问题的提案、建议和领导同志对粮食工作的批示，提出粮食立法遵循的基本原则和需要明确的重要制度；二是梳理国内与粮食相关的法律、法规，研究需要通过立法进一步明确的内容；三是翻译国外涉及粮食管理的相关法律，积极开展国内外粮食立法方面的比较研究，吸收借鉴国外粮食管理的成功经验；四是起草《粮食流通法》基本框架，采取多种方式广泛征求意见。2007年10月，已正式将《粮食流通法》的立项申请上报国务院法制办公室。

二 深入开展普法依法治理工作

（一）制定年度普法工作要点

根据司法部和全国普法办印发的《二○○七年全国普法依法治理工作要点》（普法办[2007]1号），围绕粮食流通工作中心任务，制定下发了《2007年全国粮食行业普法依法治理工作要点》，对2007年全国粮食行业普法工作进行了安排部署，明确了年度工作重点，提出了工作要求，确保了普法工作有计划、有步骤地逐步推进。

（二）深入开展《粮食流通管理条例》（以下简称《条例》）宣传活动

在《条例》颁布实施三周年之际，紧扣社会普遍关心的粮食质量卫生安全问题，确立了“依法经营粮食，保障消费安全”的宣传主题，在全社会组织开展《条例》学习宣传活动，维护粮食质量卫生安全。国家粮食局统一组织部署，采取多项措施推动《条例》的宣传工作。一是局主要负责同志在局政府网站上举办在线访谈直播，详细介绍《条例》颁布实施三年来的学习宣传和贯彻落实情况。二是印制12万张《条例》宣传画和5万册《条例》单行本，在全国范围张贴发放，进一步提高社会对《条例》的认知度。三是组织《条例》知识竞赛，共收到全国31个省（区、市）粮食系统的干部职工以及社会人士提交的答卷3万多份。四是开展《条例》征文活动，面向全社会广泛征集有关完善《条例》配套规章制度的建议。五是在局政府网站开设《条例》三周年宣传专栏，重点介绍地方《条例》颁布三周年的宣传情况。

三 全面开展粮食法规规章和规范性文件清理工作

2007年，按照《国务院办公厅关于开展行政法规规章清理工作的通知》（国办发[2007]12号）和《国务院法制办公室关于行政法规规章清理工作有关问题的通知》（国法[2007]20号）的要求，国家粮食局对现行粮食行政法规和规章进行了全面清理。对与全局职能相关6项的行政法规、7项规章提出了清理意见，并上报国务院法制办和国家发展改革委。同时，又自行对2000~2006年国家粮食局制定的47件规范性文件进行清理，并以国家粮食局公告形式将规范性文件清理结果向社会公布。

四 着力完善粮食行政复议制度

国家粮食局认真贯彻落实党中央、国务院关于行政复议工作的有关要求，根据《行政复议法实施条例》，按照“以人为本、复议为民”的复议原则，研究制定了《粮食行政复议工作规程（试行）》，对粮食行政复议的相关配套制度和具体程序予以完善，从制度和程序上畅通粮食行政复议渠道。同时，在局政府网站开辟粮食行政复议专栏，公开粮食行政复议工作准则与流程，提供网上申请服务，进一步提高行政复议效率。

五 积极开展依法行政示范单位创建活动

2007年，按照国务院《全面推进依法行政实施纲要》（国发[2004]10号）精神，国家粮食局开展了粮食依法行政示范创建活动，授予北京市密云县粮食局等32个县市级粮食行政管理部门“国家粮食局县市级粮食行政管理部门依法行政示范单位”荣誉称号，并确定为“国家粮食局建设粮食依法行政示范联系单位”，同时建立健全示范单位联系制度，通过召开座谈会、编印经验材料等多种方式，及时总结推广示范单位依法行政工作的典型经验，充分发挥依法行政示范单位的模范、带动作用，以点带面，推动基层粮食部门整体依法行政能力和水平的提高。

六 扎实推进粮食收购资格许可工作

为促进粮食收购市场竞争有序、统一开放，更好地保护售粮农民利益，便于对跨省粮食经营者的服务和监管，国家粮食局于2007年建立了全国粮食收购资格信息共享机制，开发编制全国粮食收购资格信息系统，逐步完善粮食收购资格动态通报制度，定期更新取得粮食收购资格的经营者名录及相关信息，免费提供网上查询服务，并接受社会监督。截至2007年底，全国具有粮食收购资格的经营者近7.8万家。

七 切实加强对地方粮食法制工作的指导和支持

国家粮食局就地方粮食法制建设的重点和难点问题，积极协调有关部门，提供法律和政策解释，对地方粮食法制工作给予支持和指导。截至2007年底，全国31个省（区、市）制定了粮食收购资格审核管理办法，29个省（区、市）制定了粮食应急预案，27个省（区、市）制定了粮食流通统计制度，24个省（区、市）制定了粮食流通监督检查办法，21个省（区、市）制定了粮食质量监管办法，12个省（区、市）制定了《粮食流通管理条例》实施办法。

粮食行业发展

一 现代粮食流通产业建设

2007年初，全国粮食局长会议按照全面贯彻落实科学发展的要求，提出“发展现代粮食流通产业”，并就发展现代粮食流通产业作了部署。发展现代粮食流通产业，就是不断用现代发展理念、现代物质条件、现代科学技术、现代管理方式、现代组织制度和现代经营形式，改造和提升传统粮食流通产业，提高粮食流通效率和调控效率，提高粮食流通产业市场竞争能力和粮食安全保障能力，更好地促进农民增收，确保国家粮食安全。与传统粮食流通产业相比较，现代粮食流通产业是高度市场化、信息化和集约化的产业，由现代粮食市场体系、粮食宏观调控体系、粮食产业化体系和粮食流通行政执法监督保障体系共同构成，是涵盖现代粮食生产和连接粮食生产的收购、储存、运输、加工、物流、贸易、消费等各环节以及政府调控、监管、支持、引导和服务等方面的完整产业链。

按照全国粮食局长会议的部署，各地粮食行政管理部门深入调查研究，加强规划指导，积极争取有关部门支持，采取多种措施大力推进现代粮食流通产业建设，现代粮食流通产业发展迈出了重要步伐。一是粮食市场体系建设加速推进。粮食购销市场和价格全面放开，粮食市场多元化格局初步形成。截至目前，全国已有取得粮食收购资格的粮食经营者近7.8万个，全国国有粮食企业21439个，其中购销企业14778个。二是粮食宏观调控体系逐步健全，粮食最低收购价政策得到较好落实，有力地支撑了市场粮价，有效地保护了种粮农民利益。粮食产销合作进一步发展，产销区利益协调机制有了新的探索和尝试，粮食在区域间的流通更加顺畅。三是粮食产业化经营稳步发展，订单粮食发展较快，粮食订单规模和履约率都有较大提高，粮食加工业继续发展，粮食品牌建设成效显著。四是粮食流通行政执法监督保障体系建设得到重视和加强。一年来，主要做了以下几项工作：

（一）开展战略研究，进一步厘清现代粮食流通产业的发展思路

全国粮食局长会议提出发展现代粮食流通产业的理念后，国家粮食局积极组织深入调查研究，结合地方粮食局发展现代粮食流通产业实践，开展了现代粮食流通产业发展战略研究，进一步明确了现代粮食流通产业的内涵和发展现代粮食流通产业必须坚持的指导思想、基本原则，确立了要建立健全以粮食储备为骨干、国有粮食企业为主渠道、多元市场主体共同发展、粮食应急供应系统为保障的粮食宏观调控体系，以粮食收购、零售市场为基础、粮食批发市场为骨干、粮食期货市场为先导的开放统一、竞争有序的现代粮食市场体系，以优势企业为龙头、现代粮食物流和加工业为依托、科技为支撑的粮食产业化体系，以粮食法律法规为依据、库存监管为主线、质量安全为重点的面向全社会的粮食流通行政执法监督保障体系的战略目标，提出了为实现上述战略目标的主要任务、发展重点以及保障与扶持措施建议，指导地方粮食局不断深化对发展现代粮食流通产业重大问题的认识。2007年6月，湖北省粮食局召开座谈会，邀请12个省（区、市）粮食局参加的座谈会，专题研究发展现代粮食流通产业思路。湖北、江苏、安徽等省以省政府文件印发了大力推进现代粮食流通产业发展的实施意见，在深化国有粮食企业改革、增强骨干粮食企业市场竞争力，发展多元粮食市场主体、培育产业化

龙头企业，培育粮食行业名牌，发展粮食产业化经营，加强粮食市场体系和物流体系建设，加快粮食产业园区建设，发展长期稳定的粮食产销合作关系，健全地方粮食储备体系，完善粮食供应和应急机制，提高粮食行业科技进步和创新能力等方面，给予优先提供土地以及税费减免、资金支持、贷款贴息等扶持政策。

（二）加强规划指导，积极引导现代粮食市场体系和粮食现代物流、加工业建设

国家粮食局不断加强对现代粮食流通产业发展中重大问题的指导，制定了《全国粮食市场体系建设“十一五”规划》，加强了对粮食市场体系建设的规划和指导。继续完善重点联系批发市场制度，扩大重点联系粮食商品批发市场和成品粮批发市场范围。批准组建国家粮食交易中心，加快全国粮食竞价交易系统建设，推动最低收购价粮食和其他政策性粮油的联网交易，为合理配置粮食资源和粮食宏观调控服务。配合有关部门制定了《粮食现代物流发展规划》，支持和指导粮食现代物流体系建设。积极推进上海外高桥、江苏靖江、辽宁锦州港、中粮集团（江阴物流）等重点粮食物流项目建设。配合有关部门落实国家关于玉米深加工健康发展的有关政策，促进玉米加工产业布局调整。落实《全国食品工业“十一五”发展纲要》，认真抓好示范工程建设，建设了湖南长沙、湖北武汉、安徽六安、河北秦皇岛等一批粮油加工园区和产业集群，推进粮油加工向深度和广度发展。

（三）加大工作力度，大力推进现代粮食流通产业发展

国家粮食局积极争取有关部门的支持，采取多种措施大力推进现代粮食流通产业建设。为支持粮食产业化经营，与农发行确定两批1584家重点支持的粮食产业化龙头企业，在粮食收购资金、技术改造、基地建设等方面优先提供贷款支持。截至2007年11月底，全国国有粮食企业的粮食产业化龙头企业1631个，其中购销企业987个。河北、安徽、河南、湖北、甘肃等省召开粮食产业化工作现场会，其他省（区、市）也加强调查研究和组织协调，积极推动现代粮食流通产业的发展。粮食产业链条逐步向生产和加工领域延伸，培育了一批科研、生产、收购、加工和销售一体化的粮食产业化龙头企业。粮食产业化龙头企业通过发展粮食订单，推行“公司加基地、基地连农户”以及“粮食银行”、“二次结算”等模式，经济效益显著增加，竞争能力逐步提高，带动农户增收能力进一步增强。为了改善农户储粮条件，积极推动农村粮食产后安全保障工程。落实国务院领导批示精神，启动国家“十一五”科技支撑计划“粮食科技丰产工程”产后减损项目，与12个粮食主产省签订建立农户储粮示范点合同，推广适合不同区域、不同品种的农户储粮技术和装具，制定农村粮食产后安全保障工程工作方案，利用国家预算内专项资金，在四川、山东、辽宁3省启动农户储粮试点，配置标准化储粮装具，进一步提高农户科学管理粮食的意识，改善农户储粮条件。大力开展“放心粮油”进农村、进社区活动，改善城乡居民生活。

二 粮食政务信息体系建设

2007年，粮食部门认真学习贯彻党的十七大精神和党中央、国务院关于粮食工作的各项方针政策，按照全国粮食局长会议关于“狠抓政策落实，加强市场调控，积极推动现代粮食流通产业发展”的部署，积极进取，扎实工作，为稳定粮食市场、保障国家粮食安全、促进国民经济又好又快发展作出了积极贡献。一年来，国家粮食局全面落实科学发展观，围绕粮食流通中的热点、难点和苗头性、倾向性问题，及时、准确、全面地编报粮食流通信息，加强电子政务建设，粮食行业政务信息体系建设取得了新的进展。

（一）围绕粮食流通工作中的热点、难点和苗头性、倾向性问题，认真开展政务信息报送工作

一是重视对政务信息报送工作的组织领导及制度建设。国家粮食局党组对政务信息报送工作一直高度重视。2007年4月，局党组书记、局长聂振邦批示："要加强全局政务信息的报送工作。粮食工作关系经济工作的全局，要组织和引导全局及全系统及时准确地报送粮油流通方面的信息，为领导同志和上级机关决策当好参谋助手。"按照局党组的要求，进一步加强了政务信息工作规范化建设，创新了信息收集和处理方式，规范了工作程序，同时着手制定规划，落实相关措施，初步建立起较完备的粮食政务信息报送工作制度。

二是加强对粮食系统政务信息工作的组织和指导。日常工作中，主动与业务司、直属联系单位和地方粮食部门联系，重视对地方粮食信息工作的指导，及时传达信息需求，反馈信息采用情况，总结推广典型经验，提高信息报送工作水平。在每年一度的全国粮食系统办公室主任会议上，通报政务信息要点，部署粮食系统政务信息报送工作；通过派人参加地方粮食部门组织召开的有关会议并作专题讲座等形式，指导地方做好政务信息报送工作。同时，为调动业务司、直属联系单位和地方粮食部门开展政务信息报送工作的积极性，根据《全国粮食系统政务信息工作管理暂行办法》，对信息报送先进单位予以通报表扬。

三是围绕粮食工作中心任务，认真开展政务信息报送工作。一年来，政务信息工作人员根据各级领导关注的中心工作和热点问题以及有关方面的信息需求，抓好选题，及时约稿、组稿或自主编写，全年共向中央办公厅、国务院办公厅报送《粮食信息》216期，得到了中央办公厅、国务院办公厅的肯定；编印《情况通报》106期（含增刊），及时将粮食工作的重要动态信息和综合性信息呈送国务院有关领导及有关部门领导参阅，以利于准确掌握全国宏观经济形势和粮食工作动态；编印《粮食工作通讯》12期，及时向地方粮食部门传达国家粮食局领导重要讲话，通报有关粮食信息和国家粮食局重要业务工作进展、各地工作动态、调研报告等，做到上情下达、下情上达。

（二）继续组织实施粮食系统信息化项目建设，进一步推进粮食电子政务体系建设

一是完成全国粮食调控信息系统项目建设任务。进一步修改和完善全国粮食调控信息系统，提高系统的性能、稳定性和可操作性，以更好地满足局内公文运转和行政事务等多方面工作的需要。积极推进全国粮调系统与省级粮食局纵向网接入工程的建设，进一步整合和优化全国粮食调控系统体系，努力实现信息网络的无缝集成和信息资源的有效共享，粮食系统纵向网已成为国家粮食局与地方粮食局重要的工作互动平台和信息交流渠道。目前，全国粮食调控信息系统项目建设已进入项目正式验收阶段。

二是抓好"金宏"、"金农"工程粮食子系统建设的相关工作。国家发改委牵头组织、八部委共同参与建设的"金宏"工程，国家粮食综合信息库建设工作顺利推进，已完成综合信息库原型的开发任务，目前正在开展系统的自测工作，已于2008年上半年完成初步验收工作。农业部和国家粮食局共同建设"金农"工程一期项目，国家粮食局承担中央和省级粮食流通数据中心建设在2007年7月已经得到国家发展改革委对初步设计的批复，2008年进入招标和全面实施阶段。

三是完成全国粮食动态信息系统建设项目立项申报工作。粮食动态信息系统围绕《国家粮食应急预案》和《粮食流通管理条例》赋予国家粮食局和地方各级粮食行政管理部门在粮食安全应急机制中的主要职能，实现粮食行政管理部门对国内外粮食市场供求形势的实时监测和动态即时分析，随时掌握粮食市场供求和价格动态变化情况，提高粮食应急状态发生前的预防能力。该建议书经过修改和完善，通过了中国国际工程咨询公司组织专家对项目建议书的评审。2007年3月，项目建议书由国家发

展改革委正式批复立项。

四是做好信息系统安全基础设施改造和中心机房改造项目建设。随着局信息化发展的需要，建设完成2005年中央预算内投资项目“局域网网络改造工程”，并于2007年12月通过正式验收；为进一步完善全国粮食调控信息系统在网络安全方面的不足，2006年中央预算内投资项目《信息系统安全基础设施改造工程项目》在2007年9月已完成招标工作，目前正在建设过程中，预计2008年上半年完成初步验收。

（三）做好国务院办公厅“二邮”系统运行维护管理工作，加强与国务院系统的情况沟通和信息交流

2007年，按照国务院办公厅的要求，国家粮食局负责值班、会议和政务信息工作的同志进一步加强学习和实践，熟悉和掌握了“二邮”系统相关功能并积极使用，使该系统成为国家粮食局与国务院办公厅、国务院各部门办公厅（室）和省级人民政府办公厅（室）沟通情况、交流工作信息的重要渠道。

（四）进一步升级改造国家粮食局政府网站，提升粮食政务信息的发布功能

一是抓好政府网站升级改造和内容保障工作。以公开邀标的方式选择专业的技术公司对网站后台支撑技术进行升级，并根据功能需要对栏目设置进行整合改造。2007年底，初步完成局政府网站升级改造工作。目前，政府网站共有导航区、政务信息、动态信息、在线办事、公众参与、相关链接、专题服务和业务信息8个板块，涵盖了政务信息发布、在线办事、公众参与三大主要功能，基本实现了栏目设置科学、布局合理，服务功能完善、效率提升。加强网站专题专栏建设和日常信息发布，对热点、重点问题进行深度报道。2007年，围绕全局中心工作，共推出全国粮食局长会议、夏粮收购直通车、最低收购价粮竞价交易、粮食质量安全等12个专题，全年发布各类粮食信息11494条。同时，就“《粮食流通管理条例》颁布实施三周年”和“夏粮和早稻收购进展情况”，尝试举办两次网上访谈直播，取得了较好的宣传效果。

二是继续做好中国政府网内容保障工作。按照中国政府网的要求，及时报送重要政务信息，利用中国政府网平台加强粮食流通工作的宣传。2007年，在中国政府网发布全局政务信息157条，列国家部（委）管局第二名。在做好中国政府网日常内容保障的同时，还以政策解读和在线访谈等形式对重点内容进行宣传。根据公众关心的热点问题，在中国政府网“政策解读”专栏对《全国粮食市场体系建设“十一五”规划》和《国家粮食流通统计制度》做了政策解读；邀请局领导在中国政府网就当前的粮食产购销形势进行在线访谈，直接与网民互动沟通，解答网民提出的问题，宣传国家有关的粮食购销政策。

三是进一步推动地方粮食部门政府网站建设。加强对地方粮食部门政府网站的建设指导，各地粮食局网站信息报送和网站建设工作都有了很大的进展。2007年，各省（区、市）在全局政府网站发布信息10000多条。截至2007年底，省级粮食行政管理部门中建有网站的有21家。

三　粮油加工业发展与指导

2007年，国家加大对粮油加工业特别是油脂加工产业的政策扶持力度，国家粮食局积极开展全国粮油加工业行业指导管理工作，重点在政策措施研究以及促进玉米深加工业健康发展等方面做工作，取得了一定成效。

（一）国家加大对粮油加工业的政策扶持力度

2007年1月，中央、国务院印发《中共中央 国务院关于积极发展现代农业扎实推进社会主义新农村建设的若干意见》（中发[2007]1号），要求推进粮食优势产业带建设，鼓励有条件的地方适度发展连片种植，加大对粮食加工转化的扶持力度。

2007年9月，针对近年来国内食用植物油产需缺口不断扩大的情况，为加快恢复发展油料生产、保障市场供给，国务院办公厅在《国务院办公厅关于促进油料生产发展的意见》（国办发[2007]59号）提出积极引导一批生产规模较大、效益较好的油脂加工企业，在主产区建立原料生产基地，与农户签订产销订单，开发低芥酸菜籽油、优质豆油、花生油及其他精深加工产品。

（二）国家粮食局加强粮油加工业产业发展政策的研究

国家粮食局继续推进国家软科学研究课题《稳定粮食供需平衡保障国家粮食调控机制研究——加工转化促进粮食安全调控机制》政策研究工作。2007年1月，由河南工业大学牵头组织调研组分别赴黑龙江、吉林、辽宁、河北、江苏、浙江、山东、上海、河南、广东、湖北、安徽12省市开展调研工作，通过召开座谈会、实地考察，调查问卷等方式对12省市的玉米、大豆、小麦、稻谷四大品种加工业发展情况、问题及政策建议开展了调研工作。针对粮油加工业发展中的产能过剩与区域布局问题、技术创新与产业升级问题、产业整合与管理体制问题、外资进入与产业安全问题、生物质能源与粮食转化问题5个关键问题，国家粮食局研究提出了以下6方面的政策建议：

一是优化粮油加工业区域布局，应遵循空间均衡、生态效应、区域协调、因地制宜的区域调控原则；二是建立以企业为主体、产学研用户相结合的粮油加工业技术创新体系，明确粮油加工业的产品发展方向，增强自主创新能力，推动产品结构的优化，带动产业升级；三是促进粮油加工业整合，适当提升产业集中度，培育发展大型粮油加工企业，提高抗风险能力；四是在发挥市场配置资源作用的同时，政府有效地引导产业发展；五是积极引进、提升利用外资的质量；六是发展非粮生物质能源，解决能源缺口，适度发展以玉米为原料的深加工等政策措施。

国家粮食局还积极研究提出了《粮油加工业产业结构调整目录建议》以及外商投资相关产业目录建议。国家发展改革委2007年12月修订的《外商投资产业指导目录》明确将大豆、油菜籽食用油脂加工、玉米深加工项目列入限制外商投资的产业目录。

（三）国家粮食局配合制定促进玉米深加工产业健康发展的有关政策

为防止玉米深加工业一哄而上、盲目建设和投资浪费，严格控制玉米深加工过快增长，实现饲料加工业和玉米深加工业的协调发展，保障国家食物安全，2007年9月，国家粮食局配合国家发展改革委制订印发《关于促进玉米深加工业健康发展的指导意见》（以下简称《指导意见》）。

《指导意见》客观分析了我国玉米加工业发展深加工的现状，同时，指出了玉米加工业存在的产能扩张过快、粗放型加工为主、污染比较严重、专用玉米生产基地不足等主要问题。

《指导意见》认真贯彻落实科学发展观，严格控制玉米深加工盲目过快发展，合理控制深加工玉米用量的增长速度和总量规模，优先保证饲料加工业对玉米的需求，推进玉米深加工业结构调整和产业升级，优化区域布局，推动产业化经营，发展循环经济，延伸资源加工产业链，提高综合利用水平。

《指导意见》确定发展玉米深加工业的基本原则：控制规模，协调发展；饲料优先，统筹兼顾；合理布局，优化结构；立足国内，加强引导；循环经济，综合利用。确定总体保持玉米深加工业协调发展、用粮规模控制在合理水平、区域布局更加合理、基本建立起安全、优质、高效的玉米深加工技术支撑体系和监管体系、增强可持续发展能力、提高玉米利用效率及副产物的综合利用、降低资源消耗的目标。

《指导意见》还进一步细化提出了促进玉米深加工行业健康发展的11项政策措施：加强对新建、扩建项目宏观调控，全面清理在建、拟建项目；科学规划，加强政策指导；保持玉米食用消费、饲料和深加工的协调发展；加快产业结构调整；适当调整玉米及加工产品进出口政策；推进行业技术进步；提高资源综合利用效率；大力开发饲料资源，提高保障能力；增强扶持力度，鼓励玉米生产；鼓励玉米加工企业“走出去”，开拓国际资源；发挥中介组织作用，加强行业运行监测分析。

（四）国家粮食局积极配合清理玉米深加工业盲目建设项目

2007年10月，针对2006年以来的玉米深加工业存在的加工能力扩张过快，影响饲料价格及粮食价格上涨，推高CPI的问题，为落实温家宝总理的批示精神，国家粮食局配合落实《国家发展改革委关于加强玉米加工项目建设管理的紧急通知》（发改工业[2006]2781号）和《国家发展改革委关于清理玉米深加工在建、拟建项目的紧急通知》（发改工业[2007]1298号），对黑龙江省、吉林省等八个玉米主产省（区）在建、拟建项目进行全面清理，对已经备案但尚未开工的拟建项目，停止项目建设；对不符合项目土地审批、环境评价、城市规划、信贷政策等方面规定的项目，暂停建设，限期整改。

清理工作扭转了玉米工业用粮迅猛增长的势头，玉米加工产业布局调整取得了初步成效。八省（区）共自查82个项目，其中在建项目53个，拟建项目29个，总投资552.48亿元，年玉米加工能力为2664万吨，其中在建项目玉米深加工能力1378万吨，拟建项目1286万吨。

（五）积极宣传贯彻行业发展政策

在保障国家粮食安全的前提下，国家粮食局还推进粮油深加工的健康发展，组织粮食行业协会、学会继续在粮食行业中积极宣传、落实《全国食品工业“十一五”发展纲要》，做好粮油加工业统计工作。2007年9月，国家粮食局和长春市人民政府共同在长春主办了“2007中国国际玉米产业博览会”，及时宣传贯彻了国家产业政策。期间，“中国国际玉米产业发展论坛”和“吉林省2007年定购及保护价粮食和省级储备粮轮换竞价销售交易会”同时举行。博览会吸引了来自吉林、黑龙江、辽宁、北京、河北、山东、河南、安徽、浙江、江苏、陕西、上海、广东、海南14个省市的140家国内外著名企业及科研单位参展，展品涉及玉米种子、玉米燃料、玉米加工机械、玉米仓储及运输设备等100个品种，展出面积达7000平方米，参与观众4万余人。展会共销售粮食92.8万吨，成交金额总计10.8亿元。博览会期间，吉林省粮食局还积极组织省内企业与销区企业开展贸易洽谈，与南方销区签订玉米和水稻产销协议28万吨，合同金额达4.1亿元。

（六）农产品加工专项成绩显著

农产品专项工程实施5年来，国家发展改革委先后批准了252个项目，总投资460亿元，其中安排国债投资23亿元。“十五”期间国家粮食局组织的农产品专项示范工程总体进展顺利，一些项目已经发挥了良好的经济效益和社会效益。2007年1月，国家发展改革委召开会议，表彰了专项工程中成绩突出的38家企业，粮食行业中粮（江西）米业等五家粮油加工企业受到了表彰。

四 国际交流与合作

2007年，国家粮食局紧密围绕粮食行业的中心工作,积极开展粮食领域的对外交流与合作。全年共接待国外来访团组30多个，来访外宾近300人次；派出考察培训团组24个，举办各类国际研讨会6个；签订双边粮食科技合作协议2个。

（一）热情接待国外来访的团组

2007年来国家粮食局访问的外国政府和企业粮农代表团仍然比较多。国家粮食局领导分别接待了古巴政治局委员兼食品工业部部长、匈牙利农业部长、国际谷物理事会理事长、联合国粮农组织驻华代表、美国农业部世界农业展望局局长、叙利亚农业部农业研究委员会主任等政府和国际组织高级代表团以及美国谷物协会董事长、加拿大小麦局总裁、法国粮食行业促进出口委员会主席、新加坡益海嘉里集团董事长、日本佐竹公司常务副社长、日本不二制油股份有限公司常务副董事长等率领的粮农企业高级代表团。有关司及直属单位的领导也分别会见了澳大利亚、阿根廷农场主代表团，以及有关国家粮食专家考察组。国家粮食局领导向来访外宾介绍了中国粮食供求形势和粮食流通体制改革情况，并回答了外宾们所关心的问题，使他们对我国的粮食供需和市场情况有了正确的了解。来访外宾都希望进一步加强与我国在粮食领域的交流与合作。

（二）认真组织出国考察和培训

为了深化我国的粮食流通体制改革，借鉴国外在粮食管理、流通、储存、加工等方面的经验和技术，2007年国家粮食局组织一些考察小组赴有关国家考察粮食流通体制和粮食管理政策，以及粮食储藏、检测、加工技术等。还组织了6个出国培训团组分赴美国、德国、巴西、意大利4个国家进行粮食流通管理政策、粮食流通监管体系、粮食质量标准检验技术、低温储粮技术、粮食物流及管理技术等方面的学习和培训。如监督检查司组织的赴巴西"粮食流通监管体系培训"、调控司组织的赴意大利"粮食宏观调控及生物能源政策"培训、政策法规司组织的赴德国"粮食流通管理政策与市场体系建设培训"、标准质量中心组织的赴美国"粮食质量管理与检验技术"培训、中谷集团组织的赴德国"低温储粮及机械通风技术培训"和赴美国"粮食物流及管理培训"。通过赴国外培训，使地方粮食管理部门和企业的干部及技术人员了解了国外的先进技术和经验，开阔了眼界，增长了知识，为提高我国粮食管理与储粮技术水平起到了积极的促进作用。

（三）借鉴国外粮食科学技术和管理经验

为了提高我国粮食储藏、加工、标准质量、行业职业教育等科技水平，借鉴国外粮食管理的先进经验，积极申请和利用国家外国专家局引进国外智力项目，共聘请国外专家20人。在实施引进国外智力工作中，严格按照国家外专局的有关规定，高度重视、精心组织，切实做好这些引智项目的实施工作，注意发挥引进国外专家的作用，取得了较好的效果。

国家粮食局科学研究院的"粮食储藏研究实验室建设"项目，先后两次邀请了美国农业部粮食营销与生产研究中心和加拿大曼尼托巴大学生物系统工程系的教授到粮科院进行储粮生态系统研究的指导与交流。通过与专家座谈交流，使我国相关科研人员更加深入地了解并掌握了美国和加拿大的储粮研究现状、谷物检测与分级、储粮害虫的防控、储粮系统的结构设计等，对加拿大在储粮生态系统方法应用研究的最新进展、谷物研究室的建设与运作机制有了更加深入的了解；对建立我国储粮生态系统研究有了更加深入的认识，对科研院顺利完成承担的国家科研任务以及今后相关研究工作的开展有较大的帮助。

标准质量中心的"粮食与豆类国际标准管理技术研究"项目。标准质量中心分别邀请国际标准化组织食品ISO中央秘书处项目经理和加拿大谷物委员会的专家访华，同我国国际标准化组织食品技术委员会谷物与豆类分委员会（ISO/TC34/SC4）秘书处人员及我国全国粮油标委会从事粮食标准制修订专家进行了交流。两位国外专家围绕国际标准的制修订程序，以及如何建立结构合理、技术先进、服务高效的ISO/TC34/SC4秘书处工作体系等内容，用丰富的专业技术知识和标准修订工作经验，向国内专家作了详细的介绍并对有关问题作了认真的解答。通过同国外专家的座谈与交流，标准质量中心较好地借鉴了以往ISO/TC34/SC11秘书处工作的有益经验，为有效地承担起ISO/TC34/SC11秘书处的工作任务，进一步提高我国在国际标准化工作中的地位和影响打下了坚实的基础。同时通过新技术、新管理模式的引进和使用，能进一步完善我国标准体系建立的科学性。

国家粮食局帮助中谷集团科技总公司申请到国家外专局资助的“储粮通风技术研究”项目，聘请了澳大利亚新南威尔士大学化工学院食品科学技术系博士生导师和美国伊利诺伊大学农业生物工程系教授两位专家来华进行储粮新技术指导。外国专家实地考察了稻谷就仓干燥现场，并作了“粮食储藏指南”软件使用与机械通风控制的专题讲座，解答了粮食储藏中遇到的相关技术问题。在华期间，外国专家还与有关人员在玉米品质检测、谷物通风干燥、干燥对玉米品质的影响、玉米淀粉加工，以及粮食运输过程中的品质监控检测指标等进行了深入的交流。通过与国外专家的座谈和交流，使国内有关人员对国外粮食通风技术的现状、技术发展方向、粮食品质检测技术、储粮过程中所采用的通风方法等有了进一步的了解，对改善我国的储粮技术具有实际指导意义。

（四）促进粮食行业的对外交流与合作

2007年初，国家粮食局组织召开粮食科技外事工作会议，传达了全国科技外事工作会议和全国外国专家局局长会议精神，总结了近几年粮食科技外事工作的情况，交流了开展粮食科技外事工作的经验，提出了加强粮食科技外事工作的建议和措施，把加强粮食科技对外交流与合作作为重点，并取得了明显的成效。在国家粮食局的协调和帮助下，粮科院下属的北京东方孚德技术发展中心与日本佐竹公司签订了《粮食科技合作框架协议》，合作开发稻谷深加工及综合利用技术。与日本佐竹公司合作，在北京召开了“中日大米食品深加工及综合利用新技术研讨会”，对促进我国稻谷的深加工及综合利用起到积极的推动作用。国家粮食局还协助有关单位与瑞士布勒公司多次商谈进行小麦糊粉层在中式食品的应用和散粮运输技术方面的合作研究，并达成初步协议。国家粮食局粮科院与日本不二制油公司经过交流与协商，成立“油脂及蛋白深加工技术联合实验室”，共同进行油脂及蛋白深加工技术的研究与开发。

欧盟食品质量与安全(MoniQA)项目于2007年2月正式启动。该项目旨在联合全球食品产业链上的科研力量,共同协作,开发可被消费者、食品生产商、食品研究机构及法规制定者等普遍接受的快速测定方法,并将成果进行推广。中国粮油学会作为该项目33个合作伙伴之一担当管理部第二负责人的角色,协助国际谷物科技协会(ICC)负责项目协调管理工作,同时负责亚洲区的协调。项目分为融合、合作研究、信息共享及成果推广、管理四个部分。

为了使有关国家了解我国粮食科技发展状况，邀请日本、泰国、澳大利亚、俄罗斯、阿根廷、印度尼西亚、巴西和埃及等国家驻华使馆农业参赞和农业专员参观国家粮食局科学研究院。通过实地参观和座谈，使有关国家的农业参赞和农业专员对我国的粮食科技水平有了较深的了解，为今后进一步加强我国与这些国家在粮食科技领域的交流与合作打下了基础。

中国粮油学会在广州成功地举办了第十三届国际谷物科技大会，国内外粮食科技领域的300多位专家和学者参加了会议，有60多位专家和学者分别作了专题报告。国家粮食局标准质量中心首次在我国主办了国际标准化组织谷物与豆类技术委员会第32次会议，来自国际标准化组织、国际谷物科技协会、阿根廷、加拿大、中国、法国、德国、瑞典、韩国、巴基斯坦等国标准质量机构的专家参加了会议，并对会议的组织工作给予较高的评价。国家粮食局发展交流中心和中国粮食行业协会在新疆举办了中国粮油企业如何开拓中亚诸国市场研讨会等。

五 会展、世界粮食日、爱粮节粮周

（一）会展

2007年全国举办的各类综合性、专业性的展览会、交易会和公益性展览共7个，分别是2007年中国优质稻米（盘锦）交易会（9月19~21日）、2007中国国际玉米产业博览会(9月22~24日)、全国爱粮节粮成果交流展览会（10月16日）、2007黑龙江金秋粮食交易合作洽谈会（10月26~28日）、第七届中国粮油精品展示交易会（11月1~3日）、首届中国（衢州）粮交会（11月18~20日）、第九届湖北粮油精品展示交易会（11月22~24日）。以上会展活动展览总面积共计约30000平方米，展位总数1025个，参加展示、交易的企业总数2150个，参观总人次94400人次。粮油交易总量达1267万吨，交易总额113.9亿元（含意向交易），其中，机械设备交易总量170台套，总金额3600万元。

（二）世界粮食日、“爱惜粮食、节约粮食宣传周”

2007年的“世界粮食日”、“爱惜粮食、节约粮食宣传周”由国家粮食局与农业部、联合国粮农组织中国代表处联合举办。本次宣传活动主会场设在中国农业大学。10月16日，围绕2007世界粮食日的主题——“实现食物权 二十一世纪的人权挑战”和“爱惜粮食、节约粮食宣传周”主题——“保障食物权利 爱粮节粮 共创节约”开展了一系列的宣传和倡议活动，同时以展板为窗口，通过图片辅以文字介绍的形式，较为系统地展示宣传了近几年全国爱粮节粮工作取得的成果和经验。联合国粮农组织驻华代表处代表维多利亚女士、联合国粮食计划署中国办公室主任韦安夏女士、农业部牛盾副部长、国家粮食局张桂凤副局长和中国农业大学陈章良校长等领导、嘉宾出席了活动开幕仪式，中国农业大学近千名师生参加了宣传活动。

六 放心粮油工程

2007年，中国粮食行业协会在国家粮食局等行政主管部门的支持和指导下，积极发挥各级粮食行业协会的优势，把开展放心粮油工程作为粮食行业诚信体系建设、搭建社会服务平台、维护消费者利益、树立会员企业形象的载体，纳入行业服务指导理念和工作目标。

（一）统一思想，明确方向

2007年4月8日，中国粮食行业协会在江苏省苏州市召开了“全国放心粮油进农村、进社区经验交流会暨粮食行业食品安全信用体系建设试点工作会议”。白美清会长主持并作了《让放心粮油进入城乡千家万户》的报告，张桂凤副局长作了重要讲话。白美清会长指出，放心粮油工程是一件得民心、顺民意、利民生的好事，必须长期坚持。白会长还阐述了放心粮油工程在新的发展阶段的特点，强调了下一步工作重点：一是要提高认识，发挥行政、协会、企业“三结合”的优势，形成合力，推动这一工作向广度、深度发展。政府要加强领导，发挥宏观调控作用；协会等中介组织要发挥桥梁纽带作用，为放心粮油工程的发展牵线搭桥；企业要高度重视，把它作为应尽的义务，作为发展的新增长点，充分发挥主体作用。这三个系统融合在一起，就会产生无穷无尽的活力。二是要同名牌战略相结合，同科技创新相结合，同企业信用工程相结合，同当地的粮食安全体系相结合，使之不仅拓展新的阵地，而且要在产品升级、企业重组上取得新进展，走出一条新路。三是要注意以骨干企业为依托，以市场为导向，效益为中心，向产业链、流通链方向发展，使“两网（收购网、销售网）一链（产业链）”形成规模，充分发挥其整体效应。四是要根据当地实际情况，制定规划，分步实施，重点突破，全面推进。只要坚持下去，几年之后必有成效。

（二）狠抓落实，初见成效

在国家粮食局的大力支持和中国粮食行业协会及地方各级粮食行业协会的共同努力下，各地放心粮油工程基础进一步夯实，各项活动进一步推进。

安徽省粮食行业协会进行了安徽省“放心粮油”第四批评审和第二批复审工作，授予40家企业45个产品、2个粮油销售店为安徽省第四批“放心粮油”和“放心粮店”；同意11家企业14个产品、9个粮油销售店通过复审，继续使用“放心粮油”、“放心粮店”称号；对18家（15个产品、3个店）未参加复审的企业及未通过复审的企业，取消其“放心粮油”、“放心粮店”资格。

四川省粮食行业协会充分发挥指导、协调、服务职能，以实施“放心粮油”工程为载体。经过两年的努力，已建设乡村粮油超市、连锁店3272个，各市县行业协会充分利用这个平台，把放心粮油产品销售网点延伸到城市和农村，初步形成了全省放心粮油产品城乡销售的网络体系。

江西省粮食行业协会紧紧依托龙头企业优势，在实践中不断总结经验，完善服务流程，放心粮油进大专院校、进军营，“粮食行业的110”等活动的开展特色鲜明，备受好评。

甘肃省粮食行业协会把放心粮油工程纳入粮食产业化经营，以“放心粮油”品牌带动和促进企业的发展，积极推行“生产基地+订单收购+加工基地+品牌销售”的产、加、销一体化经营，推动放心粮油进农村进社区活动蓬勃发展，使生产“放心粮油”的产业化龙头企业发挥龙头作用，企业也在活动中得到了发展和壮大。

（三）开拓创新，扎实推进

1. 加强宣传、扩大影响，形成全行业的推广与监督机制。在中国粮食行业协会倡导下，组织全国百家粮油骨干企业召开了“全国百家粮油骨干企业公开承诺新闻发布会”，并承诺把提高产品质量和安全水平作为企业的首要任务，进一步强化管理，健全质量保证体系。建立并严格执行产品质量追溯制度，对原料采购、生产加工、包装、储存、运输、销售等各环节实行全过程管理和监管，确保质量合格、卫生安全。建立并严格执行产品退市召回制度，发现产品存在安全隐患，可能对人体健康和生命安全造成损害时，及时向社会公布有关信息，通知销售者停止销售，告知消费者停止使用，主动召回产品，并向有关监督管理部门报告。

2. 放心粮油产品进社区、进农村活动稳步推进。各地以龙头企业为依托，大力开展连锁经营、进农村进社区网点建设，放心粮油销售渠道进一步拓宽，已达到一定规模和效益。据不完全统计，到2007年底城乡共有放心粮油网点130874个，其中社区服务网点74819个，农村服务网点55815个；放心粮油生产企业1613个，放心粮店2676个，放心粮油产销量达7377万吨。

3. 结合信用体系建设，提升粮食企业信用水平。自2004年粮油行业被列为全国食品安全信用体系建设的试点行业以来，中国粮食行业协会切实按照《关于加快食品安全信用体系建设的若干指导意见》，认真组织，有序推进。总的来看，进展比较顺利，并取得了较好的成效。

4. 结合名牌工程，形成名牌效应。为了让更多的放心粮油产品成为中国名牌，增强名牌产品的带动力和辐射力。中国粮食行业协会对放心粮油重点企业加大培育扶持力度，促进技术革新和产品开发，增强竞争能力，提高市场占有率。2007年，中国名牌推进委员会共评出中国名牌大米产品28个、小麦粉产品29个、挂面产品8个，是名牌战略推进中的“丰收年”。随着大批重点骨干放心粮油企业名牌化进程的推进，企业品牌意识、诚信意识、质量安全意识不断增强，进一步促进市场健康有序发展。

七 名牌战略

2007年，中国粮食行业协会围绕名牌战略建设目标和中国名牌“复评年”中心任务，积极部署、密切配合，协助中国名牌推进委员顺利完成了中国名牌产品目录和评价工作。结合粮食行业特点，大力开展名牌培育计划，扩大名牌产品品种，并已将挂面纳入2007年中国名牌产品目录。经努力，大米、小麦粉中国名牌复评工作顺利，粮油名牌产品数量创新高。召开名牌工作会议，就推进粮油名牌工程等话题展开了座谈讨论。

（一）积极推进，稳步发展，逐步扩大名牌评选范围

为推动粮食行业健康发展，使更多的粮食延伸产品进入中国名牌产品目录。在挂面、食用调和油和香油3个产品已被列入《中国名牌产品“十一五”重点培育指导目录》的基础上，经中国粮食行业协会多次建议，中国名牌推进委员会于2007年3月29日发布的2007年1号公告中首次将挂面产品列入中国名牌产品评价目录（共有16个行业的183个产品入围），并在2007年9月11日评出首批8个中国名牌挂面产品。

（二）复评工作顺利，粮油名牌数量大幅增加

2007年是大米、小麦粉中国名牌产品的复评之年。争取行业内有更多龙头骨干企业的产品成为中国名牌产品是协会的工作目标和努力方向。经过不断争取，于2007年9月11日中国名牌战略推进委员会公布的856个中国名牌产品中，共有28个大米、29个小麦粉和8个挂面产品荣获2007年中国名牌产品称号，占2007年中国名牌产品总数的7.6%，比2004年增加了近一倍，取得了历史性突破。

（三）召开第四次名牌工作会议

2007年9月2日，“2007年大型粮油企业年会暨名牌工程工作会议”在北京召开。会上，国家粮食局副局长郄建伟、中国粮食行业协会会长白美清讲话，中国经济体制改革研究会会长、中国市场经济研究会副会长杨启先、中国粮食行业协会常务副会长王瑞元作了专题报告。会议总结了这些年开展名牌工程的经验，就企业推进粮油名牌工程、加强质量管理展开了座谈讨论并研究了下一步名牌工作。会上还研究实行质量追溯和退市召回制度，研究开展行业信用评价工作等有关问题，并组织以中国名牌企业、最具市场竞争力品牌企业、食品安全信用体系建设试点企业为核心的百家粮油企业共同签署《全国百家粮油企业实行质量追溯和退市召回制度确保食品安全承诺书》，举行了“全国百家粮油企业公开承诺新闻发布会”。

八 粮油加工业统计

（一）基本情况

2007年全国入统粮油加工企业11977个，比上年增加258个。其中：日加工能力100吨以下8586个，占71.7%，比上年减少39个；100~200吨2080个，占17.4%，比上年增加193个；200~400吨820个，占6.8%，比上年增加53个；400吨以上的大中型企业491个，占4.1%，比上年增加51个。在全部入统企业中，国有及国有控股企业1150个，占9.6%，比上年减少102个；外商及港澳台商投资企业122个，占1%，比上年减少3个；民营企业10705个，占89.4%，比上年增加363个。

入统企业现价工业总产值4880.7亿元，产品销售收入4890.8亿元，出口交货值56亿元，利润总

额149.4亿元，资产总额2573亿元，年末从业人数42万人，分别比上年增长30.7%、31.1%、41.9%、94.8%、28.7%和2.3%。

1. 大米加工业。2007年全国入统大米加工企业7698个，比上年增加150个，年生产能力14666万吨。其中：日加工能力100吨以下6092个，占79.1%，比上年减少51个；100~200吨1241个，占16.1%，比上年增加182个；200~400吨262个，占3.4%，比上年增加11个；400吨以上的大中型企业103个，占1.3%，比上年增加8个。在入统大米加工企业中，国有及国有控股企业800个，占10.4%，比上年减少48个；外商及港澳台商投资企业19个，占0.2%，比上年减少5个；民营企业6879个，占89.4%，比上年增加203个。

入统企业大米总产量4381.5万吨，比上年增加537.5万吨。其中：特等米1596.6万吨，占36.4%；标准一等米2483.8万吨，占56.7%；标准二等米234万吨，占5.3%。

入统大米企业现价工业总产值1257.1亿元，产品销售收入1264亿元，出口交货值17亿元，利润总额24.5亿元，资产总额636亿元，年末从业人数15.9万人，分别比上年增长16.5%、18.7%、58.9%、33.1%、17%和3.9%。

2. 小麦粉加工业。2007年全国入统小麦粉加工企业3184个，比上年增加25个，年生产能力10218万吨。其中：日加工能力100吨以下的1966个，占61.7%，比上年减少48个；100~200吨606个，占19%，比上年增加3个；200~400吨414个，占13%，比上年增加43个；400吨以上的大中型企业198个，占6.2%，比上年增加27个。在入统小麦粉企业中，国有及国有控股企业247个，占7.8%，比上年减少49个；外商及港澳台商投资企业35个，占1.1%，比上年增加4个；民营企业2902个，占91.1%，比上年增加70个。

入统企业小麦粉总产量4966万吨，比上年增加620.1万吨。其中：特制一等粉2216.2万吨，占44.6%；特制二等粉1229.5万吨，占24.8%；标准粉599.4万吨，占12.1%；专用粉702.6万吨，占14.1%。

入统小麦粉企业现价工业总产值1108.5亿元，产品销售收入1072.4亿元，出口交货值8.2亿元，利润总额20.4亿元，资产总额504亿元，年末从业人数14.7万人，分别比上年增长20.7%、15.9%、30%、76.7%、6%和-1.9%。

3. 食用植物油加工业。2007年，全国入统食用植物油加工企业1095个，比上年增加83个，年处理油料能力7003.5万吨，精炼能力2346.3万吨。其中：日处理能力100吨以下528个，占48.2%，比上年增加60个；100~200吨233个，占21.3%，比上年增加8个；200~400吨144个，占13.2%，比上年减少1个；400吨以上的大中型企业190个，占17.4%，比上年增加16个。在食用植物油企业中，国有及国有控股企业103个，占9.4%；外商及港澳台商投资企业68个，占6.2%；民营企业924个，占84.4%。

入统企业食用植物油总产量1898.5万吨，比上年增加168.3万吨。其中：大豆油1068.6万吨，占56.3%；菜籽油329.2万吨，占17.3%；花生油88.8万吨，占4.7%；棉籽油72万吨，占3.8%。在总产量中，一级油1166.4万吨，占61.4%；二级油94.1万吨，占5%；三级油110.1万吨，占5.8%；四级油336.7万吨，占17.7%。

入统食用植物油企业总产值2515.1亿元，产品销售收入2554.4亿元，出口交货值30.7亿元，利润总额104.5亿元，资产总额143.3亿元，年末从业人数11.3万人，分别比上年增长44.7%、46.8%、37%、123%、46.1%和5.6%。

（二）2007年粮油加工业经济运行特点

1. 经济效益大幅提高，创历史最好水平。2007年，入统企业利润总额达到创纪录的149.4亿元，比上年增加72.7亿元，增长94.8%。分行业来看：大米加工业24.5亿元，比上年增加6.1亿元，增长33.1%；小麦粉加工业20.4亿元，比上年增加8.9亿元，增长76.7%；食用植物油加工业104.5亿元，比上年增加57.7亿元，增长123%。分所有制来看，国有及国有控股企业结束了持续滑坡的局面，生产经营出现转机，经济效益有了明显提高，利润达4.3亿元，比上年增加3.4亿元，增长353.5%；外商及港澳台商投资企业利润达60.9亿元，比上年增加29.5亿元，增长93.9%；民营企业利润达84.2亿元，比上年增加39.8亿元，增长89.6%。

2. 企业平均产量增加，生产能力利用率有所提高。大米企业平均产量由上年的5093吨增加到5691吨，生产能力利用率由37%提高到42.7%；小麦粉企业平均产量由上年的13757吨增加到15596吨，生产能力利用率由64%提高到69.4%；食用油企业平均产量由上年的17097吨增加到17338吨，油脂精炼能力利用率由68.6%提高到72.7%。

3. 大型企业的带动作用进一步增强，生产集中度进一步提高。2007年入统企业中日生产能力400吨以上的大中型企业491个，比上年增加51个；年产量10万吨以上的企业达到154个，比上年增加31个。大米加工企业前10家总产量达472万吨，占入统大米企业总产量10.8%，比上年提高0.4个百分点，年产量达到50万吨以上的有湖北福娃集团、吉林裕丰、江西金佳、黑龙江北大荒、安徽家乐5家企业；小麦粉加工企业前10家总产量达851.7万吨，占入统小麦粉企业总产量17.2%，比上年提高0.2个百分点，年产量达到50万吨以上的有：河北五得利、中粮集团、河北金麦郎、河南金苑、山东半球、河北邯雪、北京古船、山东泰裕、江苏银河9家企业；食用植物油加工企业前10家总产量达849万吨，占入统食用植物油企业总产量44.7%，与上年持平，年产量达到150万吨以上的有益海、嘉里、中粮3家企业。

4. 产品结构继续调整，档次进一步提高。在入统企业中，特等米所占比重由上年的33.9%提高到36.4%，提高2.5个百分点；专用粉所占比重由上年的11.8%提高到14.1%，提高2.3个百分点；一级油所占比重由上年的53.4%提高到61.4%，提高8个百分点。

5. 企业所有制结构继续调整，国有企业比重继续下降。在入统企业中，国有及国有控股企业1150个，占9.6%，比上年降低1.1个百分点；民营企业10705个，占89.4%，比上年增加1.2个百分点。

6. 外商及港澳台商投资企业数量虽少，但市场占有率和经济效益高。外商及港澳台商投资企业122个，仅占入统企业数1%，但产值占26%，利润占40.1%。特别是在食用植物油加工业中，外商及港澳台商投资企业数占6.2%，而产量占45.6%，产值和利润分别占到46.8%和56.3%。

7. 国有企业资产负债率高，财务负担重。入统国有及国有控股企业的资产负债率高达83%，比上年增加2.3个百分点；而民营企业和外商及港澳台商投资企业资产负债率分别为60.5%和70.1%。

8. “放心粮油工程”和“名牌工程”继续发展，更加深入人心。通过开展放心粮油工程，不断增强了企业的质量意识、安全意识、诚信意识和服务意识，推动了经营管理水平和产品质量水平、安全水平的提高。各地粮油加工企业积极开展放心粮油进农村进社区活动，建设城乡销售网点，扩大市场占有率。与此同时，各地企业积极实施名牌工程，争创名牌。2007年共有65个产品被国家质检总局和中国名牌战略推进委员会授予“中国名牌产品”称号，其中大米28个、小麦粉29个、挂面8个。

教育科研

一 粮食行业教育培训

2007年，全国粮食系统积极开展了职工教育培训活动，全年在岗职工参加学历学位教育、政治理论和各类人员业务培训共213845人次，参训率达34.48%。其中，公务员参加培训30763人次，参训率为82.16%；企事业管理人员参加培训52741人次，参训率为48.85%；专业技术人员参加培训47806人次，参训率为55.21%；工人参加培训80758人次，参训率为22.40%。

全国粮食系统各级单位共举办培训班12029期，培训人员达261551人次。其中，中央级单位（含国家粮食局、有关中央企业）举办培训班2245期，培训39468人次；省级粮食行政管理部门及下属机构举办培训班1216期，培训60221人次；地市级粮食行政管理部门及下属机构举办培训班2271期，培训54035人次；县级粮食部门及下属机构举办培训班6297期，培训107827人次。

二 粮食行业职业技能鉴定

2007年是粮食行业特有工种职业技能鉴定由试点转入全面实施的一年。据统计，当年全国粮食行业共组织技能培训和鉴定超过1万人次，8103人取得了相应的职业资格证书，占参加鉴定人数的75%以上。其中1025人取得了初级职业资格证书，占通过鉴定总人数的12.7%；5870人取得了中级职业资格证书，占通过鉴定总人数的72.4%；1208人取得了高级工及以上职业资格，占通过鉴定总人数的14.9%。职业技能鉴定工作已得到全行业的认可和支持，广大职工要求通过培训提高素质和能力的愿望更加迫切，加强粮食行业技能人才队伍建设的观念已深入人心。

(一)进一步加强鉴定基础建设

1. 新建2个粮食行业特有工种职业技能鉴定站。2007年10月，劳动和社会保障部批准广东省粮食科学研究所和西藏自治区粮食局粮油中心化验室2个单位为粮食行业特有工种职业技能鉴定站，至此，全国粮食行业特有工种职业技能鉴定站总数达49个。

2. 扩大考评人员队伍。国家粮食局于2007年4月在广西壮族自治区桂林市举办了第三期粮食行业职业技能鉴定考评员培训班，来自各省、自治区、直辖市、中央企业及有关院校的150余人参加了业务培训。经考试，134人取得了劳动和社会保障部颁发的考评员资格证书。

3. 规范特有工种职业技能鉴定站的管理。国家粮食局办公室印发了《关于统一启用粮食行业特有工种职业技能鉴定站印章的通知》（国粮办人[2007]23号），为47个粮食行业特有工种职业技能鉴定站配发“粮食行业特有工种职业技能鉴定站”印章，进一步规范粮食行业职业技能鉴定工作。

4. 积极推进院校职业技能鉴定。根据国家粮食局办公室《关于院校职业技能鉴定免理论知识考试有关问题的通知》（国粮办人[2007]110号）要求，经审核，决定对内蒙古商贸职业学院、沈阳师范大学职业技术学院、山东商务职业学校、江西工业贸易职业技术学院、武汉工业学院、四川省粮食学校、重庆市粮食职工中等专业学校和新疆工业经济学校8所院校共18个专业的毕业生在相应职业技能鉴定中免理论知识考试。

5. 召开全国粮食行业职业技能鉴定考评工作研讨会。2007年8月，国家粮食局在新疆维吾尔自治区乌鲁木齐市召开了全国粮食行业职业技能鉴定考评工作研讨会。会议总结了前一阶段职业技能鉴定工作，对下一阶段的工作作出了部署。同时，会议邀请了部分鉴定站负责人和有关考评员交流了工作经验。

（二）不断完善培训教材体系建设和培训基地建设

1. 完善粮食行业职业技能培训系列教程建设。为满足各地开展职业技能培训和鉴定工作的实际需要，国家粮食局组织有关专家对第一版粮油保管员（初级、中级、高级）和粮油质量检验员（初级、中级、高级）职业技能培训教程进行修订，并出版发行。第二版培训教程增加了近两年来涉及粮油保管和检验方面的新标准、新技术和新方法，更加贴近职业技能培训的实际，进一步提高了培训教材的适应性。

2. 加强粮食行业职业技能培训基地建设。经审核备案，新增加了浙江省粮油产品质量检验中心、湖南省粮食技工学校和贵州省粮油科研设计所3个粮食行业职业技能培训基地。

（三）落实和加强高技能人才队伍建设

1. 组织开展了中华技能大奖、全国技术能手和国家技能人才培育突出贡献奖的选拔和推荐工作。国家粮食局组织各省（区、市）粮食局和有关中央企业推荐全国粮食行业技术能手和粮食行业技能人才培育突出贡献奖单位。经专家评选，产生了29名全国粮食行业技术能手、5个粮食行业技能人才培育突出贡献奖单位。在此基础上，国家粮食局推荐2人作为中华技能大奖候选人、3人作为全国技术能手候选人和2个单位作为国家技能人才培育突出贡献奖候选单位报劳动和社会保障部参加全国范围内的评选。

2. 建立技师和高级技师评审制度。国家粮食局于2007年8月在新疆维吾尔自治区乌鲁木齐市召开了全国粮食行业职业技能鉴定考评工作研讨会，以会代训的方式培训了79名高级考评员。会议讨论并通过了《粮食行业特有职业（工种）技师和高级技师技能鉴定考评办法（试行）》，确立了不唯资历、不唯学历、不唯身份，以能力和业绩作为最主要的评价标准的考核评审原则。

三 首届全国粮食行业职业技能大赛

2007年8月9日，国家粮食局办公室、劳动和社会保障部办公厅印发《关于举办首届全国粮食行业职业技能大赛的通知》（国粮办人[2007]148号），决定在粮食行业联合举办首届全国粮食行业职业技能大赛。大赛为国家级二类竞赛，设粮油保管员和粮油质量检验员2个参赛职业。

这次大赛本着公开、公平、公正的原则组织实施。整个竞赛过程组织严密、措施得力，得到了各代表队和全体选手的一致好评。在大赛过程中和结束后，没有代表队和选手提出申诉和反映不公平等问题。采取的主要措施：

（一）组织命制理论知识比赛赛题时采取极其严格的保密措施

大赛的命制理论试题专家是从与大赛无利害关系的高等院校及中央级科研院所选调的，并在开赛前一周即采取全封闭式方式命制赛题。命题结束后，指派没有接触过赛题的专门人员运抵南京赛场。全体参与出题的专家和工作人员，于大赛理论竞赛开赛半个小时后解除封闭，从组织上和程序上确保了理论知识竞赛赛题在考试前不泄密。

（二）认真组织研究编制并提前公布技能操作赛题

大赛组委会办公室从2007年7月起就组织专家开始技能操作试题的命制工作。技能操作命题紧密结合国家职业标准，并充分考虑了不同地域的特点。命题专家组对每一个评分点都进行了仔细的讨论、推敲，所有技能操作项目均由多名专家亲手操作后才确定评分标准和比赛时间。同时，组委会还于赛前一个月公布了技能操作试题技术纲要，以保证每名参赛选手公平地获知技能操作竞赛的范围。

（三）组织好大赛的样品采集、标定等重要环节工作

大赛粮油保管员和粮油质量检验员比赛所需样品的采集、标定和命制赛题均由国家粮食局科学研究院和标准质量中心等单位选派专家完成，有效地保证了样品采集的公正性和保密性。

（四）采用全新的仪器设备进行比赛，最大限度地降低因仪器设备带来的结果误差

大赛组委会办公室购置或联系有关厂家租用了大赛所需的仪器设备，大到模拟仓，小到一个试管，全部使用统一型号，杜绝了因仪器设备质量而影响选手成绩的现象出现。

（五）随机决定选手竞赛顺序和工位分配

大赛严密组织，采取先定编号竞赛顺序和工位，然后再抽签确定选手编号的做法。每名选手编号均由各代表队联络员公开抽取，以避免因主观因素决定竞赛顺序可能产生的不公平因素。

（六）科学选拔、调配和使用裁判员

84名大赛裁判员都是大赛组委会组织从各省（区、市）粮食局和有关中央企业推荐的，但在裁判员具体工位的安排上，则采取了回避本省选手的原则，并安排在比赛开始前临时公布裁判员工位的做法。为了搞好裁判员培训，组委会办公室专门组织拍摄了裁判员培训录像片，并于实际比赛前开始培训，介绍比赛过程、评分要点，在制度上确保了裁判的公平、公正。

（七）邀请监督、公证人员全程监督大赛

此次大赛，大赛组委会办公室专门邀请局纪检监察部门全程跟踪进行监督，并专门聘请了有资质的公证单位对大赛全程进行公证。

此次大赛选手成绩由理论知识竞赛成绩和实际操作比赛成绩两部分组成，分别按30%和70%计入选手总分。其中，粮油保管员职业技能大赛理论知识竞赛内容以《粮油保管员国家职业标准》中高级工（国家职业资格等级三级）以上必须掌握的基础知识和相关知识为主。实际操作比赛内容主要有粮食品质感官鉴定、储粮害虫识别、熏蒸技术实施、机械通风系统参数测定、粮情分析与处理；粮油质量检验员职业技能大赛理论知识竞赛内容以《粮油质量检验员国家职业标准》中高级工（国家职业资格等级三级）以上必须掌握的基础知识和相关知识为主。实际操作竞赛内容主要有物理检验、化学检验与储藏品质评价、卫生检验。

首届全国粮食行业职业技能大赛于2007年12月8~9日在南京财经大学举行。此次大赛共有31个代表队，186名选手分别参加粮油保管员和粮油质量检验员两个职业的竞赛。参加粮油保管员职业竞赛的93名选手，平均年龄36岁，年龄最大的51岁，年龄最小的27岁。其中，女选手15名，占参赛选手的16.1%；具有本科学历以上的27名，占29.0%，其中1名具有硕士学位；具有高级职业资格（国家三级）及以上的36名，占38.7%。参加粮油质量检验员职业竞赛的93名选手，平均年龄36岁，最大的47岁，最小的23岁。其中，女选手61名，占参赛选手的65.6%；具有本科学历以上的52名，占55.9%，其中5名具有硕士学位；具有高级职业资格（国家三级）及以上的25名，占26.9%。

经过激烈的角逐，安徽省粮食局代表队获得优秀团体一等奖，中储粮总公司代表队、江苏省粮食

局代表队获得优秀团体二等奖，中粮集团代表队、河南省粮食局代表队、江西省粮食局代表队获得优秀团体三等奖；中储粮总公司代表队辛立勇、安徽省粮食局代表队刘金利和龚芜广获得粮油保管员职业一等奖；中粮集团代表队梁维权、江苏省粮食局代表队顾建良和中储粮总公司代表队吴新连获得粮油质量检验员职业一等奖。辽宁省粮食局代表队的孙建光、安徽省粮食局代表队的马艳等24名同志分别获得粮油保管员和粮油质量检验员职业比赛个人二等奖，江西省粮食局代表队的徐红、湖北省粮食局代表队的刘勇等20名同志分别获得粮油保管员和粮油质量检验员职业比赛个人三等奖。北京市粮食局代表队、内蒙古自治区粮食局代表队、辽宁省粮食局代表队、江苏省粮食局代表队、安徽省粮食局代表队、江西省粮食局代表队、广西壮族自治区粮食局代表队和中储粮总公司代表队8个代表队获得优秀组织奖。6名获得一等奖的个人由劳动和社会保障部授予“全国技术能手”荣誉称号。24名个人二等奖获得者由国家粮食局授予“全国粮食行业技术能手”荣誉称号。

四 科技进步与创新

国家粮食局

（一）组织实施国家重点科技项目

2007年，国家粮食局组织了“十一五”国家科技支撑计划重点项目“粮食宏观调控信息保障关键技术研究与应用示范”的课题申报工作。经专家反复研究、专题调研和多次论证，形成了“粮食宏观调控信息保障关键技术研究与应用示范”项目可研报告，经科技部专家论证并获立项。国家粮食局将在2008年组织该项目的评审及课题实施工作。

除组织申报评审粮食科技项目外，国家粮食局还积极组织系统内各单位申报了国家863计划、“十一五”国家科技支撑计划、农业科技成果转化资金等多类项目。2007年，经有关部门审核并批准的项目共有33个，主要包括：“十一五”国家科技支撑计划项目1个，“农业科技成果转化资金项目”6个，国家星火计划项目18个，国家新产品计划项目3个，火炬计划项目2个，科研院所技术开发专项2个，软科学项目1个。

2007年3月，国家粮食局组织召开了“十一五”国家科技支撑计划重大项目“粮食丰产科技工程”（产后）课题启动动员会。会议明确了各课题承担单位任务、内部管理机制、项目进度安排，为项目的顺利实施奠定了基础。4月，国家粮食局印发了《国家粮食局办公室关于加强“十一五”国家科技支撑计划“粮食丰产工程”（产后领域）课题经费管理的通知》，要求各有关单位加强课题经费管理，保障项目经费按时到位。7月，“粮食丰产科技工程”课题启动签约仪式在人民大会堂举行，国家粮食局任正晓副局长参加了仪式，本次活动标志着全国“粮食丰产科技工程”各项工作正式启动。8月，印发了《国家粮食局关于下达“十一五”国家科技支撑计划项目安全绿色储粮关键技术研究开发与示范项目研究任务的通知》，国家科技支撑计划项目正式开展实施。9月，国家发展改革委批复高技术产业化专项“邹平怡康糖业有限责任公司粮食增值转化无水葡萄糖高技术产业化示范工程”调整建设内容。

（二）成功举办粮食科技活动周

2007年4月，国家粮食局向各省（区、市）粮食局下发了《关于开展2007年粮食科技活动周的通知》；4月，提出了《2007年粮食科技活动周筹备工作方案》并上报科技部备案；5月，以推进农户科学储粮，建设社会主义新农村为主题的粮食科技活动周先后在全国25个省（市、区）举办。活动周期间，国家粮食局组织参加了2007年全国科技周开幕式、“振兴老区、服务三农、科技列车大别山行”活动，举办了粮食科普专题讲座，开放了国家粮食局科学研究院部分实验室，并分别组织了四川省粮食科技周和湖北省粮食科技周主会场等重大活动。“科技周”期间，全国开展了1200多场次形式多样、内容丰富、特色鲜明、城乡联动、气氛热烈的群众性粮食科普活动，出动了流动宣传车辆约800台次，接受了农民咨询和现场答疑，发放宣传材料130万份，向革命老区捐赠了7台电脑、7台打印机、340套粮食丰产仓、1800瓶绿色储粮药剂等价值20万元的物资，培训农民超过22.4万人次，城乡公众教育面达230万人次。多家新闻媒体进行了报道，科技周活动取得了良好的宣传效果。

（三）继续推进全国农户科学储粮产后减损工作

2007年度，粮食丰产科技工程产后课题组共发放农户储粮装具3740套，研发了3种适合农村的新仓型。2008年3月，在京召开了十二省农村储粮工作动员会和座谈会，中期检查并验收了部分项目。同时，国家粮食局组织专家论证确定了12种适合华北平原、东北平原及长江中下游平原粮食主产区的农户适用的储粮装具标准图纸，在粮食局政府网公布仓型。根据农户对产后减损技术需求，继续加强技术服务宣传力度，扩大影响，形成了良好的综合示范效应。

研究开发的环保、安全型防虫、鼠技术得到了很好的推广应用，进一步提升了储粮有害生物防治技术水平，使千家万户受益，带动了行业绿色新储粮技术的推广应用。同时，设计了适合农村地区使用的生物质燃料小型玉米干燥机、小型高效稻谷干燥机，并进行了设备样机的试制，开发了农户适用的就仓干燥技术，为综合提高农户储粮减损技术应用推广奠定了技术基础。

为准确了解我国农户产后损失发生情况，国家粮食局组织科研单位，针对东北、华北、长江中下游三大平原粮食储藏特点，研究制定了绿色储粮课题工作方案和技术方案，并组织专家进行论证。拟2008年在全国28个省进行了农户储粮损失调查，目前培训前期准备工作正在加紧进行，同时拟在12个粮食主产省开展粮食损失对比实验，摸清农户储粮质量变化规律。

（四）推广应用小麦硬度指数测定仪

长期以来，我国小麦收购中由于缺乏必要、快速的检测仪器设备，小麦定级定等大都采用人工鉴别的方法，受检验人员的经验等诸多因素的影响，在实际操作中误差较大。为保护种粮农民的积极性，国家粮食局将在2008年的小麦托市收购中，全面推广应用小麦硬度指数测定仪作为检测手段。为了确保其在实际操作中的科学性、合理性和稳定性，国家粮食局于2007年7月组织有关人员对仪器生产厂家进行了现场考察；8月，确定了对生产厂家生产小麦硬度指数测定仪生产能力评估的方案，并委托第三方对厂家的生产能力进行全面评估；9月，国家粮食局组织召开了小麦硬度指数测定技术应用论证会，对小麦硬度仪的科学性、合理性和实用性进行了专家论证；10月，《批量生产小麦硬度仪能力的可行性分析报告》经第三方评估完成；12月，国家粮食局组织有关同志对小麦硬度仪的生产准备情况进行了现场调研。批量生产已全面展开，力争2008年在小麦主产省夏收工作中全面使用。

（五）发布《2006年粮食行业科学技术成果报告》

按照科技部项目管理有关规定，执行各级、各类科技计划产生的科技成果应当在科技部网站上登记，并向全社会公开。2006年，国家粮食局共登记科技成果49项，为了全面展示粮食行业科技发展水平，强化粮食行业科技成果影响力，进一步推进粮食行业科技发展，国家粮食局组织编印了《2006年粮食行业科学技术成果报告》，于2007年4月公布，并发送至科技部、各省（区、市）粮食局、中央、省级粮食科研院所、有关大学等，同时在国家粮食局网站上进行登载。

（六）加强国家粮食局工程技术研究中心的组建及管理工作

1. 组建第二批国家粮食局工程技术研究中心。2007年3月，国家粮食局印发了《国家粮食局办公室关于同意组建第二批国家粮食局工程技术研究中心的通知》，同意辽宁省粮食科学研究所组建“国家粮食局玉米干燥工程技术中心”，同意湖南省粮油科学研究设计院组建“国家粮食局稻谷产后工程技术研究中心”，同意陕西省粮油科学研究设计院组建“国家粮食局粮情测控工程技术研究中心”。

2. 验收第一批部分国家粮食局工程技术研究中心。2007年11月，西安油脂科学研究设计院组建的国家粮食局油脂工程技术研究中心通过验收；2007年12月，无锡粮食科学研究设计院组建的国家粮食局粮油加工装备工程技术研究中心通过验收；2008年2月，河南工业大学组建的国家粮食局粮油食品工程技术研究中心通过验收；2008年3月，武汉粮食科学研究设计院组建的国家粮食局谷物加工工程技术研究中心通过验收。

（七）国家科技项目验收和科技成果推广等工作

2007年4月，国家粮食局分别组织对“食品专用粉后处理技术与装备的转化”、“电子式粉制仪”、“新型双螺旋榨油机的中试”、“木瓜复合发酵果醋酿造技术中试”4项农业科技成果转化资金项目和产业化前期关键技术研究开发“糙米流通综合示范工程——糙米流通模式研究”课题进行了验收。

9月，分别对院所开发专项“醇法大豆蛋白制取关键工艺及其应用开发”项目和社会公益项目“油脂加工危害使用安全因素监控及对策研究”进行了验收。

10月，对社会公益项目“我国储粮害虫微生物污染物调查检测预报防治”进行了验收。

国家粮食局科学研究院

2007年，国家粮食局科学研究院（简称粮科院），在国家粮食局及有关部门的大力支持、全院科技和管理人员的共同努力下，粮食科技进步和创新工作取得了新的成绩。

（一）科技发展规划编制工作

为贯彻《国家中长期科学和技术发展规划纲要（2006~2020）》和国家粮食局《“十一五”粮食科技发展指导意见》，明确今后一段时期科技工作的发展方向，启动了科技发展规划的编制工作。该项工作已完成《工作方案》的起草、组织结构的建立、调研和资料的收集分析、各学科专业组的起草和交流汇总等项工作。

（二）制度建设

为了提高人员素质、促进人才成长，激发科技人员的创新潜能，加快科技事业的发展，2007年粮科院按照国家人事部和上级主管部门的要求，制定了《粮科院岗位设置方案》、《粮科院岗位设置实施方案》及其配套办法《粮科院专业技术岗位等级晋级办法》。对《粮科院岗位考核办法》进行了修改完善，制定了《关于粮科院岗位考核办法有关科技人员量化考核标准的补充规定》。根据《财政部关于印发〈中央级公益性科研院所基本科研业务费专项资金管理办法（试行）〉的通知》精神，制定了“中央级公益性科研院所基本科研业务费专项资金管理办法”实施细则，对研究课题的要求，申报条件，遴选与实施，经费使用，检查结题等事项作出了明确规定，为课题顺利开展提供了可靠保证。

（三）人才队伍建设

1. 2007年面向高校招聘了3名博士、4名硕士和3名本科应届毕业生，面向社会公开招聘了2名出站博士后。

2. 2007年有4名副研究员取得硕士生导师资格。

3. 国贸院新增注册建筑工程师1人，注册建造师1人，咨询工程师1人。

4. 进行了专业技术职务任职资格评定工作。有7人获副高级技术职称，9人获正高级技术职称，其中2人获研究员职称，7人获研究员级高级工程师职称。

（四）基础条件建设

1. 在国家粮食局、科技部和财政部的大力支持下，2007年粮科院的科研条件建设是有史以来投资力度较大，购置仪器数量最多的一年。全年共使用资金2268万元，购置308台套仪器设备，大大改善了粮科院的科研条件。2007年开始建设的5吨规模生物发酵中试生产线和近400平方米的SPF级动物实验室在粮食行业中都是领先的。全国唯一、功能齐全的粮食储藏实验室平台已经开工建设。

2. 完成了院“数字图书馆”建设项目。项目组和信息室根据院的学科和科研方向，在众多数据库中，筛选出学科匹配性好，利用率高的5种中外文电子期刊数据库，其中中文期刊4800余种，外文期刊3400余种。为科研人员快速方便地查询、检索文献资料提供了平台。

（五）承担的科研课题

2007年粮科院承担了自然基金课题2项，国家高技术研究发展计划（863计划）子课题1项，“十一五”国家科技支撑计划4个项目中8个课题的13个子课题，社会公益研究专项2个，基本科研业务费专项课题8个。另外，还承担了3项农业科技成果转化项目和9项国家标准制修订等科研工作。科研人员人均承担科研课题1.5项。

（六）科技成果及课题进展情况

1. 2007年完成的科研课题有“食用油脂质量安全保障研究”、“我国粮油储藏加工重要科技基础标准研究”、“国库储备粮品质劣变机理研究”、“粮油及制品质量安全科技基础标准研究”等。

2. 科研人员在国内外核心刊物上发表学术文章40多篇；获得国家授权发明专利证书2项：“高活性纤维酶及其制造方法”和“富锗金针菇粉在制备治疗红斑狼疮的药物中的应用”；申请了2项国家发明专利；获国家实用新型及外观专利授权1项：油脂氧化稳定性测定仪的冷却装置。作为第一或第二完成单位，有5项国家标准获得发布执行。2007年，以粮科院研究人员为第一导师的硕士研究生有5人通过毕业论文答辩，获硕士学位。

3. 2007年，由粮科院东孚中心开发的抗氧化产品已经完成前期开发工作，下一步将进行健字号的申报工作；与波通公司合作开发的面筋仪产品完成了小批量的试生产任务，达到了预期的指标，即将开始国内的批量生产和全面推广工作；完成了农业科技成果转化资金项目《电子式粉质仪转化》项目的验收工作。

4. 由国贸院完成的《福建粮食现代物流设施建设规划》荣获2007年北京市优秀工程咨询成果一等奖。

5. 《粮油食品科技》期刊2007年共出版发行杂志6期，共刊登院内外各类科技和综述文章约160篇及各类科技信息百余条。据中国科学文献计量评价研究中心的《中国学术期刊综合引证年度报告（2007）》显示，《粮油食品科技》总被引频次为409，比去年增加25%，影响因子为0.412，比去年增加0.074，其他指标也均比上年有不同程度的增长，成为首批期刊出版规范检查合格期刊。编辑部与粮油学会粮食物流分会合作创办了《粮食现代物流》增刊。增刊作为该分会会刊面向全国发行。

中国粮油学会

2007年是中国粮油学会科学技术奖(以下简称“粮油科技奖”)实施奖励工作的第三年。在国家粮食局、国家奖励办和中国科协等有关部门的大力支持和关怀下，经过中国粮油学会及所属各专业分会、评审委员和推荐单位的共同努力，2007年度粮油科技奖的评审工作圆满完成。评审委员本着认真、负责、细致、耐心的态度，坚持公开、公平、公正的评审原则，按照评审程序，通过推荐与申报、形式审查及受理项目的公示、专业评审、综合评审、复审、获奖项目的公示等环节，评选出一批优秀的粮油科学技术成果。2007年度中国粮油学会科学技术奖获奖项目共29项，其中一等奖4项、二等奖7项、三等奖18项。

鉴于前两届粮油科技奖的成功经验，为进一步促进获奖成果的推广应用和粮食行业技术进步，加强粮油科技奖的宣传，中国粮油学会继续开展《2007年度中国粮油学会科学技术奖获奖项目汇编》(简称《汇编》)的编辑出版工作。《汇编》图文并茂、系统全面地介绍本届粮油科技奖获奖项目、获奖者和获奖单位等情况，出版后及时发送给获奖者、获奖单位和其他相关科技工作者、企事业单位，便于大家及时了解行业科技创新的前沿和动态，加快科技成果的推广和应用，同时也更好地展现获奖者的科研足迹，为现在的青年科技工作者树立楷模。

2007年，中国粮油学会在认真总结前两届经验的基础上不断完善和推进粮油科技奖，不论从合理优化选配专家组，还是加大粮油科技奖励宣传力度，努力提高企业对科技的重视以及增设项目答辩环节等多方面努力完善这一工作，使得本年度申报项目涉及面不断扩大，企业不但申报项目的积极性显著提高，而且科技成果水平和获奖率均大幅提高。可以看到企业开始成为粮食行业技术创新的主体、创新投入的主体和创新成果应用的主体，有助于在加强科技进步的同时，实现产学研更紧密地结合，促进粮油业进一步飞速发展。

五 国家粮食局学术研究

（一）国家粮食局软科学课题研究

随着粮食流通体制改革的逐步深入和粮食供求形势的变化，粮食流通工作面临新的形势和任务。为贯彻落实中央关于粮食流通的各项宏观调控政策措施，保证粮油稳定供应和价格基本稳定，必须进一步加强关系粮食流通工作全局、关系粮食安全的重大问题的研究，理清思路，增强政策建议的针对性，为领导决策提供可靠依据，推动粮食流通工作不断发展。2007年，经国家粮食局软科学评审专家委员会审议通过，以国家粮食局办公室的名义发布《2007年国家粮食局软科学课题研究方向》，涉及粮食流通体制改革、完善粮食最低收购价政策和粮食储备调节体系；增强政府调控粮食市场能力、健全粮食应急保障体系；确保粮食供应和价格稳定、完善粮食产销衔接机制，创新产销合作新形式、构建粮食收购、加工和销售为一体的新型粮食流通服务体系；培育和发展粮食产业化龙头企业，促进产业化体系发展；建立农村粮食产后服务体系、建立粮食质量和卫生安全保障机制、培育和规范农村粮食经纪人等多方面粮食流通业务工作。

2007年10月，在各地粮食行政管理部门的高度重视下，各省（区、市）粮食局和有关粮食院校、研究机构，以及国家粮食局各司室、直属事业单位、联系单位，完成了一批选题针对性强、立意比较新颖、理论富有创新的具有较高理论水平和实践指导意义的研究报告。从专家评审结果总体看，课题质量呈现逐年上升的态势。尤其是获得软科学研究成果奖的课题结构严谨、资料翔实、论证清晰，既有实用价值，又有一定的学术价值。为鼓励各地继续做好课题研究工作，进一步提升课题研究水平，经过国家粮食局软科学评审专家委员会的评审，对28个获奖单位给予表彰并授予国家粮食局优秀软科学课题获奖证书。

为加强课题研究成果的推广和利用，鼓励粮食系统干部职工认真学习和积极参与研究，国家粮食局政府网站还提供下载服务。同时，国家粮食局政策法规司每年还将获奖优秀成果汇编成册，发送各省粮食局供学习参考。

目前，国家粮食局软科学课题研究已经成为了粮食系统理论研究的前沿阵地，其研究成果已经成为决策的重要参考和制定政策的重要依据，有力地推动了粮食流通体制改革的深化和粮食流通工作的发展。

（二）国家粮食局优秀粮食调研报告评选

2007年，为进一步拓宽粮食政策研究领域，加强粮食调研工作的针对性，不断地提高粮食调研报告的质量，增强调研建议的可操作性，充分发挥调研报告的推广、借鉴、参考作用，并为领导决策提供科学的政策建议，国家粮食局继续组织各地开展“粮食工作优秀调研报告”征集、评选活动。国家粮食局各司室、直属事业单位、联系单位和各省（区、市）粮食行政管理部门的领导高度重视这一活动，共有100余篇调研报告参加了评选。经过国家粮食局软科学评审专家委员会评审，共评出获奖调研报告40篇。

近几年，各地在深入开展调查研究的过程中，始终紧紧围绕粮食流通中心工作来进行，特别是注重对粮食流通领域难点、热点、重点问题的调查，通过深入基层掌握第一手资料，使调研更具针对性、实用性，提出的政策建议水平得到不断提高，调研报告的质量越来越好。2007年，各地主要从主要农产品价格走势、粮食产业化经营、粮食产销合作、粮食收购及市场监管、粮油精深加工、农户储粮现状与储量损失调查、粮食安全问题、粮食现代物流、国有粮食购销企业经营性财务挂账解决途径、农村粮食经纪人发展情况、粮油合作社带农致富情况和建立粮食质量卫生安全保障机制等方面开展调研，部分调研报告所提出的建议还得到上级领导的肯定。为鼓励粮食系统干部职工继续深入开展调查研究，经过国家粮食局软科学评审专家委员会的评审，对浙江省粮食局等30个单位给予表彰并授予“国家粮食局优秀调研报告”获奖证书。

党建工作

一 深入组织学习贯彻党的十七大精神

按照党中央的要求，在党的十七大胜利召开后，局党组迅速组织全局各单位和全体党员干部采取集中学习、专题研讨、专家辅导和座谈交流等形式深入开展学习，使广大党员干部深刻领会高举中国特色社会主义伟大旗帜的重大意义，深刻领会科学发展观的科学内涵和精神实质，深刻领会十七大报告关于社会主义经济建设、政治建设、文化建设、社会建设的部署为发展中国特色社会主义指明的方向，深刻领会以改革创新精神全面推进党的建设新的伟大工程的根本要求，并引导广大党员干部努力将十七大精神贯彻落实到实际工作之中。同时，还在全局范围内发起了以学习党的十七大精神为主题的党日活动和“为民、务实、清廉”主题教育实践活动，要求全局各级党组织和广大党员干部对照党章和新时期共产党员先进性具体要求，开展专题教育，进一步增强了全局广大党员坚定理想信念、坚持党性原则、创造一流业绩的自觉性和主动性。

二 认真完成中央国家机关工委对局党组理论学习中心组的检查工作

2007年12月中旬，由中央国家机关工委副书记黄燕明同志率领的工委检查组赴全局就党组理论中心组学习开展及宣传贯彻党的十七大精神、深入落实科学发展观的情况进行检查。按照工委和局党组的要求，直属机关党委认真配合工委检查组完成了检查的各项协调、服务工作。

在检查中，党组书记、局长聂振邦同志向黄燕明一行详细介绍了近年来党组中心组开展学习的有关情况，着重介绍了党组中心组坚持理论联系实际，学以致用，紧紧围绕粮食流通中心任务，紧贴粮食行业改革发展，深入贯彻落实科学发展观，明确思路，推动工作的情况，以及国家粮食局自深化粮食流通体制改革以来，加强宏观调控，确保国家粮食安全，落实最低收购价政策，保护种粮农民的积极性，推进“放心粮油”工程，维护消费者权益等方面取得的新进展。局党组成员、副局长兼直属机关党委书记张桂凤同志代表局党组向工委检查组做了专题汇报。党组成员、纪检组长杨兵同志，党组成员、副局长曾丽瑛同志参加汇报会并发言。通过检查，工委对全局党组中心组学习给予了充分肯定，认为党组中心组学习工作指导思想明确，学习形式多样，能始终坚持制度开展学习，注重学以致用，把学习成果转化为工作思路，指导工作实践，并能充分发挥辐射带动作用，不断增强全局广大党员干部自觉学习的积极性、主动性，各方面工作取得了显著成效。

三 召开系统党建工作座谈会

2007年9月中旬，经国家粮食局党组批准，直属机关党委在青海省西宁市召开了部分省区粮食局机关党建工作座谈会。国家粮食局党组成员、副局长兼直属机关党委书记张桂凤同志出席会议并讲话。新疆、内蒙古等12省、区粮食局的全国粮食系统党建研究会理事、主管机关党建工作的领导同志、机关党委书记或副书记共32人与会，就党建研究会成立以来各地粮食部门机关党建工作情况，以及做好新形势下的粮食系统党建研究工作进行了座谈。通过交流，与会同志一致认为，座谈不仅交流了各地的工作经验，而且进一步坚定了做好新形势下粮食系统党建研究工作的信心，并表示要坚持以马克思主义中国化的最新成果为指导，紧密联系粮食流通工作实际，认真思考、深入研究、不断探索，努力取得党建研究工作的新成果，为实现粮食行业全面、协调、可持续发展，提供有力的思想、理论保证。

四 积极开展“两优一先”评选表彰工作

为表彰国家粮食局自2005年先进性教育活动结束以来在机关党建工作中涌现出的先进集体和个人，经局党组批准，直属机关党委在全局范围内开展了“两优一先”评选工作。经过层层遴选，共评选出了办公室（人事司、外事司）党支部等7个先进基层党组织，金贤等16名优秀党员和孙鉴奇等15名优秀党务工作者，并于2007年7月3日召开全局党员干部大会进行表彰，分别授予“国家粮食局先进基层党组织”，“国家粮食局优秀共产党员”和“国家粮食局优秀党务工作者”荣誉称号。通过表彰先进，为全局党员干部树立了榜样，进一步促进了党建工作的开展。

五 认真完成党内统计填报

针对2007年党内统计工作的变化情况，及时在全局范围内组织相关培训，就党内统计填报工作中的变化和特点进行讲解，经过各单位党内统计工作者的共同努力，国家粮食局2006年党内统计报表和2007年上半年党内统计报表均在规定时间内保质保量地上报中央国家机关工委，并被工委评为“中央国家机关党内统计全优报表”。

六 不断加强精神文明创建力度

2007年，国家粮食局精神文明创建工作在党组的统一领导下，紧密围绕粮食流通中心任务,继续按照“以人为本，和谐发展”的总体要求，全面深入地加以推进，在营造和谐机关氛围、促进干部职工全面成长等方面，开展了深入扎实的工作。组织了春节联欢会、乒乓球比赛、登山比赛以及春游等文体活动，召开了纪念建军八十周年座谈会，认真开展“送温暖”，给干部职工发放生日礼物、慰问看望老同志、困难及生病职工，组织“三八”妇女节和“六一”儿童节活动。同时，积极做好职工阅览室、假期借阅光盘等工作，有力地促进了和谐机关建设。通过努力，国家粮食局第四次被中央国家机关精神文明建设协调领导小组评为“中央国家机关文明单位”。

七 对口扶贫取得新进展

2007年，国家粮食局认真落实中央扶贫工作会议精神，继续以“推进新农村建设”为重点，积极做好对口贫困地区的帮扶工作。经局领导协调，为金阳县丙底洛村防洪堤坝项目争取专项资金，并已拨付到位；此外，还为金阳中学学生捐助5万元助学金。同时，围绕扶贫济困开展各类募捐活动，组织全局干部职工积极参加“送温暖、献爱心”社会捐助活动，一年来，全局为贫困地区人民捐款捐物，折合人民币61185元。

廉政建设

2007年，在中央纪委、监察部和国家粮食局党组的领导下，驻国家粮食局纪检组监察局认真贯彻中央纪委七次全会和国务院第五次廉政工作会议精神，学习宣传贯彻党的十七大精神，贯彻落实科学发展观的要求，切实加强领导干部作风建设，集中进行廉洁从政教育，积极开展行政监察工作，认真清理、整顿、纠正部门不正之风，严肃查办案件，履行监督检查职责。

一 认真传达贯彻中纪委全会和国务院廉政工作会议精神，学习、宣传、贯彻党的十七大精神，做好行政监察工作部署

（一）认真学习、传达中央纪委七次全会精神和国务院第五次廉政工作会议精神

年初，协助党组召开党组扩大会议和机关干部大会，认真学习贯彻中纪委全会和国务院廉政工作会议精神，根据中央党风廉政建设精神，对机关党员干部提出反腐倡廉具体要求。

（二）组织召开了全国粮食系统纪检监察工作会议，部署系统党风廉政工作

3月份，在湖北省武汉市召开了系统纪检监察工作会议，局党组书记聂振邦同志到会传达胡锦涛总书记在中纪委全会上的讲话精神，对加强领导干部作风建设工作提出明确要求。结合粮食流通工作中心任务，部署今年系统党风廉政工作任务。强调要结合实际重点抓好领导干部作风建设，要为粮食改革发展服务，为维护粮食市场稳定和落实粮食最低收购价政策提供有力保障。

（三）制定下发了《2007年国家粮食局党风廉政建设和反腐败工作实施意见》和《任务责任分解意见》，落实任务，明确责任

根据中纪委有关部署，及时制订下发《2007年国家粮食局党风廉政建设和反腐败工作实施意见》和《任务责任分解意见》，将今年党风廉政建设各项工作任务进行认真分解，逐项落实，明确责任，提出要求，确保完成。

（四）召开部分省市纪检监察工作座谈会，总结上半年工作，研究提出下半年抓落实的意见

7月份，在辽宁省沈阳市召开了系统纪检监察工作座谈会，全面听取了各地上半年工作情况的汇报，交流工作经验，研究提出下半年的工作重点，推进系统纪检监察工作顺利开展。

（五）学习宣传贯彻党的十七大精神，认真落实科学发展观的要求

驻局纪检组监察局高度重视十七大精神的学习、宣传、贯彻，把学习宣传贯彻党的十七大精神作为当前和今后一个时期的重点工作。一是协助党组抓好局机关干部学习。二是抓好自身学习，驻局纪检组监察局领导积极参加局党组中心组的学习，多次组织全体干部进行专题学习，开展学习辅导，开展讨论，交流学习体会。三是抓好系统纪检监察干部学习，举办了全国粮食系统纪检监察干部学习十七大精神辅导班。

（六）召开纪检监察工作研讨会，学习宣传贯彻十七大精神，推进全年工作的完成

11月份，在吉林省长春市召开全国粮食系统纪检监察工作研讨会，学习宣传贯彻十七大精神，联

系粮食系统实际，研究党风廉政建设工作，听取各地情况的汇报，检查全年工作的完成情况，全面总结今年党风廉政建设工作，交流工作经验，研究提出明年党风廉政工作的初步意见。

二 加强对领导干部的监督，促进依法行政

（一）重视对驻在部门党组执行党的路线方针政策情况和主要领导干部的监督

山西省粮食局违规修建“粮神殿”案件，驻局纪检组监察局及时发现问题，两次赴山西运城调查核实情况，向局党组和中央纪委报告相关情况。实地监督拆除了“粮神殿”，同时建议局党组召开会议剖析案件，总结经验教训，开展批评与自我批评，并在粮食系统开展警示教育，做到了及时发现、及时报告、及时处理、及时总结教训。

（二）协助驻在部门党组落实中央关于“党员领导干部报告个人有关事项的规定”

驻局纪检组监察局按照领导干部报告个人重大事项的要求，组织党组成员和司级领导干部填报个人重大事项报告和执行党风廉政情况的表格，要求定期填报，存入廉政档案，以更好地规范和加强党风廉政建设工作。协助驻在部门党组落实中央关于“党员领导干部报告个人有关事项的规定”，会同人事部门制定具体实施办法，提出明确要求。局党组成员和局管干部按期报告了个人有关事项。对领导干部在用车、住房分配装修、配偶子女就业、出国、升学等方面的变化情况，及时与党组成员交换意见。

（三）协助局党组召开党组会议研究反腐倡廉工作，通报情况，落实党风廉政责任制

主要内容有部署系统党风廉政建设工作、落实国务院关于清理楼堂馆所通报要求、学习中纪委领导同志重要讲话、贯彻中纪委八条规定、讨论专项清理实施方案、研究有关案件查处等。对局属单位领导班子贯彻民主集中制、任用干部、资金使用情况进行监督检查，督促健全完善相关制度。

（四）协助党组在选拔任用干部方面严格把关、防止带病上岗

对27名竞争上岗的司处级干部认真审查其廉政情况，逐一进行贯彻中纪委八条规定谈话，并核实群众反映的问题，有的进行任前审计。全年对领导干部任前廉政谈话40人次。还配合有关司室做好信访举报、公务员竞争上岗、录用、对司级党员领导干部民主生活会进行检查指导等工作。对人事司、服务中心粮食综合信息库软件开发项目、迎奥运外墙粉刷项目招标等工作进行监督。

（五）做好建章立制工作，认真履行监督职责

通过编发有关规定制度，增强干部职工的廉洁自律和遵纪守法意识，推动制度规定的贯彻执行。编印了《国家粮食局机关和直属联系单位落实实施纲要加强党风廉政建设制度汇编》，制定了《关于局管干部任职前听取纪检机关意见的实施办法》，规范工作程序，完善和加强了干部选拔任用工作的监督。

（六）加强对领导干部出境出国团组监督管理

会同局外事部门下发了《关于加强出国团组境外纪律的通知》，制定了出境出国备案和事后报告制度，同时加强了对外事经费使用情况的监督。

三 开展专题教育活动，促进廉洁从政

驻局纪检组监察局会同有关部门于2007年5月中旬至6月中旬，制定工作方案，集中时间在全局党员干部中组织开展了“加强作风建设、促进廉洁从政”专题教育活动。

（一）召开廉洁自律警示教育会，对党员领导干部提出明确廉政要求

5 月下旬召开全局党员干部会议，传达中央纪委和粮食系统有关案件查处情况的通报。要求从通报的案件中吸取教训，秉公用权、廉洁从政；加强权力制约，自觉接受监督；加强生活作风建设，做到生活正派，情趣健康。要以优良作风切实做好各项粮食工作。

（二）学习贯彻《中共中央纪委关于严格禁止利用职务上的便利谋取不正当利益的若干规定》

中央纪委贯彻实施《中共中央纪委关于严格禁止利用职务上的便利谋取不正当利益的若干规定》会议后，驻局纪检组监察局向党组作了汇报，并于6月11日召开动员会，传达学习中纪委领导同志的重要讲话和《规定》，制定了贯彻落实的具体工作方案。6月底，举办了全国粮食系统纪检监察干部学习贯彻《规定》的培训班。

（三）选编部分典型违纪违法案件，播放案件录像片进行警示教育，编辑《全国粮食系统案例选编》，在全系统开展警示教育

在5、6月份摘编了社会上和粮食系统内部发生的部分反面典型案件材料，印发各单位阅读。同时利用局办公网等形式，播放中央纪委等有关单位查处的违法违纪案件的录像教育片。集中力量编辑出版了《全国粮食系统案例选编》印发全系统，利用发生在粮食系统内部的典型违法违纪案例开展廉政警示教育，各地反响很大，收到了良好的效果。

四 认真开展专项清理和行政监察

（一）继续开展治理商业贿赂专项工作

在2006年工作的基础上，驻局纪检组监察局按照党中央、国务院关于开展治理商业贿赂专项工作的总体部署和国家粮食局党组的要求，继续深入开展治理商业贿赂专项工作。根据各单位填报的《全国粮食系统及国家粮食局机关、直属联系单位治理商业贿赂专项工作联系表》和《国家粮食局机关、直属联系单位干部治理商业贿赂情况登记表》。深入分析粮食系统商业贿赂的特点，研究深化治理的对策，召开了全国粮食系统治理商业贿赂专项工作交流会，研究分析新形势下如何做好治理商业贿赂专项工作和商业贿赂案件查处工作。对治理工作中反映局工作人员商业贿赂方面的问题，采取了直接赴有关地区进行调查取证、同有关当事人谈话等多种方式进行了调查。对受理的有关地方粮食部门的商业贿赂举报案件，严格按照工作程序进行了办理。工作告一段落后，领导小组办公室召开局机关和直属联系单位治理商业贿赂工作情况汇报会，向中央治理商业贿赂领导小组办公室报送了总结，编印了《国家粮食局机关和直属联系单位落实实施纲要加强党风廉政建设制度汇编》。

（二）围绕粮食收购和流通体制改革，加强对贯彻执行国家粮食政策的行政监察工作

为保证国家粮食收购有关政策的贯彻执行，保护农民的利益，在夏粮和秋粮收购期间，监察局配合国家粮食局有关司室开展粮食收购政策检查，加强了对粮食收购工作的行政监察，防止出现压级压价，超量扣水扣杂等问题。同时，加强粮食市场监督，保证国家粮食最低收购价格政策措施得到落

实。在粮食流通体制改革过程中，为保证粮食企业改革顺利进行，保护职工合法权益，国家粮食局有关司室对处理“老人”、“老粮”、“老账”问题提出纪律要求。要求企业改革必须实行厂务公开制度，职工分流安置要进行公示，补偿金的发放要严格执行有关政策，不准无故拖欠克扣。同时，国家粮食局机关信访部门认真做好职工来信来访工作，监察局积极开展行政监察，协助做好举报问题的查处工作，对上访者反映的问题，督促有关部门认真处理和答复，对反映的违纪违法问题，都及时进行了查处。

（三）做好清理评比达标表彰工作

按照国务院清理办的要求，国家粮食局成立了清理评比达标表彰活动领导小组和清理办公室，召开了清理工作会议，具体部署清理工作并对全国粮食系统的清理工作提出要求。经统计，国家粮食局机关及直属联系单位共有评比达标表彰项目24个，清理后保留了3项，撤销了21项，撤销幅度达88%。国家粮食局《评比达标表彰活动自查登记表》和《评比达标表彰活动自查统计表》及相关文件依据已按时呈报国务院清理办，并按要求于7月份将《国家粮食局清理评比达标表彰工作总结》上报国务院清理办。

（四）开展清理楼堂馆所工作

中央关于严格控制和清理楼堂馆所的通知下发后，按照有关部委和国家粮食局党组的要求，成立了领导小组和办公室，召开了清理工作动员会，学习传达贯彻了有关会议和文件精神，转发了文件，并就如何开展工作进行了动员部署。摘掉了山西运城“云峰阁宾馆”擅挂的“全国粮食系统培训中心”的牌子，取消了原拟与华粮集团北良公司合办培训中心的议案。并于6月中旬按时将《国家粮食局楼堂馆所建设项目清理情况报告》上报了国务院机关事务管理局。

（五）开展公务员补贴清理工作

经自查和严格审核，国家粮食局严格执行中央有关部门文件要求，按照“托低”部门的规定，对机关公务员和离退休人员进行了第一步规范津贴补贴实施工作。并坚决落实主管部门提出的整改意见，停发和扣还了有关工作人员2006年12月以来超发的补贴。

（六）开展专项行政执法检查，推进行业作风建设

在国家粮食局等几个部委联合开展的粮食清仓查库工作中，驻局纪检组监察局紧密结合粮食业务中心工作，重点对粮食收购、市场供应、新粮库存进行行政监察，组局先后8人次参加国家粮食局检查组，带队赴河北、山东、贵州、内蒙、海南等省（区）进行执法检查，及时查处、纠正损害群众利益和违反国家粮食收购政策、《中央储备粮管理条例》等行为。

五 做好损害群众利益的案件查处工作

2007年，共受理群众举报件及领导交办件共53件，其中要求上报查处结果的11件，初核4件。纪检组监察局自查、督办13件，进行戒勉谈话5人次。

六 加强纪检监察机关自身建设

根据中纪委关于加强自身建设的要求，2007年以来，驻局纪检组监察局高度重视加强自身建设。一是加强学习。把学习中央领导同志、委部领导同志关于反腐倡廉建设的重要讲话作为当务之急，重

中之重，反复学习领会，用以指导实践。二是加强作风建设。查找问题，开展批评与自我批评，强调团结协作和保密制度，制定了相关的制度和纪律规定。三是努力提高业务能力。分别以提高办案能力和学习十七大精神为主题举办了两期粮食系统纪检监察干部培训班；以剖析山西“粮神殿”、济南粮食局腐败窝案和正确履行监督职责为主要内容，召开了各省局纪检组长、监察室主任参加的理论研讨会，并派3人参加了中纪委组织的业务培训。四是按照中纪委的要求，进一步加强了档案管理和信息工作，有的上报信息被中央政府网、中国新闻网和中纪委相关厅室采用。

粮食新闻宣传工作

一 对外新闻宣传

2007年，国家粮食局新闻宣传工作在局党组的正确领导和机关各部门的大力支持下，不断完善新闻发布机制，按照及时、准确的原则，积极宣传党中央、国务院关于粮食工作的各项方针政策，并结合全局的工作职能，围绕粮食流通重点工作和相关政策措施的落实情况，与有关新闻单位密切配合，运用多种传媒手段，组织和发布了大量有关粮食工作的新闻信息，取得了良好的社会效果。

新闻发布工作责任重大，政策性强，涉及面广，需要各方面的全力支持与配合。一年来，新闻办组织策划和协助配合完成了一些重要的宣传活动。据不完全统计，2007年完成全国粮食局长会议、粮食科技活动周、财务知识大赛、职业技能大赛和驻华外交官参观粮科院等会议、竞赛活动的宣传报道工作。全年在新华社、《人民日报》、《经济日报》、《农民日报》、《粮油市场报》等发布稿件近百篇。国家粮食局政府网站充分利用图片、文字、音频、视频等形式不断充实和丰富网站内容，全年共发布各类粮食信息1万余条，其中重要信息被中国政府网采用160余条。通过不断探索、积累和完善，全局新闻宣传工作得到不断加强，信息的安全性、准确性和时效性不断提高，新闻工作的质量和效果明显提高。

二 加强政府网站建设

国家粮食局高度重视政府网站建设，其权威性和公信力不断提升，社会影响力越来越大，已成为粮食行业政务公开、信息交流和公众参与的重要平台。

（一）完成对国家粮食局政府网站的改造升级工作

为进一步贯彻落实国务院办公厅对政府网站“信息公开、公共服务、公众参与”三大功能定位的要求，更好地为粮食流通工作服务，推动国家粮食局政府网站的建设工作,对局政府网站实施全面改版，2008年初新网站正式运行。改版后的局政府网站在页面设计、栏目布局、服务功能、运行效率等诸多方面均取得了较大突破，在软件和硬件两方面都较以前有所提高。一是页面设计新颖。新网站的主页面分辨率改为“1024 × 768”的宽屏设计，整个主页面看起来更加大气和庄重。在色调风格方面，新版网站选用红、黄为主色调，比较准确地反映出全局的工作性质和特点，凸显了全局严谨、认真、务实的工作作风。二是栏目布局合理。经过精心策划和反复推敲，新版网站共划分8大板块46个栏目。8大板块是导航区、政务信息、动态信息、在线办事、公众参与、相关链接、专题服务和业务信息。栏目中新增设7个栏目，分别是：英文版、局领导子站、音频视频、办事指南、办事咨询、图文直播、意见征集，极大地增强了在办事服务和公众参与等方面的功能，提升网站的整体水平。三是服务功能完善。结合全局工作实际，增加了信息搜索、行政复议、办事咨询、收购资格查询、办事指南和访问统计6大功能。四是运行效率提升。新网站彻底更新了后台支撑技术，信息的录入、整理和校对工作实现了批量处理，大大节省了人工操作强度。同时，网站后台的信息编辑系统集成了微软公司的文字处理功能，局内各司室报送信息的处理将更加便捷。

（二）加强信息发布工作，做好中国政府网内容保障

1. 完成日常信息发布工作。为继续落实《国家粮食局政府网站内容保障方案（分解）》和《国家粮食局政府网站信息报送考评管理办法》等工作制度，抓好网站的日常管理工作，新闻办积极协调局内各司室、事业单位和各省粮食部门上报和提供相关工作信息，及时更新各相关栏目。据统计，全年共发布信息11000余条。

2. 做好网站专题专栏建设工作。局政府网站根据全局的中心工作，重点推出了“2007年全国粮食局长会议”、“夏粮收购直通车”、“最低收购价粮竞价交易”、“粮食质量安全”等12个专题，很好地反映了全局阶段性重点工作，取得了较好的宣传效果。在宣传夏粮和早稻收购进展情况、《粮食流通管理条例》颁布实施三周年等活动中，全局政府网站成功举办2次领导访谈在线直播，为今后开通互动、直播类栏目积累了经验。

3. 做好中国政府网内容保障工作。为积极推进政务公开、信息公开情况，做好中国政府网内容保障工作，新闻办根据各单位上报信息的内容，及时将反映全局重要工作动态的信息报送中国政府网。据统计，全年共被采用160条左右。同时，配合全局出台的重要政策开展有针对性的宣传。主要有聂振邦局长在中国政府网发布《全国粮食市场建设“十一五”规划》解读；曾丽瑛副局长在中国政府网与公众交流，对《国家粮食流通统计制度》进行有关问答；曾丽瑛副局长在中国政府网《在线访谈》栏目就当前粮食产购销形势情况与网民进行交流，解答相关问题。

三 《中国粮食经济》围绕粮食重点工作，通过多种形式开展新闻宣传报道

2007年，中国粮食经济杂志社根据国家粮食局党组年初制定的工作重点，围绕粮食中心工作，充分利用《中国粮食经济》这个平台，通过多种形式开展粮食新闻宣传报道，粮食新闻宣传内容重点突出，报道方式灵活多样，杂志影响力进一步扩大。2007年，杂志社共甄选刊发稿件300余篇，共计120余万字。

（一）内容上重点突出

1. 有重点地宣传报道国家粮食工作重大部署。2007年，《中国粮食经济》仍然重点关注国家粮食局在不同时期针对全面或某方面粮食工作召开的重要会议，把每次会议都作为该期杂志的重头戏，以专题、专访形式刊发，为各地做好粮食工作提供指导和帮助。一是针对2007年全国粮食局长会议对全国粮食工作所作的部署，从会议的各个重点内容出发，编发了《“十一五”粮食流通工作开局良好》、《新要求、新任务、新挑战》、《2007年粮食流通工作重点突出》、《十一省区典型经验谈》等文章，使会议精神在杂志上得到全面体现；二是针对国家粮食局干部职工大会，刊登了对聂振邦局长的专访，对国家粮食局2006年工作进行了回顾，对2007年进行了展望；三是针对全国粮食系统纪检监察会议，刊发了《聂振邦：切实加强领导干部作风建设》和对纪检组长杨兵同志的专访，对2007年纪检监察工作部署及读者关注的纪检监察工作的具体问题一一进行解读；四是针对全国粮食系统办公室主任会议，刊发了聂振邦局长对办公室工作提出的明确要求，并根据各地在信息、保密、服务等不

同方面工作的典型经验刊发了《办公室工作经验大家谈》等文章。

2. 有重点地宣传报道粮食工作中出现的新情况、新问题。针对粮食市场全面放开后的新形势，在编辑工作中，十分重视反映粮食流通工作中出现的新情况的文章。针对粮食经纪人在近两年发展迅速的情况，选择多篇有关粮食经纪人的文章，并结合对中国粮食行业协会白美清会长的专访——《将粮食经纪人组织起来》，组织刊发了专题，从各个角度反映了粮食经纪人这一新兴群体的发展情况，并对目前存在的问题提出了解决意见；针对2007年国家粮食局提出的大力发展现代粮食流通产业的战略，刊发了《对加快推进现代粮食流通产业发展的思考》、《对构建现代粮食物流体系几个问题的思考》等文章，阐述这一战略的内涵、意义及策略等。

3. 有重点地宣传报道全年各个时期粮食行业的中心工作和热点问题。根据各个时期粮食工作重点的不同以及读者关注热点的不同，有针对性、有侧重地编发相应的文章，满足读者的需求。针对2006年末2007年初粮食涨价引起高层和社会关注的情况，刊发了国家粮食局在稳定市场方面的要求、措施和业内一些专家的分析和建议，如《做好粮食调控，保证市场供应》、《正确判断粮食市场形势、确保粮食市场的稳定》、《“贵粟”：强农兴粮富民方略——从近期粮价上涨说起》等；针对一年一度的夏粮收购刊发了专题《夏粮收购正当时》，适时反映各地夏粮收购开展情况和粮食系统干部职工提出的意见建议。此外，在每期的“粮食形势”栏目里刊发权威的粮食市场价格分析及走势预测，为企业决策提供参考。

4. 有重点地反映基层声音，交流基层工作经验。一是注重刊发反映基层实际工作和先进经验的文章，以期鼓舞先进，推广经验。重点宣传粮食基层部门在新时期新形势下开拓思路、深化改革、服务“三农”、扩大经营、提高效益、大力推进粮食产业化、实现农企双赢的典型经验和做法，刊发了如《“小”米推动大产业》、《春满粮苑——走马看花张家港》、《转变观念求发展，瞄准乡村谱新篇》等文章。二是重点反映基层粮食工作者对基层某一具体工作的思考和建议，刊发了如《早稻产购的新趋势值得关注》、《粮食企业改制后如何加强剩余资产的管理》等文章。

5. 有重点地进行理论学习和研究。2007年，继续发挥《中国粮食经济》在理论学习探讨方面的作用，重点探讨重大理论和新兴理论问题。一是针对党的十七大会议的召开专门开辟了“学习十七大”栏目，每期刊发一定篇幅的反映粮食系统干部职工学习贯彻十七大精神的文章；二是针对新形势下的粮食安全问题，刊登《“藏粮于库、藏粮于地、藏粮于科技”有机结合的研究》、《新农村建设中我国粮食生产能力保障机制的研究》等文章，为保障国家粮食安全出谋划策；三是针对粮食市场放开后粮食部门的新职能——粮食行政执法，刊发了一些探讨性文章，如《构建粮食经营者守法经营诚信评价体系》、《浅谈粮食行政执法责任》、《转变职能、依法管粮》等，从理论上和制度上探索做好行政执法工作的路子。

（二）表达方式灵活多样

为活跃和丰富杂志内容，2007年，《中国粮食经济》继续探索灵活多样的编排形式，增强文章的可读性和吸引力。为增强会议报道的可读性，在编排上尝试使用了访谈等方式。在全国粮食局长会议报道《粮食局长谈粮食》板块中，首次采用了按主题集中编排各地局长精彩发言的方式，收到了良好的效果。为使基层更方便地了解高层政策动态，尝试开辟了“信息公开”栏目，将一些新近出台的政策信息在该栏目中集中发布。在版式设计上，在保持风格稳定的前提下，在细节方面求新求变。如通过加强线条阴影和字体字号的变换、表格曲线的使用等手段，尽可能活跃版式。在图片使用方面，更加注重照片的内容、质量和图文相关的程度，并配发图注，尽量做到图文相得益彰。

（三）继续与国家粮食局各部门通力合作，在服务行政工作的同时，扩大杂志影响力

2007年，结合全国粮食监督检查工作会议，与国家粮食局监督检查司合作出版了《监督检查增刊》，传达国家粮食局监督检查工作的部署，交流各地在监督检查工作方面的经验。此外，继续与流通与科技发展司、调控司、政策法规司等司室合作，发布中央储备粮代储资格公告信息及国有粮食企业粮食购销量月度初步统计，刊登有关政策解读和粮食企业安全生产小知识等。不仅为行政管理工作提供服务，同时也丰富了杂志的内容，增强了可读性，扩大了影响力。

（四）中国粮食经济网成为《中国粮食经济》的补充和扩展

2005年12月，中国粮食经济网开通，主要开设了“粮食新闻”、“本期导读”、“往期浏览”、“粮食百家”、“企业展示”等板块，不仅提供电子版的杂志，而且提供粮食行业信息快讯。截至2007年底，中国粮食经济网共发布5000余条信息，电子版杂志45期。另外，为方便读者订阅和作者投稿，开发了“网上投稿”和“网上订阅”功能，通过网上投稿的稿件已有近300篇，网上订阅数量也在逐步提高。该网站作为纸介质《中国粮食经济》的补充和扩展，发挥了良好的作用。

老干部工作

一 基本情况

2007年，国家粮食局有离退休人员354人。其中，离休人员144人，退休人员210人，副部级以上离休干部2人，司（局）级离退休干部95人，处级及以下离退休干部255人，退休工人19人，第一、二次国内革命战争时期参加革命工作2人，抗日战争时期参加革命工作26人，70岁以上离退休人员296人，最高年龄94岁，中共党员271人，建立党支部6个，其中在职人员党支部1个，离退休人员党支部5个，为老干部服务的在职工作人员36人。

2007年，国家粮食局离退休干部办公室在局党组的高度重视和正确领导下，以“三个代表”重要思想和党的十七大及全国老干部局长会议精神为指导，全面贯彻落实科学发展观，认真落实离退休干部的政治待遇和生活待遇，加强职工队伍的自身建设，完成了各项工作任务。

二 认真落实老干部的政治待遇，加强思想政治工作

（一）认真抓好经常性的政治学习

在办党委的统一领导下，各支部认真落实学习日制度，结合老干部实际，组织学习胡锦涛总书记在十七大上的报告、温家宝总理的《政府工作报告》、胡锦涛总书记在中纪委七次全会上的重要讲话、《人民日报》关于加强作风建设的八篇评论员文章、《国家公务员廉政必读》、《行政机关公务员处分条例》等教育材料。举办2次粮食工作情况专题报告会，使老同志及时了解我国粮食物流的现状、发展规划和粮食监督检查工作及库存检查情况等粮食工作的进展情况，特别是对科学发展观的精神实质有了深刻认识，重点引导离退休和在职人员深刻领会科学发展观的科学内涵和精神实质，把思想和行动统一到党的十七大精神上来。通过学习讨论，一些老同志对进一步搞好粮食流通体制改革提出了很好的建议。

（二）适时组织集中学习

2007年，离退办党委召开“两委”委员、支部委员、党小组长和各处处长参加的党务工作会议，收看了《学习胡锦涛中纪委七次全会重要讲话精神》的辅导讲座；组织举办了离休干部学习胡锦涛总书记在中央党校省部级干部进修班重要讲话读书班，近百名离休干部 、“两委”委员、党支部专职副书记和工作人员参加了学习。通过学习，加深了对胡锦涛总书记重要讲话精神的理解，为学习贯彻十七大精神奠定了思想基础。

（三）加强精神文明建设，开展丰富多彩的文娱活动

为纪念中国共产党建党86周年、庆祝香港回归十周年和建军80周年， 组织265名离退休和在职人员参加了由中组部等五家单位联合举办的“纪念中国共产党成立86周年和建军80周年党史党建知识竞赛”活动，获得“优秀组织奖”；组织80多名老复转军人和在职人员参观了“我们的队伍向太阳——

新中国成立以来国防和军队建设成就展”；离退办举办了“迎春书画展”、纪念建党86周年暨香港回归10周年书画展、迎接党的十七大书画展、组织部分老干部参观《时代华章》等美术展、参观中国电影博物馆。组织象棋、扑克、飞镖比赛，开展快乐垂钓，“畅游颐和园、登高万寿山”游园，以及春游秋游等活动。年前，举办春节团拜会，邀请国家级演员和老干部同台演出，受到大家热烈欢迎。开展“迎奥运学英语”、“老有所学、快乐上网”等活动，丰富了老同志们的精神文化生活，巩固拓展了精神文明建设阵地，使老同志们受到了教育，陶冶了情操，增强了体质。各活动站把开展各类文体活动作为一项日常工作，做到了经常化、制度化、多样化。

三　认真落实生活待遇，积极为老同志办实事

（一）开展经常性的走访慰问工作

2007年元旦、春节期间，国粮局领导和中储粮总公司领导出席了老干部春节团拜会。国粮局领导分头走访慰问了老部长、老红军、老部长遗孀及部分生活困难的老同志。各工作处开展经常性的上门走访慰问活动，办领导经常带领工作人员和医生登门看望老同志。通过走访，及时了解老同志的实际困难并帮助解决，把党的温暖送到了老同志家中。

在中央国家机关“送温暖、献爱心”捐助活动中，老同志积极踊跃，奉献爱心，共为灾区募捐人民币30425元，棉衣棉被365件。

（二）积极为老同志解决实际困难

为保障离退休人员急病抢救的需要，离退办投入专款帮助198位老同志安装了999急救呼叫器；配合局机关服务中心做了南菜园旧房改造、互助巷47号院油改电供暖工程、报国寺宿舍二次供水污染和三义里4号楼旧房维修工作。

（三）进一步加强了医疗保健工作

按照“预防为主，早发现早治疗”的原则，认真组织了健康体检和宣传教育等系列活动。共有410余人进行健康体检，参检率87%，认真分析检查结果，及时通知异常者复查，起到了早发现、早治疗的作用。针对普遍存在的高血压、高血脂、脂肪肝、高血糖等问题，组织了“高血压、心脏病的中医保健”专题讲座，开展了“人人知晓高血压、预防高血压”的科普宣传及有奖答卷活动，加深了大家对预防高血压、心血管病重要性的认识。在上年实施就近医疗和公费医疗管理改革的基础上，继续规范管理，严格执行公费医疗各项规定。全年门诊量7500人次，审核门诊医药费2960人次，审核出规定以外医药费1100笔。办领导经常带领工作人员和医生登门看望行动不便的老同志，为他们送药到家，先后巡诊、探望老同志320余人次。在日常门诊中加强了保健宣传，坚持合理用药，做到了治疗与保健并举，倡导健康、合理、科学的生活方式。

（四）严格落实有关政策

按照上级关于提高部分离休干部医疗待遇的通知精神，离退办认真核实，对符合文件要求的人员，及时调整了护理费。依据有关文件精神，为17位遗属调整了困难补助费。提高了离退休人员死亡一次性抚恤金标准，为做好2004年10月1日后病故的离退休人员一次性抚恤金的补发工作，认真核对人员，多方协调筹措资金，为补发做好了各项准备。对离退休人员中符合“独生子女父母老时享受一次性奖励”人员进行了解核实，及时为4名符合条件人员发放了一次性补贴；准确核发了老同志468套住房的供暖费；为15位故去的老同志办理了丧事；为老同志提供政审、外调、公证证明材料等14份。

四 努力提高为老同志服务的能力

（一）狠抓政治理论学习，加强作风建设

2007年，在职党支部认真组织学习了党中央、国务院以及中组部、局党组的一系列重要文件和有关领导的讲话精神。为增强学习效果，正确处理工学矛盾，坚持每周四下午集体学习。学习胡锦涛总书记在中纪委第七次全会讲话心得体会交流会；召开了领导班子专题民主生活会，检查了领导干部在作风建设方面存在的问题；以“牢记党的宗旨，加强作风建设”为主题，对在职的党员干部进行了党课教育，引导党员进一步加强作风建设，筑牢廉洁从政的思想防线；特别是十七大召开后，按照中央通知精神，认真组织在职人员深入学习贯彻党的十七大精神，把组织学习贯彻党的十七大精神作为全年党建工作的重点，引导大家深刻理解做好老干部工作与落实科学发展观、建设和谐社会的关系，增强了做好老干部工作，以实际行动为落实党的十七大精神的意识。

（二）加强资产经费管理，提高使用效益

2007年继续按照规范、透明、严格的要求，加强财务管理，坚持精打细算，严格经费开支审批报销手续，杜绝浪费，实现了收支基本平衡。根据局资产清查领导小组关于资产清查工作的总体部署，认真开展了资产清查工作，为以后的固定资产管理打下了较好的基础。

（三）加强业务培训，提高为老干部服务的能力

在认真组织学习党中央、国务院以及中组部、局党组的一系列重要文件和有关领导的讲话精神，抓好经常性业务学习的基础上，今年还先后组织28人次参加了有关涉老部门组织的业务培训，使工作人员拓宽了视野，进一步提高了做好老干部工作重要性的认识，学到了为老干部服务的新经验、新方法。今年，按照中央组织部老干部局有关开展“2007年度老干部工作部门重点调研课题工作”的部署，离退办成立了调研课题小组，组织力量，结合本办实际，围绕新形势下老干部工作的中心任务，扎扎实实地开展调研工作。课题小组经过近8个月的调研，多次开会专题讨论，反复酝酿，几易其稿，最终形成了国家粮食局离退休干部办公室关于《离休干部“双高期”管理服务工作调查与思考》的调研报告。2007年12月12日，局长、党组书记聂振邦同志对调研报告给予了充分肯定，详细了解了老同志的基本情况，要求离退办进一步妥善解决好老干部“双高期”生活中遇到的困难。专题调研报告得到了中组部老干部局的好评，被评为2007年度全国老干部工作部门优秀调研报告三等奖，同时荣获国家粮食局2007年度粮食工作优秀调研报告二等奖。

4

第四篇

各地粮食工作

北京市粮食工作

基本情况

北京市简称京，是中华人民共和国首都，是全国政治、经济和文化中心，也是世界闻名的历史古城、文化名城。北京市位于华北平原西北边缘，东南距渤海约150公里，西、北和东北群山环绕，东南是缓缓向渤海倾斜的大平原，地势西北高、东南低。全市土地面积16410平方公里，其中平原面积占38.6%，山区面积占61.4%。全市下设16个市辖区、2个县。

截至2006年年底，全市总人口为1581.0万人。其中：城镇人口1333.3万人，乡村人口247.7万人；户籍人口1197.6万人，外来人口383.4万人。粮食播种面积22万公顷，比上年增长14.3%；粮食产量109.2万吨，比上年增产15%。

2007年粮食工作

2007年，是北京市自1994年以来粮油价格波动频率最高、波动幅度最大、持续波动时间最长的一年，是保障粮油市场供应稳定任务最繁重的一年，也是全市粮食经营企业和各级粮食管理部门适应市场、调控市场、保障供应工作取得宝贵经验的一年。在北京市委、市政府正确领导和各部门大力支持下，全市各级粮食管理部门和粮食经营企业，紧紧围绕保障首都粮食安全这个中心任务，迎难而上，开拓进取，扎实工作，全面完成了各项任务，各方面工作都取得了新的成绩，为首都经济发展和社会稳定作出了积极的贡献。

一 粮油供求基本平衡，市场繁荣平稳

全市粮食消费量480万吨（原粮），同比增长1%；食用油消费量预计40万吨左右，其中居民口油消费约19.2万吨。8家骨干粮食批发市场交易量达到224万吨(原粮)，约占全市居民口粮销量的80%，批发市场的成品粮油集散作用进一步增强。北京粮油交易信息服务中心全年举办9次竞价交易会，轮入粮食50万吨、食用油1.95万吨，轮出粮食68.5万吨、食用油1.3万吨，既优化了市储备粮油品种结构，又有效调节了市场粮食供求和价格。

二 粮食宏观调控能力进一步加强

探索了政府利用经济手段调控市场的有效途径。2007年，粮油尤其是食用油价格的高频率、大幅度波动，给企业正常经营造成很大的困难，并对市场形成较大影响。为探索市场经济条件下政府调控市场的有效手段，市粮食局会同有关部门，根据市场形势变化，利用市储备粮正常轮换机制，采取定向销售市储备粮油的办法，先后两次向本市应急加工企业定向销售6000吨食用植物油和1.7万吨小麦，既缓解了企业加工原料紧张的状况，又对充实市场货源起到了积极作用，也为应急状态下利用市储备粮轮换机制调控市场积累了经验。

市和区县两级粮食行政调控机制发挥了重要作用。市商务局、市粮食局多次召集区县相关部门，通报粮油市场情况，研究部署调控市场工作，强化了市与区县间的工作协同。有关部门密切配合，制定颁布了《北京市粮食价格干预措施》，完善了特殊情况下政府调控粮油市场价格的政策、机制。相关部门按照严格禁止低于成本价格搞粮油促销活动的要求，加强了粮食市场的监督检查，保障了本市粮食市场购销秩序良好。

三 加强宏观调控基础工作，提高应急保障能力

粮油市场监测和预警工作取得新突破。在本市信息监测点全年坚持信息日报制度的基础上，加强了与主产区和主销区大城市之间的信息交流，注重了对国际国内粮油期货市场信息的综合分析，强化了对粮油价格传导机制、资本流动性过剩、石油价格与粮油能源属性等关联性的深度挖掘，做到了监测反应灵敏，趋势判断准确，预测预警及时，为政府制定政策、调控市场提供了重要的信息支撑。

完成社会粮食流通统计工作。认真贯彻落实国家粮食流通统计制度，根据政府调控需要调整和充实了统计指标，达到了更全面掌握本市粮食流通基础情况的目的。市与区县粮食行政管理部门密切配合，完成“社会粮食统计平衡调查”工作，积极开展统计分析和调查研究工作，为各级领导把握粮食经济活动规律和粮食市场发展趋势提供了参考。

市和区县两级粮食供给应急保障体系基本建成。市粮食局细化了粮食供给应急协调机制及职责分工，充实了成品粮油应急储备，适当增加了小包装成品粮油储备，提高了应急状态下政府储备的迅速投放能力。制定了成品粮油应急投放预案以及主要粮油品种的应急供给预案，与本市10个粮油加工企业签订了应急加工协议；开展了粮食应急保障演练，完善了应急响应工作流程，进一步提高了本市粮食供给应急预案的可操作性。各区县重新修订了本区县粮食供给应急预案，逐步建立了应急粮食储备，进一步提高了区县政府调控粮食市场的能力。

四 骨干粮食企业在调控市场工作中发挥了重要作用

国有粮食企业和重点涉粮企业，服从和服务于政府宏观调控的大局，积极组织货源，正确引导消费，为保障粮油供应、稳定市场价格做了大量卓有成效的工作。

京粮集团加快发展粮食专业物流和粮食加工两大支柱产业，全力打造粮油采购、储运、加工、销售产业链，抓好现代物流业和商用不动产经营，形成了“一链领跑，两翼加速”的良好发展态势。

通州区粮油贸易总公司做大做强粮食仓储主业，千方百计搞好粮食贸易经营。顺义区粮油总公司建立三项机制，狠抓内部管理，不断拓展业务范围，提高企业盈利能力。延庆县粮油总公司按照“面向市场，主动服务”的要求，采取预约收购、上门收购等方式，积极做好玉米收购工作。各区县粮油总公司和国有粮食经营企业不断创新企业经营机制，拓宽企业发展空间，既坚持搞好经营，又兼顾社会责任，积极承担了增加成品粮油储备的任务，取得了经济效益和社会效益双丰收，全市国有粮食企业连续6年保持了盈利的好势头。

五 市储备粮管理工作又上新台阶

市粮食局强化过程管理、科学管理和规范化管理，市储备粮储存质量处于历史最好水平。在严格储备粮入出库环节质量把关的基础上，建立了承储企业自查、市粮食局组织抽查和企业互查、市商务局重点检查的三级检查制度，实现了对市储备粮的全过程质量监管。普遍采取通风、降温、熏蒸和“双低”压盖等措施，大力推广低温和免药物熏蒸的绿色储粮技术，有效控制不同季节粮仓的温湿度，延缓了粮食品质变化。深入研究华北干热储粮生态区稻谷储存质量变化规律，努力提高仓储技术含量，稻谷三年储存试验顺利通过了专家组验收。强化规范化管理，狠抓各项操作规范的落实，制定了市储备粮储存工作规范化评定实施细则，探索综合评价新模式。全面完成市储备粮规模和结构调整计划，市粮食局印发了点对点轮换计划，成立了监督委员会，保证了市储备粮轮换工作的公正、透明。在市财政局的大力支持下，合理上调了市储备稻谷存费标准，提高了企业储存稻谷的积极性。截至2007年末，市储备粮宜存率达到100%，粮食品质状况总体良好，处在历史最好水平。

六 较好地完成了政策性粮油供应任务

市粮食局军粮供应管理中心开发远程粮油进货控制系统，建立粮食部门与军需部门的情况通报制度，解决了军供企业无序竞争和超量供应的难题；率先投入使用电子购粮卡，军粮供应管理信息化建设取得突破性进展；完善军粮供给应急预案，增加军粮储备规模，加强库存实物检查，有效保证了军粮质量和货源。市粮食局认真做好退耕还林补助粮食供应工作，制定了更加符合实际情况的工作流程，强化服务与管理，较好地完成了18.4万农户、5万吨粮食的供应任务。

七 粮食部门依法行政工作得到进一步加强

市与区县粮食部门共开展监督检查907次，出动人员3008人次，检查了1403个企业，处理行政处罚案件100件。完成了国家粮食局组织开展的全国粮食库存检查工作。完成了“社会粮食统计平衡调查”和“军粮信息系统更新改造”项目的绩效考评工作，保障了财政资金的规范使用。认真落实国务院依法行政实施纲要，积极推进政务公开，开展了“依法经营粮食，维护粮食安全”的主题普法活动和“政府法制信息月”活动。建立了执法工作年度计划备案、实施情况汇总等工作制度，进一步完善了粮食行政执法责任制，依法行政水平不断提高。做好粮食行政许可工作，全市累计191个企业取得了粮食收购资格，17个企业取得了军粮供应资格。

八 加强基础工作，促进行业发展

粮食基础设施建设和消化财务挂账工作取得新进展。本市国家粮食储备库建设得到进一步加强，圆满完成了50万吨仓容立项审批任务，47.5万吨仓容已竣工并具备使用条件。市粮食局合理使用仓储设施维修资金，加快现有仓房实施隔热改造。市财政局落实粮食财务挂账资金984万元，完成了三年消化挂账任务，为深化粮食流通体制改革创造了条件。

行业培训、安全生产和粮油科普工作进一步加强。市粮食局成功举办了北京市首届粮食行业职业技能大赛，本市代表队在全国技能大赛中取得好成绩。全面推行职业资格证书制度，正式启动了粮食行业特有工种职业技能鉴定工作，促进了本市粮食行业一线从业人员素质的提高。狠抓安全生产责任制的落实，加强节日和重要政治活动期间的安全检查，确保了全年无重大安全生产责任事故。成功举办了粮食科技周活动，普及了粮油科技知识，提高了粮食行业的科技意识。

市粮食行业协会为促进企业发展做出新贡献。市粮食行业协会协助政府部门较好地完成了粮食加工行业统计工作；主动与产区协作，引进粮油名牌产品、绿色食品和有机食品，组织企业大力推进“放心粮油”进市场、进社区、进农村活动，为提高城乡居民生活质量作出积极贡献。

北京市粮食局领导班子成员

李广禄	局长、党组书记
周爱华（女）	纪检组长、党组副书记
马长旺	副局长、党组成员
朱　雷	副局长、党组成员

北京市商务局、北京市粮食局召开北京市粮食流通工作会议。局长李广禄（左）作了题为《强化科学管理、完善体制机制、确保粮食安全，为构建和谐社会首善之区做出积极贡献》的工作报告，市商务局局长卢彦（中）到会并讲话。

北京市举办首届粮食行业职业技能大赛。

北京市粮食局与黑龙江省粮食局签订建立和完善粮食产销合作利益协调机制框架协议书。

北京市粮食局、北京市粮食行业协会、京粮集团在2007年科技周期间共同举办粮食科普知识走进社区活动。

天津市粮食工作

基本情况

天津市地处华北平原的东北部，环渤海湾的中心，东临渤海，北依燕山。距北京120公里，是拱卫京畿的要地和门户。市域面积11760.26平方公里，全市下设15个市辖区，3个县。其中：12个区县有农业生产。2007 年末，全市常住人口1115万人，比上年增加38.6万人。

2007年，全市粮食种植面积29.2万公顷，粮食总产量147.2万吨，比上年增产5.3万吨，其中：小麦增产0.7万吨，稻谷减产0.3万吨，玉米增产5.4万吨，大豆减产0.5万吨。全年粮食消费总量497.7万吨，产销缺口350.5万吨。

据调查，2007年度全市国有及社会粮食企业累计收购粮食83.8万吨，比上年减少2.8万吨。其中，稻谷和玉米收购量增加，小麦、大豆和杂粮收购量减少。全市粮食消费总量497.7万吨。其中，稻谷消费量增幅较大，玉米消费量下降幅度较大，小麦、大豆和杂粮消费量比上年略有增加。全市粮食进口67.8万吨，其中进口大豆67.6万吨，占进口总量的99.7%。出口粮食2.1万吨。其中，出口各种豆类1.6万吨。全市粮食净进口65.7万吨。种粮农民出售粮食105.7万吨，比上年增加7.9万吨。粮食商品率71.8%，比上年提高2.9个百分点。跨省粮食流入量394.7万吨，比上年增加47.5万吨。其中，小麦、稻谷和杂粮流入量增加，玉米流入量减少。

2007年粮食工作

一 积极推动粮食流通体制改革，适应市场经济需要

（一）拟定了深化改革的意见

认真贯彻国务院16号文件精神，在深入调研的基础上，提出了完善本市粮食流通体制改革的意见，共8个方面24条。同时，提出具体贯彻措施，确保文件精神落实到位。

（二）提出了理顺管理机构的思路

针对本市粮食行政管理机构不适应实际工作需要的问题，提出了理顺本市粮食行政管理机构的思路和意见。

二 加强粮食宏观调控，完善应急体系建设

（一）扩大了地方粮油储备规模

天津市粮食局根据粮食市场变化，适时向市政府提出增加地方储备粮油的建议，得到批准，增强了全市粮食安全系数。新增地方粮油储备规模居全国领先水平。

（二）落实成品粮油储备

保证全市10天销量的成品粮油储备已到位，做好了调控应急准备。

（三）制定了成品粮油动态储备管理办法

对成品粮油动态储备的承储资质、运行机制、日常管理和相关责任进行了规范。

（四）开展粮食应急供应体系核查工作

对全市定点粮油加工企业生产经营情况和定点粮油销售网点运行情况进行了全面核查，充实了加工企业产能，筛选了应急供应网点。重新确定15家定点粮油加工企业和291家定点粮油销售网点为全市应急供应保障骨干，编印了《粮食应急供应体系》手册，进一步完善了粮食应急供应保障体系。

（五）加强粮食市场监测，扩大监测范围

在对全市18个区县的粮油集贸市场粮油价格进行监测的同时，扩大了对超市粮油价格和销量的监测，为领导决策提供可靠依据。对全市9个粮食价格监测直报单位进行了重新调整，完善了激励机制，保证了良好运转。

（六）认真组织粮食流通统计

巩固社会涉粮企业100％建立统计台账的成果。高质量完成了社会粮食供需平衡调查。抓好统计数字的计算机联网，区县单位上报统计情况做到了100％联网，提高了工作效率。

三 加强粮食省际合作，推进产销利益协调机制的建立

（一）稳定和增加天津市粮源渠道，提高粮食安全系数

天津市粮食局与黑龙江省粮食局交流了省际合作的情况，对进一步做好两省市的合作达成了共识。天津市粮食局领导先后几次带队，组织本市粮食企业参加全国性粮食交易会，扩大产销区粮食企业之间的联系与合作。其中，在哈尔滨举行的“2007 · 黑龙江金秋粮食交易合作洽谈会”上实现交易30多万吨。

（二）起草了《关于进一步加强全市与粮食主产区开展粮食产销合作的意见》

大力支持和鼓励产销区粮食企业发挥各自优势，坚持以利益为纽带，以市场为导向，积极探索建立多形式、深层次、长期稳定的粮食产销合作关系和利益协调机制。

四 加强储备粮油管理，确保数量真实、质量良好

（一）推进全市储备粮油的规范化管理

组织专家对天津市粮食局“一符四无”检查鉴定评分标准进行了再次修订，结合计算机测温技术在承储库中的普遍应用，统一了全市粮情卡片。

（二）完善了市级储备粮油的法制化合同化管理

天津市粮食储备有限公司对承储合同进行了修订，对承储单位的储备粮油管理工作提出了更高的要求。与18个承储单位重新签订了《市级储备粮油委托承储合同书》，确保了市级储备粮油的安全储存。

（三）完成了地方储备粮油轮换

采取提前入库和提前出库相结合的方式，通过中国天津粮油批发交易市场竞价完成了地方储备粮油的轮换。

（四）开展库存粮食检查

根据国家粮食局有关通知精神，对全市库存粮食进行了全面检查，保证了本市粮食库存账账相符，账实相符，库存真实。

（五）提高地方储备粮油保管水平

开展全市粮油安全检查，认真落实安全生产和防汛责任制，促进承储单位加强粮油保管，保证了地方储备粮油质量良好。

（六）对地方储备粮油进行了质量检测

组织天津市粮油质量检测中心，完成了全市地方储备粮油的质量检测工作。

（七）开展粮食储藏科学试验，技术革新成果在全国推广

组织开展了“改造高大平房仓利用自身冷源进行储粮试验”、“高大平房仓稻谷安全储存的研究”等粮食储藏科学试验。西营门国家粮食储备库将平房仓进出仓作业的直爬梯改造成折叠式爬梯，获得国家粮食局好评，并在全国进行了推广。

（八）完成了原粮卫生状况专项调查

按照国家粮食局要求，从收购、储存、检验三个方面对原粮卫生状况进行了调查。全市共采集样品80个，为掌握原粮卫生状况提供了基础数据。

五 积极开展粮食收购，服务社会主义新农村建设

（一）认真执行国家粮食收购政策

全市夏粮收购29000吨，收购价格为每500克0.74~0.84元，均高于国家最低收购执行预案规定的收购价格，使种粮农民得到了实惠。

（二）发挥国有粮食购销企业主渠道作用

指导和督促国有粮食购销企业积极入市收购。引导和鼓励取得“粮食收购许可证”的多元化市场主体入市收购，搞活粮食流通。

（三）建立信息统计反馈制度

及时掌握粮食收购数量、质量、价格和市场动态情况，确保粮食收购顺利进行。

六 加强依法管粮，完善粮食流通监督检查体制、机制

（一）加强粮食行政执法人员的培训，规范行政许可行为

召开了全市粮食流通监督检查工作会议，开展《天津市粮食流通管理办法》培训，选派人员参加

国家粮食局粮食流通监督检查行政执法培训班和粮食库存检查培训班，提高了粮食行政执法人员依法行政的法律素质。按照《行政许可法》和《粮食流通管理条例》，规范行政许可行为。粮食收购资格审批事项进入“市行政许可服务中心”实行了集中审批，审批事项依法向社会全面公开，把粮食收购资格审批纳入法治化轨道。

（二）推进了粮食流通监督检查制度建设

制定了《天津市粮食库存检查实施意见》、《天津市粮食收购资格审核管理实施意见》等规范性文件，编印了具有可操作性的粮食行政执法手册，全市粮食行政执法人员人手一册，为开展粮食流通监督检查行政执法工作提供可靠依据。

（三）建立起高效快捷的监督检查行政执法信息体系

建立了完整的监督检查基础情况数据库，全面掌握了全市粮食经营企业的基本情况。建立了监督检查综合评价体系，从工作建设、执法能力培训、制度建设、工作开展、监督检查基础工作等五个方面进行综合考评。通过综合评价，促进各区县进一步落实了监督检查职责，加大了粮食流通监督检查力度，全面提高了监督检查监管水平，得到了国家粮食局的好评。

（四）组织开展了全社会粮食监督执法检查工作

开展了粮食收购企业的核查和粮食收购市场的监督检查，全面掌握粮食收购企业的经营情况，规范了粮食收购行为，维护了粮食收购市场流通秩序。会同市工商局在对陈化粮购买资格企业进行严格年检的同时，对全市4家陈化粮购买资格企业到外地购买的近42万吨陈化粮进行了全程监管。

七 提升批发交易市场功能，增强影响力和辐射力

中国天津粮油批发交易市场是国家级粮油批发市场，也是国家粮食局首批重点联系市场。批发交易市场创造了以交易、信息和质检三个中心建设为主要内容的发展方式，连续两届当选为全国粮油批发市场副会长单位。全年实现交易额19.9亿元，交易量120万吨，创造了历史最高水平。

（一）加强交易中心建设

批发交易市场以“规范管理、优质服务、恪守信誉、讲求时效”为宗旨，努力为客户提供优质、高效的服务。全年共组织了10次竞价交易活动，交易品种丰富，交易方式灵活，是批发交易市场成立以来交易较为活跃的一年。在国家有关部门组织的包括天津在内的3家粮油批发市场联合竞价销售中央储备食用油活动中，中国天津粮油批发交易市场实现交易量13.7万吨，交易额11.7亿元，分别占全国总量的68.5%和68.02%。

（二）加强信息中心建设

投资597万元，扩建了机房，购置了硬件设施。在全市建立了260多个粮食价格监测点，及时掌握和分析粮油价格变化情况，为政府搞好粮食宏观调控提供了重要依据。办好批发交易市场的刊物，及时反映市场动态，向市政府和有关部门报送粮油市场信息。信息工作连续五年被国家粮食信息中心评为全国粮食信息工作一等奖。

（三）加强质检中心建设

投资500万元，购置了30余台（套）最先进的粮油检化验仪器，成为国家粮食局粮油质量监测中心之一。完成了天津市地方储备粮强制检验工作；完成了中储粮北京分公司委托的中央储备粮检查；受国家粮食局委托，对天津辖区的中央储备粮进行了抽样检查，共完成35个样品的检验；受天津市质

量技术监督局的委托，对已经通过QS认证的大米、面粉生产单位的80个样品进行了强制检验。在国家粮食局组织的省级粮油质检站比对试验中，获得了优异的成绩。

八 有效履行粮食行政管理职责，为企业搞好服务

（一）努力为国有粮食购销企业争取免税政策

按照国家有关政策，与天津市地税局沟通协调，在2005年、2006年连续两年免征本市国有粮食购销企业房产税、土地使用税的基础上，又为本市国有粮食购销企业争取到免征2007年度房产税、土地使用税政策。全年免征额达1700余万元，减轻了企业负担，增强了企业发展后劲。

（二）积极为粮食经营企业提供市场信息和产销对接服务

天津市粮食局充分利用工作联系广泛和信息资源丰富的优势，积极为粮食经营企业提供合作客户、粮食市场信息等服务，帮助企业解决贸易合作中的运输、出库问题。协助企业进入产区市场，开展粮食收购。促进企业扩大了经营，提高了效益。

（三）及时帮助企业解决“托市粮”接收中的压车问题

在上半年中央18万吨 “托市粮” 入津过程中，针对到达过于集中出现的压车问题，天津市粮食局领导多次带队深入现场查看卸车、运输情况，两次深夜组织召开现场会，邀请天津市交委、北京铁路局、天津市粮油集团有限公司协调解决压车问题，采取及时疏散分流、发动干部职工突击抢卸、抢运的办法，使问题得到迅速解决，得到了企业高度评价。

（四）为军供企业争取网点维修改造和购买送粮车辆资金

为解决天津市兴稷军粮供应有限公司经营场所的困难，在落实200万元军供网点维修改造资金的基础上，进一步解决了网点购置立项资金。为天津市塘沽区军供站争取了网点维修改造资金。争取市有关部门的支持，为本市各军供站解决了送粮用车的难题，大站配备两辆汽车、小站一辆汽车，确保了部队用粮安全。

（五）积极支持天津市粮油集团粮食物流项目建设

天津市粮食局在市粮油集团提出建设利达现代粮食物流中心后，与天津市发改委、商务委多次沟通协调，会同市粮油集团领导六赴北京，通过国家粮食局协调国家发改委，争取政策和资金支持。在全国竞争激烈的情况下，获得国家发改委同意，列入2008年国家粮食物流项目，并给予了相应的资金支持。

（六）开展特有工种职业技能培训，为代储企业解决了经营难题

按照国家粮食局关于承储中央储备粮的企业要具有相应资格的规定，在时间紧、任务重的情况下，成功举办了本市首批国家粮食行业特有工种职业技能培训鉴定考试，为127名粮食行业特有工种技能人员颁发了资格证书，解决了代储企业的难题。

（七）千方百计满足了企业对汽车通行证的需求

在近几年逐年削减货运车辆通行证的情况下，为满足企业经营和运输工作的需要，天津市粮食局积极协调交通管理部门，解决企业对车辆通行证的需求，受到了企业的好评。

九 完成粮食市场调研，促进粮食市场建设和管理

为加强本市粮食市场的建设和管理，完善相关法规，提升市场服务功能，天津市粮食局对本市粮食市场建设情况进行了调研。掌握了本市粮食市场发展情况，为完善天津市粮食市场发展规划，进一步促进粮食市场建设和管理奠定了基础。

天津市粮食局领导班子成员

马春波	局　长、党组书记
穆金生	副局长、党组成员
周庆平	副局长、党组成员
田少生	副局长、党组成员
李久彦	副局长、党组成员

2008年1月16日，天津市粮食局在大港区召开了全市粮食工作会议。局长、局党组书记马春波（右三）作“牢记确保粮食安全重大历史使命，为实现天津科学发展 和谐发展 率先发展多做贡献”的报告。

2008年1月16日，天津市粮食局在大港区召开了全市粮食工作会议。

河北省粮食工作

基本情况

河北省是全国粮食主产省之一，粮食产需总量正常年景平衡有余，油脂油料供需缺口较大，粮食商品率在50%左右。2007年全省粮食总产量2841.6万吨，为历史上第2个高产年份，其中小麦1193.7万吨，玉米1421.6万吨，稻谷、杂粮226万吨。全社会粮食企业累计收购粮食1159.8万吨，其中按最低收购价收购小麦196.1万吨；销售粮食1574.9万吨，其中国有粮食经营企业销售粮食324.8万吨。全年进口大豆162.3万吨，出口杂粮0.5万吨。

截至2007年底，全省粮食系统共有企业1170家，其中国有独资及国有控股粮食购销企业681家，国有参股粮食购销企业159家，粮食附营企业330家；全系统职工总数3.5万人，其中购销企业从业人员2.2万人。全省质量完好仓容达到127亿公斤。

2007年粮食工作

2007年，在省委、省政府和国家粮食局的领导下，全省粮食部门认真学习贯彻党的十七大精神，紧紧围绕年初确定的目标，积极适应粮食市场变化新形势，以增强调控能力为重点，以加快发展为主线，保持了粮食经济又好又快发展，精神文明和党风廉政建设也取得了新成绩。

一 国家粮食购销政策得到较好落实

2007年国家继续实行小麦最低收购价政策。按照国家有关要求，结合粮食市场形势变化，全省各级粮食行政管理部门组织、指导各类粮食企业积极开展粮食收购，全社会粮食企业全年收购粮食1159.8万吨，其中：按最低收购价收购小麦196.1万吨，带动各类市场主体直接入市收购小麦575万吨。小麦最低收购价政策的落实，使农民直接增收5亿多元。2007年，全社会粮食企业累计销售粮食1574.9万吨，其中国有粮食经营企业销售粮食324.8万吨。圆满地完成了军粮等政策性粮食供应任务，有效地保证了市场供应。

二 粮食产业化经营取得新进展

省粮食局会同有关部门制定了《河北省现代粮食物流发展规划纲要》和《关于开展粮食订单收购的指导意见》，以省政府办公厅名义下发了《关于大力推进粮食产业化发展的意见》，组织完成了粮食产业化项目调查，逐级建立了粮食产业化项目库。到2007年底，全省在建和已进入前期准备的粮食产业化项目101个，总投资58.8亿元，一大批粮食产业化项目已投入运营，山海关中国北方粮食加工物流园区已初具规模，邢台粮食加工物流园区建设开始启动，冀北粮食批发市场改造、石家庄益海粮油加工等项目已投入运营。在“2007河北省（香港）投资贸易洽谈会”上，首次以行业分团形式举办了河北省粮食加工和物流项目招商推介活动，并取得较好的效果。同时，全省有80家企业被国家粮食局和农发总行确定为重点支持的粮油产业化龙头企业。发展农村粮油经营网点近5000个。

三 粮食宏观调控体系日趋完善

一是加强了市场监测体系建设。针对2007年以来粮油市场价格的明显波动，加强了对成品粮、食用油等品种的监测，在全省新增50个报价点，每周上报各类价格信息4500多条。二是完善地方粮食储备体系。制定了《河北省省级储备粮业务管理规定》，与有关部门联合下达了第三批省级粮食储备计划，到12月底省、市两级储备粮已经到位80%。同时，建立了食用油、成品粮油储备，完善了调控手段。三是健全粮食应急体系。制定了《河北省粮食应急加工调运供应方案》，督促市、县抓紧制定粮食应急预案。到年底，11个设区市、87个县出台了粮食应急预案，全省确定第一批粮食应急点440个，初步形成了粮食应急加工储运的供应网络。

四 粮食企业改革继续向前推进

在全面完成国有粮食购销企业产权制度改革的基础上，省局制定下发了《关于进一步深化国有粮食企业改革的指导意见》，推进购销企业资产优化重组，全面启动了粮食附营企业改革工作。到2007年底，新组建大型国有粮食购销企业集团7家，189家附营企业基本完成改制任务，分流安置职工近5000人。同时，进一步加强了对国有粮食企业经济运行情况的分析监测，确定了22个县（市）和企业为省局联系点，指导企业运用现代营销方式搞活经营。2007年全省国有粮食购销企业统算实现利润4981万元，实现了年初省政府提出的以设区市为单位，国有独资和国有控股粮食购销企业统算不亏损、多盈利的目标。

五 企业建设取得重大成效

按照管理创一流、效益创一流的要求，在全省粮食系统开展了以“规章制度健全、岗位职责明确、企业品质优化、管理科学规范、环境绿化美化、经济效益良好”为内容的规范化管理活动，多方筹措资金1000多万元用于企业基础设施、库容环境的改造，有93家国有独资粮食购销企业达到规范化标准，完成了年初确定的目标任务；开展了“企业学柏粮、人学尚金锁、处处讲诚信、行业创文明”

等活动，企业文化建设得到健康发展；加大了对干部职工的培训力度，全年共培训各级粮食局长、企业管理人员及业务骨干2100多人。

六 监督检查工作进一步得到加强

全省11个设区市粮食局全部成立了监督检查科（处），86%的县级粮食部门设立了监督检查机构。开展了小麦最低收购价政策执行情况检查、粮食库存清查和粮食质量检查等专项检查，完成了国家粮食局下达的粮食质量调查、原粮卫生调查和中央储备粮质量抽查任务，据统计，2007年全省共出动检查人员1.66万人次，检查单位1.7万个。

七 精神文明和党风廉政建设取得新成绩

在党建工作上，省局认真组织了党的十七大、省第七次党代会和七届三次全会精神等学习活动，深入开展了解放思想大讨论；新成立“监督检查处党支部”和“粮油财产安全中心党支部”，机关党组织建设进一步加强。在廉政建设上，严格落实党风廉政建设责任制，开展“为民、务实、清廉”主题教育活动，推动反腐倡廉工作深入开展。在精神文明建设上，坚持“以人为本、和谐发展”，努力创建和谐机关。积极组织干部职工参加省直机关新世纪第三届运动会，在省直124个参赛厅局和单位中列比赛总分第八名，荣获奖杯4个，奖牌9枚，受到通报表彰。

河北省粮食局领导班子成员

马　静（女）	局　长、党组书记
赵学敏	副局长、党组副书记
陈同文	副局长、党组成员
伍　林	纪检组长、党组成员
杨洲群	副局长、党组成员
佟军亭	副巡视员

2007年3月，河北省粮食加工和物流项目招商推介会在香港举办（右二为省粮食局局长马静同志）。

2007年5月，河北省粮食局局长马静同志（右二）在沧州粮食机械制造有限公司调研。

2007年12月，河北省粮食局局长马静同志（左一）到张家口坝上地区了解灾民的生活和救灾粮供应情况。

山西省粮食工作

基本情况

山西省位于黄河中游东岸，华北平原西面的黄土高原上。东以太行山与河北省为邻，西、南隔黄河与陕西省、河南省相望，北以外长城为界与内蒙古自治区毗邻。全省总面积为15.6万平方公里，约占全国总面积的1.6%。下辖11个地级市，119个县（市、区），总人口3392.6万人。地形多为山地丘陵，现有耕地385万公顷。水资源十分短缺，仅占全国的0.35%左右。森林覆盖率14%。山西属于典型的温带大陆性气候，干旱少雨，晋南和晋中盆地是重要的商品粮基地。山西省正常年景粮食产量在950万吨左右，年消费粮食一般在 1050万吨左右，缺口100万吨。小麦产量250万吨，消费500万吨，缺口250万吨；玉米产量500万吨，消费250万吨，需要销往省外250万吨；稻谷需求100万吨，全部靠调入。食用油产量10万吨，消费33.5万吨，缺口23.5万吨。总体上看，总量不足，品种矛盾突出，产粗吃细，小麦不足，玉米有余。

2007年全省农作物总播种面积385.1万公顷，比上年增加2.8万公顷。其中，粮食作物种植面积为317.3万公顷，增加1.6%。粮食总产1037.1万吨，比上年减产3.4%，是山西历史上的第五个高产年。其中，夏粮总产222.3万吨，减产13%；秋粮总产814.8万吨，减产0.4%。2007年国有粮食企业收购粮食292万吨，非国有粮食企业收购粮食136万吨。国有粮食企业销售粮食385万吨，非国有粮食企业销售粮食167万吨。工业用粮111.4万吨，种子用粮26.1万吨，饲料用粮322.5万吨，城镇用粮214.8万吨，农村口粮500.7万吨。截至2007年末，全省共有国有粮食企业1965个，在职职工39512人。其中购销企业964个，在职职工16839人。国有粮食企业总仓容767.5万吨。

2007年粮食工作

2007年，山西省粮食系统紧紧围绕保护农民利益，保证市场供应，确保粮食安全的工作思路，在国有粮食购销企业改革、加强粮食宏观调控、加强粮食行政执法、搞好储备粮管理、发展粮食产业化经营和“放心粮油进农村、进社区”等方面做了大量的工作，保证了市场供应和粮食安全，增加了农民的收入，增强了企业的活力，为全省的经济发展和社会稳定作出了新的贡献。

一 加强粮食宏观调控，保证了全省粮食安全

（一）抓好粮食购销工作，掌握充足的粮源

山西省各级粮食部门从增加农民收入、确保市场供应的大局出发，改进方式，搞好购销，超额完成购销各350万吨的粮食购销目标任务。全省粮食购销企业共收购粮食427.5万吨，比上年增加103.5万吨，增长32%。其中：小麦113.5万吨，比上年增加42万吨，增长59%；玉米297万吨，比上年增加60万吨，增长25%。全省粮食经营企业共销售粮食551万吨，比上年增加76.5万吨，增长16%。其中：小麦205.5万吨，比上年增加35.5万吨，增长21%；玉米308万吨，比上年增加27万吨，增长10%。圆满完成了省政府确定的粮食购销目标任务。

（二）充实储备规模，增强了调控能力

2007年，国际粮食市场价格居高不下，国内粮油市场价格也有较大幅度上涨，面对粮食市场的供求和价格形势，各级粮食部门经过努力，省、市两级储备粮达到一定规模，比2006年增加了7万吨。县级调控粮比2006年增加了2.6万吨。全省建立了市级成品粮应急储备，各级政府的粮食调控能力进一步增强。

（三）落实粮食应急预案，防范了市场风险

2007年《山西省粮食应急预案》正式下发执行，并制订下发《山西省粮食应急预案实施意见》，各市结合实际制订了粮食应急预案，建立了粮食应急网络。到2007年底全省共建立粮食供应网络点393个，应急加工企业55个，为特殊情况下的粮食供应提供了保证。同时，会同省经委、交通等部门下发了《关于近期加强全省粮食调运工作的通知》，组成调运小组，保证了运输畅通。

（四）建立产销衔接机制，保证了粮食供求平衡

为了搞好产销衔接，保证供需平衡，根据山西粮食产销现状，省局会同有关部门提出了《山西省加强粮食产销衔接的指导意见》，积极引导多种粮食经营主体开展产销合作，逐步形成了多元化、规模化的粮食产销合作格局。吕梁市已与黑龙江省鸡西市结成合作关系，鸡西市每年向吕梁市提供成品大米10万吨；晋中市与北大荒米业公司签订了5万吨大米购销合同；长治、太原等市同河南、黑龙江等省进行了产销合作洽谈。全年累计调入粮油35.9万吨。其中购入小麦21.9万吨，大米3.7万吨。通过与主产省、市粮食产销衔接，确保了山西粮食供求总量平衡和品种结构的平衡。

（五）加强粮油市场监测，把握了市场走向

2007年下半年以来，粮油市场价格出现不同程度上涨。省粮食局及时下发了《关于做好粮油宏观调控保证市场供应的紧急通知》，将原来的16个价格监测点扩大到21个，并启动了价格日报制度，加强价格监测。在太原举办了2007年山西粮食市场论坛，对当前我国、全省粮食市场现状、问题和价格走势等情况进行了分析和预测。省局对粮食经营的各个环节都组织由局领导带队的督导组，深入到县市区调查研究，搞好调查和督察，对可能带来的市场风险及早反应，主动应付，保持了粮食市场的基本稳定。

（六）扎实搞好军粮供应，为驻晋部队提供了良好的服务

《山西省省级军粮供应储备粮管理暂行办法》下发执行，在去年新增的省储备粮计划中，明确了一定规模的成品军供应急储备粮。省局和省军供中心联合对全省的军粮供应工作进行了专项检查，确保了军粮供应工作的顺利开展。

二 全力推进改革，企业的活力得到了增强

2007年是国有粮食购销企业富余人员分流安置三年完成的最后一年。全省粮食工作会议上对企业改革做了重点部署，列入了目标责任制考核的重要内容，用制度措施推进改革进展。9月份专门召开了全省国有粮食企业改革工作会议。经省政府批准，组织了由省粮食流通体制改革领导组成员单位组成的5个督查组，对各市粮改工作进行了督查，有力地推动和促进了各地粮改工作的开展，国有粮食购销企业改革取得了新进展。

（一）国有粮食购销企业富余人员分流安置工作步伐加快

全省国有粮食购销企业富余人员分流安置任务基本完成，有93个县完成了全部分流任务。全系统分流人数达28346人，占到应分流3万人的94.48%。其中，各市县分流人数占到应分流人数的99.07%。

（二）国有粮食购销企业产权制度改革稳步推进

全省已有51个县加大力度推进了购销企业产权制度改革进程，使51个县的企业数量由原来的522个减少到249个。其中，国有独资企业91个，占37%；国有控股企业67个，占26%；租赁企业90个，占37%。一些县市还积极推进附营企业改革，收到好的成效。

（三）做大做强战略已经起步

经省政府批准，山西粮油集团有限责任公司正式成立运行，整合了资源，壮大了实力。通过改革，减轻了包袱，强化了管理，增强了活力，提高了效益，企业亏损大幅度减少。全年全系统购销企业实现销售收入59.7亿元，比2006年增加7.5亿元，亏损2.18亿元，比2006年减亏2.51亿元，超额完成减亏一半的目标，减亏幅度位于全国前列。

三 完善市场监管体系，维护了正常流通秩序

《粮食流通管理条例》得到了较好落实，召开了全省粮食流通监督检查工作会议，指导全系统在粮食流通监督检查中创造性地开展工作，取得了成效。

（一）省、市、县三级粮食流通监督检查行政执法体系基本建立

11个市粮食局都成立了监管内设机构和执法队伍；有94个县粮食局具备了行政执法主体资格，均成立了内设机构或明确相关股（室）的监管职能；有67个县组建了稽查队，占具备执法主体资格总数的71.3%，为依法行政提供了组织保证。

（二）建章立制，为依法管粮提供法律依据

根据《粮食流通管理条例》等法律法规，进一步完善了各项规章制度，分别起草了《山西省粮食局规范性文件制定与备案规定》、《山西省粮食局行政执法案卷评查制度》、《山西省粮食局行政执法人员培训制度》等粮食行政执法配套制度和规定。

（三）加强培训，提高行政执法人员的整体素质

举办了第三期全省粮食行政执法培训班，聘请专家对285人进行了系统的岗前培训。目前累计已有1048人具备了执法资格，增强和提高了全省粮食执法人员的法律意识和业务素质。

（四）积极组织开展面向全社会的粮食流通监督工作

按照程序，严把市场准入关。全省已累计办理粮食收购资格许可证2062户，其中国有企业987户，非国有企业1075户。同时，加强了对粮食库存质量、卫生现状、秋粮收购和军粮供应的监督检查，维护了正常的粮食收购市场秩序。全年开展监督检查活动3144次，出动行政执法人员10244人次，依法查处各类粮食违规违法案件771件。

四 提高储粮管理水平，保证了储粮安全

粮食仓储是粮食流通工作的重要内容，保证储粮安全是粮食部门的重要职责。

（一）继续开展了春秋两季安全储粮大检查

对全省各市国有粮食仓储企业和12个省直库的粮油储存状况和仓储管理情况及防汛工作进行了细致、深入的检查。发现问题及时整改，把各种隐患消灭在萌芽状态。全省国有粮食购销企业库存粮油账实相符，粮情稳定，达到了储粮安全的要求，“一符六无”粮仓率达到95%。

（二）狠抓了储粮新技术的应用

“三项”储粮新技术和“双低”、“三低”储粮技术及塑膜六面密闭等实用技术的推广，加快推进了科学储粮和绿色储粮工作，科学保粮率90%。粮油质量监测体系建设有了新进展。

（三）继续开展示范站（库）建设达标活动，提高储粮管理水平

6月下旬在晋城市泽州县召开了全省粮油仓储工作暨“示范站（库）”建设现场会议，总结部署了仓储工作，推广了先进经验。共有352个站（库）达到了“示范站（库）”的标准，12个省直储备库达到了现代化粮库建设标准。11个市都完成了安全储粮目标。“示范站（库）”建设活动受到国家粮食局领导的肯定。

（四）进行原粮卫生调查和监测

7月份省局制定《山西省原粮卫生状况专项调查实施细则》，围绕收购环节，结合粮食收购质量与品质测报工作，对小麦、玉米两大品种的卫生状况作出整体评价。共检验样品271个，其中小麦样品84个，合格率为100%，玉米样品187个，合格率为54.5%。

五 推进物流建设，加快“放心粮油”工程进度

省粮食局依据《全国粮食物流建设规划》和《全国粮食市场体系建设规划》修订了《全省“十一五”粮食物流规划》，提出了全省中长期粮食物流建设的规划，明确了建设的目标。经过努力，山西省粮食物流中心项目已经得到省和国家发展改革委的项目批准和资金支持。全省的粮油配送中心和“放心粮油”门店的工程项目得到了省政府的高度重视，省财政已将“放心粮油”建设工程资金列入预算。为了发展现代粮食物流，省局在长治市的襄垣县召开了全省推进企业改革发展，构建现代粮食流通体系的现场研讨会，集思广益，对全省粮食现代物流体系建设的意义与基本构架统一了思想认识，使粮食物流建设有了一个良好的开端。通过努力，省政府已经把粮食部门纳入了社会主义新农村建设领导组成员单位，为粮食部门服务和参与新农村建设提供了平台。

为了净化粮油市场，让城乡人民吃上优质安全的放心粮油，省局大力推进“放心粮油进农村、进社区”活动。到年底，全省共有“放心粮油”企业102个，品牌48个，81个品种被评为“放心粮

油”，62个店被评为“粮油销售放心店”，其中：14个品牌、31个品种被中国粮食行业协会授予“放心粮油”称号，4个单位被授予“粮油销售放心店”称号。全省发展城乡粮油销售网点7000个，全年全省销售“放心粮油”约50万吨，使“放心粮油”工程更加深入人心，“放心粮油”品牌市场占有率进一步提高。“放心粮油”工程建设工作受到了中国粮食行业协会的多次表彰。

六 延伸产业链条，促进粮食产业化发展

全省粮食产业化经营得到较大发展。各种利益机制与农户相联系，带动农户进入市场，使粮食生产、加工、销售有机结合，相互促进，拓宽了经营门路，增强了企业活力。忻州天维尔、纪元等企业完成8.1万公顷订单生产工作，完成速冻甜糯玉米系列配套项目和333.3公顷良种示范基地建设项目，年创利450万元。忻州市五寨等县采取“企业+农户”形式，大力发展红芸豆产业，使之成为当地农民致富的新产业，实现了农户和粮企的双赢。山西金绿禾生物科技有限公司启动了燕麦及其副产品开发项目，带动农民年增收300万元。太原粮食工业联合厂同泰国正大共同投资的山西正大有限公司，年销售收入17亿元，安排职工294人。翼城江源生物工程有限公司启动二期粮油精深加工项目，带动农民增收2400万元。山西红鑫淀粉有限公司完成了年转化玉米12万吨项目，订单农业面积1.3万公顷，带动农民增收1900万元，安排粮食职工240人。曲沃天泉淀粉加工有限公司完成6万吨玉米加工项目，订单面积1万公顷，带动农民增收1800万元。侯马高村粮站养猪场完成年出栏10000头二期工程项目，带动农民增收300万元。粮食产业化龙头企业的发展，带动了农民增收、扩大了粮食职工就业。

七 重视政治思想和作风建设，全面建设得到加强

山西各级粮食部门把加强干部队伍等“五个建设”摆到了重要位置，采取多种措施，抓好落实，成效明显。精神文明和党风廉政建设取得了新的进展，全省粮食职工的政治思想素质和适应市场经济的能力有了新的提高，精神风貌发生了新的变化，各项工作出现了许多新气象。

认真抓好以十七大报告为主要内容的理论学习，提升干部宏观驾驭和形势判断能力，提高了依法行政能力；大力开展“作风建设年”活动，组织粮食工作千人大调研活动，成效显著，带动了全系统作风的转变；认真开展目标责任制考核，切实抓好机关作风纪律整顿，端正了工作态度，提高了行政效能；认真落实党建目标责任制，建立和完善党员先进性教育长效机制；切实加强党风廉政建设，把源头教育和案件查处相结合，着力抓好反腐倡廉工作。

扎实推进文明和谐单位创建工作。截至年底，11个市粮食局中有7个被评为市级文明单位。局直有6个单位被评为文明单位。其中，东留库和风陵渡库被评为省直文明标兵单位。

山西省粮食局领导班子成员

姚高宽	局　长、党组书记	姚允民	纪检组长、党组成员
牛银虎	副局长、党组成员	张　文	副局长、党组成员
吕苛青	副局长、党组成员	梁　政	总经济师、党组成员
冀保国	副巡视员		

山西省人民政府副省长牛仁亮（中）参加全省粮食工作会议。

山西省粮食局局长姚高宽（左）与各市粮食局签订工作目标责任书。

山西省粮食局局长姚高宽（左四）及部分局领导参观长治市乡村便民超市。

山西省粮食局局长姚高宽（前排右三）及部分局领导在全省推进粮食企业改革、发展构建现代化粮食流通体系襄垣现场会上参观粮食银行结算中心。

内蒙古自治区粮食工作

基本情况

内蒙古自治区位于中国北部边疆，地处北温带，总面积118.3万平方公里，约占全国总面积的12%，居全国第3位。全区共有12个盟（市），两个计划单列市，79个旗（县、市）、24个市辖区，总人口2405.1万人，其中城市人口1206.1万人，占总人口的50.1%,农(牧)业人口1199万人，占总人口的49.9%。

全区耕地面积713.3万公顷（2006年末数），粮食作物面积510.3万公顷。

2007年粮食工作

2007年，全区粮食部门以科学发展观为指导，认真贯彻党的十七大精神和中央、自治区关于粮食工作的方针政策，按照“完善体制、创新机制、狠抓落实，努力为自治区经济又好又快发展贡献力量”的工作方针，克服全国粮价和食用植物油价格上涨的不利因素影响，开拓进取，扎实工作，为稳定粮食市场，保障粮食安全，促进自治区经济社会发展作出了积极贡献。

一 粮食生产

2007年，全区粮食总产量1740.5万吨，其中玉米1149万吨、小麦148.5万吨、水稻76万吨、大豆91.5万吨、杂粮（豆）275.5万吨。人均粮食占有量723.7公斤。

二 粮食流通

全区粮食收购量749.6万吨，销售787.4万吨，出口73.9万吨，无进口。商品量1061.9万吨，商品率61%。城市口粮消费191.9万吨，农（牧）区口粮402.8万吨，工业用粮194.2万吨，种子用粮53.1万吨，饲料用粮533.7万吨。

三 认真贯彻落实粮食流通体制改革政策

（一）大力推进粮食立法和组织实施

在广泛调研、论证的基础上，起草了《内蒙古自治区粮食流通管理办法》，被列入2008年自治区立法计划。进一步加大了《粮食流通管理条例》、《内蒙古自治区级储备粮管理办法》及相关配套规章制度的贯彻落实力度。通过张贴宣传画、举办知识竞赛，并充分利用报刊、电视、广播等媒体，广泛开展《粮食流通管理条例》等粮食流通法律法规的宣传活动。5月份，自治区粮食局与呼和浩特市粮食局联合在新华广场举行了声势浩大的《粮食流通管理条例》颁布三周年纪念活动，采取散发宣传单、现场展示、专家解答等多种方式，广泛宣传《粮食流通管理条例》。各盟市也举办了形式多样的宣传活动，努力在全社会形成依法管粮的浓厚氛围。

（二）完善政策措施，制定下发粮食流通体制改革的指导性文件

2006年，国务院和国家六部委先后下发了《关于完善粮食流通体制改革政策措施的意见》（国发[2006]16号）和《关于进一步推进国有粮食企业改革和发展的意见》（国粮财[2006]123号）。为了提出切合自治区实际，有操作性的贯彻意见，抽调精干力量，组成了起草贯彻意见的专门班子，先后以书面和会议形式，征求各盟市粮食部门的意见。在此基础上，又先后三次与自治区有关部门沟通、协商，反复修改。11月，自治区人民政府以内政发[2007]115号文件正式下发执行。

（三）认真贯彻粮食收购许可制度

实行了粮食收购许可证年检审核，建立了具有粮食收购资格的经营者名录。几年来，累计审核发放粮食收购许可证3291户，其中，国有粮食企业458户，非国有粮食企业1489户，个体工商企业1344户。

四 积极推进粮食企业改革

（一）推广典型经验，加快企业发展

继2006年扎赉特旗会议之后，2007年9月，又在赤峰市召开企业改革与发展会议。会上，来自各盟市、旗县的25个典型单位分别介绍了各自从实际出发，因地、因企制宜，深化改革，加快发展的具体做法和成功经验，与会代表还参观考察了赤峰市的3个典型企业，有力地推动了全区粮食企业改革与发展。

（二）优化国有粮食企业产权结构，实现市场主体多元化

在“三老”问题得到妥善解决的基础上，从实际出发，认真贯彻落实国家和自治区关于加快国有粮食企业改革的有关文件精神。通过改组联合、股份合作、资产重组、国有民营等多种形式，调整和优化国有粮食企业战略布局和产权结构，积极推进市场主体多元化。到2007年底，非国有粮食企业达到6205户。国有粮食企业由2003年购销市场化改革时的844个减少到了381个。非国有粮食企业和转化企业的粮食收购量已占到全社会粮食收购量的65%以上。多元市场主体共同参与粮食流通的格局已经形成。

五 进一步完善宏观调控机制

（一）确定了一批宏观调控载体

经过两年多的努力协调，2007年6月，自治区粮食局会同自治区财政厅、农发行正式发文，确定了152家国有粮食购销企业作为政府宏观调控的载体，同时，明确了这些企业的权利和义务，建立了企业档案。要求承担政策性业务的企业，必须坚决完成政府委托的各项调控任务，确保国家对粮食市场宏观调控措施的有效实施。

（二）建立健全应急保障机制

自治区和12个盟市均以政府的名义出台了粮食应急预案。初步建立起应急支撑保障体系和应急机制。

（三）完善了储备调节机制

进一步完善了自治区和盟市储备粮管理办法。与自治区财政厅、农发行联合印发了《自治区级成品储备粮动态管理办法》和《自治区级储备粮轮换管理办法》。各盟市也相应制定并完善了盟市级储备粮管理办法。根据宏观调控的需要，在2006年增加5万吨稻谷储备的基础上，2007年，又增加5万吨粮食和5000吨食用植物油自治区级储备。

（四）认真做好军粮供应工作

加强军粮供应网点和信息化建设。按照国家粮食局的统一部署，顺利完成了军用购粮卡改革，方便了部队购粮。积极创造条件，努力提高军粮供应质量、保障能力和服务水平，受到了部队官兵的好评。

六 进一步加强粮食流通监督检查工作

（一）充实、加强粮食流通监督检查机构

截至2007年底，全区粮食系统具备行政执法主体资格的监督检查机构有102个。其中盟市级14个，旗县级88个。经编办批准，盟市和旗县粮食行政主管部门设立监督检查科室的84个，比上年增加67个；成立执法大队的78个，比上年增加33个。

（二）加强监督检查制度建设，进一步规范粮食经营行为

2004年以来全区共制定印发各种监督检查规章制度64项。组织开展了粮食质量安全专项整治行动，组织开展了粮食库存、收购资格许可、粮食经营台账、粮食流通统计、军粮供应、中秋国庆节日粮油市场等专项检查。全年开展各类粮食监督检查2491次，办理粮食行政处罚案件671例。

七 积极应对粮油市场和价格变化

（一）加强市场监测和监管

适时对粮食市场供应情况和粮价上涨情况进行监测分析。在全区设立了10个向国家粮食局报送粮油市场价格的监测点，将粮油价格监测周报调整为日报，建立了粮油库存日报制度。同时，把粮油加工企业和批发市场纳入成品粮油价格和库存信息采集范围。加强对呼和浩特市、包头市、赤峰市等重

点地区的监测，及时了解当地市场供求和货源情况。同时，加大监督检查力度，公布了140部举报电话，坚决打击不法商贩哄抬粮价、囤积居奇、误导抢购的违法行为，维护粮食市场秩序。

（二）加强调研和信息报送

针对粮食和食用植物油价格上涨情况，自治区政府分管主席先后三次带领有关部门领导，深入盟市对粮油市场供应和价格上涨情况进行调研。自治区粮食局领导也多次深入盟市、旗县对粮油生产、加工、销售和价格上涨情况以及粮油储备情况进行调研。根据调研和日常掌握的情况，先后11次召开粮食市场形势分析会，研究对策。及时向自治区党委、政府报送市场供应和价格上涨情况，为领导和有关部门科学决策提供了依据。全年共报送此类信息40条。

（三）全力做好市场供应工作

会同自治区发改委、财政厅、农发行等有关部门或自治区粮食局单独先后下发了《关于做好宏观调控，保证市场供应的紧急通知》、《关于进一步做好粮油市场供应工作的通知》等6个文件，要求各地积极组织粮源，督促企业增加商品库存，确保市场供应不脱销、不断档；充分发挥储备粮的吞吐调节作用，增加小包装成品粮油应急储备数量；尽快确定粮食应急加工企业、运输企业和供应企业，以更好地适应应急工作的需要。各盟市高度重视，国有粮食企业服从服务大局，积极采取措施，落实国家、自治区各项政策措施，确保了市场供应。

（四）正确引导社会舆论

通过报纸、广播和自治区粮食局门户网站，及时发布粮油供求和价格信息，分析粮油价格上涨的原因，介绍粮食产购销形势和我们采取的措施。接受新闻媒体专访9次。对稳定市场和价格、稳定民心，起到了积极作用。

八 积极开展现代粮食物流和批发市场信息网络建设

经过积极努力，去年争取到国家现代粮食物流项目2个，总投资6000万元，其中国家补助2100万元。从自治区发改委争取到粮食批发市场信息网络建设资金50万元。

九 积极做好自治区成立60周年大庆粮油产品展览工作

积极做好中国民族商品交易会粮油产品展览展示组织工作。组织区内大型粮食企业、驰名和著名商标、放心粮油产品，参加民交会的展览展示活动。经过自治区、盟市和有关企业的共同努力，克服了种种困难，展览展示活动取得了圆满成功，受到了自治区政府及社会各界的一致好评。

十 加强教育培训工作

紧紧围绕改革和发展的需要，开展了粮食库存检查、原粮检化验、粮油保管员、质检员专业知识、执法资格等各类培训，全年共培训各类人员近1924人次。进一步提高了职工的素质，促进了粮食行业人才的培养和发展。

十一 加强行业指导

切实加强了对粮食安全生产的指导。召开了粮食安全生产会议，组织了粮食安全生产大检查。及时烘晒处理高水分粮，全年共处理高水分粮260万吨。加强了财务管理，摸清了全区经营性财务挂账的底数，实施了新的企业会计制度。组织开展了粮食科技宣传周活动。与自治区劳动厅共同组织举办了首届全区粮食行业职业技能大赛。完成了2007年全区社会粮食供需平衡调查和全区1060户农户粮情抽样调查及汇总、上报工作。

十二 加强调查研究

在2007年年初召开的全区粮食工作会议上，就加强调查研究作了专项部署。会后，又分别以内粮办发[2007]29号和内粮办发[2007]39号文件，对调查研究的具体组织及课题做了进一步安排。各盟市粮食局高度重视此项工作，按时确定并申报了调研课题，组织力量，认真开展了调查研究。自治区粮食局每位领导也都承担了课题调研任务，并带头开展调查研究。形成了一批有情况、有分析、有建议，高质量的调研报告，为领导科学决策提供了依据。

十三 党建工作

党建工作以学习贯彻十七大精神和迎接内蒙古自治区成立60周年为主线，以巩固和发展先进性教育活动成果，开展“三创一落实”活动以及加强党员干部作风建设为重点。局机关党委下发了《关于印发2007年党建工作安排意见的通知》，对全年党建工作进行安排。坚持每周四下午机关政治理论学习制度，着重对十七大精神、胡锦涛总书记在中纪委第七次全体会议上的讲话、自治区第八次党代会精神，进行了认真系统的学习。4月份，组织党员代表赴革命圣地西柏坡考察学习。

十四 纪检监察工作

按照自治区纪委第二次全会、自治区政府廉政工作会议和全国粮食系统纪检监察工作会议精神，研究制定了《内蒙古自治区粮食局2007年党风廉政建设和反腐败工作实施意见》、《内蒙古自治区粮食局2007年党风廉政建设和反腐败工作任务责任分解意见》。利用每周四下午的学习时间，在认真学习贯彻中纪委、自治区纪委和国家粮食局纪检会议精神的基础上，局领导班子成员专题辅导5次，处室讨论学习7次，组织警示教育专题讨论2次。5月份召开了加强领导干部作风建设专题交流会。9月份，召开了全区粮食系统纪检监察工作会议。全年接到群众举报信6件，办结6件。全年编发纪检监察工作简报12期。

内蒙古自治区粮食局领导班子成员

卫庆国	局　长、党组书记
康昱幸（蒙古族）	副局长、党组成员
张忠何	副局长、党组成员
铁　钢（蒙古族）	纪检组长、党组成员
王斯琴（女，蒙古族）	副局长、党组成员
刘永旺	副局长、党组成员（2007年5月任职）
张天喜	副巡视员（2007年5月任职）

2007年4月27~28日，内蒙古自治区全区粮食工作会议在呼和浩特市召开。

2007年4月27日，内蒙古自治区粮食局局长卫庆国在全区粮食工作会议上作工作报告。

2007年9月14~15日，内蒙古自治区全区粮食流通体制暨企业改革与发展现场会在赤峰市召开。

2007年9月14日，内蒙古自治区人民政府副主席余德辉（前左一）在赤峰市视察粮食企业。

辽宁省粮食工作

基本情况

辽宁省位于中国东北地区的南部，是中国东北经济区和环渤海经济区的重要结合部。陆地面积14.75万平方公里，占全国陆地面积的1.5%，排第21位。陆地面积中，山地面积8.78万平方公里，占59.5%；平地面积4.82万平方公里,占32.7%；水域和其他为1.15万平方公里，占7.8%。耕地面积410万公顷，占全省土地总面积的27.68%，人均占有耕地约0.097公顷。2007年，农业生产获得第三年连续丰收，总产量为1725万吨，商品粮为1100万吨。

2007年粮食工作

2007年，全省粮食工作以贯彻落实《辽宁省人民政府关于完善粮食流通体制改革政策措施的实施意见》（辽政[2006]46号）为主线，统领粮食工作的全局。辽宁省粮食局下发了2007年1号文件，提出了10个方面的重点任务，召开了全省粮食局长会议以及监督检查、调控、监测、军供、财务、纪检、企业改革等7个专门会议，进一步贯彻落实各项任务。各地结合实际，制定了本地的贯彻实施意见。全省粮食工作健康发展，不断取得新成果，实现新突破。

粮食购销工作成果显著。全省各级粮食行政管理部门指导和督促国有粮食企业发挥自身在仓储设施、质量检验、购销渠道、经营经验等方面的优势，参与市场竞争，积极发挥主渠道作用。同时，支持和鼓励多种所有制经济主体参与入市收购，参与粮食流通。

宏观调控措施进一步完善。进一步充实了市级粮食储备规模。提出了建立应急储备粮油的实施意见。明确了全省粮食经营者最低和最高库存量的标准。指导各市建立粮食供应应急分预案，建立了成品粮油应急储备。建立了全省粮食应急企业档案化管理制度。将列入应急加工和供应企业的有关情况编印粮食应急工作手册。

国有粮食企业改革取得成果。全省国有粮食企业由2002年末898户减少到目前的615户，其中474户企业已完成了不同形式的改制。

粮食流通监管不断加强和规范。全省构建了较为完善的粮食流通监管体系，机构建设取得突破性进展。建立健全规章制度。出台了三项粮食监督检查制度，6个市新建立各项规章制度29项。着力强化人员培训，加强队伍建设。开展了地方储备粮、粮食质量卫生、社会粮食流通统计、粮食收购市场等专项监督检查和粮食库存检查。

粮食科研和粮油检验监测工作成果突出。省粮食科研所承担了农户科学储粮研究，得到了国家的充分肯定，批准全省作为农户科学储粮试点省，推广科学储粮，深受农民欢迎。加强了粮食质量管理，全省质量监测体系基本形成。各级质检站机构建设都得到加强，基础设施、工作条件得到改善。全省14个市级粮油质检机构和省粮油检测所全部通过国家考核验收，挂牌成为国家粮食质量检验监测系统成员。

一 粮食宏观调控进一步加强，粮食购销有序流通，市场和粮价基本稳定

（一）粮食购销

全省共收购粮食1709万吨（玉米1277.5万吨，水稻237万吨），比上年同期减少98.5万吨。在收购入库的粮食中，重点非国有粮食经营及转化企业1055万吨（玉米762万吨，水稻133.5万吨），比上年增加27.5万吨，国有和非国有企业收购量分别占总收购量的38.3%和61.7%。

销售粮食2267万吨（玉米1537.5万吨，水稻303万吨），比上年同期增加154.5万吨，增幅4.8%。在销售的粮食中，国有粮食经营企业852万吨（玉米692.5万吨，水稻109万吨），比上年同期减少109.5万吨；重点非国有粮食经营及转化企业1415万吨（玉米848.5万吨，水稻194万吨），比上年增加264万吨。国有和非国有企业销售量分别占总销售量的37.6%和62.4%。

（二）供给应急体系

修订全省粮食应急预案，14个市全部建立了供给应急预案，确定供给应急加工企业37家、供应企业38家。全省落实可供市场10天以上的成品粮油应急储备，大连、盘锦、葫芦岛已在地方储备中落实了成品粮应急储备。

（三）市场监测

一是重点监测省内较大的粮食批发市场、农贸市场、大型超市的粮油价格，在全省确立了60个粮食市场价格信息监测直报点，全年形成价格周报48期，市场分析月报9期，为决策提供了可靠依据。二是将全省粮油价格监测周报改为3日报，提高了监测频率和密度。三是指导各地建立了本地区的粮食市场监测网络。抚顺、锦州、辽阳、葫芦岛已形成了比较完善规范的价格监测系统。

（四）军粮供应

2007年1月1日起在全省全面使用军用购粮卡。下发《辽宁省军粮供应粮源统筹暂行办法》，进一步增强军粮供应的保障能力。经专项质量检查评估，军粮供应工作合格率达100%。3家基层军供站被省委、省政府、省军区评为爱国拥军模范单位。在全国迎“八一”军粮供应征文大赛中，旅顺军供站李华同志的《平凡的军供人》获得了唯一的一等奖。

二 依法行政进一步推进，粮食监督检查工作成果显著

（一）构建全省粮食流通监管体系

省编办批准省局增加编制、职数，成立了监督检查处。全省又有6个市成立了监督检查内设机构，内设监督检查机构的市局达到13个；全省有36个县正式成立了监督检查机构，占全省县局总数的56%，另有11个县局调整机构职能，向当地编办申报待批。黑山、北镇、凌海的县级粮食机构已由企业性质恢复为事业编制全额拨款的粮食局，取得了行政执法主体资格。

（二）建立健全规章制度

出台了《辽宁省粮食监督检查行政处罚程序》、《辽宁省粮食监督检查行政执法人员行为规范》等3项粮食监督检查制度，6个市新建立各项规章制度29项。

（三）强化人员培训，加强队伍建设

组织参加全国培训125人，省局培训 108人。沈阳、大连、抚顺、本溪、丹东、营口、盘锦、葫芦岛等市都结合本地实际组织了培训。2007年市、县共培训326人。

（四）开展专项监督检查

2007年组织开展了地方储备粮、粮食质量卫生、社会粮食流通统计、粮食收购市场4个专项监督检查和粮食库存检查，共出动监督检查人员30011人次，检查单位11433个，处理各种案件754例。研究实施了信息“双向反馈”和“纵向双重”监管等陈化粮监管的新办法，加大了对全省企业从省外购进的412581吨陈化粮的监管力度。

三　改革进一步深化，机制得到创新，扭亏增盈取得新成果

（一）改革政策措施不断完善

各地出台并完善了深化改革的各项措施。沈阳、本溪、锦州、阜新、铁岭等市理顺了国有资产管理体制，鞍山、抚顺、本溪在粮食企业重组中制定运用了相应的优惠政策。积极争取落实土地税、房产税减免政策，各市都对“两税”实行了暂缓缴纳的办法，缓解了企业压力。

（二）企业改革有新进展

全系统国有企业数量由上年的753户减少到615户，国企职工由上年的1.6万人减少到1.38万人。纳入省政府考核的115户国有企业实现了预期改革目标，其中按46号文件要求保留的国有独资企业26户，整体注销81户，整体出售1户，重组转制7户。

（三）扭亏增盈工作

全省国有粮食购销企业2007年亏损总额2.7亿元，比上年减亏4.65亿元（63.4%）。沈阳、大连两市全系统盈利，15个县（区）扭亏为盈，12个县（市、区）盈亏平衡。铁岭、阜新、朝阳、抚顺、鞍山、锦州、葫芦岛、丹东、辽阳比上年减亏。

四　实施品牌战略，粮食产业化经营取得新进展

（一）指导企业实施品牌战略，积极推进粮食产业化

获得“中国名牌”产品4个和“辽宁名牌”产品7个，其中“盘锦大米”被评为中国驰名商标，填补了辽宁粮食产品驰名商标的空白。会同省农发行向国家推荐了第二批国家重点扶持的粮油产业化企业， 22户企业获批列入。全省粮食产业化龙头企业已有国家级3户、省级23户、市级44户。实施粮食订单生产和订单收购249万亩，对提高企业经济效益、促进粮食生产流通和新农村建设都起到了积极作用。

（二）因地制宜，改革重组，拓展经营领域

沈阳利用企业优势跨行业经营取得成功经验；鞍山、本溪退城进郊，盘活存量，整合资源，建设新型粮食企业；抚顺建设大型粮食批发市场；盘锦、丹东、锦州通过创名牌推进产业发展；特别是北

票棒棒饲料有限公司、辽阳沈旦粮库等一批企业，延伸加工，扩大经营，创造了较好的经济和社会效益。

（三）成功举办盘锦稻米交易会

由省粮食局、中国粮食行业协会、盘锦市政府联合主办的中国优质稻米（盘锦）交易会取得圆满成功。被国家粮食局领导称为“全国粮食展会中的精品”。

五 科技成果得到进一步推广，粮食科研为新农村建设作出新贡献

（一）积极探索、研究推广东北平原农户科学储粮新技术

农户储粮试点专项获国家批准，全省与山东、四川三省在全国先行试点。国家、地方和农户按照3:5:2的比例投资建农户小型储粮仓，国家投资250万元已拨付到省。省财政安排40万元专项资金，在铁岭、本溪开展农户科学储粮试点工程，取得了明显成效，深受农户欢迎。铁岭的科学储粮试点被铁岭市评为2007年为百姓办的十佳实事之一。

（二）省粮食科学研究所引入民营资本共建的生产和科研基地“国家粮食局玉米干燥工程技术研究中心”竣工投入使用

“东北平原小型玉米保质干燥设备研究开发”以及配合中储粮总公司开展的“绿色储粮新技术优化集成示范”课题取得了新突破。

（三）沈阳市粮食科研所抓住沈北新区建设机遇，积极开展喷施丰产剂推广、生物涂膜技术应用等农业对接项目

鞍山市粮科所为粮食企业研发了“粮仓电子检温”和“安全防火电子监控”系统，为实现“五防”、“六有”发挥了积极作用。

六 粮食质量管理进一步加强，全省质量监测体系基本形成

（一）全省14个市级质检站机构性质、经费来源和编制等问题基本解决

县（区）级质检站建设也得到加强和改善，基本落实了经费和人员编制。

（二）基础设施、工作条件得到改善

全省共争取专项资金1017.4万元，用于更新仪器设备和改善工作环境，其中县（区）级站争取专项资金353.4万元，是前三年的总和。

（三）粮油质检机构全部通过国家考核验收

全省14个市级粮油质检机构和省粮油检测所全部通过国家考核验收，挂牌成为国家粮食质量检验监测系统成员。

七 安全责任意识进一步提高，粮食系统全年无重大安全事故发生

各级粮食部门狠抓全行业安全生产工作，层层落实责任制，常年紧抓不放松，加强防范措施，消灭各种隐患，建立健全制度，定期专项检查，2007年全行业无重大事故，火灾和死亡事故为零。

八 加强思想政治工作，推进廉政建设

在认真履行岗位职责的同时，局党组始终把思想作风及廉政建设作为一项重要任务来抓，不断提高领导班子的素质。

（一）积极推进机关理论武装工程，认真开展政治理论学习，加强领导班子的思想政治建设

把局党组中心组理论学习融入局领导班子思想政治建设和工作决策之中，重点组织中心组集中学习6次，并先后组织了4次专题辅导。

（二）认真贯彻民主集中制原则，不断加强班子的组织建设，大力构建内和外顺的工作环境

坚持党组重大事项议事制度，重大问题都通过党组会议讨论决定。召开19次党组会议，在干部任用、局直属企业改革、解决集体上访、重大事项报告等问题上，都通过党组会民主讨论形成意见或决定。

局党组下大力气解决局机关一般干部职务调整滞缓等问题，干部队伍得到了调整，职工的工作积极性、创造性得到了发挥，积极构建内和外顺的工作环境。

（三）坚持教育与治理相结合，促进领导干部廉洁从政

认真制订反腐倡廉教育安排计划，充分运用正反两方面典型事例开展教育。认真落实党风廉政建设责任制，把任务落实到党组每个成员，推动了全系统党风廉政建设不断深入。认真学习贯彻廉洁自律有关规定，没有发现违纪问题。认真抓好专项治理工作。对局公务用车进行了专项治理，并对局机关及直属各单位非生产性用车重新定编，作出了严格规定，进行清理。

（四）深入开展主题实践活动，坚持深入基层，加强领导班子的作风建设

把开展“保持先进性，服务在基层”实践活动作为加强机关作风建设的长效机制和有效载体，制定了《省粮食局关于继续深入开展保持先进性服务在基层实践活动的意见》，紧紧围绕粮食工作的重点和热点问题，组织进行专题调研，听取基层干部职工意见和建议。

辽宁省粮食局领导班子成员

李汪洋	局　长、党组书记
刘昌志	副局长、党组成员
李景阳	副局长、党组成员
钱程广	副局长、党组成员
潘殿源	纪检组长、党组成员
王丽桥	局长助理、党组成员
宿丙军	副巡视员

2007年11月28日，辽宁省粮食局局长李汪洋、铁岭市市委书记李文科等陪同国家粮食局局长聂振邦在铁岭县镇西堡镇木厂村视察农户储粮示范点。

2007年5月22日，辽宁省粮食局、铁岭市政府在铁岭县新台子镇举办2007年辽宁粮食科技活动周开幕式。

收获季节，辽宁省粮食质量检测专业技术人员深入农户田间查看粮情、采集样品。

吉林省粮食工作

基本情况

2007年，全省粮食生产总量为2454万吨，其中水稻500万吨、玉米1800万吨、大豆78万吨、杂粮为76万吨。全省粮食收购量为1710万吨，销售量为1162万吨，进口量为84万吨，出口量为103万吨，商品量为2000万吨。人均粮食占有量为901公斤，粮食商品率为81.5%。工业用粮562万吨，种子用粮15万吨，饲料用粮533万吨，城镇口粮211万吨，农村口粮为330万吨。全省仓容总量为1059万吨。

2007年粮食工作

2007年，全省各级粮食部门认真贯彻党中央、国务院关于粮食流通工作的部署，在省委省政府的正确领导下，解放思想，开拓进取，粮食工作实现了“三个转变”。即：由过去单纯解决农民卖粮难，向促进农民增收致富、加快社会主义新农村建设转变；由过去收原粮、卖原粮的传统经营方式，向创新机制、加工增值、品牌开拓、做大做强产业转变；由过去国有粮食企业一统天下，向以国有及国有控股企业为骨干、混合所有制经济为主体的多元市场主体转变，全面完成了各项工作任务。

一 粮食购销工作成效显著，宏观调控能力进一步增强

全力做好粮食收购工作，促进农民增收。全省累计收购新粮2168万吨，同比增加812.5万吨。其中，国有粮食购销企业收购1330 .5万吨，占粮食收购总量的61.4%，继续发挥主渠道作用。玉米平均收购价格每公斤在1.40元左右，比上年提高0.32元左右，按1750万吨商品量计算，全省农民增收56亿元，人均增收383元。

采取有力措施，积极销售粮食。由于国家对玉米深加工实行宏观调控，取消酒精出口退税、控制玉米出口、南方生猪疫情较重饲料需求下降，粮食销售困难。通过举办4次竞价交易会，重新启动七省粮食产销协作福建洽谈会，利用国内各种展会，用好用足出口政策等措施，特别是抓住10月份以后玉米价格回升的有利时机，在运力紧张情况下，粮食销售取得了明显成效。全年共销售及出口粮食1397万吨，其中国有粮食购销企业销售及出口粮食1266万吨。

运用调控手段，确保市场粮油价格基本稳定。受国际大豆价格上涨影响，去年全省食用植物油价格上扬。为保证供应，稳定价格，利用省级储备油加大调控力度。7月份以后，市场油价开始上涨，

及时投放豆油4000吨，春节前又陆续投放3000吨，全省市场未出现脱销断货情况，基本稳定了价格，主要粮油品种价格控制在居民可接受范围内。

二 国有粮食购销企业产权制度改革取得实质性进展

2007年是全省国有粮食购销企业产权制度改革取得实质性进展的一年，有两个突出特点。

（一）改革进展顺利

按照省政府《关于完善粮食流通体制改革政策措施的意见》，各地都能够结合实际深入开展调查研究，加大指导力度，探索符合本地实际的改革模式和方式方法。既把握政策的严肃性，也结合实际灵活运用政策，改革效果明显。工作中，省里加强了督导检查和方案审核的力度，及时发现和纠正改革中出现的问题。并严格按照有利于全省粮食宏观调控、有利于地方粮食安全、有利于搞活粮食企业的原则，对各地改革方案进行审核。截至目前，全省共有27个市县完成改革任务，占全部市县的54%，超额完成预定50%的计划目标。

（二）改变了原来国有粮食企业一统天下的局面

各地按照“担负起本区域粮食安全、有效实施宏观调控、发挥主渠道作用”的要求，保留了一定数量的国有独资或国有控股企业。此外，通过国有参股经营、公开竞价招标租赁经营、整体或部分出售和关停、破产等多种形式，完善了粮食企业产权结构，激发了粮食经营的积极性。

三 筹建“长春国家粮食交易中心”，市场体系建设进一步加快

根据国家和省“十一五”粮食经济发展规划以及现代粮食物流市场发展的要求，2007年8月，省粮食局向国家粮食局提出在吉林粮食中心批发市场基础上组建“长春国家粮食交易中心”意见，将其建成一个立足吉林、服务全国乃至东北亚的现代粮食物流市场。2007年，各地的市场建设也取得了明显进展，长春、吉林、四平、抚松等市县都根据本地实际，建设了区域性粮食市场，对推动本地粮食流通发展和保证粮食安全、稳定市场价格起到了重要作用。

四 抓龙头、创品牌，粮食科技迈上新的台阶

积极支持龙头企业发展，创名牌粮油产品。通过打破区域、所有制、行业界限，以资产为纽带和以品牌为纽带进行整合，吉林裕丰米业“好雨”牌大米、德春米业“御泉”牌大米、延边宇星无公害农产品开发有限公司“海兰江”牌大米、吉粮集团米业公司“米”字牌大米4个品牌获得了“中国名牌产品”称号，占全国大米行业“中国名牌”总数的1/7，与江苏省并列第一，占去年全省新增“中国名牌产品”总数的1/4，彻底结束了吉林作为粮食大省没有“中国名牌”粮油产品的历史。

鼓励科技项目建设。成功申报了通化西江米业有限公司研发的《功能型营养米技术》项目，帮助吉林德润生有机农业有限公司运用“水稻CEB内生菌种植技术”试种成功，加工出的大米具有抗疲劳、抗衰老功效，该品牌大米2007年11月23日被中国航天中心选定为“中国航天员特供大米”。

五 加强对全社会粮食流通监管，依法行政能力明显提高

加强粮食监督检查队伍建设和制度建设。各市州、县（市、区）粮食局基本都成立了监督检查科室，有的市县还成立了粮食监督检查执法大队。省粮食局先后制定了《行政执法责任制度》等10项工作制度，同时对执法人员进行系统培训，共有450人获得了国家粮食局和省政府法制办颁发的《粮食监督检查证》和《行政执法证》，做到全部执法人员持证上岗。规范粮食经营者队伍。全省目前共有合法从事粮食收购、加工、生产企业2866户，规模较大的成品粮油经营者6000余户。目前，都已建立了经营台账和实行了经营统计报表制度，做到文明经营、守法经营。认真受理和查处粮食违法经营案件，有力地打击了违法经营行为，保护了粮食生产者、消费者的利益。开展了多种形式的法制宣传教育；建立了行政执法责任制度；制定了粮食行政复议工作规程，培训了行政复议人员；开展了立法调研，起草了《吉林省〈粮食流通管理条例〉实施办法（送审稿）》，依法行政能力明显提高。

六 服务"三农"，为社会主义新农村建设提供支撑

（一）充分发挥粮食行业自身优势，积极帮助农民抗旱保苗

全系统共投入资金252万元，出动职工2万多人次，消防车3000多台次，浇地6万多公顷。

（二）实施了产后减损项目

通过申请，争取到《国家"十一五"科技支撑计划重点课题——"粮食丰产科技工程"（产后）——东北平原农户储粮减损技术集成与示范科研项目》。该项目国家投资47万元，省级配套47万元，加上农民自筹，在全省3个县9个乡镇试点安装"多功能无骨架储粮仓"450套，使农户庭院储存玉米的损失损耗由11.77%下降到4%以下。

（三）开展送科技下乡活动

围绕"粮油食品安全与农村科学储粮"这一主题，省粮食局同有关市县粮食局密切配合，组织了"吉林省粮食科技活动周"活动，深入农村开展科普宣传，重点宣传农户产后储粮技术，收到了良好的效果。

（四）及时发布粮食购销市场信息，指导农民卖粮

选择24个县（市、区）的26个粮库作为粮食收购价格直报点，每周二、周五在互联网和有关新闻媒体上发布购销信息，指导企业经营和农民售粮。

七 抓管理，促落实，粮食安全工作取得了显著成效

2007年，全省各级粮食行政管理部门共开展安全检查354次，查出隐患629项，当场整改563项，下发事故隐患整改通知书66项，并全部整改完毕。制定下发了《吉林省粮食安全生产应急预案》，组织干部职工开展岗位练兵。在四平市组织了全省安全消防演习，提高了安全生产意识和应对危机技能。目前，全省400户骨干企业安装了"红外防火监控系统"，对防火防盗及时报警起到了重要作用，全年无重大人身伤亡及火灾事故，安全事故比上年下降了30%。

八 党风廉政建设和行风建设取得新进展

2007年，局党组对党风廉政建设高度重视，切实加强领导，认真抓好惩防体系建设，取得了比较好的成效。在全国粮食系统纪检监察工作会议上作了题为《认真履行职责 积极开展监督检查 严肃查处违纪违法案件》的典型发言。

一是开展了广泛经常性的思想教育，在思想上牢固树立反腐倡廉意识。二是制定了《关于加强干部监督工作的实施办法》等一系列规章制度，有效预防了违纪违规问题发生。三是从严规范领导干部从政行为，制定了《关于实行领导干部任职前廉政谈话制度的办法》，对新提拔任用的处级领导干部，逐个进行廉政谈话，起到了岗前提示和警示作用。四是切实解决好“热点”问题。开展了对不正当交易行为自查自纠活动，下发了《省粮食局对不正当交易行为自查自纠工作检查评估实施细则》，使治理商业贿赂工作取得了实实在在的效果。五是对基本建设和粮食竞价销售工作进行了执法监察。从立项研究、施工方案确定、施工队伍招标到主要建筑材料采购，以及施工质量等重大问题，进行了全程跟踪监督。六是认真开展了政行风建设评议工作。共向省、市、县人大代表、政协委员和粮食经营者及城镇居民、农民代表发卷调查1万份，收回7千余份，综合满意率在80%以上。七是认真查处违纪案件。全系统共收举报46件，初核38件，结案5件，给予党政纪处分9人。

九 进一步加强和谐班子、和谐机关建设

和谐班子建设是提高班子凝聚力、战斗力，带领干部职工更好地完成各项工作任务的重要保证。2007年主要抓了三项工作。一是局党组制定下发了《吉林省粮食局创建“和谐班子”活动实施意见》。从省局班子做起，深入开展创建和谐班子活动。二是加强理论学习，统一思想认识。理论中心组带动学，局党组把中心组学习作为提高党组成员理论水平的重要载体，根据需要，适时吸收机关处长、直属单位党政一把手参加，集中读书，集思广益，共同研究探讨问题。建立制度坚持学。建立党组理论中心组学习制度，每季度集中学习一次，全年不少于12天。并制定切实可行的学习计划，每年都规定重点学习内容，建立学习考评制度。“舍得投入保证学”，先后为机关和直属单位购买了《党的十七大报告》（辅导读本）等10余种资料，为保证机关的学习提供了良好条件。三是加强民主集中制建设，制定了《省粮食局党组决策重大事项议事规则》，明确重大事项议事范围、议事原则、基本程序和责任、义务。制定有关重大事项决策情况通报制度，实行决策项目预告。对事关干部群众切身利益的重大事项，决策前要进行预告，通过多种形式，广泛听取群众意见，特别是听取不同意见或反对意见。党组重大决策后主动接受群众监督。定期组织干部群众对局党组执行重大事项议事规则情况进行民主评议，根据群众评议结果，研究制定整改措施。党组成员建立谈心制度，及时交流思想，沟通情况，换位思考，认真对待群众反映的意见和建议。认真开好局领导班子民主生活会，坦诚开展批评和自我批评。

在和谐机关建设工作中，坚持做到四个结合。一是把建设和谐机关与建设服务型、学习型、创新型机关建设紧密结合起来，一道去做。二是把和谐机关建设与开展主题教育实践活动紧密结合起来，一起去抓。三是把建设和谐机关与精神文明创建活动紧密结合起来，一并进行。四是把教育和关心职工生活结合起来。

此外，省粮食局还成功举办了2007中国国际玉米产业博览会。

吉林省粮食局领导班子成员

祝业辉	局　长、党组书记
韩福春	副局长、党组成员
王铁云	副局长、党组成员（任职至2007年2月）
李贺军	副局长、党组成员
王凯伦	纪检组长、监察专员、党组成员
高乃民（女）	巡视员（2007年12月任职）、党组成员（至2007年12月）
沈启地	副巡视员
张宏明	副巡视员（2007年2月任职）

2007年9月22~24日，由国家粮食局和长春市人民政府共同举办的“2007中国国际玉米产业博览会”在长春举行。

2007年 4月9~10日，吉林省粮食局在长春召开全省粮食局长会议。

吉林省粮食局局长祝业辉在“送科学储粮知识、粮食市场信息和放心粮油下乡”活动开幕式上致辞。

吉林省粮食局局长祝业辉向农民朋友介绍安全储粮知识。

黑龙江省粮食工作

基本情况

黑龙江省地处祖国东北边陲，幅员辽阔，土地总面积45.4万平方公里，占全国的4.7%，居全国第6位；全省常住总人口3824万人，其中城镇人口2061.1万人、乡村人口1762.9万人。现有耕地面积1173万公顷，占全国的近10%，居全国第一位，人均耕地面积是全国人均水平的2.9倍。耕地集中连片，土质肥沃，是世界仅有的三大黑土带之一。全年日照时数在2400~2800小时，常年有效积温1600~2800摄氏度，无霜期100~150天，年降水量370~670毫米，适宜种植大豆、玉米、水稻、小麦等粮食作物。黑龙江是粮食主产省，是国家重要的商品粮基地。2007年，全省粮食作物播种面积1046.1万公顷，粮食总产量3965.3万吨，人均粮食占有量1036.9公斤，粮食商品量 2896.5万吨，商品率达到73 %。全省实现GDP7077.2亿元，按可比价格计算比上年增长12.1%，连续6年保持两位数增长，人均GDP收入18507元。全年实现地方财政收入579.3亿元，比上年增长21.9%。农村居民人均纯收入4132元，比上年增长16.3%；人均生活消费支出3117元，比上年增长19.1%。按社会粮食流通统计口径，全年粮食收购量2046.5万吨，销售量为2739.5万吨（含转化用粮）。全年工业用粮403.3万吨、种子用粮89.6万吨、饲料用粮550万吨；城镇口粮353.1万吨、农村口粮375.2万吨；出口量达到75.9万吨。现有国有粮食购销企业600户，有效仓容1299万吨。

2007年粮食工作

2007年，黑龙江省各级粮食行政管理部门按照国家和省委、省政府关于发展现代农业、推进社会主义新农村建设和保障国家粮食安全等一系列重大部署，在各级党委和政府的正确领导下，认真贯彻落实科学发展观，以突出为“三农”服务和推进国有粮食购销企业改革为重点，认真落实粮食购销、企业改革、产业发展、宏观调控、市场监管等各项政策措施，较好地完成了年度工作任务和目标。主要是：农民余粮销售顺畅，卖粮收入增加；扩大了粮食销售，实现了粮食经营良性循环；进一步培育发展了多元粮食市场主体，拓宽了农民余粮销售渠道，继续较好地发挥了国有粮食企业粮食流通主渠道作用；粮食产销合作和招商引资取得成效；国有粮食购销企业改革取得实质性突破，粮食产业得到较快发展，经济效益明显提高；粮食宏观调控体系基本建立，保证了国家粮食安全；深入推进依法行政，有效地维护了粮食流通正常秩序；政风行风建设取得明显成效，树立了粮食部门的良好形象。

一 粮食生产

2007年，黑龙江省虽然遇到了历史罕见的严重干旱，但由于省委、省政府加大了防灾投入和采取有效的减灾措施，做到了早动员、早部署、早预防，有效地降低了灾害影响程度，而且各项惠农政策得到落实，粮食作物总面积特别是高产作物玉米、水稻面积增加，加之秋季气候条件有利，粮食生产又获得了大丰收。全年粮食作物播种面积1046.1万公顷，比上年增长2.8%；粮食总产量3965.3万吨，比上年下降0.6%，是历史上第二高产年。四大粮食作物产量“两增两减”：水稻产量1658.6万吨，增长15.6%；玉米产量1589.5万吨，增长2.0%；小麦产量77万吨，下降17.0%；大豆产量490.9万吨，下降27.0%。大豆种植面积和产量居全国首位，产量占全国的1/3左右；水稻面积占全国粳稻面积的1/3，是全国最大的粳稻种植区；玉米播种面积和产量均占全国的1/10左右。全省绿色食品认证个数1200个，比上年增加146个，增长13.9%；绿色食品种植面积312万公顷，增长12.8%，继续保持全国第一位。

二 粮食流通

全省各级粮食行政管理部门紧紧围绕服务“三农”、服务“新农村建设”和把粮食资源优势变为经济优势这个中心，采取各种有效措施，搞活粮食流通，企业粮食呈现购销两旺的局面，基本实现了省委、省政府提出的“保质、提价、增收”的目标。

（一）农民余粮销售顺畅，卖粮收入增加

通过全面落实粮食购销政策，强化信息、技术、运输等服务措施，帮助农民实现粮食提质，吸引省内外粮食经营者，促进了农民适时适价出售余粮，增加了卖粮收入。2006年度农民生产的余粮全部实现了顺畅销售，与2005年秋粮收购期相比，玉米每公斤多卖0.18元，大豆多卖0.14元，按农民实际出售的玉米、水稻、大豆数量测算，仅粮价提高因素，农民就可增加收入22.9亿元。2007年新粮上市后，针对玉米、水稻购销不旺、价格走低等实际情况，积极争取国家支持，在全省启动了水稻最低收购价预案和国家临时储存玉米收购，并出台了对全省临时储存玉米、最低收购价水稻超标准水分只扣量不扣价和水稻出省运输费用补贴、降低铁路建设基金征收标准、提高水稻最低收购价价格水平等十多项优惠政策措施，促进了农民余粮顺畅销售，售粮价格维持在合理水平，有效地保护了农民利益。

（二）粮食市场主体逐步形成多元化，国有粮食企业较好地发挥了主渠道作用

认真做好粮食收购资格审核、审批工作，为社会多元主体参与粮食购销创造了条件。全年新增取得粮食收购资格许可证的粮食经营者286户，累计达5373户，其中：国有粮食企业717户、其他经营主体4656户，形成了国有粮食经营企业与社会其他粮食经营主体同时并存、平等竞争、相互促进的粮食经营新格局。按社会粮食流通统计口径，国有粮食经营企业收购粮食1020万吨，占社会粮食收购总量的50%，其中：国有粮食购销企业收购684.2万吨，占国有粮食经营企业收购量的67%，较好地发挥了粮食流通主渠道作用。全省多元主体粮食购、销量已达到社会粮食购、销总量50%，有效拓宽了农民余粮销售渠道，活跃了粮食购销市场。

（三）销售渠道不断扩大，企业经营良性循环

按社会粮食流通统计口径，国有粮食经营企业销售粮食1627.5万吨，占社会粮食销售总量的

65.3%。2007年1~12月仅通过铁路往省外发运粮食就达到2219.5万吨，不仅保证了企业正常粮食经营，而且为销区提供了充足优质粮源，对维护销区市场稳定和保障国家粮食安全作出了积极贡献。国有粮食购销企业比往年按保护价（含定购价）收购的政策性“老粮”库存下降50.19%，减少了陈化损失，减轻了财政负担。

（四）粮食产销合作成果进一步巩固和扩大

继续坚持“政府推动、部门协调、市场机制、企业运作”和“丰歉互相保障、同等条件优先”的原则，积极推进粮食产销合作。在密切与北京、上海、天津、江苏、浙江、福建、云南、山西、陕西、甘肃10省市产销合作关系基础上，又开拓了山东、四川等地粮食市场，进一步巩固和扩大了粮食产销合作成果。先后与北京、浙江、上海、江苏等主销区签订了粮食产销合作框架协议，初步建立了省际间粮食产销合作利益协调机制；积极主动吸引上海、北京等主销区到黑龙江建设粮食生产、收购、储存、加工等基地，仅主销区委托省内粮食经营企业收购地方储备粮源就达到23万吨；成功举办了“2007·黑龙江金秋粮食交易合作洽谈会”，共达成粮食购销合同及意向性协议556项，交易量808万吨，比上年增加28万吨，进一步拓展了服务功能，提升了合作层次；积极开展“放心粮油”进销区城市、社区活动，省内12家企业仅在北京市场共销售大米14万吨，比上年增加14.6%，提升了全省粮油产品“优质绿色安全”品牌形象。

三 粮食调控

（一）粮食宏观调控体系基本建立

认真贯彻落实《黑龙江省省级储备粮管理办法》，进一步建立健全了地方储备体系，省级粮食储备得到了加强。确定30家企业取得省级储备粮代储资格，并加强了储备粮的规范管理。健全市场监测预警机制，尤其是加大了省内大中城市成品粮油市场监测密度和上报频率。全年新增监测点67个，全省170多个专项预警监测点每周两次及时上报市场供求、价格等基本情况，为成品粮油市场供应和价格稳定提供了保证。初步建立了省、市、县三级联动粮食应急工作体系、保障机制和粮食市场信息收集发布工作机制。组织指导全省2301个统计报表单位按规定及时上报统计数据，每季度发布粮食收购、销售、市场价格、铁路运输等市场信息，为政府加强宏观调控和企业经营服务。进一步加强省内大中城市成品粮油供应，保证资源充足，不脱销、不断档；严格按照国家标准，保质保量地做好军粮供应工作，受到了驻军部队的好评。

（二）储粮安全工作进一步加强

对全系统开展安全储粮检查工作，及时发现并整改储粮管理中存在的问题，为储粮安全奠定了良好基础。全省参加各种检查的人数达3678人，共检查储粮货位31445个，占当期全省粮食库存总量的100%。继续开展省级“四无先进粮库”评比活动，有效地推动了国有粮食购销企业“四无”和其他管理工作，确保全省粮食系统储粮安全。全省有590个国有粮食购销企业已达到“四无粮库”标准，占企业总数的92%。同时，加大食品安全工作力度，深入实施“放心粮油工程”，保护消费者的合法权益。

四 粮食企业改革

省粮食局把2007年确定为“企业改革攻坚年”。全省各级粮食行政管理部门认真贯彻落实国务院《关于完善粮食流通体制改革政策措施的意见》（国发[2006]16号）、省政府《关于完善粮食流通体制改革政策措施的意见》（黑政发[2007]25号）精神，把推进企业改革作为粮食工作的重中之重，成立专项工作机构，落实责任和措施，分阶段确定攻坚任务，按时间表检查推进，确保完成。一是对全省国有粮食购销企业的基本情况进行了一次全面调查，针对调查摸底具体情况，提出具有操作性的改革意见和办法，主动协调相关部门研究制定完善粮食流通体制改革的政策措施。二是在广泛征求基层意见基础上，制定下发了2007年全省国有粮食购销企业《改革指导意见》和《改革目标及考核办法》，并督促指导各地严格组织实施，规范进行操作。三是采取试点先行的办法，及时总结经验、反馈信息，协调解决改革中遇到的难点问题，积极稳妥地推进改革。四是严格检查和考核企业改革完成情况，督促改革相关工作切实落实到位。截至年底，全省骨干国有粮食购销企业完成公司制改造156户，改制面达65.3%；非骨干企业累计完成投资主体多元化改革334户，改制面91.5%。通过改革，企业内部机制转换步伐加快，企业活力得到增强，企业效益明显增加。全省国有粮食购销企业全年亏损1.8亿元，比上年减亏2.7亿元，减亏幅度达60%。七台河市、大兴安岭行署实现了盈利，其他11个市实现了不同程度减亏；杜蒙等17个县（市、区）实现了盈利。全省有250户企业实现盈利，盈利面达40.7%。

五 行政执法

随着粮食流通体制改革的不断深化，全省各级粮食行政管理部门进一步转变职能，深入推进依法行政工作，有效地维护了粮食流通正常秩序，为促进粮食经济又好又快发展创造了良好的发展环境。一是认真履行面向全社会实施粮食流通市场监管和公共服务的职责，积极转变部门职能，进一步完善、落实了行政执法责任制。二是集中开展了粮食流通统计监督检查，部署开展了粮食质量整治和食盐市场整顿等专项执法活动，有效提高了统计工作质量，严厉打击了私盐贩卖行为，净化了粮食和食盐市场。三是进一步加强行政执法层级监督工作。加强对各级粮食行政管理部门和盐政执法机构行政执法工作的监督检查。认真执行行政执法程序，规范了各项制度、法律文书等基础工作，切实加强了粮食、盐业市场监管，提高了行政执法水平。四是加强了法律法规知识宣传和教育培训，营造了依法经营、依法监管、安全消费的良好氛围。

六 产业发展

通过加大扶持力度、强化服务管理、延长产业链条等有效措施，全省粮食企业集团规模不断壮大，加工能力和层次不断提高，产品竞争力不断增强，粮食产业化经营呈现出快速、健康发展的良好势头。一是积极培育壮大粮食企业集团（经济联合体）。在改革中，鼓励和支持具有较强竞争力的国有粮食购销企业、加工企业、产业化龙头企业，打破行政区域和部门界限，充分利用和整合企业现有仓储、加工、运输设施等资源，通过引进战略投资者，推进企业兼并重组和组织结构创新，逐步培育壮大粮食企业集团。目前，省级粮食加工龙头企业有97户，占全省省级农业产业化龙头企业总数的46.2%，其中粮食系统龙头企业14户。2007年，在壮大原有10户企业集团基础上，新培育了5户企业集团（经济联合体），15户企业集团（联合体）共销售粮食175万吨，实现销售收入36亿元。二是发展粮食“订单”经营。全省国有粮食购销企业与农民签订粮食“订单”309万吨，订单面积908.2万亩。三是积极开展招商引资工作。全省粮食系统引进资金28亿元，其中：引进项目资金7亿元。四是加强仓储设施建设。全省国有粮食购销企业多渠道筹集资金，加强粮食仓储设施维修改造，恢复仓容能力37万吨，新增仓容16.7万吨，地坪24万平方米、罩棚0.85万平方米。五是大力推进粮油科技创新工作。制定完善了《全省玉米加工业发展规划》以及《“十一五”全省粮油加工业发展规划》。推荐申报国家级星火计划粮食类研发和储备项目以及大豆深加工项目。组织开展了2007年粮食科技活动周活动。有条件的粮食企业集团都建立了自己的科研机构，引进新技术、新工艺及新设备，加大新产品开发力度，提高了粮食加工的技术、工艺水平。目前省级粮食加工设备先进率60%以上，精深加工程度已达15%以上。

七 党群工作

深入学习贯彻党的十七大精神，认真组织开展“学理论、作表率”和创建文明单位活动，从提高党员的整体素质出发，强化了思想和组织建设。全面落实科学发展观，紧紧围绕中心工作，以《实施纲要》为统领，坚持标本兼治、综合治理、惩防并举、注重预防的方针，深入推进治理商业贿赂专项工作，认真纠正损害群众利益的不正之风，积极开展行风评议活动。全省在2个地市级、13个县级粮食部门被列为免评单位的基础上，省粮食局和5个地市级、34个县级粮食行政管理部门被评为2007年“端正政风行风、优化发展环境”最佳单位，树立了粮食部门的良好形象，为深化粮改和粮食经济又好又快发展作出了贡献。

黑龙江省粮食局领导班子成员

金　辉	副局长、党组副书记
张　赋	副局长、党组成员
肖培尧	副局长、党组成员
赵柏树	纪检组长、党组成员
赵守志	副巡视员
齐　瑶	副巡视员
陈德志	副巡视员

2007年6月，黑龙江省粮食局副局长金辉在全省国有粮食购销企业改革暨经营管理工作推进会议上讲话。

2007年10月，黑龙江省粮食局、黑龙江省农垦总局、黑龙江省粮食行业协会邀请北京、天津、上海、江苏、浙江、福建、云南等7个粮食主销省（市）粮食局共同主办的2007·黑龙江金秋粮食交易合作洽谈会在哈尔滨举行。黑龙江省副省长申立国、国家粮食局副局长曾丽瑛以及来自省内外800多家企业的1200多名客商与会。

上海市粮食工作

基本情况

2007年，上海粮食生产稳定发展，粮食总产量为109.2万吨，其中夏粮为19万吨，秋粮为90.2万吨，粮食播种面积达17.0万公顷，单产为每公顷6439公斤，实现本市粮食生产“双超”目标，即粮食种植面积和产量分别超200万亩和100万吨。

粮食是上海建设“四个中心”的重要物质基础，根据本市流通主导型的粮食供需平衡特点，上海市粮食局切实抓好粮食收购、产销合作和粮食市场体系建设，多渠道组织落实粮源，多层次满足消费需求，确保调控有效。全年共计收购粮食22.5万吨，其中收购小麦6.2万吨，收购粳稻谷16.3万吨；进一步扩大与东北地区产销合作规模，2007年签订粮食购销合作协议数量86万吨，还与江苏、河南等地加强粮食产销合作，为本市粮食市场稳定供应起到了保障作用；10个大中型粮食批发市场完善设施和功能，年粳米交易量达122万吨（占年粳米消费量的58%），发挥了吸纳粮源、活跃流通、保障供应的重要作用；全市粮油零售网点约有5800家，连锁超市、卖场、专业粮油商店、帮困粮油供应点和军粮供应站等多业态、多形式的粮食零售供应网络方便居民购买，满足多层次、多样化粮食消费需求。

以上有关粮食生产数据均来自上海统计网。

2007年粮食工作

在市委、市政府的领导下，在国家粮食局的指导下，上海市各级粮食行政管理部门以“三个代表”重要思想为指导，深入贯彻落实科学发展观，围绕上海经济社会发展大局和粮食流通改革发展目标任务，进一步稳定粮源、完善市场、畅通物流、加强储备、确保供应、依法监管，使粮食工作为城市经济社会持续发展和粮食安全发挥了基本必需保障作用，各项工作取得了新的进展。

一 贯彻落实本市粮食流通体制改革各项政策措施，进一步推进上海粮食流通改革和发展

根据2006年国务院16号文件精神，市政府发布了《上海市人民政府关于完善粮食流通体制改革政策措施的实施意见》（沪府发[2007]1号），进一步推动上海粮食流通向多元化、规范化、法治化方向发展。全市各级粮食行政管理部门深入贯彻国务院关于完善粮食流通体制改革政策措施的要求，

积极落实本市完善粮食流通体制改革的各项政策措施，国有粮食企业充分发挥粮食收购、储备、产销合作和市场供应骨干示范作用，全社会多元粮食经营主体对稳定市场供应发挥积极作用。截至2007年底，全市共发放粮食收购许可证167张，年度新增具备粮食收购资格单位数量为29个。

二 有效调控粮食供需平衡，为建设“四个中心”提供基本必需保障

（一）足量收购本地粮源

2007年，全市共计收购粮食22.5万吨，创近6年来本市收购量的新高。其中，收购小麦6.2万吨，比上年度增加0.8万吨，增幅14.5%；收购均价为每公斤1.352元，比上年度增加0.026元，增幅4%。收购粳稻谷16.3万吨，比上年度增加0.6万吨，增幅3.9%；收购均价为1.83元，比上年度增加0.012元，增幅1.3%。并试行订单收购，全年共计订单收购粮食12.7万吨，约占收购总量的60%，其中小麦订单收购量为4.2万吨，粳稻谷订单收购量为8.5万吨。

（二）继续深化粮食产销合作

2007年与东北地区签订粮食购销合作协议数量86万吨，其中与黑龙江省签订粮食购销合作协议数量66万吨，品种为：粳稻谷23万吨、粳米33万吨、玉米10万吨；与吉林省签订粮食购销合作协议数量20万吨，品种为：粳稻谷5.5万吨，玉米14.5万吨。此外，还与江苏省协议购销粮食20.95万吨，其中稻谷12.1万吨，小麦8.85万吨；与安徽省协议购销粮食1.55万吨，其中稻谷0.5万吨，小麦1.05万吨；与河南省协议购销小麦0.75万吨；与山东省协议购销小麦0.2万吨。积极协调调运，做好合同履约的跟踪支持工作。

（三）继续加强粮食市场体系建设

继续优化调整粮食批发市场，对规划内重点发展的批发市场，采用先进手段加快提升特色功能，提高服务水平。如市场交易信息功能，即上海粮食市场监测系统每日监测市场行情；质量安全保障功能，即严格市场准入制度，对市场交易的产品进行进货检验和循环抽查检测等。全年粮食交易总量152万吨，其中粳米达到122万吨（占年粳米消费量的58%），发挥了吸纳粮源、活跃流通、保障供应的重要作用。

本市粮食零售市场持续稳定发展，全市共有大卖场、超市、便利店、标准化菜市场和专业粮油经营门店等业态的粮食零售网点约5800家，粮食零售市场货源充足、品种丰富、价格合理，有效地满足了市民就近、方便购买各类粮油商品的需求。

三 市场供应稳定丰富，促进社会和谐稳定

（一）保障日常粮油供应

充分发挥市场配置粮源的基础作用，督促指导粮食批发商、成品粮加工企业、连锁超市等粮食经营企业，积极组织货源，加强物流配送，满足本市市民家庭、高校粮油供应，确保价格和质量稳定，确保数量和品种充足。

（二）加强粮食市场预警监测和应急管理

进一步完善市、区（县）两级粮食市场监测预警网络，完善本市粮油零售价格监测直报联系点制度和工作机制。针对2007年粮油市场价格波动情况，特别是大豆油和花生油等食用植物油涨价，即时

启动了粮油价格监测日报和周报制度，认真做好市场监测工作，为领导决策提供参考。初步选定10家粮食应急加工企业和821家粮食应急供应零售网点，制定《"十一五"期间上海市粮食应急体系建设规划》，组建上海市粮食应急管理专家组，并推进粮食应急管理信息系统建设，制作完成上海市粮食应急管理网页及上海市粮食应急供应加工和零售网络电子地图，做到粮食流通规范有序，粮食安全保障有效。

（三）抓好帮困粮油供应工作

一是认真做好全市帮困粮油指定点推进工作。按照"就近、便民、选优"的原则，在全市范围内确定了668家帮困粮油供应网点，并已全部完成挂牌。二是认真落实粮油帮困措施。为了缓解粮油价格上涨对城镇困难居民生活的影响，经与市民政局、财政局协商，报市政府同意，从2007年1月份起，对本市城镇居民最低生活保障家庭中享受粮油帮困的70岁以上等七类人员，帮困粮油供应卡折算价值从40元临时调整为45元。三是认真开展帮困粮油供应工作检查，确保帮困粮油供应网点严格执行政策，品种价格合理，计量衡器准确，进货渠道正规，服务措施健全。

（四）不断提高副食品价格补贴发放管理水平

一是继续推进"副补"发放工作纳入街道社会事务受理中心"一门式"服务，指导和协调具备条件的区县做好人员安排、业务交接、资金流程管理等工作方案，虹口等区已纳入街道、镇社会事务受理中心，在街道、镇社会事务中心设立发放窗口；二是加强"副补"发放电脑化管理，并结合粮食流通数据中心建设开发了"副补"报表网上报送系统。

四　自觉实践科学发展观，推进实施科技管粮

（一）依托现代信息手段，提高粮食管理信息化水平

一是扎实推进"金农"、"金宏"工程建设。将"金农"工程——上海市粮食流通数据中心（一期）建设统一纳入了市农委"金农"工程一期项目可行性研究报告，并得到国家"金农"工程项目建设办公室审核批准，确定上海市粮食流通数据中心与市农委"金农"工程——上海市农业信息数据库系统链接，实现粮食生产和流通数据信息共享。同时，进行了上海市粮食流通数据中心业务应用需求调研，完成了硬件设备安装、业务应用软件开发等工作。搞好"金宏"工程——上海市粮食局接入全国发展改革系统纵向网的机房建设。二是以推进上海粮食网网站建设为重点，着力构建本市粮食权威信息发布中心以及各级粮食行政管理部门与社会公众互动的渠道。三是建立并运行苏浙沪毗邻地区粮食收购信息系统，及时掌握粮食市场收购价格动态，为领导科学决策提供依据。四是在国家粮食局和国家粮油信息中心关心和指导下，与国家粮油交易中心竞价交易系统连接，启用了网上粮食竞价交易系统。

（二）推进科技储粮和动态管粮，提高地方储备粮管理水平

一是根据国家要求，为适应粮食调控需要，调整优化储备总量和结构，稻米比例从43%提高到51%，适当增加成品粮油储备库存。二是注重创新完善地方储备粮运行新机制，2007年总计竞价销售或拍卖21.2万吨，其中市级储备粮竞价销售17.8万吨，比2006年增加7.4万吨，增幅为71%，品种为：粳谷10.8万吨，小麦4万吨，玉米3万吨；区（县）级储备粮竞价销售2.2万吨，拍卖1.2万吨，品种为粳谷。三是积极引入ISO9001：2000质量管理体系，全面提升储存企业管理水平。上海粮油仓储有限公司完成ISO9001：2000质量管理体系审核。四是继续安排市级储备粮"藏粮于企"14万吨，实现动

态管粮，常储常新，地方储备粮常年保持总量的80%以上，政府调控市场基础扎实有效。

（三）物流建设实质进展，集散功能较快提升

一是外高桥粮食储备库物流中心被列为市政府重大建设项目，将建成总仓容35万吨储备粮库和20万吨食用油库，具有物流中转、仓库储备、粮食加工等主要功能。二是区县粮库和物流设施建设也取得进展，浦东新区粮食储备库二期工程竣工，新增仓容4.0万吨；闵行区马桥粮管所新库竣工，新增仓容2.4万吨等。三是本市拥有专用码头的粮食企业由2006年的49家增加到55家，本市散粮接收能力2501吨/小时，同比增加34.2%，发放能力2371吨/小时，同比增加27.2%，有力地促进了粮食企业的“四散”化进程。

五　依法规范流通秩序，粮食安全保障有力

（一）依法加强粮食流通监督检查

全市各级粮食行政管理部门贯彻《粮食流通管理条例》，认真实施依法管粮，初步建立起粮食流通监督管理体系。2007年，全市共出动3413人次开展粮食流通监督检查，检查粮食经营者1775户次。

（二）扎实推进粮食质量和原粮卫生监管

一是在全市范围内开展了粮食（含食用植物油）质量安全专项整治行动。通过专项整治，将本市具备《粮食收购许可证》的粮食收购企业100%纳入质量安全监测范围；粮油产品QS标识率达100%，粮食批发市场、超市进货索证率达100%；政策性用粮质量完全符合国家标准。二是继续做好原粮卫生状况专项调查工作。共采集稻谷样品80份，检测指标15项，检测结果显示，本市原粮卫生总体情况较好，重金属及真菌毒素的残留量全部符合限量标准。

（三）不断提高全社会粮食流通统计水平

一是做好全社会粮食流通统计工作，全面完成各项粮食流通统计工作任务，认真开展本市社会粮食供需平衡统计调查,为国家和本市粮食总量平衡及宏观调控提供决策依据；二是制定和实施2007~2008年度《上海市粮食流通统计报表制度》，确保粮食流通统计工作正常有序开展；三是建立重点食用植物油企业统计信息报告制度，有效地加强了食用植物油市场信息监测。

六　筑牢思想基石，加强机关党风廉政建设

一是实施惩防并举，注重预防。深入开展警示教育活动，通过组织学习党内条规、观看警示教育片、参观图片展、开展知识竞赛等，促进机关党员干部进一步吸取上海社保资金案等违纪违法案件教训，切实增强了拒腐防变的能力。继续抓好每季一例典型事例教育，开展正面引导，促进党员干部树立正确“三观”、廉洁奉公、求真务实，扎实做好本职工作。二是以制度建设为基础，综合治理。加强领导班子民主建设，制定《上海市粮食局党组实施“三重一大”制度的实施办法（试行）》；与各机关党支部书记、处室主要负责人签订《党风廉政建设责任书》，进一步明确权责，强化责任意识。三是以强化监督为保证，营造廉洁从政的党风政风。开展党员领导干部民主生活会；开展局机关内审工作；监督落实各项制度，严格执行领导干部收入申报和个人有关事项报告制度；年中，对局机关处级干部遵守廉洁自律各项制度情况进行检查考核；年末，结合年度考核对贯彻落实党风廉政建设责任制情况进行述学、述职、述廉。

上海市粮食局领导班子成员

张新生	市经委副主任、粮食局局长、党组书记（2008年2月任职）
孟洪恩	副局长、纪检组长、党组成员
夏伯锦	副局长、党组成员
姚　海	副局长、党组成员

上海市副市长胡延照（中）出席上海市粮食订单收购签约仪式（右一为原上海市经委副主任、市粮食局局长陈海刚）。

上海市邬桥粮食储备库。

上海市市级储备粮电子竞价交易会。

江苏省粮食工作

基本情况

江苏位于我国大陆东部沿海中心、长江下游，东濒黄海，东南与浙江和上海毗邻，西连安徽，北接山东。2007年末，全省常住人口7624.5万人，居全国第五位，占全国的5.8%。全省现设13个省辖市，下辖106个县(市、区)，其中27个县级市、25个县、54个市辖区。

全省面积10.26万平方公里，占全国的1.06%，列全国第24位，人均国土面积在全国各省区中最少。全省耕地面积473万公顷，占全国的3.8%，人均占有耕地0.93亩。2007年，全省粮食总产量3125万吨，比2003年增产655万吨。目前，江苏在占全国1%的国土、3.8%的耕地上，生产了占全国6.2%的粮食、4.6%的棉花和5.9%的油料，实现了占全国6%的农业增加值。

2007年全省GDP达25560亿元，增长14.8%，人均GDP达33524元。财政总收入5591亿元，增长42.1%。城镇居民人均可支配收入达16378元，农村居民人均纯收入达6561元，均居全国第五位。

2007年粮食工作

2007年，全省粮食行业围绕“保安全、重服务、促发展、强素质”，以科学发展观为指导，强化储备粮管理和运作，着力发展粮油精深加工业，加强粮食流通监管，加强自身建设，现代粮食流通产业发展取得明显成效。突出表现在：一是出台了《关于加快发展现代粮食流通产业的意见》，为今后一段时期全省粮食流通产业的发展指明了方向，提供了政策保障。二是无锡网上粮店、苏州粮食批发市场的期货交易等新的粮食流通业态形式出现，发挥了现代交易方式的重要作用，探索了粮食流通业创新的方向。三是射阳、姜堰等地成立大米专业合作社等新型粮食专业经济合作组织，组织千家万户农民适应千变万化市场，有效提高了农民进入市场的组织化程度。四是苏州太仓等地积极推广“粮食银行”，是农业产业化模式的一种制度创新，是农村经济体制与经营管理方式的一种新探索。五是成功承办全国放心粮油进农村进社区经验交流会、全国夏粮收购工作座谈会、第七届中国粮油精品展示交易会、首届全国粮食行业职业技能大赛等全国性的大会、活动，为进一步开展省际间粮食协作扩大了影响，打下了基础。

一 粮食安全保障

积极推进地方储备粮管理立法工作，《江苏省地方储备粮管理办法》已经进入省政府规章立法程序。对省级储备粮进行了全面普查，摸清了实情，粮食库存数量真实可靠，账账、账实相符，质量符合规定要求。组织开展社会粮食供需平衡调查工作。在全省采取全面调查、重点调查和抽样调查相结合的方法，对7530家农户、5000家城镇居民户和4189个加工、转化、经营企业进行了调查，全面深入地分析全省粮食供求形势和发展趋势。精心组织省储粮轮换运作，完善应急保障机制，保障粮食市场稳定。全省落实应急加工企业238家，供应企业607家。认真贯彻执行粮食购销政策，2007年全省国有粮食企业收购粮食1245万吨，同比增加100万吨；销售粮食1460万吨，同比增加445万吨，为安全保供奠定了扎实的基础。推进省内南北产销区全方位、多层次的产销协作，共签订粮食购销衔接协议246万吨，同比增加4万吨，销区市还在产区落实粮食生产基地5.87万公顷，同比增加1万公顷；进一步发展省际间长期规模购销关系，与黑龙江省粮食局签订了粮食产销合作框架协议，分两批组织省内销区、产区市粮食局长北上、南下，加强产销协作，组织企业参加黑龙江金秋粮食洽谈会，签订购销合同78万吨。在江苏粮油商品交易市场的基础上组建了南京国家粮食交易中心，承担了国家最低收购价小麦的销售工作，顺利完成全省2006年收购的最低收购价小麦销售，2006年共成交小麦438万吨，促进了省内粮食的供求平衡，也为国家粮食安全作出了积极贡献。强化粮油质检工作，全省已有12个市、县粮油监测机构纳入国家粮食质量监测体系，居全国首位。加大军供网点基础设施投入，军粮等特殊群体粮油供应工作不断加强。一些新型粮食流通业态和载体开始出现，并呈现出良好的发展态势，如无锡的“网上粮店”、太仓的“粮食银行”、吴江和东海的粮食担保公司等，这既是粮食工作与时俱进的探索，同时也是“三创”精神在粮食行业的具体体现。

二 粮食产业化经营

粮油精深加工快速推进。召开全省推进粮油精深加工现场会，推动“江苏粮油精深加工拓展行动计划”的实施，粮油精深加工和综合利用产品不断涌现，全省新培育粮油及其副产品综合利用项目49个，成为粮食经济发展新的增长点。科技创新步伐加快。与省科技厅联合召开了江苏省粮食流通与加工科技创新大会，明确了全省“十一五”期间粮食流通与加工科技创新的目标任务、优先发展方面和工作重点。全省3个星火计划项目、3个重点产品和1个火炬项目申报获得国家粮食局审核，进入国家科技部及国家财政部的审定阶段。全省粮食行业完成技改项目78个，完成投资62818万元，新增产出58067万元，新增效益2151万元。粮油工业经济发展速度加快。2007年，全省粮油工业实现总产值841亿元，同比增长30.5%；销售收入 840亿元，同比增长33.1%；利税总额33亿元，同比增长79.3%；利润总额26亿元，同比增长98.5%。全省粮油工业销售收入超亿元企业102家，其中销售收入100亿元以上1家、20亿~99亿元4家、10亿~19亿元7家、5亿~9亿元7家、1亿~4亿元83家。龙头骨干企业支撑作用较强。2007年，全省粮油行业农业产业化市级以上龙头企业157 家，实现销售收入527 亿元，同比增长25%，占全省销售收入的63%；利税总额 17亿元，同比增长30%，占全省利税的52%；利润12亿元，占全省利润的47%。龙头企业建立基地97.3万公顷，带动基地350万户。品牌建设硕果累累。各类龙头企业提高装备水平，改进生产工艺，狠抓质量管理，积极争创名牌。全省已拥有10个中国名牌产品、41个省名牌产品、11个省著名商标、3个产品获得中国驰名商标。宜兴隆元、射阳大米、苏垦大米、高邮双兔4个大米和南山、苏三零、丹星3个小麦粉被评为中国名牌，中国名牌总数达到11个，高居全国首位。30个产品获得江苏名牌称号，比上年总数净增17个，增幅超过50%。“放心粮油”工程继续推进。截至2007年底，全省共有330家企业378个品牌432个产品获得“放心粮油”称号，创建“放心粮油店”1235家，放心粮油总销量达到605万吨，销售额301亿元。

三 粮食现代物流

省粮食局联合省发改委下发《2006~2015江苏粮食现代物流发展规划纲要》，提出了全省粮食现代物流体系的总体奋斗目标。区域性粮食物流中心建设加快，全省规划建设46个粮食现代物流、仓储、加工基础设施项目，规划总投资85.3亿元，完成投资近30亿元，较上年增加22亿元。苏州粮食物流中心和昆山粮食物流中心已经建成，南京、宿迁、连云港、靖江、宝应等区域性的粮食现代物流项目规模大、进展快；宿迁粮食现代物流中心、靖江扬子江现代粮食物流中心还获得国家补助共计1000万元。针对国有粮库年久失修，以及夏粮托市收购仓容紧张的实际，争取国家和省财政资金4400万元，用于加强对粮食仓储库点的维修改造，保证了收购对仓容的需要。

四 粮食企业改革

继续深化企业改革，切实转换经营机制。出台了《关于加快发展现代粮食流通产业的意见》，明确了全省深化粮食流通体制改革，发展现代粮食流通产业的目标任务。各地改革的重点从租赁、承包经营逐步过渡到以股份制为主的产权制度改革和企业资产重组上来，着力转换企业经营机制，实行了“国有控股、社会募股、法人持大股、职工自愿参股”等不同形式的股份制改革。产权清晰的企业新型运行机制建立起来后，购销企业充分发挥资金、仓储、政策等优势，加工企业发挥经营优势，抓好粮食即购即销，大购大销，化解了经营风险，实现经济效益的持续稳定增长。高度重视对企业的经济效益分析，建立和完善经济分析定期报告制度，加强了对企业生产经营和发展的决策指导。实行扭亏增盈情况通报制度，有效地推动了各地的扭亏增盈工作。一方面，通过搞活经营、盘活资产，广开财源；另一方面，加强内部制度建设，规范企业会计核算，健全会计基础工作，加强内审监督，强化成本、费用的监控，努力控制非生产性费用的支出，企业运行质量明显提高，为全行业实现扭亏增盈目标打下了良好基础。2007年，全省国有粮食购销企业以省辖市为单位全面实现盈利，盈利面达100%。全省国有粮食购销企业汇总累计实现利润15493万元，同比减亏增盈16636万元，减亏幅度达107.4% ,扭转了十多年来的亏损局面。13个省辖市全部盈利，盈利额排在前五位的市是：南通市盈利2309万元，泰州市盈利1911万元，徐州市盈利1752万元，南京市盈利558万元，扬州市盈利519万元。

五 粮食流通监管

粮食监督检查工作体系更加完善，省粮食局监督检查处从政策法规处独立出来，全省13个直辖市全部经编办批准成立了监督检查机构并相应落实了工作经费，其中2个市成立了监督检查执法支队，76个有粮食行政管理部门的县（市、区）中59个经编办批准成立了工作机构并相应落实了工作经费，其中13个县（区）经编办批准成立了执法大队。全省粮食行政管理部门有786人持有粮食流通监督检查证，基本满足粮食流通监督检查行政执法工作需要。以各种宣传形式组织开展《粮食流通管理条例》宣传活动。积极开展面向全社会的粮食流通监督检查工作。开展陈化粮专项整治工作，全省原有陈化粮购买资格的企业79家，取消了50家，有力地规范了陈化粮流通市场；开展粮食监督检查证审验工作，全省有757人审验合格；开展粮食收购资格核查工作，截至2007年底，全省具有粮食收购资格的经营者有7662家；开展军粮购销活动的专项检查，从检查情况看，未发现不供、断供和违反国家军供政策的现象发生；开展夏、秋粮收购监督检查工作，各粮食收购企业执行国家收购政策情况良好；组织开展地方储备粮专项检查，全省粮食库存账实相符率达99.8%，库存粮食年份较新，品质较好，绝大部分为宜存粮食。全省各地按照“履职尽责，主动监管”的思路，主动开展对全社会粮食流通的监管，处罚案件有了明显进展。2007年，全省开展各项监督检查3215次，对447家粮食经营者实施了行政处罚，充分显示了主动监管的作用，有效地规范了粮食流通市场秩序。江阴粮食局、泰兴粮食局被国家粮食局授予全国县级粮食行业依法行政示范单位称号。

六　行业建设

全省各级粮食行政管理部门大兴调查研究之风，深入基层，深入收购现场和农户田头，关注粮情民生，谋划粮食经济发展。夏粮收购期间，省市县三级联动，开展了“优质服务月”活动。举办了全省第一届粮食行业职业技能大赛；组织参加全国粮食系统财会知识竞赛，取得团体第一名的好成绩；成功承办了首届全国粮食行业职业技能大赛，取得团体二等奖的好成绩，全省粮食行业重视人才和队伍建设的氛围日渐浓厚。同时，还成功承办了全国放心粮油进农村进社区经验交流会、全国部分主产区小麦收购工作座谈会、第七届中国粮油精品展示交易会、长三角粮食发展与合作研讨会等全国性的会议、活动，不仅扩大了江苏在全国粮食行业的影响，更重要的是提升了全省粮食工作的水平。持“标本兼治、综合治理、惩防并举、注重预防”的方针，按照“制度建设提高年”的要求，进一步加强党风廉政建设，完善预防腐败的相关制度，健全惩防腐败体系，推进从源头上预防腐败工作。并将党风廉政建设与粮食业务工作紧密结合，将预防腐败的要求寓于各项粮食业务工作之中，勤廉共促，党员干部精神振奋，风清气正、干事创业的政务环境正逐步形成。

江苏省粮食局领导班子成员

王元慧（女）	局　长、党组书记
严长俊	副局长、党组副书记
于国民	副局长、党组成员
卢保全	副局长、党组成员
沈祖方	纪检组长、党组成员
王建国	副局长、党组成员
刘成龙	副巡视员

国家粮食局局长聂振邦（右二）在江苏省粮食局局长王元慧（右三）陪同下视察南京粮食物流园区。

江苏省委副书记张连珍（左二）在省粮食局局长王元慧（右三）陪同下视察南京“放心粮油店”。

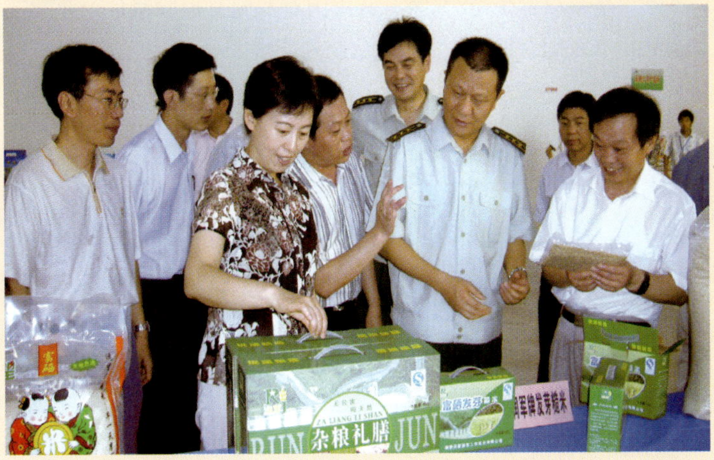

江苏省粮食局局长王元慧（左三）在南京粮食企业调研。

浙江省粮食工作

基本情况

浙江地处中国东南沿海长江三角洲南翼，境内最大的河流钱塘江，因江流曲折，又称浙江，省以江名，省会杭州。全省有2个副省级城市、9个地级市、90个县（市、区）。2007年年末常住人口5060万人，户籍人口4659.34万人，其中农业人口3308.21万人、非农业人口1351.13万人。

浙江全省陆地面积10.18万平方公里，为全国面积的1.06%，是我国面积最小的省份之一。浙江人多地少，山地和丘陵占70.4%，平原和盆地占23.2%，河流和湖泊占6.4%，素有“七山一水二分田”之称。2007年，全省耕地面积159.7万公顷，人均占有耕地0.47亩；2007年，全省粮食播种面积149.2万公顷，粮食产量842.6万吨，人均占有量166.52公斤，粮食商品率约28%。主要品种：春粮15.7万公顷、产量52.26万吨；早稻12.48万公顷、产量69.9万吨；秋粮121.0万公顷、产量720.46万吨,其中晚稻86.0万公顷、产量587.31万吨。

2007年，全省GDP18638亿元，比上年增长14.5%。人均37128元，增长12.7%。财政总收入3239.89亿元，其中，地方财政收入1649.5亿元，按可比口径分别增长26.2%和27.1%。2007年，城镇居民人均可支配收入和农村居民人均纯收入分别达到20574元和8265元，实际分别增长8.4%和8.2%；城镇居民人均可支配收入连续7年、农村居民人均纯收入连续23年列全国各省区第一位。

2007年，全省粮食企业粮食收购量81.5万吨。全省粮食需求量为1875万吨，其中城镇人口口粮270万吨、农村人口口粮655万吨、饲料用粮706.5万吨、工业用粮232.5万吨、种子用粮11.5万吨。

2007年末，全省粮食企业835家，其中国有及国有控股粮食企业235家；从业人员18615人，其中国有及国有控股粮食企业从业人员13419人。

2007年粮食工作

2007年，全省各级粮食部门认真学习贯彻党的十七大精神，按照省第十二次党代会提出的“创业富民、创新强省”总战略，紧紧围绕省委“作风建设年活动”的要求和“抓改革、促发展、保安全”的粮食工作方针，树立和落实科学发展观，把握形势、完善政策、加强调控、强化服务，进一步推进粮食市场体系、粮食调控体系和粮食法治体系建设，为确保市场稳定，保障粮食安全，促进全省经济社会又好又快发展作出了积极贡献。

一 认真落实粮食产销政策，为农服务水平进一步提高

根据《浙江省人民政府关于做好2007年粮食生产工作的通知》精神，省粮食局与省财政、物价、农发行等有关部门及时进行协商，制定最低收购价和政府“订单粮食”收购政策，并在春耕备耕前，派出调研组指导各地深入农村了解农民种植意向，宣传“订单粮食”政策，与农户签订粮食订单。据统计，全省与35.3万户农户签订粮食订单面积25.3万公顷，订单数量58.45万吨。其中，早稻订单面积8.5万公顷，订单数量33.85万吨；晚稻订单面积6.8万公顷，订单数量24.6万吨。

为切实提高服务“三农”的水平，各级粮食部门积极开展收购先进单位创建活动，拓展服务范围、服务内容、服务形式。开展“联大户、搞服务”活动，建立种粮大户档案，为种粮大户提供产前、产中、产后全方位服务。开展“送政策、送信息、送技术、送订单、送定金”活动，在政策、资金以及技术等方面积极支持广大农民发展粮食生产。加强信息服务，进一步发挥流通对生产的引导作用，引导农户种植适合市场需求的优质粮食品种，指导农户科学储粮减少农村粮食产后损失。全省48个县市向653户农户发放“订单粮食”预购定金1597万元，平均每户发放预购定金约2.45万元，发放总额和平均每户发放额分别比去年增加14.8%和18.9%。同时，为了提高订单履约率，鼓励农民早售粮、售好粮，不少市、县在省定补贴政策的基础上，还增加了完成任务后的奖励补贴和运费补贴。

通过各级粮食部门的努力，在粮源趋紧、价格上扬的新形势下，全省粮食收购工作完成了预期的目标。全省共收购粮食81.5万吨，与上年基本持平，其中订单收购48.6万吨，比去年增加2.3万吨,订单履约率为82%。

二 加快推进物流中心建设，粮食物流通道进一步顺畅

各地按照《浙江省粮食物流发展规划》的要求和“分类指导、有序推进”的原则，进一步抓好区域性粮食物流中心建设。到2007年底，全省区域性粮食物流中心项目规划总用地315.1公顷，计划投资33.68亿元。各项目建设进展顺利，并取得了较好成效。其中，物流中心内部分项目已投入运营的舟山、宁波、嘉兴粮食物流中心运行正常，发挥了较好的社会和经济效益。舟山国际粮油集散中心至年底已累计接卸、中转、减载散粮约440万吨，其中2007年运营量约140万吨，较好地发挥了国外大宗进口粮集散平台及全省乃至长三角地区粮食物流“大漏斗”作用；省舟山储备中转粮库在管好储备粮的同时，积极拓展中转业务，为中粮集团、东海粮油、来宝、邦基等大型用粮企业中转大豆、小麦等25万多吨，中转量呈大幅增长趋势；宁波粮食物流中心庄市粮食接卸项目装卸转运粮食等货物40万吨，其中散粮14万吨，大大地缓解了“南粮北运”瓶颈制约；嘉兴市粮食批发市场一期工程成交量也达到45万吨，起到了辐射江浙沪的集散作用。目前，舟山国际粮油集散中心内的舟山英博啤酒有限公司一期年产15万吨啤酒加工项目已基本建成，中海粮油工业公司二期年产90万吨的加工设施及附属设施即将开工，15万~18万吨级的粮食专用卸货码头项目也已完成设计工作，预计明年开工；总用地71公顷、总投资10亿元的杭州粮食物流中心内10万吨储备库项目和年成交量150万吨的批发交易市场项目已于10月底开工；规划总用地68公顷、总投资5亿元的温州粮食物流中心中转储备库及批发市场项目均已主体结顶，已累计完成总投资的47%；投资3.67亿元的嘉兴粮食物流中心独山港区粮食专用码头及中转储备库项目，目前外海码头工程已基本完成，陆域工程全面开工，已完成总投资的64%；湖

州粮食物流中心的储备库、加工项目及内河码头等项目已完成仓库主体工程，完成总投资的63%。另外，衢州、金华粮食物流中心已基本完成项目供地手续，绍兴、丽水粮食物流中心已完成项目立项和初步设计，台州粮食物流中心也正在前期规划和设计论证中。

为与全国粮食现代物流建设相衔接，我们还积极争取国家有关部门的支持，重点申报了舟山、杭州、宁波、温州、嘉兴、衢州6个粮食物流中心项目。在国家发改委制订的全国《粮食现代物流发展规划》中，杭州、衢州被列为内陆城市散粮物流节点，宁波—舟山、嘉兴、温州被列为沿海城市散粮物流节点，将共同参与华东沿海主销区粮食流入通道的建设。并且，省舟山储备中转粮库项目和嘉兴粮食物流中心的嘉兴港中转库及码头项目被列入2007年国家扶持的粮食现代物流项目中，每个项目获得国家专项补助资金1000万元，占总投资补助的20%，在全国各省中是最多的。此外，我们还邀请拥有大连北良港等粮食物流设施在内的中国华粮物流集团专程到全省考察粮食物流设施。通过考察，该集团希望全省与之在舟山进行战略合作，利用舟山港水中转的优势，与大连北良港对接，打通“北粮南运”的主通道。加拿大小麦协会等国外粮食机构也先后派代表到舟山考察，希望在舟山建立粮食集散中心，为中国内地进口粮，甚至东南亚的粮食进出口服务。

三 着力完善粮食应急管理，政府调控能力进一步增强

各地严格按照储备规模、费用、仓储“三到位”的要求，确保全省地方储备粮“储得进、管得好、调得动、用得上”。全省地方储备粮规模全部足额到位。并且，针对早稻价格上涨，粮源偏紧的特点，一手抓好本地粮源的收购，一手抓好外省粮源的采购工作，保证了地方储备粮轮换计划按时完成。全省共轮换地方储备粮约90万吨。省级储备粮轮换竞价交易工作不断完善，全年成交粮食25.77万吨，其中早籼谷16.87万吨、小麦8.90万吨，成交金额4.05亿元。成交数量和成交金额都是历年最多的，交易方式也多样化，采用了公开竞价销售、竞价投标销售、公开招标采购、网上竞价销售等多种形式。

各地进一步完善粮食仓储设施，继续坚持高标准、高质量地抓好市县中心粮库建设。年初及时下发《2007年新（改、扩）建市县中心粮库建设调查表》，并会同省财政厅下发《关于继续实行市县中心粮库建设以奖代补政策的通知》。这个办法与2001年制定的办法相比，增加了海岛地区每建设1幢标准仓增加补助10万元和以奖代补政策从2007年开始延续3年改为5年，这对全省今后一个时期继续大力推进市县中心粮库建设将起到较大的促进作用。2007年，共下达省“以奖代补”建设项目12个，下拨奖补资金2085万元，是历年来中心库建设奖补资金最高的一年。据统计，截至2007年12月，全省共已建成中心库50个，建成标准仓437幢，仓容88.5万吨，省共下拨以奖代补资金10132万元。同时，粮食仓储管理的各项工作进一步得到加强。完善市县储备粮集并奖励办法，推进市县储备粮集并工作，到12月底，集并到中心库的储备粮达到市县储备粮规模的60%。全省地方储备粮台账管理系统联网工程在市县中心粮库顺利实施。在完成中心粮库和收储公司联网的基础上，重点督促、协调市县粮食和财政部门联通政务外网，对具备条件的嘉兴、湖州、宁波、绍兴、舟山、衢州6个市的粮食和财政部门进行了台账系统的安装调试。12月初全省储备粮台账管理系统软件安装项目通过阶段性验收，目前全省联网单位共213个，60%的市县实现动态运行。继续在全省市县中心粮库开展“星级粮库”创建活动，共创建了37个“星级粮库”。通过典型示范、现场交流、综合考评等办法，有效地促进了粮食仓储管理的各项工作。国家有关部门组织的库存检查显示，全省储备粮库存账实相符、质量良好、管

理规范。

全省粮食应急机制进一步健全。各地根据省政府出台的《浙江省粮食安全应急预案》，结合当地的实际情况，对已制定的粮食应急预案全部进行了修订和完善。根据省应急办的要求，省局组织编制了《浙江省粮食安全应急预案操作手册》，各地粮食行政管理部门也开展了预案操作手册和应急工作方案的编制工作，并对多部门联动的应急预案演练模式进行了积极探索。各地加强对粮食应急加工企业和应急供应网点的动态管理，全省共落实最低周转库存21.5万吨，落实粮食应急供应网点1335个、应急加工企业313家（其中省级21家）、日加工能力1.98万吨。同时，全省粮食市场监测报告制度也基本建立。75个粮食批发价格监测点和40个零售价格监测点较好地执行了行情周报制度，9家重点粮食批发市场每日报送市场交易情况，及时开展粮食安全预警和粮情预报工作，并且70%的粮食监测点信息数据报送实现计算机联网报送，健全了全省粮食市场监测网络。

2007年以来，以储备粮管理为核心的各项调控和应急管理工作全面落实，城镇低收入居民、大中专院校学生食堂和军供粮油供应得到有效保障，较好地应对了价格上涨、供求趋紧的粮食形势，切实维护了社会稳定。

四　积极开展粮食产销合作，粮源组织渠道进一步稳定

为弥补省内粮源缺口，确保供需平衡，全省继续按照 “政府引导、部门协调，企业为主、市场运作”和“互惠互利、同等优先”的合作原则进一步推动与粮食主产区的粮食产销合作。年初，省局组织有关市县粮食部门，分赴江西、安徽、湖北等周边主产省进行考察，进一步确立和巩固了全省与周边主产省之间的产销合作关系。组织省内部分地区和企业分别与华粮集团和黑龙江省粮食部门进行购销合作洽谈，省局与黑龙江省粮食局签订了《浙江与黑龙江签订进一步深化粮食产销合作的意向书》。早稻收购前，省局在江山市召开早稻产销衔接会议，充分利用衢州地处四省交界的区位优势，引导省内粮食企业与毗邻省份开展早稻产销合作。

各地继续采取一些行之有效的措施，鼓励粮食企业和种粮大户到主产区租地经营建立“订单粮食”基地、收购仓库设立产加销基地，吸引产区粮食经营者落户浙江，扩大粮食经销规模。目前，全省与黑龙江、江苏、安徽等11个主产省建立了多种形式的产销合作关系，在省外建立的各类粮源基地约20万公顷，其中较为稳定的基地有10万公顷。主产区粮食经销大户也不断落户全省，逐渐成为市场主体的重要组成部分。10月，在黑龙江金秋粮交会上，全省与黑龙江省粮食企业共签订25项粮食购销合作协议，成交粮食36.2万吨。11月，在衢州召开的“首届中国（衢州）粮食交易会”上，全国21个省市（区）680多家粮食企业合同购销和网上成交各类粮食达到350多万吨。

通过粮食产销合作，全省多渠道组织粮源的能力不断增强，各地涌现出不少年经营量上亿斤的经销大户。2007年，全省主要粮食批发市场成交量继续扩大，达到创纪录的550万吨，比上年增长10%，其中80%以上的粮源都是从省外组织的，有力地保证了市场的供需平衡。

五　努力推进粮食法治建设，依法管粮工作进一步加强

《粮食流通管理条例》颁布实施以来，为有效开展粮食流通执法工作，全省粮食部门加快了粮食法治建设。去年，《浙江省地方储备粮管理办法》和《浙江省实施〈粮食流通管理条例〉细则》都已

进入省政府立法程序，待省政府常务会议审议后颁布实施。省和市、县粮食行政管理部门的行政许可清理、报备和行政执法责任制的梳理工作基本结束，为下一步更好地依法行政打下了基础。

全省粮食流通监督检查和行政执法工作得到进一步加强。各级粮食行政管理部门严格库存储备粮质量管理，地方储备粮轮换拍卖出库的粮食没有出现一起质量案件。会同工商、质量技术监督等部门共同抓好粮食市场内的粮油质量监管，重点加强对陈化粮购买企业购进陈化粮的调运、加工、使用全程监管，有效防止陈化、变质粮食流入口粮市场。切实抓好收购许可和粮食流通监督检查等一系列制度的执行，做好对各地835家粮食收购企业的粮食收购资格审核和对已经取得粮食收购资格经营者的核查工作，对资格申请的条件、程序以及获得资格企业的名单全部在“粮油在线”网站上公开发布。2007年，还根据国家发改委、国家粮食局的要求，全省开展了粮食收购政策落实情况专项检查，组织了粮食库存检查，以及地方储备粮质量抽查，对检查中发现的问题都及时责成有关单位进行整改。各地粮食部门也结合当地实际，开展了不同形式的《粮食流通管理条例》宣传贯彻活动，并加强粮食执法机构和队伍建设，适时开展粮食行政执法工作。有的地方还联合工商、质检、卫生等有关部门开展联合执法，取得了较好的效果。

随着粮食法治体系的日臻完备，依法管粮的观念开始深入人心，粮食经营者守法经营、履行义务的自觉性逐步提高，切实维护广大粮食生产者、经营者、消费者的良好秩序正在全省形成。

六 切实加强部门自身建设，思想工作作风进一步转变

2007年，省局上下以“作风建设年”活动为契机，切实加强自身建设，进一步促进党员干部作风的转变和机关工作效率的提高。根据浙江省委、省政府《关于在全省开展“作风建设年”活动的意见》，省局从3月份开始，按照抓党风、促政风、带行风的要求，紧紧围绕粮食工作中心，扎扎实实完成各个阶段的任务。通过举办读书会、专题讲座和支部学习讨论，组织干部深入学习党的十七大、省第十二次党代会和中纪委七次全会、省纪委十次全会精神，切实提高机关干部的理论素养，牢固树立社会主义荣辱观和“八个方面良好风气”。同时，通过开展示范教育和警示教育，进一步激发了全局干部职工的忧患意识、公仆意识、节俭意识和廉洁自律意识。在活动开展过程中，大家结合实际，认真查找问题，落实整改措施，改进工作作风，真正做到活动与工作有机结合，确保活动取得实效，并形成推动工作的长效机制。

2007年，全省粮食系统教育培训工作进一步加强。开办了第一期粮油保管员技师职业资格培训班，30名保管员参加了培训。目前，通过培训鉴定，全省已有1777人获得中、高级技能职业资格。继续举办了二期监督检查行政执法培训班工作，193名学员参加了培训，都顺利获得粮食业务法律知识的结业证书。为进一步提高仓储、质检员的综合素质，根据国家粮食局的部署，举办了全省首届粮食行业职业技能比赛，并择优组队参加了全国大赛。通过比赛，激发了粮食行业广大职工学知识、学技术、钻业务的热情，进一步推进全行业职工技术创新活动的深入开展。

按照建设社会主义和谐社会的要求，进一步加强了机关文化建设。举行了以“树新形象、创新业绩”为主题的演讲比赛，开展了“端正作风、树好形象”知识竞赛和“颂歌献给党”诗歌朗诵会。锣鼓队和戏曲、书画、乒乓球、摄影、电脑爱好者五个兴趣小组，结合自身实际开展了活动。局工会组织了趣味运动会，各基层工会组织了八个代表队参加了比赛。通过开展这些形式多样、内容丰富、寓教于乐的文体活动，陶冶了干部职工的情操，培养了干部职工的团队合作意识，极大地增强了全局的凝聚力和向心力，展现了和谐机关的良好风貌。

浙江省粮食局领导班子成员

李林访　　局　长、党组书记（任职至2008年4月）

陈聪道　　局　长、党组书记（2008年4月任职）

钟传厚　　副局长、党组成员

高荣泰　　副巡视员

浙江省粮食局局长陈聪道陪同浙江省副省长茅临升视察粮库。

浙江省粮食局局长陈聪道在农村调研。

浙江省粮食局副局长钟传厚到粮食收购点调研。

安徽省粮食工作

基本情况

安徽省地处华东腹地，是我国东部襟江近海的内陆省份，总面积13.96万平方公里，居全国第22位。2007年末，全省户籍人口6675.7万人，城镇化率38.7%。全年生产总值（GDP）7345.7亿元，按可比价格计算，比上年增长13.9%。三次产业结构为16.5:44.7:38.8。全年财政收入首次突破千亿元大关，达到1034.5亿元，比上年增长26.7%。全年城镇居民人均可支配收入11473.6元，农村居民人均纯收入3556.3元，分别比上年增长17.4%、19.8%。

长江、淮河横贯安徽,将安徽分成淮北、江淮之间和江南三大区域，独特的区位和优越的自然环境造就了安徽农业大省、粮食主产省的地位。2007年，全省粮食种植面积6477.8千公顷，其中优质专用小麦面积1338千公顷，油料种植面积957.3千公顷。安徽农产品品种比较齐全，盛产稻谷、小麦、油菜、大豆、玉米等，水稻、小麦占总产量80%。2007年，全省粮食产量2901.万吨，比上年增产1.8%，创历史最好水平。油料产量230.7万吨，减产11.8%。

丰富的粮油资源为安徽粮油加工业的发展提供了坚实基础。2007年，全省规模以上粮油加工业543个，大米加工能力1136万吨、面粉697万吨、油脂222万吨。粮油加工实际913万吨，实现工业总产值311.8亿元，实现利润6.5亿元，综合经济指标居全国前列。当年创全国名牌产品5个,占全国粮油类8%。

安徽省国有粮食购销企业现有总有效仓容1244万吨（不含中储粮安徽分公司、中粮集团），其中5万吨以上的粮库84个，仓容350万吨，具备环流薰蒸条件仓容534万吨，97%的仓容实现了机械通风。全省粮库拥有地中衡、清理筛、输送机等保粮设备9200多台（套），烘干能力1568吨/小时。拥有铁路专用线22条，专用码头31个，总吨位2.78万吨。

2007年底，安徽省国有粮食系统机构数1117个（行政单位97个，事业单位94个，企业单位926个）。全省粮食系统现有在岗职工26824人，其中粮食购销企业在岗职工20941人，比2002年减少9.6万人。

2007年粮食工作

2007年，是安徽省推进现代粮食流通产业发展的开局之年。全省各级粮食部门始终坚持以科学发展观统领全局，坚持“为耕者谋利、为食者造福”的理念，继续深入推进粮食流通体制改革，突出加快粮食产业园区建设，强力发展现代粮食产业；积极开展“储备粮管理年”、“效益管理年”等主题活动，着力提升行业管理水平；认真执行粮食最低收购价政策，积极发挥国有粮食企业主渠道作用；主动参与和服务社会主义新农村建设，为实现农业增产、农民增收和农村稳定作出积极贡献；粮食行业精神文明和行业文化建设成效显著，粮食工作继续保持走在全国前列的良好态势。

一　落实粮食最低收购价政策，有效促进农民增收

2007年，安徽省连续第二年启动小麦最低收购价执行预案。各级粮食部门以保护种粮农民利益、促进种粮农民增收为己任，在总结上年经验的基础上，着力在提高政策执行力上下功夫，规范操作，严明“八个坚持、八个不准”的收购纪律，有效发挥了国有粮食企业主渠道作用。全省按最低收购价累计收购小麦515万吨，居全国第三位，小麦质量好，价格略高于上年。在执行最低收购价政策的同时，根据市场行情变化，指导企业确立“充分准备、理性入市、把握节奏、有效收购”和“以销定购、以效定购、委托收购、联合收购、快购快销、薄利多销”的经营策略，不失时机地开展市场化经营，降低市场风险，拓展市场空间，提升经济效益。当年全省累计从生产者购进粮食1302万吨，其中国有粮食企业累计收购粮食723万吨，超额完成省政府确定的全年收购粮食800万吨目标。与上年相比，全省种粮农民因增产和价格因素增加收入16亿元，人均增加收入40元以上。

全年全省累计销售粮食1763万吨，其中托市粮销售727万吨，跨省移库165万吨。同时完善和巩固产销区间利益协调机制，发展长期稳定的粮食产销合作关系。全年累计销往省外粮食514万吨，同比增加175万吨，保持了粮食购销基本平衡。

二　强化储备粮管理，提升粮食调控能力

完善地方粮食储备体系建设。与省财政厅、农发行联合制定印发了《安徽省省级储备粮轮换管理办法》和《安徽省省级储备粮业务管理办法》，进一步规范储备粮管理。督促市县级粮食储备规模到位。定期通报市县储备粮建立情况，并与省财政厅联合召开了29个市、县储备粮落实工作会议，要求抓紧落实，限期到位。省市县三级储备体系初步建立，为应对突发事件、稳定粮食市场提供了重要保证。

扎实开展“储备粮管理年”活动。组织赴山东省考察学习地方储备粮管理工作，召开全省储备粮管理工作会议，制订实施方案，推动全省储备粮管理向“法制化、科学化、制度化、规范化、精细化”目标迈进，实现了省级储备粮库建设与管理水平历史性突破。评比授牌了11个首批全省储备粮管理示范库。

加强粮食应急体系建设。覆盖全省的粮食市场价格监测和预警预报体系已经建立。每周编发报

送主要粮油品种收购、出库、批发和零售价格信息为政府决策、科学调控提供了依据。全省已有60个市、县（区）以政府文件形式出台粮食应急预案。同时，各地还按应急预案要求，指定了164家粮食应急加工企业和233家供应企业。制订了《安徽省应对粮油市场价格异常波动处置预案》，为提高粮食应急工作者应对突发事件的能力，举办粮食应急工作培训班，进一步增强应急保障能力。

粮食市场体系进一步完善。按照《全国粮食市场体系建设“十一五”规划》要求，出台了《安徽省关于进一步促进粮食批发市场发展的指导意见》，争取政府和有关部门的支持，指导全省粮食批发市场体系建设。加大资金投入，拓展服务功能，重点做大做强省粮食批发交易市场（合肥国家粮食交易中心）。2007年，先后举办最低收购价稻谷、小麦等交易107次，累计成交3200万吨，交易额500多亿元，成为全国最大的粮食现货批发市场，特别是对2007年下半年市场粮价的平抑功不可没。

重视粮油质量检验检测体系建设。省粮油检测中心开工建设。全省有6家粮油质验中心（站）通过国家有关部门考核，纳入国家粮食质量监测体系，占全省粮油质检站的46%。全省首次开展粮食质量安全专项整治行动，仅中央储备粮、地方储备粮和原粮卫生调查即抽检样品706份。

三　加快粮食产业园区建设，大力发展现代粮食流通产业

为了贯彻落实中央1号文件和国务院16号文件，在广泛调研的基础上，起草了《安徽省关于加快推进现代粮食流通产业发展的意见》，并于2007年11月省政府办公厅以皖政办74号文件正式下发。组织编制了《安徽省粮食现代物流发展规划》，并通过了专家论证。

继续推进“退城进郊” 工程，加强粮食产业园区建设进度。到12月底，全省已有82个县（市、区）启动建设或规划粮食产业园区或产业集聚区94个，55个园区动工兴建，占60%，已投资18.8亿元，其中22个园区基本建成或主体工程竣工投入使用发挥效益。粮食产业园区建设呈现出“高起点、多元化、多功能、多业态”的蓬勃发展态势。同时，我们将符合条件的园区项目列入省“861”行动计划重点项目和省经委“百千工程”，编制了《安徽粮食流通产业招商引资项目指南》，收集了55个园区项目，在全省农产品展交会上进行宣传推介。注重园区建设与粮食流通产业相互衔接、相互促进。加快推进粮食物流中心建设，一批以粮食散装、散卸、散储、散运为主要标志的现代粮食物流中心陆续兴建。推动各地发展散运，全年实现散运量228.5万吨，增长71%，散运比例上升4个百分点，达10.6%，节约费用6000多万元。粮食经营服务网络逐步完善。全省军粮食供应连锁店和农村服务社达4288个，实现销售收入9亿多元。落实“放心粮油工程”，积极推进“放心粮油”进城入乡。

四　积极发展订单粮食，产业化龙头企业发展势头强劲

全省实际落实粮食订单面积229.5万公顷，优质率在80%以上，订单收购514万吨，超额完成省政府年初目标任务。实施玉米振兴计划，省粮食局与省农委联合下发了2007年玉米生产意见，发布了主推品种、主导技术、市场信息，对促进种植结构调整、农民增收和企业发展起到了有力的推动作用。

大力扶持产业化龙头企业发展。积极争取省财政扶持产业化龙头企业贴息份额，2007年到位贴息资金1500万元，重点扶持了33个项目。引导和鼓励粮食购销企业与龙头企业多形式、多层次产权对接，实现优势互补，推动了工商企业的共同发展。特别是产业化龙头企业发展质量进一步提升，产业集群化发展凸显。2007年，全省粮食产业化龙头企业年销售收入超10亿元的企业有8个，超5亿元

的8个，超1亿元的29个。到12月底，全省20家国家级农业产业化龙头企业中，粮油行业占8家，313家省级农业产业化龙头企业中，粮油类86家，比上年增加42家。全省2007年有5个粮油产品荣获中国名牌，占全省总数的28%,有11个粮油产品荣获安徽名牌，占全省名牌总数的10%。这是安徽粮食史上前所未有的。推动发展农民经合组织。龙头企业领办的农民经济合作社由去年的2家发展到目前的62家。2007年，安徽省粮食产业化工作被省农业产业化指导委员会评选为先进。

五 启动科学储粮二期示范工程，全面服务新农村建设

在充分总结新农村科学储粮首期示范工程经验的基础上，与有关部门共同制订并完善第二期新农村科学储粮示范工程实施方案，扩大示范规模，放大示范效应，重点向粮食主产区、储粮大户和储粮条件落后地区倾斜。2007年第二期示范采取集资方式，共筹集330.5万元，为14个市61个县98个村10062个农户配送家庭储粮仓10062套、保粮药剂20124袋、科学储粮手册12159本。同时鼓励和指导滁州、宿州开展市级科学储粮试点，两市自主投入58.72万元，配送储粮仓2097个。两期新农村科学储粮示范工程的实施，可降低农户储粮损耗5.5万吨，农民减损近亿元，有效解决了农民储粮难、损耗大等问题，实现了减损增收，受到了农民和社会各界的欢迎和肯定。安徽省委常委、副省长赵树丛同志对此作出批示：科学储粮，利国利民，要总结经验，继续推进。

六 粮食执法体系基本形成，监督检查工作不断深入

政策法规和监督检查工作机构建设实现较大突破。全省有12个市成立了政策法规机构，尚未成立的均明确了相关承办部门；所有市级粮食局均设立了监督检查机构，74个县粮食局设置了监督检查科、股或执法大队，占96%，比上年增加28个。31个市、县执法经费纳入了财政预算，还争取到财政专项经费81万元，配备了专用执法车辆12部和部分调查取证设备，改善了执法条件。重视加强执法队伍建设，先后举办了政策法规和监督检查业务培训班，参加培训达300人次。同时组织开展了《粮食流通管理条例》颁布三周年和“12·4”法制宣传活动，普及法制知识，提高法制意识。2007年，省粮食局被省依法治省领导小组办公室确定作为安徽普法网“服务三农”栏目重点联系单位。

清理并下放了一批审批权限。组织清理并获省政府批准保留5项行政审批项目。根据省政府办公厅《关于扩大宁国等12个试点县（市）经济社会管理权限的实施意见》要求，省粮食局对省级储备粮管理、国有粮站的拆除变卖等8项内容，下放由12个试点县（市）粮食局直接审批或报批。同时，做好管理权限下放后的工作衔接。

监管方式不断实践创新。出台了《安徽粮食流通监督检查案件办理暂行规定》。在全面推行行政执法联席会议制度和信用分类监管办法的基础上，当涂县建立了所有粮食经营企业、个体工商户基本情况数据库和征信系统。埇桥、东至、金安等地从企业聘请一批监督检查联络员，协助宣传政策，获取信息，服务经营者，在监管者与经营者之间搭起更便捷、更有效的沟通渠道。各地普遍对各类粮食经营户开展粮食统计、粮食质量和法律法规等基础知识培训，既提高了经营者的管理水平，又增强了经营者的守法意识。在监管中改进服务，在服务中加强监管，营造了和谐的执法环境。

依法开展监督检查。组织开展了全省粮食库存、最低收购价政策执行情况等专项重点监督检查。指导各地开展了粮食统计、收购资格、储备管理等专项监督检查。在专项检查和日常监管中，对违规

行为进行了相应处理。责令纠正一般违规行为1162户次，警告严重违规的304户次，罚款0.22万元，暂停或取消收购资格12户，移交工商部门查处没收粮食20吨，移交其他部门处理19件。省局直接受理案件17起，国家局转办案件3起，均已作出相应的调查处理。通过强化监管，规范了粮食市场秩序，保证了粮食政策的执行。

七 深入推进国有粮食企业改革，经营总体呈现良好势态

继续推广南陵和金安经验，不断深化国有粮食企业产权制度改革。全省有41个县（市、区）采取南陵的“资产管理模式”，9个县（市、区）采取金安的“集团带动模式”。以建设粮食产业园区为契机，进一步优化企业布局。全省现在国有和国有控股粮食企业926个，比上年减少12.4%。以人事、用工、分配制度为重点，实现制度创新，逐步形成“岗位能上能下、人员能进能出、收入能高能低”的激励和约束机制。同时把推进国有粮食企业产权制度改革与消化处置不良贷款有机结合起来，依法消化处置企业自补挂账2亿多元，有效减轻企业的历史包袱，提升企业竞争力。

以开展“效益管理年”活动为抓手，并把“效益管理年”活动贯穿了全年粮食财会工作。紧紧抓住托市收购有利政策，大力发展粮食产业经营，积极开拓市场营销，提升企业盈利水平。着力完善各项经营管理制度，配合“效益管理年”开展内审工作和财务资金监督检查工作，把审计监督与财务监督有机结合起来。坚持管理增效、节能增效、发展增效、监督增效，认真落实扭亏增盈责任制、亏损追究制，有力促进企业效益持续上升。2007年全省粮食系统再次实现扭亏增盈，盈利9549万元，比上年增盈4836万元，居全国第一位。

八 强化机关效能和行业文化建设，提升粮食行业精神文明

坚持集中学习制度。定期组织党员干部认真研读十七大报告，特别是关于科学发展观的论述，不断提高党员干部的政治素质，增强了高举中国特色社会主义旗帜的坚定性、服务大局的自觉性和做好工作的主动性。坚持以“四个一活动”为基础，全面开展落实科学发展观大讨论，着力建设学习创新型机关。加强机关党组织建设，成功召开局直机关第六次党员代表大会，选举产生新一届局直机关委员会和纪律检查委员会，制定出台了《关于建立健全保持共产党员先进性长效机制的若干意见》。

深入推进效能建设。召开机关效能建设深入推进大会，制定《关于贯彻落实〈2007年省直机关推进效能建设工作意见〉的实施意见》。坚持以制度管人，以制度激励人，加强日常考核，完善效能建设长效机制，并把效能建设向市县延伸。

推进行业职业教育培训。制定出台《安徽省粮食行业“十一五”教育培训与人才队伍建设规划》，在全系统启动“442”培训工程，加强行业教育与人才队伍培养。去年先后举办4期粮食行业特种职业（工种）技能培训和国家职业资格鉴定工作，有441人取得了劳动和社会保障部颁发的国家职业资格证书。

组织开展粮食行业技能竞赛。成功地与省劳动和社会保障厅、省总工会联合举办了首届安徽粮食行业职业技能大赛，并授予个人第一名“安徽省五一劳动奖章”和“安徽省技术能手”荣誉称号，在全国粮食系统财会知识竞赛活动中，分别荣获团体第二名和三等奖的优异成绩。组织参加了全国首届粮食行业职业技能大赛，安徽省代表团荣获团体第一名、优秀组织奖，6名参赛选手2名荣获金牌、4

名荣获银牌。

行业文明创建扎实推进。继续开展以“三个改善、一个提升”为主要内容的“文明示范站库”创建活动，围绕“储备粮管理年”活动开展创建工作，全省粮站、粮库形象有较大改观。继续开展“青年文明号”创建活动，会同团省委对12个省级青年文明号集体进行了重新认定。在全省粮食系统开展创建和谐企业活动，建立“相互尊重、平等合作、共谋发展、共享成果”的和谐劳动关系，职工上访人数明显减少。

大力推进政务公开工作。认真做好《政府信息公开条例》实施前的准备工作。安徽粮食政务网作为省粮食局政务公开的重要载体，在权威信息发布、推进电子政务、网上政务服务、网上投诉举报等方面，成绩斐然；出台了全省粮食行政机关政务公开办法，从制度上规范了粮食政务公开行为；拟定了安徽省粮食局政务公开《目录》和《指南》，为全面推进粮食政务公开奠定了基础。

深入开展“反造假、反违规、反腐败、正党风”活动。举办全省粮食系统反腐倡廉建设培训班，深入学习贯彻十七大反腐倡廉精神。组织开展对落实惩防体系两个《纲要》情况进行自查。通过自查，局直机关惩防腐败体系长效机制初步建立，领导干部廉洁意识明显增强，防治腐败建设初见成效；组织开展了全省粮食系统治理商业贿赂工作专项检查，掌握了粮食流通领域商业贿赂行为的主要表现形式，对存在的问题进行了整改，制定了全省粮食行业治理商业贿赂工作暂行规定。治理商业贿赂工作被国家局作为“安徽经验”在全国推广。组织开展了党风廉政建设四项制度落实情况自查。局机关执行工作日午间禁酒、公务接待管理、因公出国（境）管理、执行津贴补贴规定等四项制度情况良好，主管机关总体满意。党风廉正建设受到省党风廉正建设责任制领导小组的高度评价，实现了党风、政风、行风的进一步好转。

安徽省粮食局领导班子成员

桂梅生	局　长、党组书记
孙良龙	副局长、党组成员
黄　红	副局长、党组成员
戴绍勤	副局长、党组成员
王用华	纪检组长、党组成员
刘伯林	副巡视员

2007年3月13日，安徽省粮食局召开全省粮食工作会议。

2007年9月21日，安徽省粮食局局长桂梅生、副局长孙良龙陪同国家粮食局局长聂振邦考察粮食职工教育工作。

2007年6月20日，安徽省粮食局局长桂梅生在宿州检查夏粮收购工作。

2007年7月7日，安徽省粮食局副局长孙良龙做客安徽人民省广播电台的“政风行风热线”节目。

福建省粮食工作

基本情况

2007年全省粮食种植面积136.2万公顷，比上年减少3.4 万公顷，粮食总产量702.1万吨，比上年增加0.5万吨，其中：稻谷510.9万吨、大豆19万吨、玉米14万吨、小麦1.7万吨，其他杂粮156.5万吨。全年纳入统计的粮食收购量为118.3万吨，粮食商品量为214.1万吨；全省粮食购销总经营量为1972.9万吨，其中：总销售量为961.8万吨；全省粮食消费量为1551.8万吨，其中：城镇口粮249.3万吨，农村口粮562.1万吨，饲料用粮514.2万吨，工业食品用粮212万吨，种子用粮14.3万吨。

截至2007年末，全省共有国有粮食企业533家，企业在册职工人数10087人，其中：购销企业281家，在册职工6750人。全省共有粮食仓储企业733户，仓容总量为507.8万吨，其中国有粮食仓储企业596户，仓容409.3万吨，占全社会总仓容的80.6%。全省油罐库容31.4万吨，铁路专用线5565米，专用码头泊位8个，总吨位4.1万吨。

2007年粮食工作

一 完善措施，调控粮食市场的能力进一步提高

（一）修订完善了《福建省粮食应急预案》

对原有的粮食应急预案按照《国家粮食应急预案》的格式要求作进一步修改，8月16日省政府正式下发各地执行。之后，省政府粮食应急工作指挥部办公室适时召开了各成员单位会议，认真学习新的应急预案，并要求各相关单位对本单位原落实应急预案的配套措施进行修订补充。新的粮食应急预案的实施，进一步促进了全省粮食应急工作的开展。

（二）积极采取措施稳定市场

2007年下半年以来，出现了全国性粮食价格上涨以及食用植物油价格的大幅上涨，省委、省政府高度重视，多次听取省粮食局工作情况汇报，黄小晶省长主持召开省政府常务会议，张昌平常务副省长亲自召集有关部门领导到省粮食局专题研究粮食工作。省政府决定增加全省的地方粮食储备、食用植物油储备，建立小包装食用油储备。同时，增加2008年省级储备订单粮食收购数量，进一步调动广大种粮农民积极性。为保证2008年“两节”期间市场粮油尤其是食用植物油供应的稳定，各地粮食部门对节前供应工作做了认真部署。各设区市都建立了保证10天供应量的小包装食用油储备规模；发动

并鼓励企业多生产，增加节日市场粮油的品种、数量。加大市场粮价的监测频率；开展“两节”粮油货源情况及市场粮油质量情况检查；为缓解南方雪灾造成的入闽粮源紧张，及时批准泉州、漳州动用省级动态储备粮进行加工投放市场。由于采取了一系列有效措施，保证了全省春节期间粮油正常供应。

（三）做好粮食收购工作，保护好种粮农民利益

2007年全省各级政府共下达储备订单粮食收购计划32.16万吨，并落实到34.6万个农户。由于2007年全省早稻以及中晚稻市场收购价均大大高于最低收购价水平，因此，未启动早稻及中晚稻最低收购价执行预案，农民售粮收入进一步增加。

二 加快建设，粮食流通设施条件进一步改善

（一）主要粮食批发市场建设进展顺利

福州市粮食批发市场迁建项目基本完成，年交易量达116万吨，比原市场增加26万吨。同时，经国家粮食局批准，该市场设立福州国家粮食交易中心，作为全国承担临时储备粮竞价销售的粮食批发市场之一；泉州·中国粮食城一期园区已完成建设，第三期用地已完成土方平整70%；漳州浦口粮食批发市场扩建项目，粮食交易信息综合楼建设已完成并投入使用，第四期加工区已开始建设；龙岩闽西粮油饲料城于2007年5月试营业，平均月交易量达4.5万吨。省粮食局、省财政厅还对各主要粮食批发市场的基础设施、公益设施等方面给予资金扶持。据统计，至2007年底，全省各级粮食批发市场共有经营户972家，年交易量达700万吨，交易额161亿元。

（二）继续抓好粮库建设

漳州浦口和泉州安溪库省级粮食储备库建设顺利进行。继续对各市、县中心粮库新建及维修改造进行扶持，据统计，市县粮食部门在当地政府的支持下，全年共投入资金12270万元，用于中心储备库的新扩建及维修改造。通过全省上下的共同努力，2007年全省国有粮食企业有效仓容达350万吨，比上年增加9.4万吨，全省粮食仓储设施得到进一步改善。

（三）做好全省粮食现代物流规划及实施

出台了《福建省粮食现代物流设施建设规划》，其中建设跨省的主要粮食物流通道已纳入全国粮食现代物流设施建设规划之中。同时，经多方争取，2007年度全省规划中的漳州招银港区散粮中转库及粮食专业化码头项目获得国家发改委1000万元的资金补助。福州松下港散粮中转库项目获得国家发改委800万元补助。

三 依法行政，粮食市场监管进一步加强

（一）扎实推进粮食流通监督检查工作体系建设

2007年全省9个设区市粮食局都成立了监督检查内设机构，52个县（市、区）粮食局成立了监督检查内设机构，27个市、县（区）粮食局成立了执法大队，有24个市、县(区)粮食行政管理部门已落实了监督检查工作专项经费。全省各级粮食流通监督检查工作机构正逐步形成网络，为顺利开展各项监督检查工作提供了可靠的组织保障。

（二）切实履行对粮食市场的监管职责

全省共对各类粮食经营企业及相关单位进行1735次的检查，行政处罚案件总数77例。组织开展2007年全省粮食库存检查、粮食质量安全专项整治行动；初步建立起覆盖粮食收购、储存、运输环节和政策性粮食购销活动全过程的质量安全监管体系；加强对粮食收购资格的核查，全省各级粮食行政管理部门按审批权限，完成了912家企业粮食收购资格证的年检和10家企业的审批发证工作。

（三）继续做好治理“餐桌污染”工作

全省已有138家粮食加工企业通过考核，取得《食品生产许可证》；70多家企业通过了ISO、HACCP认证，以及绿色、无公害食品认证，企业质量保证体系进一步完善。开展粮油产品质量抽查，按季度组织系统内粮油质量抽查，检查1832批次，合格率为97.4%。组织开展粮食批发市场、粮食销售企业粮油卫生质量专项检查，检查3363批次，合格率为99%，达到了省政府下达的治理目标。实行政策性用粮、原粮抽查与监测制度，抽查原粮2319批次，合格率98%；开展原粮卫生专项抽查，抽检104批次，合格率88.5%；政策性用粮（军粮）抽检237批次，合格率99%。

（四）推进“放心粮油进农村”活动深入开展

以金穗米业、东南香米业、漳州升源米业，天生农业股份公司、三明佳源米业等骨干粮食加工企业为载体，深入乡村开设“农家店”、“连锁店”，建立“放心粮油”销售网络。引导放心粮油企业通过多种形式向农村市场投放其产品，提高农村粮油商品品质。厦门市粮食局开展了“放心粮油进社区”活动，也取得了较好的效果。

四　深化改革，粮食企业竞争力进一步提升

制订出台了《福建省人民政府关于进一步完善粮食流通体制改革政策措施的意见》，进一步推进全省国有粮食企业的改革深化。

（一）认真做好遗留问题的处理

全省确认国有粮食企业财务亏损挂账20.9亿元，其中：政策性粮食财务挂账15.2亿元；1998年6月1日以来未占用农发行贷款的政策性亏损3.3亿元；经营性粮食财务挂账2.4亿元。国有粮食购销企业占用农发行贷款的政策性粮食财务挂账14.8亿元已经全部从企业剥离，划转到各级粮食主管部门专户集中管理。长期困扰企业的社保、医保问题也取得较大进展，厦门、莆田、龙岩三个市国有粮食企业已实现了在职职工、离退休人员的全员参加社会基本养老保险，且没有发生欠缴。

（二）推进国企产权制度和经营机制的创新

2007年又有38家企业实施了股份制改造和兼并重组；购销和加工联营企业2007年共取得农发行贷款6.9亿元，经营量达45万吨，取得经济效益500多万元。

（三）推进粮食产业化经营

全省粮食骨干企业在省外共建立粮食生产基地14.5万公顷，年收购粮食118万吨；2007年，全省46家粮食产业化龙头企业在省内共建立优质粮食生产基地10.7万公顷，带动农户50多万户，落实粮食收购订单60多万吨；同时，根据国家粮食局、中国农业发展银行关于扶持粮食产业化经营企业的政策，推荐了25家骨干粮食企业作为重点扶持对象，争取农业发展银行贷款扶持。

全省国有粮食企业效益情况进一步好转。2007年，全省国有粮食企业盈利1668万元，比上年同期增盈572万元，其中国有粮食购销企业盈利2123万元，比上年同期增盈362万元。以县为单位，有72个县(市)，也就是94.7%的县(市)实现盈利，盈利额1050万元。

五 夯实基础，行业服务和管理水平进一步提高

（一）粮食产销协作关系进一步巩固和发展

2007年4月，福建省粮食局在南平市举办了第六届省内粮食产销协作洽谈会，各类企业代表共400多人参加，会上87对企业共签订粮食购销协议72.9万吨。7月16日，全省与山东、吉林、江西、安徽、河南、黑龙江六个主产省共同在福州成功举办了“第三届七省粮食产销协作福建洽谈会”，省内外共1300多名代表参加了此次盛会，共签订购销合同531万吨；积极组织粮食企业参加全省与黑龙江等省共同举办的“2007·黑龙江金秋粮食洽谈会”，进一步巩固了入闽粮源。

（二）认真做好军粮等供应工作

进一步加强对军粮供应质量、军供财务的规范管理，确保驻闽部队的军粮供应。及时部署做好军供工作，以纪念建军80周年为契机，开展以“增进鱼水深情、共谱和谐篇章”为主题的双拥共建活动。

（三）确保全省地方粮食储备总规模落实

利用已建成的储备粮管理信息系统，不断提高管理的数字化、信息化水平，强化储备粮保管、轮换等环节的工作，促进储备粮管理上新水平。开展了春、秋两季粮食库存大检查和国家粮食局统一部署的全国粮食库存检查。检查结果表明，全省储备粮油数量真实、质量良好。

（四）完善各项粮食统计制度

建立了对615家国有粮食企业和830家社会重点粮食企业的统计日常调查体系，并统一下发统计台账；建立了2050户农户固定粮情调查体系，完善了社会粮食供需平衡调查体系，全省纳入统计的重点统计单位共1445家。

（五）做好粮油市场动态与价格监测

在各县监测的基础上，建立了34个省定点以及14个国家粮食局定点粮食市场价格监测点调查体系，并按周进行监测报告，参与省农信办组织的为“三农”提供粮油价格信息服务；针对市场波动，适时加强对省内国家及省级各重点粮食价格采集点的价格监测，密切关注市场粮食价格的变化和供应情况。

（六）充分发挥粮食行业协会的积极作用

各级粮食行业协会积极发挥桥梁、纽带作用，指导和帮助企业改善经营管理，提高综合素质，继续在全行业发动、推进“放心粮油”、“放心粮油企业”、“放心粮油进农村”活动。组织、引导企业参与粮食产销协作，巩固入闽粮源。推进名牌工程，去年又有12家粮油企业产品获“福建省名牌”称号。

六 加强教育，粮食干部队伍素质进一步提高

（一）认真学习贯彻党的十七大精神

切实抓好理论学习，教育广大党员树立正确的世界观、人生观、价值观，进一步凝聚广大党员干部的力量。把党风廉政建设工作作为一项重要的工作列入议事日程，加强廉政教育，促进党员干部廉洁自律；重视信访举报，认真查办违纪违规问题；深化创建党建工作先进单位活动，扎实开展粮食系统省市县机关党的建设“三级联创”活动，通过活动促进上下联动，整体推进机关党的建设上新水平。

（二）继续加大对干部职工队伍的培训工作

举办了全省粮食流通监督检查行政执法培训班和粮油保管员中级工、高级工培训班。组队参加全国首届粮食行业职业技能竞赛，组织全省粮食财会人员参加了国家粮食局举办的全国粮食系统会计知识竞赛。还选派业务骨干参加了国家粮食局举办的粮食系统监督检查行政执法培训提高班和全国粮食库存检查培训班，职工队伍的整体业务素质得到提高。

福建省粮食局领导班子成员

刘昌霖	局　长、党组书记(任职至2008年4月)
黄希敏（女）	局　长、党组书记(2008年4月任职)
黄恩盛	纪检组长、党组成员
徐桂春	副局长、党组成员
冯利辉	副局长、党组成员(2007年8月任职)

福建省常务副省长张昌平（左三）陪同国家粮食局副局长郄建伟（左二）参观第三届七省粮食产销协作福建洽谈会展馆。

福建省粮食局局长刘昌霖（右一）、副局长黄希敏（女）在福州永辉超市检查春节粮油供应情况。

2007年7月16日，第三届七省粮食产销协作福建洽谈会在福州成功举办。

江西省粮食工作

基本情况

江西是全国粮食主产省之一，也是新中国成立以来全国两个不间断调出商品粮的主产省之一。粮食生产以水稻为主，产量占全省粮食总产量93%以上。江西近几年稻谷常年总产量维持在1800万吨以上，人均占有量418公斤左右，粮食商品量在750万吨左右。为贯彻中央农村工作会议和中央一号文件精神，充分调动农民的种粮积极性，稳定江西的粮食生产，确保以粮食为重点的主要农产品供给，加快农民致富步伐，江西省委、省政府提出了“四个不动摇”粮食生产工作要求：一是大灾之年，实现农业增产、农民增收的目标不动摇；二是坚持江西粮食主产区的地位不动摇；三是确保以粮食为主的主要农产品的稳定增长和有效供给不动摇；四是确保江西对国家粮食贡献不减少、不动摇。为此，2007年，江西省以增粮为重点，大力推进农田基本建设，提升农业综合生产能力，实现了粮食生产连续四年稳步增长。全年粮食种植面积355.2万公顷，其中稻谷播种面积322.6万公顷。粮食总产量1904.2万吨，增产7.7万吨，总产量连续四年创历史新高。

2007年粮食工作

2007年，全省粮食部门认真学习贯彻党的十七大精神，按照党中央、国务院和省委、省政府关于粮食工作的决策部署，积极进取，务实创新，各方面工作取得了新的成绩，为促进农民增收、企业增效，稳定粮食市场，保障国家粮食安全，促进全省经济社会又好又快发展作出了积极贡献。

一 完善粮食流通体制改革出台新政策

贯彻国务院关于完善粮食流通体制改革政策措施的意见精神，省政府印发了《关于完善粮食流通体制改革政策的实施意见》（赣府发[2007]6号），明确了深化粮食流通体制改革的相关政策措施。全省各级粮食行政管理部门结合本地实际，协调有关部门，积极主动向同级政府提出贯彻落实省政府6号文件的意见。目前，全省11个设区市已有上饶、抚州、萍乡、南昌、宜春、吉安、赣州、景德镇、新余、九江10个设区市政府出台了贯彻实施意见。

二 全省粮食购销取得好成绩

一是加强对粮食收购工作的指导。针对2007年市场粮价较高、启动最低收购价执行预案可能性很小的情况，省粮食局提出了“积极入市、理性收购、灵活经营、多方共赢”的粮食收购指导原则，并在省局政府网站上开辟《稻谷价格监测周报》专栏，动态公布市场价格信息和形势分析，供收购企业和农户决策参考。二是积极创新和探索粮食收购新模式。国有粮食经营企业积极与种粮农民、销区企业、其他收购主体、私营加工企业和粮食经纪人广泛合作，采取以销定购、联合收购、合同收购、代收代储、订单收购、“二次结算”、“二次返利”等方式，不仅大量掌握了粮源，还进一步巩固了国有粮食企业与广大农民联系。三是继续争取扶持政策，搞好仓库维修。全省利用中央财政专项、省财政配套及企业自筹资金和银行贷款共计6278万元，对全省1339个库点、2210座仓房、276万吨仓容进行了维修，保证了全年粮食收购所需的仓容。四是协调落实收购资金。省粮食局与省农发行就收购资金问题联合下发了《关于支持全省国有粮食购销企业深化改革发挥主渠道作用的意见》，明确了给予企业收购资金贷款的支持措施。全省各类粮食收购企业共收购粮食614万吨，其中国有粮食企业收购361万吨。国有粮食企业收购量中，早稻收购182万吨，比上年减少17万吨；中晚稻收购179万吨，比上年多收购22万吨，充分发挥了国有粮食企业的主渠道作用。全省早稻和中晚稻收购价格平均高出国家最低收购价10元/50公斤以上，高出周边省份收购价2~3元/50公斤，促进了农民增产增收。五是灵活经营，努力提高粮食销售效益。全省国有粮食企业全年销售粮食312万吨，比上年多销100万吨。

三 粮食产业化经营取得新进展

一是总结近年来国有粮食企业改革的实践，及时提出了推进产权制度改革、培育龙头企业和推进粮食产业化经营三位一体的企业改革发展思路。二是努力做大做强核心骨干企业和组建区域性粮食企业集团。省粮油集团金佳谷物公司在新干县投资建设的18万吨优质米及其副产品综合利用项目一期工程建成投产，二期工程开工，并被评为2006~2007年度江西省食品工业十强企业。宜春市组建了江西金农米业集团和江西天地粮食企业集团。万年县组建了万年贡米集团。吉安金庐米业集团、宜春赣西米业集团和新余百乐米业集团等粮食企业集团已提出了具体组建和发展规划。三是积极开展产权制度改革试点。宜春市粮食局组织在宜丰县等5个县（市、区）的11个国有粮食购销企业进行了股份制改革试点，在高安市等县（市）进行了租赁经营或责任承包等形式的改革试点。九江市粮食局组织在修水县等4个县（市）进行了股份制改革试点。四是大力推进粮食产业化经营。各地扶持粮食加工龙头企业不断扩大粮食订单和基地面积，积极实施品牌战略。省粮油集团作为省农业产业化“十百千”工程龙头企业，建立优质稻生产基地53333公顷，带动了30万农户，并按欧盟标准建设133.3公顷有机稻基地，开发生产了有机大米；“金佳”、“玉珠”牌大米和“春丝”牌面条3个品牌获“中国名牌产品”称号；“昌碧”、“汇银”、“华敏”牌大米获2007年中国名牌农产品称号；万安县“十八滩”、上犹县“仙湖绿月”、永新县“三湾牌”3个大米品牌获得绿色食品A级证书。26家粮食产业化龙头企业被列为国家粮食局和国家农发行第二批重点支持的粮油产业化企业。

四 国有粮食企业扭亏增盈工作实现新突破

全省国有粮食企业通过搞活经营、减少费用开支，在2006年首次实现全行业盈利的基础上继续保持盈利。全省国有粮食企业累计盈利7020万元，其中购销企业实现盈利5216万元。11个设区市、92个县（市、区）实现盈利，7个县（市、区）持平。

五 粮食宏观调控取得新成效

一是强化市场监测，及时跟踪市场供需变化，强化宏观调控手段。二是协助做好最低收购价粮的竞价销售，认真做好全省最低收购价粮在南方粮食交易市场的竞价销售工作，共成交206万吨，有效稳定了粮食市场。三是建立临时应急粮食储备，积极做好粮油市场供应。为应对突发事件可能造成的粮食市场异常波动，经省政府同意，建立了临时应急粮食储备。南昌市从外省组织调入300余吨食用油，重点保证大中专院校和市场供应，维护了市场食用油价格的基本稳定。四是有序组织了省级储备粮销售处理工作，并切实加强了对省级储备粮中陈化粮销售处理的监管，确保陈化粮销售处理时严格按规定程序操作，确保陈化粮不流入口粮市场，圆满完成了原有省级储备粮销售处理工作。五是启动了省级储备粮管理办法立法工作。六是加强粮食市场体系建设。印发了关于加快粮食电子商务的指导意见，进一步完善了南方粮食交易市场粮食电子商务交易平台，开通了稻谷电子现货订单交易和网上挂牌协商交易系统，在部分设区市设立了电子商务交易分市场。宜春也建立了籼稻中远期现货电子商务交易平台并正式运营。七是认真做好军粮、救灾等政策性粮食供应工作，保障了市场供应和价格基本稳定。

六 服务新农村建设推出新举措

一是加强信息指导，帮助农民种好粮。全省各级粮食行政管理部门在广泛调查和筛选的基础上，根据市场粮食销售情况，联合农业部门向种粮农民提供了市场适销粮食品种信息，帮助农民调优种植结构，提高种粮收益。二是积极开展新技术研究和推广，帮助农民储好粮。全省承担了“粮食丰产工程”中的“长江中下游农村储粮减损技术集成与示范”项目研究，编写了《农家储粮百问》，向农户免费赠送10000册，宣传科学储粮常识，减少粮农产后粮食储藏损耗。

七 依法管粮工作有了新进步

一是进一步落实粮食行政管理部门机构、编制、经费等问题。据2007年底的统计，全省有10个设区市和50个县级粮食局重新确定了“三定”方案，72个县级粮食行政管理部门成立了专门的监督检查机构，全省已有630人经过培训合格获得了粮食流通监督检查证。部分市县粮食局较好地解决了机构、人员编制、经费等问题。二是切实履行依法管粮职责。全省共开展执法检查7487次，出动18001人次。责令改正835起，警告372起，暂停粮食收购资格127起，取消粮食收购资格8起。三是开展了军粮供应网点资格及管理专项监督检查和全省粮食库存检查，纳入检查范围的所有库存粮食自查率达到

100%。四是开展了全省粮食质量安全专项整治活动。制订了《江西省粮食质量安全专项整治实施方案》，并结合专项整治活动，由各级粮食行政管理部门与辖区内具备粮食收购资格的4440家企业签订了粮食安全质量承诺责任书。

八 和谐粮食行业建设呈现新气象

一是组织开展民主评议政风行风活动，组织全省粮食系统认真开展了以创建“人民群众满意的粮食行政管理部门”为内容的民主评议政风行风活动，努力塑造粮食行业“诚信为民、求真务实、改革创新、文明和谐”新形象。二是提高干部职工技能。联合省总工会、劳动保障厅举办了第二届江西省粮食行业职业技能大赛，举办了全省粮食系统财会知识竞赛，涌现出了一批高技能人才。组织参加了由国家粮食局、劳动和社会保障部共同举办的首届全国粮食行业职业技能大赛和全国粮食系统财会知识竞赛，分获团体三等奖和优秀组织奖。三是省粮食局首次被列为省直综治责任单位，认真做好安全生产、群众信访、治安防范等工作，大力开展和谐平安建设，出色完成了省综治委部署的各项工作任务，省局被评为2007年度社会治安目标管理先进单位。四是大力加强机关党的建设和党行业风廉政建设。认真学习宣传贯彻党的十七大精神，贯彻落实中纪委七次全会、省纪委二次全会精神和国家粮食局的工作部署，为粮食经济改革与发展奠定良好组织基础。省局也首次被评为江西省第十一届文明单位。

九 省局直属单位建设出现新面貌

面对市场化的新形势，省局直属各企事业单位努力发挥各自优势，争取各方支持，加强班子建设，凝聚集体力量，统筹改革发展稳定，各项事业稳步发展。

省粮油集团公司立足主业，全方位发展。全年经济效益实现较快增长，完成销售收入超10亿元，实现利润2416万元。产业化经营呈现新局面，“订单粮食”面积发展到1.3万多公顷；金佳谷物新干项目一期项目竣工投产，二期项目开工，项目建设得到省委、省政府领导的充分肯定；金佳公司成功入选“2006~2007年度江西食品工业十强企业”，“金佳”、“玉珠”大米和“春丝”面条3个品牌获“中国名牌”称号；瑞奇期货获得了金融期货交易会员资格，扩大了营业场所，全年实现利润1100多万元，并与上海新黄浦置业股份公司签订了增资扩股合作协议，提升了竞争实力。

省粮油科研所发扬艰苦创业的精神，实现了队伍稳定、效益提高、事业发展的良好局面。自主开发的米粉、水磨糯米粉加工技术及成套设备相继出口到菲律宾、越南、委内瑞拉和台湾等国家和地区；承接工程技术服务项目23项，实现利润110余万元；“十五”国家科技攻关项目“共轭亚油酸、强化营养红花油的开发”获江西省2006年科学进步奖三等奖。

省粮油质监中心不断完善检测设施，提升检测手段，检测项目及参数从106项增扩到300多项，检测领域从粮油行业跨入了食品行业，基础设施和队伍建设得到了提高，通过了省质量技术监督局组织的实验室资质和计量双认证。完成了全省粮食质量调查、品质测报和原粮卫生专项调查工作，配合有关处室完成了省储陈化粮核查和陈化粮销售处理监督检查任务。帮助 4 个设区市粮油质量监督检验机构通过了国家粮食局组织的考核。全年完成检测样品近4000批次，检测样品量和创收金额均创历史最好水平。

省粮油批发市场努力搞活经营，自谋发展，取得了较好的经济效益，摆脱了长期以来的发展困境。积极承办各类粮食竞价交易，总成交量达281.6万吨，为历年之最。市场全年实现经济效益1000多万元，创历史最好水平。此外，市场还做好省储粮竞价销售工作，保证了销售粮食交割、出库、结算等工作的顺利进行。支持南方粮食交易市场建设电子商务平台，推出了粮食现货订单交易系统，并积极在全省各设区市建立分市场。此外，认真做好粮油信息服务工作，为各级领导和粮食经营者提供了及时、准确的粮油信息。

江西省粮食局领导班子成员

熊根泉	局　长、党组书记
路　线	副局长、党组成员
刘承芳	副局长、党组成员
肖文群	纪检组长、党组成员
邱吉玲（女）	巡视员
尹国柱	副巡视员
刘作棣	副巡视员

国家粮食局副局长任正晓（前排左二）、江西省人民政府副省长熊盛文（前排左三）等在江西金佳谷物股份有限公司调研。

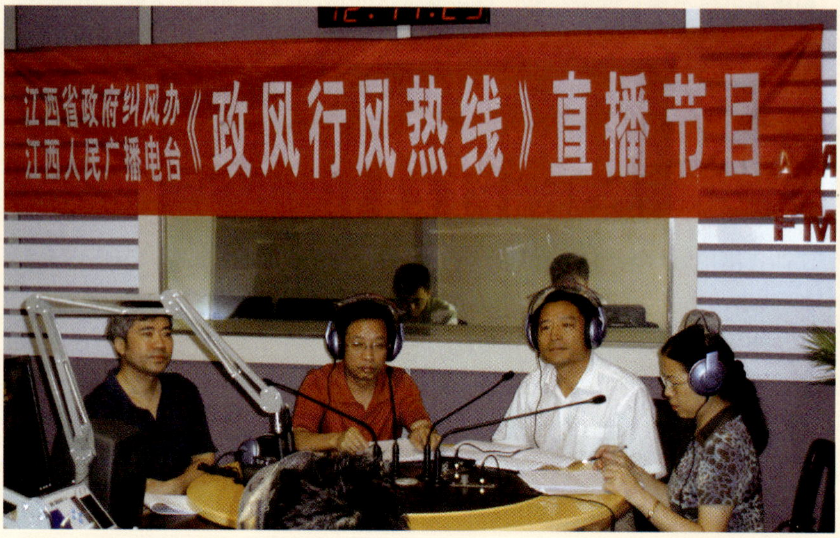

江西省粮食系统认真开展民主评议政风行风活动，努力塑造粮食行业“诚信为民、求真务实、改革创新、文明和谐”新形象。图为江西省粮食局副局长带领相关人员在省电台接听听众热线，回答听众咨询。

江西省粮食局针对2007年市场粮价较高特点，及时指导各地粮食部门积极入市、理性收购、灵活经营，创新收购模式，实现了多方共赢。图为全省中晚稻收购工作座谈会会场。

山东省粮食工作

基本情况

山东省位于中国东部沿海，地处黄河下游。境域东临海洋，西接大陆，西北与河北接壤，西南与河南交界，南与安徽、江苏毗邻。陆地东西最长约700公里，南北约420公里，总面积15.71万平方公里，约占全国总面积的1.6%。境内地形以平原、丘陵为主，平原、盆地约占全省总面积的64%；山地、丘陵约占34.9%；河流、湖泊占1.1%。山东海岸线全长3024.4公里，占全国的1/6，居第二位。

全省分济南、青岛、淄博、枣庄、东营、烟台、潍坊、济宁、泰安、威海、日照、莱芜、临沂、德州、聊城、滨州、菏泽17个省辖地级市，省会是济南市；140个县级行政单位，其中49个市辖区、31个县级市、60个县。2007年末，全省总人口为9367万，自然增长率为5.0‰。2007年，全省实现生产总值25887.7亿元，按可比价格计算，比上年增长14.3%，人均27723元，增长13.5%；地方财政一般预算性收入1674.5亿元，比上年增长23.5%；实现进出口总额1226.2亿美元，比上年增长28.7%；城镇居民人均可支配收入14265元，比上年增长17.0%，农村居民人均纯收入4985元，增长14.1%。

2007年，全省耕地面积632.15万公顷，粮食播种面积693.65万公顷。粮食连续五年实现增产，总产量达到4148.8万吨，人均442.9公斤，粮食商品率达到58%。根据2007年度社会粮食供需平衡调查，全省社会粮食总消费量4137.9万吨，其中工业用粮673.0万吨、种子用粮102.6万吨、饲料用粮1405.8万吨，城镇口粮556.1万吨，农村口粮1108.5万吨。

2007年底，全省纳入统计范围的粮油加工企业631家，其中：大米加工企业18家，年生产能力52.6万吨；小麦粉加工企业528家，年生产能力1999.5万吨；食用植物油加工企业85家，年生产能力1015.9万吨，精炼能力233.8万吨。纳入统计范围的仓储企业911家，仓容总量达到1805.2万吨。

2007年粮食工作

2007年，全系统共完成销售收入264亿元，实现综合经济效益2.86亿元，居全国粮食行业前列。

一 确保粮油市场稳定的基础进一步牢固

按照“抓好收购、掌握粮源、适度库存、均衡销售、适时调控、保障供应”的原则，采取有力措施，应对粮情变化，全省粮油市场基本稳定。2007年，全省各类粮食经营企业从生产者购进粮食2485万吨，同比增加655万吨，全省社会粮食商品库存同比增加84万吨。国家安排托市小麦移库计划35.5万吨，指导省内用粮企业竞价采购托市粮，组织用粮大户到省外采购，进一步增加了调控粮源。储备规模进一步落实，地方储备粮实际到位数占省政府核定规模的93%，省政府新批准建立食用油储备并得到较好落实。17个市修改完善了粮食应急预案，指定应急加工企业111家、供应企业242家，应急指挥工作人员达157人，应急保障能力进一步提高。全省17个市全部成立了军粮供应中心，军用购粮卡改革顺利推进，争创全国百强和全省十强军供站活动深入开展，军供服务和管理水平明显提高。加大市场监控力度，完善粮价监测点功能，准确掌握市场动态。粮价波动期间，及时启动价格日报和重点植物油加工企业信息报告制度，对济南、青岛、淄博等大中城市和市政府驻地城市市场情况及时调度，确保粮油供应不脱销、不断档。

二 地方储备粮管理水平再上新台阶

仓储设施建设成效显著，全省投资2亿多元，新建仓容60多万吨，整修仓容40多万吨。落实中央补助最低收购价粮食仓库维修资金1324万元。储备粮管理制度日益健全，全省有17个地方储备粮承储企业管理制度通过ISO系列认证，30个粮库荣获“山东省规范化管理示范粮库”称号。信息化建设进展较快，全省投资570多万元开展储备粮信息化管理软件研发和配套设施建设，省粮食局与山东大学联合研发的“地方储备粮业务管理信息系统”进入试运行阶段。积极推广科学储粮新技术，地方储备粮存储库全部应用三项储粮新技术的仓容占到总规模的70%以上。作为全国农户科学储粮三个试点省之一，落实中央和省试点补助资金200万元，农户科学储粮产后减损工程稳步推进。

三 粮食流通服务功能不断提升

积极培育多元市场主体，全省累计核发粮食收购许可证4776个，其中国有或国有控股企业1088个，其他占到77%。发展粮食中介组织，粮食经纪人队伍成为搞活流通、服务于民的重要力量。大力推广粮食订单，2007年，全省粮食部门发展订单面积58.5万公顷，其中省粮食局确定的20个示范县订单面积26.1万公顷。深入实施“放心粮油进城下乡”工程，积极拓展城乡市场，金德利等全省十佳城镇粮油快餐连锁企业网络进一步扩大，不少县（市、区）农村粮油连锁店列入商务部“万村千乡”工程。加快粮食流通平台建设，全省大型粮食交易批发市场达到15家，会员及商户1549家，2007年成交量达500多万吨，成交额达112亿元。济南国家粮食交易中心10月16日正式挂牌，成为全国11家大型中心交易市场之一，2007年交易量达到390万吨。

四 粮食流通法制化建设迈出新步伐

全省有15个市经政府批准设立了监督检查机构，122个应设监督检查机构的县（市、区）已设116个，80个县（市、区）成立了粮食执法大队。全省建成粮食检测机构35家，其中省粮油检测站和济南、青岛、淄博、烟台、菏泽市粮油质检站成为国家粮食局挂牌站。在《粮食流通管理条例》颁布实施三周年之际，全省130个市（县、区）开展了集中的执法宣传活动，粮食执法社会氛围进一步浓厚。经省公安厅交通管理局核准，全省成为全国粮食系统第一家统一使用执法标识和图案的省份。5月26日，省粮食局举行了全省粮食执法车始发仪式。大力开展执法检查工作，全年共出动执法人员9585人次，检查粮食经营业户10568家。省粮食局和济南、寿光、宁阳四单位荣获全国粮食流通监督检查工作先进单位称号。

五 国有粮食企业改革进一步深化

按照深化体制改革、创新经营机制的要求，着力抓好产权制度改革，妥善解决遗留问题，企业发展活力进一步增强。抓好财务挂账管理，督促各市重新核实政策性财务挂账认定及剥离情况，帮助解决遗留问题；对经营性财务挂账情况进行调查摸底，为国家研究相关政策提供依据；充分利用优惠政策，全省共核销呆坏账近6000万元。认真贯彻鲁政发[2006]160号文件，进一步落实好国有粮食购销企业改革、粮食产业发展以及粮食行政管理机构建设等政策措施。以产权制度改革为重点，加快现代企业制度建设，规范运作方式，竞争能力显著提高。

六 粮食经济整体实力显著增强

坚持行政推动和市场运作相结合，以打造产业集群为切入点，着力推进县域粮食经济发展，粮食产业呈现出良好发展态势。国家粮食局和中国农业发展银行重点支持的粮油产业化企业全省达到86家，落实贷款规模54亿元。以科技兴粮为重点，建立以企业为主体、市场为导向、产学研相结合的产业发展体系。以资源整合为重点，采取退城进郊和土地置换等方式，突出抓好以企业为主体、项目为依托的产业园区建设。以借力融资为重点，盘活用好土地等存量资产，吸引外资和民营资本参与粮食产业发展，做好借力发展的文章。以服务群众生活为重点，各地大力发展馒头、挂面、方便食品和速冻食品等主食工业化生产，发展较快。直属单位事业发展取得新成绩，山东商务职业学院新校区、山东国家粮食质量监测中心、济南国家粮食交易中心、山东谷丰粮食储备库等一批工程项目相继竣工交付使用，发展后劲进一步增强。

七 党建群团和纪检工作取得新进展

以党的十七大和省第九次党代会为重点，认真抓好全体党员干部的理论学习，全面加强党的思想、组织、作风和制度建设。不断巩固先进性教育活动成果，继续深入开展争创“五个好”优秀党组织和优秀共产党员活动，提高党员队伍整体素质。工会、共青团、妇女组织积极开展丰富多彩的文体活动，组织爱心捐助和送温暖活动，增强了工作上的凝聚力和战斗力。狠抓廉政建设，通过开展“加强作风建设、促进社会和谐”主题教育活动，进一步教育广大党员干部奉公守法、廉政勤政。突出抓好审计工作，加强重点工程和重点岗位的监督检查，坚决杜绝腐败现象的出现。积极组织参与“阳光政务热线”活动，对群众投诉问题，认真协调解决。继续深入开展治理商业贿赂专项工作，认真接待、处理群众来信来访和案件查办。

山东省粮食局领导班子成员

邹大民	局　长、党组书记（任职至2008年2月）
孟庆秀	局　长、党组副书记（2008年2月任局长）
李永健	省发改委副主任、局党组书记（2008年2月任局党组书记）
张翠玉	副局长（任职至2008年2月）、巡视员（2008年2月任职）、党组成员
乔延亭	副局长、党组成员
王顺厚	纪检组长、党组成员
缑怀祯	副局长、党组成员
丁兆石	副巡视员

山东省常务副省长王仁元和国家粮食局副局长郄建伟为济南国家粮食交易中心揭牌。

山东商务职业学院新校区落成典礼。

山东省全省粮食执法车始发仪式。

河南省粮食工作

基本情况

河南既是全国第一农业大省、第一粮食生产大省、第一粮食转化加工大省、第一劳动力输出大省，同时也是重要的经济大省、迅速发展的新兴工业大省，在全国有举足轻重的地位。河南把解决“三农”问题作为各项工作的重中之重，坚持“多予、少取、放活”的方针，毫不动摇地加强农业基础地位，毫不动摇地落实支农惠农政策，毫不动摇地抓好粮食生产，毫不动摇地促进粮食加工转化，农业综合生产能力和产业化经营水平全面提升，为国家粮食安全作出了重要贡献，为工业发展提供了原料支持，初步走出一条在加快工业化、城镇化的同时发展粮食生产、解决“三农”问题的新路子。

河南是全国农产品生产区之一，粮食、棉花、油料、肉类等主要农产品产量均居全国前列。2007年，全省粮食总产量达到5245万吨，连续2年超过5000万吨、连续4年创历史新高、连续8年居全国首位，新增粮食产量占全国增量的1/3以上。实行严格的耕地保护政策，耕地连续9年实现平衡，粮食播种面积稳定在866.7万公顷以上；集中农业综合开发资金支持24个产粮大县，粮食核心区建设成效显著。河南省主要农作物良种覆盖率达100%，小麦良种覆盖率达98%以上。全省优质小麦播种面积达到326.7万公顷、占小麦播种面积的65%，农业机耕面积达80%，粮食单产达每公顷5370公斤，实现了以中低产向中高产的跨越。温家宝总理专门作出批示：今年河南粮食总产再次突破1000亿斤，连续4年创历史新高，为促进国家粮食安全作出了重要贡献。

河南农产品加工能力显著提高，全年投入农业结构调整资金2.4亿元促进农业产业化经营和龙头企业发展，省级以上农业产业化龙头企业达3918家，粮食、肉类、乳品加工能力分别达到3450万吨、60万吨和255万吨。全省规模以上食品工业增加值748亿元。味精、面粉、方便面、挂面、面制速冻食品等产品均居全国首位，实现了由“卖原料”向“卖产品”、由“中国粮食”向“国人厨房”的历史性转变。

河南省全年粮食收购量2175万吨，其中国有粮食购销企业收购1450万吨；粮食总销售1170万吨；2007年，全省最低收购价收购小麦1285万吨，占全国最低收购价收购小麦的44.7%。

2007年粮食工作

2007年，全省粮食工作在省委、省政府正确领导和国家粮食局的指导下，以邓小平理论和“三个代表”重要思想为指导，全面贯彻落实科学发展观，按照建设社会主义新农村和构建和谐社会的要求，继续深化粮食流通体制改革，强力推进国有粮食企业改革，认真执行最低粮食收购政策，切实加强粮食产业化、安全储粮和依法监管工作，促进了粮食生产与流通协调发展，圆满完成了省定各项责任目标任务。全省粮食非购销企业改制面达到68%，占省定目标60%的113%；全省国有及国有控股粮食购销企业完成粮食收购1450万吨，占全年目标的241.7%，其中小麦最低价收购1285万吨，占全国6个小麦主产省收购总量的44.7%；完成粮食销售1170万吨，占目标的195%；实现粮油销售收入174亿元，占目标的217.5%，其中粮办工业销售收入60亿元，占目标的133%；全省国有粮食购销企业实现全行业盈利，实现利润4.5亿元，占目标的112.5%；多种经营实现利润3.2亿元，占目标的114%；全省“四无”（无虫害、无变质、无鼠害、无事故）粮油率达到96%，“一符三专四落实”达到100%。

一 深化粮食流通体制改革，国有粮食企业改革取得新进展

（一）粮食市场主体多元化体系逐步完善

认真做好粮食收购资格许可工作，引导各类市场主体依法开展粮食收购活动，鼓励农业产业化龙头企业、粮食经销和加工企业入市收购；积极培育和发展农村经纪人队伍,拓宽农民售粮渠道，活跃了粮食流通。在全省范围内组织开展了粮食收购资格审核检查工作，规范了粮食市场主体行为。全省累计批准了4599家粮食经营企业从事粮食经营活动，其中非国有粮食经营企业2340家，占51%。

（二）国有粮食企业改革进展顺利

认真落实省政府办公厅转发的省粮食局等7部门《关于进一步深化国有粮食企业改革发展的通知》，制订了国有粮食非购销企业改革具体实施意见，按照“一企一策、因企制宜、成熟一个、改革一个”的原则，严格清产核资、方案实施、规范操作等程序，采取股份合作制、兼并、租赁、破产、出售等形式，有力地推进了国有粮食非购销企业改革顺利进行。全省粮食非购销企业改制面达到68%，占全年目标的113%。对重组整合后保留的700家粮食购销企业继续深化改革，建立现代企业制度，完善法人治理结构，在全省初步形成了布局比较合理的新型粮食购销企业群体。严格落实政策，扎实做好企业分流人员社会保障和再就业工作。真正把分流职工统一纳入当地社保体系；督促和指导企业多渠道兴办经济实体，增加就业岗位。

（三）地方储备粮管理体系进一步健全

认真落实《河南省省级储备粮管理办法》，省粮食局正式启动运转了省储备粮管理中心,对河南省已建立的省级储备粮实行集中管理。积极落实省级储备粮轮换计划，实现了省级储备粮推陈储新良性循环。各地对本地建立的地方储备粮，严格管理，及时轮换，确保了质量合格、数量真实，增强了地方政府的宏观调控能力。

二 认真落实国家粮食购销政策，有效保护了广大种粮农民利益

（一）最低价粮食收购政策得到落实

按照《2007年小麦最低收购价执行预案》要求，及时召开了全省夏粮收购工作会议，下发了《关于认真执行国家粮食收购政策，切实保护农民利益的紧急通知》，统筹安排好夏粮收购工作。“五一”和6月初，两次组织了12个工作组，分赴各地调查了解夏粮收购备仓工作，督促各地腾仓并库，全省共备仓容1150万吨。在收购工作中，各粮食收购库点坚持按质论价、优质优价，做到收购政策公开、价格公开、质量标准公开、验粮公开、计量公正，及时结算农民交售小麦的价款，因地制宜开展人性化、亲情化服务，设置样品台、咨询台、茶水站、医务室等，方便农民售粮。省粮食局组织了由局领导带队的8个工作组，分片包干，对口联系，对夏粮收购工作中政策贯彻执行、服务措施落实等情况进行专项监督检查，及时协调解决收购工作中出现的问题，维护了粮食收购市场秩序，有效地促进粮食稳定增产和种粮农民持续增收。2007年，全省最低价小麦平均收购价格达到1.448元/公斤。

（二）粮食市场供应得到有效保障

加强对粮食市场价格信息的收集和分析，指导粮食经营企业采取灵活多样的销售方式，努力搞活粮食经营，保证粮食市场供应，确保了粮食价格的合理稳定。全省国有粮食购销企业销售1170万吨，组织粮食企业积极参与最低收购价小麦公开竞价销售，按规定时限完成出库910万吨，督促粮食企业完成国家下达的4批跨省移库计划，已实现出库120万吨。

（三）政策性粮食供应落实到位

认真做好受灾群众口粮供应工作，确保了灾区粮食供应不断档、灾区群众有饭吃。各级粮食部门分别制订了粮食应急预案，确定粮食预警调控指标、责任单位和应急保障时原粮加工、运输、供应部门。认真做好粮油市场价格的监测工作，充实调整价格监测点，在全省28个县确定了价格直报点，实行周报、月报制度，保证了紧急状态下粮食市场的正常供应。严格执行军供政策，进一步完善军粮统筹采购办法，全面实行军用购粮卡改革，加强质量监管，保质保量地完成军粮供应任务，驻豫部队对军供工作满意率达95%以上。妥善安排好节日和贫困区、水库移民区高校等单位的粮油供应工作，保障了市场粮油供应基本稳定。

三 大力发展产业化经营，初步形成粮食产业化发展的新成绩

（一）粮食产业化发展势头良好

充分发挥国有粮食企业购销网络、储运设施、加工设施的优势，鼓励和引导粮食企业建立与农民利益共享、风险共担的关系，扩大订单粮食面积，提高订单履约率，引导粮食生产结构调整，增加农民收入。全省粮食企业发展小麦订单面积156.7万公顷，订单收购粮食515万吨。积极支持粮食企业通过兼并重组，推进国有粮食购销企业与加工企业、科研单位联合，催生了一批集科研、生产、收购、加工和销售一体化的经济实体。积极引导粮油加工企业采用新技术，开发新产品，粮食产业链条进一步拉长，粮食精深加工能力不断提高，粮油产品市场竞争能力不断增强。全省工厂化粮食加工转化企业已达2900余家，年加工能力超过3000万吨，位居全国第一。全省已有“方欣”大米、“博大”挂

面、“豫花”面粉等9个品牌被评为中国名牌。

（二）农村服务网点建设步伐明显加快

运用市场手段引导基层粮食企业和职工开办粮油服务社,鼓励和支持龙头企业与农民共建农村经济合作组织，发展农产品、农业生产资料和消费品连锁经营；继续组织实施“放心粮油”工程，扩大适合农村消费的粮办工业品、日用工业品的销售。全省粮食行业城镇连锁经营店及农村服务网点累计已达到11262个。

（三）粮食经贸合作关系进一步加强

加大粮食产销衔接力度，巩固与北京、天津、广东等主销区粮食购销合作关系。积极组织粮食企业参加福建泉州、辽宁盘锦、吉林长春、江苏南京、浙江衢州和河南驻马店等地举办的粮食产销衔接交易会、贸易洽谈会、粮油精品展示交易会等，参会参展企业达60多家，组织展位40多个，充分展示粮食行业良好形象。加快招商引资步伐，全年共完成招商引资项目35个，引资金额 45亿元。

四 转换企业经营管理机制，粮食行业经济效益大幅提升

（一）扭亏增盈目标责任制得到有效落实

继续实行扭亏增盈工作目标管理责任制，层层分解省政府确定的经营目标,建立国有粮食企业扭亏增盈信息通报制度和重点企业经营情况分析制度,定期召开经营形势分析会，通报经营情况，促进了扭亏增盈工作深入开展。2007年，全省国有粮食购销企业实现盈利0.85亿元，实现了全行业盈利。全省17个省辖市粮食局和省粮食局直属企业实现盈利，有114个县市实现盈利，盈利面达到84%。加强省局直属企业绩效管理，实行定期审计制度,完善激励约束机制，促进企业健康发展。全年完成经营收入 19.5亿元，占目标的118.4 %；实现经营利润0.42亿元，占目标的148.2%。

（二）粮食企业经营管理进一步加强

认真研究粮食市场行情，在做好政策性粮食业务基础上，积极拓宽经营领域，搞活粮食经营，增加企业收入。2007年，全省粮食企业毛利收入2.19亿元，比上年增加 1.77亿元。完善国有资产出资人制度和授权经营制度，有效地避免国有资产流失。加强财务核算，提高资金管理水平和使用效率，搞好成本核算，降低经营成本，广泛开展增收节支活动，有效地控制了不合理费用支出。妥善做好政策性粮食财务挂账后续工作，有效地减轻了企业的历史包袱，为扭亏增盈工作奠定了基础。

五 积极推进依法行政，粮食市场监管进一步加强

（一）粮食监督检查工作机制逐步健全

各市、县粮食局主动工作，加大协调力度，积极落实粮食流通监督检查机构、人员和经费。目前全省已有郑州、开封、洛阳、焦作、濮阳、漯河、三门峡、驻马店、南阳9市粮食局成立了监督检查内设机构，新乡、三门峡、南阳市粮食局成立了粮食行政执法大队。县级粮食部门已有86个县（市、区）成立了专门机构，24个成立了执法大队。实行粮食行政管理人员执法资格制度，加强监督检查培训工作，全省共培训粮食行政执法人员5000余人次，已有1207人获得粮食行政执法资格，为粮食行政执法向基层延伸创造了良好条件。

（二）粮食流通市场执法监管活动有效开展

组织开展了粮食收购市场监督检查工作，严格检查各类收购主体执行国家粮食收购政策情况，规范市场收购秩序，严厉打击违法收购、囤积居奇等各种违法经营行为。组织对最低价小麦销售和移库工作进行专项监督检查，对粮食销售出库中违规违纪问题进行了认真调查处理，维护了粮食销售市场秩序。认真组织开展了粮食库存检查工作。加强对省级储备粮、最低价收购粮食、军粮等粮食质量的监督检查，确保了原粮质量安全。

六 加强粮食库存管理，粮油安全储存和安全生产工作取得新进展

（一）粮油储存安全

认真贯彻“以防为主，综合防治”的保粮方针，层层落实安全储粮责任制，组织开展了春、冬季粮油安全大普查，重点对外垛、外租仓和政策性粮食保管进行了检查，做到有仓必到、有粮必查、查必彻底、不留死角。通过检查，全省库存粮油账实相符、仓内记录齐全、外垛管理规范、粮油储存安全。坚持防汛组织、责任、措施和物资器材四落实，保证了粮油安全度夏度汛。加强粮食储藏技术的研究与推广，不断提高科学储粮水平，全省科学储粮率达86%以上。积极向社会推广科学储粮技术服务，有效地降低了粮食产后损失。

（二）粮食仓储设施建设和改造工作取得新进展

各地及早着手，想方设法筹集资金，新建了一批平房仓和钢结构简易仓；组织基层企业做好最低收购价粮食收储库点的仓房维修工作，重点维修主产区和最低价粮食收购量大的仓库。截至2007年8月底，中央财政仓库维修资金补助款5342万元全部落实到库点，全省共自筹仓房维修资金1.74亿元，共维修1589个库点，维修仓房6438栋，仓容630万吨，占需维修仓容的58.3%，有效地改善了全省仓房储粮条件。

七 加强粮食行业基础工作，粮食行业服务水平进一步提高

（一）粮食现代物流市场体系建设步伐加快

及时向国家上报了《河南粮食现代物流园区示范项目》，圆满完成了建设省级粮食物流园区所需征地的任务。积极做好国家粮食局散粮汽车项目试点工作,启动实施了以公路散运为特征的现代粮食流通方式。全年完成散粮运输量50万吨。对全省粮食现代物流建设现状及发展情况进行了调研，加强物流市场之间的联系与沟通，初步打造了河南粮食稳定的流通渠道。河南省粮食交易物流市场初步建成了交易平台和信息管理系统，推广实行电子商务等先进的交易方式和手段，目前已成为国家粮食局重点联系批发市场和省发改委重点联系的30家物流企业之一，全年组织22次粮食竞价交易活动，实现交易量440万吨，交易额65.5亿元。

（二）粮食质量检验检测体系进一步健全

加强粮油质检机构建设，积极申报国家级粮油质检机构，继2006年省粮油饲料产品质量监督检验站等3家质检机构通过国家验收后，2007年又有郑州、安阳、洛阳、平顶山、驻马店和辉县市6家质检机构获得国家级粮油质量监督检验机构称号。完成国家粮食局组织的全国主产省的小麦质量会检工作,检测样品1234份。组织开展了库存粮油质量的全面检查，检测粮油、饲料和食品样品7708份，从

源头上为食品安全把关，维护了广大消费者的合法权益。

（三）粮食统计覆盖面进一步扩大

进一步扩大粮食流通统计覆盖面，不断提高统计数据质量。在全省范围内组织了2007年度粮食供需平衡调查工作，抽调1000多人，采取抽样调查、入户询问等方式，对6018户农户、1575户城镇居民、4300多家粮食经营企业收入、支出和库存情况进行了调查，及时、准确地报送各项粮油统计资料，为粮食宏观管理提供了重要的决策依据。

（四）粮食科技和行业教育培训工作有了新进展

以国家科技产业政策为导向，积极组织申报科研项目及成果，全年共向国家有关部委组织申报粮食科技项目4项。继续抓好行业干部职工教育培训工作，在全省建立11个省级粮食行业职业技能培训基地，开展了职业技能鉴定工作，合格1121人，有2人荣获国家粮食局颁发的“全国技术能手”称号。分级、分层次举办了粮油统计、粮食储运、财会知识等项业务培训和技能竞赛，共培训人员20689多人次。在全国粮食系统会计知识大赛个人赛中,河南省获个人二等奖2名,三等奖1名;在团体赛中,河南省代表队获团体第四名。组织参加了国家粮食局等部门在南京举办的首届全国粮食行业职业技能大赛，河南省6名选手获得3个银奖、2个铜奖、团体三等奖的优异成绩。

八 认真组织开展“讲正气、树新风”主题教育活动和学习党的十七大精神，粮食行业党风政风进一步好转

（一）“讲正气、树新风”主题教育活动成效明显

按照省委部署，从2007年4月1日开始，集中2个月的时间，深入开展了“讲正气、树新风”主题教育活动，做到了学习时间、内容、人员、效果四落实，顺利完成了学习动员、查摆问题、整改提高3个阶段的工作任务，达到了预期目的。通过学习，强力推进了基层党组织的思想、组织、作风和制度建设。在“讲正气、树新风”主题教育活动中，各级粮食部门针对查出来的问题，制定了整改措施，完善了思想、作风、队伍建设等方面的规章制度。自觉履行行业服务承诺，在全行业开展了正确履行职能、发挥行业优势、服务新农村建设的主题实践活动，使“讲正气、树新风”主题实践活动取得了实实在在的效果。2007年10月份以来，各级粮食部门党组织把学习宣传贯彻党的十七大精神作为首要政治任务，以各级党员干部为重点，采取多种形式和途径深入学习领会十七大精神实质，用党的十七大精神武装头脑，增强推进粮食改革发展的紧迫感和责任感，更加坚定地走中国特色社会主义道路的信心和决心。

（二）各级党组织和领导班子建设明显加强

以提高各级领导班子落实科学发展观的能力、驾驭全局的能力、处理利益关系的能力和务实创新能力为重点，组织各级领导干部加强自身学习，坚定理想信念，增强党性修养，切实转变作风，使各级领导干部思想政治素质不断提高，增强了领导班子的创造力、凝聚力和战斗力。

（三）党风廉政建设取得新成绩

认真贯彻中纪委、省纪委和省政府廉政工作会议精神，结合粮食工作实际，把党风廉政建设同粮食业务工作紧密结合，同时安排部署，强化监督检查。坚持标本兼治原则，签订责任目标，分解工作任务，深入开展党风廉政教育，加强惩防腐败体系建设。认真贯彻落实中央纪委《严格禁止利用职务

上的便利谋取不正当利益的若干规定》，深入开展治理商业贿赂专项工作，建立完善各项监督制度，提高领导干部廉洁从政和自觉接受监督意识。充分发挥职能作用，严肃查处违法违纪案件，维护了党纪国法的严肃性。

（四）精神文明建设取得明显成效

制订下发了《河南省粮食局服务承诺制度》和《河南省粮食局政务公开暂行办法》，继续在全系统内广泛开展民主评议政风行风活动。积极推进粮食政务公开，自觉接受社会各界监督。对社会各界和群众反映的意见和建议进行认真梳理和归纳分类，加强督促检查，认真纠正行业不正之风，促进了粮食行业精神文明建设不断发展。全省粮食系统各级文明单位达到2000多个，其中省级文明单位40个；省粮食局继续保持省级文明单位荣誉，在2007年年度考核验收中被评为文明单位创建优秀单位。

（五）机关建设取得新进展

省局印制了《河南省粮食局机关工作手册》，进一步推进了机关工作制度化、正规化、规范化建设。扎实做好省粮食局机关后勤保障工作，机关基建工程建设进展顺利，基础服务设施进一步完善；强化房产管理和安全保卫，规范家属区物业服务，机关办公和生活环境明显改善。抓好离退休干部工作，千方百计落实老干部政治待遇和生活待遇。省粮食局机关党委狠抓局直属单位党的思想、组织、作风和党员队伍建设，巩固和提高先进性教育成果，在各项工作中发挥了党组织战斗堡垒作用和党员先锋模范作用。高度重视工、青、妇群团组织建设，较好地发挥桥梁纽带作用。公文处理、新闻宣传、督促检查、机要档案、保密教育、史志编纂、计划生育等工作也都有新的提高。

河南省粮食局领导班子成员

曹濮生	局　长、党组书记
杨天义	副局长、党组成员
黄东民	巡视员、党组成员
于前锋	纪检组长、党组成员
刘大贵	副局长、党组成员
李　国	副局长、党组成员
乔　冰	副局长、党组成员
李志强	副巡视员

2007年底，河南省粮食局召开全省粮食工作会议。

河南省粮食局局长曹濮生陪同国家粮食局局长聂振邦检查夏粮收购情况。

做好粮食竞价销售，确保粮食价格稳定。

湖北省粮食工作

基本情况

湖北省位于中国的中部，长江中游的洞庭湖以北，故称湖北，简称“鄂”。现设12个省辖市、1个自治州、3个直管市、1个林区、38个市辖区、21个县级市、39个县（包括2个自治县）。2007年底，全省总人口6070万，其中常住人口5699万，城市人口2524.7万，乡村人口3174.3万。2007年，全省完成生产总值9150亿元，人均GDP16064元，地方财政一般预算收入590.4亿元，城镇居民人均可支配收入11485元，农民人均纯收入3997.4元。

湖北省地势呈三面高起、中间低平、向南敞开、北有缺口的不完整盆地。地貌类型多样,山地、丘陵和岗地、平原湖区各占湖北省总面积的56%、24%和20%。全省除高山地区外，大部分为亚热带季风性湿润气候，光照充足，热量丰富，无霜期长，降水充沛，雨热同季。湖北省是粮食主产省和全国重要的商品粮生产基地。粮食作物主要有水稻、小麦、油菜籽。全省粮食商品率一般在35%左右。

湖北省土地面积为185897平方公里，占全国土地总面积的1.9%。2007年，全省耕地面积为322.7万公顷，粮食播种面积为434万公顷，粮食总产量为2287.4万吨，在全国居第10位。油料总产量为281.8万吨，在全国居第3位。人均粮食占有量为402公斤。2007年，全省工业用粮为107.1万吨，种子用粮为26.8万吨，饲料用粮为616.2万吨，城镇口粮为390.1万吨，农村口粮为814.1万吨。2007年，全省纳入统计的各类粮食经营主体共收购粮食877.3万吨，其中国有粮食企业收购粮食452.9万吨；纳入统计的各类粮食经营主体共销售粮食987.2万吨，其中国有粮食企业销售粮食518.2万吨。

湖北省现有国有粮食企业836个，在岗人员23153人，其中国有粮食购销企业645个，在岗人员20373人。全省国有粮食企业仓容总量1292.1万吨，其中有效仓容1058.8万吨。

2007年粮食工作

2007年，湖北省粮食部门在省委、省政府的正确领导下，以科学发展观统领全局，认真履行职责，强化目标管理，扎实推进各项工作，圆满完成了各项目标任务，为全省经济社会发展作出了积极贡献。截至2007年12月底，全省纳入统计的各类粮食经营主体经营实绩是：共收购粮食877.3万吨，其中国有粮食企业收购粮食452.9万吨；共收购食用油27.8万吨，其中国有粮食企业收购食用油3.6万吨；共销售粮食987.2万吨，其中国有粮食企业销售粮食518.2万吨；共销售食用油72.8万吨，其中国有粮食企业销售食用油5.1万吨。国有粮食企业在粮食流通中发挥了主渠道作用。全省粮食部门坚持以确保粮食安全为基础，以经济效益为中心，通过推进改革、创新机制、化解包袱、搞活购销、加强管理等有效措施，狠抓扭亏增盈工作，全面提高了国有粮食企业经济效益。截至2007年底，全省国有粮食购销企业实现盈利7323万元，超全年利润目标5000万元的46.5%，比2006年增加盈利1172万元，增长19.1%，盈利面达到90.8%。全省国有粮食购销企业效益由1997年的全国同行业亏损第4位，跃居全国同行业盈利第4位，实现了历史性跨越。

一 粮食宏观调控

2007年下半年，全国粮油价格普遍上涨，特别是食用植物油涨幅较大。为了维护全省粮食市场稳定，湖北省粮食部门采取各种有效措施，加强粮食宏观调控工作，保证粮食市场供应。湖北省粮食局多次召开专题会议，及时研究落实中央和省关于粮食宏观调控的措施，组织指导各级粮食部门切实做好市场稳定工作。2007年全省共销售粮食987.2万吨，其中国有粮食企业销售518.2万吨，通过华中粮食中心批发市场拍卖成交最低收购价粮食465万吨。针对全省食用植物油库存较薄弱的情况，引导和协调油脂加工企业增加生产和市场供应量。在春节前安排轮出2370吨省级储备油投放市场，保证了全省粮食和食用植物油市场供应及价格的基本稳定。全省90万吨地方储备粮和5750吨地方储备油按时轮入到位，增强了粮食宏观调控的物资保障。确定落实了一批应急加工、供应企业和粮食市场预警监测点，发挥了粮食应急保障体系的作用。组织开展了社会粮食供需平衡、全省食用植物油生产、消费及经营情况的专项调查，为粮食宏观调控提供了重要的决策依据。严密监测粮油市场变化，及时上报和发布粮油市场信息，引导民众理性消费。由于调控及时，措施有力，全省粮油市场保持基本稳定，全省粮食安全工作经受住了考验。

二 落实粮食最低收购价政策

针对全省2007年小麦提早上市、市场价低于最低收购价的实际情况，湖北省粮食局积极向国家粮食局和省政府请示汇报，及时在全省启动了小麦最低收购价预案。全省各级粮食行政管理部门积极与有关部门协调，落实委托收购库点和收购资金，合理布点，方便农民售粮；加强粮食最低收购价政策执行情况的监督检查，指导国有粮食购销企业广泛宣传粮食最低收购价政策，认真执行国家粮食质价政策，做到了不拒收、不限收、不停收、不压级压价、不向农民打白条。全省收购最低价粮食176.8万吨，切实保护了农民利益。特别是在早稻、中晚稻最低收购价预案没有启动的情况下，各级粮食行政管理部门积极指导和帮助国有粮食企业解决收购资金困难，控制好经营风险，超额完成了全年粮食收购目标任务。截至2007年底，全省纳入统计的各类粮食经营主体共收购粮食877.3万吨，超计划目标650万吨的35.2%，比上年多购55.7万吨，增幅6.8%，其中国有粮食企业收购粮食452.9万吨，超计划目标350万吨的29.4%。

三 国有粮食企业改革

2007年,湖北省粮食部门在继续推进国有粮食企业精简重组的同时，加快了国有粮食购销企业产权制度改革的步伐。湖北省粮食局深入开展专题调研和考察，认真研究进一步推进国有粮食企业改革的政策措施。各地粮食部门结合实际，积极探索国有粮食购销企业改革的新路子，一些地方取得了明显成效。截至2007年底，全省实行产权制度改革的国有粮食购销企业365个，产权改革企业的比例达到56.6%，全省国有粮食附营企业基本上实现了民营改制；全省国有及国有控股粮食企业在岗职工2.3万人,比改革前1998年底的28.1万人减少25.8万人。国有粮食企业“三老”问题基本解决。2007年7月，湖北省粮食局被湖北省政府授予“全省国有企业改革先进单位”。

四 粮食行业发展

（一）粮食产业化经营取得新突破

湖北省粮食部门认真落实《省人民政府关于大力推进粮食产业化的意见》，明确目标，强化措施，大力推进粮食产业化发展。2007年10月，湖北省政府在京山县召开全省粮食产业化现场会，对全省粮食产业化工作进行了再部署、再推动。大力推进资源整合，龙头企业迅速发展壮大。南漳梅园、枣阳金华麦面、襄阳万宝、夷陵绿秀4家骨干企业通过资源整合组建了集团。截至2007年底，全省共有国家级粮油龙头企业8家，占全省国家级农业产业化龙头企业的36%；省级龙头企业81家，比上年增加21家。全省龙头企业共建设优质粮、专用粮基地33万多公顷，为粮食加工提供了大量优质粮源。大力发展粮油精深加工，粮食产业链条不断延伸，开发了有机米、留胚米、营养粥、生物柴油等一系列新产品，粮油加工综合实力大幅提升。2007年，全省粮油加工企业总销售收入达到271亿元，同比增长33%。全省20强粮食产业化龙头企业年销售额全部过亿元，其中京山“国宝”和监利“福娃”两家突破10亿元，洪湖浪、安陆禾丰、枣阳金华、夷陵绿秀、钟祥中粮祥瑞五家超过5亿元。京山“国宝”、监利“福娃”两个大米产品荣获中国名牌，实现了湖北省大宗农产品中国名牌零的突破。成功举办了第九届湖北粮油精品展示交易会，合同协议交易28万吨，交易额10.2亿元，成为全国唯一连续九年举办展交会的省份。

（二）粮食现代物流体系建设取得实质性进展

武汉粮食物流基地落实了第一期征地47.3公顷并开工建设。武汉、襄樊、荆州三个项目列入了2008年国家支持计划。武汉、宜昌等10个物流节点建设正在积极推进，共划出土地453.3公顷，已征用140公顷。2007年，全省粮食物流建设共完成投资5亿元，其中：京山县粮食物流园区完成投资1.7亿元，宜昌市粮食物流建设完成投资1.2亿元。

五 粮食流通监管

湖北省各级粮食行政管理部门切实加强和规范粮食流通监管工作。全省粮食行政执法机构体系建设任务基本完成，粮食行政管理部门职能正朝着全社会粮食流通监管方向积极转变。修订了《湖北省粮食收购资格审核管理办法》，建立了粮食收购资格审查制度，进一步规范粮食收购市场准入。对全省范围内已经取得粮食收购资格证的经营者进行了全面审查，全省重新审核发放粮食收购资格证3900个。认真组织开展粮食流通专项监督检查和涉粮案件查处工作，依法维护粮食流通秩序。全省办理涉粮案件1902起，其中责令改正1544起，实施行政处罚358起。加强粮食流通统计工作，督促指导多元主体建立经营台账并报送数据，进一步扩大了统计范围。编印下发了《湖北省粮食行政复议工作手册》，加强对全省粮食行政复议工作指导。2007年，湖北省粮食局和黄石市、老河口市、潜江市粮食局被国家粮食局授予监督检查先进单位，荆州区粮食局被授予全国粮食部门依法行政示范单位。

六 行业管理与服务

湖北省粮食部门以深入贯彻《粮食流通管理条例》为着力点，全面加强粮食行业管理与服务。

（一）积极开展政策理论研究

已连续两年在全省组织开展粮食流通软科学课题研究活动，着力提高各级粮食部门研究解决实际问题的能力和科学决策水平。湖北省粮食局有4篇论文和调研报告分别获湖北省政府颁发的决策咨询奖和国家粮食局颁发的软科学研究优秀成果奖、优秀调研报告奖及优秀征文奖，均实现了零的突破。湖北省粮食局还邀请全国12省区市粮食局长出席专题座谈会，研讨发展现代粮食流通产业问题，得到了国家粮食局的充分肯定。

（二）认真搞好粮食仓储管理工作

2007年，全省共投入仓库维修资金1亿多元，对3363栋仓库进行了维修，改善了仓库设施状况，满足了粮食收购的需要。组织开展粮食入库、出库质量检验和春、冬两季储粮安全大检查，保证了全省储粮安全。全省“一符四无”粮仓比例达99.8%，安全粮比例达98.3%。继续推动农户科学储粮示范工程，将农户科学储粮示范县市由原来的2个扩大到10个，共建立示范户1000家，发放丰产仓400套，发放宣传资料、储粮药剂上千份。

（三）扎实开展粮食质量检测工作

全省已建成质检机构37个，其中11个粮食质检机构被确定为国家粮食质量监测中心站所，初步建立了粮食质量安全监测网络。坚持搞好粮食收获质量调查、品质测报和原粮卫生监测工作。粮食收获质量调查和监测范围覆盖16个市、州的49个粮食主产县、市。及时发布信息，向粮农推介高效宜种品种，改善粮食品种结构。

（四）积极做好军粮等政策性粮食的供应工作

按照国家要求组织实施了军用购粮卡改革，严格军粮加工准入制度，重新审核认定军粮定点加工企业，保质保量地完成了军粮供应任务。湖北省粮食局被省委、省政府和省军区授予“拥军优属先进单位”。

（五）切实开展干部职工教育培训工作

三年来，全省通过培训考核取得粮食监督检查证的近900人，基本满足了粮食行政执法持证上岗的需要。组织开展了粮食特有工种职业技能培训和鉴定、粮食财会知识培训竞赛等工作。

（六）大力推进电子政务和信息化建设

启动了粮食调控监控管理系统项目，新建了粮食监督管理系统，湖北省粮食局门户网站进行了重大改版，增设了互动和服务栏目，受理群众咨询和投诉，网站访问量大大提高。

（七）坚持不懈地抓好党风廉政建设和反腐败工作

始终坚持标本兼治、综合治理、惩防并举、注重预防的方针，紧密结合执行粮食最低收购价政策、粮食企业产权制度改革、粮食行政执法和招标采购等重要工作，在全省粮食系统深入开展反腐倡廉和治理商业贿赂工作，促进了党风、政风、行风进一步好转。

湖北省粮食局领导班子成员

沈昌发	局　长、党组书记
沈桥梁	副局长、党组成员
赵启玉	副局长、党组成员
闵建华	纪检组长、党组成员
朱运清	华中粮食中心批发市场管理委员会办公室主任、局党组成员（副厅级）
杜留栓	巡视员（2007年8月退休）
王新堂	巡视员（2007年8月任职）
马木炎	副巡视员

湖北省已连续九年举办全省粮油精品展示交易会。

湖北省省长罗清泉（中）视察粮油精品展示交易会。

湖北省副省长李春明（前排左一）在湖北省粮食局局长沈昌发（前排左二）的陪同下调研粮食产业化工作。

湖南省粮食工作

基本情况

湖南地处长江中游，位于东经108度47分~114度15分、北纬24度38分~30度08分，东西宽667公里、南北长774公里，总面积21.1875万平方公里，其中耕地面积为323万公顷。辖14个市（州）、122个县（市、区）。2007年末，全省总人口6805.70万，比上年增加37.6万人。其中，城镇人口为2752.91万，乡村人口为4052.79万。

2007年，全省实现生产总值达9145亿元，比上年增长14.4%。全省人均生产总值14405元，财政总收入1119.31亿元，比上年增长25.2%。2007年，全省粮食播种面积529.6万公顷，与上年基本持平；油料种植面积92.7万公顷，增长0.9%；粮食总产量2910.1万吨，比上年增长0.3%。

2007年，全省收购粮食585万吨（含中储粮系统收购60万吨）。早籼稻收购均价每50公斤比上年提高8元以上，中晚稻收购均价比上年提高10元以上，农民增收10亿元。全年社会粮食总销售985万吨，比2006年增加155万吨。2007年1月，湖南粮食中心批发市场电子商务平台建成并投入使用，全年交易量达264.95万吨，交易额39.27亿元，促进了全省的粮食生产与流通。湖南粮食中心批发市场与霞凝粮库联合申报郑州商品交易所菜籽油期货交割库，5月下旬获首批确认。2007年全省在建1000万元以上的粮食物流项目32个，总投资39.87亿元，完成投资10.11亿元。

2007年粮食工作

一 省政府常务会议专题研究粮食工作

2007年4月18日，省政府104次常务会议专题研究粮食工作，原则同意出台增加省级储备粮规模、支持粮食产业化龙头企业发展等一系列政策，决定自2007年起，省政府连续5年每年安排1500万元的骨干粮库专项建设资金；连续5年，省级财政预算每年安排重点粮油加工龙头企业技改贷款贴息专项资金1000万元以上；新增25万吨省级储备粮；等等。上述实质性扶持政策，为全省粮食工作的顺利推进创造了有利条件。

二 全省粮食工作会议

2007年5月17日，全省粮食工作会议在长沙召开。会议由省政府副秘书长石华清主持，常务副省长、省委常委肖捷在会上发表重要讲话，省粮食局局长、党组书记吴奇修作工作报告。省政府办公厅、省发改委、省财政厅、农发行湖南省分行、中储粮湖南分公司等单位的负责人出席会议，各市州、县市区粮食局长，省粮食局机关全体干部和局直单位主要负责人，粮食行业的国家级、省级农业产业化龙头企业的法人代表参加会议。

肖捷在讲话中充分肯定了全省粮食工作者为全省经济发展所付出的努力，也对未来粮食工作的发展提出了新的希望和要求。吴奇修在报告中总结了2006年工作，分析了全省粮食工作面临的新形势，提出了2007年及今后一段时期粮食工作的总体思路：全面落实科学发展观，积极促进社会和谐；确立“大粮食、大市场、大物流、大产业”的全新发展理念，以新型工业化理念引领粮食产业健康快速发展,努力促进湖南由粮食生产大省向粮食经济强省转变，将湖南稻米的资源优势转化为经济优势，为国家粮食安全和富民强省作贡献。会议期间还举办了全省粮食产业化发展战略暨“隆平米——中国米”品牌发展战略报告会，省粮食局局长、党组书记吴奇修作了主题报告。与会代表围绕如何做强做优湘米品牌、发展壮大湖南粮食产业展开了热烈交流，取得了很好的成效。

三 粮食储备体系建设

建立健全以定点储备粮库的静态储备为主体、龙头企业动态储备为补充，以省级储备为主体、市县储备为补充，静态与动态储备相结合，储备轮换与购销经营相结合，与市场经济相适应的粮食储备体系。2007年，全省新增25万吨省级储备落实到位，其中静态储备15万吨，动态储备10万吨，市县储备也在逐步建立之中。争取省政府的重视与支持，同意建立食用植物油储备，储备品种结构得以优化。启动省级储备粮信息化管理。健全粮油应急管理体系。成立机构，加强领导，各市州出台并完善了应急预案，以省政府的名义制订发布了《湖南省粮食应急预案》，确定省粮食应急保障指定企业56家，省粮食应急加工指定企业50家，省油脂应急加工指定企业7家，省粮食（油脂）应急供应指定企业141家。2007年10月成功举行了粮食应急供应演练。

四 粮食收购

全省粮食行政管理部门在市场价格较高、最低收购价预案未启动的情况下，按照积极入市、理性收购、灵活经营、多方共赢的原则指导企业收购。2007年，全省收购粮食585万吨（含中央储备粮收购60万吨）。在湖南省粮食局政务网上开通价格直报系统，价格监测点由2006年的39个增加到51个，把市州所在地和广东省重点粮油批发市场纳入了测报范围。实行粮食收购资格年审制度，2007年全省共发放粮食收购许可证3382本。

五 仓库建设与储备粮管理

2007年，在全省范围内遴选出总仓容5万吨左右的骨干粮库63家，从仓库维修资金、基础设施建设、承担储备粮规模等方面给予倾斜。2007年争取中央财政下拨湖南省仓库维修资金1456万元，省财政配套安排1500万元，分两批下达，对全省2006年收购最低价粮的仓库进行维修，共维修仓库1265栋、仓容194万吨，涉及279个收储库点。

2007年末，省粮食局与省财政厅联合组织开展了储备粮轮换验收及库存粮食储存安全检查，省储备粮轮换按计划要求全面完成，新增储备规模全部到位，库存储备粮数量真实、质量良好、储存安全，实现了“一符四无”，做到“三专四落实”。

六 粮油加工与产业化经营

到2007年底，全省有规模以上的粮油加工企业416家，总资产117亿元。其中，大米加工企业388家，面粉加工企业7家，食用植物油27家。年加工能力：大米540万吨，面粉33万吨，面条30万吨，食用植物油预榨能力85万吨，精炼能力35万吨。2007年，规模以上粮油加工企业加工大米286万吨，面粉17万吨，植物油27万吨，面条18万吨，粮油加工实现工业总产值110.1亿元，实现利润35790万元。

2007年，龙头企业完成订单面积：稻谷126.7万公顷、小麦4.3万公顷、油料3.3万公顷，订单收购稻谷357万吨、小麦26.4万吨、油料62.3万吨。2007年全省有农业产业化国家级龙头企业4家，省级龙头企业39家，享受省级待遇的龙头企业16家，市级龙头企业154家。47家企业批准为第二批国家粮食局、中国农业发展银行重点支持的粮油产业化龙头企业。30个粮食产业化龙头企业多方筹集技改资金2.99亿元，采用新技术、新工艺、新设备进行技术改造，提高粮油精深加工技术装备水平，争取了财政技改贷款贴息1220万元。

七 品牌建设

2007年，品牌建设取得可喜成绩，有力地提升了湖南粮油品牌的形象与知名度。2007年9月，3个大米产品、2个挂面产品荣获中国名牌称号，占全省获得中国名牌总数的1/3，其中挂面产品占全国中国名牌的1/4。湖南粮油有“中国名牌”5个、中国驰名商标企业2家、“湖南名牌”39家、全国“放心粮油”企业63家。

八 湖南现代粮食物流园

建设中的湖南现代粮食物流园位于长沙市金霞经济开发区，占地面积80公顷，总投资11亿元，被省政府列为重点建设项目之一。2007年4月24日举行了奠基仪式,省政府杨泰波副省长、省政协副主席袁隆平院士、国家粮食局副局长任正晓出席。到2007年底，湖南粮食中心批发市场的主体工程和霞凝粮库的水运中心建设进展顺利，湖南金霞粮食产业有限公司一期4万吨仓房建设基本完工并投入使用，湖南国家粮油质检中心也得到了国家粮食局授牌。湖南粮食中心批发市场、隆平米业等7家单位已落户园区，泰国大米行业协会已授权园内的湖南金霞粮食产业有限公司为中国中部地区泰国大米分销中心，园区建设呈现出良好的发展势头。

九 组建隆平米业

2007年2月，由省粮食局牵头组建了隆平米业高科技股份有限公司，袁隆平院士和吴奇修局长出席签字仪式并发表讲话。公司计划用5年左右时间打造成年产销大米100万吨以上的农业产业化国家级龙头企业，使“隆平米”成为全国知名稻米品牌并成功上市。9月上旬，隆平米业新产品正式面市，有益健康的富硒米，高档的中国香米，家用的家福米，家旺米，家兴米3大系列大米陆续进入市场，颇受消费者青睐。公司还发起成立了全省第一家农民专业合作社——隆平米业种粮专业合作社，将有助于农企之间建立紧密的利益联结机制，推动农民增收、企业增效和社会主义新农村建设。

十 与北大合作举办工商管理精华课程高级培训班

为开拓粮食系统干部队伍和企业管理者的视野，提高领导干部的知识水平，增强领导干部坚持科学发展、驾驭市场经济的能力，分两批选送122名系统骨干到北京大学经济学院集中学习。参加培训的人员包括省、市（州）粮食局局长、副局长、省局机关处长及直属单位主要负责人等，邀请名师授课，围绕行业发展热点选课，参培人员普遍感到受益匪浅，开拓了视野，增长了知识，提高了能力。

十一 湖南粮食行业发展战略座谈会

2007年6月18日，湖南粮食行业发展战略座谈会在长沙举行，座谈会由省粮食局党组书记、局长吴奇修主持，著名经济学家、北京大学经济学院院长刘伟教授，北京大学经济学院副院长黄贵田，副院长兼院党委副书记崔建华，院党委副书记王永建等出席。与会代表围绕全省粮食行业发展的战略思路、产业定位及当前存在的问题与困惑、粮食产业发展的路径进行了广泛、深入的讨论，纷纷为湖南粮食行业的发展献计献策，在很多重大问题上达成了共识。座谈会上，省粮食局与北大经济学院签署了“湖南粮食产业发展战略”课题研究合作协议。与北大合作的“湖南粮食产业发展战略研究”课题获国家粮食局2007年度优秀软科学研究成果一等奖。

十二 粮食行政执法

截至2007年底，14个市州局、103个县市局建立了监督检查工作机构，8个市局、98个县市局成立了行政执法队。全省有1169人取得粮食行政执法资格。落实监督检查专项经费595.5万元。开展粮食库存检查、粮食统计专项检查、粮食质量专项整治和市州监督检查工作交叉检查工作，促进工作向纵深和均衡发展。全年共执行行政处罚案件2142例，其中责令改正1203例，警告288例，罚款164例，暂停、取消粮食收购资格213例，移交其他部门处理37例，未发生一例不服处罚、要求听证和行政复议的。湖南省粮食局、常德市粮食局、怀化市鹤城区粮食局、桃江县粮食局被评为全国粮食流通监督检查工作先进单位。

十三 粮食质量管理

制订《关于加强全省粮食质量监测体系建设的意见》，开通湘粮质检网。全省投入仪器配置资金715万元，省粮油产品质量监测中心和株洲、湘潭、邵阳、益阳、常德、张家界、娄底、怀化8个市粮油质检站获国家粮食局授权挂牌。2名质检员参加全国粮食职业技能大赛分获二、三等奖。省粮油产品质量监测中心被省编办定为省粮食局直属正处级事业单位，增加全额拨款事业编制10名，并对粮油、饲料、卫生等共6个参数进行了扩项，全年完成检测数据3万个。组织采样早稻295份、中晚稻200份参加全国稻谷收获质量会检，各质检站收获质量调查采样检测900余份，发布质量信息指导收购。

十四 行业队伍建设

重视党风廉政建设和机关作风建设，在省委、省政府组织的“万人民主评议省直机关”的活动中获得较高评价。坚持正确的用人导向，倡树为民、务实、勤廉、负责的新风。突出制度建设，切实做到用制度管权、管事、管人。加强能力建设，分两批选派122名骨干到北京大学经济学院培训，举办各类培训班培训600多人次。组织参加全国粮食行业职业技能大赛、全国粮食行业财会知识竞赛，取得了较好成绩。这一系列举措的实施，提高了队伍素质，推动了工作的顺利开展。

湖南省粮食局领导班子成员

吴奇修	局　长、党组书记
皮祖玉	副局长、党组成员
向才昂	副局长、党组成员
焦小毅	副局长、党组成员
李昌浩	纪检组长、党组成员
邓德林	副局长、党组成员

2007年5月17日，湖南省全省粮食工作会议在长沙召开。

湖南省副省长甘霖（右二）在省粮食局局长吴奇修（左一）的陪同下考察湖南粮食中心批发市场电子交易平台。

湖南省粮食局局长吴奇修在“隆平米——中国米”发展战略报告会上讲话。

广东省粮食工作

基本情况

广东地处祖国大陆南部，全境共辖2个副省级市、19个地级市、23个县级市、54个市辖区、44个县（其中3个自治县）。2007年末常住人口9449万，其中：城镇人口占63.1%，乡村人口占36.9%。全省陆地面积18万平方公里，约占全国陆地面积的1.9%，耕地面积284.8万公顷。2007年，全省实现生产总值30673.7亿元，比上年增长14.5%；人均生产总值32713元，增长12.9%；来源于广东的财政总收入7750亿元，全省地方一般预算收入2785亿元；城镇居民人均可支配收入17699.3 元，农村居民人均纯收入5624元。

2007年，全省粮食作物播种面积248万公顷，比上年增长0.5%。粮食产量1284.7万吨，增长3.4%，其中：谷物1046.4万吨、玉米59.2万吨、大豆13.5万吨；按照常住人口计算，年人均粮食占有量136公斤。粮食商品量294.3万吨，商品率22.9%。粮食总需求量3767万吨，其中：口粮1808.2万吨，饲料用粮1469.8万吨，工业用粮99.5万吨，其他用粮389.5万吨。粮食产需缺口2482.3万吨。全年从外省购入粮食1923.9万吨，进口571.7万吨。2007年末，全省国有粮食企业976家，在岗从业人员12772人。其中，国有粮食购销企业858家，在岗从业人员10828人。

2007年粮食工作

2007年，全省粮食系统深入贯彻落实科学发展观，紧紧围绕国家和省的工作部署和要求，以高度关注民生、保障全省粮食安全为核心，进一步落实粮食工作各级政府负责制，认真做好粮食市场调控和监督检查工作，全省粮食供需保持平衡，市场粮食价格保持相对稳定，军需民食得到有效保障，促进了全省经济社会又好又快发展。

一 粮食工作政府负责制得到进一步落实

省政府与各地级以上市新一届政府、各地级以上市政府与所辖县（市、区）新一届政府签订了粮食安全责任书。各级政府切实承担起落实粮食播种面积、粮食总产量、粮食储备规模、粮食风险基金规模等方面的责任，确保了辖区的粮食安全。省发展改革委（粮食局）研究提出了落实粮食安全责任的具体考核办法。省有关部门制订下达了2007年度粮食工作考评指标，并对2006年度各地完成粮食播种面积、总产量、储备和风险基金规模情况进行了考核，21个地级以上市全面完成了粮食储备任务，

18个市的粮食风险基金规模足额到位。省编委印发了省粮食局职能配置、内设机构和人员编制规定。各地以此为契机，进一步完善粮食行政管理体制，健全粮食监督检查机构，逐步充实粮食监督检查工作人员。全省有10个地级市单独设立粮食局，其他地级以上市的发展改革局（委）加挂粮食局牌子，设置专门的粮食业务科（处）室，承担粮食行政管理职能。

二 粮食市场供应和价格总体稳定

全省各级粮食部门认真履行职责，积极组织粮源，加强省间产销合作，把握好储备粮轮换节奏，配合有关部门加强粮食市场监测，保障了市场粮食供应和价格的总体稳定。全省调整充实了粮油市场信息监测点28个，其中国家信息监测直报点23个。按照省政府的决定，省和广州市有关单位及时动用省级储备粮，为广州地区20所院校供应大米1786.9吨，保障了高校学生的就餐用粮，减少粮价上涨对学生生活的影响，消除社会安全事故隐患。省发展改革委（粮食局）组织草拟了《关于利用国内外两个市场确保全省粮食安全情况的报告》、《关于全省今年稻谷生产和流通情况的报告》、《关于近年全省国有粮食企业粮食收购情况的报告》和《广东省玉米深加工规模及其发展趋势的调查报告》，召开了全省稻谷供求及价格走势座谈会，深入分析有关形势，提出政策措施建议。各地积极推进粮食产销合作。湛江市国有粮食企业本地收购稻谷9万吨，同比增加27%；江门市与江苏、江西省签订了7万多吨粮食购销合同；中山市对组织粮源作出贡献的粮食企业进行了表彰奖励，与湖北省签订了《粮食产销合作框架协议书》。2007年，全省粮食市场价格在高位平稳运行，市场零售价上涨4.4%，低于全国6.6%的涨幅；粮食市场供应稳定，没有出现断档脱销或群众抢购现象。

三 地方储备粮管理和粮食流通基础设施建设得到加强

按照国家关于“销区要保持6个月销量储备”的要求，全省创造条件逐步增加全省地方粮食储备规模，并对健全食用植物油储备制度进行了研究。省级储备粮信息管理系统初步建成，省直属粮库数据实现互联。省级储备粮代储企业核查完成，省级储备粮承储单位名称变更和库点调整办理程序得到进一步规范。省直属东莞储备粮库一期库区工程基本完成，码头工程前期工作有序推进。佛山市顺德区投资4000多万元建设的现代化粮库已投入使用，汕头市西港粮库二期工程、东莞市扩建2万吨仓容粮库第一期工程基本竣工，河源、中山、江门和潮州等市粮库项目建设正积极推进。粮食市场体系建设方面，获国家粮食局批准，在广东华南粮食交易中心基础上成立了广州国家粮食交易中心。该中心全年交易量首次突破100万吨，交易功能和市场影响力进一步扩大。全省初步形成以广东华南粮食交易中心为龙头、以省内区域性粮食批发市场为骨干、以市县粮食批发市场为基础的粮食市场体系。县级以上粮食批发市场超过150个，年粮食交易量超过500万吨。

四 粮食应急体系不断完善

省府办公厅印发了新修订的《广东省粮食应急预案》。省研究拟订了省级储备粮应急动用方案，明确和细化了粮食应急加工、运输和供应的具体措施。汕头市修订了市级粮食应急预案，广州市编制了全市粮食应急体系建设规划，佛山市制订了北江大堤和佛山大堤抗洪抢险粮油应急供应计划。全省各级粮食应急预案总数达114个，粮食应急预案体系基本建立。粮食应急加工、运输、供应网络不断健全，已落实粮食应急加工联系点340个、运输联系点262 个、供应联系点596 个。粮食应急演练准备工作有序推进。韶关市举行了军地双方军需应急供应保障演练。

五 国有粮食企业改革不断深化

在基本解决“老粮”和“老人”问题基础上，“老账”问题得到逐步解决。省对2006年度有粮食政策性财务挂账消化任务的18个市的消化情况进行了考核通报；对使用省消化粮食政策性财务挂账及利息补助资金单位进行了绩效评价，结果为优秀。2007年，全省统算超额完成年度挂账消化任务。全省国有粮食企业扭转了自1996年以来连续亏损的局面，首次实现盈利。广州、深圳、珠海、佛山、梅州、汕尾、东莞、江门、肇庆、揭阳10个市及省直国有粮食企业实现盈利7000多万元。

六 粮食法制建设得到加强

《广东省粮食安全保障条例》草案得到修改完善，立法步伐加快。《关于实施粮食经营者最低和最高库存量标准的规定》、《广东省地方储备粮库存检查暂行办法》、《广东省省级储备粮质量监管暂行规定》、《广东省省级储备粮轮换管理暂行办法》、《广东省粮油市场价格监测网络工作方案》等规范性文件草案已形成。深圳、阳江、茂名、肇庆、潮州市制订了市级储备粮管理办法。省发展改革委（粮食局）联合广州市发展改革委（粮食局）在广州举办了世界粮食日现场宣传活动。全省各地在《粮食流通管理条例》颁布实施三周年、世界粮食日期间通过组织参加知识竞赛、在粮食企业经营场所张贴宣传画、利用互联网进行宣传等多种形式，广泛开展粮食法制宣传活动。

七 粮食流通秩序进一步规范

全省完成了2007年度陈化粮购买资格年检，取得陈化粮购买资格企业由原来45家减少至目前22家；开展了省级储备粮代储条件认定工作，共有100家企业被认定符合省级储备粮代储条件；做好中央储备粮代储资格申报初审工作，全省具有中央储备粮代储资格的企业由原来的13家增至14家；粮食收购资格审核及监督管理检查工作有效开展，全省至今共发放粮食收购许可证706个。粮食库存检查、地方储备粮质量抽查、稻谷收获质量和原粮卫生专项调查、粮食质量安全专项整治行动等多项专项监督检查有效开展，进一步确保了政府储备粮数量真实、质量良好、存储安全，规范了市场粮食流通秩序。

八 军粮供应保障水平进一步提高

省粮食局认真研究由地方军粮供应网点向部队统一供应食用植物油的问题，组织拟订了《驻粤部队食用植物油供应管理办法》，并经省政府同意后印发实施。全省军用购粮卡改革工作顺利推进，实现了从纸质军用粮票到电子购粮卡的过渡。根据国家粮食局部署，认真开展了军粮质量卫生安全专项检查，样品检验合格率达100%。全省各地通过走访基层部队等多种形式，广泛开展建军80周年拥军慰问和“拥军爱军优质服务月”活动，军政军民鱼水之情进一步交融。

九 粮食行业管理得到加强

全省争取国家有关部门新批准重点支持粮油产业化企业14家，全省累计43家。开展了安全生产大检查、安全生产事故排查及“安全生产月”等活动，粮食行业安全管理进一步加强。省粮食局研究修订了《广东省粮食系统储粮化学药剂管理规定》，推行以市为单位集中统一管理药剂，防止药剂被盗、丢失事件的发生。省粮食科学研究所获国家粮食局授权，设立广东国家粮食质量监测中心。省粮食行业特有工种职业技能培训与鉴定机构成立并开展工作，全省粮食系统319人次参加了首批粮油质检员培训和鉴定。省组织完成的《广东省平战结合粮食应急加工研究》获得国家粮食局优秀软科学研究成果奖二等奖，《关于全省今年以来粮食供需和价格走势情况的报告》、《关于利用国内外两个市场确保全省粮食安全情况的报告》分别获国家粮食局2007年度粮食工作优秀调研报告一等奖、三等奖，粮食工作前瞻性和科学性进一步增强。

十 系统精神文明建设取得新成绩

全省粮食系统有3个单位（佛山市粮食局、江门台山市粮食局、韶关乐昌市粮食局）被国家粮食局评为“2007年度全国粮食流通监督检查工作先进单位”，阳春市粮食局被国家粮食局授予“县市级粮食行政管理部门依法行政示范单位”荣誉称号。按照省委的要求，局机关开展了“三服务一促进”（服务基层、服务群众、服务大局，促进社会和谐）主题实践活动，进一步增强了干部队伍的服务意识和全局意识，为落实科学发展观、推动粮食工作再上新台阶打牢了思想基础。

广东省粮食局机构设置和领导班子成员

2007年3月，广东省机构编制委员会印发《广东省粮食局职能配置内设机构和人员编制规定》（粤机编[2007]4号），决定在省发展改革委内设省粮食局，负责粮食行政管理和粮食安全工作，行政编制45名，设6个职能处（室）：办公室、调控财会处、政策法规处（军粮供应办公室）、监督检查处、科技储运处、监察室（纪检组、党委办、人事处）。

张军同志为省粮食局局长（兼任省发展改革委党组成员、副主任），李敏同志为省粮食局副局长。

2007年6月，广东省发展和改革委员会副主任、省粮食局局长张军（左一）陪同国家粮食局局长聂振邦在广东华南粮食交易中心调研。

2007年6月，广东省人民政府召开全省粮食工作会议，常务副省长黄龙云（中）到会讲话，省政府副秘书长李春洪（右）和省发展改革委副主任、省粮食局局长张军（左）在台上就座。

2007年6月，广东省委常委、常务副省长黄龙云（中）视察广东华南粮食交易中心，省发展改革委副主任、省粮食局局长张军（右三）、省粮食局副局长李敏（右二）、省储备粮管理总公司党委书记冯晓光（右一）、省储备粮管理总公司总经理龙红辉（左三）陪同。

广西壮族自治区粮食工作

基本情况

广西是一个粮食产销基本平衡、结构性缺粮的省区，以生产稻谷和食用大米为主，丰年大米自给有余，小麦、玉米均产不抵消。2007年全年粮食播种面积326.1万公顷，全年粮食总产量1550万吨，人均粮食占有量310公斤，粮食商品率为26%。全年全区国有和重点非国有粮食经营转化企业共购进粮食约734万吨(贸易粮,下同)，比上年同期增加67万吨；共销售粮食491万吨，2007年全区粮食消费量1940万吨，比上年增加20万吨，其中农村口粮920万吨，城镇口粮160万吨，工业用粮30万吨，饲料用粮710万吨，种子用粮10万吨。

2007年末，广西国有粮食企业共1509家，从业人员10700人。其中国有购销企业746家，从业人员8000人；粮食附营企业763家，从业人员2700人。2007年末全区粮食仓容总量为626.6万吨，其中有效仓容532.2万吨（国有粮库有效仓容486.6万吨），待报废或需要大修的仓容94.4万吨。

2007年粮食工作

2007年，广西粮食系统认真学习贯彻党的十七大精神和中央、自治区关于粮食工作的各项方针政策，全面贯彻落实科学发展观，切实加强粮食宏观调控，积极推进国有粮食企业改革，努力加快粮食行业发展，粮食工作取得了显著成效。

一　粮食宏观调控进一步加强，粮食市场基本稳定

一是积极组织粮食购销，有效保证市场供应。2007年度全区国有和重点非国有粮食经营、转化企业共购进粮食734万吨，同比增加67万吨，销售粮食491万吨，同比增加20万吨，转化用粮215万吨，同比增加10万吨，确保了全区粮油库存充裕，品种丰富，供应正常，价格稳定。二是进一步完善储备粮直补订单收购政策，做好直补订单粮食收购工作。在全区40个县（市、区）开展直补订单粮食收购与储备粮挂钩工作，落实直补资金6000万元，并根据市场粮食价格波动情况，适当提高直补订单早籼稻收购价格。截至2007年12月底，全区直补订单粮食累计收购50多万吨，为储备粮源提供了可靠保证。三是加强规范储备粮管理。根据《广西壮族自治区储备粮管理办法》的要求，组织制订了《广西

壮族自治区储备粮代储资格认定办法》等相关的配套措施办法，开展了自治区储备粮代储资格认定工作。同时，在全区开展“储备粮管理年”活动，储备粮管理水平得到进一步提高。四是完善粮食供应应急机制。认真落实国家粮食应急预案要求，制订和完善各级粮食供应应急预案，健全粮食应急保障系统，进一步提高应急能力和水平，确保在出现粮食应急状态时的市场供应。五是认真做好粮食产销衔接和政策性粮食供应工作。加强与粮食主产省的协调，指导和鼓励销区、用粮企业到产区设立粮源基地，及时协调解决粮食运输和资金等问题。继续做好水库移民、救灾等政策性用粮的供应工作，扎实推进军粮供应体制改革，稳步提高军粮供应质量、保障能力和服务水平。

二 国有粮食企业改革稳妥推进，企业效益明显提高

一是国有粮食企业改革步伐进一步加快。截至2007年底，全区有64个县(市、区)已基本完成国有粮食企业优化重组和职工分流安置工作。国有粮食企业产权制度改革稳步推进，非公有制经济快速发展，多元经济结构逐步形成。二是国有粮食企业历史遗留问题进一步得到解决。截至2007年底，全区14个市和自治区粮食局直属企业已完成了粮食财务挂账的清理审计工作，认定剥离政策性挂账22.02亿元。全区通过各种渠道筹措改革资金累计达10.75亿元，分流安置粮食企业职工3万多人，实现职工再就业1.27万人。全区国有粮食企业职工已纳入养老保险体系，企业分流人员得到妥善安置，职工思想基本稳定。三是企业管理进一步加强，经济效益明显提高。2007年，全区国有粮食购销企业销售收入28.8亿元，比上年同期增加4.13亿元，同比减亏3600多万元，剔除挂账因素，实现利润4500多万元，企业经营处于近几年来最好的发展时期。

三 粮食产业化经营取得新进展，促进了农民增收、企业增效

一是积极开展为民服务、助农增收活动。目前，6.7万公顷直补订单粮源基地基本完成，已建立优质稻推广示范基地6666.7万公顷，优质茶油示范基地近667公顷，优质木薯推广种植示范基地近67公顷；组织各地粮食企业免费向部分县（市、区）农民赠送优质稻种子15多万公斤、优质化肥10万公斤。积极推进“万村千乡市场工程——放心粮油进农村”活动，受到了城乡居民的欢迎和好评。二是加强政策扶持，培育壮大粮食产业化经营龙头企业。2007年起从农业产业化专项扶持资金中安排专项资金用于扶持粮食产业化龙头企业。自治区还规定直补订单收购的优质稻谷主要用于龙头企业加工，对保障粮食市供应起到积极作用。桂林力源粮油公司等6家粮食企业被自治区政府评为自治区首批农产品加工重点龙头企业。三是粮油加工取得较大突破，经济效益不断提高。2007年，全区粮油工业实现产值145多亿元，利税7.2亿多元，其中桂林力源粮油食品有限公司产值超过20亿元，利税8000多万元；大海粮油公司产值64亿元，利税4亿元左右；银雪兄弟公司产值6亿元，利税2000万元左右。

四 依法行政稳步推进，粮食市场监管进一步加强

一是深入贯彻《粮食流通管理条例》，提高粮食流通管理和服务水平。认真学习贯彻粮食流通管理各项法律法规，落实粮食收购资格许可制度，开展粮食依法行政示范创建活动和粮食行政复议工作，积极推进粮食政务公开，努力提高粮食依法行政水平。全区已发放粮食收购资格许可证1529家。

二是贯彻落实《广西壮族自治区储备粮管理办法》，认真开展自治区储备粮代储资格认定工作。目前，全区共有141户企业取得自治区储备粮代储资格。同时，加强对已取得资格企业的管理，为自治区储备粮的库存安全提供了保障。三是推进粮食监督检查体系建设，加强粮食库存监管。2007年，全区粮食行政管理部门内设监督检查机构共78个（市级12个、县级66个），各级粮食部门加大监督检查队伍培训力度，全区取得粮食行政执法资格的人员达到552人。四是开展粮食质量安全专项整治行动，加强粮食质量卫生监管。按照国务院和国家粮食局的统一部署，部署和组织实施粮食质量安全专项整治行动，积极开展收购环节的原粮卫生监测。认真组织开展2007年全区粮食库存检查，重点加大对储备粮、军供粮等政策性粮食的质量安全大检查和全区原粮卫生状况调查，确保粮食质量安全。自治区粮油质量监督检验站还被确定为“国家粮食检测中心”和“国家实验室”。

五　招商引资工作取得新成效，重点项目建设进展顺利

一是招商引资取得新成效。充分发挥粮食行业资源优势，积极开展招商引资，引进了一批项目、资金和技术。中国海洋石油总公司与自治区粮食局签订合作协议，在生物质能源原料基地建设、产品精深加工、物流配送等领域与全区开展全方位合作；引进深圳农产品股份有限公司与全区合作建设南宁国际粮农食品物流中心。同时，各地加强对招商引资项目的跟踪指导，促进招商引资项目的实施。二是重点项目建设取得了新进展。总投资1.5亿元的广西农乐粮油食品深加工基地一期工程已建成投产，钦州市粮油综合批发市场扩建项目已经竣工投入使用，防城港粮食物流中心一期工程开工建设，南宁国际粮农食品物流中心、广西工商职业技术学院新校区建设、贺州金泰农副产品交易中心、南宁金桥粮食中转库等项目前期工作抓紧进行。三是加大仓房维修力度，改善粮食仓储条件。各级粮食部门通过争取财政支持和企业自筹等办法，筹集资金维修改造了一批粮食仓库，进一步改善了粮食仓储条件。

六　粮食行业基础工作进一步加强，行业服务水平进一步提高

一是加强社会粮食统计调查和市场监测、预测，为粮食宏观调控服务。认真落实国家粮食流通统计制度，进一步扩大粮食统计的社会覆盖面，不断提高统计数据质量。完成2006年度社会粮食供需平衡调查工作，对粮食消费、农户存粮及分布、粮食商品率等情况进行专题分析。积极做好粮油市场信息工作，提高监测信息的准确性和时效性。二是加强粮食科技、教育培训、技能鉴定工作，促进行业技术水平和职工整体素质不断提高。继续推进科技体制改革，进一步加强和改善直属院校教学质量和办学条件。积极开展理论研究，自治区粮食局承担的研究课题获国家粮食局软科学三等奖。继续扩大行业特有工种职业技能培训和鉴定工作的覆盖面，大力推行职业资格证书制度。组织参加首届全国粮食行业职业技能大赛和财会知识竞赛并取得较好成绩，开展了全区储备粮管理技能和知识竞赛。各地也举办了各种培训班，提高了干部队伍整体素质。三是加强粮食安全生产，确保粮食系统粮食储存和生产安全。认真落实安全生产责任制，加强安全生产监督检查，举办安全生产培训班，提高职工安全生产意识。做好汛期安全储粮工作，及时布置检查，确保库存粮油安全。

七 党风廉政建设和社会主义精神文明建设进一步加强，转变干部作风、加强机关行政效能建设活动深入开展

一是转变干部作风、加强机关行政效能建设活动取得了明显成效。按照自治区党委自治区人民政府的统一部署，积极开展转变干部作风、加强机关行政效能建设活动，深入贯彻落实行政机关首问负责制、限时办结制、责任追究制3项制度，转变干部作风、加强机关行政效能建设长效机制逐步形成，干部队伍工作作风明显改进，服务能力明显增强，办事效率明显提高，发展环境明显优化。二是党风廉政建设得到有效加强。认真贯彻执行党中央和自治区党委关于加强党风廉政建设的各项规定，加强对党员干部的监督管理工作，有效防止了各类商业贿赂和粮食经营中压级压价、损害农民利益和国家利益的违法违纪行为。三是社会主义精神文明建设深入开展。积极参与实施“八桂先锋行”活动，开展争创“五型”机关、争当“四好”干部和争先创优活动，梁雨祥同志被广州军区评为第三届“国防之星”。举办歌咏比赛等文体活动，活跃职工文化生活，树立了粮食部门的新形象，展示了粮食职工的风采。四是离退休人员管理工作进一步改善，扶贫支教工作成效明显。自治区粮食局被评为全区支教工作先进单位，城乡清洁工程深入开展，社会主义和谐社会和精神文明建设卓有成效。

八 深入学习宣传贯彻党的十七大精神

认真学习宣传和全面贯彻落实党的十七大精神，结合粮食流通体制改革和粮食工作的实际，把十七大精神贯彻到粮食流通各项工作中去。举办了全区系统学习宣传贯彻十七大精神歌咏比赛，开展了形式多样的学习宣传贯彻十七大精神活动。

广西壮族自治区粮食局领导班子成员

梁雨祥	局　长、党组书记
黄显阳	副局长、党组成员
谢　俊	副局长、党组成员
刘文志	纪检组长、党组成员
何孔健	副巡视员

广西壮族自治区粮食局局长梁雨祥检查夏粮收购工作。

广西壮族自治区粮食局积极参与发展木薯乙醇产业化。图为自治区粮食局与海油（北京）能源投资公司签署发展木薯乙醇产业合作框架协议。

广西壮族自治区粮食局向农民赠送优质稻种。

海南省粮食工作

基本情况

海南省位于中国最南端。行政区域包括海南岛、西沙群岛、南沙群岛及其海域，是全国陆地面积最小但海洋面积最大的省份。海南岛陆地面积3.4万平方公里，省辖海域面积是200万平方公里，占全国海洋总面积的2/3。海南于1988年4月建省办经济特区，是全国最大的经济特区和七大重点旅游区之一。全省现辖2个地级市、6个县级市、4个县、6个自治县。

2007年末，全省人口总数为845.0万，其中农村人口446.2万，城市人口398.8万。世居有汉族、黎族、苗族、回族等11个民族。

2007年，海南省实现国民生产总值（GDP）为1229.6亿元，按可比价格计算，比上年增长14.5%，增速提高2个百分点。财政收入280.23亿元，比上年增长55.7%；全省年人均GDP收入14631元，城镇居民年人均可支配收入10997元，比上年增长11.9%，农民年人均纯收入3791元，比上年增长9.6%。

海南省耕地面积72.75万公顷，其中灌溉水田面积总量为33.3万公顷。2007年粮食总产量177.5万吨（原粮，下同），其中稻谷136.6万吨，杂粮41万吨，比上年减少约10%。人均粮食210公斤，粮食供给有缺口，是粮食主销区，大量的粮食需求靠岛外输入。

海南省是一个结构性缺粮省，2007年，全年省外购进粮食135.5万吨，国有粮食企业收购粮食17.2万吨，销售50.0万吨。当年食品及工业用粮4.8万吨，种子用粮1.8万吨，饲料用粮124.5万吨，城镇口粮68.5万吨，农村口粮107.6万吨。全省粮食企业194个（办理粮食购销许可证），其中国有粮食购销企业60个，从业人员1010人。

2007年粮食工作

2007年，海南省粮食局以确保全省粮食供应安全和市场稳定为目标，在抓住保持全省粮食市场稳定、加强地方储备粮管理和完成国有粮食企业改革3项重点工作的同时，努力构建符合海南省情的粮情监测预警应急、地方储备粮管理、政策性粮食供应、社会粮食流通监管四大粮食工作新体系，全面做好各项粮食工作，保证全省的粮食供应和市场稳定，为和谐海南建设提供可靠的基本物质保障。

一 做好粮食调控工作，保持全省粮食供求平衡

做好粮食调控工作。全省早稻受旱减产，比上年同期减幅达15%，下半年省内粮油产品价格受国内市场拉动，均有较大幅度上涨。省粮食局密切关注全国粮食供求动态，加强粮情监测、分析、研究，邀请国家粮食局相关专家来琼作全国粮食供求形势报告，召开全省粮食收购工作座谈会，组织粮食收购专题调研，统一各级粮食部门、国有粮食购销企业和相关方面的认识，并根据市场粮价变化，及时下达紧急通知，布置加强粮情监测、市场管理、粮食应急，搞活粮食流通等五项工作。全省各级粮食部门坚持从实际出发，加强粮情分析，加强与各有关部门的联系，加强市场监管，加强对国有粮食购销企业指导，切实采取措施做好粮食调控各项工作，保证全省粮油市场的供应。

搞活粮食市场流通。全省各级粮食部门鼓励和支持各种所有制的粮食经营、加工企业积极开展省际间的粮食购销活动，活跃了粮食流通，全年各种所有制经营主体共从省外购进粮食135.5万吨；加强对国有粮食购销企业的指导，积极开展粮食收购，全年共收购稻谷17.2万吨，占全省稻谷商品量的68%，积极开展省外粮食调销业务，全年共从省外调入粮食30万吨，并适时、适度轮换销售储备粮调节市场，充分发挥国有粮食企业在促进全省粮食供求平衡中的主渠道作用。

开展食用油储备和粮食物流园区专项调研。应对下半年国内食用油价格大幅上涨，省粮食局组织全省食用油供应专题调研，初步形成保证全省食用油市场供应的意见。为适应现代粮食物流发展的新形势，加快全省粮食物流体系建设，与海口市粮食局共同组织建设海口粮食物流园区专项调研。

二 掌握粮情，为粮食调控决策提供依据

做好粮食流通统计工作。建立海南省粮食经营、转化用粮企业粮食收支存统计台账制度，做好粮食统计资料的收集、整理和分析预测工作；开展农户粮情调查，确定340个农户粮情固定调查点，向调查户发放粮食收支台账簿，指导农户记录粮食收支情况，建立农户粮情固定调查点数据库；组织开展2006年度社会粮食供需平衡统计调查，开展农户粮食收支平衡调查等6项专项调查，共调查农户、城镇居民1197户，粮食企业449家；召开社会粮食供需平衡调查数据专题评估会议，审核分析汇总调查数据。

加强粮情监测预警系统建设。完善省粮情监测预警系统省级枢纽建设，配备系统运行硬件基础设施，搭建全省粮情监测点联网数据交换平台，实现粮情数据的网络采集、传输和处理功能；调整全省粮油市场信息监测点布局，巩固粮食批发、集贸、零售（超市）监测省级信息采集点31个，国家级粮情直报点6个；加强粮情的综合研究和成果运用，创刊并出刊了12期《海南粮情监测情况》，向省政府分管领导和各有关部门提供粮食调控决策依据。

做好粮食应急日常工作。落实粮食市场应急预案的应急措施，健全粮食应急加工、销售网络，核实和确定粮食应急加工企业72个，粮食应急销售网点248个，编制年度《海南省粮食应急工作手册》；指导各市、县制订本市、县的粮食应急预案。

三 加强督导，全力推进国有粮食企业改革

2007年是全省国有粮食企业改革决胜之年，各市县、各级粮食部门认真落实省政府对国有粮食企业改革的总体部署和具体工作要求，加大督导工作力度，加快推进改革的各项工作，到12月底，基本实现了省政府提出的改革目标和完成三项主要任务。一是完成国有粮食购销企业布局调整和改革改组。全省重组53家国有粮食购销企业，组建负责处理债权债务过渡性企业8家，508家退出国有企业行列。二是完成国有粮食企业职工分流安置。全省国有粮食企业在册职工12683人，重组的国有粮食购销企业择优聘用912人。需要分流安置12044人，已处理劳动关系11943例，发放经济补偿金22622万元，缴交历年拖欠各项社保费17967万元，移交档案关系11230人纳入再就业体系11133人。在改革中完善企业离退休人员社保关系4816人，缴离退休人员养老、医疗基金补偿金和离休人员医疗统筹费共15662万元。全省共筹措职工安置资金59857万元，分流安置职工已支付56251万元。三是完成国有粮食购销企业1998年6月1日至2004年6月30日期间新发生的政策性财务挂账7342万元的清理审计认定。

加强对市县国有粮食企业改革工作的检查督导。全面督导：3月中旬，由省局领导带队组成4个组，对全省国有粮食企业改革工作进行全面督导，重点检查各市、县6月底前完成国有粮食企业改革的计划与措施。在此基础上，撰写了检查报告报省政府，罗保铭省长、刘琦副省长对报告分别作出批示，省政府办公厅以《内部情况通报》印发。重点督导：5月与省财政厅联合组织专项督导，指导改革资金筹措困难的6个市、县做好资金筹措工作，采取措施做好省财政补助资金的拨付工作。专项督导：分别就职工分流安置工作、省政府关于对全省国有粮食企业改革的布置和善始善终做好国有粮食企业改革的各项工作等内容，召开3次粮食局长座谈会，交流情况，分析形势，明确阶段性工作要点和具体要求。

积极做好国有粮食企业改革相关工作。协同省财政做好省补助资金的拨付工作，5193万元省补助市县的企业职工安置资金全部拨付到位；建立市、县国有粮食企业改革旬报制度，做好全省国有粮食企业改革进度的汇总、交流，编印《国有粮食企业改革》专刊18期；研究起草《国有粮食企业改革检查验收工作方案》，明确全省国有粮食企业改革检查验收的内容、方式和考评指标，经省政府批准印发执行；指导督促国有粮食购销企业做好日常粮食财务工作，组织2006年全省粮食企业全年会计报表汇总及财务分析工作；积极主动地与各有关部门沟通反馈，配合做好粮食财务挂账的清理审计和认定工作。

四 管好储备，掌握政府粮食调控的物质基础

各级粮食部门认真履行储备粮行政管理职责，切实做好地方储备粮库存监督检查，指导承储企业抓好地方储备粮仓储管理和轮换管理，协助管理在琼的中央储备粮，中央、省、市县三级粮食储备管理工作平稳有序。省级储备粮2007年生产粮占76%，2006年生产粮占24%，连续7年实现数量真实、质量良好，年末库存为当年粮和上年粮，当年粮不少于50%的工作目标。

加强省级储备粮监管。组织夏季粮食普查和储存品质检验，共检查省级储备粮承储企业26家，仓库186座，粮堆（廒）525个，粮食86199吨。经检测库存的省级储备粮宜存率为96%，质量合格率为95%。对普查中发现少量储备粮杂质不达标或整精米率偏低等问题，督促企业整改。根据《海南省省

级储备粮承储管理年度考核暂行办法》，对26家省级储备粮承储企业的管理情况进行量化考核，评定优秀13家，合格12家，不合格1家，对严重超期挂空轮换经营的一家公司进行通报批评和经济处罚，进一步推进了省级储备粮管理规范化。

加强基础设施建设，提升储粮科技水平。积极检查、督促有关企业认真落实2006年下达的省级储备粮库维修、改造、新建项目计划。省直承储企业所属粮库“三项储粮技术改造”完成79%，省级储备粮承储企业储粮科技水平普遍得到提高。为提升粮食行政管理部门对储备粮的监管能力，研究提出《海南省储备粮管理信息系统开发建设方案》，经报省政府批准拨付第一期建设资金165万元，已完成前期准备工作，进入实施阶段。根据省政府和国家粮食局的相关要求，衔接做好洋浦粮库建设工作，成立了项目建设领导小组办公室和项目工作组，开设项目建设领导小组办公室基建专户，并创刊《海南洋浦粮食储备库建设工作简报》。

抓好粮食安全生产工作。督促企业建立健全安全生产责任制，节假日、汛期24小时值班和领导带班制度；指导企业做好防风防汛工作，确保汛期储粮安全；指导企业做好储粮化学药剂管理；组织对全省粮食加工企业、储藏物害虫防治服务企业的甲基溴使用情况进行调查。

完成中央储备粮代储资格申报管理工作。按照《中央储备粮代储资格认定办法》等文件规定，经审查，上报省粮食局秀英粮食转运站、海南丰源油脂有限公司2家企业申报中央储备粮代储资格的受理材料。

五 以兵为本，认真做好军队粮食供应工作

坚持“以兵为本”的服务宗旨，认真贯彻落实国家的军粮供应政策，以军粮质量为中心，加强各项基础工作，军供工作持续呈现供应稳定、质量保证、服务优良、军地满意的良好局面。

加强军粮质量管理。认真执行《海南省军粮质量监管办法》，监督军粮质量管理各项制度的落实；组织军粮食质量检查，5月组织对5个市县的军粮质量进行抽查，军粮质量全部合格，11月全面开展军粮质量安全专项整治，检验结果表明，粮食标签合格率和军粮质量合格率都达到100%。

实施军用购粮卡改革，全面加强军粮供应基础工作。全面取消纸质军用粮票，合并军粮计划与军用粮票计划，实行军粮刷卡供应；认真研究筛选上报军供网点维修改造补助项目，争取国家项目资金；加强协调、落实西沙军供站维修改造资金。

深入开展优质服务。认真履行《军粮供应服务公约》，实行24小时预约服务，全省送粮率达70%以上。“八一”期间在全省粮食系统开展“拥军爱军优质服务月”活动，做好节日增供优质军粮和品种串换工作；粮食行政管理部门和军粮供应部门积极开展走访慰问活动；各市县根据实际，积极与当地驻军单位开展形式多样、健康向上的文体联谊活动。

六 加强监管，维护粮食流通秩序

全省各级粮食部门认真实施粮食收购许可管理，组织全省国有粮食企业粮食库存检查、原粮卫生状况专项调查和粮食质量安全专项整治行动，配合有关部门监管粮食市场，有效维护了全省粮食流通的正常秩序。

粮食收购许可管理工作。严格粮食收购许可准入制度，按照规定和程序发放粮食收购许可证，对

外地收购的粮食企业办理备案，全省共发放粮食收购许可证191家；做好粮食收购许可办理季报表、粮食收购资格经营者审批和变化情况的审核汇总上报，做好粮食收购许可资料收集、整理等工作；组织粮食收购许可管理行政监督检查。

做好粮食市场监管工作。开展全省国有粮食企业粮食库存检查，先由各市、县组织本辖区内国有粮食企业粮食库存自查，省粮食局会同中储粮总公司海南联络处等四部门（单位）组织复查，并配合国家工作组对全省国有粮食企业粮食库存情况进行抽查。国家工作组抽查结果显示：所查库点账实相符、粮食库存真实；粮食各项仓储管理制度健全，管理比较规范，粮食基本处于安全状态；质量、原粮卫生符合国家标准要求。组织开展全省国原粮卫生状况专项调查工作，调查汇总结果表明全省的原粮卫生全部符合国家的卫生标准。组织开展全省粮食质量安全专项整治行动，制订《海南省粮食质量安全专项整治行动方案》并认真组织实施。以粮油质量安全为主题，积极开展食品安全宣传周活动。配合有关部门开展粮食市场流通领域的监督检查，维护市场流通秩序。

七 改革创新，加强机关自身建设

抓好干部政治理论学习，加强干部队伍思想建设。局党组切实加强党员干部理论教育，坚持局理论中心组学习制度，研究制订学习计划。各单位利用班组学习会、党员生活会等多种形式组织党员干部学习理论。局理论中心组重点组织了4次专题理论学习会。组织学习胡锦涛总书记在中纪委七次全会上的重要讲话、胡锦涛总书记在中央党校的重要讲话，组织学习党的十七大精神、省第五次党代会精神。采取中心组集中学习与个人自学的办法，强化学习十七大工作报告和新党章，联系粮食工作的实际，积极探索做好新时期粮食工作的思路和措施。

坚持民主集中制原则，加强领导班子组织建设。继续推行民主生活会制度。局党组和直属单位领导班子都召开以“加强领导干部作风建设”为主题的民主生活会。坚持领导班子集体议事制度。贯彻落实《局党组重大问题议事规则》、《局行政领导重大问题议事规则》，重大问题都通过党组集体讨论决策或局务会议讨论决定。召开了27次党组会议和20次局务会、9次局长通气会议讨论决策重大事项。坚持领导干部述职述廉制度，局党组班子年终向局机关全体干部述职述廉，进一步落实党风廉政建设责任制。

开展党风廉政建设教育。围绕“廉洁从政”为主题，在全体党员干部中开展“廉政文化建设”活动。组织全体党员干部学习胡锦涛总书记在中纪委七次全会上的重要讲话，学习党员干部反腐倡廉相关法规，开展廉洁从政知识测试活动，抓好反腐倡廉教育。组织党员领导干部主讲以“加强作风建设，促进廉洁从政”为主题的廉政党课活动。一年来，局机关党委和直属11个党支部书记都亲自主持给党员干部上了“廉洁从政”党课。贯彻落实“四大纪律，八项要求”，抓好党员领导干部报告个人有关事项和领导干部廉洁从政“五个专项”清理、“严禁谋取不正当利益”等事项的申报登记工作。

海南省粮食局领导班子成员

宋建海	局　长、党组书记
郭泽云	副局长、党组成员
黄　驹	副局长、党组成员
王新华	副局长、党组成员

琼海市粮食局军粮供应中心营业大厅。

临高县粮食收购点现场。

儋州市粮食储备库全景。

重庆市粮食工作

基本情况

重庆市土地面积8.24万平方公里。2007年末，耕地面积223.9万公顷，比上年净减少2872.0公顷。粮食播种面积252.4万公顷，增长1.0%，油料种植面积26.3万公顷，增长2.2%。全年粮食总产量1148.0万吨，增长237万吨，增幅26.1%。其中稻谷497万吨，增长117万吨，增幅30.8%；小麦81万吨，增长4万吨，增幅5.2%；玉米235万吨，增长29万吨，增幅14.1%。油料产量43.8万吨，增幅8.6%。

重庆市2007年粮食总消费量1251万吨，产量和消费缺口103万吨。其中城镇人口口粮165万吨，占总消费13.2%；农村人口口粮422万吨，占总消费33.7%；饲料用粮553万吨，占总消费44.2%；工业及行业用粮70万吨，占总消费5.6%；种子用粮24万吨，占总消费2.0%。

重庆市2007年末常住人口2816万人，增加8万人，其中城镇人口1361.4万人，增加50.1万人，城镇化率达48.3%，提高了1.6个百分点。全年完成库区移民安置5.17万人，累计搬迁库区移民107.4万人。全年实现地区生产总值4111.8亿元，增长15.6%，人均地区生产总值14622元，增长15.2%。地方财政收入788.6亿元，增长48.9%，农村居民人均纯收入3509元，增加635元，增长22.1%。城市居民消费价格总水平上涨4.7%，其中食品价格上涨14.1%，主要食品猪肉上涨49.8%，油脂上涨32.2%。

2007年粮食工作

一 粮食流通

（一）粮油购销

2007年，全市推进“放心粮油进农村”项目，改建新建农村放心粮油网点500个，评定市级放心粮油品种25个，超额完成此项列入市政府“八大民心工程”的目标。全市国有粮食企业发展订单粮油面积15.9万公顷，完成目标任务的119%，收购订单粮油12.2万吨，履约率38.1%。全社会各类粮食经营企业购进粮食281万吨，完成117.1%，市内收购134万吨，市外购进147万吨，其中国有粮食企业市内收购粮食78万吨，完成120%。全社会各类粮食经营企业销售粮食268万吨，完成141.1%，销售食用油26万吨，完成104%，其中国有粮食企业销售粮食129万吨，完成129%，销售食用油8.3万吨，基本完成任务。

（二）粮油加工储存

2007年，全市国有粮食企业粮油工业产值32.79亿元，同比增加40.2%。其中，大米产量77.8万吨，同比增加12.0%；食用油产量32.9万吨，同比增加14.8%。新开工6个优质粮油精深加工技改项目，已完成2个，技改项目产品优质率达到100%。全市国有粮食企业实现“四无”储粮达到99.9%，储备粮“四无”达到100%，双低储粮达到92%，规范化储粮达到90.8%。

（三）国有粮食企业

2007年末，全市国有粮食企业292户，其中国有粮食购销企业178户，粮食产业化龙头企业22户；在册国有粮食企业职工10601人，其中在岗职工6068人；国有粮食企业职工参加社会保险10651人；全年分流安置职工筹集资金5632万元，其中财政补助443万元，企业自筹5189万元。累计分流安置职工筹集资金65407万元，其中财政补助17144万元，企业自筹48263万元。全市完成1998年6月1日至粮价放开前2001年底国有粮食企业政策性亏损挂账剥离工作，市财政局、市粮食局、市农发行将第一批政策性亏损挂账剥离到区县（自治县）粮食行政管理部门在农发行开设的账户上集中管理。

二 国有粮食企业改革

2007年9月24日，市政府第109次常务会议审议通过，10月11日下发《关于整合国有粮食企业资产组建重庆粮食集团的批复》（渝府[2007]155号）。一是同意将重庆粮油集团更名为重庆粮食集团，各区县（自治县）国有粮食企业以资产无偿划转的方式，成建制整合到重庆粮食集团。每个区县（自治县）原则上组建一个国有粮食骨干企业，作为重庆粮食集团的子企业。组建国有独资的储备粮管理公司，作为集团的子企业，按现行规定继续做好市级储备粮承储工作。二是重庆粮食集团属国有独资企业和市属重点国有企业，由市国资委依法履行出资人职责。三是整合后的区县（自治县）国有粮食企业，继续原纳税地不变，人员接收安置由重庆粮食集团负责。11月4日，市政府办公厅印发《全市国有粮食企业整合方案》（渝办发[2007]309号）。11月16日，市政府召开全市国有粮食企业改革工作会议进行全面部署：市国资委、市粮食局成立重庆粮食集团筹备组和深化改革、整合国有粮食企业资产工作指导小组；市粮食局抽调30名机关干部，在全市粮食系统抽调40名主办会计组成6个工作指导小组深入各区县（自治县）开展清产核资工作。

三 现代粮食流通网络建设

2007年4月16日，市政府办公厅发出《关于加快构建现代粮食流通体系的通知》（渝办发[2007]98号），提出构建以营销理念现代化、营销网络现代化、经营管理现代化、加工装备现代化、物流配送现代化为主要特征的新型粮食流通体系。在“十一五”期间，构建集粮油收购、储藏、储备粮轮换、精深加工、物流配送、营销网络于一体的现代粮食流通体系。加快“百市千店”建设，市、区县各确定1~2个粮食骨干企业为粮油营销龙头企业。在区县（自治县）人民政府所在地和有条件的建制镇建立100家以上的“放心粮油”超市，在乡镇和较大的行政村建立1000家以上的“放心粮油”便民店。“十一五”期间建立100家“放心粮油”超市和1000家“放心粮油”便民店。市粮食局党组成员分别带队，督促6个区县抓构建现代粮食流通网络试点工作，召开专题会议部署并组织参观巴南百佳超市，制定了放心粮油超市和便民店资质条件、认定程序和管理办法。2007年完成500个“放心粮店”改建新建工作并颁发牌匾和证书。

四 粮食产业化经营

（一）积极发展订单粮油

依托粮油加工企业，依托粮油贸易企业，依托各级储备粮轮换，争取各级政府的支持和政策的扶持，走规模化、市场化的路子，开展订单粮油收购。用规范性合同文本指导粮食企业与村社或农民签订合同，明确粮食企业与农民或其他组织的行为和职责，提高订单粮油履约率。市农综办科技推广费用于国有粮食企业发展优质稻谷生产基地。

（二）创新粮油购销方式

做到早安排、早落实、早开秤，实行职工集资、多方融资、小额贷款等筹款办法，采取设立临时收购点、委托收购、上门收购等方式，加大收购力度；采取巩固老客户、发展新客户，主攻大专院校、大型用粮企业，内外销售结合、大小品种结合的方式，扩大销售范围。

（三）继续开展“四代一换”

2006年在铜梁、大足、合川三地进行“四代一换”（代农加工、代农储存、代农烘干、代农收割、品种兑换)试点的基础上，2007年发展到25个区县和重庆粮油集团3个子公司开展“四代一换”工作，“四代一换”经营量达4.5万吨，比上年增加35.8%。

（四）打造优质粮油品牌

重庆市油脂公司红蜻蜓食用油品牌已立足重庆市场，成为粮油市场的主打品种，并逐步占领西南、挺进西北、走向华东市场。重庆粮油集团人和米业有限责任公司人和优质米获得中国名牌产品称号，已有多个区县米业加盟。重庆市上桥粮食中转库立佳面粉品牌在重庆市场占有的份额逐步扩大。全市国有粮食企业有5个产品获得重庆名牌产品称号，3个产品获得重庆知名产品称号。巴南区粮油购销公司、江津区粮食购销总公司、垫江县鹤游粮站绿佳米业公司获得中国粮食行业协会全国放心粮油进农村、进社区先进单位称号。

五 粮食基础设施建设

一是市粮食局编制完成《2006—2015年重庆市粮食现代物流设施建设专项规划》，并通过国家级物流专家组评审，初步确定把重庆建设成为西部粮食物流中心。二是市粮食局编制完成《重庆市粮食现代物流2007—2008年发展规划及重点建设项目》，并将主城区粮食物流中心项目一期工程、西彭粮食加工厂及粮食仓库工程、重庆渝西粮食现代物流中心工程三个项目资金申请上报国家发改委，获得中央财政第一期300万元资金支持。三是重庆市油脂公司江苏盐城红蜻蜓食用油生产厂建成顺利投产上市，主城区粮食物流中心项目一期工程、西彭10万吨粮库及日产200吨大米加工厂、立佳面粉技改、重庆粮油科技信息大厦等重点项目建设加快推进。四是中央、地方财政拨付国有粮食企业军粮供应网点建设资金130万元，对7个军粮供应网点维修改造进行补贴，市粮食局直属军粮供应站鸳鸯项目建设基本完工，即将交付投入使用，沙坪坝区军粮供应站大学城项目已完成土地置换和规划红线，即将开工建设。全市有2个军粮供应站挤入全国百强军粮供应站建设项目，并获得首次50万元补贴，1个军粮供应站列入全国“十佳”军粮供应站候选名单。

六 粮食宏观调控

2007年，全社会商品零售物价指数持续攀升，猪肉市场价格上涨尤为突出，年初粮食市场价格出现恢复性上涨，食用植物油市场价格一年内出现三次较大幅度上涨。2007年1月9日，市粮食局召开全市保障粮油市场供应工作会议，对稳定粮油市场价格，保障粮油市场供应工作作出全面部署。12月6日，马正其副市长率市级有关部门负责人在调研粮油市场现场会上，研究决定新增市级储备油5000吨，同时，安排3500吨红蜻蜓品牌食用油从12月14日起陆续投放市场，确保元旦、春节食用油市场供应，由此制约了其他品牌食用油价格的上涨，保证了食用油市场的稳定。2007年，中央安排31万吨主产省最低收购价粮食移库重庆，第一批19万吨已全部完成调运入库。全市完成40%的市级储备粮轮换任务，做到管理规范、数量真实、质量完好、储存安全。市粮食局制定了《重庆市粮食应急预案》，建立健全了组织机构，落实了一批粮油应急的储备、加工和供应企业。

七 粮食流通监督检查

市粮食局组织开展了全市食用油销售市场专项整治行动和粮食质量安全专项整治行动两次大规模检查。全年共组织各项检查、抽查1044次，出动执法人员5128人次，对6155户粮食经营企业进行检查，查处涉粮案件567件，罚款金额3.9万元，协助工商部门没收非法经营粮食105吨。一是市粮食局联合市工商局于“五一”、“十一”、“元旦”前分三个阶段对主城九区农贸市场、批发市场销售的散装食用油进行了专项检查。共出动执法人员399人次，对76家农贸市场的10户批发户、161户个体户经营的散装食用油进行抽样检查，效果明显，第二阶段比第一阶段检查抽样合格率提高21.8%，其中国有企业合格率达到100%，打击了掺杂使假行为，提高了经营者的诚信意识，维护了消费者的合法权益。二是按照国家粮食局《全国粮食质量安全专项检查整治行动方案》的统一部署，市粮食局组织在全市范围内开展了粮食质量安全专项整治行动。共出动人员978人次，对768户粮油经营者、957户粮食收购者，对粮食收购、储存、出库销售环节进行了质量安全专项整治，确保了粮食质量安全。三是选择在万州、涪陵、巴南、江津4个区进行粮食流通监督检查分类监管试点，按分类监管办法对监管对象进行类别初评，并组织试点区赴山东、江苏等地考察学习，试点工作基本完成。2007年，重庆市粮食局继续被国家粮食局评为全国粮食流通监督检查工作先进单位。涪陵区粮食局、巴南区粮食局、江津区粮食局被国家粮食局评为全国粮食流通监督检查工作县级先进单位。

八 粮食会展宣传活动

2007年1月1~4日，重庆市粮食局组团参加在重庆农业展览中心举办的中国·重庆西部农产品交易会暨重庆直辖十周年农业农村工作成就展，20家粮油工业企业，50个粮油品种参展，签订粮油购销协议金额2.8亿元。5月10日，重庆市粮食局在渝中区朝天门广场主办粮食科技活动周宣传活动。全市33个区县（自治县）粮食局同时开展粮食科技周宣传活动，共举办粮油科技讲座2期，设咨询点105个，发放宣传资料7万多份，接待群众咨询3万多人次。5月29日，重庆市粮食行业协会召开米业分会成立大会，中国粮食行业协会会长白美清、副会长宋廷明到会祝贺。6月8~10日，重庆市粮食局主办，重庆市乒乓球协会承办，重庆市油脂公司、重庆人和米业有限责任公司协办的重庆市首届“红蜻蜓·人和米”杯乒乓球比赛在市体育馆举行。9月19~21日，重庆市粮食行业协会组团参加2007中国优质稻米（盘锦）交易会，签订购进5万吨优质大米意向协议。9月28日，重庆市粮食局举办首届重庆市粮食行业职业技能大赛，评选出粮油检验员“十佳能手”、粮油保管员“十佳能手”。

九 党群工作和廉政建设

（一）党群工作

一是推进“执政为民、服务发展”学习整改活动后续工作。按照市委、市政府“执政为民、服务发展”考核办法的要求，建立了1000名服务对象信息库，精心组织完成了半年、全年两次1060名服务对象参加的社会考评，上半年考核取得了市级部门中第三名的好成绩。二是举办全市粮食系统2007年春节联欢会和重庆市首届“红蜻蜓·人和米”杯乒乓球比赛。三是举办首届重庆市粮食行业职业技能大赛，组织参加首届全国粮食行业职业技能大赛获得个人三等奖，组织参加全国粮食系统财会知识大赛的3人分获一、二、三等奖。

（二）廉政建设

一是落实党风廉政建设责任制。研究制定《重庆市粮食局2007年党风廉政建设和反腐败分工责任制》，局党组与重庆粮油集团、市粮食职工中专校、市粮油质检站等市属企事业单位签订党风廉政建设责任书。二是开展“作风建设年”活动。按照市委的统一部署，局党组成立“作风建设年”活动领导小组，制订“作风建设年”活动实施方案，落实“作风建设年”活动责任制度，召开“作风建设年”活动专题民主生活会。三是开展“万名干部大下访”活动。根据市里的统一要求，局党组成员采取分片包干办法，带领相关处室负责人多次深入企业现场办公，解决困难和问题。据不完全统计，参加“万名干部大下访”活动的党员干部达63人次，现场受理各种问题15件，已结案13件。四是开展治理商业贿赂专项工作。加大查办商业贿赂大案要案的力度，形成对腐败分子的强大威慑；注重做好典型案件的调研分析，抓住苗头和倾向性问题深入开展预防工作；强化对经营者的引导、约束和监管，增强其法制观念和依法经营的自觉性。

重庆市粮食局领导班子成员

胡君烈	局　长、党组书记
陈伟国	副局长、党组成员
刘天高	副局长、党组成员（2008年1月任职）
蒋寿光	副局长、党组成员
闵　卫（女）	纪检组长、党组成员
尤祖才	局长助理、党组成员

中国粮食行业协会会长白美清在重庆市粮食局局长胡君烈陪同下考察粮油市场。

重庆市市长王鸿举在市粮食局局长胡君烈陪同下视察粮油市场。

四川省粮食工作

基本情况

2007年，全省粮食生产实现恢复性增产。粮食播种面积681.1万公顷，粮食总产3450万吨，比上年增加200万吨，增幅6.2%，是历史上第六个高产年。

主要粮食作物全面增产。全省水稻产量1469万吨，增产77万吨，增幅5.6%；玉米产量648万吨，增产65万吨，增幅11.2%；小麦产量567万吨，增产11万吨，增幅1.9%。

粮食作物单产水平普遍提高，品质结构进一步优化。全年粮食亩产达到338公斤，比上年增加23公斤，增幅7.3%。全省优质稻、优质专用小麦、优质专用玉米面积分别达到138.3万公顷、73.6万公顷、56万公顷，分别比上年增加1.8万公顷、5.4万公顷、0.13万公顷；产量分别达到1011万吨、309万吨、291万吨，分别比上年增产58万吨、28万吨、16万吨。

全省全年收购粮食501万吨，销售粮食510万吨，省外购进粮食128万吨，销往省外粮食34万吨，收购油菜籽48万吨，销售食油22万吨，优质专用粮油面积101.4万公顷，新（改）建农户科学储粮小粮仓累计达55961个，乡村粮油超市和连锁店累计发展3272家。

2007年粮食工作

2007年，四川粮食工作在省委、省政府的领导下，在国家粮食局的指导下，紧紧围绕“坚持科学发展，构建和谐四川”总体思路，巩固扩大十年粮改成果，着力推进宏观调控、市场流通、依法管粮和为农服务四大体系建设，创新机制，扎实工作，圆满完成了各项工作任务。粮食安全保障能力得到新提高，粮食产业化经营取得新进展，服务新农村建设取得新成效，粮食流通监管迈出新步伐，粮食经济效益有了新发展，粮食行业风貌呈现新气象，得到了省委、省政府和国家粮食局领导的充分肯定。

一　加强调控确保市场供应

2007年，市场粮油价格持续上涨，年底市场粮价较上年同期小麦粉上涨7.17 %，标一米上涨13.8 %，菜籽油上涨42.28 %。为确保市场供应，全省切实采取措施，加强粮油调控。一是争取中央最低收购价粮食移库入川45万吨；二是适时安排85.6万吨省级储备粮轮换销售，平抑市场粮价；三是推进产销协作，在编制下达省内产销区指导性购销计划257.6万吨的同时，注重发展省际间产销衔接，与黑龙江、吉林等省签订了粮食产销合作框架协议，组织企业北上南下，加强购销合作；四是建立了地方菜籽油储备；五是密切关注大中城市、少数民族地区、重点单位和重大工程等粮油供应重点部位，加强粮油价格监测，发挥应急网络体系作用，有效缓解了达州、内江等地食用油短缺的矛盾，确保了灾区、大骨节病区、退耕还林特殊区域的粮油供应。

二　粮食产业化经营取得新的成效

2007年，全省大力推进“川粮优化工程”，落实粮油订单面积达155.3万公顷，较2006年增长6.2%，其中优质、专用粮油订单面积101.4万公顷，占省政府下达目标任务的126.8%，订单履约率明显提高，收购量达221.3万吨，带动农民增收7.8亿多元。全省100家粮食产业化龙头企业催生了一批行业排头兵，年销售收入超5000万元的已达27家，有33家进入了省级重点农业产业化龙头企业的行列。绵阳仙特米业、苍溪漓山粮油公司等11家龙头企业争取各类扶持资金5000多万元，增强了企业的发展后劲。

三　四川粮油名牌称号实现零的突破

“川粮”、“若男”两个粮油品牌被评为“中国名牌”称号，2个粮油产品通过了“国家地理标志产品保护”认证，182个粮油产品获“绿色食品”标志，97个粮油产品获得“无公害食品”标志，28个粮油产品获“四川名牌”，21个粮油品牌商标获“著名商标”，80个品牌获“全国放心粮油”称号。与2006年相比，“中国名牌”实现了零突破，“绿色食品”增加52个，“无公害食品”增加20个，“四川名牌”增加9个，“著名商标”增加6个。

四　乡村粮油超市和连锁店建设取得进展

各级粮食部门继续把重新构建粮食流通服务网络体系作为重点工作来抓，全省因地制宜发展乡村粮油超市和连锁店。崇州市的“商品销售”型、江油市的“粮食银行”型、巴州区的“农技服务”型、什邡市的“粮油兑换”型、通江县的“购销结合”型、阆中市的“多种经营”型、邛崃市的“一网多用”型等各具特色。截至2007年底，全省共建成乡村粮油超市和连锁店3272家，初步形成了以市县为单位、以粮食龙头企业为依托、覆盖全省部分乡村的新型粮油购销网络体系。

五　农户科学储粮取得新的突破

四川省是农业大省，粮食总产量居全国第四位，在广大农村农民有存粮备荒的习惯。然而，农户家庭储粮设施简陋，缺乏相应的储粮技术，每年因霉烂、虫蚀、鼠耗造成的损失惊人。按6%的损失率估计，全省一年要损失的粮食高达120万吨，相当于16万公顷良田的产量。2007年，省政府将农户科学储粮工作纳入了目标考核范围。各级粮食部门加大了农户科学储粮工程的工作力度，以“四川粮食科技活动周”为契机，不断完善农村科学储粮技术服务体系，加强农户科学储粮的技术培训和指导，着力提高农民科学储粮水平。宜宾、德阳、资阳、泸州等地政府拨出专项资金予以推动，通江、乐至、罗江等10个县级示范区有计划、有步骤地搞好试点工作，发挥了示范作用。全省共新建和改建农户小粮仓55961个，仓容达15万吨，按户均存粮1.5吨计算，可助农减损增收1000万元以上。全省已被国家列为《农村粮食产后减损安全保障工程》三个试点省份之一。农户科学储粮工程的实施降低了粮食产后损失，增加了农民收入，美化了民居环境，增进了粮食部门和农民之间的感情。

六 粮食流通监管迈出新步伐

各地有声有色地开展粮食法制宣传和教育培训，营造了良好的法治氛围。粮食监督检查机构建设取得实质性进展，全省所有市州、153个县（市、区）粮食局设立了监督检查或行政执法机构，占县（市、区）总数的85%。自贡、泸州市局率先成立执法大（支）队。全省有2065人取得粮食监督检查资格，并积极开展了大小春粮食收购、粮食质量和库存、地方储备粮管理、政策性粮食供应等专项检查，依法办理2032起涉粮案件，对332件违法违规行为给予行政处罚，无一例行政复议，有效地规范了粮食流通市场秩序。省局和泸州市、遂宁市以及安岳县粮食局被评为全国粮食流通监督检查工作先进单位。全省已有9个粮油质量监测机构纳入国家粮食质量监测体系。

七 国有粮食购销企业实现连续五年盈利

各地继续坚持和完善扭亏增盈工作责任制，完成了“销售收入同比增长10%，继续保持盈利”的目标。通过大购大销、外购外销、代购代销、勤进快销等措施，全年粮食购销两旺，较好地发挥了粮食市场流通主渠道作用。国有粮食购销企业实现销售收入72亿元，同比增加16亿元，增长28.5%。实现毛利收入16031万元，同比增加3254万元。尽管受六次加息、物价上涨和购销增加相应增大费用开支等因素的影响，全省商品流通费用开支95874万元，同比增加6943万元，但实际费用水平下降，商品流通费用率13.41%，同比降低2.67个百分点。全省国有粮食购销企业统算利润3075万元，自2003年以来，连续五年保持盈利。

八 调整27个扩权试点县（市）粮食经济管理权限

经省政府批准，印发了《四川省粮食局关于印发落实扩权试点县（市）粮食经济管理权限实施方案的通知》（川粮发[2007]14号）。2007年9月1日起，富顺县、盐边县、泸县、什邡市、绵竹市、广汉市、中江县、江油市、三台县、射洪县、威远县、资中县、峨眉山市、夹江县、南部县、仪陇县、阆中市、宜宾县、岳池县、华蓥市、大竹县、渠县、宣汉县、简阳市、安岳县、仁寿县、平昌县27个县（市）为扩权试点县（市），粮食经济管理权限调整。主要内容包括：一是项目直接申报，二是资质直接认证，三是业务报表处理，共三大项8小项。

九 开展四川2007年粮食科技活动周活动

5月19~25日，四川省人民政府、国家粮食局联合主办了“四川2007年粮食科技活动周”。主会场设在都江堰市天马镇建华村。国家粮食局副局长郄建伟，四川省人民政府副省长、省委常委郭永祥以及省委农办、省发改委、省财政厅、省农业厅、省农发行等10余个省级部门参加了启动仪式。四川粮食部门紧紧围绕“推进农户科学储粮，建设社会主义新农村” 活动周主题，在全川城乡开展农户科学储粮的科普宣传活动。科技周期间共举办各类活动285场次，制作展板410个，各级政府和粮食部门参加人员5000余人次，参加活动观众人数达5.7万余人，发送各类宣传资料41万多份，向农民发送“丰产仓”和帮助农民建造小粮仓916个，免费赠送储粮药剂4250袋（瓶），农户科学储粮知识培训1.5万余人次，投入活动经费达61.4万元。

十 阿坝州大骨节病区实施更换粮食工程

大骨节病是一种危害性很大的地方病，阿坝州是全国罕见的大骨节病重病区。阿坝州大骨节病区更换粮食工程是防治中最简便、直接、有效的一条措施。粮食部门为全州11个病区县、82个乡、316个村、20375户建立了档案卡。2007年累计供应粮食643.73万公斤，供应人口64226人，按时、按质、按量完成了全年更换粮食供应任务，切实把党中央、国务院对病区群众的关怀落到了实处。

十一 表彰全省粮食系统先进集体和先进个人

2007年4月12日，四川省人事厅、四川省粮食局发出《关于表彰全省粮食系统先进集体和先进个人的决定》(川人发[2007]21号)。对深入推进粮食流通体制改革和国有粮食购销企业改革，切实履行职责，加强粮食流通工作取得了显著成绩，为保障四川粮食安全，保护广大种粮农民和消费者利益，促进粮食经济健康发展作出了积极贡献的成都市粮食局等50个“四川省粮食系统先进集体”、吴远根等120名“四川省粮食系统先进个人”予以表彰。

十二 省委、省政府领导充分肯定

省委副书记李崇禧2008年1月11日批示：省粮食局去年超额完成了粮油收购等各项任务，确保粮油食品供应，稳定了市场物价，体现了科学发展和和谐构建精神。副省长、省委常委郭永祥2008年1月12日批示：省粮食局2007年工作主动积极，认真负责，在粮油购销、市场监控、积极参与新农村建设、增加农民收入、开展便民服务等方面做了大量工作，取得了显著成效。

十三 确定五项行政许可审批事项

《四川省政府办公厅公布省级行政机关行政许可项目的通告》（川办发[2007]1号）确定四川省粮食局5项行政许可审批事项：一是粮食收购许可证发放，二是陈化粮购买资格审批，三是军粮供应站和军粮代供点审批，四是国有粮食企业基本仓储设施处置审批，五是粮食批发市场和粮食专业市场的开办审批。

四川省粮食局领导班子成员

谭嘉林	局　长、党组书记（2008年6月任职）	黎　明	副局长、党组成员
侯　勇	副局长、党组成员	张书冬	副局长、党组成员
刘孟元	纪检组长、党组成员	黄自友	机关党委书记、党组成员

2007年5月21日，“四川2007年粮食科技活动周”启动仪式在都江堰市天马镇建华村举行，四川省政府副省长郭永祥、国家粮食局副局长郄建伟等领导参加了启动仪式。图为与会领导同志向农户赠送科学储粮示范仓标牌。

2007年9月18日，四川省粮食局局长谭嘉林率相关处室负责人值守“阳光政务”热线，与听众朋友就如何做好粮食购销、质量监管、科学储粮以及维护粮食市场秩序、保护种粮农民利益等方面的问题进行了互动交流与沟通。

2007年7月28日，四川省第一个粮食物流产业园——射洪粮食物流产业园区开工典礼在射洪县美丰工业城隆重举行。

贵州省粮食工作

基本情况

贵州省位于中国西南地区东南部，东南西北分别与湖南、广西、云南、重庆相邻。2007年末，总人口3975万人。全省有4个地级市、3个自治州、2个地区，共有88个县（市、区、特区）。

2007年，全省GDP为2710.28亿元，比上年增长13.7%，财政总收入556.78亿元，增长24%；全省城镇居民人均可支配收入达到10678.40元，比上年增长10.6%，人均消费性支出7758.69元，增长7%；农民人均纯收入2373.9元，粮食总产量1170.71万吨，比上年增长4.3%；油菜籽产量82.5万吨，增长1.8%。

2007年，全省收购粮食165万吨，销售粮食300万吨；收购油菜籽35万吨，销售食用植物油10万吨。其中，国有粮食企业购进商品粮37.7万吨（贸易粮，下同），购进油菜籽8.8万吨，销售粮食38.3万吨、食用植物油3.2万吨；全省粮食商品量223万吨（原粮，下同），社会粮食消费量1301万吨，其中工业用粮109万吨，种子用粮31万吨，农村饲料用粮443万吨，城镇居民口粮156万吨，农村口粮562万吨。

2007年，全省粮食企业亏损6223万元，比上年减亏2677万元，减幅30%。其中，国有粮食购销企业亏损3596万元，比上年减亏3115万元，减幅46%；其他粮食企业亏损2627万元，比上年增亏438万元，增幅20%。

2007年，全省粮食行业独立核算单位2390个，在职职工24193人。其中，粮食行政机构95个，在职职工1429人；事业机构39个，在职职工482人；流通企业1402个，在职职工14553人；多种经营企业269个，在职职工2719人；加工企业585个，在职职工5010人。

2007年粮食工作

一 粮食总产创历史新高

2007年，全省认真贯彻落实中央强农惠农政策，对农民实行粮食直补、良种补贴、农机具购置补贴和农业生产资料综合补贴等，促进了粮食生产，粮食总产创历史新高，达到1170.71万吨，比上年增长4.3%。其中夏粮产量230.85万吨，比上年增长2.9%；秋粮939.86万吨，比上年增长4.6%。按品种分，稻谷产量445.94万吨，小麦75.4万吨，玉米361.03万吨，杂豆16.61万吨，其他261.73万吨。全省油菜籽产量82.5万吨，比上年增长1.8%，创历史新高。

二 粮食宏观调控切实加强

2007年，受全球及国内粮油供求关系趋紧的影响，全省粮油市场价格上涨压力不断加大。针对这一情况，通过以下措施，切实加强和改善了粮食宏观调控，确保了省内粮食供给和市场稳定。

（一）指导企业做好粮食购销，促进粮食市场供求平衡

省局先后下发了8个文件，指导粮食企业做好夏、秋粮油购销。9月底，召开了全省秋粮收购工作暨粮食产销衔接座谈会，对秋粮收购价格走势等情况进行认真的分析研究，制定了秋粮收购的对策措施。4月和10月，两次派工作组到各地调研，指导做好夏秋粮食收购和粮食产销衔接工作。2007年，全省收购粮食165万吨，销售粮食300万吨；收购油菜籽35万吨，销售食用油10万吨。其中，国有粮食企业购进商品粮37.7万吨（贸易粮，下同），购进油菜籽8.8万吨，销售粮食38.3万吨、食用油3.2万吨。贵阳谷丰、遵义兴邦、六盘水三大粮食批发市场省外购进粮食61.3万吨，粮食交易量69.4万吨，比2006年增加15.9万吨，占全省总购进量的1/3。

（二）抓好粮食仓储管理，保障库存粮食安全

一是及时做好地方储备粮实物统计工作。按季度对省地县三级储备粮库存进行统计，及时掌握了地方储备粮实物库存情况。全省有66个县（市、区）建立了县级粮食储备。二是按计划对省级储备粮进行轮换。截至12月底，轮出粮食10.42万吨，轮入粮食10万吨。储备粮轮换起到了调控和稳定粮食市场的作用。三是开展地方储备粮质量抽查。9月，根据国家粮食局要求，派检查组对9个市（州、地）的20多个粮库进行了地方储备粮质量抽查。四是开展了库存粮食检查。根据国家粮食局要求，国有粮食企业对库存粮食进行自查，各市（州、地）进行核查，省粮食局会同省财政厅、农发行、中储粮贵州分公司进行复查，国家粮食库存检查组进行抽查。五是认真开展了春、夏、冬三季粮油大普查。检查结果表明，全省粮食仓储管理情况良好，库存粮食数量真实、储存安全。

（三）加强粮食市场监测分析，引导粮食有序流通

全省各级粮食管理部门密切关注粮食市场动态,认真做好粮食市场监测工作，引导粮食有序流通。一是对贵阳谷丰、遵义兴邦和六盘水三大粮食批发市场实行价格日报监测，对全省9个市（州、地）54个粮油市场价格监测点实行周报监测，对国有粮食企业购、销、存情况实行月报监测，及时分析掌握粮油市场变化情况，对出现的苗头性、趋势性情况及时加强跟踪，妥善处理。二是及时向省委、省政府报送市场粮油价格等情况，及时向社会发布粮食市场信息。三是为了提高粮油信息监测能力和质量，全省组织36名市场监测人员参加了国家粮食局举办的粮食市场监测软件应用培训，建立了粮油市场信息网上报送系统。四是为了更好地掌握全社会粮食流通情况，在做好国有粮食企业粮食流通统计工作的同时，努力提高粮食流通统计覆盖面。317家社会粮食经营企业、71家粮食转化企业已按要求报送了粮食流通统计报表，有394家社会粮食经营企业建立了粮食经营台账。五是开展了全社会粮食供需平衡调查和秋收前农户库存粮食统计调查。结果显示，全省粮食供需约有150万吨的缺口，农村农户存粮普遍较宽裕，农村粮食能够自给。六是为确保应急状态下的粮食供应，全省9个市（州、地）、76个县（市、区）制订了粮食应急供应预案，6个市（州、地）制订了实施方案，初步建立了覆盖全省的粮食应急保障体系。

三 国有粮食企业改革取得新进展

各级粮食部门以推进产权制度改革为重点，切实加快国有粮食企业改革步伐。3月，召开了全省市州地粮食工作会议，对国有粮食购销企业产权制度改革工作进行了部署。4月，派出2个检查组分赴9个市（州、地）、54个县（市、区），重点对产权制度改革情况进行调研。7月，召开了市州地粮食局长会议，再次研究部署国有粮食购销企业产权制度改革工作，以确保产权制度改革工作顺利推进。10月，再次派3个工作组到各地进行了为期半个月的检查调研，帮助各地解决产权制度改革中的困难和问题，加快推进产权制度改革。截至12月底，在全省85个有改革任务的县（市、区）中，75个县（市、区）基本完成了国有粮食购销企业产权制度改革工作，初步形成了国有独资、国有控股、租赁承包、民营股份等多种所有制企业共同发展的格局，企业体制机制初步实现创新。

四 粮食产业化经营成效明显

各级粮食部门以改革促发展，继续把发展粮食产业化经营作为重要工作来抓，粮食产业化经营取得新进展。

（一）继续扶持国有粮油加工企业进行技术改造

在累计投入财政扶持性资金3499万元、连续三年对80家粮油加工企业进行技术改造的基础上，重点加大对生产效益好、带动能力强的粮油加工企业的扶持力度，投入1700万元财政扶持性资金对58个企业技改和多种经营项目进行扶持，其中粮油加工项目38个。通过扶持，全省粮油加工企业生产能力和产品质量都得到很大提高。2006年度粮油工业企业统计结果显示，全省粮油加工企业155家，其中大米加工企业112家，加工量25.8万吨，比2005年扩大4万吨，增加39.7%。国有粮食企业生产的182个粮油产品已有156个获得QS质量认证。在所统计的155家粮油工业企业中，被列为各级农业产业化龙头企业的有62家（其中，国有粮食企业42家），较2006年新增23家。贵州茅贡米业有限公司、贵州大龙健康油脂有限公司、贵州兴义国龙实业有限公司被国家粮食局和中国农业发展银行列为农业产业化龙头企业给予重点扶持。

（二）大力发展紧密型“订单粮食”种植

按照年初确定的“订单粮食”种植面积增长10%的目标，国有粮食企业通过“公司＋农户”、“公司＋优质粮油生产基地”等方式，积极发展优质稻、红高粱、油菜籽等订单生产和收购。据统计，全省国有粮食企业实施“订单粮食”14.8万公顷，比2006年增加1.53 万公顷。开展“订单粮食”种植和收购，极大地促进了农民增收。

（三）继续打造贵州优质粮食品牌

支持和帮助粮油加工企业提升产品档次，积极组织名特优产品参与全国“放心粮油”评选和“全国稻米金奖”评选。湄潭的“茅贡牌”、余庆的“大凉山牌”、思南的“乌江牌”以及凤冈的“凤兴牌”大米，在“第六届中国优质稻米博览交易会”上获得“金奖大米”称号。湄潭的“茅贡牌”大米已是第5次获得“金奖大米”称号，余庆的“大凉山牌”大米已是第3次获得“金奖大米”称号。省粮食行业协会首次在全省范围内开展了“放心粮油”和“放心粮店”评选活动，已向社会公布了评选出的23个“贵州省放心粮油”产品和15家“贵州省放心粮店”。

五 基础设施建设进一步加强

2007年，全省完成仓储设施建设投资1419.58万元，其中，省级财政补助290万元，地县财政和企业投入1129.58万元。新建仓容2.44万吨，其中，仁怀县8600吨、剑河县5000吨、普定县5000吨、锦屏3500吨、钟山区2300吨。完成仓储设施改造投资1217.61万元，其中，省级投入910万元，地县财政和企业投入307.61万元，维修改造仓容21.88万吨。

六 依法管粮工作全面推进

全省各级粮食行政管理部门认真履行职责，通过严格市场准入和强化市场监管，较好地维护了粮食市场秩序，依法管粮工作取得明显成效。

（一）加强法制宣传，营造依法管粮氛围

《粮食流通管理条例》颁布实施三周年之际，各级粮食行政管理部门围绕“依法经营粮食，保障消费安全”这一主题，通过发放宣传资料、接受群众咨询等形式，开展了《粮食流通管理条例》颁布实施三周年宣传活动。据不完全统计，共发放《条例》等宣传资料10余万份，接待群众咨询4.5万人次。11月，省粮食局组织人员参加了省法制办组织的行政复议宣传周活动，开展了粮食行政复议宣传和咨询。法制宣传活动的开展，为在全社会营造依法管粮、依法经营粮食、依法保护消费者利益的氛围起到了积极作用。

（二）继续加强粮食行政执法机构和队伍建设

地县级粮食流通监督检查机构建设取得了新进展。全省9个市（州、地）、42个县（区、市）的粮食行政管理部门成立了监督检查机构，比2006年增加20个。12个县（区、市）的粮食行政管理部门成立了粮食执法稽查队。尚未成立粮食监督检查机构的县（区、市）粮食行政管理部门已将粮食流通监督检查职能落实到有关科股。全省64名粮食行政执法人员参加了国家粮食局举办的粮食行政执法培训班。举办了国家新颁粮食品质判定规则及标准培训班，全省共有168人次参加培训。

（三）依法开展粮食行政许可和专项检查

为1836户粮食经营户核发《粮食收购许可证》，比2006年增加548户；对1534户到期的《粮食收购许可证》进行了年检；对全省69家持有《贵州省陈化粮购买资格证》的企业进行清理整顿；对28家储备企业贯彻落实《贵州省省级储备粮管理办法》情况进行了专项检查；对19家粮食储备企业、7家国有粮食经营企业和部分粮食经营户执行《粮食流通统计制度》情况进行了专项检查。

（四）开展粮食质量安全专项整治行动

根据国家粮食局的统一部署和贵州省产品质量和食品安全整治行动的要求，9~12月，在全省范围内开展了粮食质量安全专项整治行动，通过开展库存粮食质量检查、政策性用粮检查、原粮卫生专项调查等专项整治行动，保证了全省粮食收购、储存、出库及销售等各个环节的粮食质量安全，维护了广大消费者的合法权益。

七 党的先进性建设和机关作风建设进一步加强

继续深入贯彻中央关于加强党的先进性建设的战略部署和省委关于进一步加强领导干部作风建设的意见精神，进一步加强党的先进性建设和机关作风建设。

（一）各级粮食部门的党组织认真制定年度理论学习计划

把邓小平理论和"三个代表"重要思想、科学发展观、构建社会主义和谐社会理论等中国特色社会主义理论体系、党的十七大和省第十次党代会精神作为重要的学习内容，认真抓好党员和干部的理论学习，坚持用马克思主义中国化的最新理论成果教育武装党员和干部，切实引导党员和干部深刻领会党的十七大精神，把思想和行动统一到党的十七大精神上来。通过强化理论学习，各级粮食部门的党员和干部深入贯彻落实科学发展观，深入贯彻党的十七大和省第十次党代会精神，思创新、谋发展的政治责任感进一步增强。

（二）县及县以上粮食部门根据省委机关作风教育整顿领导小组的部署，开展了机关作风教育整顿活动

在机关作风教育整顿活动中，机关党员和干部认真学习胡锦涛同志在中纪委第七次全会上的重要讲话，认真学习省委书记石宗源同志在省纪委第七次全会上的讲话，按照胡锦涛总书记提出倡导的八个方面良好风气的要求，切实查找在思想作风、学风、工作作风、领导作风、生活作风五个方面存在的问题和不足，切实进行整改，促进了机关作风的进一步转变。各级粮食部门的机关党员和干部自觉着眼于解决国有粮食企业产权制度改革进展不平衡、粮食产业化发展水平不高等的困难和问题，深入基层调查研究，帮助解决产权制度改革、职工再就业、粮食购销、粮食产业化经营等改革发展中的困难和问题，极大地促进了各项粮食工作的开展。

（三）召开了全省粮食系统纪检监察工作会议

会议总结了2006年的工作，部署了2007年党风廉政建设和反腐败的工作任务。各级粮食纪检监察部门认真履行职责，协助党组织深入开展反腐倡廉教育、落实党风廉政建设责任制、开展财政扶持性资金使用情况等专项检查，促进了党风廉政建设。

（四）举办培训班，开展履职培训

举办新任粮食局长培训班，培训新任局长87名，增强了新任粮食局长做好粮食工作的信心和责任感；开展了粮食行业特有工种职业技能培训和鉴定工作，并组织参加全国粮食行业技能大赛，促进了粮食行业职工队伍素质的提高；各级粮食部门选派干部到扶贫联系点开展党建扶贫工作，为扶贫开发和党的基层组织建设作出了贡献。

贵州省粮食局领导班子成员

刘启云　局　长、党组书记（任职至2008年5月）
沈　健　局　长、党组书记（2008年6月任职）
张和林　副局长、党组成员
林元惠　纪检组长、党组成员
乔鲁毅　副局长、党组成员
章　萍　机关党委书记、党组成员
何武林　总经济师、党组成员
吴青春　副局长、党组成员

贵州省粮食局领导班子成员。

贵州省委常委、常务副省长王晓东（左三）在省粮食局局长刘启云（左二）陪同下到贵阳谷丰粮食批发市场调研。

贵州省粮食局局长刘启云到六盘水军粮企业了解军粮供应情况。

贵州省粮食局局长刘启云在岑巩县粮油加工企业调研。

云南省粮食工作

基本情况

云南简称“滇”或“云”，地处中国西南，北回归线横贯南部。总面积39.4万平方公里，占全国总面积的4.1%。东与广西壮族自治区和贵州省毗邻，北以金沙江为界与四川省隔江相望，西北隅与西藏自治区相连，西部与缅甸唇齿相依，南部和东南部分别与老挝、越南接壤，共有陆地边境线4060公里。全省下辖16个州、市，129个县、市、区。2007年末，全省总人口为4514万人，其中城镇人口1426.4万人，乡村人口3087.6万人。

2007年，云南省GDP为4721.77亿元，人均GDP为10496元，全省财政总收入1111.3亿元，地方财政一般预算收入486.7亿元，农民人均纯收入2634元。全年粮食总产量1546.68万吨，比上年增长0.3%，连续14年增产。其中稻谷641.81万吨，小麦108万吨，玉米458.35万吨，豆类88万吨，薯类175.52万吨。全省粮食消费量1757万吨，其中城镇口粮153万吨，农村口粮728万吨，饲料用粮745万吨，工业用粮27万吨，种子用粮69万吨，食品、副食用粮34万吨。全年从省外调入粮食230多万吨。

2007年粮食工作

2007年对云南粮食部门来说，是极不平凡的一年，是勤奋学习的一年，是扎实工作的一年，是开拓创新的一年，同时也是各项工作取得明显成效的一年。在省委、省政府的正确领导下，在国家粮食局的指导下，云南粮食部门认真学习贯彻党的十七大精神和国家粮食工作各项方针政策，落实“一个制度”、致力“三个创新”、立足“两个加强”、实现“两个保障”，思想建设、作风建设、组织建设、制度建设和反腐倡廉建设取得明显成效，队伍建设和机关建设有了明显进步。

一 认真落实粮食行政首长负责制，进一步深化粮食流通体制改革

认真开展粮食行政首长负责制考核工作，进一步提高各级政府和相关部门确保粮食安全的责任意识。3月份以来，省考核领导小组对2006年各州市政府及省级相关部门贯彻落实粮食行政首长负责制情况进行考核，并报经省政府批准后兑现了2006年度考核奖励。通过对全省各州市政府及省级相关部门粮食行政首长负责制执行情况的考核，有效地增强了各级政府和相关部门的粮食安全意识和工作责任意识，切实加强了粮食生产、流通各个环节的工作联动和全面统筹，有效地保障了云南粮油供给和市场稳定。

继续深化粮食流通体制改革，国有粮食企业改革取得新进展。省粮食局加大对基层、企业的指导、监管和服务，强化管理和目标考核。年初，对全省16个州（市）粮食局及省局直属单位、中储粮昆明直属库2006年度目标管理责任实施考核并兑现奖励。截至2007年12月底，全省涉粮企业6700余户，其中：国有粮食企业215户，职工8591人，仍保留国有职工身份1792人。目前，国有粮食企业改革改制目标已基本实现。通过国有企业改革攻坚战，扭亏增盈翻身仗，多数改制后的国有粮食企业已实现盈利，改革改制后的国有粮食企业已成为各级政府粮食宏观调控的主要力量。

二 创新管理理念、创新地方储备粮管理体制、创新发展思路，粮食流通工作取得显著成绩

创新管理理念。立足管理就是服务，在工作中始终坚持做好“四个服务”,即：全心全意为农业、农村、农民服务，全心全意为城镇居民服务，全心全意为基层和企业服务，尽心竭力为政府确保粮食安全服务。通过近几年坚持不懈的努力，全省粮食系统基本实现了思想观念上由计划经济到市场经济的转变，各级粮食行政管理部门在工作职能上由微观管理、直接经营到宏观管理、引导、调控、监管、服务的转变，国有企业改革进程由小步慢走到大胆突破的转变。基本解决了长期困扰云南粮食的“老人”、“老粮”、“老账”问题，基本建立了云南粮食的市场机制和各级政府的调控机制。

创新地方储备粮管理体制。经省政府同意，启动了省级动态储备试点，实现了“两个调动”。一是调动了农民的种粮积极性。2006年底到2007年上半年，以省级动态储备在德宏、西双版纳州收购最低保护价粮食2100万公斤。根据测算，最低收购价政策的落实，使售粮农民平均每公斤增加收入0.10元左右，有效地保护了农民的利益和种粮积极性。二是调动了粮食主产区参与云南市场销售的积极性。2007年，与黑龙江、吉林、湖南等省建立了3000万公斤粮食动态储备试点，丰富了云南粮食市场，稳定了市场粮价，规避了价格风险，保障了灾区和贫困地区的粮食供应。

创新发展思路。积极探索“以粮为本求生存，跳出粮字谋发展”的粮食流通工作新思路，深化粮企改革，开展资产经营，实行科技创新，抓紧扭亏增盈，全系统全年实现利润1.2亿元，一批有实力、有效益的粮油企业不断做优做强做大。全省通过QS认证的大米加工企业288家、油脂加工企业95家、面粉加工企业115家，有51户发展势头良好。其中，有15户企业分别被省、州（市）、县级授予粮食产业化龙头企业，有15户企业被国家粮食局和国家农业发展银行确定为第一、第二批重点扶持的粮食产业化龙头企业。

三 加强与大型食用油脂企业合作，加强市场调控，粮油市场保持基本稳定

加强与大型食用油脂企业合作。积极与国内大型食用油企业进行合作，确保云南有充足的食用油源。5月份，省粮食局与中国食用油市场最大的供应商益海嘉里集团商谈油脂贸易加工合作事宜。益海嘉里集团承诺需要时确保云南食用油源，并在云南组建分公司，建设年周转15万吨储油罐和中包装生产线，该项目计划在2008年6月前建成投产。12月份，经省粮食局向益海嘉里集团协调后，增加了云南食用油货源供应，确保了元旦、春节期间的食用油脂供应。

加强市场调控。分析粮油供求形势，积极做好调控工作。下半年，受国内外市场传导影响，云南

成品粮油零售价格持续上涨。为做好粮油宏观调控，保证市场供应，8月中旬，召开全省粮食局长座谈会，分析全国、全省的经济和粮食工作形势，要求全省各级粮食部门冷静观察、深入分析，积极应对、加强调控，增加储备、强化合作，灵活吞吐、适时调节，完善预案、确保供应，捕捉商机、争取效益。强调全省粮食干部职工要做到“四个必须”，即必须要有强烈的事业心、必须要有高度的责任感、必须要有严密的纪律性、必须要有自觉的能动性，努力做好粮食工作，确保粮食供应不断档、灾区灾民不缺粮。

完善监测体系，认真做好市场监测。加强全省38个价格监测点监测密度和频率，增加对昆明市凉亭粮食转运站等粮食区域性集散中心的市场监测。实行每天一报，重点对主要粮食品种尤其是省外的优质大米、植物油、面粉的价格及供应情况进行跟踪监测，掌握粮食供求和价格变动情况，分析国际国内粮价变动对全省市场的影响，积极与有关部门配合，及时研究市场变动应对措施。

强化储备粮管理，把握好省级储备粮轮出轮入节奏。做好中央储备粮代储资格认证上报工作，制定省级储备粮承储资格认定办法、实施细则和省级储备粮质量管理办法。组织开展全省粮食购销企业库存粮食清查，通过清查实物，核对账目，全省商品周转库存和地方储备粮数量真实、质量良好、账实相符、账账相符。充分发挥省级储备粮调节功能，灵活吞吐，适时调节。8月上旬，为应对可能出现的粮食价格波动，暂停了省级储备粮的轮出。在9月中旬，为确保“中秋”、“国庆”粮油市场供应，发挥省级储备粮调节功能，丰富粮油市场，稳定粮食价格，又及时恢复了省级储备粮的正常轮出。推进军供粮源统筹，做好军粮供应管理和保障工作。完善粮食应急预案，确保了粮油市场保持基本稳定，确保了粮油有效供给。

四 认真组织粮油供应，保障灾区灾民不断粮，保障市场粮食供应不断档

落实订单收购、托市收购，支持粮农增收。采取有效措施，引导和鼓励各类粮食经营和加工企业积极入市收购，督促多元主体按质论价收购粮食。全年共组织120万吨粮食投放市场，确保云南粮食有效供给。全省粮食企业呈现购销两旺的良好局面，全社会粮食企业全年纯购进粮食188万吨，比上年同期增加4万吨，增幅2%；纯销售粮食287万吨，比上年同期增加25万吨，增幅9.7%。全省国有粮食企业全年收购和销售的粮食分别占全社会粮食企业购销量的44.6%和56.4%。

盐津、大关、宁洱地震灾情发生后，省粮食局及时传达学习中央和省委、省政府领导的重要指示精神，要求灾区粮食部门坚决按照省委“六有两确保”的要求,加强向政府的请示报告和与民政部门的工作联系，全力以赴保障灾区粮食供应。灾区粮食部门认真开展粮情调查，及时组织加工成品粮油投放市场，保障了灾区灾民不断粮，保障了市场粮食供应不断档。

一年来，在省委、省政府的正确领导下，全省各级粮食部门积极工作，落实责任，周密组织，精心安排，认真抓好市场粮油有效供给，抑制了粮价过度上扬的势头，粮食销售价格涨幅得到有效控制，食用油脂价格与全国持平。

五　坚持依法行政，抓好物流体系、科技信息、仓储管理和安全生产，粮食行业实现新发展

宣传贯彻《粮食流通管理条例》等法规文件，提高粮食行政管理部门依法行政水平、执法能力、行政权威和社会认知度。对全省核发粮食收购许可证的1200多个企业进行行政许可现场核查，加强行政许可事后监督管理力度。切实加强粮食市场巡查，指导各地开展对全社会的粮食流通监管，充分维护粮食生产者、经营者和消费者的合法权益。

强化粮食质量管理工作，大力推进放心粮油工程建设。通过开展全省粮食安全专项整治行动，初步建立了粮食出入库质量检验制度、原粮卫生抽查和监测制度、地方储备粮和政策性粮食供应质量监管制度、粮食收获质量调查和品质测报制度等，使粮食质量管理更加制度化、规范化。目前，全省已建立12个州（市）级粮油产品质量监督检验站，其中经国家粮食局认定挂牌的有6家。8月份，省粮食局、省粮食行业协会召开全省推进放心粮油工程建设工作会议。到目前为止，全省36户企业、41个产品获得“放心粮油”称号，其中15个产品获得中国粮食行业协会“放心粮油”称号。

推进粮食信息化建设。做好“金农”工程涉粮省级建设项目有关配套工作，落实全国粮食动态信息系统省级配套资金，抓好“金宏”工程纵向网接入工程准备工作，拟定省粮食局局域网改造方案并组织实施，不断提高粮食信息化建设和应用水平。

开展以“推进农户科学储粮，建设社会主义新农村”为主题，以推进粮食行业科技创新体系建设，增强公众粮油食品质量安全意识和营养健康知识，推广农村科学储粮技术为主要内容的粮食科技周宣传活动。组织进行粮食流通软科学课题研究及评审，全省共申报重点课题7个，自选课题20个。

加强粮食仓储管理和安全生产工作。根据省粮食局《仓储管理示范库标准（试行）》、《示范库标准评分细则》要求，按照“三化”、“五个一”的标准在对个旧、砚山、昆明国家粮食储备有限公司3个国家粮食储备库进行现场考核的基础上，决定授予“仓储管理示范库”称号。目前，全省已有7个仓储管理示范库。指导各地做好安全生产和安全储粮工作，重点抓好储粮化学药剂的使用管理，防火、安全用电、机械设备的安全使用，避免了坏粮、损粮、人员伤亡等事故发生。

六　加强思想、作风和党风廉政建设，机关建设取得新成效

加强政治理论学习，用党的理论创新成果武装头脑、指导实践、推进工作。局党组理论中心组全年共组织五次中心组学习，结合中纪委七次全会精神、“6·25”讲话、党的十七大和中央经济工作会议精神开展专题学习。为加强作风建设和队伍建设，5月份组织省、州（市）、县（区）三级粮食系统主要领导到中央党校进行短期培训，认真组织党员干部参加云南省领导干部时代前沿知识讲座。开展十七大精神专题学习，组织十七大精神报告会，把广大党员干部和职工群众的思想、行动统一到十七大精神上来，把力量凝聚到实现十七大确定的各项奋斗目标上来，把十七大精神贯彻落实到胡锦涛总书记提出的“确保国家粮食安全”的目标要求上来。

加强机关党建工作，加强作风建设，树立新风正气。召开直属机关党委第二次代表大会，选举产生中共云南省粮食局直属机关第二届委员会。围绕胡锦涛同志倡导树立八个方面良好风气的要求，进行学风、思想作风、工作作风、领导作风和生活作风建设。营造和谐机关氛围，进一步加强工青妇工

作，推进精神文明建设。省粮食局被昆明市文明委授予市级文明单位，新农村建设工作被省委、省政府评为先进派出单位，老干部工作获全省先进集体，有8位同志还分别受到省委省政府、国家粮食局和省级有关部门的表彰奖励。

深入开展党风廉政建设和反腐败工作。运用正反两方面教材，对党员干部进行廉政教育和警示教育，紧紧围绕责任分解、考核、追究等重要环节，认真落实党风廉政建设责任制和责任追究制。局领导带头履行“六条承诺”，带头落实党风廉政建设责任制，进一步加强党风廉政建设教育，推进机关作风建设制度化、规范化，不断提高党员干部反腐倡廉、勤政廉政、依法行政的自觉性。

推进机关和事业单位人事制度改革，促进行业人才队伍建设。按照《党政领导干部选拔任用工作条例》规定，做好局机关和直属单位干部调整选拔任用工作。率先在全省完成公务员登记和工资套改工作，完成公务员津补贴规范工作。加强干部素质教育，做好粮食行业职业鉴定。

加强机关后勤服务工作，解决干部群众关心的切身利益问题。认真开展资产清查，加强机关财务管理，省审计厅对全局财务工作给予充分肯定。加强离退休干部思想政治工作，老干部工作取得明显成效，老干部队伍更加稳定。积极开展多种形式的扶贫济困送温暖活动，贯彻省委、省政府扶贫工作有关精神，较好地落实省局扶贫挂钩联系点的帮扶项目实施工作。

云南省粮食局领导班子成员

苏全忠	局　长、党组书记
何庄元	副局长、党组成员
张　睿	副局长、党组成员
杨韵玲（女）	纪检组长、党组成员
马红跃	副局长、党组成员
孙卫平	副巡视员
李国文	副巡视员

2007年5月中旬，云南省粮食局组织省、州（市）、县（区）三级粮食系统主要负责同志到中央党校进行短期培训学习。

2007年6月14日，云南省粮食局局长苏全忠陪同常务副省长罗正富在宁洱县新民农贸市场调查了解灾区粮油、蔬菜等日用品的供应和价格情况。

2008年1月15日，云南省委副书记、省长秦光荣，省委常委、常务副省长罗正富，省委常委、昆明市委书记仇和，省委常委、省政府党组成员曹建方，省政府秘书长丁绍祥，省发改委主任米东生，昆明市市长张祖林等领导在云南省粮食局苏全忠局长陪同下，到昆明市五里多粮油批发市场调研。

西藏自治区粮食工作

基本情况

西藏自古以来就是中国领土的重要组成部分，中央政权始终对西藏行使着有效管辖。1951年5月23日，中央人民政府与西藏地方政府在北京签订了《中央人民政府和西藏地方政府关于和平解放西藏办法的协议》，西藏实现和平解放。1956年成立西藏自治区筹备委员会。1965年9月1日，西藏自治区正式成立，自治区首府设在拉萨。

西藏自治区位于青藏高原西南部，全区面积122.84万平方公里。西藏气候的特点是：日照时间长，辐射强烈；气温较低，温差大；干湿分明，多夜雨；冬春干燥，多大风；气压低，氧气含量少。西藏降水量在74.8~901.5毫米，地区分布极为不均，由东南向西北递减。

西藏自治区现设6地1市；71个县，1个县级市，1个县级区；140个镇，543个乡。2007年末，全区常住人口为 284.2万人，比上年增长1.1%，其中城镇人口56.6万人，乡村人口227.6万人。人口自然增长率为11.3%。

2007年，西藏实现生产总值342.2亿元，增速达14%，创12年来的最快增速，连续七年保持12%以上的增长。人均GDP达12109元，比2006年增长12.6%。城镇居民人均可支配收入首次突破万元大关，为11131元，增速达4.5%；农牧民人均纯收入达2788元，增长14.5%，连续5年保持两位数增长。全区财政收入突破20亿元，以安居乐业为突破口的社会主义新农村建设取得重大进展，这标志着全区在跨越式发展的征途中跃上了一个新台阶，在全面建设小康社会的征程中站在了一个新的历史起点上。

2007年粮食工作

2007年，在自治区党委、政府的坚强领导下，在自治区发展改革委的直接领导和有关部门的大力支持下，全区粮食部门认真学习贯彻党的十七大精神、党中央、国务院和自治区党委、政府关于粮食流通工作的方针政策，按照全区经济工作会议的总体部署和全国粮食局长会议的总体要求，紧紧围绕贯彻落实全区粮食专员（市长）负责制座谈会和全区粮食工作会议精神，积极进取，扎实工作，在推进粮食流通体制改革、加强粮食宏观调控、强化粮食市场监管、确保粮食市场和价格稳定、加强自治区储备粮管理、保证粮食安全等方面取得了积极成效，较好地完成了各项工作任务，为促进全区经济又好又快发展和社会局势长治久安作出了积极贡献。

一 调整种植结构，稳定粮食总产

全区大力实施提高粮油单产行动，突出抓好良种育繁推、精量半精量播种、农作物病虫草鼠害防治、耕地质量建设、农业机械化等实用技术推广，确保粮油单产水平的提高和总产的稳定。实施提高粮油单产行动三年来，累计增产粮食约4.8万吨，油菜籽约0.2万吨。坚持稳粮调结构，因地制宜，积极发展经济作物和饲草料作物。全区粮经饲作物种植比例由2002年的84:13:3调整到2007年的68:20:12，结构趋于合理。

2007年，全区粮食播种面积17.2万公顷，其中，青稞11.8万公顷，小麦4万公顷，其他杂粮1.4万公顷；油菜籽播种面积为2.3万公顷。粮食总产量为93.9万吨，其中，青稞61.1万吨，小麦26.5万吨，其他杂粮6.3万吨；油菜籽总产量为5.2万吨，比2002年增长17.4%。

二 粮食购销顺畅，市场运行平稳

各地粮食部门努力适应粮食购销市场化改革的新形势，指导包括国有粮食企业在内的社会多元化市场主体积极参与粮食购销，保证了农民余粮顺利出售，保护了农民种粮的积极性，实现了农民增产增收、粮食经营企业顺畅运营、粮食供求基本平衡和市场稳定。为了加强粮食宏观调控，有效掌握当地粮源，自治区粮食局及时下发粮食收购通知，指导各地（市）抓好粮食收购工作，2007年，全区国有粮食企业收购粮食1.4万吨，从区外组织调入粮食2.6万吨，以保证供应，满足市场需求。

三 粮食宏观调控进一步加强

（一）完善青稞最低收购价政策

经自治区人民政府同意，会同有关部门联合下发了《关于印发2007年青稞最低收购价执行预案的通知》，为切实保护种粮农民利益和种粮积极性提供了政策支持，对促进粮食稳定增产、种粮农民持续增收发挥了作用。

（二）加强粮食市场监管

紧密跟踪研究区内外粮食供求走势，坚持定期监测区内外粮食供求状况和市场动态，及时上报《粮食市场动态监测情况》，并针对国内外粮油市场及价格变化情况，及时下发了《关于促进粮食产销合作发展的指导意见》等文件，指导各地（市）积极开展粮食产销协作，推进粮食产销区之间建立长期稳定的产销协作关系，切实做好粮源组织工作，强化宏观调控。各地（市）加强了本地粮食生产和供求形势的分析及市场调查，积极入市收购当地粮食，适时组织适销对路的内地粮油品种投放市场，有效地保证了市场粮食供应和价格稳定。同时，配合工商等执法部门加强对粮食市场的监管，形成执法合力，严厉打击各类违法违规行为，有效维护了粮食市场的正常秩序和消费者的合法权益。

（三）积极做好全社会粮食流通统计工作

切实做好全社会粮食流通统计工作，对工作中存在的问题，及时下发通知，明确工作要求，落实工作措施。各地（市）积极工作，克服困难，想方设法完成统计工作任务，基本能上报有关数据，为做好全区粮食宏观调控工作奠定了基础。完成了2006年度社会粮食供需平衡调查工作，基本掌握了粮食消费、农户存粮、省外粮食购进量等流通情况，为搞好粮食宏观调控提供了依据。

（四）建立粮食应急预警机制

根据《西藏自治区粮食应急预案》的要求，七地（市）制定出台了粮食应急预案，以及时应对各种突发事件引发的粮食市场和价格异常波动。全区确定粮食应急加工指定企业22户，粮食应急供应指定企业89户，初步建立了粮食应急机制。昌都、阿里、那曲地区建立了应急粮食储备，有效地增强了粮食宏观调控的物质基础。

（五）有效建立起自治区储备粮垂直管理体系

根据自治区储备粮实行实物垂直管理的工作方案要求，自治区粮食局与各地（市）粮食局签订了自治区储备粮管理责任书，各地（市）分别与辖区内的自治区储备粮代储库签订了代储合同，明确了各自职责，初步建立了自治区储备粮实物垂直管理机制。制定下发了《西藏自治区储备粮代储资格认定管理办法（试行）》，明确了自治区储备粮代储单位代储资格条件、申请、审核、发证和管理等，规范了自治区储备粮代储管理。积极做好2006年度自治区储备粮油的轮换工作，为平抑粮油市场价格发挥了积极作用。

四 粮食流通体制改革积极推进

（一）完善粮改政策措施，新的粮食流通体制框架基本建立

在2005年、2006年分别出台《西藏自治区对种粮农民直接补贴实施办法》和《西藏自治区人民政府关于进一步深化粮食流通体制改革的实施意见》、《西藏自治区粮食应急预案》的基础上，2007年经自治区人民政府同意，自治区发展改革委和粮食局会同有关部门联合制定印发了《西藏自治区粮食流通监督检查细则（试行）》、《关于深化全区国有粮食企业改革的指导意见》等粮改配套文件，有力地推进了全区粮食流通体制改革。全区粮食流通体制改革的政策措施基本配套，以粮食专员（市长）负责制、直接补贴、应急预案和粮食行政执法为主要内容的政策支持体系初步建立，保护了广大粮食生产者、经营者、消费者的利益和全区的粮食综合生产能力，国有粮食企业走向市场，参与市场竞争，多种市场经营主体参与粮食经营，呈现经营主体多元化局面，初步建立了适应社会主义市场经济发展要求和符合全区区情的新的粮食流通体制基本框架。

（二）落实粮食专员（市长）负责制，推动粮食流通体制改革

2007年3月，自治区人民政府组织召开的全区粮食专员（市长）负责制座谈会，就全面有效落实粮食专员（市长）负责制进行了安排部署。2007年4月底，经自治区人民政府同意，自治区粮食局组织召开了全区粮食工作会议，会议总结了全面放开粮食购销市场以来的粮食流通工作，安排部署了2007年粮食流通工作，进一步贯彻落实了自治区粮改政策和全区粮食专员（市长）负责制座谈会精神。各地（市）粮食行政管理部门按照会议要求，在及时向当地党委、政府汇报会议主要精神的同时，全面分析了粮食流通工作的现状及存在的主要问题，提出了下一步工作建议和改革思路。各地（市）党委、行署（政府）高度重视，各地（市）粮食行政管理部门认真学习贯彻落实会议精神，结合本地实际，安排部署了2007年的粮食流通工作。

五 国有粮食企业改革迈出新步伐

（一）着力解决国有粮食企业“三老”问题，减轻国有粮食企业历史包袱

积极解决“老人”问题。在自治区党委、政府的关心重视和有关部门的支持下，国有粮食企业职工和事业性质储备库职工参加社会基本养老保险问题已基本解决，各地（市）正在贯彻落实中。关于适当放宽国有粮食企事业单位职工退休年龄问题，正在积极与自治区有关部门沟通协商。继续抓紧销售“老粮”，2007年底“老粮”销售占界定数量的94%，预计在2008年销售完毕。完成了政策性粮食财务挂账的清理和认定工作，积极配合自治区财政等有关部门向国家财政部、农发行等部门汇报并上报了全区政策性粮食财务挂账情况。从企业剥离上划到自治区粮食局集中管理工作正在协调落实。

（二）推进全区国有粮食企业改革工作，促进国有粮食企业转变经营机制

根据自治区人民政府[2007]18号专题会议纪要精神，各地（市）抓紧制定本地（市）国有粮食企业改革方案，积极推进国有粮食企业改革工作。昌都地区行署批转了《昌都地区国有粮食企业改革实施方案》，并召开了地区国有粮食企业改革工作会议，实行国有粮食企业分级管理。那曲地区召开地区粮食企业改革工作会议，按照属地管理的原则，将原由地区粮食行政管理部门垂直管理的县（区）粮食企业的人、财、物全面移交当地县（区）人民政府。

（三）强化财务管理，着力提高国有粮食企业经济效益

指导国有粮食企业切实做好新旧粮食会计制度的衔接、转换和核算工作。积极抓好国有粮食企业扭亏增盈工作，加强对企业扭亏增盈工作的指导，建立了国有粮食企业扭亏增盈信息报送制度。部分地（市）粮食局对辖区内国有粮食企业进行了资产评估和清产核资，基本摸清了家底，为推进国有粮食企业改革奠定了基础。自治区粮食局加大对直属单位财务监管力度，建立了直属单位财务目标考核制度，进一步强化了各单位的财务管理，有效地指导了各单位的财务工作。

六 积极推进依法行政，粮食市场监管得到进一步加强

（一）注重粮改政策宣传工作，提高粮改政策认知度

2007年5月底，各地（市）粮食行政管理部门认真开展了粮改政策宣传活动，全区共设立宣传点10个，印制宣传单45700份，散发宣传单约26700份，发放《粮食流通管理条例》单行本2350册，悬挂横幅29条，张贴宣传画800多张，动用流动宣传车6辆，有效提高了社会对粮改政策的认知度，为开展粮食行政执法、全社会粮食流通统计和监督检查工作奠定了良好的基础。

（二）注重争取粮食流通监督检查机构和经费，保障粮食流通监督检查工作正常开展

为做好粮食流通监督检查工作，各地（市）粮食行政管理部门积极向当地党委、政府汇报，日喀则地区解决了粮食监督检查专项经费4.2万元，阿里地区解决5万元，林芝地区解决2万元。昌都地区于2007年底经地区编办批准，在全区率先设立了地区粮食局监督检查科，填补了全区粮食行政管理部门监督检查机构的空白。

（三）注重全社会粮食流通监管，提高粮食流通管理和服务水平

一是加强粮食收购资格审核管理工作，截至2007年底，全区已办理粮食收购许可证的粮食经营者114户，其中国有粮食企业 78户，非国有粮食经营者36户。二是继续指导各地（市）建立非国有粮食

经营者粮食经营档案，初步掌握了全区非国有粮食经营者的基本情况。三是对截至2007年8月末的国有粮食企业粮食库存进行了全面认真的检查，为做好粮食宏观调控、改进和加强库存粮食管理提供了科学依据。同时，积极开展粮食收购市场专项检查和粮食质量专项整治工作，促进了粮食质量安全水平的提高。

七 扎实开展维护稳定工作，加强党风廉政建设

（一）扎实开展维护稳定工作

坚持把反分裂斗争放在首位，坚决维护祖国统一。按照“旗帜鲜明、针锋相对、主动治理、强基固本”和“标本兼治、重在治本”的工作方针，认真贯彻落实全区党员领导干部大会精神，旗帜鲜明、理直气壮地深入开展反分裂斗争，进一步增强反分裂斗争的主动权。通过开展马克思主义“四观”、“两论”和党的民族宗教政策教育、“八荣八耻”社会主义荣辱观教育、“三个离不开”思想教育，使广大职工进一步认清了达赖在政治上的反动性、宗教上的虚伪性和手段上的欺骗性，增强了开展反分裂斗争的自觉性和坚定性，夯实了反分裂斗争的群众基础，确保了局直系统的稳定。

（二）狠抓反腐倡廉工作，从源头上预防和治理腐败

在实际工作中，把“三个代表”重要思想同全局加强党风廉政建设实际紧密结合起来，坚持用“三个代表”重要思想统领反腐倡廉工作。认真组织学习贯彻《建立健全教育、制度、监督并重的惩治和预防腐败体系实施纲要》和《“三个代表”重要思想反腐倡廉理论学习纲要》，全面贯彻落实中纪委、国务院，区纪委和国家粮食局纪检监察工作会议精神，以县处级以上领导干部廉洁自律为重点，加大从源头上预防和治理腐败的力度，加强对权力运行的制约和监督，确保权力正确行使，积极推动廉洁自律各项规定和党风廉政建设工作任务的落实。结合局直系统实际，与局直属各单位、机关各处室签订了《自治区粮食局党风廉政建设责任书》，按照“一岗双责”的要求，做到了党风廉政建设与各项业务工作统筹安排，同部署，同落实，同检查，同考核，以扎实的工作推进党风廉政建设责任制的落实。

西藏自治区粮食局领导班子成员

吴国汉	副局长、党委书记
次旺诺布（藏族）	局　长、党委副书记（2007年12月任职）
达　拥（藏族）	副局长、党委委员（2008年4月任职）
何长春	副局长、党委委员（2008年4月任职）

2007年4月29日至30日，西藏自治区全区粮食工作会议在拉萨召开，自治区政府副秘书长孟扬代表自治区常务副主席郝鹏同志出席会议并讲话，各地市主管粮食的专员(市长)、粮食局长、区发改委、财政等有关部门的领导参加了会议。

2007年12月，西藏自治区粮食局举办了局直系统学习贯彻党的十七大精神知识竞赛。图为十七大知识竞赛现场。

陕西省粮食工作

基本情况

2007年，陕西省粮食播种面积347.4万公顷，较上年增长0.6%；粮食总产量1194.4万吨，比上年增长3.8%。年末全省常住人口为3748万人。城镇人口1522.44万人，占40.6%，乡村人口2225.56万人，占59.4%。当年全省人均粮食占有量318.7公斤。

2007年，陕西省粮食收购量为463万吨，销售量为589.7万吨。工业用粮216.5万吨，食品及酿造用粮89.3万吨，饲料用粮301.7万吨，城镇口粮212.8万吨，农村口粮569.1万吨。

2007年末，陕西省有国有粮食企业548个，职工13355人，其中国有粮食购销企业404个，职工9035人；改制后新组建企业348个，其中国有或国有控股企业246个。全省粮食仓容总量619.7万吨，同比减少12.7万吨，其中有效仓容553.5万吨，同比减少12.8万吨。有效仓容量占总仓容量的89.3%。

2007年粮食工作

一 粮食生产和流通

2007年，陕西粮食生产获得了较好的收成。全省粮食播种面积347.4万公顷，较上年增长0.6%；粮食总产量1194.4万吨，比上年增长3.8%。其中小麦383万吨，玉米545万吨，稻谷78.2万吨，其他粮食品种188.2万吨。

2007年，全省共收购粮食463万吨，占年初省政府下达收购250万吨任务的185.5%，较上年增加59.2万吨。其中，国有粮食经营企业收购粮食164.8万吨。全省粮食收购价格稳定，总体平均水平较上年提高10%左右，仅此一项，就可使全省种粮农民增收7亿多元。

在粮食购销市场化的新形势下，各级粮食主管部门和粮食行业协会开展放心粮油创建活动，促进放心粮油进超市、进军营、进院校、进社区、进农村，加强放心粮油信用体系建设和放心粮油名牌建设，保证了加工、供应到消费等各个环节粮油质量的提高。全省各级粮食部门积极组织安排受灾地区、退耕还林地区和缺粮地区群众的口粮供应工作，共供应救灾粮和退耕还林粮食5.4万吨，其中，供应退耕还林粮食5.2万吨。针对市场供求形势和价格变化情况，12月下旬通过竞价提前轮换销售2008年部分省级储备粮油，其中省级储备小麦82770吨、食用菜籽油5650吨。1~12月份，全省各类粮食经营主体累计销售粮食589.7万吨，占年初省政府下达销售275万吨任务的214.4%，比上年增加了120.9万吨，其中国有粮食经营企业销售211.7万吨。

从粮食流通格局看，到2007年末，全省已累计办理粮食收购资格许可证1641户，其中国有或国有控股粮食企业为565户，非国有粮食经营企业1076户，非国有粮食经营主体所占比例已达到65.6%。

二 粮食调控

2007年，陕西省进一步加强粮食宏观调控体系建设。一是加快充实储备粮库存规模，调控物质基础逐步增强。按照省政府要求，积极充实省级储备粮规模，实现了省政府提出的目标，省、市、县三级粮食储备规模都达到了历史最高水平。二是调整了省级储备粮布局，省级储备粮代储库点的集并工作取得了突破性进展，在2006年撤并32个点的基础上， 2007年又撤并了10个，减少到41个。三是建立健全储备粮管理体系，全面提升储备粮管理水平。2007年，完善出台了《陕西省省级储备粮管理暂行办法》，出台并修订了《陕西省省级成品储备粮管理办法（试行）》；印发了《省级储备粮仓储管理规范（试行）》和《省级储备粮油轮换业务管理暂行规定（试行）》。一些设区市还制定出台了市级储备粮管理规章制度。这些规章制度的出台，使省、市两级储备粮的管理逐步步入了规范化、制度化的轨道。四是积极探索储备粮运作机制。各级粮食部门在当地政府的领导下，积极探索储备粮运作机制，在调控市场、救灾应急、保证供应、稳定粮价等方面发挥了积极作用。

三 粮食流通体制改革

2007年，陕西省以产权制度改革为重点，国有粮食购销企业改革取得新进展。年初制定下发了《2007年粮食流通体制改革和发展工作要点》和《关于加快国有粮食购销企业产权制度改革的通知》。为了指导各地抓好产权制度改革，省粮食局在渭南市合阳县进行了产权制度改革试点,并总结试点工作经验，推广各地学习借鉴。经过一年的努力，全省粮食流通体制改革取得了新进展。“三老”问题基本得到解决，“老粮”已经处理完毕，“老账”已经按照国家有关政策规定从企业剥离，集中到县以上粮食行政管理部门。到2007年底，已完成人员分流安置51302人，占职工总数的95.2%，“老人”问题基本得到解决。104个有改革任务的县（市、区），已经有95个完成了新企业组建，占91.3%，新组建企业348户，其中国有或国有控股企业246户。

四 粮食应急体系建设

经省政府同意，2007年陕西建立了省级中小包装食油储备。截至12月底，全省共落实各类粮食应急企业178户，其中粮食应急加工企业27户，应急供应企业47户，应急运输企业104户。按照省政府要求，2007年在西安市城区组织开展了粮食应急预案演练。9月上旬组织力量赴浙江省杭州等市考察学习。组织起草了《陕西省重大粮食应急预案演练工作方案》和《陕西省重大粮食应急预案演练实施方案》。11月中旬开始，先后组织各有关部门、各有关企业进行了各相关内容的粮食应急演练活动，并于12月3日召集各设区市粮食局、杨陵区粮食局主要负责同志和省粮食应急工作指挥部办公室有关人员观摩参加了西安市粮食局组织的市级粮食应急预案演练活动，12月4日，邀请省粮食应急工作指挥部各成员单位主管领导以及各设区市粮食局主要负责同志、省应急办领导和办公室有关人员观摩参观了省上组织的实战演练活动。为确保演练内容的完整性，组织编写了《陕西省重大粮食应急预案演练实施脚本》，并委托省电视台对这次演练全过程、各个环节进行了跟踪拍摄，制作了演练专题片。

五 粮食产销合作体系建设

一是加强对全省粮食产销合作的指导。会同省上有关部门转发了国家有关部门关于进一步促进粮食产销合作发展的指导意见，并结合实际提出了贯彻意见。二是加强省际间的粮食产销衔接，发展长期稳定的粮食产销合作关系。与东北及宁夏、河南、河北、山东、安徽、青海、内蒙古、安徽、新疆等省（区）建立了大米、小麦和食用油长期稳定的产销协作关系。2007年4月份，组织省内部分粮食局及20户企业40人的代表团赴青海省粮食局成功举办了两省粮食产销合作交流座谈会议与签字仪式。两省共协议种植油菜660多公顷，成交粮油近15万吨，其中小麦5万多吨，面粉2万多吨，菜油2.6万吨，油料5万吨。此外，各级粮食行政管理部门加大指导、协调力度，加强信息服务，积极引导产销区企业开展多形式、多层次、多领域的产销合作。积极支持和鼓励省内粮油企业到外省产区建立生产基地，发展订单农业。三是加强陕南、陕北和大中城市与关中产区之间的粮食购销协作关系。6月份，组织省内10个市的粮食部门签订了粮食产销合作协议，加强了省内粮食产销区的协作。

六 粮食流通统计调查体系和价格监测体系建设

一是采取多种形式加强对《陕西省粮食流通统计制度》的宣传力度，强化各级粮食部门依法统计的职责，增强各类粮食经营和转化企业的统计法制观念。二是组织开展全省粮食统计考核评比活动。按照《陕西省粮食流通统计考核评比办法》规定，对2006年度全省各地粮食流通统计工作进行了综合考评。三是在全省组织开展了粮食流通统计质量检查。在各地、各单位自查的基础上，9月中下旬省上组织5个检查组对各设区市进行交叉抽查，取得了良好的效果。四是认真开展2007年度的社会粮食供需平衡调查工作，及时启用省级粮油价格监测点网上直报系统，加强对市场的监测和预警工作，正确分析粮食供需形势和价格走势。全省47个国家和省级粮油价格监测点自2007年8月起，通过互联网及专用数据交换平台，直接上传价格信息，及时向省政府和国家粮食局提出政策建议，为政府制定政策和领导决策服务。

七 扭亏增盈工作

年初对扭亏增盈工作进行了全面安排，7月份召开了亏损大市财会科长座谈会，对扭亏增盈工作提出了具体措施和方法。10月份又深入渭南、咸阳、西安3市5个亏损大县调研，有针对性地进行指导帮助。坚持了月分析、季通报制度。渭南、商洛等市还将扭亏增盈作为全市粮食工作目标考核的重要内容。通过努力，全省国有粮食购销企业盈利水平明显提高，费用总额大幅度下降， 1~12月，盈亏相抵后亏损1.25亿元，与上年同期相比减亏8.68亿元，超额完成了年初确定的减亏5亿元的目标任务。全省新组建的国有粮食购销企业剔除承担的挂账利息后，做到了不亏损。

八 全社会粮食流通监督检查工作

2007年，陕西省各市（县、区）粮食部门监督检查机构和队伍建设取得了一定成效。截至10月底，全省10个设区市有4个单独设立了监督检查科（处），其中2007年新设立的有2个，业务分离后独立设立的1个，2个设区市批准成立了粮食稽查大队。全省107个县（市、区）有19个设立了监督检查科（股），26个成立了粮食执法队，比2006年底增加了4个。2007年元旦、春节期间，省粮食局、省工商行政管理局、省质量技术监督局、省物价局对全省粮食流通市场进行了联合检查。针对夏粮收购期间市场秩序较乱，无证、无照人员插手收购问题，开展了夏粮收购市场监督检查。8月上旬至10月中旬，组织完成了2007年全省粮食库存检查工作，从检查结果看，粮食库存实物数量真实，账账、账实相符，储存安全，粮情稳定。

九 粮食基础设施建设和产业发展

一是按照省政府要求，组织力量对全省粮食现代物流发展状况进行了深入、细致的调查，历时近一个月，顺利完成了《陕西粮食现代物流发展战略研究》的编写工作。按照陕西粮食现代物流体系建设的总体布局，先后在兴平启动了西瑞集团粮油仓储物流加工基地项目，在泾阳启动了西安西粮公司粮油储备物流加工基地项目，在杨陵启动了粮食仓储物流加工产业园区项目。这三个物流项目已列入全省40个重点物流项目之中。总投资约6.27亿元。

二是全面推进粮食质检机构建设。在2006年前期工作的基础上，2007年初完成了首批仪器设备的招标采购工作，同时启动实施了第二批仪器设备的招标采购工作。两批共采购各类质检仪器设备400多台（套），采购金额1341.896万元。

经过积极争取，省粮油质检所、西安市质检站和宝鸡市质检站3个质检机构已被国家粮食局批准为国家第一批授权挂牌机构，其中，省粮油质检所作为陕西国家粮食质量监测中心已于6月27日正式挂牌。并完成了第二批候选单位的推荐申报、现场考察和整改工作。按照国家粮食局的统一部署，在全省小麦、玉米主产地区组织开展了收获粮食质量调查和品质测报以及原粮卫生专项调查工作。在全省范围内组织开展粮食质量安全专项整治工作。

三是加大对粮油加工业的指导，名牌战略工作取得突破。全省先后六批次共34个粮食企业的38个品牌和119个产品被中国粮食行业协会命名为“放心粮油”，9个企业被命名为“放心粮店”。在2007年“中国名牌”评比中，“老牛”、“陕富”两个小麦粉品牌获得“中国名牌”产品称号，填补了陕西粮食行业“中国名牌”的空白。

十 廉政建设、机关建设和精神文明创建工作

（一）党风廉政建设

一是制定下发2007年党风廉政建设和反腐败工作意见，明确年度工作目标任务和主要工作措施，并纳入年度目标考核。二是修订了党风廉政建设责任制目标责任制一览表。将党风廉政建设和反腐败工作任务分解细化为25项，分解到党组每个成员和相关处室，做到任务明确、责任落实。三是坚持以领导干部为重点,开展思想道德、工作作风、党纪法规教育，引导领导干部正确树立政治、学习、道德、法纪监督意识。以规范党员领导干部从政行为为重点，进一步加强领导干部廉洁自律工作。继续落实“五个不许”和“七个不许”规定，重点学习贯彻《中共中央纪委关于严格禁止利用职务上的便利谋取不正当利益的若干规定》。

（二）局机关及局属单位班子和队伍建设

制定了《省粮食局机关处级领导干部竞争上岗实施方案》，完善干部任用方式。认真落实年度工作目标责任制，将省委、省政府确定的省粮食局2007年目标责任分解细化为每一项具体的工作任务，局领导与各处室签订工作目标责任书，进一步明确了任务和职责。加强业务培训，提高职工素质。制定下发了《2007年全省粮食行业培训计划》，按计划组织落实了粮食企业会计制度、谷物储存品质判定规则、粮食局长及流通监督检查行政执法、粮食流通及行业机构人员等项培训，共培训人员600余人。组织全省各级粮食行政管理部门、质量检验部门和有关企业共计243人参加了国家粮食局举办的粮食流通监督检查行政执法、粮食库存检查培训。在业务培训的基础上，组织进行了有179名粮油保管员、118名粮油质检员参加的全省第一期粮食行业特有工种粮油保管员、质检员（中级工）职业技能鉴定理论考试和技能操作考核。根据国家粮食局办公室、劳动和社会保障部办公厅《关于举办首届全国粮食行业职业技能大赛的通知》精神，组队参加了首届全国粮食行业技能大赛。

（三）全省粮食系统精神文明建设

年初召开了全省粮食系统精神文明建设暨“创佳评差”竞赛工作会议，对全省粮食系统2006年“创佳评差”竞赛活动进行了联评和总结，对西安市粮食局等32个先进单位进行了通报表彰，安排了2007年精神文明建设及“创佳评差”工作，签订了竞赛活动目标责任书。制定下发了《2007年度陕西省粮食系统“创佳评差”竞赛活动考评细则》，对“创佳评差”竞赛活动的各项任务及内容进行了量化。11月下旬，抽调力量组成4个检查组，对各地市（区）精神文明建设情况进行了检查。

陕西省粮食局领导班子成员

姚增战	局　长、党组书记
路震霄	副局长、党组成员
王　勇	副局长、党组成员
秦克勤	纪检组长、党组成员
岳万民	副局长、党组成员

2007年2月，陕西省召开全省粮食工作会议，副省长赵德全到会讲话（主席台右四为副省长赵德全，右三为省政府副秘书长梁和平，左三为陕西省粮食局局长姚增战）。

2007年12月，陕西省在西安市进行了重大粮食应急预案演练活动，图为应急预案演练启动动员会（主席台右二为陕西省粮食局局长姚增战，右一为副局长路震霄，左一为副局长王勇）。

2007年4月，陕西省粮食局与青海省粮食局成功举办了两省粮食产销合作交流座谈会议与签约仪式。陕西省粮食局副局长王勇（左）和青海省粮食局副局长侯保健（右）分别代表两省在签约仪式上签字。

2007年8月18日，陕西西瑞粮油食品仓储物流加工基地项目开工奠基仪式在陕西兴平举行，陕西省粮食局局长姚增战（右五）、副局长王勇（左二）、纪检组长秦克勤（左一）参加了奠基仪式。

甘肃省粮食工作

基本情况

甘肃省位于黄河上游，地处黄土高原、内蒙古高原和青藏高原交汇处，总土地面积45.4万平方公里，占全国总面积的4.72%，居第七位。地形呈狭长状，东西长1655公里，南北宽530公里。现辖12个市、2个州、87个县（市、区）。2007年，甘肃省实现生产总值2699.20亿元，比上年增长12.1%，人均生产总值10335元，比上年增长11.6%。农民人均纯收入2328.92元，增长9.13%。大口径财政收入391.56亿元，比上年增长32.74%。耕地面积344.9万公顷，人均0.132公顷，粮食种植面积268.7万公顷，比上年增长3.39%，全年粮食总产量达到824.43万吨，增长2.03%，人均粮食占有量315公斤。其中，夏粮总产316.75万吨，下降6.60%，秋粮总产507.68万吨，增长8.26%。全省常住人口为2617.16万人，比上年末增加10.91万人，其中，城镇人口为826.76万人，乡村人口为1790.40万人。

2007年粮食工作

2007年，全省粮食系统在省委、省政府的正确领导和国家粮食局的有力指导下，深入落实科学发展观，以发展、改革、和谐为主题，积极进取、扎实工作，确保了粮食供需基本平衡，保持了粮食市场基本稳定，基本完成了国有粮食企业改革任务，全行业各项工作取得了新的成绩和进展。

全年各类市场主体收购粮食183.5万吨，其中国有粮食企业收购101.0万吨，增加2.8%，非国有粮食企业收购82.5万吨，增加67.0%。收购食油0.8万吨，增加48.5%。全年销售粮食347.0万吨，与上年相比增加17.6%。其中，国有粮食企业销售215.5万吨，增加4.4%，非国有粮食企业销售131.5万吨，增加48.4%。销售食油2.6万吨，减少9.8%。全省全年工业用粮65.4万吨，饲料用粮175.1万吨，种子用粮60.8万吨，城镇口粮139.3万吨，农村口粮423.8万吨。

截至12月底，全省粮食经营企业2256个，其中国有购销企业384个，从业人员27617人，其中国有购销企业10425人。现有仓容415.4万吨，其中有效仓容351.9万吨。全省国有粮食企业资产总额98.5亿元，其中固定资产净值16亿元，流动资产82.5亿元；国有粮食企业资产负债率为90%。全年全省国有粮食企业发生亏损10340万元，同比下降73%。其中粮食购销企业亏损9400万元，同比下降75%；经营性企业亏损940万元，同比下降44%。全省有4个市（州）、20个县（市、区）、35个企业实现扭亏为盈。省直粮食企业全年实现利润1586万元，占计划的118%。

一 切实加强宏观调控措施，确保全省粮食供需基本平衡

2006年11月以来，受国际、国内粮食市场价格上涨的传导性影响，全省粮价出现了波动。进入2007年7月，由于夏粮减产、市场粮源减少、粮价涨幅较大、商品库存持续下降，全省粮食供需形势出现了新的“拐点”，由结构性过剩转变为产不足需。各级粮食部门坚决贯彻省委、省政府做好粮油供应工作、稳定粮食市场的指示，从保护农民利益和消费者利益的大局出发，积极应对，确保了全省粮食供需基本平衡和粮食市场基本稳定。

（一）狠抓粮油收购和销售

一是用新的方法指导粮油购销工作。7月份召开了全省夏粮收购工作座谈会，提出了“积极收购、保证供需、稳定库存、提高效益”的工作目标，研究解决购销工作中的困难和问题，全年协助企业解决收购贷款20亿元。按照“政府推动、部门协调、市场机制、企业运作”的原则，在进一步巩固与黑龙江、青海购销协作关系的同时，积极衔接洽谈，最近又与河南、新疆建立了新的合作关系，稳定和扩大了省外粮食的来源。二是鼓励和支持企业在抓好省内收购的同时，充分利用省外市场，采取设点收购等多种行之有效的措施到山东、河南、安徽等粮食主产省采购粮油。全年从省外购进粮食28.3万吨，其中小麦23.3万吨，大米3.45万吨。三是积极引导多元市场主体特别是国有粮食企业，克服惜售心理，充分发挥主渠道作用，及时向市场投放适销对路的粮油，确保了全省粮油市场供应不脱销、不断档。

（二）积极争取国家跨省移库粮计划

为了加大全省粮食保障的安全性，省粮食局报请省政府并以省政府名义向国家粮食局致函，请求增加移入全省的最低收购价粮食计划，并派人专门进京汇报、争取。国家已先后分四批安排全省最低收购价小麦移入计划46.7万吨，其中第一批15.0万吨，第二批5.0万吨，第三批6.0万吨，第四批20.7万吨。调入的移库粮已成为全省实施宏观调控、稳定粮食市场的有力支撑。

（三）加强粮油市场价格监测

各级粮食部门针对粮食市场的新变化、新形势，在及时掌握省内小麦、玉米、特一粉、粳米和菜籽油等主要粮油品种价格变化情况的同时，密切关注国内外粮食行情变化，科学分析判断价格走势，为各级政府决策提供了可靠的信息支持。加强与全国粮食大市场的紧密衔接，确定兰州焦家湾粮油批发市场等6户企业为全国粮食信息监测直报点，确定景泰三福粮油公司等5户企业为全国食用油信息监测直报点。

（四）坚持适时适度调控

在上半年粮油价格恢复性上涨阶段，省粮食局坚持不过度干涉、不过度打压的原则，外松内紧，稳妥应对。针对11月以来市场粮价特别是食用油价格大幅上涨的情况，认真落实中央经济工作会议和省上有关会议精神，坚决落实“防止价格由结构性上涨演变为明显通货膨胀”的宏观调控任务，选择时机，4次以竞价销售的方式批量向市场投放粮油，有效增加了省内粮油销售市场的供给量。投放省级储备油0.2万吨，每公斤成交均价11.38元，比市场价低1.46元；销售国家最低收购价小麦13.5万吨，每公斤成交均价1.6元，比市场价低0.15元。4次公开销售，取得了一定的调控成效，小麦、特一粉、菜籽油价格开始小幅回落。同时，通过甘肃日报、甘肃电视台等主要媒体宣传报道省政府有关保证粮油供应、稳定市场价格的政策措施，正确引导社会舆论，稳定群众心理预期。到12月底，全省三等小

麦收购均价86元（每50公斤下同），比上月下降1元，与上年同期相比上涨14元；特一粉零售均价129元，月比下降4元，同比上涨18元；二等玉米收购均价77元，与上月持平，同比上涨7元；二级菜籽油零售均价680元，月比下降5元，同比上涨230元。

（五）加强粮食储备体系和应急体系建设

根据省政府"各地应根据调控当地市场的需要，安排一定财力，建立市、县级粮食储备"的要求，各级粮食部门加大了沟通和协调力度，目前14个市（州）全部建起了市县级粮食储备，嘉峪关市还建立了食用油储备。为进一步增强调控全省食用油市场的能力，省政府决定，在保持原有储备规模的基础上，再适当增加省级食用油储备。以调得动、用得上、确保消费安全为目标，综合考虑粮源分布、加工能力、交通运输等因素，制订了全省粮油应急供应实施方案。

（六）军粮供应保障有力

各军粮供应单位认真落实国家粮食局的要求和徐守盛省长的重要批示，以完善军粮保障体系为重点，实行了军用电子购粮卡改革，对所有军粮供应点进行了资格年审，并适当调整网点布局。为更好地服务部队，各军供单位充分融入部队后勤保障体系之中，不断完善定点保障、伴随保障、联合保障等各种供应方式。积极探索野战条件下的军粮保障模式，天水市军供站开展"三优一满意"活动，全年为部队送粮油达到93%以上。东风军粮供应公司通过建立粮油品质反馈制度和服务投诉制度，不断提升服务质量。

二 及时调整工作重点，国有粮食企业改革任务基本完成

为了确保在年底前完成改革任务，3月以省政府名义召开了全省粮食工作暨国有粮食购销企业改革经验交流会，11月报请省政府下发了《进一步做好当前粮食流通体制改革工作的通知》。各级粮食部门在巩固上年改革成果的基础上，及时调整工作重点，着力抓好部分市县改革进度缓慢等问题，运用典型推动工作，确保了改革工作的稳步推进。截至12月底，酒泉、嘉峪关、张掖、金昌、武威、平凉、定西、天水、庆阳、甘南10个市（州）整体完成了改革任务，占71.4%；有改革任务的80个县（市、区）中有71个完成，占88.6%；剩余9个县的改革工作正在抓紧进行，进入收尾阶段。实现了全省年内基本上完成国有粮食企业改革任务的目标。

（一）职工分流政策得到较好落实

在解决职工分流安置费用上，按照省政府"省上下达专项补助、市州和县区财政补助、企业变现资产"的筹措方式，省财政在2005年下拨补助金1.1亿元的基础上，2007年11月又以以奖代补的方式下拨补助金4000万元，市县政府累计补助5370万元，企业累计自筹3亿多元。全省转换职工身份24845人、内退2918人、退休2149人、其他减员1167人，占原有职工数35519人的87.5%。各地、各单位共安置职工19489人（含内退、退休职工），其中国有独资、控股和参股企业重新安置职工就业7671人，社会其他企业安置1908人，政府公益性岗位安置122人，自谋职业4721人。

（二）国有粮食企业布局基本确定

坚持中小企业退出国有、重组企业做强做大、热忱扶持非国有企业的思路，对全省1028户企业进行了改制，目前已完成945户，占91.9%。其中国有独资改制77户，国有控股改制89户，合并重组197户，依法破产81户，租赁经营79户，承包经营41户，出售拍卖194户。在全省市（州）、县（市、区）所在地和粮食贸易集散地保留重组的国有独资、控股粮食企业，以全新的机制发挥了政府宏观调

控、保障军需民食、维护市场稳定的主渠道作用。

（三）企业法人治理结构不断健全和完善

新组建企业按照现代企业制度要求，依据《公司法》等法律法规，普遍制定了《公司章程》和股东会、董事会、监事会、总经理办公会议事规则等配套制度，明确了国有独资、控股、参股企业的股东会、董事会、监事会和经理层的职责，基本形成了各司其职、协调运转、有效制衡的公司法人治理结构。企业内部“三项制度”改革进一步深化，普遍建立了管理人员竞聘上岗、能上能下的人事制度，职工择优录用、能进能出的用工机制，收入能增能减的分配制度。省粮食局直属企业在总结过去企业管理优劣的基础上，按照用制度管事、管人的总要求，对企业各项制度全面修订和完善，初步形成了企业制度管理体系。

三　加强粮食流通监管，依法行政水平逐步提高

（一）成功举办了《粮食流通管理条例》宣传活动

在《粮食流通管理条例》（简称《条例》）颁布实施三周年之际，以“依法经营粮食，保障消费安全”为主题，在全省开展了为期10天声势浩大的宣传教育活动，在13个市（州）、40多个县（市、区）所在地设立了分会场，共设宣传点211个，宣传227场次，出动宣传车274车次，悬挂张贴宣传画、标语等近1万张（条），散发宣传资料29万多份，38家新闻媒体对宣传活动作了报道。《条例》颁布的5月26日当天，在兰州东方红广场设主会场，设立了政策问答台、质量咨询台、粮油商品知识宣传台、科学保粮问询台，49户粮食企业展示粮油精品、绿色粮油食品、营养面粉等约400个品种，掀起了整个宣传活动的高潮，得到了广大群众的关注、欢迎和认可，政府依法管粮、群众安全消费的意识进一步得到深化。

（二）粮食执法机构和制度建设进一步完善

在各级党政和有关部门的大力支持下，粮食执法机构建设在市级层面上取得了新的突破，并全面向县一级延伸。平凉、甘南初步建立了相对完善的市县两级执法体系。目前，在全省建立监督检查专门机构的市（州）达到了11个，占78.6%；县（区）达到了56个，占65.1%。张掖、嘉峪关、白银、武威、金昌5市和4个县（区）经编制部门批准成立了监督检查科，兰州、天水、临夏、张掖、甘南、平凉6市（州）和45个县（区）经批准成立了粮食稽查队，嘉峪关、金昌、定西3市和7个县（区）经内部调整成立了粮食稽查队。为进一步规范粮食行政管理部门及粮食流通监督检查行政执法行为，制定印发了《甘肃省粮食流通行政处罚制度》、《甘肃省粮食流通监督检查工作程序》和《甘肃省粮食流通监督检查行政处罚文书》。列入全省粮食执法重点工作的“兰州市粮食流通监督管理条例”通过了市人大一审，“金昌市粮食流通管理暂行办法”通过了市政府常务会议审议。

（三）粮食市场监管不断加强

以执法重心下移为重点，加强与工商、卫生、质监等部门的协作，加强对大型批发市场、重点超市、农村集贸市场等的重点监管，特别是加强了对节假日期间粮食市场的监督检查力度，有效维护了粮食流通正常秩序和生产者、经营者、消费者的合法权益。天水市粮食部门全年开展监督检查活动80次，其中粮食、工商等部门联合检查69次，共处理案件26起。定西市粮食部门全面参与粮食市场的日常监管，共出动执法人员780人次，检查粮食经营户1046户次。兰州市粮食部门采取专项整治与日常监管相结合的方法，出动执法人员698人次，检查经销点1046户次，行政处罚21件，确保了全市粮油合格率达到90%以上，被国家粮食局评为依法行政示范单位。

（四）组织开展了粮食库存检查和粮食质量安全专项整治行动

按照国家粮食局总体部署，省、市、县粮食行政管理部门认真开展了粮食库存检查，进一步掌握了粮食库存动态变化情况。检查结果显示，全省粮食综合库存统计账面数与实物数差率为1.44%，各类库存粮食安全，账账、账表、账实基本相符。从9月起组织开展了粮食质量安全专项整治行动，对粮食收购、储存、运输环节和政策性粮食购销活动全过程进行了质量安全监管，促进了粮食质量安全水平的不断提高。加强对粮食收购资格的审核管理，历时2个月对全省1415户经营者进行了全面核查，对经营项目发生变化已不具备粮食收购资格的许可证进行了注销，进一步规范了粮食收购市场秩序。

四 强化仓储管理，粮食保管水平不断提升

（一）狠抓粮油仓储管理制度的落实

各级粮食部门继续坚持“以防为主、综合防治”的保粮方针，以国有粮食企业仓储安全为重点，进一步落实安全保管分级管理、分级负责制，普遍制定了防火、防汛、防盗等处理突发事件的应急预案。坚持粮情定期分析和粮油安全隐患处理督查制，推行量化考核、绩效挂钩激励机制，推动了仓储管理规范化。临夏州粮食局推行的定员、定库、定质、定耗、定奖罚和包管理的“五定一包”制度，已见成效。平凉市制定了《科学储粮进农村进农家实施方案》，在5个县区的9个乡镇落实科学储粮示范户63户，通过举办培训班、推广实用粮仓、发放科学储粮常识宣传资料等形式，在指导农户科学储粮等方面进行了有益的探索。

（二）仓储管理不断精细化

认真开展春秋两季粮油大普查，按照“有仓必到、有粮必查、查必彻底”的原则，以春季防虫治虫、秋季处理高水分粮为主要内容，两次组织6086人次对348个储粮单位进行了普查，普查的储粮单位和储粮数量均达到了100%。对查出的少量虫粮和高水分粮及时进行了处理，有效降低了粮食在仓储环节的损失。国家粮食局推广的粮情微机监测、环流熏蒸、机械通风等储粮新技术在全省已普遍应用。全省粮食科保率达到了79%，较上年提高了16个百分点，省级储备粮科保率达到97%。全省有335个粮仓单位实现了“一符四无”粮仓标准，占总数的96%；有78个县（市、区）实现了“一符四无”粮仓县，占考核县的98%；“一符四无”仓容量达到了总仓容量的99%。武威、嘉峪关、张掖、天水等市开展以“双低”、机械通风为主的科学保粮，普遍实现了粮情微机监测。庆阳市树立上台阶、上水平、升一类的目标，全市53个储粮单位全部达到了“一符四无”粮仓标准。省粮油储运公司所属各库站全部推广应用了环流熏蒸新技术。

（三）重点抓好省级储备粮油管理

严格按照“一符三专四落实”要求，以提高储存质量为重点，将省储粮油全部纳入了品质档案管理，并及时更新品质档案，使品质档案在管理中的作用得到较好发挥。对2002年以前入库的12.0万吨储备粮和2005年以前入库的0.2万吨储备油全部进行了轮换，分别占总量的24%、26.8%。经检查验收，轮入的粮油均符合质量要求。对承储企业基本情况进行了全面调查，对不符合规范化要求的承储单位下达了限期整改通知，根据企业改革变化对47个企业的承储资格及时进行了变更。目前，储粮点具体到了113个企业的455个仓（廒），储油点具体到了12个企业的32个油罐，储存布局也进一步趋于合理。继续实行财政与企业共同筹资的办法，改善省储粮设施条件，新建省储粮库2.0万吨。

五 积极发展粮食产业化经营，项目建设稳步推进

（一）确立了粮食产业化发展思路

各级粮食部门把发展产业化经营作为增强行业发展实力的重要抓手积极推进，通过多方调研论证，形成了坚持龙头企业、优势资源、产业链条、优势项目、主打品牌、产业园区6个要素，坚持培育龙头企业、发展优质粮食种植基地、发展粮油精深加工项目、建设粮食产业园区4种方式，因地制宜，推进全省粮食产业化经营的思路。完成了全省面粉加工业情况调研报告、全省油脂产业发展调研报告等有关粮食流通和产业发展的调研材料27份，部分调研成果已开始运用。

（二）以订单生产和订单收购为切入点，发展优质粮食种植基地

白银市以订单合同为载体，初步形成了粮食生产者与经营者利益共享、风险共担的经营机制，全年订单收购粮食5.0万吨，实现了农企双赢。陇南市粮食企业与9县区的种植户签订奶花芸豆订单4.5万多份，实现订单种植8133.3公顷，全年收购0.6万吨，出口创汇500多万美元。平凉军威油脂公司在青海建立优质油料生产基地1.3万多公顷，崆峒区采用"公司+基地+农户"的经营模式，与11个行政村签订马铃薯种植订单466.7公顷。

（三）建成和启动了一批较大项目

在粮油加工方面，有武威市投资1000万元的面粉精深加工项目，平凉市投资620万元的云翔面业灵台分公司项目，白银粮油储备库食用油中小包装生产线项目等已建成投产，兰州市营养强化面粉产业化项目已经在青海军分区试点推广，庆阳市总投资1200万元的环县小杂粮深加工项目，张掖市山丹引资建设的5万吨麦芽生产项目进展顺利。在"退城进郊"方面，有定西市投资1211万元的临洮县城关粮管所退城进郊搬迁工程，武威市以土地置换和参股等形式建设的凉州区第一粮库搬迁工程已经竣工投入运营，兰州昌盛植物油公司"出城入园"项目完成了土地使用权拍卖等一系列前期工作。跨行业发展项目有省粮油储运公司嘉泰名居房地产项目已完成投资2.155亿元，金昌嘉盛花园房地产项目已完成一期工程，平凉崆峒区健身中心项目已完成投资2500万元，新兰面粉厂引资5000万元的重组项目已正式签约并组织实施。

（四）抓好区域性粮油批发市场建设

在省粮油批发市场基础上申请成立"兰州国家粮食交易中心"项目，国家粮食局已批复同意。平凉市总投资500万元的粮油批发市场建设项目已完成主体工程，陇南市投资800万元的综合粮油批发市场全面建成。

六 强化管理，国有资产监管方式继续完善

（一）组织开展了全省粮食财务检查

为提升国有粮食企业财务管理水平，加强和改进会计控制中的薄弱环节，杜绝及纠正会计核算中的违纪违规现象，在全省范围内开展了以查各项收入是否如实入账、各种开支是否符合国家有关财政法规、有无账外私设"小金库"和资金体外循环等问题为重点的粮食财务检查。省局财务资产管理处对省直粮食企业进行了逐一检查。从检查结果看，企业资本运营和财务状况良好，新旧账务衔接规范，财务管理有效到位，未发现私设"小金库"等现象。基层普遍认为，通过检查不仅有利于及时纠正和杜绝企业违反财经纪律的现象和苗头，也督导企业根据改革变化的新形势，完善了财务管理制

度，还增强了企业法人维护和遵守财经纪律的自觉性。

（二）进一步完善了国有粮食企业资产监管制度

为了加强和完善对新组建企业国有资产的监督和管理，确保国有资产保值增值，制定了《国有资产监督管理办法》和《国有粮食企业效绩评价办法》，从监督和评价两个角度构造起了与市场经济相适应的新的企业国有资产监管制度。

（三）清理核实了国有粮食企业经营性财务挂账

按照国家粮食局统一部署，通过调研、座谈、统计、核算，详细掌握了国有粮食企业经营性财务挂账的形成原因、主要内容、占用贷款等情况。经清理，截至2006年底，挂账总额12.7亿元，其中1998年5月以前的挂账2.1亿元，1998年6月以后的挂账10.6亿元，并向国家粮食局上报了专题报告，提出了解决方案。协同农发行清理企业呆坏账1.9亿元，清理面约占40%。

七 扎实做好其他各项工作，行业整体实力增强

（一）职工业务素质不断提升

省经贸学校、省粮油质检所被国家有关部委认定为全省粮食行业特有工种职业技能鉴定站后，我们从促进行业技术水平和不断提高职工整体素质的实际出发，制定了实施意见等12项制度，组织对156名粮油保管员、63名粮油检验员进行了鉴定培训，其中120名保管员、30名检验员取得了资格证，合格率分别为77%、48%。组织1520名粮食财务人员参加了全国粮食系统财会知识竞赛个人赛，开展了有16支代表队56人参加的全省粮食系统财会知识竞赛。组队参加了首届全国粮食系统职业技能大赛和全国粮食系统财会知识竞赛决赛并获得较好成绩。另外，全年还组织225名财务人员、146名粮油保管员和检验员、107名统计人员参加了各类业务技能培训，组织103名检验员进行了资格证注册考试，其中68人通过。

（二）粮食行业各项统计工作进一步规范

面向全社会开展的粮食流通统计、粮食供需平衡调查、粮食行业机构人员统计、粮油加工业统计、粮食仓储设施统计5项行业统计工作有序开展。各级粮食部门克服工作量大、外部配合环境差等困难，主动加强与统计、工商、税务、农业等部门的沟通协调，深入被调查户宣传政策，积极争取理解和配合，统计的质量和时效性有了明显提高。

（三）“放心粮店”建设继续扩大

以净化粮油市场、提升行业竞争力为出发点，各地继续开展了“放心粮店”建设工作，并由城市逐步向农村延伸，有效净化了城乡粮油市场。兰州市本年在农村新建“放心粮店”15个，并被市政府列为“为民办实事”之一，全市“放心粮店”总数达到了128个。酒泉市全年评审“放心粮店”35个。平凉市“放心粮店”达到22个，另有61个待批。天水市重新评定命名“放心粮店”16个。张掖市审核批准“放心粮店”2个。

另外，成功举办了全省粮食系统(行业)第四届书法绘画摄影作品展，共征集到各级领导、一线职工、离退休老同志和关心粮食工作的社会各界人士231位作者的461件作品，其中入选展出206件，并结集出版。召开了第三届省粮食行业协会、第五届省粮食经济学会会员代表大会，选举产生了“两会”新一届领导集体，明确了“两会”工作任务。《全省“十五”粮食工作总结和“十一五”规划》正式出版。《甘肃省志・粮食志》续修工作进展顺利。

八 服务粮食工作大局，机关党的建设、队伍建设和党风廉政建设不断加强

全局按照中央和省委关于党建工作的一系列方针政策，紧紧围绕粮食工作中心，以加强党的执政能力和先进性建设为目标，运用党课、辅导报告、专题讲座、主题实践、考察参观等方式，坚持开展党的基本理论、基本纲领、基本路线教育和爱国主义、集体主义、社会主义教育，在局机关和直属单位深入开展了“加强作风建设，创建和谐机关，促进科学发展”主题实践活动。组织党员干部深入学习党的十七大精神、胡锦涛总书记“6·25讲话”、省第十一次党代会精神，局中心组全年共进行集体学习19次。特别是党的十七大召开后，全局及时制订详细计划，举办了十七大精神学习研讨班，迅速在局系统掀起学习贯彻十七大精神的热潮。

继续抓好《公务员法》及各项干部人事制度的贯彻落实，为16个直属企业配备了职纪委书记或纪委委员，提拔、交流直属企事业单位领导干部6名，选派36名公务员参加了知识更新培训，组织51名机关干部参加了人事制度改革政策法规知识竞赛，组织15名企业管理干部参加了劳动合同法培训，干部队伍素质有了新的提高。

深入贯彻中纪委七次全会、省纪委八次全会精神，进一步健全完善党风廉政建设各项制度，坚持“标本兼治、综合治理、惩防并举、注重预防”的方针，教育在先、预防为主，对9个处室、20个直属单位领导班子及84名县处级领导干部进行了年度工作和执行党风廉政建设责任制考核。提出了党风廉政建设8个方面47条任务，分解下达到各牵头处室和有关单位，并与直属单位签订了责任书，各单位、各处室都层层落实了反腐倡廉的工作责任。以“反腐倡廉学习宣传教育季”活动为载体，开展反腐倡廉教育，重点抓好各级领导干部的教育、监督和廉洁自律，惩防体系建设各项工作任务不断落实。

2007年，全省粮食工作虽然取得了明显进步，但还存在一些突出的矛盾和问题。一是粮食省内自求平衡的难度加大。全局对14个市（州）64个县（市、区）的3165户农户进行的抽样调查表明，受经济利益影响，作为口粮主要品种的小麦种植面积逐年下降，马铃薯、制种玉米、啤酒大麦等非口粮作物种植面积增加。2007年，全省人均占有小麦约90公斤。二是商品粮库存偏小。为了满足市场供应，2006、2007两年使用库存较多。由于省内粮源有限，向省外采购也存在一定困难，增加库存受到很大限制。三是粮食流通监督检查工作经费普遍没有得到落实。由于缺乏专项经费，原粮卫生检查、库存检查等工作不能按要求正常开展。对这些矛盾和问题，下一步要有针对性地逐步加以解决。

甘肃省粮食局领导班子成员

朱　红	局　长、党组书记
张曼丽（女）	纪检组长、党组成员
韩卫江	副局长、党组成员
成文生	副局长、党组成员

2007年3月15~16日，甘肃省人民政府召开全省粮食暨国有粮食购销企业改革经验交流会，副省长孙小系出席会议并讲话。

2007年9月14日，甘肃省委副书记刘伟平在省粮食局调研。

甘肃省粮食局在兰州召开全省军粮供应工作会议，省政府、兰州军区有关领导出席会议并讲话。

青海省粮食工作

基本情况

青海省位于祖国西部、青藏高原东北部，总面积72.2万平方公里，占全国土地面积的7.5%，全省平均海拔在3000米以上。全省所辖6州1地1市及49个县级行政单位。2007年末，全省总人口为551.6万人，其中城镇人口221万人,乡村人口330.6万人。全省实现生产总值760亿元，人均13836元，分别比上年增长12.5%和11.5%。全省财政一般预算收入110.5亿元，比上年增长33%。其中，地方一般预算收入56.7亿元，增长34.2%；农牧民人均纯收入2683.8元，城镇居民可支配收入10276.1元。

青海省主要农作物有春小麦、青稞、马铃薯、蚕豆、豌豆和油菜籽。2007年末，全省耕地面积54.22万公顷，农作物播种总面积49.1万公顷，其中粮食种植面积26.1万公顷，比上年增长0.4%；粮食总产量94.1万吨，比上年增长6.6%，人均占有粮食170.6公斤；粮食商品量21.6万吨、商品率为26%。油料种植面积16.4万公顷，比上年增长2.8%，总产量30.5万吨，比上年增长14.9%。受自然条件的制约，青海一直是个缺粮省，粮食自给率低，产需缺口逐年扩大。全年全省粮食需求量为196万吨，产需缺口为101.9万吨，自给率为48%，粮食供需平衡主要通过省际间购入解决。全年全省粮食消费量为186.8万吨，其中，农村口粮79.2万吨、城镇居民口粮34万吨、种子用粮8.9万吨、饲料用粮53.8万吨、工业用粮4.7万吨。

2007年末，全省登记备案涉粮企业1074家。其中国有粮食购销企业30户，从业人数651人。

2007年粮食工作

一 精心组织全省国有粮食购销企业改革“回头看”工作

一是深入基层，加强督导，认真组织有关部门对国有粮食购销企业改革进行“回头看”，深入八个州（地市）、县、企业，对改革的政策落实、人员安置及工作质量等情况进行了检查，对改革中出现的问题及可能诱发的不稳定因素进行督导。各地积极配合，狠抓落实，使全省国有粮食购销企业改革取得明显成效。从“回头看”情况看，全省各州、地、市各项改革工作扎实平稳，“三老”问题得到有效解决，企业产权比较明晰，布局趋于合理，市场竞争力有所提升，企业资产状况和效益有了明显好转，部分州、地实现了盈利。2007年1~11月份全省国有粮食购销企业实现销售收入14716万元，补贴后发生亏损285万元，较去年同期减亏947万元，减幅76.87%。全省已安置富余人员 2039人，保留职工651人，保留国有粮食购销企业30户。剥离政策性财务挂账24882万元，并实行集中管理，全省“老粮”已全部处理。

二是按照青政办42号文件及省政府青阅[2006]87号专题会议纪要精神，督导各地对全省国有粮食购销企业应缴未缴的566.44万元养老统筹金、47.87万元失业保险金、445.5万元医疗保险金、30.61万元工伤保险金（共计1090.42万元）进行分类理清，逐级汇总上报到省社会保障厅、财政厅，进行挂账处理。

三是为巩固改革成果，促进国有粮食购销企业发展，省粮食局会同省发改委等六部门在考察、调研、多次召开座谈会的基础上，提出了《促进国有粮食购销企业发展的意见》上报省政府，省政府已批转实施。

二 加强了储备粮的管理工作

一是加强了储备粮的管理，进一步完善了储备粮安全管理考核办法，有效地促进了省级储备粮管理水平的提高。

二是加强了“精细化”、“品质化”和科学保粮技术的探索研究。制定了《青海省省级储备粮品质化管理实施方案（试行）》和《仓储“精细化”管理的初步意见》，指导和规范省级储备企业开展“精细化”和“品质化”管理。同时，邀请“精细化”管理方面的专家，对局属单位中层以上人员进行了储备粮“精细化”管理培训。在科学保粮方面，积极开展并完成了省乐都粮库绿色储粮项目的可行、论证和立项的报批工作。

三是着力探索解决制约储备粮轮换的“瓶颈”问题。在当年轮换中，全省提早下达任务指标，及时向企业通报国内粮油价格等信息，指导企业创新思路，拓展市场、把握商机，适时轮换。企业采取委托收购、稳固和扩大粮食经营客户源等方法，顺利完成了当年省级储备粮的轮换任务。各承储企业完成轮换的进度和时间较上年有大幅提前，部分企业在轮换中还实现了盈利。

四是外引内联，积极修复粮食流通链条，拓宽储备粮轮换渠道。经多次调研、协商，2007年，全省引入全国第四大面粉加工企业山东德州发达面粉集团有限公司，充分利用对方品牌、资金、购销渠道和本省闲置的制粉车间（省大通粮食储备库）的优势，共同投资500万元建设面粉加工项目，项目建成后将有效地拓展全省储备粮的轮换渠道，增强全省的粮食调控应急能力。

五是通过举办期货交易务实培训班和安排粮油批发市场参加粮油竞拍师培训，提升了企业运用市场手段进行经营和管理的水平。

六是组织人员进行《青海省粮食安全评价指标体系研究》、《建立适应粮食市场化的省级储备粮管理和轮换新机制》和《关于加强薄弱地区粮食供给能力建设的研究》三个软课题的研究，为提升和指导工作，夯实了基础。

七是加强了仓储基础设施建设，落实投资800万元，完成了仓库维修改造项目16个，完成了2007年仓库维修改造项目的申报工作。

八是按照国家粮食局的统一要求，完成了全省范围内的清仓查库工作，开展了以“一无四符”为主要内容的仓储安全普查、评比，通过检查，全省省级储备粮宜存率100%，账实相符，质量安全。

三 认真开展依法行政和监督检查工作

一是以推行全省粮食行政执法责任制为重点，指导全省各级粮食行政管理部门加强行政执法责任制的落实和开展层级监督，推动行政执法责任制工作的全面开展。认真组织全省粮食系统开展了《粮食流通管理条例》颁布三周年纪念宣传活动及法律“七进”活动，对全省粮食行业“五五”普法工作进行了安排部署。

二是加强了粮食行政法规、制度建设。省粮食局先后会同有关部门制定下发了《青海省粮食流通监督检查实施细则》、《青海省粮食监督检查工作规程》、《青海省粮食流通监督检查行政处罚程序》、《关于推行粮食行政执法责任制的若干意见》、《青海省粮食流通监督检查备案管理办法》和《青海省粮食局关于进一步加强全省粮食市场监管的意见》等制度，使粮食流通监督检查工作开始步入法制化、制度化、规范化的轨道。并与省发改委等四部门建立了粮食流通监管联席会议制度和工作机制。

三是加强执法队伍建设。2007年组织28名各级粮食工作人员参加了全国粮食流通监督检查行政执法培训，有效地提高了执法人员的业务素质，促进了各地行政执法工作的开展。截至目前，全省实有持证人员155人，其中省级21人，州（地、市）、县级134人。

四是加强粮食质量监督体系的基础建设。在多方努力和国家粮食局的支持下，挂牌成立了国家粮油质量检测青海分中心、粮食行业职业技能培训中心、青海省粮食行业职业技能鉴定站，并组织培训粮油保管员和检验员185名，完成了粮油质量检测国家实验室专家组的现场评审。

五是积极开展专项监督检查。指导州地市粮食行政管理部门开展联合行政执法，组织开展了全省粮食质量专项整治活动、粮食收购及经营者备案专项监督检查，积极协调工商、质检等部门认真组织开展了元旦、春节期间粮油质量专项监督检查工作。全省共开展各项粮食监督检查685次，参加人员2299人（次），查处案件36例，其中责令整改18例，警告13例，罚款 5例。

四 加强了对全省粮油信息和应急管理工作的力度

一是较好地完成了青海省粮食安全预警预报系统项目的建设，通过了项目验收。

二是为提高粮食工作信息质量和服务水平，在青海省粮食安全预警预报系统的基础上，搭建了粮食信息工作平台。通过延伸其功能，积极创造条件，在全省设立了23个粮油动态监测点，落实了全省230个农户粮情固定调查点。与省农发行搭接建设了信息共享网站，使粮食信息网络延伸到8个州（地、市），并同国家粮食信息中心、北京、天津、上海等粮食信息中心保持联系。制定下发了《青海省粮食局粮食政务信息工作评价办法》、《青海省粮油市场价格信息监测管理办法》、《粮油信息岗位责任制度》，进一步完善了粮食信息的采集、整理、发布及报送制度；粮食信息的采集、分析和编报工作质量有了新的提高。2007年共编发和向省政府及相关部门报送《粮油市场信息快报》等信息刊物170余期。

三是加强了粮食应急管理工作。省粮食局会同省委宣传部等十二个部门研究制定了《青海省粮食应急预案实施细则》（简称《细则》）、《青海省粮食应急领导小组办公室工作制度》（简称《工作制度》）。《细则》和《工作制度》的印发，进一步增强了《青海省粮食应急预案》的针对性、实效性和可操作性，明确了各地、各部门、各企业的职责和工作制度，形成了有力、有序、有效的应急处置措施和工作机制。同时，积极指导局属企业开展了消防、防汛、防盗的应急演练。10月30日又组织了西宁、海南和9个企事业单位参加的省级粮食应急预案内部演习，检验了预案及细则的完备性、可行性和可操作性，提升了粮食应急保障人员对预案的了解程度和操作能力，为实行全面综合的粮食应急演练积累了经验，奠定了基础。

四是积极行动，精心准备，加强宏观调控，认真做好粮油供应，确保市场稳定。针对今年省内粮价不断上涨，食用植物油价格大幅攀升的实际，为落实省政府市场与物价会议精神和省政府领导对做好全省粮油供应工作确保市场稳定的重要指示，省粮食局立即组织全局副处以上干部和有关人员研究贯彻意见。及时提出了做好当前粮油供应工作确保市场稳定的各项措施和建议。与农发行和省财政厅联合向省政府提交了《关于做好食用植物油供应工作的意见》，提出加工、采购600万公斤食用油，平抑市场价格，确保“两节”市场供应和建立400万公斤食用油动态的意见，省政府主管领导立即做出“同意三家意见，请即抓落实为盼”的重要批示，落实6250万贷款资金和贴息，组织有关企业加工、采购600万公斤食用植物油和500万公斤成品面粉投放“两节”市场。同时，研究制定了《青海省粮油应急供应预案》，明确了应急供应的程序、管理措施、报批程序和具体的应急供应办法，并核定承担应急任务的供应、运输企业，进一步完善了全省粮食应急预案体系建设。

五 加强了机关自身建设和军粮供应工作

一是加强了机关自身建设。为保证所属9个企事业单位健康良性发展，提升直属单位（粮库）的综合管理水平，进一步完善了包括安全管理、重点工作、经济目标、廉政建设、支部建设、综合评议等“六位一体”的考核机制。同时，为了更好地体现机关工作上下内外的协调一致，突出作风的加强、效能的提高、服务的升级，把局机关各处室重点工作纳入全局重点工作考核体系中，配套制定了《青海省粮食局机关绩效工作考核（试行）办法》，将领导批示批办、会议决议决定、上级来文来电等列入考核内容，加强督查督办，进一步推动了全局工作的落实。

二是认真做好军粮供应工作，完成了2007年度军粮供应任务。严格执行军供粮源政策，坚持用新粮、优质粮供应部队，切实落实军粮质量责任人制度，坚持出入库检验制度，做到安全卫生、防潮、防变，杜绝不合格粮油进入军营，确保部队吃上放心粮油。同时，军民共建活动和精神文明建设也取得了明显成效。

六 强化了作风建设年活动和党建工作

2007年，省粮食局的党建工作以落实保持共产党员先进性经常性工作为主线，以作风建设年活动为重点，签订了党风廉政目标责任书，认真落实党风廉政建设责任制，为全局中心工作的顺利开展提供了思想、组织及作风保证。加大局机关作风建设力度，大力倡导“讲大局、讲协调、讲服务、讲质量、讲效率”的务实作风，调动局机关工作人员的积极性，认真落实强卫同志提出的“四去四求”及四种优良作风，将“为民、务实、负责、高效”的作风建设要求融入各项粮食工作。认真征求基层对局领导班子和局机关在作风建设方面的意见及建议，加大整改措施的落实力度。积极改进机关内部绩效考核机制。以考核各处室落实重点工作、会议决定、批办批示的工作为切入点，加强监督检查，提高局机关的办事效率和工作质量。认真落实全省作风建设年活动工作座谈会精神，贴近基层，加快工作沟通和交流的速度，督促指导基层以良好的作风解决发展中的困难，谋划2008年的发展思路。切实转变作风，关注民生，关心基层，解决企业和职工工作、生活中的实际困难，为省乐都粮食储备库筹资建设职工宿舍楼，解决了职工住宿问题；为省果洛粮食储备库新建了办公楼，改善了办公工作环境；省西宁陶家寨粮食储备库、局机关后勤服务中心购置车辆，解决了通勤用车及办公用车的问题，并对直属单位职工反映调增工资的问题，认真调研，适时出台方案。组织学习宣传党的十七大精神和省第十一次党代会精神，加强领导班子及干部队伍建设，发挥好基层党组织的监督保障作用，树立青海意识，凝聚力量，增强干部职工做好粮食工作的信心。

2007年，全省粮食工作围绕确保全省粮食安全和粮食流通体制改革开展了一些富有成效的工作，取得了一定的成绩，但一些影响全省粮食安全、阻碍粮食流通发展的不利因素不断凸显，还需要进一步认真研究，加以解决。一是粮食市场物流体系需进一步健全，粮食流通产业规模小、带动作用弱和粮食产业化水平低，整体市场竞争力和抵御风险的能力相对较差。二是粮食行政管理基础薄弱。受机构人员的局限，特别是边远地区粮食管理力量不够，粮食市场安全隐患较多。

青海省粮食局领导班子成员

顾艳华	局　长、党委书记
商卫国	副局长、党委副书记
侯宝健	副局长、党委委员
李恒力	副巡视员、党委委员（2007年11月退休）

2007年7月27~29日，国家粮食局任正晓副局长一行来青海省调研质检、军供工作。图为省粮食局局长顾艳华（右一）陪同任正晓副局长（左二）在省粮油检测防治所调研。

2007年4月，国家粮食局曾丽瑛副局长出席全国粮食调控会议，并调研青海粮食工作。图为青海省粮食局顾艳华局长（前排右一）陪同曾丽瑛副局长（前排中）在省大通粮食储备库调研储备粮管理工作。

2007年5月，青海省粮食局在青海西宁召开了全省粮食信息交流会议，会上邀请国家粮油信息中心尚强民主任（右二）作了题为《粮油市场形势分析与认识》的专题讲座。

宁夏回族自治区粮食工作

基本情况

宁夏回族自治区东邻陕西，北接内蒙古，南与甘肃相连。地理坐标是：东经104°17′~107°39′，北纬35°14′~39°23′。辖银川、石嘴山、吴忠、固原、中卫5个地级市，8个县级市辖区、11个县、2个县级市、1个县级开发区，共22个县（市、区）。实际国土面积为5.18万平方公里，2007年年底，常住人口为610.25万。按可比价格计算，全区地区生产总值比2006年增长12.4%，经济增长速度连续8年在10%以上。一般预算总收入增长31%，一般预算支出增长25.3%。农民人均全年纯收入为3180.8元，扣除价格因素，实际增长8.8%；人均全年生活消费支出2528.8元，增长12.5%。截至2007年底，全区共有耕地110万公顷，其中40.2万公顷为水浇地。近20年累计净增耕地4.6万公顷，连续8年占补平衡。

2007年粮食工作

2007年，宁夏回族自治区各级人民政府认真落实粮食工作行政首长负责制，加大投入，发展粮食生产，粮食增产、农业增效、农民增收。自治区粮食局加强自身建设，提高行政能力，从实际出发贯彻落实中央和自治区党委、人民政府的各项粮食政策，深化粮食流通体制改革，完善地方粮食储备制度，改革、发展国有粮食企业，开展粮食市场监测、监管工作，推进粮食产业化经营，粮食经济运行情况良好，调控粮食市场平衡供需的能力进一步增强，粮食工作服务于社会主义新农村建设成绩显著，地方粮食储备立法工作，取得重要成绩。

一 稳定发展粮食生产

（一）粮食产量创下新纪录

2007年，全区粮食播种面积为86.1万多公顷，总产量为316万吨，其中，小麦年产量58.2万吨，稻谷58.7万吨，玉米149.8万吨。人均产粮518公斤。

截至2007年底，实施退耕还林工程全区共退耕31.3万多公顷，占国家计划任务的176%，粮食产量不减反增，2007年比2006年又增长1.6%，再创历史新高。全区粮食总产量连续3年稳定在300万吨的水平上。

取消农业税和实行种粮补贴以后，土地产出率提高，农民的种粮积极性增强。自治区党委、人民政府实施粮食战略工程，集中力量扶持基础条件好、生产水平高和调出量大的粮食主要产区，奖励产粮大县，加强粮食核心产区建设。层层落实粮食工作行政领导负责制，稳定粮食播种面积，优化品种结构，扩大专用小麦播种面积，发展优质稻谷生产。

（二）粮食质量不断提高

全区主要粮食作物优质化率在75%以上。全区80%的种植面积开展了无公害农产品、绿色食品、有机产品“三品”认证，经国务院检查组检查验收，全部完成农产品质量安全专项整治的各项目标。

（三）马铃薯生产大发展

全区马铃薯种植面积比2006年增长19.7%，农民开始用水浇地种植马铃薯，大面积推广双行靠、坑种、芽栽、小整薯、地膜覆盖等新技术。西吉县种植马铃薯平均亩产比上年提高了537公斤，最高为4000公斤，全县总产量由2006年的90万吨增加到160万吨。

（四）种粮不合算的情况正在发生变化

据宁夏农村经济运行态势固定监测成本核算资料，2007年宁夏每公斤小麦、大米、玉米成本分别为2.27元、1.88元、1.33元，均高于市场价格。加上国际、国内粮食市场的影响，年内全区各类粮食的价格普遍上扬。宁夏已由“供需基本平衡，丰年有余，价格低迷”转向“结构平衡，对区外市场依赖提高，价格整体攀升”的状态。

二 抓收购，促进农民增收，推动产业化经营

（一）积极发展粮食订单

各级粮食部门积极组织供需双方签订“粮食订单”。3月14日召开的全区粮食订单会议共签订粮食订单合同85016份，订单粮食数量达103.1万吨。据自治区粮食局统计，粮食订单履约率在75%以上。

3月，自治区粮食局与农牧厅联合调查水稻购销市场、农民种植意向、生产成本等情况，筛选出优质、畅销的宁粳27号（T39）等7个水稻品种，在电视、报纸等媒体上宣传、推荐，引导农民发展优质水稻生产。自治区人民政府将其中的3个品种列入2007年良种补贴范围，每亩补贴2元。

塞北雪、兴唐米业、塞外香、伊品集团等粮食加工龙头企业建立优质粮食品种基地，为农民提供种子、技术服务，发放预购定金，以“公司+基地+农户”模式实行粮食产业化经营。

（二）继续实行收购指导价

夏收、秋收前，自治区粮食局提出兼顾生产者、收购企业、用粮单位、财政等各方面利益的收购指导价意见，自治区人民政府同意后，召开夏、秋粮收购价格衔接会公布执行。国家粮食储备企业、国有粮食购销企业带头按指导价入市收购，影响其他市场主体按照指导价收购。2007年，春小麦、冬小麦、稻谷和玉米开秤收购指导价每公斤分别为1.64元、1.46元、1.76元和1.36元，均高于2006年。春小麦、冬小麦比国内小麦主产区最低收购价每公斤高出约0.20元，稻谷比东北粳稻主产区收购价每公斤高出约0.14元。全区全年共收购粮食120万吨，其中国有粮食企业收购52万吨，拉动农民增加现金收入3.14亿元。

（三）发挥经纪人作用

收购季节，在宁夏农村活跃着一支以农民为主要成员的粮食经纪人队伍，他们以小额资金收购粮食转手卖给购销企业、储备企业、粮食加工企业，收回资金，再收，再卖，小本经营，周转快，购销量大，收入稳定，积极性高。粮食部门组织培训粮食经纪人，使之掌握应知的政策法规及应掌握的业

务技术。据不完全统计，2007年，全区有粮食经纪人477人，经营各类粮食约80万吨。

（四）支持冬麦北移

在川区种植冬小麦比种植春小麦每亩可以增产200公斤，扩大冬小麦种植面积，是自治区人民政府调整种植结构、改善种植布局、增加粮食生产、固沙绿化的重要措施之一。2007年，自治区粮食局组织开展冬小麦质量、品质调查，检测不同品种在不同地区的质量情况、湿面筋含量情况，检测不同品种在不同地区的品质表现，用来指导冬小麦生产。自治区粮食局筹措专项资金10万元，选择了4家面粉加工企业，研制开发灌区冬小麦新产品。年内开发出的新产品4大类、16种，全部通过了自治区粮食局组织的专家组验收。新产品投放市场后销售情况良好，打通了川区冬小麦的销路。

三 调控粮食市场稳定粮价

（一）增加储量，保证供需平衡

2007年，全年粮食消费量共计为290万吨，其中小麦100万吨、稻谷45万吨、玉米110万吨。全区供需总量基本平衡，玉米有剩余，小麦缺口较大。

自治区粮食局组织储备企业从山东、河南、陕西等地采购小麦7.47万吨，加工企业从区外采购小麦14万吨，争取到国家最低保护价托市收购移库粮6万吨。全年出库销售需要轮换的地方储备粮小麦、稻谷13万吨投放市场，供应退耕还林补助粮12万吨后，粮食库存仍然充足。

2007年，全区油料产量为9万吨，折合成油脂为2.75万吨，消费量为11万吨，自给率为25%。自治区粮食局、财政厅组织调研后提出恢复食用植物油储备的建议。11月1日，自治区人民政府办公厅批转食用植物油储备方案，确定食用植物油储备规模为全区城镇居民1个月的消费量。12月14日，自治区粮食局、财政厅制定出自治区食用植物油储备管理暂行办法。暂行办法规定，粮油市场发生紧急情况时，自治区粮食局根据自治区人民政府下达的出库指令安排出库、调运、销售计划，各市粮食部门负责具体落实。食用植物油储备中胡麻油占40%。食用植物油储备由宁夏优素福清真食品有限公司等8家企业承储，按照《食用植物油储备合同书》管理。

（二）做好应急准备，调控粮食市场

自2007年6月开始，全区各类粮油价格小幅上涨，进入11月，涨幅较大。据宁夏粮油市场价格监测报告，到2007年12月底，小麦批发价格从6月初的每公斤1.65元涨到1.95元，涨幅18.18%；面粉（特二粉）批发价格从每公斤2.35元涨到2.77元，涨幅17.87%；胡麻油零售价格由每公斤10.12元涨到19.00元，涨幅87.75%。

自治区粮食局加强市场监测，将粮油市场监测直报点从33个增加到60个，由每周报告1次监测数据调整为每周2次，敏感时期一日一报，并增加监测品种和项目，预测价格走势，及时向自治区党委、人民政府及国家粮食局及时报告粮油市场状况，提出调控建议，做好预警预报。11月9日，自治区人民政府代主席王正伟签发宁夏回族自治区人民政府第102号令，公布《宁夏回族自治区价格监测规定》，自治区粮食局进一步加强监测工作，对粮油价格的变动情况进行跟踪采集、分析、预测，及时提出政策建议。12月，国家粮食流通统计制度中增加重点食用植物油企业油脂油料统计项目，宁夏开展大覆盖面的食用植物油脂油料统计，及时、全面、准确地反映市场变化，为调控油脂市场提供依据。

自治区人民政府修订了《宁夏粮食供给应急预案》，成立了自治区粮食应急处置指挥部。市、县（区）修订了当地的《粮食应急预案》。多次检查自治区应急成品粮储备，以保证库存数量真实、质量可靠。

为了平抑粮价，自治区粮食局以略低于市场价格向定点面粉应急加工企业、龙头加工企业公开竞价抛售自治区储备小麦2万吨，中标单位增加小包装面粉生产，投放区内市场。自治区人民政府对塞北雪面粉有限公司、银春面粉有限公司、兴唐米业集团有限公司、农垦企业（集团）米业有限公司的包装面粉、大米实行提价申报制度，对17家经营企业的成品粮、挂面、方便面实行调价备案制度。

（三）储备粮管理地方立法

2007年1月，自治区人大、自治区人民政府法制办组成立法调研组开展自治区储备粮管理地方立法调研工作，并考察外省、市立法情况。立法调研组认为，用地方法规来规范地方储备粮管理、明确权利义务关系、减少管理工作中的随意性很有必要。5月9日，自治区粮食局报送《关于提请自治区人民政府审议〈宁夏回族自治区储备粮管理条例（草案）〉的请示》。6月27~29日，自治区人民政府法制办邀请自治区人大财经委员会做区内调研，征求有关部门的意见，进一步完善管理条例（草案），形成了呈报自治区人民政府常务会审议的议案。9月6日，议案在自治区人民政府常务会议上通过，正式提请自治区人大审议。11月9日，自治区九届人大常委会第三十一次会议审议通过《宁夏回族自治区地方储备粮管理条例》，自2008年1月1日起施行。同日，人大常务委员会发布第四十七号公告，颁发执行《宁夏回族自治区地方储备粮管理条例》，自治区人民政府办公厅于2002年8月28日印发的《宁夏回族自治区储备粮管理暂行办法》同时废止。

四 积极做好政策性粮食供应工作

（一）退耕补助粮的供应

2007年，自治区人民政府实行30%的退耕还林补助款发粮、70%发钱的办法，退耕补助粮可供应13.39万吨。

4月下旬，自治区粮食局了解到退耕县有104个乡镇因灾缺粮的情况后，积极推动退耕补助粮供应工作。5月29日，自治区人民政府召开会议部署山区抗旱救灾和退耕还林补助粮供应工作，实行市县政府负责统一采购退耕补助粮，权利到县，责任到县的政策。6月20日、28日的两次补助粮竞价采购交易会共采购到小麦87427吨、玉米26256吨，退耕县国有粮食购销企业安排104个网点开展供应工作。

11月30日，自治区粮食局党组书记、局长刘金定主持召开全区退耕还林补助粮供应工作座谈会，分析在粮价大幅上涨条件下退耕补助粮采购、供应工作出现的新情况，提出2008年的退耕兑现政策修改意见。刘金定局长要求各退耕县（区）粮食行政管理部门，从讲政治的高度，从关注民生的深度，认真贯彻落实党的十七大精神，切实履行好粮食部门的职责，切实做好退耕粮供应工作。

（二）军粮供应

2007年，通过资格评审，确定宁夏“军粮定点加工企业”，从源头上保证军供粮油的质量。自治区粮食局制定出《军供“放心粮油”工程实施方案》，分步推进“放心粮油”工程，有一批军粮供应站（店）成为“放心粮油店”。自治区粮食局还组织部队后勤部门的同志参观宁夏粮食储备企业和军粮加工、供应企业，了解军粮的原粮情况、加工企业及加工情况、军粮质量检验情况。

自治区粮食局在军粮供应企业中开展“优质服务”活动，推广服务承诺制、电话预约、上门开票、义务送粮、传授储粮知识，为部队串换粮食品种等做法，评选“先进军粮供应站”、“双拥模范单位”，全面提高军供质量。银川市军粮供应站荣获“全国双拥模范单位”称号。

五 改革、发展国有粮食企业

截至2007年底，全区共有40个国有粮食企业，其中粮食购销企业18个、储备企业11个（包括3个代储企业）、军粮供应企业9个、粮油交易批发市场、粮食产业集团各1个。企业在岗职工2494人，其中国有职工身份1292人、返聘职工1202人。

（一）储备企业

自治区粮食局直接管理11个储备企业的人、财、物，以保证储备粮数量真实、质量良好、调得动、用得上。自治区粮食局根据《2007年直属企业目标管理考核细则》对储备企业的粮食购销、储备粮管理、科学保粮、财务统计管理工作进行了量化考核。经考核，8个直属库中有3个达到优秀水平，3个良好，2个合格。有3个直属库在单项上有突破。储备企业的基础管理日趋规范，企业之间的差距缩小。

自治区粮食局在储备企业中开展“仓储效益提高年”活动，印发《储备企业仓储保管单仓费用核算的实施意见》，实行单仓核算，细化流程、细化目标任务、细化费用开支管理。4月27日，自治区粮食局召开储备企业全面预算管理现场经验交流会。自7月起，在固原、永宁两个储备库开展全面预算试点，以降低管理成本。8月，提出“流程细、操作精，指标细、控制精”的要求，对仓储设施、粮油保管等环节，实行精细化管理试点。各企业成立起精细化管理考核小组，每周1次随机检查，以百分制考核，辅之以奖惩，全面推进企业管理升级。8月20日至9月30日，在储备企业开展整肃纪律、强化作风建设活动，干部、职工的工作作风有明显变化。

（二）市县（区）国有粮食购销企业

市县（区）国有粮食购销企业经过政策性业务与附营业务的分离，解决“三老”问题等改革后，基层粮库完成了由独立核算单位到市县粮食购销公司核算的转变，现代企业制度和能够适应市场经济的经营机制也在建立中。市县（区）国有粮食购销企业仍处于发展的困难期，仓储设施大部分是20世纪70~80年代的简易建筑，企业没有资金维修，仓房破旧，地坪损毁严重，现有的竞争优势难以发挥。

川区市县（区）国有粮食购销企业好于山区。灵武、青铜峡、中宁等市县国有粮食购销企业为粮油加工厂等用粮企业联合经营，用粮企业承担收购贷款总额10%左右的保证金和全部贷款利息，购销企业以现有有效资产作抵押，办理保证金之外的收购贷款，为用粮企业代收、代储，每吨粮食可赚取30~40元的劳务收入。还有一种“厂商联营”形式，就是完全依靠商家的资金代收粮、代储粮，赚取代收费、代储费。这两种经营方式经营风险低，可保证短期内为在岗职工每月发给600~800元的工资。吴忠市、中卫市、青铜峡市、灵武市和平罗县粮食购销公司实现全年盈利。山区各县，除彭阳县粮食购销企业外，多数依靠发放退耕还林还草补助粮赚取差价和费用，购销业务日见萎缩，经营困难。

截至12月底，全区市县（区）国有粮食购销企业亏损2666万元，比上年同期增加亏损473万元。

（三）粮食产业集团与粮食批发市场

宁夏粮食产业集团所属各企业均存在流动资金严重短缺、人员过多、厂库联营负担重、历史包袱大等问题。自1月1日起，宁夏城镇土地使用税税额标准调高，进一步影响了企业效益。加上宁丰宾馆、黄河米业改制重组，没有经营收入等情况的影响，宁夏粮食产业集团经营困难，亏损严重。

宁夏粮油交易批发市场主要围绕储备粮轮换开展业务，经营范围狭窄。2007年，受市场粮食价格波动影响，进入批发市场的交易量减少，宁夏粮油批发交易市场收入随之减少，费用率上升，经营出现困难。

六 加强行政执法，管好粮食市场

2007年，自治区人民政府公布了自治区粮食局梳理的粮食行政执法依据，在社会上明确粮食行政管理部门行政执法的职责、范围。自治区粮食局制订出配套文件，规范粮食行政执法程序、执法行为，全面开展对粮食市场的监管工作。自治区粮食局内设监督检查处、政策法规处，市粮食局内设监督检查科并配备行政执法专用车辆，县（区）粮食行政管理部门设监督检查科（股），区、市、县（区）三级粮食行政执法体系已形成。各级粮食行政管理部门选用政治素质好、业务能力强、具备行政执法资格的人员到监督检查行政执法岗位工作。自治区粮食局培训行政执法人员，提高队伍素质，全区有126人取得了《宁夏行政执法证》。

根据《粮食流通管理条例》及相关的法律法规，全区共审核办理《粮食收购许可证》708家，市粮食局和部分县级粮食行政管理部门对粮食收购许可证实行年审制，以规范粮食市场主体资格。年内多次组织行政执法检查、专项检查，两次组织监督检查工作调研。11月中旬，根据国家发改委、国家粮食局等部委的部署，自治区粮食局、工商行政管理局、食品药品监督管理局、质量技术监督局、物价局等5部门联合开展粮食市场执法检查工作，为粮食流通监督检查体制建设提供了新的思路。

七 研究试验与推广储粮技术

（一）研究试验储粮技术

年内，各储备企业较好地完成了自治区粮食局组织的低压缓速通风、储粮调质通风、高水分粮就仓（垛）干燥降水、低温密闭保水4个项目的研究试验活动。11月27日，4个项目均通过了自治区粮食局组织召开的科技储粮项目研究试验验收会议验收。验收组认为各课题实施方案目标明确、技术路线可行，试验过程严谨、规范，目标和效益指标直观、明显，试验数据齐全、真实，试验结论科学、有效。4个项目研究试验从实际出发，着眼于降低仓储能耗、减少储粮水分流失、改善粮食品质、延缓粮食陈化，效果明显。例如，采用自制地上笼做高水分玉米就垛干燥试验，与传统方法相比，每吨节约费用3~5元。

2007年，全区粮食储备企业机械通风普及率、计算机粮情监测率、环流熏蒸覆盖率均达到100%，以粮面压盖和“单面封”为主要形式的低温密闭储粮技术基本普及，化学熏蒸药剂使用量逐年下降。自治区粮食局综合整理现有技术、设备资源，制定《储粮通风技术应用指导意见》、《自治区粮食储备企业损失损耗管理办法》等文件，推广成熟的储粮技术，规范储粮技术管理。

（二）在农村推广科学储粮技术

2007年1月，自治区粮食局为贯彻落实领导同志批示精神，组织各市县（区）粮食局、粮食储备企业开始农村收购、储藏、流通、消费等环节粮食产后损失情况调查。调查结果表明，宁夏农村粮食产后处理技术和基础设施落后，鼠、虫、霉害多，防护措施少，损失浪费很大。特别是储藏环节，储粮条件差、方法简单、科技储粮意识淡薄，每年损失都在储粮的7%以上。全区农业人口占64%以上，农户储粮约占年度粮食总产量的50%，改善农户储粮条件、帮助农户掌握储粮技术就等于开发了一块无形良田。

自治区粮食局总结本地储粮经验、消化吸收外地技术，编写出《宁夏农户科学储粮实用手册》，指导农户储粮。安排了20万元的专项资金，用于普及农户储粮实用技术、研发和制作新型储粮装具。

自治区粮食局确定青铜峡市瞿靖村、彭阳县古城镇高庄村为农户科学储粮试点村，开展农户储粮技术指导、咨询服务。

12月27~28日，自治区粮食局在银川举办农户科学储粮培训班，培训市县（区）粮食局的业务骨干和试点村的农民代表，为在农村推广、普遍科学储粮技术培养骨干力量。

八 开展职业技能鉴定工作

2007年，经自治区劳动和社会保障厅同意，宁夏粮食行业特有工种职业技能鉴定站工作承担单位由宁夏粮食科技研究所变更为自治区粮食局人事教育处。组织培训并进行粮食行业特有工种职业技能鉴定是自治区粮食局2007年开展职工教育培训的一项中心工作。

9月22日，自治区粮食局组织经过培训的310名本系统粮油保管员、质量检验员、竞价交易员进行职业技能鉴定的理论考试，10月~11月，对理论考试合格的280人进行技能考核。经综合评定，有23人通过了高级粮油保管员职业技能鉴定，通过中级粮油保管员职业技能鉴定的有70人，通过中级粮油质量检验员职业技能鉴定的有20人，通过中级粮油竞价交易员职业技能鉴定的有8人，通过初级粮油保管员职业技能鉴定者8人。

2007年，自治区粮食局组队参加首届全国粮食行业职业技能大赛，在全国31个代表队中，宁夏队排名团体第十四，在西北地区列团体第一。

九 加强党建、廉政建设、精神文明建设

2007年，自治区粮食局以“两创建一落实”为主要措施，思想建设、组织建设、廉政建设工作和业务工作同规划、同部署、同检查、同落实、同考核、同奖惩，及时传达贯彻中央和自治区党委、政府的工作部署，跟踪落实。在党建工作方面，制定出《自治区粮食局党建目标责任及考核细则》，落实第一责任人制度。制定党风廉政建设和反腐败工作实施意见、任务责任分解意见、考核办法和责任追究制度，推动党建和精神文明建设。加大干部监督和交流力度，选拔任用和轮岗交流处级干部22名，廉政谈话52人次，诫勉谈话8人次。

4月17日，局机关全体干部学习贯彻胡总书记视察宁夏工作时的重要讲话、陈建国书记在全区领导干部大会上的讲话，端正工作方向。6月21~22日，举办局机关和直属单位负责人理论学习研讨班，系统学习胡总书记重要讲话，陈建国书记在自治区第十次党代会上的工作报告、在全区领导干部会议上的讲话和在自治区纪委第七次全会上的讲话、王正伟代主席在全区服务业工作会议上的讲话、自治区党委《关于加强领导干部作风建设的意见》，大力推动党建和精神文明建设，促进政风行风建设工作。

加大工作力度，严肃查办违纪案件。调查处理了青铜峡国家粮食储备库在粮食轮换过程中新陈粮食混掺事件，收到了很好的效果。

7月16~23日，自治区粮食局组成6个组检查全区粮食系统政风行风建设情况，走访服务对象246户，召开座谈会18次，发放征求意见表726份，征求到对粮食部门的意见和建议56条。自治区粮食局提出整改措施，改进工作。

11月21日，自治区粮食局召开机关效能建设动员大会，传达贯彻自治区人民政府代主席王正伟在自治区人民政府效能建设大会上的讲话，自治区粮食局党组书记、局长刘金定在会上安排机关效能建

设工作。自治区粮食局机关效能建设的主要内容是规范行为、简政放权、优化环境、运转协调、廉洁高效、执政为民和促进改革与发展，切实解决机关行政执行力中存在的突出问题。

通过机关效能建设活动，机关干部提高了工作效率和服务水平，进一步落实了党风廉政建设责任制。在自治区人民政府组织的政风行风公开民主评议中，绝大多数市县（区）粮食部门排序名次均比上年前移，自治区粮食局排名比2006年大有进步。经年度复查，自治区粮食局保持了区直“文明机关”标准。

宁夏回族自治区粮食局领导班子成员

刘金定	局　长、党组书记（2007年10月任职）
王少英	副局长、党组成员
严彦召	副局长、党组成员
叶　宁	纪检组长、党组成员
吴长青	副局长、党组成员（2007年7月任职）
解　涛	副巡视员（2007年7月任职）

宁夏回族自治区主席王正伟在自治区粮食局局长刘金定的陪同下到银川市放心粮油店实地查看粮油市场供应情况。

宁夏回族自治区粮食局原局长刘卉在基层调研工作。

宁夏“放心粮油”配送车。

新疆维吾尔自治区粮食工作

基本情况

2007年，全区各级粮食行政管理部门认真贯彻落实国家和自治区粮食工作各项方针政策，完善各项改革措施，大力推进粮食流通体制改革；充分发挥国有粮食购销企业的主渠道作用，进一步加强粮食宏观调控；积极扶持粮食龙头企业，大力发展粮食产业化；加强依法管粮，粮食流通逐步走上法制化管理的轨道，为确保全区粮食安全和粮食经济又好又快发展做了大量的工作。

2007年，全区粮食供需总体平衡，但从全区主要口粮小麦看，呈现如下特点：播种面积减少，总产下降；收购进度缓慢，收购数量减少；销售增加，价格上升；库存下降，当年小麦产不足需。加上老库存，到2008年接新前从总量上可保证全区小麦供应，但部分地州小麦供需有缺口。为确保粮食安全，自治区粮食局认真贯彻落实自治区党委、自治区人民政府的一系列关于稳定粮食市场的政策措施，在自治区粮食工作协调小组的直接领导下，通过加强市场监控力度，发挥国有粮食企业主渠道作用，按照定向、定量、定价及就近的原则出售“老粮”，保证了骨干面粉生产企业的粮源，并适时采取限价措施，确保了全区面粉价格稳定和成品粮市场正常供应。

2007年粮食工作

一 粮食生产

2007年，新疆粮食播种面积137.9万公顷，其中小麦63.4 万公顷，水稻7.1万公顷，玉米52.9万公顷，高粱0.55万公顷，大麦5.6万公顷，其他谷物0.5万公顷，豆类7.8万公顷。

2007年，新疆粮食总产量867万吨，其中，小麦359.2万吨，水稻62.5万吨，玉米396万吨，高粱3.3万吨，大麦24.3万吨，其他谷物1.1万吨，豆类20.7万吨。

二 粮食流通

2007年，新疆地方国有粮食经营企业商品粮总购进196.1万吨，比上年减少0.7万吨。其中收购小麦161.6万吨，减少11万吨；大米8.3万吨，增加1万吨；玉米16.9万吨，增加9.7万吨。总购进按收购渠道划分，从生产者购进121.4万吨，从企业购进35.8万吨。

2007年，国有粮食经营企业商品粮总销售241.7万吨，比上年增加25.2万吨。其中小麦219万吨，增加22.2万吨；大米5.7万吨，减少0.8万吨；玉米6.9万吨，减少0.7万吨。

三 粮食调控

（一）认真执行粮食购销政策，切实做好夏粮收购工作

一是做好夏粮收购准备工作。4月，自治区粮食局下发《关于做好夏粮收购准备工作的通知》，要求各地认真分析粮食供求形势，切实做好夏粮收购前的各项准备工作，并与自治区财政厅联合印发420万份粮食收购订单，将粮食收购计划分解落实到乡、村、户。各地粮食部门及时做好腾仓并库，落实收购资金等准备工作。二是认真落实粮食收购政策。去年是全区实施直补收购的第5年，考虑到全区农民种粮比较效益逐年下降的实际，自治区在小麦直补收购的基础上又增加了每亩31元的综合补贴，同时增加了大米直补数量，由原来的3850万公斤增加到5000万公斤。为确保政策的贯彻落实，粮食局于6月中下旬分别召开南北疆片区夏粮收购工作座谈会，安排部署夏粮收购工作，要求各地大力宣传、坚决落实自治区粮食收购政策，自治区粮食局还专门成立夏粮收购领导小组，派出由局领导带队的多个工作组赴基层指导收购工作，检查政策落实情况，及时协调收购中出现的新情况、新问题。全区各级粮食行政管理部门和国有粮食购销企业不折不扣地执行小麦直补收购政策。截至12月31日，全区地方国有粮食购销企业收购直补小麦97万吨，大米4536万公斤，配合财政部门给农民兑付直补款2亿多元。三是收购服务水平明显提高。各级粮食行政管理部门深入基层，蹲点指导，实地调查，加强监督，全力保证收购有序、顺利开展。国有粮食购销企业及早动手，签订小麦订单，加强政策宣传，认真执行收购信息参考价，不断提高服务质量，切实保护了农民的利益，受到交粮农民的普遍欢迎。

（二）稳定粮食价格，确保市场供应

由于全区当年小麦产不足需，虽然库存粮食充裕，但分布不均匀，同时受到周边粮食市场的影响，从8月份开始商品粮价格明显上涨，为保证粮食供应，稳定粮食价格，自治区召开专题会议研究粮食生产、流通问题，并成立了自治区粮食工作协调小组，要求千方百计稳定粮食价格，保障市场供应。按照自治区统一部署，自治区粮食局先后下发了《关于进一步做好自治区地方储备粮及政策性"老粮"管理工作的通知》、《关于定向销售自治区锁定"老粮"的通知》、《关于进一步做好粮食购销工作的通知》和《关于进一步做好粮油市场供应工作的通知》等文件，提出了一系列具体措施，进一步加大粮食市场调控力度。一是对乌昌地区采取定价措施，地方国有粮食购销企业小麦出库价从去年8月到12月一直保持在每公斤1.6~1.62元，面粉出厂价每公斤保持在不超过2.60元，这对保证全区粮食供应、保持价格基本稳定发挥了重要作用。二是积极协调缺粮地区到产区采购小麦。阿克苏、巴州、喀什等地先后到昌吉、塔城、石河子等地采购原粮，补充当地粮食供应。三是召集部分重点粮食购销企业和面粉生产企业召开"粮食购销调研座谈会"，分析当前粮食市场面粉价格上涨趋势，要求各国有粮食企业发挥主渠道作用，稳定市场粮源，确保粮食价格稳定。四是制定并适时启动供应预案。针对乌市等地区粮源偏紧的情况，及时安排"老粮"出库，保证重点加工企业正常原料和市场成品粮供应。通过努力，确保了市场供应和价格基本稳定，全区没有出现断供、脱销等现象。

（三）加强粮食基础工作，完善粮食应急机制和监测体系

一是完善粮食应急机制。7月上旬，自治区粮食局下发了《新疆维吾尔自治区粮食应急工作实施细则》及《新疆粮食应急企业管理意见》，确定了自治区106家粮食应急储备、加工、供应企业，进一步完善了粮食应急机制。同时，建立分级预警的粮油市场预警报告制度，切实提高了对紧急事件的应对能力和管理水平。二是完善价格监测体系。确立28个价格直报点（包括7个国家粮食市场监测直

报点），建立起以产量、收购、价格、销售、库存等为主要内容的自治区粮油价格监测直报体系，为上级部门和领导决策提供了有效参考。三是加强粮食统计工作。开展国有粮食企业综合统计工作，从粮食购、销、存、储、加等方面全面反映国有粮食企业的经营状况。2007年被国家粮食局评为“全国粮油工业统计优胜单位”和“仓储设施统计工作先进单位”。四是加强粮食购销企业财务管理工作。通过清理审计和粮食财务挂账，企业各项经济指标明显好转，资产负债率降低，银行信用等级提升。规范了企业会计核算办法，提高了财务数据信息准确度。五是切实做好军粮供应工作。出台了《新疆粮食系统军粮质量监管检验规定》，使全区军粮质量监管检验工作规范有序。培训军用购粮卡信息管理骨干，废止纸质军用粮票，全国军用购粮卡改革在全区平稳实施；拨付中央资金和自治区财政资金1047万元，用于维修改造军粮供应网点、购置常规粮油检化验器材和为驻疆部队在节日期间增供优质粮油，取得明显成效；牢固树立“以兵为本、服务部队”的理念，坚持军粮供应标准，确保军粮优质供应，受到部队广大官兵的称赞。

四　粮食流通体制改革

2007年3月，自治区人民政府下发《关于贯彻落实国务院完善粮食流通体制改革政策措施意见的通知》（新政发[2007]17号）。4月中旬，召开自治区粮食流通体制改革工作会议，总结近几年来改革的经验和成绩，对后期工作进行了全面的安排部署。各级粮食部门按照17号文件和粮改工作会议要求，全力推进粮食流通体制改革，取得初步成效。一是基础性工作进展顺利。自治区和大多数地州都成立了粮改领导小组，建立健全了组织机构；各地及时传达学习17号文件精神，结合实际研究制定贯彻落实17号文件的实施方案，部分地州的方案已经当地政府批准，并开始实施；国有粮食购销企业清产核资工作全面展开，部分企业已经完成。二是各项改革优惠政策逐步落实。8月，自治区财政厅、粮食局联合下发了《新疆维吾尔自治区粮食产业化发展专项资金管理办法》（新财建[2007]189号）和《新疆维吾尔自治区粮食仓储设施建设维修资金管理办法》（新财建[2007]190号），年底前，1000万元的粮食产业化发展资金和2000万元的粮食仓储设施建设维修资金拨付到各地，有利地推动了全区粮食产业化发展和各地仓储设施建设维修工作，部分地、州、市和县（市）中心粮库退城进郊工作有序进行。三是产权制度改革开始起步。经过努力，昌吉、克拉玛依两地粮食购销企业的产权制度改革取得初步成效，组建了新的有限责任公司。伊犁、阿克苏、巴州等地的部分企业也开始进行产权制度改革，重新组建了一批国有独资和国有控股有限责任公司。新企业的建立，打破了过去职工吃“大锅饭”的局面，调动了职工的积极性，拓宽了经营领域，使企业充满了生机和活力。四是企业重组初见成效。各地积极推进企业重组，合理配置有效资源，改变了粮食企业“多”、“小”、“散”的局面，壮大了企业规模。通过企业重组兼并，一批有规模、有实力的工商联合企业集团已经形成，国有粮食购销企业的竞争力不断增强。

五　粮食产业化发展

（一）成立粮食产业化组织机构

按照17号文件的要求，9月，自治区成立粮食产业化领导小组，每年筹集1000万元粮食产业化发展基金，专门用于粮食产业化项目贴息和龙头企业技术改造项目贷款贴息，自治区粮食局也设立了产业化领导小组办公室，并制定工作职责，健全了产业化领导组织机构。

（二）深入开展对涉粮类企业的调研

5月，对全区“十一五”期间涉粮类重点粮油加工企业技术改造、新产品、新技术开发项目进行了全面调查。7~9月，开展了对昌吉、伊犁、阿克苏、乌鲁木齐等地的重点粮食产业化龙头企业及产业化项目的实地调研。通过调研，进一步掌握了全区粮油加工企业的现状和存在的问题，明确了发展方向。

（三）认真做好粮食产业化专项资金的审核工作

按照《新疆维吾尔自治区粮食产业化发展专项资金管理办法》和《关于印发自治区粮食产业化发展资金使用管理办法的通知》，完成了对全区上报的32个2007年度粮食产业化项目的审核、筛选工作，并与自治区财政厅对接确认。11月，将1000万元资金拨付到项目单位，有利地支持了粮食龙头企业，推动了全区的粮食产业化发展。

（四）充分发挥中介组织作用

进一步充实和加强全区粮食行业协会、粮食经济学会、面粉协会等粮食中介组织，加强信息支持和连接互通，促进科技推广和服务。截至2007年底，全区有涉粮类自治区级农业产业化龙头企业31个，大、中型粮油生产加工企业106个，初步形成了沿天山北坡小麦加工产业带，南疆阿克苏、喀什的棉籽油加工产业带以及伊犁、塔城特色粮油加工产业带。

（五）深入开展“放心粮油进社区、进农村”工程

4月，在昌吉州召开“全区放心粮油进农村现场经验交流会”，通过经验介绍、现场观看，各地收效很大，促进了全区放心粮油活动的推广。同时，组织开展了2007年度“放心粮油”产品和“放心粮油销售店”的申报和评审工作，评出“放心粮油产品”12个，“放心粮油店”24家。截至年底，全区共有“放心粮油”产品品牌（国家、自治区级）59个，“放心粮油”产品生产企业56家。放心粮油工程活动已由“放心粮油”产品评比扩展到“放心粮油销售店”、“放心粮油进社区、进农村”等一系列活动。“放心粮油”产品在市场上的影响力不断提高，越来越受到广大消费者的认可和欢迎。

六 粮食仓储工作

（一）规范粮食仓储管理

在全面开展“一符五无”粮仓评比考核工作的基础上，加大了机械通风、压盖密闭、微机测温等粮食储藏新技术的应用和推广，目前全区平均科学保粮率达60%以上，其中地方储备粮达80%。6月，在全区开展“粮食收获、储存环节质量调查和品质测报及原粮卫生状况专项调查”工作，扦样覆盖全区45个粮食主产县的164个乡镇、230个村、1150个种粮农户，经检测，地方储备小麦的质量检验综合判定合格率、储存品质宜存率和卫生项目合格率均为100%。2007年，新疆粮油产品质量监督检验站增加检化验仪器，扩大实验室面积，改善工作环境，通过了国家认证委的计量认证，被国家粮食局命名为“新疆国家粮油质量监测中心”。全区仓储管理工作逐步走向制度化、规范化、科学化。

（二）加强粮食仓储设施建设

按照《新疆维吾尔自治区粮食仓储设施建设维修资金管理办法》，认真审核建设维修项目，2000万元的自治区专项资金年底前拨付到各地。这笔资金支持各地新建仓储设施13项，增加仓容5250万公斤，支持维修仓储设施26项、物流项目5项。各地建设和维修工作进展顺利。

（三）认真做好地方储备粮轮换工作

2007年，全区轮换地储小麦15.9万吨，轮换食用油5117吨，截至年底轮换工作基本结束，轮换品质符合国家标准。

（四）积极推广科学储粮

2007年全区安排40万元专项资金，在和田、喀什、阿克苏等地选择了1200户农民，开展农户科学储粮技术的试点推广工作，现场交流会将择机召开。

七 粮食依法行政

（一）进一步健全机构、充实人员

全区14个地、州、市均建立了监督检查机构，乌鲁木齐市和昌吉州成立了州市级粮食执法大队，11个县(市)成立了粮食执法队。全区有370人取得粮食行政执法资格，粮食执法队伍不断壮大。

（二）加强粮食行政执法制度建设

2007年，自治区粮食局制定和印发了一系列粮食行政执法责任制度，包括《粮食行政执法责任分解》、《粮食行政执法错案责任追究》和《粮食行政执法责任制评议考核》等，使粮食行政执法走上了法制化、制度化轨道。

（三）加强对全社会粮食流通的监督检查

根据国家粮食局《粮食监督检查工作要点的通知》精神，对全区的粮食监督检查工作进行了全面的安排部署，与相关部门组成“自治区粮食库存检查工作领导小组”，对南北疆12个地州的国有粮食购销企业和中央储备粮直属库进行了库存复查，经汇总复核，全区库存范围的粮食企业自查率达100%，领导小组的复查率达到10%以上，全区库存数量真实，质量可靠，各项误差率均在国家标准范围之内。

（四）开展全区粮食质量安全专项整治工作

对全区粮食出、入库手续、成品粮油台账、粮食收购执行国家政策等内容进行检查，有效规范了粮食流通秩序。

（五）继续加大对粮食违法行为的打击力度

积极开展面向全社会的粮食行政执法，依法打击粮食流通违法行为，加大查处力度，全年查办涉粮案件1248件，其中1223件给予警告或责令改正，25件给予罚款，罚款总额3.36万元，维护了正常的粮食流通秩序。

八 粮食队伍建设

（一）积极开展各项粮食技能培训工作

一是成功举办全区首届粮食行业职业技能大赛，并在此基础上选拔部分选手参加了国家粮食局举办的全国职业技能大赛，取得了优异的成绩，通过竞赛在全行业形成了“学技术、钻业务、练本领、强素质”的氛围。二是先后组织全区监督检查人员参加国家粮食局举办的粮食监督检查和粮食库存检查业务培训。三是在阿克苏和奎屯举办了两期粮食库存检查工作培训班，全区190多人参加培训，进一步提高了执法人员的业务水平和执法能力。四是举办全区粮食系统军供粮油质量检验培训班及军用购粮卡系统软件操作培训班，参加全国粮油质量检验资格考试，工作人员业务水平和服务水平不断提高，得到部队的好评。五是加强全区粮食财务人员会计电算化培训工作，培训财会人员190余人。六是举办全疆粮食财会知识竞赛，并组队参加国家粮食局举办的财会知识竞赛活动，促进了全区粮食财会人员业务水平和财务管理能力的提高。

（二）进一步加强机关党建工作

一是巩固和发展先进性教育成果，突出抓好党员理论学习，开展有针对性的调查研究和经验交流，做到有安排、有检查、有落实，机关工作人员素质不断提高。二是坚持“以人为本、和谐发展”的理念，积极做好对口扶贫地区的帮扶工作，有力地促进和谐机关建设。三是下发《自治区粮食局行政督查工作暂行规定》，提高机关工作效率，实现督查工作的科学化、规范化、制度化。五是加强干部队伍建设，提高综合业务素质，特别是在选派干部赴区外学习、鼓励年轻干部参加高层次学历教育等方面进一步加大了工作力度。六是加强党风廉政建设和反腐败工作，与局各部门、各直属单位负责人层层签订党风廉政责任状，确保各项责任制的落实。

（三）加大局机关精神文明建设力度

一是进一步加强设施建设和资金投入，全局精神文明建设水平不断提高，被自治区精神文明委评为自治区级文明单位。二是认真组织普法和安全生产教育各项活动，开展以百日消防安全专项整顿为主要内容的安全检查，用规章制度和法律法规指导安全生产，不断提高监管水平，达到了自治区安全生产先进单位标准，同时被乌鲁木齐市评为市级治安模范单位。

新疆维吾尔自治区粮食局领导班子成员

雍其新	副局长、党委书记（2007年9月任职）
米尔扎依·杜斯买买提（塔吉克族）	局　长、党委副书记
张河维	纪委书记、党委委员
卡德尔汗·米拉斯汉（哈萨克族）	副局长、党委委员
王卫军	副局长、党委委员
黄建庄	巡视员
黄国粹	助理巡视员、党委委员
许　雷	总经济师、党委委员

新疆维吾尔自治区粮食局党委书记、副局长雍其新。

新疆维吾尔自治区粮食局领导班子成员。

青岛市粮食工作

基本情况

2007年，青岛市实现生产总值3786.52亿元，增长16%；全市实现地方财政一般预算收入292.58亿元，增长29.5 %。全市粮食播种面积为47.56万公顷，总产量达到300.74万吨。2007年，青岛市农民人均纯收入达7477元，增长14.2%。

2007年，全市粮食购销总量为205.6万吨。其中，粮食收购量为76.1万吨，销售量为129.5万吨。全市工业用粮为22万吨，种子用粮为4万吨，饲料用粮为170万吨，城镇口粮为80万吨，农村口粮为89万吨。

2007年末，全市共有粮食企业123家，从业人员18520人。其中，规模以上面粉加工企业21家，规模以上食用油加工企业10家。

2007年，全市粮食系统实现销售收入14.39亿元，与去年同比增长20.3%；利润941万元，同比增长187.7%，其中局直单位实现销售收入1.78亿元，与去年同比增长52.3%；利润123万元，同比增长190%。

2007年粮食工作

一 粮食生产

2007年，青岛市粮食生产基本保持稳定。全市粮食播种面积47.56万公顷，同比下降4.5%。总产量达到300.74万吨，同比下降1%。其中小麦139.56万吨，同比下降9.9%；玉米149.73万吨，同比增加9.1%；花生49.6万吨，同比增加5.1%。

农业生产条件继续改善。2007年末，全市拥有农业机械总动力680.16万千瓦，增长4.5%。农用拖拉机17.33万台，农用载重汽车1.14万辆。

二 粮食流通

2007年，全市粮食购销总量为205.6万吨，其中收购76.1万吨，销售129.5万吨；全市国有粮食企业购销量为130.5万吨。

2007年，国家继续实行小麦最低收购价政策。青岛地区小麦因自然灾害产量减少，同时受国际、国内粮食价格波动等因素影响，小麦市场价格一直处在高位运行，最低价收购预案基本未能启动。为增加青岛地区粮源，青岛市粮食局组织全市国有粮食企业按照随行就市的原则，积极入市收购，帮助企业正确分析供需形势和价格走势，把握收购节奏；平度、胶州等市到产粮区设立收购点，多方掌握粮源，扩大粮食购销量。全市国有企业粮食购销量达130.5万吨，完成年度计划的181％。

三 粮食调控

2007年，由于国际粮食供求偏紧，国际、国内粮食价格上涨，青岛地区粮食减产，粮源减少，青岛市粮食市场价格高位运行，但基本维持稳定，市场供应充足。为保证青岛地区粮食价格稳定和供需平衡，青岛市粮食局加大了市场粮情监测力度，密切关注市场动态，采取有效措施保证市场供应。针对青岛市夏粮减产、粮源不足的情况，在组织国有购销企业到外地采购粮食的同时，青岛市粮食局及时向省粮食局和国家粮食局提报了要求增加青岛地区市场粮食供应的报告，得到上级领导的重视和支持，批准国家临时存储粮向青岛市移库4万吨。2007年，国家临时存储粮在青岛市场的投放量达30万吨，有力地保障了青岛粮食市场的稳定。

5月，青岛市粮食局成功组织了《青岛市粮食保障应急处置预案》演练活动。本次演练具有四个特点：一是突出实战性，在假定的场景下，动用实物实际操作。二是注重灵活性，演练中储备粮的动用采取价拨加工方式，由储备库向加工企业调运，面粉采取定点销售。三是强化针对性，选择参演企业都是承担粮食调运、加工、零售各环节具有代表性的企业。四是使用网络技术手段，把握应急反应的时效性，演练的组织指挥应用了金宏网视频传输网络技术手段。

四 地方储备

年内，青岛市粮食局组织全市仓储企业开展了粮库信息化建设。制定下发了《关于加强我市粮食仓储和购销信息化建设的意见》，组织召开了全市仓储和购销信息化建设现场会，对全市粮食信息化建设工作进行动员部署，自主开发应用了粮食调控与储备管理系统。2007年底，市级粮食储备库、胶南市、胶州市、即墨市、开发区、城阳区储备库以及5个区市粮食局实现与青岛市粮食局信息系统平台的对接，初步实现粮食储备数据由储备库到区市粮食局、青岛市粮食局的三级联网。

积极推进储备规范化管理。胶州市、即墨市两个新建地方储备库对照省级示范库的标准，建立了粮库标准化体系，积极开展规范化管理。胶州市地方储备库通过了ISO9001质量管理认证和14001环境保护体系认证。莱西市增建1.1万吨的高大平房仓一栋。

五 行政执法

年内，区市粮食行政执法机构逐步完善。协调各区市根据省局“五个一”要求落实了粮食执法机构和人员，青岛下辖五市粮食局的监督检查科均经编办确认单独设置，按要求配备了执法人员和执法车辆。

年内，粮食流通监管工作依法开展。组织了全市粮食收购资格专项监督检查，全市共有220家粮食经营者取得粮食收购资格。对全市规模以上粮食企业进行了调查摸底，确定符合《山东省粮食流通统计制度》的粮食企业133家纳入2007年度社会粮食统计范围。针对统计经营台账不规范的现象，青岛市粮食局印制全市统一格式的经营台账下发统计对象。即墨市在检查中，对一家报表不及时的企业依法进行了罚款处罚。夏收和秋收期间，青岛市粮食局组织开展了两次粮食收购市场秩序监督检查工作。组织制订了《青岛市粮食局对有害原粮的应急处置预案》，明确了对有害原粮和陈化粮应急处置的责任分工和处置措施。

年内，青岛市粮食质量检测体系建设成效显著。青岛市粮油质量检测中心通过国家粮食局考核验收，被纳入国家粮食质量检测体系，3个区市建立了粮食质量检测站。市粮油质量检测中心每季度对政策性用粮进行质量抽检。对进入市批发市场的粮油产品进行批检，全年共抽检7413批次，代表数量近22.3万吨，市质检中心全年共检测粮油产品7541余批次，较好地完成粮食质量监管任务，有力地保障了青岛市粮食消费安全。

六　行业发展

2007年，青岛市粮食品牌建设取得新成果。青岛丰夏食品制粉有限公司“丰夏”牌特制一等粉、青岛星华粮油食品有限公司“维乐”牌特制一等粉、青岛亮泉植物油有限公司“亮泉”牌压榨一级花生油三个产品荣获省“放心粮油”称号。截至2007年底，青岛市共有14个品牌的19种产品荣获全国“放心粮油”称号，12个品牌的26种产品荣获全省“放心粮油”称号。

年内，青岛市粮食购销协会成立。协会成员由区市粮食局分管购销工作的副局长、粮食购销龙头企业和部分地方粮食储备企业的负责人组成。协会的成立为青岛市粮食购销企业搭建了沟通交流的平台，平度、胶州两市购销龙头企业集约化经营优势开始显现。平度市大度谷物有限公司发起成立了优质小麦协会，目前已发展会员218个，建立起了覆盖该市的产购销网络。

七　军粮供应

2007年，青岛市军供单位完成了军用粮票电子系统改造，军供业务管理信息软件系统在各军供站全面应用，军供站业务管理以及市粮食局对军供站的管理实现了微机网络化。按照省军供中心制定的规范化管理示范站标准，市粮食局组织市军供站、即墨市军供站、胶南军供站实施了规范化管理示范站建设，重点加强军粮质量、优质服务的管理，完善军粮招标采购和加强军粮质量管理制度，规范军粮保管、出入库程序，明确质量管理责任。12月，市军供站、即墨军供站通过省规范化管理示范军供站的考核验收，胶南市军供站通过省级规范化管理先进站的考核验收。3月，全省军粮供应工作现场会在青岛召开，青岛市作了典型发言，会议组织对青岛市军供站、即墨市军供站两个单位进行了现场观摩。

八　党群工作

年内，青岛市粮食局组织创建了“细微精良”的政务品牌。“细微精良”品牌既突出粮食局的职能个性，又表达工作的目的和服务宗旨，体现出青岛市粮食局机关对内的工作标准和对外的服务承诺。通过加强品牌理念教育、落实创建责任制、加大宣传推广力度，培育机关文化等措施落实，“细微精良”政务品牌成为青岛市粮食机关特有机关文化理念，并产生明显的社会影响力，提升了青岛市粮食机关的社会知名度和美誉度。

年内，以落实党的先进性长效机制为重点，全面开展了“党建示范点”、“党建品牌”、“党员品牌”创建活动，评选表彰先进基层党组织12个、优秀个人15名，表彰首批“党建示范点”4个、“党员品牌”5个。

年内，深入开展了党风廉政建设。以落实《实施纲要》为重点，组织开展了“加强作风建设、促进社会和谐”主题教育、“廉政文化建设示范点”创建等活动。规范领导干部从政行为，严格执行领导干部收入申报、报告重大事项等各项廉洁从政制度、规定，加强廉政教育和廉政制度建设，抓好作风建设。

青岛市粮食局领导班子成员

黄润华	局　长、党委书记（2008年2月任职）
安郁宏	副局长、党委委员
邓开明	副局长、党委委员
岳　军	副局长、党委委员
孙一宇	纪委书记、党委委员（2007年7月任职）

2007年2月8日，青岛市粮食工作会议召开。

2007年5月22日，青岛市粮食局成功组织青岛市粮食保障应急处置预案演练活动。

2007年10月25日，青岛市粮食局成功举办青岛市粮食储备库业务对抗赛。

宁波市粮食工作

基本情况

宁波简称“甬”，地处我国大陆海岸线中段、长江三角洲南翼，是我国首批沿海对外开放城市、计划单列市和副省级城市，也是一座底蕴深厚的历史文化名城。宁波市辖海曙、江东、江北、镇海、北仑、鄞州6个区，宁海、象山2个县，慈溪、余姚、奉化3个县级市。共有80个镇、11个乡、59个街道办事处、541个居民委员会和2612个村民委员会。全市总面积9816平方公里，其中市区面积为2462平方公里，总人口为564.6万人。

2007年，全市实现国民生产总值3433.08亿元，比上年增长14.8%，财政一般预算收入723.92亿元，比上年增长29.0%。市区居民人均可支配收入22307元，比上年增长13.4%。农村居民人均纯收入10051元，增长13.6%，已连续4年保持两位数增长，并创下1997年以来的新高。

宁波市粮食供求状况已由20世纪末的总量基本自给，丰年稍余，歉年略缺，品种余缺调剂，逐渐转向全面缺粮。2007年，全市耕地面积24.3万公顷，粮食种植面积13.7万公顷，粮食总产量73.1万吨，产需缺口为305.9万吨（含大豆、大麦）。年末用粮人口总计894.7万人（包括外来务工人口用粮），比上年增加了6.05%。粮食总需求量达到388.0万吨（含大豆、大麦），比上年增加20.86万吨。粮食消费对象重点为口粮191.8万吨，消费品种主要是稻谷195.5万吨。全年向外采购粮食400.9万吨，向外销售粮食100.2万吨，省外购销渠道已拓展到17个省区。

截至2007年末，全市共有粮食经营企业 102家（包括粮食加工、粮食批发企业，不包括粮食零售企业），国有粮食购销企业18家，全市粮食从业人员6000余人，其中市本级国有粮食购销企业从业人员265人。

2007年粮食工作

2007年是宁波市粮食工作全面贯彻落实科学发展观、进一步构筑粮食安全体系的一年。这一年，宁波市粮食局在市委市政府的领导重视和上级粮食部门的关心指导下，认真学习贯彻党的十六届六中全会和十七大精神，紧紧围绕稳定粮食市场和确保粮食安全这一中心任务，求真务实，把握重点，狠抓落实，在进一步完善粮食购销储备体系、粮食市场体系和粮食供给应急体系，积极推进粮食流通基础设施建设和粮食干部队伍建设，切实抓好粮食流通管理和系统综合治理等方面，做了大量工作并取得了预期成效，圆满完成了年初确定的各项目标和上级下达的各项任务。

一 着手于内收外购，国有粮食购销企业与多元主体的作用同步发挥

（一）充分发挥国有企业的主渠道作用，抓好订单粮食收购

根据全市新农村建设的要求和有关粮食工作政策，从有利于保护农民的利益、调动农民的种粮积极性、以尽可能掌控粮源目的出发，深入了解粮食主产区、周边地区粮食收购价格的动态和倾向，认真研究粮食供求变化，分析和预测粮价走势，并与财政、物价、农业等部门加强联系，合理制定了订单粮食收购政策和操作方案，供市政府决策。全市共发放预购定金175万元，帮助种粮大户解决生产资金短缺问题。收购价格的提升和预购资金的发放，有效地保护了农民的种粮收益和种粮积极性，进一步稳定了全市的粮食生产。2007年，全市共收购粮食10.18万吨，其中早籼谷5.72万吨，晚粳谷4.46万吨。

（二）不断深化产销合作关系，拓展粮源基地和渠道

2007年，全市进一步推进各种方式的省际粮食产销合作项目。市本级与黑龙江新粮集团几次沟通洽谈，探讨深化储加销合作的可能性和操作办法，并于8月份签署了第二轮合作协议。甬江收储公司分别与江西省高安市、安徽省巢湖市建立了7911吨地方早籼谷代购代储关系。慈溪市在江西省九江市、铅山县和安徽省宣州区建立了8万亩粮食生产基地，并与江西省铅山县建立了7000吨地方早籼谷代购代储关系。镇海区、鄞州区分别与辽宁省东港市粮食总公司、黑龙江省依兰县愚公粮库建立了代管代销合作关系。北仑区在安徽省巢湖市建立了粮食收储基地，继续开展自行收购。这些产销合作关系的巩固和拓展，为全市落实储备粮规模、获取储备轮换粮源提供了可靠的保障，并且取得了良好的社会效益和经济收益。

（三）积极扶持多元经营主体发展，平衡粮食供求

2007年，宁波市粮食局通过委托地方储备粮的代储代轮换方式，帮助民营企业解决资金问题，增加粮食库存，并在地方储备粮轮换之际，对重点粮食加工企业优先给予粮源上的支持。国有粮食购销企业充分利用基础设施优势，经常与多元主体开展仓储、中转、运输等业务合作，既然增加了自身收益，也为民营企业提供了便利，双方达到了互惠互利的效果。与此同时，积极鼓励多元主体向外采购粮食，通过穿针引线，协调关系，帮助经营大户进一步拓展与产粮区的合作基地和运作方式。梁桥米业在黑龙江省宝清县农场建立了生产基地，米氏公司则与黑龙江、江苏、安徽等省的多家企业建立了长期稳固的粮食购销关系，从而保持了粮源的畅通。另外，路林粮批市场外迁至临时市场后，经营户一度因故罢市，宁波市粮食局闻讯采取措施，切实抓好问题处置和矛盾化解工作，稳定了经营户的思想情绪，进而稳定了粮食市场。

（四）切实加强供应链管理，提高军粮供应质量和服务水平

全面部署和落实军供粮源统筹工作，供应粮油做到粮源、质量、包装“三统一”，购销方式实行加工、供应“二定点”，确保军粮供应质量。全省一年两度专项抽查，全市军供米、面、油质量全部合格。同时，按规范配备相关设备，调整和升级军粮供应信息系统，适应废止纸质军用粮票、统一使用军用购粮卡的新要求。建军80周年之际，全市各级军供主管、服务部门深入基层部队，广泛开展走访、慰问、联谊等拥军活动，虚心听取意见和建议，深受部队官兵的好评。

二 着力于科学管理，地方粮食储备体系逐步完善

（一）合理确定储粮规模，严格把关储存粮质量

根据省局部署，结合宁波的实际，确定全市地方储备粮规模30万吨，年初作了合理分解和周密安排。市本级和各县（市）区按照储备粮管理规定，做到规模、粮源、费用三落实，切实抓好储存粮食的质量管理，特别是对外购补库粮食，坚持从严把关，确保储备粮数量真实，质量完好。

（二）逐步优化品种结构，及时搞好储备粮轮换

坚持从当地居民口粮消费实际出发，调整储备粮品种结构，要求各地适度增加晚粳谷的储存数量。至年末，全市国有收储企业晚粳谷库存占总储备量的24.6%。全年储备粮轮换出库10.95万吨、轮换补库11.45万吨。市本级和奉化市、鄞州区等地还积极开展与民营粮食加工企业的晚粳谷储备轮换合作，委托对方代购代轮换，双方明确责任，信守合同，按计划适时轮换出库，从而缓解了国有企业在储备粳谷轮换过程中的购销压力和价差费用压力。

（三）积极争创“星级粮库”，进一步促进“一符四无”粮仓建设

宁波市粮食局把“星级粮库”创建活动视为国有粮食收储企业发展创新的一个载体，当作储备粮管理的重要工作来抓，以各地的中心粮库（含过渡粮库）为示范库点，以点带面，全面铺开这项活动。已是星级的不自满，十分珍惜荣誉，重在巩固和提高；尚未摘星的不气馁，认真搞好自查整改，旨在争取达标 。至于那些规模小、基础差的粮站库点也并不等闲，而是从实际出发，退而求其次，努力争创市级优胜单位。同时，宁波市粮食局坚持“一月一考核、一季一鉴定、全年抓总评”，深入推进“一符四无”粮仓建设活动，经各地自查和全市循环检查，全系统地方储备粮库点合格率达到99%以上。

三 着眼于谋划长远，粮食流通基础设施建设稳步推进

（一）着力推进市（庄桥）粮食批发市场项目筹建工作

宁波市粮食局把市粮批市场项目作为基本建设的重中之重来抓，搭建领导小组和工作班子，局领导亲自参与沟通协调，上下齐心协力，攻艰克难，使项目的前期工作取得了突破性进展。一方面，认真组织学习考察活动，博采众长，反复论证，不断优化设计方案。另一方面，切实搞好工程立项申报、建设主体组建、项目设计、勘测招标等工作，并且四处奔波，多方衔接，主动配合当地政府和有关部门，积极抓好追加规划指标和土地“农转用”方案的申报争取，以及征地政策处理工作，均已取得良好的进展。

（二）深入开展粮食现代物流中心建设调研工作

国家《粮食现代物流发展规划》出台后，宁波市粮食局立即把建设粮食现代物流中心摆入重要议事日程，致力于做好开局和起步工作。成立专项领导小组，学习考察相关城市的经验和做法，深入开展实地调研，撰写调研报告，并及时向市政府、省局汇报，积极与国家、省有关部门进行沟通，得到了各级领导的重视和支持。同时，宁波市粮食局还就这个项目的开发建设、合作经营等领域，主动开展横向联系，先后与国家粮食局直属的中储粮、华粮、北良港等大型企业进行了联络和洽谈，达成了较为广泛的合作意向。粮食现代物流中心项目的实施，对于全市彻底扭转粮食基础设施整体落后的颓

势，降低居高不下的流通成本，夯实粮食宏观调控的物质基础，从而保障粮食供给安全，必将发挥至关重要的作用。

（三）切实抓好全市中心粮库建设的督促指导工作

经过近年来的不懈努力，县（市）区中心粮库建设取得了实质性进展。新建库容2.5万吨的余姚中心粮库和扩建库容4000吨的象山中心粮库业已建成并投入使用；鄞州、慈溪、奉化中心粮库已相继完成项目的各项前期工作，正在付诸实施；宁海中心粮库也已通过立项，可望于2008年初开工兴建。

四 着意于防患未然，粮食供给应急体系、粮食流通秩序进一步规范

（一）加强市场监测和行业统计，全面掌握粮情动态

首先是抓好成品粮市场监测工作。坚持粮油市场供求和价格测报制度，完善测报网络，各级粮食行政主管部门和各粮油批发市场落实专人负责，做到平时每周一报、节日隔天一报、敏感时期每天一报，真实反映了粮油市场的动态，使全市粮油供求和价格行情始终处于可监控状态之中。其次是做好全社会粮油加工企业的抽象调查和年度统计，做到情况属实，采报及时，力求拓宽行业统计的覆盖面，既为国家、省粮食局提供了可靠数据，也为全市摸清粮油加工行业现状掌握了第一手资料。

（二）完善粮食供给应急体系，不断提高应急处置能力

根据粮食供求形势的变化，进一步修订完善了《宁波市粮食供给应急预案》，编制了与之配套的《市本级粮食供给应急预案现场处置方案》，把职能、责任、步骤、操作办法逐一予以分解，全面细化了具体措施，并于2007年初举行了模拟演练，受到了省粮食局和与会各市的好评。目前，各县（市）区已着手编制粮食供给应急预案手册，余姚、奉化则已完成了编写任务。全市国有粮食购销企业还落实了4563吨成品粮库存，以备不时之需，进一步增强了应对突发事件的供给保障能力。

（三）认真贯彻《粮食流通管理条例》，严格规范行业秩序

坚持依法行政，切实抓好全行业粮食收购资格和陈化粮收购资格企业的审核和发证工作。遵照《粮食质量监管实施办法》，会同工商部门抓好社会粮源的质量管理，特别是对陈化粮收购加工从严把关，坚决遏制陈化、劣质粮食流入口粮市场。在自身建设方面，根据市政府《关于进一步做好依法界定行政执法职责工作的通知》（甬政[2007]4号），认真做好对粮食行政执法主体、执法依据和职权的梳理工作，现已报请市政府法制办审查通过。

五 着重于争先创优，粮食部门自身建设和管理水平阔步提高

（一）深入推进组织队伍建设

按照市委的统一部署，广泛动员，周密安排，全面落实党风廉政建设责任制和党建工作责任制，并与开展“作风建设年”活动有机地结合起来，通过加强理论学习、制度建设、警示教育和各种组织生活等有效途径，进一步改进了机关作风，提高了党员干部的政治修养、道德素质和反腐拒变的自觉性，全年全系统未发生一例党员干部违纪案件。坚持民主集中制原则，按照“公平、公正、公开”的要求，认真抓好机关党委、机关支部和机关离退休支部换届改选工作，组织开展了中层干部竞聘和非领导职务选拔工作。干部人事档案管理得到了加强，由省二级升为省一级。

（二）积极开展第五轮文明机关创建活动

把创建工作与组织建设、民主评议、绩效考核和粮食工作中心任务相结合，全员参与，全程重视，全方位落实，做到软件不软、硬件过硬，达到了素质上档次、形象上品位、效能上水平、各项工作上台阶的创建目标，在全市第五轮文明机关考评中高分通过验收，名次大幅前移。

（三）切实加强安全生产和综合治理

坚持“预防为主、超前管理”的方针，立足基层，强化基础，形成了横向到边、纵向到底的安全生产和综合治理网络体系，全系统全年未发生一起安全生产上报责任事故、越级信访和众访事件以及刑事、治安案件。热忱做好人大建议、政协提案的受理工作，做到主动造访、虚心采纳、规范办理，真正让代表们和委员们满意。

（四）认真抓好绩效考核管理工作

明确目标，落实责任，加强督查，对县（市）区粮食行政管理部门、直属企业、机关各处室以及个人，分门别类地实行岗位目标责任制考核。同时，进一步加强企业财务管理和国有资产监管，研究制定了新的财务管理制度，并以保值增值为目标，认真做好金鼎宾馆、路林市场等国有股权转让工作。通过考核和管理，机关提高了办事效率和工作效能，企业提高了社会效益和经济收益。财务报表和各类考核数据表明，2007年各项工作和经济效益运作良好，粮食工作继续居于全省领先地位，在省局年度考评中再次荣获一等奖，实现了粮食市场供求平衡、价格平稳与粮食部门自身建设、管理经营的双丰收。

宁波市粮食局领导班子成员

叶双猛	局　长、党委书记（任职至2007年2月）
杜钧宝	局　长、党委书记（2007年2月任职）
胡望荣	副局长、党委委员
徐常升	副局长、党委委员（2007年3月任职）
杨久义	副局长、党委委员（2007年6月任职）
姚敬文	巡视员

2007年5月18日，宁波市粮食局召开宁波市粮食系统警示教育会。

2007年7月17日，宁波市粮食局局长杜钧宝在全市粮食工作会议上讲话。

2007年8月17日，宁波市粮食局召开局党委会议，会议提出“多调研、保安全、抓重点、想长远、树形象”的工作要求。

厦门市粮食工作

基本情况

厦门市是我国东南沿海、濒临台湾海峡的一个国际性海港风景城市，与台湾和澎湖列岛隔海相望，是我国对台工作的前沿。全市陆地面积1569平方公里，海域面积300多平方公里。2007年年末，户籍人口167.2万人，常住人口243万人（比上年增加4.3%）。在户籍人口中，城镇人口为114.2万人，比上年增加5万人（增幅4.6%）。

2007年，厦门市继续推进新一轮跨越式发展建设，着力构建海峡西岸经济区重要中心城市。由于土地资源的制约，全市实行调优调减农业和粮食生产政策。年末实有耕地面积34300公顷，比上年减少12.2%。全年粮食作物播种面积12050公顷，比上年减少1900公顷。粮食作物总产量6.5万吨，下降13.5%；扣除马铃薯产量1.1万吨，粮豆和甘薯总产量5.4万吨。全市粮食总需求212.5万吨，其中：粮食总销售116.8万吨，比上年减少26.3%；粮食总消费95.7万吨，比上年增加3.1%。人均粮食占有量21.8公斤，人均粮食消费量393.8公斤，粮食自给率5.5%，属于粮食主销区。

年末全市粮食企业1040家，其中具有粮食收购资格企业44家（含国有粮食购销企业7家）。按经营类别分：粮食加工企业69家，粮食转化企业114家，粮食经营企业857家；按经济类型分：国有及国有控股27家，其他为股份制、中外合资、外商独资、私营企业和个体工商户等。

主要粮油加工企业31家（有14家被确定为骨干粮食加工企业），其中：大米加工16家，日加工能力1209吨；面粉加工9家，日加工能力1370吨；食用油加工6家，日加工能力2435吨（其中精炼900吨）。大米日加工能力略大于本市需求量；面粉和面制品、食用油加工能力较强，产品畅销省内外。全市较大型供应网点49个，其中骨干粮店21家。

年末全市粮库有效仓容38.3万吨（以小麦计），其中，国有粮食企业24.4万吨。全市储油罐容量28000吨，其中国有粮食企业3600吨。

全市粮食系统独立核算单位为14家，在册职工总数414人，其中行政管理部门37人、事业单位46人、企业331人。

2007年粮食工作

2007年，全市粮食流通工作围绕“一个目标”（确保粮食安全），大力完善“两大保障体系”（以政策性国有粮食购销企业为骨干的粮食应急安全保障体系、以多元化粮食市场经营主体为基础的日常供应保障体系），认真落实“三项任务”（储备粮管理、行业管理、军粮供应），积极服务于厦门经济特区新一轮跨越式发展建设。

一 粮食生产

2007年，厦门市用于播种粮食的耕地仅占总耕地面积的35.1%,又比前年下降0.9个百分点。粮食作物主要是稻谷（品种仍为优质籼稻），其次是甘薯和马铃薯。在粮食作物中，稻谷播种面积5930公顷，产量为3.3万吨；甘薯、大豆和杂粮播种面积分别为3400、450和230公顷，产量分别为19300、900和1100吨。

二 粮食流通

厦门自产粮均为本地村民自用，仅可满足乡村13.7万人(约占全市53万乡村人口的1/4)的需求。全市自1987年起至今均无国有粮食企业对本市自产粮的收购业务。2007年，原粮购入量212.7万吨,其中国内购进145万吨、进口39.1万吨（锐减50万吨）和区间内贸易28.6万吨。再加上自产粮5.4万吨，粮食总供给218万吨（比上年减少36.6万吨）。粮食总需求212.5万吨（比上年减少38.5万吨），其中本市社会消费量95.7万吨（含城乡居民口粮47.1万吨），中转、贸易和出口116.8万吨。

三 市场价格

与上年相比，全年粮价总体上有明显上升，食用植物油价格上涨幅度则是近几年来最大的。据综合采价信息，与2006年12月批发平均价相比，2007年12月每50公斤（单位下同）中籼谷（三等）95元，上升9元，升幅10.5%；晚籼谷（三等）97元，上升10元，升幅11.5%；白麦（三等）91元，上升1元，升幅1.1%；三等大豆245元，上升98元，大涨66.7%；二等玉米93元，上升12元，升幅14.8%；标一早籼米132元，上升9元，升幅7.3%；标一中籼米138元，上升11元，升幅9.5%；标一晚籼米146元，上升13元，升幅9.8%；特等粳米171元，上升17元，升幅11%；特一面粉121元，上升5元，升幅4.3%；一级散装花生油925元，上升340元，升幅58.1%；一级散装菜籽油643元，上升123元，升幅23.7%；一级散装大豆油560元，上升180元，升幅47.4%。

四 粮食宏观调控

（一）贯彻落实国家订单粮食补贴政策

2007年，向与厦门市建立粮食产销协作关系的湖南省岳阳市、益阳市，江西省抚州市，福建省的南平市、三明市、龙岩市共采购1.2万吨订单粮食,及时给予产区120万元的种粮补贴和良种补贴。

（二）扩大市地方粮食储备规模

针对2006年下半年以来国内粮食价格持续上涨的状况，两次分别调增市级粮食储备规模各1万吨。连同市级粮食储备轮换3.8万吨，2007粮食年度全市共入库储备新粮5.8万吨，为1993年粮食储备制度建立以来的最高。为确保粮食顺利采购调运入库，采取了向产区订单采购、公开招标和询价采购等办法，较好地解决了粮价持续快速上涨、农民持粮惜售以及春节前后我国南方雨雪冰冻灾害造成粮食调运困难等带来的问题，顺利完成了2007粮食年度市地方储备粮入库任务。

（三）深化粮食产销协作，多方购粮入厦

在巩固与省内外主产区粮食友好协作关系的同时，积极拓展粮食产销协作地域，新增与江西省鹰潭市建立粮食协作关系。当年分别组织19家粮食企业参加2007年省内产销区粮食购销协作洽谈会、24家粮食企业参加“第三届七省粮食产销协作福建洽谈会”、多家企业参加中国国际玉米产业博览会（长春市）及第七届中国粮油精品展示交易会（南京市）。全年通过各类粮食购销洽谈会签订的入厦粮食超过50万吨。

（四）调整应急成品粮（大米）储备布局

根据近年来厦门岛外工业集中区建设明显加快、用粮人口迅速增加的实际，调整了全市储备粮布局，适当扩大应急成品粮（大米）在岛外储备的比重。同时进一步完善成品粮储备管理办法。

（五）完善粮食安全应急保障机制

一是修订完善《厦门市粮食安全应急预案》、《厦门市粮食储备应急工作预案》、《厦门市应急进口大米工作方案》，研究制定了《厦门市粮食动员预案》和《厦门市稳定骨干粮食加工企业成品粮库存办法》。二是抓好粮食应急工作的日常管理，做好月度储备粮应急加工路线计划图编制、储备成品粮油应急出库顺序安排等基础性工作，新增2家骨干粮食加工企业和4家骨干粮店。三是加强粮食安全预警信息测报，建成15个基层测报点的粮油价格信息监测网络，实行价格信息监测分析周报（日报）制度。

（六）增加全市粮食风险基金规模

2007年全市粮食风险基金规模比上年增加1000万元，达到4720万元（其中省级配套720万元），全部及时落实到位。

五 流通体制改革

（一）市级地方储备粮招标采购改用政府采购方式

根据厦门市政府公布的集中采购目录，储备物资（包括粮食）列入政府采购范畴，市级地方储备粮招标采购须改为政府采购方式。改革要点：一是政府采购对招标代理机构资质的要求更高。1000万元以上的采购必须由具有政府采购甲级代理资质的单位代理。原来招标代理机构厦门市粮食批发市场服务中心由于未获政府采购代理资质而被取代。二是调整储备粮招标价格的形成机制。原来办法由市粮食局、财政局、物价局和市农发行共同商定招标采购最高限价即可付诸实施，而政府采购则还须由财政审核中心审批。三是评标委员会组成变动。原来评委由市粮食局、财政局、物价局、市农发行及市粮油质监站等部门人员组成，而政府采购则补充专家库，招标时随机抽选若干名专家组成评委。

（二）深化政策性国有粮食购销企业改革，企业经济效益继续提高

进一步修改完善政策性国有粮食购销企业整合的实施方案并报经市国有资产管理部门同意。完成有关企业的清产核资工作以及对厦门市粮食购销有限责任公司的更名。市委组织部考核公布了厦门市粮食购销有限责任公司的领导班子组成，设立了该公司党委常委会。当年全市粮食系统实现连续4年增盈，利润达320万元，比上年增加73%。

（三）完成区级粮食事业单位上收工作

理顺了区级粮食事业单位与各辖区政府有关部门的工作、劳动人事等事宜，于12月31日完成将同安区粮油质量监督站整体上收并入市粮油质量监督站、同安区军粮供应站和集美军粮供应站编制整体上收并入市军粮供应站。

六 粮食行政执法

（一）进一步完善粮食行政执法工作体系

结合本市实际制定了《厦门市粮食局行政执法职责分解和执法责任确定方案》，将本局的法定职权、法定期限、法定程序、法定标准要求，分解到具体的执法机构和执法岗位，并明确相应的执法责任。组织人员参加国家粮食局举办的粮食流通监督检查行政执法培训，并对全系统机关人员进行内部专题培训。汇编印制了《粮食行政执法工作手册》，机关、事业单位人员及粮食行业协会会员企业负责人人手一册。

（二）依法审批粮食收购许可证

严格按照《行政许可法》、《粮食流通管理条例》和有关规定，做好粮食收购许可证审批和证后动态跟踪管理，新审批3家企业粮食收购许可证并完成年度粮食收购许可证年审。年末全市有粮食收购许可证企业44家。

（三）突出抓好粮食质量安全专项整治

一是周密部署。专门制定《关于贯彻国务院关于加强食品等产品安全监督管理的特别规定做好粮食产品质量安全专项整治工作意见》并开展业务培训。二是企业积极参与。全市32家粮油企业（其粮油产品产量约占全市90%）集体向社会公开承诺“保证质量安全并实行质量追溯制度和退市召回制度”。三是组织专项监督检查。9~11月共开展三次有关各级各类库存粮食质量、粮食收购质量督查、军粮供应等政策性用粮的质量检查和原粮卫生专项调查等内容的粮食流通监督检查。四是全年共组织开展7次“放心粮油”展示和粮油质量咨询活动。五是完善粮食质量安全监管机制。修订粮食市场质量监管制度，落实粮食流通监督检查专项经费。

（四）做好粮食流通统计工作

专门召开全市粮食流通统计和粮食供需平衡调查会议，通过新闻媒体、信息刊物和各有关网站等渠道宣传粮食流通统计工作。重点抓好对非国有粮食企业执行国家粮食流通统计制度的指导和检查。编制有关报表和统计分析报告并通过市有关部门网站公开，发挥统计信息的社会服务和决策参考功能。

七 行业发展

（一）大力推进粮食仓储设施建设

市委、市政府领导高度重视4个粮库项目建设工作，多次协调解决粮库建设遇到的问题。10月份市领导召开粮库项目现场办公会，研究解决征地难和项目超概等“瓶颈”问题，同时决定把粮库项目全部委托（市建设部门）代建，调整旗山库设计方案以提高库容量，要求在2008年度内完成全部项目建设。此后各项目建设明显加快，海沧粮食中转库项目于当年9月竣工并通过预验收，年底投入使用。

（二）粮食科技成果、粮食产业化

引导企业走科技兴粮之路，延伸产业链条。协调帮助厦门中盛粮油、好年东米业、金穗米业、煌发米业等粮油加工企业借助科研机构力量在产区扩建粮食生产基地，拓展育种栽培、良种提供、运输仓储等经营领域。有1家企业新增原产地证书产品经营资质，1家新增“绿色食品”证书，1家获得“国家级农业产业化龙头企业”称号。厦门大学水稻育种组王候聪教授培育的优质稻新品种“佳辐占”经市粮食局等牵线搭桥，在企业和产区粮食部门配合下，累计种植36.7万公顷，成为福建省第一大当家优质稻品种，为全省农民增收13亿元，获2006年度全省科学技术进步一等奖。

（三）广泛深入开展纪念世界粮食日宣传活动

10月8~12日，由市粮食局、发改委、财政局、物价局、农发行、厦门大学生命科学院、市绿色食品办等部门和单位以及厦门市电视台、《厦门日报》、《厦门商报》、《海峡导报》等媒体记者组成粮食产销协作工作组，到闽北邵武市、泰宁县和江西省鹰潭市等产区，开展粮食产销协作暨世界粮食日系列宣传活动。本市各主要媒体围绕当年世界粮食日宣传主题——“保障食物权利”，对各级粮食部门在粮食“量”与“质”的安全保障方面所作出的工作成效，进行系列宣传报道。

八 党建工作

（一）设立市粮食局党组和市纪委驻市粮食局纪检组

根据中共厦门市委《关于调整部分市政府工作部门、派出机构和人民团体党的组织设置的通知》（厦委[2007]35号），2007年6月28日起，中共厦门市粮食局委员会和中共厦门市粮食局纪律检查委员会分别改为中共厦门市粮食局党组和中共厦门市纪委驻市粮食局纪律检查组。根据《中共厦门市委关于设立市民政局等六个市直部门直属党委、纪委的通知》（厦委[2007]45号），2007年9月6日起，设立中共厦门市粮食局直属委员会和中共厦门市粮食局直属纪律检查委员会。

（二）加强党的思想建设和组织建设

认真学习胡锦涛总书记“6·25”讲话精神和党的十七大精神。在市粮食局门户网站开设党建专栏。举办迎“七一”摄影展评活动。检查和落实党建工作责任制，坚持季度党建工作例会制度，实施党建“三级联创”工作计划。对全市非公粮食企业党组织设立情况进行调查摸底。2个基层党组织、1名个人被厦门市直机关党工委分别评为先进基层党支部、优秀共产党员。

（三）加强纪检监察工作和党风廉政建设

认真学习贯彻中纪委第七会全会精神，在5月开展 “廉政教育宣传月”活动。贯彻落实《关于严格禁止利用职务上的便利牟取不正当利益的若干规定》。针对粮食工程项目较多的实际，实行建设单位与施工单位签订廉洁责任书的举措，确保工程建设实现优质廉洁目标。对储备粮政府采购代理机构选择、储备粮轮换等工作进行全程监督。

（四）推进精神文明建设

制定实施《2007—2008年度创建文明单位工作意见》。组织企业开展诚信经营、文明经商活动。发动全系统职工踊跃参加“见义勇为”捐款、“万人献爱心”和“慈善一日捐”活动。组队参加全省粮食系统第二届乒乓球比赛，并获团体第一名。

（五）请各民主党派建言献策，指导粮食工作

市政协经济城建委、全市八个民主党派领导前来调研和指导全市粮食产销协作、储备、加工、供应等工作。

厦门市粮食局领导班子成员

曾耀民	局　长、党组书记
郭勇鹏	副局长、党组成员
黄启忠	副局长、党组成员
林育周	纪检组长、党组成员
林勇鹏	副局长、党组成员

国家粮食局副局长曾丽瑛检查厦门市市级储备粮。

厦门市32家骨干粮油企业向全社会作出质量安全承诺。

厦门市副市长黄菱（中）在厦门市粮食局副局长郭勇鹏（右）陪同下检查粮油市场供应。

厦门市粮食局局长曾耀民（左）与王候聪教授检查粮食生产基地稻谷质量情况。

大连市粮食工作

基本情况

2007年末，大连市常住人口608万人，户籍总人口为578.2万人，比上年末净增6.1万人。其中，非农业人口336.8万人，比重为58.3%；农业人口241.4万人，比重为41.7%。粮食总产量162.5万吨（水稻20.1万吨、玉米117.7万吨、大豆9.0万吨、其他15.7万吨），平均亩产382.8公斤，均创历史新高，分别比上年增长6.8%和5.4%。

2007年，大连粮食需求量356.2万吨，其中城镇人口口粮78.3万吨，农业人口口粮62.1万吨，饲料用粮185.0万吨，行业及食品业用粮29.6万吨，种子用粮1.2万吨。粮食仓储能力774万吨，其中粮食系统仓储能力377万吨（含北粮和中储粮大连直属库），社会仓储能力397万吨。全市拥有规模以上粮食加工企业44家，其中油脂加工企业5家，大米加工企业23家，面粉加工企业3家（2家企业同时加工大米、面粉），饲料加工企业15家。大米年加工能力20万吨，面粉加工能力18万吨，食用油加工企业年原料处理能力336万吨，年加工油脂能力67万吨。2007年，全市粮食流通量实现1727.2万吨，大连港实现粮食中转量1573.6万吨，其中实现进口和国内调入173.3万吨，实现出口和国内调出1400.3万吨。2007年，大连商品交易所成交额近12万亿元，成交量超过3.7亿手，在全球农产品期货市场成交量中位居第二，对保护农民利益，引导农副产品生产与流通发挥了重要作用。

2007年粮食工作

2007年，大连市粮食工作围绕转变管理职能，加快推进体制创新，注重规范流通秩序，合理引导产业发展，进一步加强了粮食宏观调控能力，确保了大连粮食市场的平稳运行和粮食价格的基本稳定，为大连的社会稳定和经济发展提供了有力支撑。2007年，全市粮食系统实现利润总额2192万元，其中，区、市、县国有粮食企业实现盈利207万元，同比增长15%。

一 落实政策措施，进一步完善了粮食流通体制

为进一步深化大连市粮食流通体制改革，大连市政府制定下发了《大连市人民政府关于完善粮食流通体制改革政策措施的实施意见》（大政发[2007]110号，简称市政府110号文件），对粮食体制改革、市场建设、宏观调控、产业发展和领导机构5个方面作出了明确要求。各区市县政府、粮食主管

部门以落实省、市政府文件为契机，在体制创新、完善职能、健全机构等方面开展了大量工作，取得了一定进展。

瓦房店市粮食局在恢复落实粮油检测站机构、人员编制和办公经费的同时，与大连良运集团合作，实现了对瓦房店一粮库资产的转让，大连良运集团注入500万元资金启动了“辽南福”牌面粉加工生产线，妥善安置了部分下岗职工，取得了较好的经济效益和社会效益。普兰店市粮油检测站初步完成了资质认定准备工作。庄河市粮食局结合实际，实行不动产租赁经营，盘活国有资产670万元，实现了国有资产的保值增值。市政府110号文件的出台，对进一步加强粮食工作领导，理顺关系，优化环境等提供了政策支持。截至2007年末，大连市、县两级国有粮食企业数量由改革前的216家减少到现在的40家，98%的职工置换了身份，国有职工身份的企业职工人数由原来的10134人减少到目前的不足200人。特别是近9亿元的政策性财务挂账从企业剥离出去，为国有粮食企业充分参与市场竞争创造了有利条件。

二 加强宏观调控，进一步规范了粮食流通秩序

（一）加强市场信息监测

2007年，国内外粮食市场和粮食价格都出现了长时间、大幅度的波动。为确保大连地区粮食市场的平稳运行，各级粮食主管部门加大了对粮食数量、价格变化的信息监测，全市建立了由66个监测点组成的信息监测系统。通过开展社会粮油供需平衡调查，及时掌握了市场信息，全年编报各类粮油信息简报18期，向省、国家粮食局报送粮油市场及价格信息20条，为政府实施宏观调控决策提供了可靠依据。

（二）完善粮油应急供应预案

充实完善了《大连市粮油应急供应保障预案》，确定10家应急加工企业、4家销售企业和4家运输企业作为应急保障成员单位。重新核实了企业地址、负责人及联系方式，提高了预案执行的可操作性。建立了由政府储备和应急加工单位及大型粮油批发市场共同组成的成品粮油储备体系。

（三）增加储备数量，调整储备结构

为适应城市发展和人口数量不断增加对粮食消费的需要，调整了储备结构，增加了成品粮油储备数量。落实成品粮油储备小麦粉500吨、大米550吨、小包装食用油100吨。新增3000吨食用油储备，并逐一落实了承储企业。2007年底，根据国家发改委要求，筹集了可确保应急供应情况下大连城市人口10天以上口粮消费的成品粮油储备。全年，各项财政补贴及时、足额到位。

（四）促进购销有序流通

为确保粮食收购工作的顺利进行，市县两级粮食行政管理部门提早做好了产量信息调查、人员培训、设备维修和腾仓倒库等前期准备工作。在收购工作中，注重发挥国有粮食企业的主渠道作用，为方便农民售粮，采取长年挂牌、上门预约、巡回流动等各种便民措施，积极开展入市收购，做到收购价格公开、质量标准公开。全年全市各级各类粮食经营企业共收购粮食24万吨（水稻4.2万吨，玉米19.8万吨），占全地区商品粮食的58%，其中，国有粮食企业收购8.9万吨，占收购总量的37%。全年各类粮食企业实现粮食销售量582.4万吨，其中，进口122.9万吨，出口452.2万吨。在储备粮轮换工作中，采取委托轮换、产销协作、异地储备等多种方式，适时调整轮换时机和数量、品种，尽最大可能规避市场粮食价格的大波动，降低了亏损风险。截至2007年底，共轮入市储小麦6.2万吨，轮出、轮

入水稻4万吨、玉米6万吨、豆油5000吨，较好地完成了全年轮换任务。各区市县结合实际，对本级储备粮采取包干轮换、统一轮换、异地储存等灵活方式，保证了轮换工作的顺利实施，较好地完成了全年地方储备粮管理任务。

（五）改善仓储检化设施，广泛实施科学保粮

组织全市各级粮食保管和检化业务骨干参加了省粮食局的业务培训，31人取得了国家粮食局颁发的职业资格证书。投入近千万元对仓储设施进行了维修改造，庄河国家粮食储备库、大连友谊国储库和大连金州国储库三个企业的膜下环流熏蒸设备安装调试圆满完成，并通过了国家粮食局和国家环保总局的验收，获得国家环保部、国家粮食局、联合国工业发展组织授予的“中国粮食仓储行业淘汰甲基溴贡献奖”，通过加大资金投入，有效改善了储粮条件，提高了科学保粮水平。

三　加强粮食流通监管，进一步发挥了行业管理职能

（一）加强执法培训

举办了粮食统计人员法规培训、粮食流通监督检查执法培训和粮食收购行政许可培训，共170余人次参加了培训，提高了市县两级粮食行政执法人员依法行政的水平，并首次按照法律规范，对社会粮食企业依法报送粮食信息作出了统一要求。

（二）开展专项监督检查

2007年，是开展粮食流通监督检查工作以来成效最显著的一年。组织开展了收购企业资格、粮食流通统计、粮食库存和粮食收购秩序四个专项检查。检查粮食收购企业200家、国有粮食仓储企业31家、粮食经营企业114家。针对检查中存在的问题，责令16家企业限期整改，对9家企业给予警告，帮助9家社会粮食企业建立了经营台账。对8家企业粮食库存自查情况进行了核查，被核查企业占存储企业总数的25%；检查库存粮食，占全市储粮企业粮食库存总量的70%。配合省粮食局对大连市3家企业进行了复查，省粮食局对大连市的库存专项检查工作给予肯定。通过开展专项检查，有效规范了粮食市场的流通秩序。

（三）认真做好粮食行政许可工作

按照省、市粮食收购许可的规定，全年对160家粮食收购企业的资质进行了检查，对130家符合条件的给予了年检，对不符合条件的企业移交有关部门处理，规范了粮食收购市场的有序运行。

（四）严格粮食质量检测

一年来，全市各级粮油监测站配合工商、质监、卫生等有关部门开展粮食质量监测、品质测报和原粮卫生调查，共检测粮油样品2000余批次，代表数量30多万吨，有效地保证了地区粮食质量安全。

（五）开展粮食产业状况调查

为进一步准确把握大连地区粮食产业发展的现状，服务粮食产业发展，发挥好行政管理、行业指导的政府职能，组织对大连市2001~2006年五年期间的粮食产业状况进行了一次大规模的全面调查。通过调查，基本摸清了大连地区粮食行业的总体规模、企业数量、行业门类、产品品牌及经营状况等，并形成了详尽的调查报告，为政府更好地引导大连粮食产业发展、服务地区经济建设，提供了科学依据。

四 坚持服务与管理并重，进一步提升了军粮供应工作水平

（一）完善军供基础设施建设

完成了全地区军供站军用购粮卡设备的安装调试、人员培训和运行使用，提高了军供工作效率；搬迁改造了大连军供站，方便了部队购粮。完成了大连地区军供网点维修改造项目的调查上报，争取维修资金50万元。对大连市海岛地下储备粮库（军粮仓库）维修改造项目进行了调研，形成方案上报省粮食局，向上级争取70万元解决了大连市边防海岛地区部分军供站地下库年久失修的问题。

（二）严把军粮质量关

严格军粮质量管理，坚持一个批次一检验和站长负责制制度，委托大连市粮油检测站每季度普查一次，全年保持了军粮质量和服务“零”差错，受到国家和省粮食局的充分肯定，大连市粮食局的军粮供应管理工作在省军供会议上做了经验交流发言。

（三）搞好军地共建

深入挖掘弘扬军供企业文化内涵，通过走访慰问、举办联谊会、座谈会等形式，积极开展军地“双拥”共建，全年为部队送去各种慰问品价值17余万元，义务送粮数量占到总购粮的85%左右。组织参加了国家粮食局举办的“我为军供添光彩”主题征文活动，旅顺口区军供站李华同志撰写的《平凡的军供人》荣获全国唯一的一等奖，为大连军供系统争得了荣誉。市局被评为辽宁省“爱国拥军模范单位”和大连市“拥军优属模范先进单位”，为大连市荣获“双拥模范城市”荣誉称号作出了突出贡献。

（四）军地共管军粮工作有新的发展

大连、旅顺军粮供应站与所在区驻军成立了军供联合管理委员会，定期召开会议，共同商协，齐抓共管，创新了军供管理服务工作的保障新模式。

五 坚持多种经营，进一步加强了企业自身发展

2007年，各区市县粮食主管部门在完成正常工作的同时，指导企业开展多种经营，对部分闲置库房和设备，采取租赁、合作、出售等方式，盘活资产，提高收入，增强了企业自身发展能力。

金州区粮食总公司在做好主营业务的同时，不断拓展新的业务空间，利用自身优势，扩大代储、代卸业务，年获利60多万元。同时还新增了出口业务，与外商签订了3000吨玉米、豆粕出口合同，首开出口创汇先河。大连友谊库充分发挥港口和区位优势，把代储、代转、期货交割业务作为经营工作的重点。2007年，完成期货交割大豆7.8万吨，代储粮食8万吨，年经营量达54万吨，实现收入1000多万元。庄河市粮食局大力发展饲养业，全系统养蛋鸡8万只，带动农户养鸡23万只，转化当地粮食1000余吨，实现了企业效益和社会效益双丰收。旅顺口区贸发局利用闲置库房为社会开展粮食、种子代储业务，年实现收入37万元。各军供企业还利用节日时机，积极为部队加工粽子、元宵、月饼等节日食品，大连军供站、开发区军供站开办日用品、食品超市，发展多种经营，开始走上军供企业发展的新路子。各地通过发展多种经营，不仅盘活了国有资产，增加了企业和职工的收入，企业经营发展的能力也不断得到增强。

六 强化监督检查，实现了全系统安全生产

认真落实党风廉政建设责任制和安全生产责任制，不断加强惩防体系建设，坚持用规章制度约束权力，搞好廉洁自律，营造了健康、和谐的工作环境。严格执行“安全生产一票否决制”，通过建立完善防台、防汛、消防等安全制度，加大资金投入，为开展工作提供了安全保证。特别是在“3·4风暴潮”期间，全市各级粮食干部职工深入一线，抗击灾害，保证了储备物资、设施设备和人员的安全，没有发生一起丢粮、坏粮事件，保证了全系统无重大事故发生。

大连市商业局（粮食局）领导班子成员

韩玉明	局　长、党委书记（2008年2月任职）
李　光	副局长、党委委员
方健伟	纪委书记、党委副书记
闫　敏（女）	副局长（2007年11月任职）
陈祥立	副局长、党委委员
朱保奎	副巡视员

大连市副市长戴玉林考察大连粮食批发市场。

大连市领导慰问储备粮管理工作先进单位职工并调研。

大连市商业局（粮食局）领导调研军供站多种经营工作。

大连市召开粮油市场应急供应座谈会。

深圳市粮食工作

基本情况

深圳市于1979年设市，1980年设立经济特区，现为国家副省级计划单列城市。深圳市东临大亚湾和大鹏湾，西濒珠江口，北与东莞、惠州两市接壤，南与我国香港特别行政区一河之隔。全市土地总面积1952.84平方公里，其中经济特区面积395.81平方公里。现辖特区内罗湖、福田、南山、盐田4个行政区和特区外宝安、龙岗两个行政区，2007年末，常住人口为861.55万人，其中户籍人口为212.38万人。

2007年，深圳市实现国民生产总值6765.41亿元，比上年增长14.7%。其中，第一产业增加值6.23亿元，下降17.3%；第二产业增加值3444.74亿元，增长14.5%；第三产业增加值3314.44亿元，增长15.0%。三次产业结构由上年的0.1:52.5:47.4发展为0.1:50.9:49.0。按初步测算的年平均人口计算，2007年，全市人均GDP为79221元，按国家外管局公布的供计划统计用的人民币对美元折算率计算，人均GDP为10628美元，增长16.7%。

深圳市农业生产规模进一步缩小，农业生产以“三高”农业和创汇农业为主，主要为深圳、香港市场提供农副产品及鲜活产品。全年农作物播种面积6373.07公顷，粮食播种面积19.33公顷，蔬菜播种面积6326.07公顷，水果播种面积4308.67公顷，水产品养殖总面积3118.76公顷，水产品总产量3.41万吨，全年鲜活产品出口额2.12亿美元。

2007年，深圳市纳入粮食流通统计范围的粮食企业共47家，国有粮食企业13家，国有粮食企业在岗人员848人，政府和国有粮食企业粮食仓容总量为12.9万吨。深圳市粮食年消费总量约为508.33万吨，其中，按品种细分，小麦171.12万吨，稻谷239.10万吨，玉米52.07万吨，大豆45.47万吨,其他0.54万吨；按用途细分，城镇人口口粮193.58万吨，饲料用粮54.21万吨，工业用粮1.05万吨，食品及副食酿造业用粮7.14万吨，大豆榨油减量5.66万吨，销往省外22.93万吨，销往省内215.4万吨，出口8.37万吨。由于全市属粮食纯销区，所需粮食靠市外调入或进口解决，每年由市外调入各种粮食约480万吨，进口各类粮食约50万吨。

2007年粮食工作

一 完善粮食储备管理体系建设，增强宏观调控能力

（一）严格执行年度粮食储备计划

根据省政府对全市下达的粮食储备任务要求和全市粮食储备管理的有关规定，结合深圳实际，加强粮食储备的计划管理。市发展和改革局在下达2007年粮食储备计划时，对储备规模、储备结构、储存库点、粮食轮换和费用补贴等要求予以明确，对计划执行情况实行月度跟踪和现场检查相结合的监管方式，确保计划能严格按照要求落到实处。

（二）加快全市储备粮管理法规制订

为规范全市粮食储备管理，为储备粮管理工作提供依据，2007年以来，市发展和改革局积极与市法制办沟通，多次召开座谈会和到企业调研，进一步听取各方面意见，认真讨论修改于2006年底提交市法制办的《深圳市储备粮管理暂行办法》（送审稿）。10月，市法制办将该办法上报市政府。经由市政府领导召开协调会讨论并原则通过后进行修改，12月13日已经市政府常务会通过，将于近期对外发布实施。

（三）积极推进粮食储备库建设工作

为加快全市粮食储备库建设进度，市发展和改革局与相关部门加强沟通，积极配合，妥善解决存在的困难和问题。截至目前，粮食储备库建设已完成市区粮库初步设计方案的招标、专家咨询论证、初步设计方案、消防报审、规划备案、详勘、施工招标等工作，12月底前基本完成场地平整和地基夯实工作，承包商也将于12月中下旬进场全面组织施工，预计于2008年底建成投入使用。

（四）深入开展粮食储备管理课题研究

为提高全市粮食储备管理水平，为政府决策提供依据，今年市发展和改革局开展《深圳市粮食储备体系建设系统性研究》软课题研究。9月，对课题组提交的初稿进行认真讨论，并提出修改意见。目前，课题正作进一步修改和完善，计划于2008年6月底前完成。

（五）建立健全储备粮管理工作责任制

为进一步明确政府与承储企业在粮食储备中各自的权利与责任，今年5月，市发展和改革局与市级储备粮承储企业签订了委托代储责任书。这对强化政府部门及承储企业双方的责任意识，进一步完善储备粮管理责任制度将起积极作用。

二 逐步推进军粮供应行政管理，提高军供服务水平

（一）理顺军粮供应行政管理关系

市发展和改革局于2007年1月1日正式行使军粮供应行政管理职能。为尽快理顺工作关系，市发展和改革局认真开展了以下工作：一是从2006年第四季度开始，与军粮供应企业进行沟通和衔接。二是

在2007年初召开军粮供应工作座谈会，了解部队军粮需求，加强军地联系。三是配合省粮食局对军粮供应企业资格重新进行认定。四是将深圳军粮行政管理工作新情况向省粮食局报告，得到省局和省储备粮总公司指导和大力支持，现各项工作开展顺利。

（二）加大军粮质量安全检查力度

按照省粮食局《转发国家粮食局军粮供应办公室关于做好军粮质量卫生安全专项检查的函》的要求，市发展和改革局于10月下发通知，对全市各军供站（点）军粮采购、包装、储存、配送和销售等环节进行了专项检查，掌握了全市军粮质量情况及存在的问题。根据各军供站（点）上报情况，市发展和改革局在全市范围内组织了抽查，并针对检查中发现的问题提出了整改要求，确保军粮的质量安全。

（三）建立军粮供应管理信息系统

根据国家及省有关规定和要求，市发展和改革局高度重视军用购粮卡改革工作，克服改革过程中的各种困难和问题，组织全市各军供站点工作人员做好培训，提前配置软硬件设备，严格军供信息保密管理，按照要求完成了军用购粮卡改革工作，确保全市军粮供应管理信息系统正常运行，保障了军粮供应安全、稳定、有序进行，大大提高了军粮供应效率。

（四）做好军粮供应管理统计工作

在做好军粮供应工作的同时，按月汇总上报《军粮销售周转库存月报表》和《军供大米和小麦粉入库价统计报单》，准确及时地掌握全市军粮库存数量及入库价格。

三 逐步规范粮食行业管理

（一）全面落实粮食流通统计工作

一是按照国家《粮食流通统计条例》及省粮食局的有关要求，做好全市2006年粮食流通统计年报，并对2007年粮食流通统计工作提出明确要求。二是与国有企业积极沟通，督促建立统计台账和原始记录制度。三是根据《关于做好广东省2006年度社会粮食供需平衡等调查工作的通知》要求，测算全市口粮规模和省际间粮食主要流向等情况。四是进行玉米深加工规模及发展趋势专项调查，掌握全市2004~2006年的年度玉米深加工规模及全市相关行业的玉米需求量。

（二）加强粮食收购资格审核和监管

根据《粮食流通管理条例》的规定和广东省《粮食收购资格审核及监督管理暂行办法》的要求，市发展和改革局在2006年制定、报批了《深圳市发展和改革局粮食收购资格审核行政许可实施办法》，2006年9月6日，该《办法》在深圳市人民政府公报发布实施。2007年，市发展和改革局严格按照《粮食收购资格审核行政许可实施办法》的要求，做好粮食收购资格审核和许可证发放工作，全年共批准3家粮食收购企业收购许可，累计向6家企业发放粮食收购许可证。

（三）抓好粮食安全监督检查工作

为确保全市粮食安全，在对有关粮食企业进行不定期检查的基础上，市发展和改革局严格按照省粮食局的要求大力抓好粮食安全监督检查工作：一是在5~6月对3家国有粮食企业安全生产管理制度、安全生产设施、储粮化学药剂的使用及保管等情况进行认真检查。二是根据国家和省粮食局关于开展2007年粮食库存检查工作的有关要求，认真组织国有粮食企业对粮食库存实物、账务和库存粮食质量等情况进行检查。针对在各项检查中发现的问题，要求企业进行整改，消除安全隐患。

（四）及时推行粮食制品行业标准

为配合《大米》、《小麦粉》、《小麦储存品质判定规则》国家标准的实施，确保小麦粉、大米加工精度检验和小麦储存品质检验结果的一致性，国家粮食局发布了2007年度大米、小麦粉加工精度标准样品和2007年第一批小麦储存品质品尝评分参考样品行业标准。为尽快将该标准在全市粮食制品行业推行，市发展和改革局及时下发《关于转发粮食制品行业标准样品目录的通知》，要求全市各粮食加工企业遵照执行。行业标准的推行将有力地促进全市粮食制品行业规范化发展。

（五）及时了解国有粮食企业改革情况

为提高国有粮食企业的效益，市发展和改革局积极推进国有粮食企业转变经营观念，走向市场，并按省粮食局要求做好以下工作：一是按照《关于填报<国有粮食企业改革情况调查表>的通知》要求，对全市三家国有粮食企业在2003~2006年的改革情况进行摸底调查。二是调查全市国有企业政策性粮食财务挂账的相关情况，做好国有粮食企业政策性粮食财务挂账清理认定及从企业剥离工作。三是建立国有粮食企业扭亏增盈信息通报制度和重点企业经营分析制度，及时了解和掌握国有粮食企业扭亏增盈情况。

深圳市发展和改革局领导班子成员

陈　彪	市发展和改革局局长
沈　毅	市发展和改革局副局长
秦群力	市发展和改革局副局长
李干明	市发展和改革局副局长
吴德林	市发展和改革局副局长
王庭珠	市发展和改革局党委书记（分管粮食工作）

国家粮食局副局长郄建伟在深圳市发展和改革局等单位工作人员陪同下到深圳市粮库建设工地调研。

深圳市发展和改革局局长陈彪在工作人员陪同下冒雨到市属粮库工地现场检查建设进度情况。

新疆生产建设兵团粮食工作

基本情况

新疆生产建设兵团（简称兵团）分布在新疆自治区境内，与蒙古、哈萨克斯坦、吉尔吉斯坦3国接壤，管辖着2019公里的国界线。兵团下辖13个农业师和1个工程建筑师，175个农（牧）团场，遍布在自治区14个地、州、市，开发建设了石河子、五家渠、阿拉尔、图木舒克、奎屯、阿克苏、库尔勒、北屯等10多个大型垦区和新型城市。兵团现有总人口257.9万人；土地总面积7.5万平方公里，占新疆总面积的4.5%，约占全国农垦总面积的1/5，是全国最大的垦区之一；耕地总面积1043.1千公顷。

2007年，兵团粮食总种植面积16.7万公顷，较上年减少5.4万公顷，减幅24.29%；粮食总产120.5万吨，较上年减少29.46万吨，减幅19.65%；累计交售粮食31.2万吨，完成粮食交售计划的67.5%。现有仓容总量67.3万吨，仓库网点数100个。现有各类粮食机构159个，其中：行政管理部门14个，事业单位3个，粮油经营企业142个。粮食系统现有从业人员3349人，其中：粮食行政管理部门61人，事业单位32人，粮食经营企业3256人。

2007年粮食工作

一 粮食生产

2007年，全兵团粮食总种植面积16.7万公顷，较上年减少5.4万公顷，减幅24.29%。其中：小麦种植面积7.3万公顷，较上年减少3.5万公顷，减幅32.36%；水稻种植面积2.55万公顷，与上年持平；玉米种植面积4.3万公顷，较上年减少1.85万公顷，减幅30.11%。全年粮食总产120.47万吨，较上年减少29.46万吨，减幅19.65%，其中：小麦总产45.50万吨，较上年减少22.15万吨，减幅32.74%；水稻总产22.61万吨，较上年减少0.95万吨，减幅4.03%；玉米总产36.75万吨，较上年减少10.69万吨，减幅22.53%。

二 粮食流通

2007年，新疆自治区人民政府继续执行2006年的粮食收购政策，即小麦实行敞开收购，按农民实际交售数量全面实施补贴。补贴标准不变，小麦0.20元/公斤、大米0.30元/公斤。当年，新疆自治区下达兵团粮食收购计划46.255万吨，其中：小麦45.055万吨，大米1.2万吨。兵团全年累计交售粮食31.2万吨，完成粮食收购计划的67.5%，其中：交售小麦30.0万吨，完成计划的66.6%；交售水稻1.2万吨，100%完成交售计划。

由于兵团没有建立地方粮食储备，为保障兵团粮食安全，根据国家安排，兵团7个粮食储备库代储了中央储备粮。2007年，根据中国储备粮管理总公司、中国农业发展银行《关于推进中央储备粮集中统一管理逐步实行统贷统还的通知》（中储粮[2006]353号文）要求，中国储备粮管理总公司新疆分公司对兵团管理的中央储备粮实行了统贷统还。除农四师71团粮库的中央储备粮指标未实行统贷统还外，兵团其余6个中央储备粮承储库的中央储备粮均被中储粮新疆分公司集并实行了统贷统还。统贷统还后兵团各承储库点的管理费用下调至0.07元/公斤；兵团各承储库不再负责中央储备粮的经营和轮换，只负责粮食的保管和出入库工作。

2007年，兵团7个中央储备粮承储库的中央储备粮轮换计划为36058吨。除71团粮库的5000吨轮换任务由该库自行完成外，其余31058吨的轮换任务由中储粮新疆分公司负责出库粮食的销售和入库粮食的收购工作，兵团各承储库只按出入库通知单承担粮食进出仓工作。在疆内市场粮源趋紧、粮食收购工作开展困难的情况下，兵团发展改革委（粮食局）积极引导所属各中央储备粮承储库转变观念、增强大局意识，克服各种不利因素，主动摸市场、联系粮源，协助中储粮新疆分公司各中心库落实中央储备粮轮换工作。2007年，兵团承储的中央储备粮轮换工作整体进展顺利，基本完成了中央储备粮轮换任务。

三 粮食调控

2007年，新疆自治区人民政府继续实行粮食价外补贴政策，补贴标准与上年相同，小麦0.20元/公斤，大米0.30元/公斤。兵团发展改革委（粮食局）认真贯彻落实国家、新疆自治区粮食价外补贴等各项惠农政策，要求所属粮食收储企业切实开展便民服务，采取深入种粮连队上门收购、承担运费、交粮现场免费提供茶水等措施方便农工交售粮食；主动公开粮食验斤、检质全过程，设立意见箱和举报电话，让种粮农工放心交粮；加大对粮食交售工作的监督检查指导力度，确保粮食补贴资金及时、足额发放到交粮农工手中。这些措施极大地调动了种粮团场和农工的交粮积极性，兵团所属粮食收储企业全年累计收购粮食36058吨，落实粮食直补资金720多万元，为疆内粮食市场宏观调控发挥了积极作用。

四 行政执法

继续加强粮食流通监督检查行政执法工作。一是加大了粮食市场监管力度。与有关部门协同配合，重点针对粮食经营者粮食收购资格，仓储、运输设备设施，粮食出库质量检验，经营台账和统计制度执行等情况开展了监督检查，维护了正常的粮食流通秩序。二是开展了粮食库存专项检查。根据《国家粮食局关于开展2007年全国粮食库存检查工作的通知》(国粮检[2007]153号)精神，兵团发展改革委（粮食局）与自治区粮食局、自治区发改委、财政厅、中国农业发展银行新疆分行、中储粮新疆分公司六家单位组成联合检查组对各粮油储备库和收储企业的自查情况进行了抽查。经查，兵团所属各粮食收储企业的粮食均库存真实，账实相符，储存安全。三是开展了粮食质量安全专项整治行动。为贯彻落实全国质量工作会议、全国产品质量和食品安全专项整治电视电话会议精神，按照国家粮食局《全国粮食质量安全专项整治行动方案》的统一部署，对收购、储存、销售等环节的粮食质量进行了专项检查，重点检查了储粮药剂残留和真菌素污染，确保粮食质量安全。

五 行业发展

（一）粮食仓储基础实施建设

2007年，兵团农四师71团粮食储备库建设项目竣工验收，新增仓储能力2.63万吨；新建的粮食储备库配备了现代化的储粮设施和检化验设备，提升了兵团粮食仓储水平，有效改善了当地“储粮难”的矛盾，有利于当地产业结构的调整和经济发展。农一师4团粮食储备库建设项目于2007年6月20日开工建设，当年完成主体工程建设。阿拉尔市粮食储备库建设项目完成前期工作，将于2008年开工建设。

（二）粮油加工业

2007年，兵团共有粮油加工企业61家，较上年增加4家，其中：大米加工企业7家，较上年减少3家；小麦粉加工企业24家，较上年减少4家；食用植物油加工企业30家，较上年增加10家。兵团全年累计大米产量46662吨，较上年减少24%；面粉产量72588吨，较上年减少26%；食用植物油产量76204吨，与上年基本持平。

（三）粮食产业化

完成粮油产业化龙头企业审报工作。根据《国家粮食局 中国农业发展银行关于择优上报重点支持粮油产业化龙头企业的通知》（国粮财[2007]147号）精神，为支持兵团粮油企业发展，使兵团粮油企业在粮食收购、基地建设、技术改造等方面享受农发行相关政策性优惠贷款，兵团发展改革委（粮食局）与中国农业发展银行新疆分行共同开展了兵团粮油产业化龙头企业的筛选和申报工作，向国家粮食局和中国农业发展银行联合上报了14家企业，其中7家企业通过国家粮食局和中国农业发展银行审核，确定为第二批农业发展银行重点支持粮油产业化龙头企业。

深入调研，推动粮食产业化发展。为深化国有粮食企业改革，针对兵团米业发展现状，深入农一师进行了调查研究，撰写了《关于农一师“天山雪”米发展情况的调研报告》，对农一师米业如何发展提出建议：一是尽快理顺“天山雪”米经营体制，整合优势资源，组建米业集团，形成合力，做大、做强品牌，成为兵团米业加工的产业化龙头企业；二是鼓励和引导企业发展“公司＋基地＋农户”的经营模式，促进粮食产销结合，带动农户增收，稳定粮食生产；三是建议阿拉尔市政府对“天山雪”米业公司的发展给予支持，利用企业的原粮收储能力，增强自身的粮食调控能力，确保本地区的粮食安全。2007年，阿拉尔市政府已正式下发文件，为“天山雪”米阿拉尔有限责任公司的原粮储备提供贴息，一方面可直接促进“天山雪”品牌做大做强，另一方面可间接保证阿拉尔市17万人口的粮食安全。

（四）行业人才队伍建设

根据《国家粮食局办公室关于加强粮食行业特有工种职业技能鉴定的通知》（国粮办人[2006]246号）精神，于9月15~28日在石河子市兵团粮食行业职业技能鉴定站开展了兵团2007年度粮食行业特有工种职业技能鉴定工作。共有44人通过了鉴定，其中粮油保管员(中级)22人 、粮油质量检验员(中级)22人。根据《国家粮食局办公室 劳动和社会保障部办公厅关于举办首届全国粮食行业职业技能大赛的通知》（国粮办人[2007]148号）精神，于9月23日在石河子市组织举办了首届兵团粮食行业职业技能初赛，通过竞赛选拔出粮油保管员和检验员各4名选手，组织集训后参加了12月7~9日国家粮食局在南京举办的首届全国粮食行业职业技能大赛。通过开展粮食行业职业技能鉴定和职业技能竞赛活动，在兵团粮食行业培养了一批技能人才，激发了行业人员学习知识、钻研技术、提高技能的积极性，在兵团粮食行业形成“学习技术，尊重人才”的良好氛围，为加快兵团粮食行业人才队伍建设开创了良好的局面。

六 党群工作

兵团粮食系统以进一步完善企业基层党组织及工作制度为抓手，统一安排部署，深入开展了所属国有粮食购销企业基层党建工作，通过建立健全企业基层党组织工作、学习等制度，充分发挥基层党组织战斗堡垒作用。加强党风廉政建设，推进党风廉政建设和粮食系统业务工作紧密结合，把党风廉政建设作为系统考核的一项重要内容，加强系统干部职工考核工作力度。以治理商业贿赂为契机，切实增强兵团粮食系统干部、职工的反腐倡廉意识，筑牢思想道德防线，进一步树立了党员干部廉洁从政、全心全意为人民服务的思想。在加强组织建设的同时，积极开展兵团粮食系统党员培养和发展工作，兵团粮食系统有多名同志参加了兵直党工委组织的入党积极分子培训。

新疆生产建设兵团发展改革委（粮食局）领导班子成员

傅援朝	副主任、党组书记
傅仲保	主　任、党组副书记（援疆干部）
郭毅峰	副主任、党组成员
肖秀荣	副主任、党组成员
张德云	副主任、党组成员
张叔俊	副主任、党组成员
赵世明	副主任、党组成员
刘柏盛	副主任、党组成员（援疆干部，2008年3月离任）
黄　智	副主任、党组成员（援疆干部）
冯建华	副主任、党组成员（援疆干部，2008年5月离任）
刘新兰	副主任、党组成员（2007年7月任职）

新疆生产建设兵团发展改革委（粮食局）党组书记傅援朝。

新疆生产建设兵团粮食监督检查行政执法培训班现场。

5

第五篇

粮食政策与法规文件

联合下发文件

关于进一步做好国有粮食购销企业政策性粮食财务挂账清理认定及从企业剥离工作的通知

（财政部 国家发展改革委 中国人民银行 审计署 银监会
国家粮食局 中国农业发展银行
财建[2007]10号 2007年1月23日）

各省、自治区、直辖市人民政府：

为积极稳妥地处理国有粮食购销企业粮食财务挂账，建立杜绝新增政策性粮食财务挂账的长效机制，促进国有粮食购销企业改革，加快粮食流通体制市场化改革进程，经请示国务院同意，现就进一步做好国有粮食购销企业政策性粮食财务挂账清理认定并从企业剥离工作、切实加强政策性粮食财务挂账管理的有关事宜通知如下：

一 严格制度，落实责任，确保国有粮食购销企业政策性粮食财务挂账清理认定及从企业剥离的有关政策落实到位

省级人民政府要严格按照《国务院关于进一步深化粮食流通体制改革的意见》（国发[2004]17号）、《财政部 国家发展改革委 审计署 国家粮食局 中国农业发展银行关于印发〈国有粮食购销企业粮食财务挂账处理意见〉的通知》（财建[2004]187号）、《财政部 国家发展改革委 审计署 国家粮食局 中国农业发展银行关于做好国有粮食购销企业政策性粮食财务挂账从企业剥离工作的通知》（财建[2005]363号）规定，做好政策性粮食财务挂账清理认定及从企业剥离工作。

省级人民政府对政策性粮食财务挂账清理认定及从企业剥离工作负总责，要进一步严格层层负责的岗位责任制度和责任追究制度。省级人民政府参与政策性粮食财务挂账清理认定及从企业剥离工作的财政、审计、粮食及农业发展银行等部门，要执行“一把手”负责制。要各司其职、密切配合，采取有效措施，实事求是地认定挂账，不得虚增挂账，也不得人为地少认挂账。省级人民政府要按照“核定余额、据实剥离”的原则，核定政策性粮食财务挂账占用农业发展银行贷款的实际余额，按核定的余额据实从国有粮食购销企业剥离政策性粮食财务挂账。经省级人民政府认定的国有粮食购销企业1998年6月1日以来新发生的政策性亏损，不占用农业发展银行贷款的，与占用农业发展银行贷款的

政策性粮食财务挂账分开，由省级人民政府按现行有关政策规定妥善处理。

对各省（自治区、直辖市）政策性粮食财务挂账的清理认定及剥离情况，将由国务院组织有关部门随机进行审计抽查，发现违规违纪问题，要追究有关责任人的责任。

二 采取措施，加快进度，尽快完成国有粮食购销企业政策性粮食财务挂账从企业剥离工作

目前，大部分省份已顺利完成了政策性粮食财务挂账清理认定及从企业剥离工作。个别进度较慢的省份，在2006年12月末仍未完成挂账剥离工作的，省级人民政府要进一步采取切实措施，加快挂账清理认定进度，并将面临的具体问题、影响挂账剥离进度的具体原因如实向国务院报告。

三 明确计划，统筹资金，尽快启动国有粮食购销企业政策性粮食财务挂账本金的消化工作

省级人民政府要高度重视政策性粮食财务挂账的本金消化工作，明确本省政策性粮食财务挂账的消化年限，制定具体的消化计划。国有粮食购销企业政策性粮食财务挂账本金由省级人民政府按现行政策规定，统筹资金，限期消化。

四 加强管理，完善政策，建立杜绝新增政策性粮食财务挂账的长效机制

粮食工作继续坚持和完善省长负责制，省级人民政府要进一步加强对本省粮食工作的调控和管理，同时要完善有关粮食调控政策。地方人民政府委托国有粮食企业从事粮食调控，要按照谁委托、谁负责的原则，及时支付政策成本，坚决杜绝国有粮食企业今后再新增政策性粮食财务挂账。要加快粮食市场化改革，加大企业改革力度，做到政企彻底分开。要进一步完善政策，支持粮食产业发展，积极扶持国有粮食企业做大做强，增强企业抵御市场经营风险的能力。

五 尽快将国有粮食购销企业政策性粮食财务挂账清理认定及从企业剥离工作进展情况报国务院及有关部门

为摸清挂账底数，请你们抓紧组织填报《国有粮食企业政策性粮食财务挂账清理确认及从企业剥离情况汇总表》、《政策性粮食财务挂账清理确认及从企业剥离情况表（国有粮食购销企业）》、《政策性粮食财务挂账清理确认及从企业剥离情况表（国有粮食附营企业）》（表式及《填报说明》附后）。填报的截至时间为2006年12月31日，12月31日之前没有完成政策性粮食财务挂账从企业剥离工作的个别省份，要先按实际工作进度如实填报；待政策性粮食财务挂账从企业剥离工作全部完成后抓紧补报。

省级人民政府要对本省（自治区、直辖市）国有粮食购销企业政策性粮食财务挂账清理认定及从企业剥离工作进行认真总结，如实反映组织实施及工作进展情况、面临的问题及政策建议。总结报告及有关报表，务必于2007年3月10日以前，由省级人民政府正式上报国务院，同时抄送财政部、国家发展改革委、中国人民银行、审计署、银监会、国家粮食局、中国农业发展银行备案。

关于执行《谷物储存品质判定规则》国家标准的通知

（国家发展和改革委员会 国家粮食局
国家质量监督检验检疫总局 国家标准化管理委员会
国粮发[2007]19号 2007年1月26日）

各省、自治区、直辖市及新疆生产建设兵团发展改革委、粮食局、质量技术监督局、出入境检验检疫局，中国储备粮管理总公司，中谷粮油集团，各粮油质检机构：

为确保粮油储存安全和质量良好，指导粮油合理轮换，《稻谷储存品质判定规则》（GB/T20569 2006）、《玉米储存品质判定规则》（GB/T20570 2006）、《小麦储存品质判定规则》（GB/T20571 2006）三项国家标准已于2006年12月1日正式实施，请你们认真贯彻执行。原《粮油储存品质判定规则》（国粮发[2000]143号）和《稻谷和玉米储存品质判定规则》（国粮发[2004]43号）中对稻谷、玉米、小麦储存品质判定的相关规定即行废止，大豆、食油的储存品质判定仍按《粮油储存品质判定规则》（国粮发[2000]143号）的规定执行，待新的《大豆、食油储存品质判定规则》国家标准发布实施后，原《粮油储存品质判定规则》的相关规定亦同时废止。

关于印发2007年小麦最低收购价执行预案的通知

（国家发展和改革委员会 财政部 农业部 国家粮食局
中国农业发展银行 中国储备粮管理总公司
发改经贸[2007]1140号 2007年5月25日）

各省、自治区、直辖市发展改革委、财政厅、农业厅、粮食局、物价局、农业发展银行分行，中储粮有关分公司：

为认真贯彻落实《中共中央国务院关于积极发展现代农业扎实推进社会主义新农村建设的若干意见》（中发[2007]1号）精神，做好今年小麦收购工作，保护种粮农民利益，经国务院批准，现将《2007年小麦最低收购价执行预案》（以下简称《预案》）印发给你们，并就做好小麦收购工作通知如下：

一 引导各类粮食经营企业积极入市收购新粮

小麦上市后，各级政府和粮食行政管理部门要引导和鼓励各类粮食经营和加工企业履行收购义务，积极入市收购新粮。国有和国有控股粮食企业要切实发挥主渠道作用。农业发展银行要积极为各类收购主体入市收购提供信贷支持，保证具备贷款条件的国有和国有控股粮食企业资金供应。新粮上市后，对达不到各地按《粮食流通管理条例》规定的最低库存要求的粮食经营企业，由当地粮食行政管理部门责令改正，给予警告；情节严重的，可取消其粮食经营资格，工商行政管理部门可吊销其营业执照。

二 明确最低收购价格水平、执行区域和时间

2007年小麦最低收购价格水平，白小麦（标准品，下同）每市斤0.72元，红小麦、混合麦每市斤0.69元。执行区域为河北、江苏、安徽、山东、河南、湖北6个小麦主产省。

今年小麦最低收购价执行预案适用时间为2007年6月1日至9月30日。在此期间，当小麦市场价格低于最低收购价格时，由中储粮总公司和有关省地方储备粮管理公司（或单位）按照最低收购价格，在上述小麦主产区挂牌收购农民交售的小麦。具体操作时间和实施区域由中储粮总公司和有关省地方储备粮管理公司（或单位）根据市场情况确定，并由中储粮总公司报国家粮食局备案。

三 加强对收购小麦的管理

中储粮总公司及其相关分公司执行最低收购价政策收购的小麦，粮权属国务院，未经国家批准不得动用。中储粮相关分公司要与委托收储库点签订委托收购合同，明确有关政策及双方的权利、义务等，保证收购入库小麦的数量真实、质量可靠。预案执行结束后，要及时进行审核验收。按最低收购价收购小麦所需资金由中储粮公司向农业发展银行实行统贷统还，并根据小麦收购情况提前拨付给委托收购库点，以保证收购需要。

四 保证收购期间小麦市场供应

预案执行期间，国家继续按照顺价销售原则，有计划地公开竞价销售2006年临时储存的最低收购价小麦，以满足市场对陈麦的需要。

五 加强对小麦收购工作的领导

各地方、各部门要按照预案的要求，高度重视，精心安排，周密部署，密切配合，认真做好今年小麦最低收购价执行预案的各项准备和组织实施工作。各地要抓紧腾仓并库和仓库维修，抓好托市粮食销售和移库，确保新粮收购仓容。各省有关部门要在省级人民政府的统一领导下，认真研究、及时解决小麦收购中出现的矛盾和问题，确保小麦收购工作的顺利进行。

2007年小麦最低收购价执行预案

第一条 为认真贯彻落实小麦最低收购价政策，切实保护种粮农民利益，根据《中共中央国务院关于积极发展现代农业扎实推进社会主义新农村建设的若干意见》（中发[2007]1号）和《粮食流通管理条例》有关精神，制定本预案。

第二条 执行本预案的小麦主产区为河北、江苏、安徽、山东、河南、湖北6省。

其他小麦产区是否实行最低收购价政策，由省级人民政府自主决定。

第三条 小麦的最低收购价以国标三等小麦为标准品，白麦每市斤0.72元，红麦、混合麦每市斤0.69元。白麦是指种皮为白色或黄白色的麦粒不低于90%的小麦（白硬麦角质率不低于70%，白软麦粉质率不低于70%）；红麦是指种皮为深红色或红褐色的麦粒不低于90%的小麦（红硬麦角质率不低于70%，红软麦粉质率不低于70%）；不符合以上要求的为混合麦。标准品的具体质量标准为：容重750~770g/L（含750 g/L），水分12.5%以内，杂质1%以内，不完善粒6%以内。执行最低收购价的小麦为2007年生产的等内品。相邻等级之间等级差价按每市斤0.02元掌握。最低收购价是指承担向农民直接收购的收储库点的到库收购价。

非标准品小麦的具体收购价格水平，由委托收购企业根据等级、水分、杂质等情况，按照《国家计委、国家粮食局、国家质检总局关于发布<关于执行粮油质量标准有关问题的规定>的通知》（国粮发[2001]146号）有关规定确定。

第四条 在河北、江苏、安徽、山东、河南、湖北6个小麦主产区执行最低收购价的企业为：（1）中储粮总公司及其有关分公司；（2）上述6省地方储备粮管理公司（或单位）；（3）北京、天津、上海、浙江、福建、广东、海南7个主销区省级地方储备粮管理公司（或单位）。

第五条 中储粮有关分公司要按照“有利于保护农民利益、有利于粮食安全储存、有利于监管、有利于销售”的原则，合理确定执行小麦最低收购价的委托收储库点（含中储粮直属库，下同）。委托收储库点应具有农发行贷款资格，有一定的规模和库容量，仓房条件符合《粮油储藏技术规范》要求，具有较高的管理水平和良好的信誉。为充分利用现有仓储资源，对符合上述条件的中央大型粮食企业在主产区的闲置粮库，要列为委托收储库点。委托收储库点可根据需要设点延伸收购，在不增加国家费用补贴的前提下，自行负责将延伸收购点收购的小麦集并到委托收储库点或指定库点储存。

委托收储库点由中储粮总公司审核，并报国家有关部门和省级人民政府备案后对外公布。

地方储备粮管理公司（或单位）也要根据实际需要，设定一定数量的委托收储库点，并积极入市收购，充实地方储备。

中储粮分公司拟定的委托收储库点与地方储备粮管理公司（或单位）设定的委托收储库点要相互衔接。

委托收储库点确定后，由中储粮分公司和地方储备粮管理公司（或单位）分别与其委托收储库点签订委托收购合同，明确有关政策及双方权利、义务等。委托收储库点要严格按照国家有关规定进行收购，中储粮总公司及相关分公司要加强对收购入库粮食质量的监管。

第六条 第三条规定的最低收购价适用时间为2007年6月1日至9月30日止。在此期间，当小麦市场价格低于最低收购价格时，由中储粮总公司和有关省地方储备粮管理公司（或单位）按照本预案第三条规定的最低收购价格，在上述小麦主产区挂牌收购农民交售的小麦。具体操作时间和实施区域由中储粮总公司和有关省地方储备粮管理公司（或单位）根据市场情况确定，并由中储粮总公司报国家粮食局备案。

第七条 小麦上市后，地方各级政府和粮食行政管理部门要引导和鼓励各类粮食经营和加工企业切实履行收购义务，积极入市收购新粮。国有和国有控股粮食企业要切实发挥主渠道作用。对新粮上市后，达不到各地按《粮食流通管理条例》规定的最低库存要求的粮食经营企业，由地方粮食行政管理部门责令改正，给予警告；情节严重的，可取消粮食收购资格，工商行政管理部门可吊销营业执照。农业发展银行要积极为各类收购主体入市收购提供信贷支持，保证具备贷款条件的国有和国有控股粮食企业资金供应。

第八条 预案执行期间，中央和地方储备轮入的小麦应不低于国家规定的最低收购价格水平。主销区地方政府要督促当地储备粮管理公司（或单位）按照不低于国家规定的最低收购价格积极到主产区收购小麦。

第九条 为满足市场对陈麦的需求，预案执行期间继续竞价销售2006年临时存储最低收购价小麦，要按照顺价销售、有利于引导市场价格合理回升、保持市场粮价稳定的原则，合理制定销售底价，并把握好销售力度和节奏。

预案执行期间，原则上停止中央、地方储备库存小麦的大批量集中拍卖活动。对确有长期供货合同的中央和地方储备小麦，分别由中储粮总公司和省级粮食行政管理部门报国家发展改革委、财政部、国家粮食局备案后，定向销售给小麦加工企业。

预案执行期间，粮食经营企业不得故意低价销售，冲击市场。

第十条 中储粮总公司委托的收储库点按最低收购价收购小麦所需贷款，由所在地中储粮直属企业统一向农业发展银行承贷，并根据小麦收购情况及时预付给委托收购库点，保证收购需要。对于没有中储粮直属企业的地区，为保证收购需要，可暂由中储粮分公司指定具有农发行贷款资格、资质较好的收储企业承贷；收购结束后，贷款要及时划转到中储粮公司直属企业统一管理。农业发展银行要按照国家规定的最低收购价格和合理收购费用及时足额供应。收购费用为每市斤2.5分（含县内集并费），由中储粮总公司按照国家有关规定包干使用。

第十一条 地方储备粮管理公司（或单位）按最低收购价收购的小麦主要用于充实地方储备，所需收购贷款由农业发展银行按照国家规定的最低收购价格及时足额发放。有关收购、保管费用和利息按地方储备粮管理的有关规定执行。

第十二条 预案执行期间，中储粮总公司和有关省粮食局每五日分别将中储粮分公司和地方储备粮管理公司（或单位）按最低收购价收购的小麦品种、数量汇总后报国家粮食局。中储粮总公司汇总的数据要同时抄送中国农业发展银行。具体报送时间为每月逢五日、十日期后第二天中午12时之前。

省级农发行在每月初五个工作日内将上月最低收购价收购资金的发放情况抄送当地中储粮分公司。同时，中储粮有关分公司将最低收购价小麦月度收购进度情况抄送当地省级农发行和省级粮食行政管理部门。

第十三条 小麦最低收购价执行情况，分别由中储粮总公司和省级粮食行政管理部门，于本预案执行结束后一个月内，报告国家发展改革委、财政部、农业部、国家粮食局、中国农业发展银行。

第十四条 中储粮总公司及其相关分公司执行最低收购价政策收购的小麦，粮权属国务院，未经国家批准不得动用。本预案执行结束后，中储粮总公司及其相关分公司要按有关规定，及时对委托收购库点收购的小麦品种、数量、等级等进行审核验收。对验收合格的小麦，由中储粮总公司及其相关分公司负责就地临时储存，并与委托储存库点签订代保管合同，明确品种、数量、等级、价格和保管责任等。对验收不合格的小麦，由当地中储粮分公司、农业发展银行分支行和收购贷款承贷企业与委托收购库点及时研究处理。国家粮食局结合每年的清仓查库对委托收储库点进行抽查，对质价不符、账实不符、不按规定及时出库等行为，将参照《粮食流通管理条例》、《中央储备粮管理条例》等有关规定严肃处理。

第十五条 中储粮总公司管理的临时储存最低收购价小麦，保管费用补贴和贷款利息补贴，由中央财政负担，先预拨，后清算。保管费用补贴标准为每市斤4分/年，其中3.5分为委托收储库点的保管费用，0.5分为监管、质检、跨县集并等费用，由中储粮总公司包干使用。贷款利息根据入库结算价与同期银行贷款利率计算。中央财政根据中储粮总公司上报的最低收购价利息费用补贴的申请报告，按季及时足额将利息和保管费用拨付给中储粮总公司。中储粮总公司要将保管费用及时足额拨付到存储库点。事后，根据实际保管数量、核定的库存成本等，对预拨管理费用及贷款利息补贴，由中央财政对中储粮总公司进行清算。最低收购价粮食财政、财务管理办法，由财政部另行研究制定。

第十六条 中储粮总公司管理的临时储存最低收购价小麦，由国家有关部门按照顺价销售的原则，在粮食批发市场或网上公开竞价销售，销售盈利上交中央财政，亏损由中央财政负担。中储粮总公司对销售盈亏进行单独核算，中央财政对中储粮总公司及时办理盈亏决算。

第十七条 执行最低收购价的委托收购库点，要按时结算农民交售小麦的价款，不得给农民打白条，不得压级压价和代扣各种收费，不得将农业发展银行贷款挪作他用。按最低收购价收购的小麦销售后及时归还农业发展银行贷款。对违反规定的，由当地粮食、物价、工商、农业发展银行等部门按照《价格法》、《粮食流通管理条例》等有关规定查处。

第十八条 国家发展改革委负责协调落实小麦最低收购价政策的工作，监测小麦收购价格变化情况，会同有关部门解决最低收购价政策执行中的矛盾和问题。财政部负责及时拨付中储粮总公司按最低收购价格收购小麦所需的费用和利息补贴。农业部负责了解各地执行最低收购价政策情况，监测小麦市场价格，反映农民的意见和要求。国家粮食局负责监督中储粮总公司、地方储备粮管理公司（或单位）委托收储库点最低收购价政策执行情况，督促国有和国有控股粮食企业积极入市收购，发挥主渠道作用。中国农业发展银行负责向执行最低收购价任务的贷款企业及时提供收购资金和费用贷款。中储粮总公司及其有关分公司作为国家委托的最低收购价政策执行责任主体，对其执行最低收购价政策收购的小麦的数量、质量和库存管理等负总责。省级人民政府负责对最低收购价政策的落实情况进行监督检查，切实落实仓库维修工作，确保在新粮收购前投入使用，并督促、协调地方各部门，支持和配合中储粮总公司的工作，共同完成托市收购任务。

第十九条 本预案由国家发展改革委、财政部和国家粮食局负责解释。

关于开展粮食收购政策落实情况专项检查的通知

（国家发展和改革委员会 国家粮食局
国粮检[2007]133号 2007年6月26日）

各省、自治区、直辖市及新疆生产建设兵团粮食局、发展改革委、物价局：

粮食最低收购价政策是保护农民种粮积极性的一项重大政策措施。为确保国家粮食最低收购价政策的贯彻落实，做好2007年的粮食收购工作，保护种粮农民利益，维护粮食流通秩序，根据《粮食流通管理条例》（以下简称《条例》）、《粮食流通监督检查暂行办法》（以下简称《办法》）和2007年粮食最低收购价执行预案（以下简称《预案》）的规定，国家发展和改革委员会、国家粮食局决定开展粮食收购政策落实情况专项检查。现将有关事项通知如下：

一 检查时间

粮食收购政策落实情况专项检查时间为7月1日至12月31日。检查的区域为小麦、稻谷最低收购价预案执行地区。

二 检查对象

此次专项检查的对象为承担最低收购价粮食收购、储存任务的库点（包括延伸收购点），以及其他粮食经营者。

三 检查内容

（一）粮食最低收购价政策执行情况。主要包括：是否向售粮农民公示了收购品种、质量标准和收购价格；是否认真执行《预案》规定的粮食质量标准和收购价格，是否存在压级压价、抬级抬价、缺斤短两、以次充好、以陈充新等变相压低或提高收购价格的行为；中央和地方储备轮入的粮食是否低于国家规定的最低收购价格水平；是否及时向售粮农民支付了售粮款，是否存在给农民打白条、代扣各种收费及其他款项等行为。

（二）检查粮食经营企业履行最低库存义务情况。各地要引导和鼓励各类粮食经营和加工企业履行收购义务，积极入市收购粮食。对新粮上市后达不到各地按《条例》规定的最低库存要求的粮食经营企业，由地方粮食行政管理部门责令改正，给予警告；情节严重的，可取消粮食收购资格，并提请工商部门吊销其营业执照。

目前尚未规定粮食经营者最低库存的地方，要按照《条例》的要求，抓紧制定粮食经营者保持最低库存的具体标准。

（三）检查最低收购价粮食储存及管理情况。最低收购价粮食承储企业（包括跨省移入地区的承储企业）是否存在擅自动用或自行销售最低收购价粮食的情况；承储的最低收购价粮食是否质价相符、账实相符；粮食储存是否符合安全储粮要求。

（四）检查最低收购价粮食销售和移库的出库情况。主要是：最低收购价粮食交易过程和交易行为是否符合交易规则，是否存在非法交易、囤积倒卖行为；承储库点是否按销售出库和移库计划以及相关要求及时出库，是否存在人为设置障碍、借故拖延出库等行为。

（五）其他检查。粮食收购者是否具备粮食收购资格，是否按照《国家粮食流通统计制度》的有关规定及时报送粮食收购数据和有关情况；是否存在收购中人为设卡、搞地区封锁，阻碍粮食正常流通问题。

对上述检查中发现的违法违规及违反国家粮食购销政策的问题，一经发现，要按照《价格法》、《条例》、《办法》、《预案》和《国家临时存储粮食销售办法》等有关规定严肃处理。

四 检查组织方式

此次专项检查由省级粮食行政管理部门负责牵头组织实施。价格主管部门要按照职能对粮食最低收购价执行情况进行监督检查。省级粮食行政管理部门要会同省级价格主管部门认真制定专项检查方案，共同组织开展本辖区内的专项检查工作。预案执行期间，国家发展和改革委员会、国家粮食局将对粮食最低收购价政策落实情况进行巡查，并对各地开展专项检查的情况进行督查。

五 有关要求

各地粮食行政管理部门和价格主管部门要高度重视粮食收购政策落实情况专项检查工作，加强组织领导，把这次专项检查作为当前重点工作来抓，切实履行监管职责，确保粮食最低收购价政策落实到位。

各地粮食行政管理部门和价格主管部门要向社会公布举报电话，积极接受种粮农民和群众的举报、投诉，及时查处各种涉粮违法违规案件。要严格监督检查行政执法程序，坚持公平、公正、文明执法。要加强与工商行政管理、财政、农业发展银行及中储粮总公司有关分公司等部门和单位的沟通和协作，检查过程中发现的不属于粮食行政管理部门和价格主管部门职权范围的问题，要及时移送有关部门和单位处理。专项检查工作结束后，省级粮食行政管理部门和价格主管部门要认真总结，并在小麦、稻谷最低收购价执行预案结束后15日内将有关情况书面报国家粮食局、国家发展和改革委员会。

未实行最低收购价政策的地区，也要按照本通知精神做好粮食收购监督检查工作，切实保护粮食生产者的积极性，维护粮食经营者、消费者的合法权益，维护正常粮食流通秩序。

关于粮食加工企业作为委托收储库点有关问题的函

（国家发展和改革委员会办公厅 财政部办公厅 国家粮食局办公室
发改办经贸[2007]1854号 2007年8月1日）

中国储备粮管理总公司：

今年在执行小麦最低收购价预案过程中一些粮食加工企业列入了委托收购库点参与托市收购。因这些企业自营加工收购和参与委托收购，在收购质量、收购资金及库存上难以做到及时有效监管，也不利于发挥市场机制的作用。为落实好今年粮食最低收购价政策，根据《2007年早籼稻最低收购价执行预案》（以下简称《预案》）第十九条规定，现就今年执行粮食最低收购价的委托收储库点的有关问题明确如下：

《预案》第五条规定的执行早籼稻最低收购价的委托收储库点不包括粮食加工等用粮企业，委托收储库点也不能将粮食加工等用粮企业设置为其延伸收购点。

你公司要按照《预案》有关规定实行严格的审查和监督制度。对有关分公司选定的委托收储库点名单，以及实施预案的启动时间和区域等均需经你公司核准上报备案后，方可对外公布执行。对在小麦托市收购中，已委托参与托市收购的粮食加工企业收购的最低收购价粮食，你公司要严格监管，按照有关规定及时集并到收储库点储存，尽早安排竞价销售。

特此函告。

关于做好2007年退牧还草工作的通知

（国务院西部地区开发领导小组办公室 国家发展和改革委员会
农业部 财政部 国家粮食局
国西办农[2007]22号 2007年9月14日）

内蒙古、四川、云南、贵州、西藏、宁夏、新疆、青海、甘肃省（自治区）及新疆生产建设兵团西部开发办、发展改革委、农（牧）业厅、财政厅、粮食局，总后勤部：

现将2007年退牧还草任务下达给你们，并就进一步做好退牧还草工作通知如下：

一 抓紧组织2007年任务的实施

请严格按照2007年退牧还草任务和实施范围，抓紧分解到有关县（旗、团场），一次到位，并将分解计划抄报国务院有关部门备案。同时，积极筹措落实配套资金，并将目标和责任落实到市、县、乡各级人民政府，加强项目设计勘查，提高项目设计的科学性和合理性，做好各项前期准备工作。

二 进一步落实好草原家庭承包责任制

落实草原家庭承包责任制是实施退牧还草工程的先决条件，也是草原保护建设的基础。目前已有很多退牧还草工程实施县建设任务总量超过了草原承包面积。请各地进一步督促落实草原家庭承包责任制，把草场保护与建设的责任落实到户。下一步，草原家庭承包责任制的落实与否将作为调整退牧还草工程实施范围的依据，退牧还草任务超过草原承包面积的工程实施县，将暂停安排新的退牧还草任务。

三 认真研究退牧还草后续政策措施

针对退牧还草工程建设内容单一、配套设施建设没有及时跟进等问题，各地要深入调查研究，认真总结工程建设经验，加快研究提出切合本地实际的配套政策措施建议。同时，部分工程区饲料粮补助将于2008年到期，如何巩固退牧还草工程建设成果，也要尽快提出完善后续政策的思路，全面安排好补贴到期后草原的保护、建设和合理利用。

四 积极探索草原生态保护与建设的长效机制

草原生态保护与建设是一项长期的任务，需要建立一套长效的生态保护投入机制和生态补偿机制，形成长效的治理机制和扶助机制。各地可因地制宜，以实施退牧还草为契机，积极开展不同区域类型的草原生态补偿试点工作，为在全国范围建立草原生态补偿机制积累经验。同时，各地要大力推进牧区后续产业的建设，将退牧还草工程与牧民脱贫致富、全面建设小康社会结合起来，与当地的经济可持续发展结合起来，努力通过发展草原生态经济，实现人、草、畜协调和谐发展，使群众生活得以长期稳定，草原生态得到持续治理和保护。

关于加强价格调控保障市场供应的通知

（国家发展和改革委员会 教育部 民政部
财政部 铁道部 农业部 商务部 国家粮食局
发改价格[2007]2458号 2007年9月21日）

各省、自治区、直辖市发展改革委、经贸委（经委）、物价局、教育厅（局）、民政厅（局）、财政厅（局）、农业（牧）厅（局）、畜牧厅（局）、商务厅（局）、粮食局，各铁路局：

8月份，我国居民消费价格总水平同比上升6.5%，其中食品类价格同比上涨18.2%，推动价格总水平上升6个百分点。1~8月平均居民消费价格总水平上升3.9%，其中食品价格上涨9.8%，影响价格总水平上涨3.3个百分点。稳定食品价格，对于稳定价格总水平，安定人民生活具有十分重要的意义。经国务院批准，现就加强价格调控，保障今年中秋、国庆期间市场供应，稳定后四个月价格总水平等问题通知如下：

一 稳定粮油市场价格

我国粮食连续3年丰收，今年夏粮和早稻继续增产，预计秋粮可以获得好收成。国家粮食库存充裕。把粮食价格稳定在目前的水平，有利于在保证农民增收的基础上稳定价格总水平。

（一）加大临时存储粮食销售力度。适当增加近两年启动最低收购价预案收购、由国家临时存储的小麦和稻谷的拍卖数量，在不低于最低收购价的前提下，适当降低拍卖底价，保证小麦和稻谷的市场供应，稳定小麦和稻谷价格。

（二）稳定饲料价格。在广东、上海、四川等玉米主销区，择机投放部分中央储备玉米，按略低于市场价格确定销售底价公开竞价销售。从10月1日起，对进口大豆实行为期3个月的暂定关税，税率由目前的3%降为1%，降低大豆进口成本，稳定豆粕价格。

（三）投放部分中央储备食用植物油。在中秋、国庆“两节”期间，在京津沪与其他沿海的大中城市投放部分中央储备食用植物油，并组织企业增加市场供应量，稳定食用植物油价格。

（四）增加小包装成品粮油储备数量。为保证节日市场供应，各级人民政府要增加小包装成品粮油的生产数量。地方储备中，要确保有不低于当地居民10天消费量的小包装成品粮油数量，以应急需。

（五）为降低东北粮食外运成本，对经山海关入关的粮食由按运距征收铁路建设基金，改为按每吨18元收取铁路建设基金。

二 保证猪肉等副食品供应

要继续抓好国务院关于扶持生猪生产、稳定市场供应各项措施的落实，促进生猪生产尽快恢复。各地要适当增加能够替代猪肉消费、短期见效的家禽和鲜蛋生产，保证猪肉等副食品供应不断档、不脱销。“两节”期间，要增加中央和地方储备猪肉投放数量，并按略低于市场价格销售，优先保障学校食堂供应，确保猪肉价格基本稳定。

三 妥善安排困难群众生活

在今年8月份起城市低保对象的实际补助每人每月增加不低于15元的基础上，从10月份起再增加发放3个月每人每月10元的临时补贴。

四 稳定学校食堂饭菜价格

各级人民政府要认真落实《国务院办公厅关于进一步做好高校学生食堂工作维护高校稳定的紧急通知》（国办发电[2007]13号）的各项要求，根据粮、油、肉价格上涨情况增加对大中专院校的学生食堂补贴，稳定学生食堂饭菜价格。抓紧落实好家庭经济困难学生资助政策体系，确保家庭经济困难学生正常学习和生活。各地要认真落实《教育部、国家发展改革委、财政部、国家税务总局、国家粮食局关于支持高等学校进一步做好学生食堂工作的若干意见》（教发[2004]15号）的精神，确保大中专院校教学设施和学生生活用水、用电、用气执行居民生活用水、用电、用气价格的规定落实到位。

五 加强市场价格监管

各地要加强价格监测预警，完善应急预案。对市场出现的异常波动，要及时妥善处置。要规范经营者和行业组织价格行为，坚决打击合谋涨价、囤积居奇、造谣惑众等价格违法行为。年底前，原则上不准出台新的政府调价项目。

各地要充分认识保障供应、稳定价格的重要意义，切实加强领导，明确责任，将各项措施实实在在地落到实处，为人民群众过上欢乐祥和的中秋、国庆假日，为党的十七大胜利召开，营造良好的市场和价格环境。

关于做好食用植物油市场调控和价格监管工作的通知

（国家发展改革委 国家粮食局
发改电[2007]287号 2007年10月27日）

各省、自治区、直辖市发展改革委、物价局、粮食局：

今年以来，受国际市场价格上涨影响，国内食用植物油价格持续上涨，引起了社会各方面的普遍关注。为做好食用植物油的市场调控和供应工作，现就有关事项通知如下：

一 努力做好食用植物油供应工作

食用植物油是人民生活基本必需品。今年以来我国油料供求基本正常。1~9月累计进口食用植物油和进口大豆折油1021万吨，同比增加131万吨，增幅14.7%。目前食用植物油库存较多，货源充足，完全可以满足市场需要。各地要加强市场调控，组织好货源，完善应急预案，适当增加地方储备小包装成品油数量，切实做到不断档、不脱销。

二 加强市场和价格监测

建立健全国内重点食用植物油企业报告制度，继续做好粮油价格每日监测报告工作，全面掌握食用植物油生产、销售、库存、价格、进出口等情况，加强信息分析和预警，合理引导市场预期。

三 加强市场价格监督检查

各地价格主管部门接到本通知后，要立即组织开展食用植物油市场价格检查和巡查，重点检查食用植物油生产企业、销售企业价格行为，严肃查处经营者之间相互串通、合谋涨价的行为；严肃查处经营者捏造、散布涨价信息，囤积居奇的行为；严肃查处经营者通过抬高等级、短缺数量、以次充好等欺诈手段变相提高价格的行为。

四 妥善安排低收入群体的生活

各地要认真落实国务院保障低收入居民生活的各项政策措施，根据粮、油、肉等基本生活必需品价格上涨幅度，采取提高社会保障标准和最低工资标准、发放临时补贴等措施，安定低收入群体生活。

以上各项，请即研究落实。

巩固退耕还林成果专项资金使用和管理办法

（财政部 国务院西部办 国家发展改革委
农业部 林业局 国家粮食局
财农[2007]327号 2007年11月28日）

第一章 总 则

第一条 为加强巩固退耕还林成果专项资金管理，提高资金使用效益，根据《国务院关于完善退耕还林政策的通知》（国发[2007] 25号）等有关规定，制定本办法。

第二条 巩固退耕还林成果专项资金（以下简称专项资金）是指中央财政在一定时期内安排的专项用于巩固退耕还林成果、解决退耕农户长远生计的资金。

第三条 国务院有关部门和地方各级人民政府使用和管理专项资金，须遵循本办法。

第二章 预算管理

第四条 专项资金主要用于西部地区、京津风沙源治理区和享受西部地区政策的中部地区，并向特殊困难地区倾斜。

第五条 各省、自治区、直辖市人民政府负责制定巩固退耕还林成果专项规划，重点包括退耕地区基本口粮田建设规划、农村能源建设规划、生态移民规划、农户接续产业发展规划等；安排必要的退耕还林工作经费。

国家发展改革委、国务院西部开发办、农业部、国家林业局等部门按照各自的职责和分工，负责指导各省、自治区、直辖市人民政府制定巩固退耕还林成果专项规划。

第六条 专项资金的申请程序：由各省、自治区、直辖市人民政府将巩固退耕还林成果专项规划报国家发展改革委、国务院西部开发办会同财政部、农业部和国家林业局审核各省、自治区、直辖市人民政府有关部门根据国家有关部门审核同意的巩固退耕还林成果专项规划，于每年11月30日前将下年度资金使用计划报国家发展改革委、国务院西部开发办、财政部、农业部、国家林业局等部门，国家发展改革委、国务院西部开发办会同财政部、农业部、国家林业局等部门汇总审核并下达任务计划。财政部根据任务计划和国家林业局核查验收结果下达专项资金预算。

专项资金的拨付，按照财政国库管理制度有关规定执行。专项资金按照本办法第九条规定，用于基本建设的，各省、自治区、直辖市人民政府有关部门要按基本建设程序做好项目前期工作。

第七条 地方各级人民政府制定巩固退耕还林成果专项规划时，应将中央预算内基本建设投资安排的基本口粮田建设、农村能源等资金与专项资金统筹考虑，明确专项资金支持的具体任务，并做好同国家有关规划的协调和衔接。同时，与扶贫开发、林权制度改革、小型农田水利建设、土地整理、农业综合开发等资金结合起来，统筹安排，支持改善退耕农户生产生活条件，增强自我发展能力。

第八条 按照目标、任务、资金、责任“四到省”原则，专项资金由各省、自治区、直辖市包干使用，从2008年起，分8年安排，逐年下达。

第三章 资金使用和管理

第九条 专项资金的使用按以下先后次序安排：

（一）有条件的退耕农户建设基本口粮田。

（二）有条件的退耕农户开展沼气、节柴灶、太阳灶等农村能源建设。

（三）对有条件的退耕农户实行生态移民。

（四）退耕还林补植补造、发展地方特色优势产业的基地建设、开展退耕农民就业创业转移技能培训等。

（五）高寒少数民族地区退耕农户直接补助。

第十条 专项资金实行专账核算、专款专用，严格管理，任何部门和单位不得截留和挪用。专项资金不得作为其他中央补助项目的地方配套资金。

第十一条 专项资金由地方政府按本办法第九条规定统筹安排，因地制宜地用于巩固退耕还林成果、解决退耕农户长远生计。

第四章 监督与检查

第十二条 专项资金使用管理实行各省、自治区、直辖市人民政府负总责的制度。各省、自治区、直辖市人民政府应认真落实中央政策，严肃工作纪律，严格资金使用管理。各级财政部门（含省级以上财政部门的派出机构）要对专项资金的使用和管理情况进行监督检查，发现问题及时纠正。对违反专项资金使用规定，截留、挪用或造成资金损失的单位或个人，依照《财政违法行为处罚处分条例》（国务院令第427号）以及有关法律、行政法规的规定处理。

第十三条 国务院有关部门要各司其职，逐年制定并实施年度检查计划，加强对专项资金和建设项目的管理、监督、检查和考核。

第十四条 各级监察、审计部门要加强对专项资金的监督检查。

第五章 附 则

第十五条 各省、自治区、直辖市财政部门商同级发展改革委、农业、林业等有关部门，依据本办法制定实施细则，并报财政部备案。

第十六条 本办法自发布之日起实施。

关于印发第二批重点支持粮油产业化企业名单的通知

（国家粮食局 中国农业发展银行
国粮财[2007]252号 2007年12月17日）

各省、自治区、直辖市及新疆生产建设兵团粮食局、农业发展银行分行：

为充分发挥农业政策性信贷资金支持粮食产业化发展的作用，促进社会主义新农村建设，国家粮食局和中国农业发展银行决定，在2006年确定1212户重点支持的粮油产业化龙头企业基础上，进一步扩大支持范围，再选择一批重点支持的粮油产业化企业。根据企业的经营情况和资信状况，国家粮食局和中国农业发展银行对各省、自治区、直辖市粮食局和农业发展银行分行联合上报的粮油产业化企业进行了审核，筛选并确定了472户粮油产业化企业作为国家粮食局和中国农业发展银行第二批信贷重点支持的企业，拟在粮食收购、基地建设、技术改造、流动资金等方面择优提供信贷服务。现将这批企业名单印发给你们，请按照国家有关政策，对其给予重点支持。

附件：国家粮食局、中国农业发展银行第二批重点支持的粮油产业化企业名单（略）

关于近期加强粮食调运工作的通知

（国家发展和改革委员会 铁道部 交通部
国家粮食局 中国储备粮管理总公司
发改运行[2007]3637号 2007年12月24日）

各省、自治区、直辖市及计划单列市发展改革委、经贸委（经委）；交通厅（局）；铁路局（总公司）；粮食厅（局）；中储粮各分公司：

为进一步保证粮食市场供应，稳定市场粮食价格，充实粮食库存，根据国务院要求，国家发展改革委会同铁道部、交通部、国家粮食局、中储粮总公司等单位对近期加强粮食调运的有关工作进行了安排。现将有关事项通知如下：

一 加强领导

为完成国务院下达的调粮任务，成立由国家发展改革委牵头，铁道部、交通部、国家粮食局、中储粮总公司等单位参加的粮食调运协调小组，组织协调调粮工作，解决调运中出现的重大问题。各地要高度重视粮食调运工作，加强对本地区粮食调运工作的领导，积极配合有关部门，努力完成调运任务，保证当地粮食市场供应。

二 增加运力

增加粮食的调运量，是稳定粮价、保证粮食市场供应的重要措施之一。当前，煤炭、石油、化肥等重点物资运输任务很重，加之春运即将来临，运输压力很大。各级运输部门和企业应克服困难，统筹考虑，合理安排，努力增加运力，尽力满足粮食运输的需求。

三 强化调运工作

各级运输企业要继续把粮食作为重点物资，优先保证运输，要指定一名负责同志组织协调粮食调运工作。铁路企业要优先审批、承运粮食；水运企业要提供运力，优先承运粮食；港口企业要为粮食进港、中转提供便利；粮食经营企业要尽可能组织整列、整船运输，提高运输效率。

四 确保重点

鉴于当前运输能力与需求矛盾十分突出，铁道、交通部门要把有限的运力资源优先满足重点粮食运输。当前要把东北中央储备玉米南调，华北向西北移库小麦和明年上半年黑龙江省建三江地区最低收购价收购的粳稻，列入调运重点。东北中央储备玉米南调尽量实行铁水联运、江海联运。各地要配合有关部门做好调运工作，确保按期完成任务。

五 加强协作配合

粮食调运涉及多个部门和企业，为顺利完成调运任务，各地经济运行、粮食、铁路、交通部门要加强协作，密切配合，经常沟通情况，互为对方创造有利条件。粮食部门要将月重点运输计划事先与运输部门对接，以便安排运力。

六 做好监测分析和协调工作

各地经济运行等部门要加强监测，及时掌握了解粮食调运情况，发现问题，及时协调解决。对调运中出现的重大问题要尽快报告上级有关部门。

国家粮食局文件

关于表彰2006年度全国粮食流通统计工作先进单位和先进个人的通知

（国家粮食局 国粮调[2007]6号 2007年1月12日）

各省、自治区、直辖市粮食局：

2006年，各级粮食行政管理部门高度重视粮食流通统计工作，认真执行《国家粮食流通统计制度》，圆满完成了各项粮食统计工作任务。一年来，各省（区、市）粮食局按照统计制度的要求，及时、准确地报送了粮食统计旬报、粮食收购进度，较好地完成了2005年度社会粮食供需平衡调查，进一步加强了粮食市场信息监测和分析，为国家粮食宏观调控提供了重要的统计信息。为更好地适应粮食流通新形势，切实履行全社会粮食统计的职能，不少地区粮食行政管理部门积极争取政府和有关部门的支持，健全统计机构，充实统计力量，落实调查经费，粮食统计工作条件明显改善。

为鼓励先进，进一步调动各地做好粮食统计工作的积极性，根据我局制定的《全国粮食流通统计工作先进单位和先进个人评比办法》（国粮调[2005]132号），经综合考评、严格审核，决定对江苏省粮食局等18个统计工作先进单位和焦洪文等18名统计工作先进个人予以表彰。

2007年，全社会粮食流通统计工作繁重而艰巨。各级粮食部门和广大统计人员一定要坚持科学发展观，以提高统计数据质量为中心，以提供优质统计服务为导向，进一步增强使命感和责任感，开拓创新，扎实工作，不断提高粮食统计质量和水平，为国家粮食宏观调控作出新的更大的贡献。

关于公布第一批国家粮食质量监测机构名单的通知

（国家粮食局 国粮发[2007]22号 2007年2月9日）

各省、自治区、直辖市及新疆生产建设兵团粮食局，各有关粮食质量检验机构：

为贯彻落实《粮食流通管理条例》（国务院令第407号），进一步加强粮食质量安全监管工作，按照《国家粮食局关于建立国家粮食质量监测体系的通知》（国粮发[2006]146号）要求，在各省级粮食行政管理部门推荐和专家组考核的基础上，经研究，现公布国家粮食局授权的第一批国家粮食质量监测机构名单（见附件）。各国家粮食质量监测机构原隶属关系不变，人、财、物管理关系不变，相关业务工作接受国家粮食局粮食质量管理机构的指导。

（附件略）

关于同意成立中国粮食行业协会粮食经纪人分会的批复

（国家粮食局 国粮人[2007]30号 2007年3月2日）

中国粮食行业协会：

你会《关于申请成立中国粮食行业协会粮食经纪人分会的报告》（中粮协[2006]017号）收悉。经研究，同意成立中国粮食行业协会粮食经纪人分会。请按规定向民政部门办理相关手续。

关于加强基本科研业务费管理的通知

（国家粮食局 国粮展[2007]70号 2007年4月16日）

国家粮食局科学研究院：

为加大对中央级公益性科学事业单位支持力度，促进科研院所持续创新能力的提升，财政部下达国家粮食局2006年公益性科研院所基本科研业务费240万元（《财政部关于下达国家粮食局基本科研业务费的通知》，财建[2007]65号，附件1）。请你单位结合行业职能定位，开展代表学科发展方向，体现前瞻性布局的自选课题研究工作。按照《中央级公益性科研院所基本科研业务费专项资金管理办法（试行）》（财教[2006]288号，附件2）研究制定专门的资金管理办法，加强管理，充分发挥基本科研业务费专项资金的效益。请于2007年5月底前将新拟定的管理办法报国家粮食局发展司，资金使用计划和项目执行结果及时报发展司备案。

特此通知。

（附件略）

关于印发2007年全国粮食行业普法依法治理工作要点的通知

（国家粮食局 国粮政[2007]83号 2007年4月30日）

各省、自治区、直辖市及新疆生产建设兵团粮食局：

为贯彻落实《全国粮食行业法制宣传教育第五个五年规划》（国粮政[2006]106号），做好2007年全国粮食行业普法和依法治理工作，根据全国普法办印发的《二○○七年全国普法依法治理工作要点》，我们制定了《2007年全国粮食行业普法依法治理工作要点》。经局领导批准，现印发给你们，请结合本地实际情况，作出具体安排，认真组织实施。

2007年全国粮食行业普法依法治理工作要点

根据《全国普法办公室关于印发〈二○○七年全国普法依法治理工作要点〉的通知》（普法办[2007]1号）和《全国粮食行业法制宣传教育第五个五年规划》（国粮政[2006]106号）精神，结合粮食流通工作重点，制定2007年全国粮食行业普法依法治理工作要点。

一 指导思想和基本目标

1. 2007年普法依法治理工作的指导思想。坚持以邓小平理论和“三个代表”重要思想为指导，全面贯彻落实科学发展观，认真贯彻党的十六大和十六届三中、四中、五中、六中全会精神，全面实施全国粮食行业第五个五年法制宣传教育规划，进一步深化普法依法治理工作，努力提高粮食行业干部职工的法律素质和依法治理水平，促进依法行政，实现依法管粮。

2. 2007年普法依法治理工作的基本目标。认真落实全国粮食行业“五五”普法规划确定的目标、任务和要求，增强运用法律手段调控粮食市场的能力，加强和规范粮食行政执法活动，引导和规范粮食经营者行为，稳定粮食市场秩序，保障粮食消费安全。

二 以贯彻《粮食流通管理条例》为重点，大力开展法制宣传教育

3. 突出抓好宪法的学习宣传。宪法是我国的根本大法，要认真学习宪法，树立严格的宪法意识，带头维护宪法的权威。

4. 继续抓好《粮食流通管理条例》的宣传和学习。要在近两年学习宣传条例的基础上，认真总结经验，紧扣“依法经营粮食，保障消费安全”的主题，集中力量组织好条例三周年的学习和宣传活动。同时，要因地制宜，创新宣传方式，自主开展有关活动，将条例的贯彻落实工作推向一个新的高度。

5. 组织好储备粮管理法律法规的学习和宣传。继续抓好《中央储备粮管理条例》的学习和宣传，规范中央储备粮的经营管理和行政执法。加强地方储备粮管理规章的宣传和落实工作，提高地方储备依法管理和经营的水平，确保数量真实、质量完好。

6. 深入开展行政管理法律法规的学习宣传。要认真学习宣传《行政处罚法》、《行政复议

法》、《行政许可法》等有关行政管理、监督的法律法规，增强依法行政的意识和自觉性，提高依法行政的能力。

7. 加强新颁布法律法规的宣传。积极响应党委、政府的号召，及时协调有关部门，有计划地开展宣传学习活动，促进新颁布法律法规的贯彻实施。

三 加强对重点对象的法制宣传教育

8. 加强领导干部学法、用法工作。健全领导干部学法制度，组织开展领导干部学法用法经验交流活动。进一步落实和完善党组中心组集体学法、局机关办公会前学法、领导干部法制讲座和领导干部学法用法考试考核等制度。

9. 加强公务员学法工作。加强对公务员的法制教育和培训，逐步实现公务员法律知识考试考核工作规范化。开展多种形式的公务员学法活动。鼓励和引导公务员在粮食行政管理和服务中开展法制宣传教育，促进依法行政。

10. 加强粮食行政执法人员的学法用法工作。加强对粮食行政执法人员有关行政管理法律法规的教育和培训，建立和健全对粮食行政执法人员执法行为的监督和考核制度，规范粮食行政执法行为。

11. 加强对粮食经营者的法制教育。开展多种形式的法制教育和培训，促进粮食经营者依法经营、依法管理，保护粮食生产者和消费者的利益，形成规范有序的粮食流通秩序。

四 大力创新法制宣传的方式方法，提高宣传的针对性和实效性

12. 利用多种渠道加强法制宣传。通过举办法律知识讲座、培训班，开展法律知识竞赛，以及有关粮食法律、法规和政策知识的比赛，增强法制宣传效果。

13. 运用广播、报刊、电视和互联网等形式进行法制宣传教育。以群众喜闻乐见的形式，普及粮食流通有关的法律法规知识。加强粮食行业普法依法治理的新闻和宣传报道工作，确保粮食行业普法依法治理工作服务于粮食流通工作大局，与粮食宏观调控工作目标保持一致。

14. 全力办好粮食行业2007年“12・4”全国法制宣传日。进一步丰富宣传日的内容和形式，深入开展有声有色的法制宣传活动。

五 大力推进依法治理，提高依法管粮的水平

15. 加强对普法依法治理的研究。结合粮食工作特点，积极开展普法依法治理工作的调研，注意研究新情况、新问题，积极探讨普法依法治理工作的新方法、新途径，为深化普法依法治理工作提供更多的理论指导和支持。

16. 加强实践经验方面的指导。按照《国家粮食局关于粮食行政管理部门贯彻国务院全面推进依法行政实施纲要的意见》（国粮政[2005]55号）要求，结合本地实际，积极开展县级粮食行政管理部门依法行政示范活动，推广典型，发挥典型的示范、指导作用。

17. 加强政策规范方面的指导。认真清理粮食行政管理部门立法和建章立制的情况，总结经验，分析不足，积极推动粮食行业普法依法治理立法的发展。

六 加强机构和队伍建设，为推进粮食行业“五五”普法规划提供必要保障

18. 健全完善普法领导体制和工作机制。及时调整完善普法依法治理领导机构，明确领导职责，保障普法工作各项任务的落实。

19. 加强法制宣传教育队伍建设。配备懂法律、熟悉业务的人员，充实法制宣传教育队伍，加强对从事法制宣传教育工作人员的培训，提高法制宣传教育工作者的思想政治素质和业务素质。

20. 建立健全法制宣传教育经费保障机制。法制宣传教育的开支要有专门的预算，配备适当的专项经费，为落实粮食行业“五五”规划提供有力保障。

关于开展2007年全国粮食库存检查工作的通知

（国家粮食局 国粮检[2007]153号 2007年7月20日）

各省、自治区、直辖市及新疆生产建设兵团粮食局，中国储备粮管理总公司，中粮集团有限公司，中国华粮物流集团公司：

为切实掌握全国粮食库存情况，确保国家粮食宏观调控措施落实到位，按照《粮食流通管理条例》、《中央储备粮管理条例》以及《粮食库存检查暂行办法》（国粮检[2006]139号）的有关规定，国家发展改革委、国家粮食局、财政部和中国农业发展银行决定共同组织开展2007年全国粮食库存检查工作。现就有关事项通知如下：

一 检查范围

包括国有和国有控股粮食经营企业和仍承担政策性粮食业务的其他所有制企业储存的中央储备粮、地方储备粮、其他政策性粮食和商品粮。

二 检查内容

（一）粮食库存实物检查。一是库存粮食的数量、品种、性质情况；二是中央储备粮实际承储库点分布、承储数量及代储企业资格情况。

（二）粮食库存账务检查。一是企业粮食库存账实相符、账账相符情况；二是企业粮食库存账务处理情况；三是不同性质和品种的粮食按规定进行分账管理和分仓储存情况；四是储备粮轮换情况，重点检查2007年度中央储备粮、地方储备粮轮换情况；五是中央储备粮代储费用补贴情况。

（三）库存粮食质量和原粮卫生检查。一是库存粮食质量情况，重点检查中央储备粮、地方储备粮的质量合格率和宜存率；二是储存环节的原粮卫生情况。

（四）储粮安全检查。重点检查企业库存粮食中有无严重虫粮、高水分粮、霉变粮、发热粮等储粮安全隐患。

（五）中央储备粮代储资格检查。一是中央储备粮代储企业是否取得国家粮食局授予的代储资格；二是已经取得中央储备粮代储资格企业的实际情况是否与资格申报材料提供情况一致，是否达到资格认定标准；三是企业代储的中央储备粮是否存放在取得资格的仓房中。

（六）最低收购价粮食检查。一是临时存储最低收购价粮食的数量、质量和销售出库情况；二是最低收购价粮食收购和保管费用补贴拨付和使用情况。

（七）涉及粮食库存管理的其他情况。

三 检查时间及工作安排

（一）检查时点。以2007年8月末的粮食库存统计月报结报日为检查时点。

（二）自查、复查、抽查时间安排。检查工作分自查、复查和抽查三个阶段进行。9月15日前，由各地、各有关部门和单位组织自查和复查，9月15日后，中央有关部门和单位派出联合工作组对部分省（区、市）粮食库存情况进行抽查，抽查的重点为中央储备粮、地方储备粮及最低收购价粮食库存。

四 检查结果的汇总与报送

各地自查、复查结果（包括中粮集团有限公司、中国华粮物流集团公司下属企业的粮食库存的自查、复查结果）经所在地省级粮食行政管理部门与中国储备粮管理总公司分支机构共同核对、合并后，于2007年10月16日前，会同省级有关部门和单位联合上报国家粮食局，报送的材料包括正式的文字报告和相应的电子文本。新疆生产建设兵团粮食库存检查结果由新疆维吾尔自治区粮食局和中国储备粮管理总公司新疆分公司一并汇总后联合上报。

有关粮食库存检查的内容、方法、组织形式、数据汇总与报送等方面的具体要求，请严格按照《粮食库存检查暂行办法》（国粮检[2006]139号）及其附件执行。

粮食库存检查是粮食监督检查工作的重要内容，是确保国家粮食宏观调控物质基础真实可靠的重要手段，各省（区、市）粮食行政管理部门等有关部门和单位要高度重视，加强领导，密切配合，切实履行职责，认真做好组织、协调和贯彻落实工作，确保粮食库存检查工作顺利进行，取得实效。

关于开展地方储备粮质量抽查工作的通知

（国家粮食局 国粮检[2007]193号 2007年8月16日）

各省、自治区、直辖市及新疆生产建设兵团粮食局：

为进一步掌握地方储备粮的质量状况，根据《国家粮食局关于开展2007年全国粮食库存检查工作的通知》（国粮检[2007]153号）提出的总体部署，经研究决定，全国粮食库存检查期间，由各省（区、市）粮食行政管理部门组织对本辖区内地方储备粮质量进行抽查，现就有关事项通知如下：

一 抽查范围

各省（区、市）抽查的粮食数量应占地方储备粮总库存量的15%左右，抽查时兼顾辖区内地方储备粮的区域分布、不同品种的数量权重、储存年限以及储粮条件差别等，合理选择库点、分配扦样份数。本次抽查品种主要为稻谷、小麦和玉米，储备成品粮的部分省（区、市）应增加对地方储备大米和小麦粉质量的抽查。抽查的原粮主要检查质量指标和储存品质指标，成品粮主要检查质量指标。另外，各地应根据辖区内粮食可能受到有毒有害物质污染、真菌感染的情况，适当安排部分样品增检卫生指标。

二 扦样要求

本次抽查的扦样及检验工作由各省（区、市）粮食局委托有资质的粮食检验机构承担，要求承检机构选派技术骨干到现场扦样，扦样操作按照《粮食、油料检验 扦样、分样法》（GB 5491—85）国家标准或《中央储备粮油质量抽查扦样检验管理办法（试行）》（国粮发[2003]158号）文件的有关规定实施，原则上每个样品的代表数量为2000~3000吨，对于储粮数量较少的货位，可在同种类、同批次、同等级、同储存条件的前提下，将不同货位予以归并，归并的货位视为“同货位”，按照1个检验单位进行扦样。扦取的样品须经承储库点确认后方可封样。

承检机构扦样时，各抽查库点应及时派员协助扦样，并准确提供详细的货位分布图，标明每个货位的品种、数量、年限、等级、产地等信息，保证扦样的质量和效率。

三 检验工作

（一）检验项目。稻谷、小麦和玉米主要检查质量指标和储存品质指标；大米重点检查水分含量、黄粒米、矿物质和色泽气味等质量指标，小麦粉重点检查水分含量、脂肪酸值、磁性金属物、含砂量等质量指标以及是否存在超剂量或违规使用添加剂等情况。另外，安排部分样品增检有机磷等农药残留、黄曲霉毒素B1、脱氧雪腐镰刀菌烯醇（DON）和玉米赤霉烯酮等真菌毒素，以及铅、镉、汞和无机砷有害重金属等卫生指标的检测。

（二）检验方法与检验结果判定。原粮的质量指标按《稻谷》（GB1530－1999）、《小麦》

（GB1351－1999）、《玉米》（GB1353－1999）规定的检验方法进行检验，并依据上述国家标准和国粮发[2003]158号文件的判定规则,分别作出全项目合格率和A、B项综合合格率的判定；储存品质指标按照《谷物储存品质判定规则》（GB/T20569~20571－2006）中规定的检验方法进行检验，作出宜存、轻度不宜存和重度不宜存的判定。大米和小麦粉的质量指标分别按照《大米》(GB1354－86)和《小麦粉》（GB1355－86）国家标准规定的检验方法进行检验和判定。

农药残留按照《食品中农药最大残留限量》（GB2763－2005）、真菌毒素和有害重金属按《粮食卫生标准》（GB2715–2005）中规定的检验方法进行检验和判定。用于卫生指标检验的稻谷，以糙米作为检验试样。

四 时间安排

质量抽查工作可结合全国粮食库存检查工作的复查阶段一并进行，也可单独开展，扦样及检验工作应于2007年9月25日前完成。各省级粮食行政管理部门请于2007年9月30日前将地方储备粮质量抽查报告和检验结果表一式二份报我局标准质量管理办公室（含电子文档），以便我局及时汇总。

五 工作经费

本次地方储备粮质量抽查的扦样及检验费用由各地自行安排解决。

关于印发《全国粮食市场体系建设“十一五”规划》的通知

（国家粮食局 国粮政[2007]202号 2007年8月28日）

各省、自治区、直辖市及新疆生产建设兵团粮食局：

为贯彻落实《中共中央国务院关于积极发展现代农业扎实推进社会主义新农村建设的若干意见》（中发[2007]1号）、《中共中央国务院关于促进中部地区崛起的若干意见》（中发[2006]10号）、《中华人民共和国国民经济和社会发展第十一个五年规划纲要》和《国务院关于完善粮食流通体制改革政策措施的意见》（国发[2006]16号）的有关精神，促进全国粮食市场体系健康有序发展，我局编制了《全国粮食市场体系建设“十一五”规划》，现印发给你们，请结合本地实际认真组织实施。

全国粮食市场体系建设“十一五”规划

为加强对全国粮食市场体系建设的指导，规范粮食流通市场秩序，合理配置粮食市场资源，充分发挥粮食市场在组织粮食流通、保障市场供应、稳定市场粮价、确保粮食安全方面的重要作用，加快建设统一开放、竞争有序的粮食市场体系，根据《中共中央、国务院关于积极发展现代农业扎实推进社会主义新农村建设的若干意见》（中发[2007]1号）、《中共中央、国务院关于促进中部地区崛起的若干意见》（中发[2006]10号）、《中华人民共和国国民经济和社会发展第十一个五年规划纲要》的有关精神和《国务院关于完善粮食流通体制改革政策措施的意见》（国发[2006]16号）有关要求，制定本规划。

一 我国粮食市场体系现状

（一）发展现状

经过十几年的发展，我国已初步形成涵盖粮食购销多个环节、多元市场主体、多种交易方式、多层次市场结构的粮食市场体系，在搞活粮食流通、保证市场供应、提高流通效率、调节粮食供求、配置粮食资源、保护种粮农民利益等方面发挥了积极作用。

1.粮食市场体系初步形成。目前，全国已有取得粮食收购资格的粮食经营者8万多个；经营粮食零售业务的集贸市场遍布城乡各地，大部分城乡超市都经营粮油产品；粮食批发市场600余家，批发市场经营主体有国有、股份制、民营等，市场类型有大型的商流市场、区域性市场、大中城市成品粮市场、城镇摊位市场等，交易方式有协商交易、竞价交易、网上交易等；从事粮食交易的期货市场有两家，粮食期货品种主要有小麦、玉米、大豆等。

2.粮食市场功能不断完善。各类粮食市场分工趋于明晰，市场定位逐步明确，作用日益显现。粮食收购市场在贯彻国家粮食收购政策、方便农民售粮、促进粮食生产发展和农民增收、提供商品粮源方面发挥了基础性作用。粮食零售市场在满足和方便人们日常生活需要，调剂粮食品种余缺方面发挥积极作用。粮食批发市场在组织大宗粮食品种交易，形成现货市场价格，传递市场供求和价格信息，服务国家宏观调控等方面发挥了重要作用。大型粮食商流市场主要承担了国家政策性粮食的竞价销售任务，促进了粮食产销衔接和粮食价格稳定；大中城市成品粮市场主要发挥了保证城市口粮供应的功能，其中销区成品粮市场组织的粮源已达到当地消费量50%以上。粮食期货市场稳步发展，在发现价格、规避风险等方面发挥着不可替代的作用。“十五”末期，全国各类粮食批发市场的粮油年成交量8000多万吨，成交金额约1230亿元；粮食期货合约交易近25800万手，交易总金额达53376亿元。

3.粮食市场管理逐步加强。《农产品质量安全法》、《中央储备粮管理条例》、《粮食流通管理条例》以及《粮食流通监督检查暂行办法》、《粮食质量监管实施办法（试行）》等行政法规和规范性文件的颁布实施，粮食收购市场准入制度的建立，为规范粮食经营者和管理者行为，加强粮食市场管理提供了法律保障。粮食流通监督检查机制初步建立，市场监管力度逐步加大，维护了正常粮食市场秩序。

（二）面临的形势和问题

随着粮食购销市场化改革的不断深入，经营粮食的市场主体和粮食流通数量迅速增加，粮食产销格局出现新的变化，粮食宏观调控任务加重，对粮食市场体系建设提出了新的要求。一是粮食市场和价格放开后，市场配置粮食资源基础性作用的发挥，粮食市场主体的培育，市场价格的形成，流通效率的提高，都需要以统一开放、竞争有序的粮食市场体系为前提。二是粮食购销市场化改革后，粮食主产区和主销区之间的供求合作和产销衔接，已从传统的政府组织转变为主要通过市场来组织和运作；城镇居民口粮供应和企业生产用粮主要靠粮食市场来满足，这都需要以布局科学、结构合理的粮食市场体系为基础。三是国家对粮食流通的管理由行政手段转变为经济、法律和必要的行政手段，储备粮及其他政策性粮的购销、应急保障措施的有效实施、粮食市场价格的调控都需要以功能完善、运作规范的粮食市场体系为载体。四是加入世界贸易组织后，国内粮食市场与国际粮食市场联系日益紧密，利用好国际国内两个市场、两种资源，适时调控国内粮食市场，提高我国粮食产业竞争能力，需要以机制健全、运转高效的粮食市场体系为保障。目前，粮食市场的发展状况与其所担负的重要任务还不相适应，主要表现在：

1.粮食市场主体发育不够充分。粮食生产者种植规模小，合作组织化程度低，参与市场竞争和抵御市场风险能力较差，作为市场主体还比较薄弱；部分国有粮食企业产权制度改革比较滞后，有的企业改革改制不规范，还没有建立起现代企业制度；其他所有制市场主体多数经营量小，特别是缺少一批大型的、有国际竞争能力的粮食企业集团；粮食市场行业中介组织发展尚不完善，服务功能和自律作用有待加强。

2.各类粮食市场发展不够完善。粮食收购市场有序、公平竞争的机制还不健全。粮食批发市场在地区间发展不平衡，有的商流市场交易不活跃，成品粮市场在有的城镇发展缓慢。粮食零售供应网络不健全，质量安全保障体系不够完善，市场管理有待加强。粮食期货市场交易品种偏少，现货和期货市场联动性不够。市场服务功能不全，在引导粮食生产、形成市场价格、调节粮食供求等方面作用有待进一步发挥。

3.市场发展环境不够理想。粮食市场建设缺乏科学规划和政策指导，市场重复建设和功能缺失并存。缺少粮食市场管理的专门法规规章，市场监管比较薄弱。一些市场基础设施条件差，政府资金投入不足，扶持市场发展的政策措施不到位。

4.市场信息对粮食生产、流通的引导作用发挥不够充分。目前，我国还没有权威的粮食市场信息发布体系，信息监测和处理系统建设比较滞后，面对不断变化的国际国内粮食市场，建设面向全社会的公益型粮食市场信息服务系统迫在眉睫。

二 指导思想、原则和目标

（一）指导思想

以邓小平理论和“三个代表”重要思想为指导,全面贯彻落实科学发展观，按照建设社会主义新农村和构建社会主义和谐社会的要求，促进各类粮食市场健康有序、又好又快发展，保护粮食生产者、消费者和经营者利益，充分发挥市场对配置粮食资源的基础性作用，服务国家粮食宏观调控，确保国家粮食安全。

（二）基本原则

1.政府引导，市场导向。按照宏观调控需要，遵循市场规律，对粮食市场建设进行科学规划，确保市场建设布局合理、有序。坚持市场导向，充分发挥市场机制在粮食市场建设和发展中的作用，提高资源配置效率。

2.分类指导，重点扶持。针对各类市场的不同特点和功能，加强对粮食收购、零售、批发和期货市场的分类指导，促进协调发展。根据组织粮食流通、衔接产销关系、保证市场供应等方面需要，重点扶持大型商流粮食批发市场、大中城市成品粮批发市场的建设和发展。

3.积极培育，加强监管。完善政策措施，积极培育粮食市场经营主体，鼓励多元粮食市场主体入市收购和交易。政府通过增加投入，引导和带动多元投资主体参与市场建设。加强粮食市场发展的管理和指导，规范市场交易行为，确保粮食质量和卫生安全，维护正常的市场秩序。

4.立足调整，优化布局。粮食市场建设和发展应主要立足现有资源进行重组整合，提升市场服务功能。对确需新建项目要进行充分论证和科学规划，避免资源浪费和重复建设。

（三）主要目标

到2010年，基本建成以粮食收购市场和零售市场为基础、批发市场为骨干、国家粮食交易中心为龙头、期货市场为先导，商流与物流、传统交易与电子商务、现货与期货有机结合，布局更合理、功能更完善、制度更健全、运行更规范，统一开放、竞争有序的粮食市场体系。

粮食收购市场建设，以满足农民售粮需要和规范收购秩序为重点，完善以国有粮食企业为主渠道、市场主体多元化的收购市场体系。

粮食零售市场建设，以规范市场交易和健全市场供应网络为重点，形成网点方便、质量安全、环境良好、诚信规范的零售市场体系。

粮食批发市场建设，以提升功能和合理布局为重点，形成以国家粮食交易中心为龙头、区域性批发市场和大中城市成品粮市场为骨干、城镇摊位市场为基础，多层次的粮食批发市场体系。

粮食期货市场建设，以完善品种体系、发展机构投资者和扩大交易规模为重点，促进现货与期货市场良性互动，为企业和农民提供发现价格、规避风险的服务。

三 主要任务

（一）坚持粮食收购主渠道与多渠道并举，规范收购秩序

为方便农民售粮、保护农民利益、促进粮食生产稳定发展，形成布局合理、渠道稳定、运行规范的粮食收购网络。充分利用国有粮食企业仓储设施等优势，积极推进企业改革改制和重组，提高市场

竞争力，继续发挥收购主渠道作用，鼓励更多的粮食经营龙头企业，通过“公司+基地+农户”形式直接收购粮食。鼓励各类具有资质的市场主体从事粮食收购活动，培育农村粮食经纪人，活跃粮食流通。规范粮食收购行为，引导各类收购主体为农民售粮提供优质服务，为市场提供放心粮食。

（二）健全粮食零售市场网络，加强市场管理

为满足城镇居民日常的粮食消费需求，城镇粮食零售市场要健全供应网络，大力发展超市、便民连锁店的粮食经营，积极发挥城镇集贸市场粮食供应的作用。大中城市要结合地方粮食应急保障系统建设要求，选择确定一批粮食应急供应点，确保粮食应急供应。

为满足农村不同消费群体的粮食需要和调剂粮食品种余缺，农村粮食零售市场要继续搞好集贸市场建设，因地制宜发展农村粮油连锁配送经营，建立超市和连锁店，积极探索将农村粮食收购、储存、加工和销售有机联系起来的经营模式。利用国家“万村千乡”市场工程对“农家店”的支持，促进农村粮油超市和连锁店发展，方便农村居民生活。

规范粮食零售市场管理，建立粮食零售经营者诚信档案制度，加强对入市粮食的质量和卫生安全检验，配合工商等监管部门严厉打击以次充好、短斤少两、质量不合格等坑害消费者行为。继续开展和规范放心粮油进农村、进社区活动，搞好放心粮油、放心粮店管理，实现行业自律，提高质量安全水平，争创中国名牌产品。

（三）完善多层次粮食批发市场体系，调整市场布局和结构

建设全国粮食竞价交易系统，构建体系完善、运转高效、成本节约的国家粮食宏观调控载体。为完善国家粮食宏观调控体系，“十一五”期间，结合大宗粮食品种和粮食流通区位特点，以粮食主产区和主销区为主，兼顾产销平衡地区，选择基础设施好、管理运行规范、交易量大、交通便利、辐射面广的大型区域性粮食批发市场，组建若干个国家粮食交易中心。以国家粮食交易中心为支撑、统一的远程交易网络为平台、规范的运行机制为核心，完善全国粮食竞价交易系统。国家粮食行政管理部门负责确定国家粮食交易中心，搭建统一的交易平台，并会同有关部门组织全国粮食竞价交易系统建设，制定统一规范的交易规则。国家粮食交易中心要服务和服从于国家粮食宏观调控需要，组织好储备粮及其他国家政策性粮食交易；要发挥衔接粮食产销和调控地方粮食市场作用，积极开展其他经营业务；要及时发布交易信息，方便客户交易，提高服务质量，增加交易的透明度。主产区的国家粮食交易中心要组织好粮食销售，通过信息和价格引导，为促进粮食生产稳定发展和农民增收服务。主销区的国家粮食交易中心要组织好粮源，为满足本地粮食需求服务。力争在“十一五”末期，政策性用粮主要通过国家粮食交易中心进行交易。

加快发展大中城市成品粮批发市场，保障城市居民粮食消费稳定供应。“十一五”期间要加快大中城市成品粮批发市场建设，根据当地人口构成和粮食消费需求状况，在每个特大城市发展3~5个、每个大中城市发展1~2个规模较大、管理规范的成品粮批发市场，使这些成品粮批发市场成为当地粮食供应的重要渠道。重点选择100家左右的大型成品粮批发市场，作为调控城市口粮市场的依托载体，予以指导和扶持。成品粮批发市场要建立经营商户市场准入制度，开展“放心粮油”进市场活动，强化入市粮油的品质检验检测，严格市场管理，健全市场信息监测系统和质量检测系统，确保口粮安全，保护消费者利益。

加快提升粮食批发市场功能，不断提高服务水平。根据市场定位和业务发展需要，加快市场基础设施升级改造和粮食物流设施建设，不断创新交易方式，充分发挥其粮食集散、价格形成、信息提供、资金结算等功能。提高粮食批发市场管理水平，增强综合服务能力、市场吸引力和辐射能力。积

极推动电子商务在粮食市场中的应用，探索电子商务在协商交易、竞价交易、成品粮批发中的实现形式，充分发挥其在降低交易成本，增加交易透明度，提高交易效率等方面的作用。

（四）发展粮食期货市场，完善和规范粮食期货交易

贯彻落实《期货交易管理条例》，引导符合条件的粮食市场主体参与粮食期货交易，开展粮食套期保值业务，充分发挥期货市场引导生产、发现价格、规避风险的作用，为粮食企业和农民提供服务。建立健全粮食企业参与期货交易相关制度，加强粮食企业进入期货市场监管。完善现货市场与期货市场之间的价格信息联动机制，发挥期货市场对现货市场价格形成的引导作用，健全粮食市场形成价格机制。

（五）建设粮食市场信息体系，发挥市场信息对粮食生产和流通的引导与促进作用

继续加强粮油市场监测体系建设，实时监测粮油市场价格和供求形势，提高对粮油市场变化的快速反应能力。逐步完善市场信息的采集、整理和发布机制，建立粮食市场信息会商发布制度和定期发布制度，形成权威的粮食市场供求和价格信息发布体系。发展粮食市场信息专业工作队伍，提高粮食市场信息采集、分析、预测水平，构建面向全社会的粮油市场信息服务体系，引导粮食生产者合理调整种植结构，增加种粮收益；粮食经营者准确把握供求动态，提高企业效益。

促进粮油批发市场提升信息服务功能，面向客户提供高质量市场信息服务。国家粮食行政管理部门所属粮油市场信息机构以及各地粮油信息机构，要积极开展粮油市场实时监测和分析预测工作，建立相应的工作体系和信息系统，在国家有关部门指导下，具体承担粮食市场信息发布任务。

四 主要政策措施

（一）加强对粮食市场体系建设的规划和指导

国家粮食行政管理部门要继续加强粮食市场体系建设的指导，认真抓好规划的实施工作。各地要充分重视粮食市场建设的重要性，把完善粮食市场体系作为深化粮食流通体制改革和加强粮食宏观调控的重要内容，作为粮食行业管理和指导的重要工作，切实抓好。各级粮食行政管理部门要加强对粮食市场体系建设的组织、指导、协调和服务。要根据国家有关规划的要求，从当地实际出发，研究制定本地区粮食市场体系建设规划，并做好与粮食物流体系建设规划的衔接工作。

对粮食批发市场建设，各地要按照规划要求，遵循市场经济规律和根据当地粮食资源条件，坚持“政府推动、依市建场、调整重组、完善提高”的原则，进行科学规划。对盲目建设、有场无市、经营困难的粮食批发市场，要采取兼并、重组、转向等方式进行整合；对功能发挥不充分，仍有较大发展空间的粮食批发市场，要给予扶持；对确需新建粮食批发市场的，要进行充分论证，防止重复建设、资源浪费和无序竞争。

（二）加大政策扶持力度

国家要加强对粮食市场交易系统、检验检测系统、信息系统、基础设施和物流设施建设等方面的政策扶持和资金支持，特别是重点支持全国统一的粮食竞价交易系统的建设。利用国家安排的市场建设资金，采取填平补齐的办法，抓紧建设全国统一的粮食竞价交易系统，构建全国政策性粮食竞价交易平台，为国家政策性粮食进入市场进行规范交易提供基础性条件，切实提高国家对粮食市场的宏观调控能力。进一步落实《粮食流通管理条例》有关政策性用粮的采购、销售和轮换通过粮食批发市场公开进行的规定，督促中央和地方政策性用粮进入国家粮食交易中心公开进行。继续争取资金，加强

粮食物流设施建设，提升粮食市场的物流功能，提高粮食快速中转能力，确保粮食顺畅流通。加强大中城市成品粮批发市场信息系统和质量检验检测系统建设，为成品粮批发市场建设和发展创造良好的外部条件，确保城市粮食消费安全可靠。

地方政府要对符合国家规划和地方规划要求的粮食市场给予重点扶持，在市场基础设施建设、进场交易客户税费、物流运输等方面给予优惠政策。各地粮食行政管理部门要积极争取发展改革、财政、金融、工商、税务、铁路、交通等部门的支持。

（三）大力培育多元市场主体

积极推进国有粮食企业产权制度改革，规范企业改革改制行为，建立现代企业制度，使国有粮食企业真正成为自主经营、自负盈亏的市场主体。积极培育和发展多种所有制粮食市场主体从事粮食收购和经营活动，扶持一批大型粮食流通和加工企业，搞活粮食流通。大力发展农民专业合作组织、农村经纪人队伍，提高粮食市场主体组织化程度，增强农民参与市场竞争能力。引导多元投资主体投资各类粮食交易市场。

（四）加强粮食市场监管

认真贯彻《粮食流通管理条例》和《中央储备粮管理条例》，加快粮食市场管理规章制度建设，研究制定《粮食批发市场管理办法》、《粮食竞价交易管理办法》有关规章制度，加强粮食市场监管，确保市场管理纳入法制化轨道。完善粮食收购市场准入和退出制度，加强对已经取得粮食收购资格的经营者指导、服务和监管，并定期进行审核。建立健全粮食质量标准和检验检测体系，加强粮食质量安全监督抽查，严把粮食质量安全关，严禁不符合质量和卫生标准的粮食流入口粮市场。各级粮食行政管理部门要与有关部门密切配合，形成管理合力，重视发挥各类粮食行业协会的自律作用，切实维护粮食流通市场秩序。

（五）不断提高粮食市场从业人员素质

加强粮食市场经营者的培训，以转变经营理念、推进自主创新等为重点，开展现代市场建设与运营管理知识的培训，不断提高其业务水平和管理能力。各类粮食市场要配备相应的粮油竞价交易员、粮油信息员、粮油质量检验员等技术人员。通过建立粮食市场从业人员职业资格证书制度，推行持证上岗，促进从业人员参加培训，提高业务素质和技能水平，以适应粮食市场建设发展的需要。

关于同意建立南京国家粮食交易中心的复函

（国家粮食局 国粮政[2007]203号 2007年9月3日）

江苏省人民政府：

你省《关于成立国家粳稻交易中心的函》（苏政函[2007]50号）收悉。

为贯彻落实《国务院关于完善粮食流通体制改革政策措施的意见》（国发[2006]16号）中关于“重点扶持大宗粮食品种的区域性、专业性和成品粮油批发市场”的精神，根据《全国粮食市场体系建设“十一五”规划》中组建国家粮食交易中心的有关规定，同意你省在江苏粮油商品交易市场基础上组建“南京国家粮食交易中心”。江苏省是我国小麦和稻谷主要产区，也是全国粮食生产大省，粳稻种植面积和商品量都居全国前列，组建“南京国家粮食交易中心”，有利于整合粮食流通基础设施和相关资源，发挥你省粮食资源优势和交通、区位优势，在促进粮食生产发展和产销衔接、搞活粮食流通、服务国家宏观调控方面发挥积极作用。

专此函复。

关于同意建立广州国家粮食交易中心的复函

（国家粮食局 国粮政[2007]204号 2007年9月3日）

广东省人民政府：

你省《关于申请将广东华南粮食交易中心确定为国家粮食交易中心的函》（粤府函[2007]148号）收悉。

为贯彻落实《国务院关于完善粮食流通体制改革政策措施的意见》（国发[2006]16号）中关于"重点扶持大宗粮食品种的区域性、专业性和成品粮油批发市场"的精神，根据《全国粮食市场体系建设"十一五"规划》中组建国家粮食交易中心的有关规定，同意你省在广东华南粮食交易中心基础上组建"广州国家粮食交易中心"。广东省是我国最大的粮食主销区，广东粮食市场稳定对确保国家粮食安全具有重要意义。组建"广州国家粮食交易中心"，有利于整合粮食流通基础设施和相关资源，促进粮食产销衔接和粮食省际间顺畅流动，在搞活粮食流通、做强粮食产业、服务国家宏观调控、保障粮食安全方面发挥积极作用。

专此函复。

关于同意建立石家庄国家粮食交易中心的复函

（国家粮食局 国粮政[2007]205号 2007年9月3日）

河北省人民政府：

你省《关于申请设立石家庄国家粮食交易中心的函》（冀政函[2007]30号）收悉。

为贯彻落实《国务院关于完善粮食流通体制改革政策措施的意见》（国发[2006]16号）中关于“重点扶持大宗粮食品种的区域性、专业性和成品粮油批发市场”的精神，根据《全国粮食市场体系建设“十一五”规划》中组建国家粮食交易中心的有关规定，同意你省在河北省粮油批发交易中心基础上组建“石家庄国家粮食交易中心”。河北省是国家重要的商品粮基地，承担着保障京津地区粮食供给，组建“石家庄国家粮食交易中心”，有利于整合粮食流通基础设施和相关资源，发挥你省粮食资源优势和交通、区位优势，促进粮食生产发展和产销衔接，在搞活粮食流通、调节粮食供求、服务国家宏观调控方面发挥积极作用。

专此函复。

关于印发《全国粮食质量安全专项整治行动方案》的通知

（国家粮食局 国粮检[2007]195号 2007年9月5日）

各省、自治区、直辖市及新疆生产建设兵团粮食局，中国储备粮管理总公司，中粮集团有限公司，中国华粮物流集团公司：

为贯彻落实全国质量工作会议、全国产品质量和食品安全专项整治行动电视电话会议精神，进一步加强粮食质量安全监管工作，按照国务院《全国产品质量和食品安全专项整治行动方案》的统一部署，特制定《全国粮食质量安全专项整治行动方案》，现印发给你们，请遵照执行。

全国粮食质量安全专项整治行动方案

按照国务院《全国产品质量和食品安全专项整治行动方案》的统一部署，结合粮食行业的特点和质量工作实际，国家粮食局决定，从现在起到今年底，在全国范围内全面开展粮食（含食用植物油，下同）质量安全专项整治行动。

一 总体要求

认真贯彻落实全国质量工作会议、全国产品质量和食品安全专项整治行动电视电话会议精神，根据《粮食流通管理条例》、《中央储备粮管理条例》赋予粮食行政管理部门的粮食质量与原粮卫生监管职责，通过对重点环节、重点单位的集中整治，建立健全覆盖粮食收购、储存、运输环节和政策性粮食购销活动全过程的质量安全监管体系，建立粮食质量安全追溯制度和责任追究制度，进一步提高我国粮食质量工作的整体水平。

重点环节，是指粮食购销、储存和政策性粮食供应环节；重点单位，是指中央和地方储备粮承储企业、托市收购企业、军粮等政策性粮食供应企业、粮食批发市场以及纳入社会粮食流通统计范围的各种所有制的粮食经营企业。

二 主要任务和工作目标

（一）粮食收购环节质量安全整治

一是严格粮食收购资格审核制度，确保粮食经营者具备必要的收购条件。对已经取得粮食收购资格的企业，要按规定进行定期审核。二是检查粮食购销企业执行国家粮食质量安全标准和相关政策的情况，检查托市收购企业执行质价政策的情况，严厉查处压级压价、克斤扣两等坑害农民的行为。三是从现在开始，对所有取得粮食收购资格的企业，要以省为单位，结合本地区实际情况，全面实行粮食质量安全承诺制度。加强粮食的入库出库检验，建立健全粮食质量档案，规范粮食经营的出证出票、索证索票制度。

（二）粮食储存环节质量安全整治

按照《国家粮食局关于开展2007年全国粮食库存检查工作的通知》（国粮检[2007]153号）、《国家粮食局关于开展中央储备粮质量抽查工作的通知》（国粮检[2007]149号）和《国家粮食局关于开展地方储备粮质量抽查工作的通知》（国粮检[2007]193号）要求，纳入库存检查范围的企业对所有库存粮食的自查率要达到100%，省级粮食部门组织的复查要达到10%以上。在全国粮食库存检查中，要切实加强库存粮食质量检查，特别是对中央储备粮和地方储备粮的质量检查，对中央储备粮质量抽检率达到储存库点的25%，地方储备粮质量抽检率达到库存总量的15%。要周密部署，合理布点，科学取样，准确检验，严格按国家粮食质量标准的规定做出客观评价。对检查中发现的问题，要分析原因，查清责任，立即整改。要加强对储粮药剂残留和真菌毒素污染的监测。规范储粮药剂使用，建立储粮药剂使用备案制度。加强对高水分粮食的收储和运输管理，及时消除质量安全隐患。

（三）政策性供应粮食质量安全整治

要把军供粮、水库移民粮、退耕还林粮、救灾粮等政策性用粮的质量检查作为本次粮食质量安全专项整治的工作重点，军供粮更是重中之重。对所有政策性供应粮食的原料采购、加工、包装、储存、运输和配送、销售全过程进行全面检查和抽查，逐个环节查找安全隐患和监管漏洞。严格实行政策性粮食的供应准入制度，实行添加剂使用备案制度和原料及产品的强制检验制度，加强质量安全专项抽查，发现问题就地整改。对军供站（点）供应的粮油食品，都要进行全面的质量检查，对存在质量安全隐患的产品一律下柜，严禁出售。到今年底，政策性供应粮食质量合格率必须达到100%。

（四）粮食出库销售环节质量安全整治

加快建立、完善粮食经营、转化用粮企业经营台账和质量档案制度，各级粮食部门和单位要对企业建立经营台账和质量档案情况进行监督检查，到今年底，纳入粮食统计范围的粮食经营企业建立经营台账和质量档案比例要达到100%。强化粮食销售出库的质量检验，对超过正常储存年限的陈粮，在出库前必须经过省级以上粮食行政管理部门授权的粮食质量检验机构进行质量鉴定，出库检验出证率要达到100%。加强粮食批发市场信息系统和质量检验检测系统建设。大中城市成品粮批发市场要100%纳入质量安全监测范围。加强成品粮进货监管，确保城市粮食消费安全可靠。要深入开展“放心粮油”活动，促进粮食企业增强质量意识、安全意识、服务意识，促使企业进一步加强质量管理，做到诚实守信、规范经营，生产、加工和销售质量卫生安全的粮油产品，进一步推动“放心粮油”产品进社区、进农村、进批发市场，让广大消费者购买和食用安全放心的粮油。

三 工作要求和措施

（一）加强领导，落实责任

本次粮食质量安全专项整治行动，由国家粮食局统一领导，各省（区、市）粮食行政管理部门要建立健全相应工作机制，做到一把手亲自抓，分管领导直接抓，专门机构和人员具体抓。要将专项整治的任务和责任逐级落实到市、县粮食局和粮食企业。要尽快落实专项整治的人力、资金和技术装备，确保专项整治行动的顺利开展。各级粮食行政管理部门要组织专门力量，由领导同志带队，深入一线加强督察。对粮食质量安全专项整治工作开展好的地区要进行表扬，对工作开展较差的地区要通报批评。对粮食质量安全问题比较突出、长期得不到解决或因此发生恶性事件的地方，要依纪依法追究主要责任人的责任。对在专项整治中失职渎职的有关责任人要严肃查处。

（二）依法办事，协同配合

各级粮食行政管理部门要严格按照《粮食流通管理条例》、《中央储备粮管理条例》和《国务院关于加强食品等产品安全监督管理的特别规定》等，履行粮食质量监管职责，做到公开、公平、公正，从严查处违法违规行为；要完善行政执法与刑事司法衔接机制，对涉嫌构成犯罪、依法需要追究刑事责任的，按规定移送司法机关。各级粮食行政管理部门要围绕本整治行动方案确定的工作目标和重点，做到令行禁止。

要密切与农业、卫生、质检、工商等有关部门沟通交流，加强信息通报，建立合作机制，形成监管合力；要建立上下联动、部门联动、区域联动的工作机制，在当地政府的统一指挥下，按照粮食质量安全专项整治行动方案要求，群策群力，积极做好整治工作。

（三）完善制度，标本兼治

建立粮食安全整治的长效机制，加快建立和完善能够涵盖粮食流通全过程的质量监管制度，包括粮食质量追溯制度，不合格粮油产品召回制度，粮食质量与原粮卫生监测抽查制度，粮食质量安全报告制度，粮食质量信息发布制度，粮食质量安全突发事件应急处理机制等，以制度的建设和实施，规范和促进粮食质量安全专项整治行动。加快相关信息化建设，抓紧制修订急需的粮食产品及检测技术国家标准，充分发挥行业组织的作用。

要高度重视原粮卫生状况调查工作，为粮食卫生监管奠定基础。按照《国家粮食局关于进一步开展全国原粮卫生状况专项调查工作的通知》（国粮发[2007]124号）要求，切实做好组织实施工作。具体做到科学取样，准确检验，及时报告，按规定程序发布和使用调查结果数据。对不符合国家卫生安全标准的粮食，要及时报请当地政府批准就地封存，进行无害化处理或限定用作工业用途。到今年底，全面掌握全国所有省份主要产粮县的原粮卫生情况，对收购环节稻谷、小麦和玉米三大粮食品种的卫生状况作出整体评价，确保从源头上把住原粮卫生安全关，保障广大人民群众的饮食卫生安全。

（四）积极宣传，营造氛围

要加强粮食质量安全专项整治行动的宣传工作，在专项整治行动期间，各地要充分发挥报刊、广播、电视、网络等媒体的作用，大力宣传粮食质量安全专项整治成果，将所做的工作、取得的成效、发现的好典型及时上报国家粮食局和当地政府，对违法违规行为要及时揭露和曝光。进一步完善举报投诉制度，各地粮食行政管理部门要公布举报电话，广泛发动和正确引导公众参与，同时加强对监管对象履行质量义务的宣传，在全国粮食行业形成讲质量、抓质量、保质量的良好氛围。

专项整治期间（9~12月），各省级粮食行政管理部门和有关单位应在每月25日之前，将专项整治工作进展情况报告国家粮食局，重大情况随时报告。

关于变更国家粮食局新闻发言人的函

（国家粮食局 国粮政[2007]210号 2007年9月12日）

国务院新闻办公室：

经我局领导研究决定，我局新闻发言人由原政策法规司副司长刘小南变更为政策法规司副司长颜波，联系电话：63906087；13910567375。

专此函告。

关于同意建立济南国家粮食交易中心的复函

（国家粮食局 国粮政[2007]217号 2007年9月27日）

山东省人民政府：

你省《关于申请设立济南国家粮食交易中心的函》（鲁政字[2006]259号）收悉。

为贯彻落实《国务院关于完善粮食流通体制改革政策措施的意见》（国发[2006]16号）中关于“重点扶持大宗粮食品种的区域性、专业性和成品粮油批发市场”的精神，根据《全国粮食市场体系建设“十一五”规划》中组建国家粮食交易中心的有关规定，同意你省在山东省粮油交易中心基础上组建“济南国家粮食交易中心”。山东省是我国小麦和玉米的重要产区，组建“济南国家粮食交易中心”，有利于整合粮食流通基础设施和相关资源，发挥你省粮食资源优势和交通、区位优势，促进粮食生产发展和产销衔接，在搞活粮食流通、调节粮食供求、服务国家宏观调控方面发挥积极作用。

专此函复。

关于表彰2007年度全国粮食行业技术能手和全国粮食行业技能人才培育突出贡献奖单位的决定

（国家粮食局 国粮人[2007]220号 2007年10月22日）

各省、自治区、直辖市及新疆生产建设兵团粮食局，各有关中央企业：

为加强粮食行业高技能人才队伍建设，结合劳动和社会保障部开展的第九届全国技术能手和国家技能人才培育突出贡献奖评选表彰工作，国家粮食局组织了2007年度全国粮食行业技术能手和全国粮食行业技能人才培育突出贡献奖单位评选工作。在专家评审委员会评审的基础上，经研究决定，授予吴相东等29名同志2007年度“全国粮食行业技术能手”称号（见附件1），颁发荣誉证书和奖章。对获得“全国粮食行业技术能手”称号的人员，具有高级工职业资格者，认定技师职业资格；未获得职业资格者，认定高级工职业资格。授予北京市经济管理学校等5个单位2007年度“全国粮食行业技能人才培育突出贡献奖”称号（见附件2），颁发荣誉证书和奖牌。

希望受表彰的个人，以这次获得的荣誉为新的起点，不断学习新知识和新技能，积极参与技术革新和创造，并做好“传帮带”，在本职岗位上做出新的成绩。希望受表彰的单位进一步强化高技能人才培养工作，充分发挥人才培养的基础作用，造就更多既具备良好职业道德，又掌握精湛技艺技能的高技能人才，为推动我国粮食行业高技能人才队伍建设作出更大贡献。

（附件略）

关于同意建立兰州国家粮食交易中心的复函

（国家粮食局 国粮政[2007]234号 2007年11月26日）

甘肃省人民政府：

你省《关于申请组建兰州国家粮食交易中心的函》（甘政函[2007]89号）收悉。

为贯彻落实《国务院关于完善粮食流通体制改革政策措施的意见》（国发[2006]16号）中关于“重点扶持大宗粮食品种的区域性、专业性和成品粮油批发市场”的精神，根据《全国粮食市场体系建设“十一五”规划》中组建国家粮食交易中心的有关规定，同意你省在甘肃省粮油批发市场基础上组建“兰州国家粮食交易中心”。甘肃省是我国西北地区重要的粮食生产省，兰州市是我国西北地区重要交通枢纽，组建“兰州国家粮食交易中心”，有利于整合甘肃省及周边地区的粮食流通基础设施和相关资源，发挥粮食资源和交通、区位优势，在促进粮食生产发展和产销衔接、搞活粮食流通、调节粮食供求、服务国家宏观调控方面发挥积极作用。

专此函复。

关于印发《农村粮食产后减损安全保障工程2007年试点项目实施办法》的通知

（国家粮食局 国粮展[2007]235号 2007年11月26日）

辽宁、山东、四川等省粮食局：

根据《国家发展改革委关于农村粮食产后减损安全保障工程试点方案的批复》（发改投资[2007]2813号）要求，我们研究制定了《农村粮食产后减损安全保障工程2007年试点项目实施办法》（以下简称《实施办法》），现印发给你们，请你们按照《实施办法》的有关要求，做好以下几项工作：

一、抓紧研究制定本省的试点方案，于2007年12月10日前报送我局审批。

二、抓紧做好试点协议的签订工作。由国家粮食局与省级粮食行政管理部门签订的《农户储粮专项工程建设责任书》（样本见《实施办法》附件，一式两份），请于2007年12月10日前签字、盖章后报送我局。

三、结合本省的实际情况，做好试点仓型的选择工作。试点过程中，要严格按照自愿、科学、公平、公开的原则选择试点农户，并充分考虑农户的自筹能力。

四、积极与本省的技术支撑单位协调配合，组织做好对试点农户的储粮技术培训和服务体系建设工作。

五、全部试点工作应于2008年5月底前完成。试点工作完成后，要及时总结试点经验，并于验收后10个工作日内将本省的试点总结报告报送我局。

农村粮食产后减损安全保障工程2007年试点项目实施办法

第一章 总 则

第一条 为加强农村粮食产后减损安全保障工程2007年试点项目（以下简称“试点项目”）管理，规范项目建设行为，保证项目建设的顺利进行，根据我局编制并报请国家发展改革委批准的《农村粮食产后减损安全保障工程2007年试点方案》和国家有关政策法规，特制定本办法。

第二条 2007年试点项目在辽宁、四川、山东三省进行。三省选择具备相关条件的县作为具体项目单位（子项）。试点项目遵循农户自愿申请、共同出资的原则，采取中央投资、地方配套和农户自筹相结合的投资方式。

第三条 试点项目在国家发展改革委领导下，由国家粮食局总体负责组织实施。项目管理机构为省级粮食行政管理部门，各试点县（子项）的组织管理工作建议由县级政府负责，县级粮食行政管理部门具体组织实施。

第二章 建设内容与补助标准

第四条 试点项目的建设内容包括：为符合项目选点要求的农户建设（改造）标准化小型粮仓、配置新型储粮装具（圆筒仓、钢网仓），对农户进行科学储粮培训和技术指导等。

第五条 试点项目共安排试点县（子项）25个左右，安排试点农户3.2万个。其中辽宁省安排试点县5个左右，农户0.6万个，配置钢网式粮仓0.6万个；四川省安排试点县10个左右，农户1.6万个，建设标准化小型粮仓0.6万个、配置圆筒仓1万个；山东省安排试点县10个左右，农户1万个，配置圆筒仓1万个。

第六条 试点项目采取中央投资、地方配套和农户自筹相结合的方式，中央投资、地方配套、农户自筹的比例大体按3：5：2筹措。其中，地方配套资金以省级财政为主，地市和县级财政具体配套比例由试点省确定。

第三章 试点条件

第七条 试点县原则上是已通过实施“粮食丰产科技工程”产后减损专项科研课题建立农户科学储粮示范区、前期工作较扎实、积极性较高的国家商品粮基地县。原则上一个试点县安排的农户数量不少于2000户。参与试点项目的行政村应具有较好的村容村貌，村党支部或村委会具有较好的组织协调能力，全村符合条件自愿申请参与试点的农户应不少于全村总户数的50%以上。

第八条 辽宁省参与试点的农户其储粮数量应在3吨以上，四川、山东省在1吨以上。参加项目的农户要自愿提出申请，与县级粮食行政管理部门签订协议，并承诺所购买装具5年内不得转让或者变卖。

第九条 省级政府或地市、县级政府必须提出组织实施本省（地市、县）试点项目、安排专项资金的承诺，且地方配套资金应在国家粮食局批准该省试点方案后一个月内拨付至省级粮食行政管理部门专账。地方配套资金无正当理由未能按时到位，取消该省试点资格。

第十条 省级粮食行政管理部门应与国家粮食局签订试点协议书，并负责组织和落实试点省、市、县、农户各层次试点协议的签订（文本样本见附件）。

第四章 管理程序

第十一条 国家粮食局负责研究提出试点方案和投资计划，报国家发展改革委审批；负责审查批准各省试点方案；负责项目进度、质量和资金使用的监督检查和项目实施后效果评价。

第十二条 省级粮食行政管理部门负责制定全省试点方案（包括确定的试点县、试点农户数量，建设内容，总投资及投资构成，实施进度安排等），落实地方配套资金；制定选择小型砖混粮仓施工队伍或钢板仓供货商的办法；负责项目的组织实施、检查验收和试点经验总结；组织建立农村储粮技术服务体系。地市级粮食行政管理部门受省级粮食行政管理部门委托，协助做好项目的进度、质量检查和验收工作。

第十三条 县级粮食行政管理部门负责确定试点农户、确定农户的粮仓需求类型；与农户签订试点项目补助协议，落实农户的配套资金；负责粮仓建设进度和质量监督工作；负责对示范农户科学储粮方法的培训；负责建立受益农户档案资料等。

第十四条 省级粮食行政管理部门将全省试点方案连同地方配套资金承诺以正式文件报国家粮食局审批。

第十五条 试点县应通过组织招标或采取专家考察方式，选定小型砖混粮仓施工队伍或钢板仓等装具的供货商，并报省级粮食行政管理部门审查确认。

第五章 设计与施工

第十六条 试点项目拟建小型粮仓或装具要采取标准化设计图纸。标准化设计工作由承担“粮食丰产科技工程”的科研机构负责。试点项目所建小型粮仓或装具要按照国家粮食局的要求进行统一标识。

第十七条 省级粮食行政管理部门根据经国家粮食局组织专家鉴定的农户储粮仓标准图纸，结合本省实际情况，选定本省试点项目拟采用的粮仓标准图纸后，报国家粮食局备案。试点省必须按照确定的标准图纸组织招标、生产和供货。

第十八条 标准图纸提供单位应派专人负责相应省份的试点项目的技术服务工作，并由省级粮食行政管理部门牵头，依托有关粮食科研机构、粮食仓储企业等建立省、地市、县三级农户储粮技术服务体系。

第十九条 施工或供货单位应严格按照签订的施工或供货合同和标准化设计图纸组织施工、生产和供货，并配合做好售后技术服务和指导。施工或供货单位应对所供货物统一编号，按农户登记，以备检查。同时要按照试点专项统一标识要求对所供货物刷涂（张贴）永久性统一标识。

第六章 资金管理

第二十条 省级粮食行政管理部门应建立试点项目资金专账，将中央拨款和地方配套资金统一管理，并按进度直接拨付给供货或施工企业。中央预算内投资补助资金下达到省级粮食行政管理部门专户统一管理，全部用于试点项目建设内容，不得用于管理费等其他费用。

第二十一条 农民按扣除补贴金额后的装具差价款交款提货，其余货款由省级粮食行政管理部门按照确定的程序安排统一与供货方结算。

第二十二条 以省为单位按照项目总投资的2%安排资金作为监督检查费；安排2.5%作为技术服务费。这两部分资金全部从地方配套资金中提取，由省级粮食行政管理部门管理，并按照工作进度统一支付给服务单位。各省农户储粮技术培训和服务体系建设所需资金由省级粮食行政管理部门在地方配套资金中安排解决。

第二十三条 各省粮食行政管理部门应严格按照财政资金管理的有关规定使用财政资金，专账管理、专款专用，并及时拨付给供货方。对于截留、挪用试点项目资金的省份，除按国家有关规定追究责任外，国家将不再安排农村粮食产后减损安全保障工程相关补助资金。

第七章 监督检查

第二十四条 试点项目实行受益公示制。项目县应对项目点农户的小粮仓、装具型号、补贴金额、服务部门等在县或乡镇范围内张榜公示，接受群众监督。

第二十五条 各试点县应对小粮仓、装具进行登记、编号，建立农户储粮新建小粮仓、装具补贴档案。档案内容按照国家粮食局编制的统一软件填写、汇总、上报。档案内容包括：农户姓名、身份证号码、地址、联系方式、小粮仓或装具型号、购置数量、补贴金额、补贴合同及装具编号等。

第二十六条 县级粮食行政管理部门应做到逐户现场检查，监督工程建设质量和技术服务工作，省级粮食行政管理部门应组织地市粮食行政管理部门进行抽查。

第二十七条 项目进度实行定期报送制度。各省级粮食行政管理部门应于2008年1月底、3月底和5月底前分别将项目执行和完成情况报送国家粮食局。主要内容包括：投资到位及完成情况、形成工作量、工程形象进度、资金拨付情况等。国家粮食局根据项目进展情况随时组织专家进行现场检查。

第二十八条 试点项目的设计、施工、设备购置、技术服务等都要依法订立合同。各类合同需明确质量要求、履约担保和违约处罚条款，以及双方的权利和义务。

第二十九条 对于没有正当理由未按期完成施工、供货任务，或施工、设备质量存在较大质量问题的施工或供货企业，除按合同依法追究相关责任外，以后不许再承担农村粮食产后减损安全保障工程相关建设项目。

第八章 项目验收

第三十条 项目的建设工期原则上为5个月（从2007年12月开始，到2008年4月底完成建设任务，县级粮食行政管理部门完成逐点验收，5月底前省级粮食行政管理部门完成本省项目的验收和总结）。具备验收的基本条件为：粮仓或装具全部逐户到位、质量合格并投入使用且能满足安全储粮要求，所有工程款或货款全部支付给施工企业或供货商，档案文件整理齐全。

第三十一条 项目的验收分为初步验收和竣工验收两个阶段。初步验收工作由县级政府组织，必须做到逐户现场验收。初步验收后，由县级政府报请省级粮食行政管理部门组织竣工验收，竣工验收以县为一个子项进行。由省级粮食行政管理部门组织地市粮食行政管理部门进行逐县验收。逐县验收时现场抽查点应不少于参加农户的30%。试点项目标准图纸提供单位和技术服务单位应协助做好验收工作。

第三十二条 对于验收不合格的粮仓或装具，应责成有关单位在10日内完成整改。

第三十三条 全省验收工作完成后，由省级粮食行政管理部门将试点项目工作总结、验收结果、资金使用情况以及进一步扩大试点的工作方案等报送国家粮食局。国家粮食局负责组织抽验，抽验发现有一个试点县不符合验收要求的，视为全省验收不合格。

关于公布全国粮食系统财会知识竞赛获奖单位和个人名单的通知

（国家粮食局 国粮财[2007]247号 2007年11月30日）

各省、自治区、直辖市及新疆生产建设兵团粮食局：

为推动各地贯彻执行《企业会计制度》和《关于粮油有关业务会计处理的规定》，促进粮食财会人员尽快熟悉有关财务政策和会计核算方法，进一步提高各地粮食企业的财务管理水平，适应粮食购销市场化需要，更好地为粮食流通发展服务，2007年初，国家粮食局决定在全国粮食系统举办粮食财会知识竞赛。

各级粮食部门高度重视，粮食财会人员踊跃参加，个人赛参赛率达到80%。同时，各省（区、市）还层层选拔优秀选手组成了28个代表队，参加全国团体赛。整个竞赛过程中，参赛选手表现出了较高的思想政治素质和业务水平。通过竞赛，达到了学习贯彻财务会计制度、检验提高财会人员水平、增强财会人员职业道德意识、促进粮食财会队伍建设的目的。竞赛产生了团体赛一等奖1名、二等奖2名、三等奖5名；个人赛一等奖4名、二等奖16名、三等奖30名（获奖名单见附件1、2）。

随着粮食流通体制改革进一步深化和国有粮食企业改革的稳步推进，粮食财会工作面临新形势和新任务。各级粮食财会部门和财会人员要认真学习宣传贯彻党的十七大精神，以科学发展观统领粮食财务工作，围绕中心，服务大局，把粮食财会的各项工作扎扎实实落到实处。要以这次知识竞赛为契机，学业务、钻技术、真正做到勤奋好学、学以致用。同时，要严格遵守财务会计制度，恪守职业道德，严肃财经纪律，积极转变职能，更好地为确保国家粮食安全服务，为促进社会主义新农村建设和现代粮食流通产业又好又快发展作出积极的贡献。

（附件略）

关于建立重点食用植物油企业统计信息报告制度的通知

（国家粮食局 国粮调[2007]248号 2007年12月5日）

各省、自治区、直辖市粮食局：

为进一步贯彻落实《国务院办公厅关于促进油料生产发展的意见》（国办发[2007]59号）精神，建立油料和食用植物油产销预警体系，加强对食用植物油市场调控和信息监测工作，根据《粮食流通管理条例》的有关规定，我局决定建立重点食用植物油企业统计信息报告制度。经报国家统计局审核批准，从2008年起在现行《国家粮食流通统计制度》中增设“重点食用植物油企业油脂油料统计旬（月）报表”。现将有关事项通知如下：

一 报送内容和范围

“重点食用植物油企业油脂油料统计旬（月）报表”报送的项目包括油脂类的菜籽油、大豆油、花生油、棕榈油、其他油，油料类的油菜籽、花生、大豆等品种；报送内容为食用植物油脂油料购进、销售、加工、进出口、库存和价格等主要指标。食用植物油脂油料旬（月）报填报对象是辖区内重点食用植物油企业。具体报送表式及填报企业名单见附件。

二 统计时点和启动时间

重点食用植物油企业统计信息报告制度启动时间为2008年1月1日。食用植物油脂油料旬（月）报统计时点为每月10日、20日和当月最后一日，报送时间为统计时点期后第2日。每月12日、22日报送上、中旬10天期间发生的油脂和油料的收购、销售、进出口、期初和期末库存，以及旬末价格等数据，每月2日报送上月1日至月末的相关统计数据。

重点食用植物油企业油脂油料统计旬（月）报须按规定时间及时报送，逢节假日可顺延2~3天。

三 报送方式和要求

为确保企业上报统计信息的安全、便捷、高效，请各重点食用植物油企业登录国家粮食局政府网站，输入用户名和密码，进入“食用油统计系统”报送平台，并将报表同时报送国家粮食局和本省（区、市）粮食局。各重点食用植物油企业进入国家粮食局报表报送系统的用户名和密码另行通知。

请各省级粮食行政管理部门督促重点食用植物油企业按照规定制作并报送本单位的统计报表文件名。旬（月）报文件名由12个字符（数字和英文小写字母）组成，前6位为数字（表示年月），第7~8位为英文字母sx、zx、yb（分别表示上旬、中旬、月报），第9~10位为数字（表示地区代码），最后两位为数字（代表企业代码）。例如，文件名“200801yb1101”表示“北京市古船油脂有限公司”2008年01月份报表。

四 加强协作，认真做好食用植物油统计工作

建立对重点食用植物油企业统计旬（月）报制度，是适应当前国内食用油供求市场发展变化的新形势，进一步做好全社会粮食流通统计工作的一项重要任务，也是落实国家粮食宏观调控政策的重要措施之一。各省（区、市）粮食行政管理部门一定要充分认识这项工作的重要性和必要性，指导本辖区有关重点食用植物油企业做好旬（月）报统计的各项准备工作，并加强对有关企业统计工作的业务指导和统计人员的培训，保证统计数据真实、准确、全面、及时，确保重点食用植物油统计信息报告制度的顺利实施。同时，各省（区、市）粮食局要严格遵守《统计法》和《国家粮食流通统计制度》的规定，做好对涉及企业商业秘密的统计数据的保密工作。

关于表彰首届全国粮食行业职业技能大赛获奖单位和个人的决定

（国家粮食局 国粮人[2007]254号 2007年12月19日）

各省、自治区、直辖市及新疆生产建设兵团粮食局，中国储备粮管理总公司、中粮集团有限公司、中国华粮物流集团有限公司：

为深入贯彻党的十七大精神，落实党中央、国务院关于高技能人才工作的要求，加强粮食行业高技能人才队伍建设，全面提高从业人员的综合素质和技能水平，国家粮食局、劳动和社会保障部于2007年12月7~9日共同举办了首届全国粮食行业职业技能大赛。在各地和有关公司层层选拔的基础上，各省（区、市）以及新疆生产建设兵团粮食局、中国储备粮管理总公司、中粮集团有限公司共31支代表队186名选手参加了大赛。经过理论知识和技能操作比赛，安徽省粮食局等6支代表队分别获得优秀团体一、二、三等奖，中国储备粮管理总公司代表队辛立勇等25名选手分别获得粮油保管员职业个人一、二、三等奖，中粮集团有限公司代表队梁维权等25名选手分别获得粮油质量检验员职业个人一、二、三等奖。北京市粮食局等8支代表队获得优秀组织奖。

根据《国家粮食局办公室、劳动和社会保障部办公厅关于举办首届全国粮食行业职业技能大赛的通知》（国粮办人[2007]148号），粮油保管员、粮油质量检验员两个职业6名个人一等奖获得者将由劳动和社会保障部授予“全国技术能手”荣誉称号，两个职业24名个人二等奖获得者将由国家粮食局授予“全国粮食行业技术能手”荣誉称号。以上荣誉称号、奖章和证书将按规定程序授予。

希望受表彰的同志珍惜荣誉、谦虚谨慎、发扬成绩、努力拼搏、锐意进取，继续在本职岗位上作出新的贡献。希望全国粮食行业广大劳动者以在这次职业技能大赛中取得优异成绩的选手为榜样，刻苦钻研技术，不断提高技能水平，努力成为适应现代化建设需要的高素质劳动者。各地区、有关中央企业要认真贯彻落实党中央、国务院加强人才工作的精神，切实加强职业技能培训，做好高技能人才培养工作，把岗位练兵、技术比武、技能竞赛长期坚持下去，积极营造尊重劳动、尊重知识、尊重人才、尊重创造的良好社会氛围，为保障国家粮食安全、实现社会主义建设新时期的宏伟目标而努力奋斗。

关于授予孙建光等20名同志全国粮食行业技术能手荣誉称号的决定

（国家粮食局 国粮人[2007]259号 2007年12月29日）

各省、自治区、直辖市及新疆生产建设兵团粮食局，中国储备粮管理总公司、中粮集团有限公司、中国华粮物流集团有限公司：

为表彰在首届全国粮食行业职业技能大赛中取得优异成绩的选手，营造尊重技能、重视技能人才的社会氛围，根据国家粮食局办公室、劳动和社会保障部办公厅《关于举办首届全国粮食行业职业技能大赛的通知》（国粮办人[2007]148号），经研究，决定授予在首届全国粮食行业职业技能大赛获得优异成绩的孙建光等20名同志“全国粮食行业技术能手”荣誉称号，颁发奖章和证书。

希望受表彰的同志以此为新的起点，戒骄戒躁，再接再厉，不断学习新知识，掌握新技能，在本职岗位上取得更大成绩。希望广大粮食行业职工向受表彰的同志学习，刻苦钻研技术，提高自身素质，争当技术能手，为粮食流通工作作出新的贡献。

通告公告部分

2007年度大米、小麦粉加工精度标准样品和2007年度第一批小麦储存品质品尝评分参考样品行业标准

（国家粮食局 国粮通[2007]1号 2007年3月16日）

为配合《大米》、《小麦粉》、《小麦储存品质判定规则》国家标准的实施，确保小麦粉、大米加工精度检验和小麦储存品质检验结果的一致性，经评定，现发布2007年度大米、小麦粉加工精度标准样品和2007年度第一批小麦储存品质品尝评分参考样品行业标准如下：

粮食制品行业标准样品目录

名　称	评定等级或参数	标准编号	适用标准
南方小麦粉加工精度标准样品	特制一等	LS/T 15111: 1－2007	GB 1355
	特制二等	LS/T 15111: 2－2007	
	标准粉	LS/T 15111: 3－2007	
北方小麦粉加工精度标准样品	特制一等	LS/T 15112: 1－2007	
	特制二等	LS/T 15112: 2－2007	
	标准粉	LS/T 15112: 3－2007	
早籼米加工精度标准样品	特等	LS/T 15121: 1－2007	GB 1354
	标准一等	LS/T 15121: 2－2007	
	标准二等	LS/T 15121: 3－2007	
晚籼米加工精度标准样品	特等	LS/T 15122: 1－2007	
	标准一等	LS/T 15122: 2－2007	
	标准二等	LS/T 15122: 3－2007	
晚粳米加工精度标准样品	特等	LS/T 15123: 1－2007	
	标准一等	LS/T 15123: 2－2007	
	标准二等	LS/T 15123: 3－2007	
小麦储存品质品尝评分参考样品	馒头品尝评分值75分	LS/T 15211: 1－2007	GB/T 20571
注：加工精度标准样品有效期限为一年；小麦储存品质品尝评分参考样品有效期限为六个月。			

上述标准自2007年4月1日起实施。

特此通告。

中央储备粮代储资格企业粮油保管、检验人员审核标准

（国家粮食局公告 2007年第1号 2007年4月2日）

根据《中央储备粮管理条例》、《中央储备粮代储资格认定办法》、《中央储备粮代储资格认定办法实施细则》的有关规定，现就中央储备粮代储资格企业粮油保管、检验人员审核标准公告如下：

一、自公告之日起，申报中央储备粮代储资格企业的粮油保管员、粮油质量检验员必须经过专业培训，并获得国家粮食局统一颁发的《职业资格证书》。

二、已经取得中央储备粮代储资格的企业，应积极组织本企业粮油保管员、粮油质量检验员参加专业培训和专业考核，取得相应的《职业资格证书》。

三、已经取得中央储备粮代储资格的企业，在下一次提出延续申请时，企业拥有获得《职业资格证书》的粮油保管员、粮油质量检验员的数量应达到规定要求。

2007年度第二批小麦储存品质品尝评分参考样品行业标准

（国家粮食局 国粮通[2007]2号 2007年6月14日）

为配合《小麦储存品质判定规则》国家标准的实施，确保小麦储存品质检验结果的一致性，经组织专家评定，现发布2007年度第二批小麦储存品质品尝评分参考样品行业标准：

行业标准名称：小麦储存品质品尝评分参考样品

评定参数：　馒头品尝评分值72分

标准编号：　LS/T 15211:2—2007

适应标准：　GB/T 20571

有 效 期：　2007年10月20日

本标准代替LS/T 15211:1—2007，自2007年6月25日起实施。

《小麦硬度指数测定仪技术条件与试验方法》编号和名称

（国家粮食局 国粮通[2007]3号 2007年9月29日）

推荐性粮食行业标准《小麦硬度指数测定仪技术条件与试验方法》现予发布，其编号和名称为：LS/T3704—2007《小麦硬度指数测定仪技术条件与试验方法》。

本标准自2007年11月1日起实施。

《粮食行政复议工作规程（试行）》

（国家粮食局 国粮通[2007]4号 2007年10月26日）

第一章 总 则

第一条 为了进一步发挥粮食行政复议制度解决粮食行政争议的作用，规范粮食行政机关粮食行政复议案件的办理程序，防止和纠正违法的或者不当的具体行政行为，保护公民、法人或者其他组织的合法权益，保障和监督粮食行政机关依法行使职权，根据《中华人民共和国行政复议法》（以下简称行政复议法）、《中华人民共和国行政复议法实施条例》（以下简称行政复议法实施条例）、《粮食流通管理条例》、《中央储备粮管理条例》和《粮食行政复议办法》，结合粮食工作实际，制定本规程。

第二条 公民、法人或者其他组织对粮食行政机关作出的具体行政行为不服的，依法可以向该粮食行政机关的本级人民政府申请粮食行政复议，也可以向上一级粮食行政机关申请粮食行政复议。法律、法规另有规定的除外。

第三条 粮食行政复议机关应当认真履行粮食行政复议职责，领导并支持本机关负责法制工作的机构（以下简称粮食行政复议机构）依法办理粮食行政复议事项，并依照有关规定配备、充实、调剂专职粮食行政复议人员，保障所需经费、必需的设备和工作条件，保证粮食行政复议机构的办案能力与工作任务相适应。

本规程所称粮食行政复议机关，是指国家粮食局，省（自治区、直辖市）粮食局、新疆生产建设兵团粮食局或主管粮食流通的行政管理机关（以下统称省级粮食行政机关），市（地、州、盟）粮食局或主管粮食流通的行政管理机关（以下统称市级粮食行政机关），不包括县（市、区、旗）粮食局或主管粮食流通的行政管理机关（以下统称县级粮食行政机关）。

第四条 粮食行政复议机构应当依法履行下列职责：

（一）受理粮食行政复议申请，转送有关行政复议申请；

（二）向有关组织和人员调查取证，查阅文件和资料；

（三）审查申请粮食行政复议的具体行政行为是否合法与适当，拟订粮食行政复议决定；

（四）按照职责权限，督促粮食行政复议申请的受理和粮食行政复议决定的履行；

（五）办理粮食行政复议、行政应诉案件统计和重大粮食行政复议决定备案事项；

（六）办理因不服粮食行政复议决定提起行政诉讼的应诉事项，办理或者组织办理未经粮食行政复议直接提起行政诉讼的行政应诉事项；

（七）依法办理有关的行政赔偿等事项；

（八）研究粮食行政复议工作中发现的问题，及时向有关机关提出改进建议，重大问题及时向粮食行政复议机关报告；

（九）法律、法规规定的其他职责。

第五条 粮食行政复议机关履行行政复议职责，应当遵循合法、公正、公开、及时、便民的原则，坚持以人为本、复议为民、有错必纠，确保国家法律、法规的正确实施。

第二章　粮食行政复议范围

第六条　公民、法人或者其他组织对县级粮食行政机关作出的下列具体行政行为不服，可以依法向市级粮食行政机关申请粮食行政复议：

（一）认为符合法定条件，已申请办理粮食收购资格但未获批准的；

（二）对所作出的警告、罚款、暂停或取消资格等行政处罚决定不服的；

（三）对所作出的有关许可证、资质证、资格证等证书或其他行政审批变更、中止、撤销的决定不服的；

（四）认为侵犯其合法的自主经营权的；

（五）认为违法收费或违法要求履行义务的；

（六）认为侵犯其他合法权益的。

第七条　公民、法人或者其他组织对市级粮食行政机关作出的下列具体行政行为不服，可以依法向省级粮食行政机关申请粮食行政复议：

（一）认为符合法定条件，已申请办理粮食收购资格但未获批准的；

（二）对所作出的警告、罚款、暂停或取消资格等行政处罚决定不服的；

（三）对所作出的有关许可证、资质证、资格证等证书或其他行政审批变更、中止、撤销的决定不服的；

（四）认为侵犯其合法的自主经营权的；

（五）认为违法收费或违法要求履行义务的；

（六）认为侵犯其他合法权益的。

第八条　公民、法人或者其他组织对省级粮食行政机关作出的下列具体行政行为不服，可以依法向国家粮食局申请粮食行政复议：

（一）对向所在地省级粮食行政机关提出中央储备粮代储资格申请不予受理的；

（二）认为符合法定条件，已申请办理粮食收购资格但未获批准的；

（三）认为符合法定条件，已申请办理军粮供应站资格但未获批准的；

（四）认为符合法定条件，已申请办理地方储备粮代储资格但未获批准的；

（五）对所作出的警告、罚款、暂停或取消资格等行政处罚决定不服的；

（六）对所作出的有关许可证、资质证、资格证等证书或其他行政审批变更、中止、撤销的决定不服的；

（七）认为侵犯其合法的自主经营权的；

（八）认为违法收费或违法要求履行义务的；

（九）认为侵犯其他合法权益的。

第九条　公民、法人或者其他组织对国家粮食局作出的下列具体行政行为不服，可以向国家粮食局申请粮食行政复议：

（一）认为符合法定条件，已申请办理中央储备粮代储资格但未获批准的；

（二）认为符合法定条件，已申请办理粮食收购资格但未获批准的；

（三）认为符合法定条件，已申请办理中央储备粮保管、检验、防治人员资格但未获批准的；

（四）对所作出的警告、罚款、暂停或取消资格等行政处罚决定不服的；

（五）对所作出的有关许可证、资质证、资格证等证书或其他行政审批变更、中止、撤销的决定不服的；

（六）认为侵犯其合法的自主经营权的；

（七）认为违法收费或违法要求履行义务的；

（八）认为侵犯其他合法权益的。

第十条 公民、法人或者其他组织认为具体行政行为所依据的规定不合法的，可以按照下列规定在对具体行政行为申请粮食行政复议的同时一并提出对该规定的审查申请：

（一）认为国家粮食局、省级粮食行政机关或者与其他行政机关或非行政机关共同作出的规定不合法，向国家粮食局申请审查；

（二）认为市级粮食行政机关或者与其他行政机关或非行政机关共同作出的规定不合法，向省级粮食行政机关申请审查；

（三）认为县级粮食行政机关或者与其他行政机关或非行政机关共同作出的规定不合法，向市级粮食行政机关申请审查。

申请人在对具体行政行为提出粮食行政复议申请时尚不知道该具体行政行为所依据的规定的，可以在粮食行政复议机关作出行政复议决定前向粮食行政复议机关提出对该规定的审查申请。

第十一条 下列情形不属于粮食行政复议受理范围：

（一）不服粮食行政机关作出的行政处分或者其他人事处理决定的；

（二）已就粮食行政机关作出的具体行政行为向人民法院提起行政诉讼，人民法院已经依法受理的；

（三）对同一具体行政行为，已经申请粮食行政复议，粮食行政复议机关已经作出粮食行政复议决定的；

（四）其他依法不应当受理的粮食行政复议申请。

第三章 粮食行政复议申请

第十二条 依照行政复议法、行政复议法实施条例和本规程的规定申请粮食行政复议的公民、法人或者其他组织为申请人。

同一粮食行政复议案件申请人超过5人的，推选1~5名代表参加粮食行政复议。

粮食行政复议期间，申请人以外的公民、法人或者其他组织与被审查的具体行政行为有利害关系的，可以向粮食行政复议机构申请作为第三人参加粮食行政复议。

第三人不参加粮食行政复议，不影响粮食行政复议案件的审理。

第十三条 申请人、第三人可以委托1~2名代理人参加粮食行政复议。申请人、第三人委托代理人的，应当向粮食行政复议机构提交授权委托书。授权委托书应当载明委托事项、权限和期限。公民在特殊情况下无法书面委托的，可以口头委托。口头委托的，粮食行政复议机构应当核实并记录在卷。申请人、第三人解除或者变更委托的，应当书面报告粮食行政复议机构。

第十四条 公民、法人或者其他组织认为具体行政行为侵犯其合法权益的，可以自知道或应当知道该具体行政行为之日起60日内提出粮食行政复议申请；但是法律规定的申请期限超过60日的除外。

申请期限的计算，依照下列规定办理：

（一）当场作出具体行政行为的，自具体行政行为作出之日起计算；

（二）载明具体行政行为的法律文书直接送达的，自受送达人签收之日起计算；

（三）载明具体行政行为的法律文书邮寄送达的，自受送达人在邮件签收单上签收之日起计算；没有邮件签收单的，自受送达人在送达回执上签名之日起计算；

（四）具体行政行为依法通过公告形式告知受送达人的，自公告规定的期限届满之日起计算；

（五）粮食行政机关作出具体行政行为时未告知公民、法人或者其他组织，事后补充告知的，自该公民、法人或者其他组织收到粮食行政机关补充告知的通知之日起计算；

（六）被申请人能够证明公民、法人或者其他组织知道具体行政行为的，自证据材料证明其知道具体行政行为之日起计算。

粮食行政机关作出具体行政行为，依法应当向有关公民、法人或者其他组织送达法律文书而未送达的，视为该公民、法人或者其他组织不知道该具体行政行为。

第十五条　因不可抗力或者其他正当理由耽误法定申请期限的，申请期限自障碍消除之日起继续计算。

申请人因不可抗力以外的其他正当理由耽误法定申请期限的，应当提交相应的证明材料，由粮食行政复议机构认定。其他正当理由包括：

（一）申请人因严重疾病不能在法定申请期限内申请粮食行政复议的；

（二）申请人为无行为能力人或者限制行为能力人，其法定代理人在法定申请期限内不能确定的；

（三）法人或者其他组织合并、分立或者终止，承受其权利的法人或者其他组织在法定申请期限内不能确定的；

（四）粮食行政复议机构认定的其他耽误法定申请期限的正当理由。

第十六条　公民、法人或者其他组织依法申请粮食行政机关办理粮食收购资格、中央储备粮代储资格、地方储备粮代储资格、军粮供应站资格等行政许可或其他行政审批，粮食行政机关未履行的，粮食行政复议申请期限依照下列规定计算：

（一）有履行期限规定的，自履行期限届满之日起计算；

（二）没有履行期限规定的，自粮食行政机关收到申请满60日起计算。

第十七条　申请人申请粮食行政复议，可以书面申请，也可以口头申请。

书面申请的，可以采取当面递交、邮寄或者传真等方式提出粮食行政复议申请。

第十八条　申请人书面申请粮食行政复议，应当在粮食行政复议申请书中载明下列事项：

（一）申请人的基本情况，包括：公民的姓名、性别、年龄、身份证号码、工作单位、住所、邮政编码；法人或者其他组织的名称、住所、邮政编码和法定代表人或者主要负责人的姓名、职务；

（二）被申请人的名称；

（三）粮食行政复议请求、申请粮食行政复议的主要事实和理由；

（四）申请人的签名或者盖章；

（五）申请粮食行政复议的日期。

第十九条　口头申请的，粮食行政复议机构应当依照本规程第十八条规定的事项，当场制作粮食行政复议申请笔录交申请人核对或者向申请人宣读，并由申请人签字确认。

第二十条　有下列情形之一的，申请人应当提供证明材料：

（一）认为被申请人不履行法定职责的，提供曾经要求被申请人履行法定职责而被申请人未履行的证明材料；

（二）申请粮食行政复议时一并提出行政赔偿请求的，提供受具体行政行为侵害而造成损害的证明材料；

（三）法律、法规规定需要申请人提供证据材料的其他情形。

第二十一条　公民、法人或者其他组织对粮食行政机关的具体行政行为不服，依照行政复议法、行政复议法实施条例和本规程的规定申请粮食行政复议的，作出该具体行政行为的粮食行政机关为被申请人。

粮食行政机关内设机构作出具体行政行为的，粮食行政机关为被申请人。

粮食行政机关与其他组织以共同名义作出具体行政行为的，粮食行政机关为被申请人。

下级粮食行政机关依照法律、法规、规章规定，经上级粮食行政机关批准作出具体行政行为的，批准机关为被申请人。

第四章　粮食行政复议受理

第二十二条　公民、法人或者其他组织认为粮食行政机关的具体行政行为侵犯其合法权益提出粮食行政复议申请，除不符合行政复议法、行政复议法实施条例和本规程规定的申请条件的，粮食行政复议机关必须受理。

粮食行政复议机构负责接受公民、法人和其他组织提出的粮食行政复议申请。粮食行政复议机关的其他内设机构收到粮食行政复议申请书的，应当登记并于当日转送粮食行政复议机构；口头申请粮食行政复议的，其他内设机构应当告知其依法向粮食行政复议机构提出申请。

第二十三条　粮食行政复议申请符合下列规定的，应当予以受理：

（一）有明确的申请人和符合规定的被申请人；

（二）申请人与具体行政行为有利害关系；

（三）有具体的粮食行政复议请求和理由；

（四）在法定申请期限内提出；

（五）属于粮食行政复议的范围；

（六）属于收到粮食行政复议申请的粮食行政复议机构的职责范围；

（七）其他行政复议机关尚未受理同一行政复议申请，人民法院尚未受理同一主体就同一事实提起的行政诉讼。

第二十四条　粮食行政复议申请材料不齐全或者表述不清楚的，粮食行政复议机构可以自收到该粮食行政复议申请之日起5日内书面通知申请人补正。补正通知应当载明需要补正的事项和合理的补正期限。无正当理由逾期不补正的，视为申请人放弃粮食行政复议申请。

补正申请材料所用时间不计入粮食行政复议审理期限。粮食行政复议机构办理粮食行政复议案件的期限自收到最后补正材料之日起计算。

第二十五条　粮食行政复议机构自收到粮食行政复议申请之日起5日内应当分别作出以下处理：

（一）符合行政复议法、行政复议法实施条例和本规程规定的，予以受理；

（二）不符合行政复议法、行政复议法实施条例和本规程规定的，决定不予受理，并将粮食行政复议不予受理决定书送达申请人；

（三）符合行政复议法和行政复议法实施条例规定，但不属于本机关受理的，应当告知申请人向有权受理的行政复议机关提出。

第二十六条　粮食行政复议期间，粮食行政复议机构认为申请人以外的公民、法人或者其他组织与被审查的具体行政行为有利害关系的，可以通知其作为第三人参加粮食行政复议。

申请人提出粮食行政复议申请时错列被申请人的，粮食行政复议机构应当告知申请人变更被申请人。

第二十七条　申请人依法提出粮食行政复议申请，省级粮食行政复议机关无正当理由拖延或者拒绝受理的，国家粮食局应当责令其受理。

国家粮食局责令省级粮食行政机关受理粮食行政复议申请的，应当制作粮食行政复议责令受理通知书，送被责令机关，并通知申请人。

被责令受理粮食行政复议申请的省级粮食行政机关应当在收到粮食行政复议责令受理通知书5日内受理，并按时告知责令机关；粮食行政复议决定作出后，应当将粮食行政复议决定书及时报送责令机关备案。逾期不受理的，国家粮食局可以自行受理。

第二十八条　申请人依法提出粮食行政复议申请，市级粮食行政复议机关无正当理由拖延或者拒绝受理的，省级粮食行政机关应当责令其受理。

省级粮食行政机关责令市级粮食行政机关受理粮食行政复议申请的，应当制作粮食行政复议责令受理通知书，送被责令机关，并通知申请人。

被责令受理粮食行政复议申请的市级粮食行政机关应当在收到粮食行政复议责令受理通知书5日内受理，并按时告知责令机关；粮食行政复议决定作出后，应当将粮食行政复议决定书及时报送责令机关备案。逾期不受理的，省级粮食行政机关可以自行受理。

第二十九条　国家粮食局认为责令省级粮食行政机关受理粮食行政复议申请不利于合法、公正处理的，国家粮食局可以直接受理。

省级粮食行政机关认为责令市级粮食行政机关受理粮食行政复议申请不利于合法、公正处理的，省级粮食行政机关可以直接受理。

第五章　粮食行政复议审查

第三十条　粮食行政复议机构审理粮食行政复议案件，应当由2名以上行政复议人员参加。

第三十一条　粮食行政复议机构应当对被申请人作出的具体行政行为的下列事项进行全面审查：

（一）主要事实是否清楚，证据是否确凿；

（二）适用依据是否正确；

（三）是否符合法定程序；

（四）是否超越或者滥用职权；

（五）是否存在明显不当；

（六）是否属于不履行法定职责。

第三十二条　粮食行政复议机构在对本规程第三十一条规定的事项进行审查的同时，应当对下列事项进行审查：

（一）具体行政行为是否应当停止执行；

（二）是否需要通知第三人参加粮食行政复议；

（三）是否需要提交粮食行政复议机关集体讨论；

（四）是否需要当面听取当事人意见。

第三十三条 粮食行政复议机构对行政处罚决定应当重点审查下列事项：

（一）被申请人是否具有法定职权；

（二）事实是否清楚，证据是否确凿；

（三）适用依据是否正确；

（四）量罚是否存在明显不当；

（五）是否符合法定程序。

第三十四条 粮食行政复议机构对行政许可应当重点审查下列事项：

（一）许可事项是否属于被申请人的法定职责；

（二）不予许可理由是否正当；

（三）是否符合法定许可范围；

（四）是否符合法定程序。

第三十五条 粮食行政复议机构对申请人认为被申请人不履行法定职责的粮食行政复议案件，应当重点审查下列事项：

（一）是否属于被申请人的法定职责；

（二）被申请人是否明确表示拒绝履行或者不予答复；

（三）是否超过法定履行期限；

（四）被申请人提出不能在法定期限内履行或者不能及时履行的理由是否正当。

前款规定的不履行法定职责，是指被申请人对申请人依法提出的申请，应当在法定的期限或者相当的期限内履行其法定职责，而拒绝履行或者没有正当理由延迟履行。被申请人已经实际履行，但因不可抗力或者非因被申请人自身原因没有继续履行必要或者致使履行不充分的，不属于不履行法定职责。

第三十六条 粮食行政复议机关依法有权对规章以下的规定进行审查：

（一）本级粮食行政机关制定的规定；

（二）下级粮食行政机关制定的规定。

第三十七条 粮食行政复议机关对本规程第三十六条的规定重点审查下列事项：

（一）是否与上位阶的规范性文件相抵触；

（二）是否与同位阶的规范性文件相矛盾；

（三）是否属于制定机关的法定职权范围。

规章以下的规定审查期间，粮食行政复议机关应当中止对具体行政行为的审查，必要时可以决定停止具体行政行为的执行。

第三十八条 粮食行政复议机关对认定为不合法的规章以下的规定，按以下原则处理：

（一）属于本级粮食行政机关制定的，应当在30日内予以废止或者作出修订；

（二）属于下一级粮食行政机关制定的，应当责令下一级粮食行政机关在30日内予以废止或者作出修订。

第三十九条 粮食行政复议机构对粮食行政复议机关无权处理的规章以下的规定，应当制作粮食行政复议规范性文件转送函，按以下程序予以转送：

（一）对与粮食行政复议机关同级的其他行政机关或该行政机关的下级机关制定的规章以下的规定，转送至该行政机关；

（二）对粮食行政复议机关与其他行政机关联合制定的规章以下的规定，商联合制定规范性文件的行政机关办理。

第四十条　粮食行政复议原则上采取书面审查的方式。但是有下列情形之一的，粮食行政复议机构可以当面听取申请人、被申请人和第三人的意见：

（一）当事人要求当面听取意见的；

（二）案情复杂，需要当事人当面说明情况的；

（三）涉及行政赔偿的；

（四）其他需要当面听取意见的情形。

申请人、被申请人主要负责人或授权委托人和第三人应当予以配合，不得拒绝。

第四十一条　当面听取意见的，应当保障当事人平等陈述、质证和辩论的权利。

当面听取意见应当制作笔录并载明以下内容：

（一）时间、地点及粮食行政复议机构办案人员姓名；

（二）申请人、被申请人、第三人的基本情况；

（三）案由；

（四）申请人、被申请人陈述的事实、理由、法律依据、各自的请求以及辩论的焦点；

（五）证人证言等证据材料。

当面听取意见笔录应当经参加人核实并签名或者加盖印章。

第四十二条　有下列情形之一的，粮食行政复议机构可以向有关组织和人员调查取证：

（一）申请人对案件主要事实有异议的；

（二）被申请人提供的证据相互矛盾的；

（三）申请人或者第三人提出新的证据，可能否定被申请人认定的案件主要事实的；

（四）其他需要调查取证的情形。

调查取证时，粮食行政复议人员不得少于2人，并应当向当事人或者有关人员出示证件。被调查单位和人员应当配合粮食行政复议人员的工作，不得拒绝或者阻挠。

需要现场勘验的，现场勘验所用时间不计入粮食行政复议审理期限。

第四十三条　申请人认为粮食行政复议人员与本案有利害关系或者其他可能影响公正审理的关系，有权申请粮食行政复议人员回避。

粮食行政复议人员认为自己与本案有利害关系或者其他可能影响公正审理的关系，应当申请回避。

第四十四条　重大、复杂的粮食行政复议案件，应当提交粮食行政复议机关集体讨论。

前款所称重大、复杂的粮食行政复议案件是指：

（一）涉及国家利益、公共利益以及有重大影响或者重大涉外的案件；

（二）粮食行政复议机构认为重大、复杂的其他粮食行政复议案件。

第四十五条　粮食行政复议机关自粮食行政复议申请受理之日起7日内，将粮食行政复议答复通知书送达被申请人。被申请人应当自收到粮食行政复议答复通知书之日起10日内，提交当初作出具体行政行为的证据、依据和其他有关材料，应当由原作出具体行政行为的承办机构具体办理，以原作出具体行政行为的机关名义提出书面答复，载明下列主要内容：

（一）案件的基本情况；

（二）具体行政行为认定的事实和依据；

（三）对粮食行政复议申请事项的意见；

（四）被申请人的请求。

粮食行政复议期间，被申请人改变原具体行政行为的，不影响粮食行政复议案件的审理。但是，申请人依法撤回粮食行政复议申请的除外。

第四十六条　粮食行政复议期间，涉及专门事项需要鉴定的，当事人可以自行委托鉴定机构进行鉴定，也可以申请粮食行政复议机构委托鉴定机构进行鉴定。鉴定费用由当事人承担。鉴定所用时间不计入粮食行政复议审理期限。

粮食行政复议机关应当为申请人、第三人查阅有关材料提供必要条件。

第四十七条　粮食行政复议决定作出前，申请人自愿撤回粮食行政复议申请的，经粮食行政复议机构同意，可以撤回。

申请人撤回粮食行政复议申请的，不得再以同一事实和理由提出粮食行政复议申请。但是，申请人能够证明撤回粮食行政复议申请违背其真实意思表示的除外。

第四十八条　公民、法人或者其他组织对粮食行政机关行使法律、法规规定的自由裁量权作出的具体行政行为不服申请粮食行政复议，申请人与被申请人在粮食行政复议决定作出前自愿达成和解的，应当向粮食行政复议机构提交书面和解协议；和解内容不损害社会公共利益和他人合法权益的，粮食行政复议机构应当准许。

第六章　粮食行政复议决定

第四十九条　粮食行政复议期间有下列情形之一，影响粮食行政复议案件审理的，粮食行政复议中止：

（一）作为申请人的自然人死亡，其近亲属尚未确定是否参加粮食行政复议的；

（二）作为申请人的自然人丧失参加粮食行政复议的能力，尚未确定法定代理人参加粮食行政复议的；

（三）作为申请人的法人或者其他组织终止，尚未确定权利义务承受人的；

（四）作为申请人的自然人下落不明或者被宣告失踪的；

（五）申请人、被申请人因不可抗力，不能参加粮食行政复议的；

（六）案件涉及法律适用问题，需要有权机关作出解释或者确认的；

（七）案件审理需要以其他案件的审理结果为依据，而其他案件尚未审结的；

（八）其他需要中止粮食行政复议的情形。

粮食行政复议中止的原因消除后，应当及时恢复粮食行政复议案件的审理。

粮食行政复议机构中止、恢复粮食行政复议案件的审理，应当告知有关当事人。

第五十条　粮食行政复议期间有下列情形之一的，粮食行政复议终止：

（一）申请人要求撤回粮食行政复议申请，粮食行政复议机构准予撤回的；

（二）作为申请人的自然人死亡，没有近亲属或者其近亲属放弃粮食行政复议权利的；

（三）作为申请人的法人或者其他组织终止，其权利义务的承受人放弃粮食行政复议权利的；

（四）申请人与被申请人依照本规程第四十八条的规定，经粮食行政复议机构准许达成和解的。

依照本规程第四十九条第一款第（一）项、第（二）项、第（三）项规定中止粮食行政复议，满60日粮食行政复议中止的原因仍未消除的，粮食行政复议终止。

第五十一条　具体行政行为认定事实清楚，证据确凿，适用依据正确，程序合法，内容适当的，粮食行政复议机关应当决定维持。

第五十二条　有下列情形之一的，粮食行政复议机关应当决定被申请人在一定期限内履行法定职责：

（一）属于被申请人的法定职责，被申请人明确表示拒绝履行或者不予答复的；

（二）属于被申请人的法定职责，并有法定履行时限，被申请人逾期未履行或者未予答复的。

第五十三条　具体行政行为有本规程第五十四条、第五十五条、第五十六条、第五十七条、第五十八条、第五十九条规定情形之一的，粮食行政复议机关应当决定撤销、变更该具体行政行为或者确认该具体行政行为违法；决定撤销该具体行政行为或者确认该具体行政行为违法的，可以责令被申请人在一定期限内重新作出具体行政行为。

责令被申请人重新作出具体行政行为的，被申请人应当在法律、法规、规章规定的期限内重新作出具体行政行为；法律、法规、规章未规定期限的，重新作出具体行政行为的期限为60日。

公民、法人或者其他组织对被申请人重新作出的具体行政行为不服，可以依法申请行政复议或者提起行政诉讼。

第五十四条　有下列情形之一的，应当认定该具体行政行为适用依据错误：

（一）适用的依据已经失效、废止的；

（二）适用的依据尚未生效的；

（三）适用的依据不当的；

（四）其他适用依据错误的情形。

第五十五条　有下列情形之一的，应当认定该具体行政行为违反法定程序：

（一）依法应当回避而未回避的；

（二）在作出行政处罚决定之前，没有依法履行告知义务的；

（三）拒绝听取当事人陈述、申辩的；

（四）应当听证而未听证的；

（五）其他违反法律、法规、规章规定程序的情形。

第五十六条　有下列情形之一的，应当认定该具体行政行为超越职权：

（一）超越地域管辖范围的；

（二）超越执法权限的；

（三）其他超越职权的情形。

第五十七条　被申请人在法定职权范围内故意作出不适当的具体行政行为，侵犯申请人合法权益的，可以认定该具体行政行为滥用职权。

第五十八条　被申请人作出的具体行政行为与其他同类性质、情节的具体行政行为存在明显差别的，粮食行政复议机关可以认定该具体行政行为明显不当。

第五十九条　有下列情形之一的，应当确认该具体行政行为违法或者不当：

（一）被申请人违法实施的事实行为；

（二）被申请人不履行法定职责，但是责令履行已经没有实际意义的；

（三）被申请人的具体行政行为违法或者不当，但是予以撤销会对公共利益造成重大损害的。

第六十条　被申请人未依照本规程第四十五条的规定提出书面答复、提交当初作出具体行政行为的证据、依据和其他有关材料的，视为该具体行政行为没有证据、依据，粮食行政复议机关应当决定撤销该具体行政行为。

作出具体行政行为的主要事实不清、证据不足的，粮食行政复议机关应当决定撤销该具体行政行为。

第六十一条 具体行政行为有下列情形之一，粮食行政复议机关可以决定变更：

（一）认定事实清楚，证据确凿，程序合法，但是明显不当或者适用依据错误的；

（二）认定事实不清，证据不足，但是经粮食行政复议机关审理查明事实清楚，证据确凿的。

第六十二条 有下列情形之一的，粮食行政复议机关应当决定驳回粮食行政复议申请：

（一）申请人认为粮食行政机关不履行法定职责申请粮食行政复议，粮食行政复议机关受理后发现该行政机关没有相应法定职责或者在受理前已经履行法定职责的；

（二）受理粮食行政复议申请后，发现该行政复议申请不符合行政复议法、行政复议法实施条例和本规程规定的受理条件的。

上一级粮食行政机关认为粮食行政复议机关驳回粮食行政复议申请的理由不成立的，应当责令其恢复审理。

第六十三条 有下列情形之一的，粮食行政复议机关可以按照自愿、合法的原则进行调解：

（一）公民、法人或者其他组织对粮食行政机关行使法律、法规规定的自由裁量权作出的具体行政行为不服申请行政复议的；

（二）当事人之间的行政赔偿或者行政补偿纠纷。

当事人经调解达成协议的，粮食行政复议机关应当制作粮食行政复议调解书。调解书应当载明行政复议请求、事实、理由和调解结果，并加盖粮食行政复议机关印章。粮食行政复议调解书经双方当事人签字，即具有法律效力。

调解未达成协议或者调解书生效前一方反悔的，粮食行政复议机关应当及时作出粮食行政复议决定。

第六十四条 粮食行政复议机关对情况复杂，不能在规定期限内作出粮食行政复议决定，需要延长粮食行政复议期限的案件，应当制作粮食行政复议期限延长通知书，送达申请人和被申请人；但是延长期限最多不超过30日。

前款规定中的情况复杂包括：

（一）需要对申请人、第三人在粮食行政复议过程中提出的新的证据重新鉴定、勘验或补充，不能在法定的粮食行政复议期限内办结的；

（二）需要对被申请人作出的具体行政行为所认定的事实作进一步的调查核实，或者申请人、第三人要求作进一步的调查核实，不能在法定的粮食行政复议期限内调查核实完毕的；

（三）粮食行政复议案件涉及较多的当事人、不同地区，不能在法定的粮食行政复议期限内办结的；

（四）其他不能在法定的粮食行政复议期限内作出粮食行政复议决定的复杂情况。

第六十五条 粮食行政复议机关作出粮食行政复议决定，应当制作粮食行政复议决定书，载明以下内容：

（一）申请人、第三人及其代理人的姓名、性别、年龄、职业、住所等，法人或者其他组织的名称、住所、法定代表人等；

（二）被申请人的名称、住所、法定代表人等；

（三）申请人的粮食行政复议请求；

（四）申请人提出的事实和理由；

（五）被申请人答复的事实和理由；

（六）粮食行政复议机关认定的事实、理由和适用的依据；

（七）粮食行政复议结论；

（八）不服粮食行政复议决定向人民法院提起行政诉讼的期限；

（九）作出粮食行政复议决定的日期。

粮食行政复议决定书应当加盖粮食行政复议机关印章或者粮食行政复议专用章。

第七章　粮食行政复议指导和监督

第六十六条　国家粮食局负责指导全国粮食行业的粮食行政复议工作，对省级粮食行政机关的粮食行政复议工作进行检查、监督。

省级粮食行政机关负责指导本省粮食行业的粮食行政复议工作，对市级粮食行政机关的粮食行政复议工作进行检查、监督。

各级粮食行政复议机构应当定期组织对粮食行政复议人员进行业务培训，提高粮食行政复议人员的专业素质。

第六十七条　粮食行政复议机关实行粮食行政复议案件登记制度。粮食行政复议机构设置粮食行政复议案件登记簿，记录粮食行政复议案件的申请人、被申请人、申请方式、受理时间、复议结果、送达情况、办案人员和办案进展情况。

第六十八条　办理粮食行政复议案件，应当使用统一格式的粮食行政复议法律文书。粮食行政复议法律文书格式可以在国家粮食局政府网站下载。

第六十九条　粮食行政复议机关实行粮食行政复议案件归档制度。粮食行政复议机构在粮食行政复议案结事了后，应当按照一案一卷的原则对该案件相关的材料立卷归档。

粮食行政复议归档案卷按下列顺序排列：

（一）粮食行政复议决定书或粮食行政复议终止通知书；

（二）粮食行政复议申请书及申请人提供的相关材料；

（三）粮食行政复议受理通知书；

（四）粮食行政复议答复通知书、被申请人粮食行政复议答复书及提供的相关材料；

（五）第三人提供的相关材料；

（六）粮食行政复议机关的调查笔录和相关材料及审理报告；

（七）送达回执；

（八）其他。

第七十条　下一级粮食行政复议机关应当及时将重大粮食行政复议决定报上一级粮食行政复议机关备案。

省级粮食行政复议机关每年2月应将上一年度在本辖区内受理粮食行政复议案件的情况报告国家粮食局。

市级粮食行政复议机关每年1月应将上一年度受理粮食行政复议案件的情况报告省级粮食行政复议机关。

第七十一条　粮食行政复议机关建立粮食行政复议案件跟踪制度。粮食行政复议机构应当向申请人或被申请人了解粮食行政复议案件是否存在行政诉讼，以及诉讼的结果情况。

第七十二条 行政复议期间，粮食行政复议机关发现被申请人或者其他下一级粮食行政机关的相关行政行为违法或者需要做好善后工作的，可以制作粮食行政复议意见书。有关机关应当自收到粮食行政复议意见书之日起60日内将纠正相关行政违法行为或者做好善后工作的情况通报粮食行政复议机构。

行政复议期间，粮食行政复议机构发现法律、法规、规章实施中带有普遍性的问题，可以制作行政复议建议书，向有关机关提出完善制度和改进行政执法的建议。

第七十三条 各级粮食行政复议机关应当定期总结粮食行政复议工作，对在粮食行政复议工作中做出显著成绩的单位和个人，依照有关规定给予表彰和奖励。

第八章 法律责任

第七十四条 粮食行政复议机关、粮食行政复议机构、行政复议人员有行政复议法第三十四条、第三十五条、行政复议法实施条例第六十四条规定情形的，依照行政复议法、行政复议法实施条例的有关规定处理。

第七十五条 被申请人有行政复议法第三十六条、第三十七条、行政复议法实施条例第六十二条规定情形的，依照行政复议法、行政复议法实施条例的有关规定处理。

第七十六条 上级粮食行政机关发现下级粮食行政机关及有关工作人员有违反行政复议法、行政复议法实施条例和本规程规定的，应当制作建议书，向粮食行政机关提出建议，该粮食行政机关应当依照行政复议法和有关法律、行政法规的规定作出处理，并且将处理结果报告上级粮食行政机关。

第七十七条 粮食行政复议机构发现粮食行政机关及其工作人员有违反行政复议法、行政复议法实施条例和本规程规定的，应当制作建议书，向人事、监察部门提出对有关责任人员的处分建议，也可以将有关人员违法的事实材料直接转送人事、监察部门处理；接受转送的人事、监察部门应当依法处理，并且将处理结果通报转送的粮食行政复议机构。

第七十八条 拒绝或者阻挠粮食行政复议人员调查取证、查阅、复制、调取有关文件和资料的，对有关责任人员依法给予处分或者治安处罚；构成犯罪的，依法追究刑事责任。

第九章 附 则

第七十九条 本规程由国家粮食局负责解释。

第八十条 本规程自2007年12月1日起施行。

2007年度第三批小麦储存品质品尝评分参考样品行业标准

（国家粮食局 国粮通[2007]5号 2007年10月24日）

为认真贯彻《小麦储存品质判定规则》国家标准，确保小麦储存品质检验结果的一致性，经组织专家评定，现发布2007年度第三批小麦储存品质品尝评分参考样品行业标准：

行业标准名称：小麦储存品质品尝评分参考样品

评定参数：馒头品尝评分值72分

标准编号：LS/T 15211:3—2007

适应标准：GB/T 20571

研制单位：国家粮食局标准质量中心

有效期：2007年10月21日至2008年4月20日

本标准代替LS/T 15211:2—2007,自2007年10月21日起实施。

粮油行业标准管理办法

（国家粮食局 国粮通[2007]7号 2007年12月19日）

第一章 总 则

第一条 为推进粮食行业标准化工作，促进粮食行业技术的进步和管理水平的提高，根据《中华人民共和国标准化法》、《中华人民共和国标准化法实施条例》的规定，制定本办法。

第二条 本办法适用于规范粮油行业标准的制定与修订工作。本办法所称粮油标准是指在粮食收购、储存、运输、加工、销售等环节中需要统一的各种技术规范、技术要求和检验方法及标准化指导性技术文件，包括：

（一）粮食行业的通用技术术语、图形符号、编码、图例、图标；

（二）粮油及其加工（包括深加工）产品的质量、加工过程、检验方法及包装、储存、运输等技术要求；

（三）粮油加工厂、粮库、油库、粮油加工及储运设施、设备、粮油检验仪器的设计、生产、测试、操作的技术要求和规范等；

（四）粮油贸易、工业生产、粮油企业的分类、等级、从业要求、粮食行业管理技术、信息技术的要求及规范；

（五）需要统一的其他相关技术要求和规范。

第三条 粮油标准分为国家标准、行业标准、地方标准和企业标准。国家标准、行业标准在全国范围内执行。对没有国家标准的可以制定行业标准（包括标准样品的制作）；国家标准发布后，相应的行业标准自行废止。对没有国家标准和行业标准的，可以制定地方标准；地方标准在相应的国家标准或行业标准实施后，自行废止。没有国家标准、行业标准和地方标准的，应当制定相应的企业标准；已有国家标准、行业标准或地方标准的，国家鼓励企业制定严于上述标准要求的企业标准。

第四条 粮油国家标准、行业标准分为强制性标准和推荐性标准。符合保护人体健康和人身安全、符合保护环境、符合保护国家利益等原则的粮油产品标准、规程、规范及法律、行政法规规定强制执行的标准是强制性标准。其他为推荐性标准。

第五条 粮油标准的制定与修订应遵循下列原则：

（一）有利于促进粮食种植结构调整，提高产品质量，提高粮食综合生产能力；

（二）有利于促进粮食生产、流通，加强粮食市场监管，规范市场秩序，保证卫生安全，保护消费者权益；

（三）有利于推广科学技术成果，提高经济效益；有利于节约利用和回收资源，促进循环经济发展；有利于推动粮食流通领域管理水平的提高和技术进步、自主创新和产业升级；有利于安全生产技术的推广应用；

（四）推进与国际标准接轨，积极采用国际标准和国外先进标准；

（五）制定标准的过程应当公开、公正、透明；

（六）标准的制定与修订必须有科学试验和数据支持，加强与重要技术标准研究相配套的试验、验证、测试体系建设。

第二章　组织机构

第六条　国家粮食局负责管理粮油行业的标准化工作。国家粮食局内设的粮油标准化主管部门，统一联系国家标准化行政管理部门，以及有关部门和行业的标准化管理部门，负责研究和制定与修订全国粮油标准，监督和指导粮油标准的实施，组织开展粮油标准的宣传与培训，组织开展粮油标准国际交流活动，统一安排标准经费，受国务院标准化主管部门的委托，管理全国粮油标准化技术委员会的有关工作。

第七条　各省、自治区、直辖市粮食行政管理部门负责管理本地区的粮油标准化工作。配合国家粮食局做好粮油行业的标准化等工作。

第八条　全国粮油标准化技术委员会（以下简称“粮油标委会”）作为技术归口管理机构，统一负责粮油国家标准和行业标准制定与修订过程中技术审查工作。粮油标委会秘书处负责粮油标准制修订的日常工作。秘书处下设若干分技术委员会或技术工作组，作为常设机构。受粮油标委会秘书处委托，粮油标委会各分技术委员会或技术工作组分别负责相关专业领域标准制定与修订的具体工作。

第三章　标准计划编制

第九条　标准制定与修订实行年度计划管理制度。粮油标准化主管部门根据国家标准化管理部门的部署和行业发展需要，结合粮油标准化工作的实际及本办法中第五条的原则，于每年第四季度完成下一年度粮油标准制定与修订计划编制工作。

（一）粮油标准计划项目实行公开申请的方式，任何单位和个人都可以向粮油标准化主管部门按规定格式和要求（见附件1、2）提出粮油标准制定与修订项目建议。

（二）粮油标委会各分技术委员会或技术工作组负责汇总、整理相关技术领域的标准申请项目，组织专家进行项目可行性评议，提出年度标准项目计划草案，推荐项目负责起草单位、参加起草单位和主要起草人。标准项目计划草案于每年10月底前报粮油标准化主管部门。

（三）粮油标准化主管部门在征求相关业务管理部门意见的基础上，对项目计划草案进行审核、协调和确认。形成国家标准计划立项建议，报国务院标准化主管部门审批后，由国务院标准化主管部门统一下达国家标准计划；行业标准计划由国家粮食局审批后下达。

第十条　有下列情形之一的，可以对已经下达的粮油标准计划进行调整：

（一）确属行业发展急需的标准项目可以申请增补计划；

（二）情况发生变化，项目单位可以对计划项目的名称、主要内容、起草单位和主要起草人等申请调整，经粮油标准化主管部门同意后实施；

（三）情况发生变化，计划项目确实不适合行业发展需要，项目单位可以申请项目撤销，粮油标准化主管部门视具体情况决定是否终止项目及是否收回已拨付的项目经费；

（四）根据行业发展需要，粮油标准化主管部门认为需要增加、调整及撤销计划项目的其他情况。

第四章 标准的制定与修订

第十一条 签订项目协议，指导和检查项目实施。

粮油标准化主管部门委托各分技术委员会或技术工作组根据下达的标准计划任务书与标准负责起草单位（即第一起草单位）签订项目协议，并指导和检查标准的起草工作。标准起草单位应具有良好的社会信誉和较强的专业技术能力。重要标准应当有多个单位参加起草，由无利益关联单位作为主要起草单位。标准起草小组由具体承担标准研究和起草的人员构成，主要起草人员应具有较强的专业技术知识和在相关领域的实际工作经验。标准起草单位和起草小组名单将在标准主管部门的网站上向社会公示。

各分技术委员会或技术工作组应定期对标准项目进展情况进行检查，于每年6月和12月将项目进展情况报粮油标准化主管部门。对行业影响较大的标准，由粮油标准化主管部门直接负责指导和协调标准的起草工作。

第十二条 起草标准讨论稿。

标准起草小组根据计划任务书的要求，按照《标准化工作导则》的规定，在充分调研、实验、验证和广泛征求意见的基础上，起草标准讨论稿，提交分技术委员会或技术工作组。分技术委员会或技术工作组组织专家对标准讨论稿及相关说明材料进行审议，并将审议意见及时反馈标准起草小组。

第十三条 编制标准征求意见稿和标准编制说明。

标准起草小组根据专家审议意见，对标准讨论稿进行修改，编制标准征求意见稿和标准编制说明（包括相关附件），提交分技术委员会或技术工作组。

标准编制说明应当包括以下内容：

（一）工作简况：包括任务来源、协作单位、主要工作过程、标准主要起草人及承担的工作等；

（二）标准的编制原则和标准的主要内容（技术指标、参数、公式、性能要求、试验方法、检验规则等）、论据（包括试验、统计数据）、修订标准时的新旧标准主要技术指标的对比情况等；

（三）主要试验或验证的分析、综述报告，技术经济评估结论，预期的经济效益等；

（四）采用国际标准和（或）国外先进标准的情况，以及与国际标准、国外同类标准水平的对比，或者与测试的国外样品、样机的有关数据对比情况等；

（五）与有关现行法律、法规和强制性国家标准、行业标准的关系；

（六）重大分歧意见的处理经过和依据；

（七）按照标准化法的有关规定，提出强制性标准（及条款）或者推荐性标准的建议；

（八）贯彻标准的要求、措施和建议，包括组织措施、技术措施、过渡办法等内容；

（九）废止现行有关标准的建议；

（十）其他应予说明的事项。

对需要有标准样品对照的标准，应当在审定标准前制备出相应的标准样品。

分技术委员会或技术工作组负责组织对标准征求意见稿和编制说明征求意见，征求意见范围应当包括各相关部门和主要生产、经销、使用、科研、检验等单位。对涉及人身安全的标准由粮油标准化主管部门组织征求意见。征求意见的时间一般为两个月。

第十四条 编制标准送审稿。

标准起草小组根据征集的意见对标准征求意见稿进行修改，编制标准送审稿、编制说明、意见汇总处理表（格式按附件4），提交分技术委员会或技术工作组。分技术委员会或技术工作组对送审稿的技术内容、文字、结构形式、意见处理情况等进行初审后提交粮油标委会审查。

第十五条 审查标准送审稿。

粮油标委会秘书处将标准送审稿提交粮油标委会全体委员进行审查。标准审查采取会议审查或信函审查两种方式。对技术经济意义重大、涉及健康安全或容易产生争议的标准，应进行会议审查；其他标准可进行信函审查。

（一）会议审查：应在召开审查会议前一个月将标准送审稿、编制说明等提交全体委员。标准主要起草人员到会介绍标准起草情况，委员投票表决，四分之三及以上委员投票赞成视为通过。因故未能参加会议的委员，可以用书面形式表明意见，无书面意见者，视为同意。会审时，可邀请非委员代表参加，代表可以对标准发表意见，但没有投票权。

会议审查应写出会议纪要，并附具参加审查会议的人员名单。会议纪要应如实反映会议审查的情况，内容包括对本办法第十三条第（二）至（十）项内容的评价结论。

（二）信函审查：信函审查时，委员应在收到标准送审稿及相关附件后，在两个月内将函审单（格式见附件5）返回粮油标委会秘书处（按邮戳、传真日期），未在规定时间内返回函审单者，视为同意。

第十六条 编制标准报批稿。

对已通过审查的标准送审稿，负责起草单位应根据审查意见，对送审稿进一步修改完善，形成标准报批材料，并尽快报送相关分技术委员会或技术工作组，分技术委员会或技术工作组审核盖章后报粮油标委会。标准报批材料应包括：

（一）标准申报单；

（二）标准报批稿；

（三）标准编制说明及有关附件；

（四）审查会会议纪要和会议代表名单，或函审单和函审结论表（格式按附件6）；

（五）意见汇总处理表及其对应标准草案；

（六）国家强制性标准的中英文通报表；

（七）标准实施方案及实施日期的建议；

（八）被采用的国际标准或者国外先进标准原文（复印件）和译文；

（九）符合印刷、制版要求的插图与附图；

（十）标准报批稿和编制说明的电子文本。

以上材料，（一）至（七）项按顺序装订成册，报批标准一式5份，第（八）至（十）项均为各2份。

第十七条 报批标准。

标准报批稿经粮油标委会秘书处复核并经秘书长签字后，送主任委员或其委托的副主任委员审核签字，报国家粮食局和国务院标准化主管部门审批。

第十八条 粮油标委会应将粮油标准制定与修订过程中形成的有关资料归档管理。

第十九条 标准起草单位应严格按照《国家标准制修订经费管理办法》（财行[2007]29号）的要求使用标准经费，不得扩大使用范围，提高开支标准。粮油标准化主管部门监督标准经费的使用情况，并定期检查。

第二十条 对没有正当理由不能按时完成标准制定与修订任务的起草单位，情节严重的，不予安排新的粮油标准的制定与修订工作，并责成其将标准补助经费退回粮油标委会。

第五章 标准的审批与发布

第二十一条 粮油国家标准报国家标准化管理部门审批、编号、发布。

第二十二条 粮油行业标准经国家粮食局审批、编号、发布，并报国家标准化管理委员会备案。

粮油行业标准的代号为“LS”。

第六章 标准的复审

第二十三条 标准实施后，应当按照要求进行复审。

全国粮油标准化技术委员会提出复审计划，具体组织实施标准的复审，复审处理意见报国家粮食局和国务院标准化主管部门审批。粮油标准的复审周期一般不超过五年，指导性技术文件发布三年内必须复审。

对复审的标准，按下列情况分别处理：

（一）继续有效的标准不改动标准号，仅将年号改为修订发布年号。

（二）需要修订的标准作为修订项目，列入标准制定与修订计划。修订后的标准，标准号不变，将年号改为修订发布年号。

（三）已无存在必要的标准，应予以废止。

（四）指导性技术文件，应根据情况分别确定为继续有效、转化为标准或者撤销。

复审结束后，粮油标委会应写出复审报告，复审报告内容应包括复审简况、处理意见、复审结论，主任委员或其委托的副主任委员审核同意后，报国家粮食局批准发布。

第七章 附 则

第二十四条 向国家粮食局申请的粮食国家标准计划项目参照《国家标准管理办法》的有关规定及本办法第九条。

第二十五条 国家标准化管理部门下达的标准制定与修订项目参照《国家标准管理办法》的有关规定及本办法第四章。

第二十六条 本办法由国家粮食局负责解释。

第二十七条 本办法自发布之日起执行。

（附件略）

电报部分

关于积极做好夏粮收购工作的紧急通知

（国家粮食局 国粮电[2007]3号 2007年5月25日）

各省、自治区、直辖市及新疆生产建设兵团粮食局：

在党中央、国务院各项支农惠农政策的指引下，今年农业生产继续保持良好的发展势头，夏粮丰收在望，收购工作即将全面展开。为切实做好夏粮收购工作，落实好《2007年小麦最低收购价执行预案》，保护好种粮农民利益，促进粮食稳定增产，农民持续增收，保持粮食价格基本稳定，现就有关问题通知如下：

一 统一思想、提高认识，统筹安排好夏粮收购工作

今年中央1号文件明确提出，要巩固、完善、加强各项支农惠农政策，促进粮食稳定发展、农民持续增收、农村更加和谐。做好粮食收购工作，落实好最低收购价政策，保持粮食价格在合理水平上基本稳定，是当前粮食流通工作的重点，是粮食部门的主要职责，也是粮食部门服务于社会主义新农村建设的具体体现。各地粮食部门一定要把思想认识统一到中央的精神上来，把夏粮收购作为当前粮食流通工作的中心任务，加强领导，高度重视，精心组织，周密安排，确保收购工作顺利进行。各地要正确理解、准确把握国家粮食收购政策，认真落实好预案规定的各项措施，统筹安排好夏粮收购工作。

二 积极督促国有和国有控股粮食企业发挥好主渠道作用，引导和鼓励多元主体积极入市收购

各级粮食部门要继续加强指导和监督，督促国有和国有控股粮食企业带头执行国家粮食收购政策，积极入市收购，发挥好主渠道作用，切实保护农民利益，防止出现农民“卖粮难”。国有和国有控股粮食企业要坚持依质论价，不得压级压价，不得给农民打白条和代扣各种费用。各收储企业要认真执行国家规定的粮食收购质量标准，严把粮食入库质量关，对水分、杂质超标的，要在整理、晾晒合格后再入库。要加大政策宣传力度，凡入市收购的企业要做到粮食收购价格上榜、标准上墙、样品上台，让农民交上“明白粮”。要努力改善服务方式，提高服务质量，做到让售粮农民满意。预案

明确了国家将继续按照顺价销售的原则，在粮食批发市场竞价销售临时存储的最低收购价小麦，这将有利于引导市场价格预期，为多元主体入市收购提供空间。同时，农业发展银行适时完善粮食收购贷款办法，积极为符合贷款条件的多元主体入市收购提供资金支持。各地要采取有效措施，引导和鼓励多元主体积极入市收购，参与竞争，搞活流通。严禁人为设卡，搞地区封锁，阻碍粮食正常流通。新粮上市后，各级粮食部门要加强收购进度统计工作，严格按照预案和统计制度的有关规定上报有关数字，及时了解和掌握小麦收购进展情况。

三 进一步加大力度解决仓容问题，保证夏粮收购需要和储粮安全

夏粮主产区要充分挖掘仓容潜力，积极腾仓并库，千方百计扩大收储能力，为新粮收购做准备。对于库存最低收购价粮食，要积极做好省内（县内）集并工作，以满足夏粮收购需要。各有关省粮食局要积极配合中储粮分公司做好最低收购价粮食的跨省移库工作，督促承储企业按时出库和发运，确保移库工作按期完成。对于竞价销售的最低收购价粮食，要督促承储库点按合同要求及时出库，抓紧为新粮收购腾出仓容。要充分利用好中央财政安排的仓库维修补助资金，积极争取地方财政配套资金支持，抓紧对储粮安全存在隐患的仓房进行维修。有条件的地区，可结合当地实际情况，积极利用好社会闲置仓容。目前不少地方已经进入汛期，各地要进一步加强粮食仓储管理，对存在安全储粮隐患的，要早预防、早发现、早排除，确保粮食储存安全。

四 加强协调沟通，落实好收购资金

各级粮食部门要主动加强与农发行的沟通和协调，切实解决好收购资金贷款供应中出现的具体问题，确保不因收购资金问题而影响正常收购。根据小麦最低收购价执行预案的规定，最低收购价收购小麦所需贷款，农发行将按照国家规定的最低收购价格和收购费用标准及时足额供应。对于国有粮食企业按市场价格自营收购的小麦，各级粮食行政管理部门要争取农发行的支持，会同农发行与企业共同搞好市场分析预测，妥善解决好收购资金贷款问题，努力实现银企双赢。

五 正确履行市场监管职能，加强监督检查，维护好粮食购销市场秩序

各地粮食部门要按照《粮食流通管理条例》和《粮食流通监督检查暂行办法》有关规定，加强对夏粮收购工作的监督检查，保证小麦市场合理有序流通，切实维护好粮食市场秩序。对于违反国家粮食收购政策的，一经发现，要按照有关规定严肃处理。夏粮收购期间，国家粮食局将派出检查组，深入到小麦主产区进行检查，指导夏粮收购工作，确保收购政策的贯彻落实。

六 加强领导，及时研究解决新情况和新问题

各级粮食行政管理部门要在当地人民政府统一领导下，认真履行职责，切实做好夏粮收购工作。在收购期间，要组成工作组，深入基层，检查指导收购工作，随时了解和掌握收购工作进展情况。对收购工作中出现的新情况和新问题，要及时进行研究，采取有效措施妥善加以解决，重要问题要及时向当地政府和国家有关部门报告，确保夏粮收购工作顺利进行。

关于在夏粮托市收购中严格执行国家粮食价格政策和质量标准的通知

（国家粮食局 中储粮总公司
国粮电[2007]6号 2007年6月28日）

河北、江苏、安徽、山东、河南、湖北等省粮食局，中储粮北京、江苏、安徽、山东、河南、湖北分公司：

目前，夏粮收购已进入旺季，实行小麦最低收购价政策的各省已陆续启动执行预案。为贯彻落实国务院领导指示精神，进一步做好夏粮收购工作，落实好小麦最低收购价政策，严格执行国家粮食质量标准，防止出现收购质价不符等问题，切实保护种粮农民利益，现就有关问题通知如下：

一、进一步提高对落实最低收购价政策重要性的认识。国家对重点地区重点粮食品种实行最低收购价政策，是促进粮食生产稳定发展和农民持续增收的重要措施。积极做好夏粮收购工作，执行好最低收购价政策，是落实中央支农惠农政策、切实保护种粮农民利益的重要体现。因此，各地要进一步统一思想，提高认识，指导和督促承担最低收购价收购任务的委托收储企业及延伸收购点，认真执行最低收购价执行预案的各项规定，切实把中央的支农惠农政策落到实处，让广大售粮农民满意。

二、严格执行国家粮食收购价格政策和质量标准。各委托收储企业及延伸收购点严格执行小麦最低收购价预案规定的粮食质量和价格政策，是保证最低收购价政策贯彻落实的一个重要环节。各地要进一步加强对夏粮收购工作的指导，督促有关企业强化各项工作措施，确保国家粮食收购价格政策和质量标准得到严格执行。一是要加大政策宣传力度，各委托收储库点和延伸收购点要严格按照小麦最低收购价预案公布的白麦、红麦和混合麦的质价标准，将各品种小麦的收购价格上榜、质量指标上墙、标准样品上台，让农民交上“明白粮”。二是要加强对检验人员的培训，坚持质检人员持证上岗制度，确保容重器、测水仪等检验仪器设备配备到位，校正准确。三是要认真做好扦样检验工作，严格按照粮食质量的国家标准和检验方法的国家标准，客观公正地做好小麦类别（白麦、红麦和混合麦）、等级和其他质量指标的检验认定工作。不得将白麦作为混合麦收购，也不得将混合麦作为白麦收购。既要防止人为压级压价，超标准扣水扣杂，也要防止随意放宽质量标准，抬级抬价，收人情粮等。根据国家发展改革委等7部委《关于印发<粮食质量监管实施办法（试行）>的通知》（国粮发[2004]266号）精神，如售粮农民对小麦品种和等级检验认定结果有异议，应现场当面复检；如售粮农民仍有异议的，可提请当地具有相应资质的粮食质量监督检验机构进行仲裁检验。在实施预案收购期间，各地粮食质量监督检验机构应当免费为农民和预案收购企业提供仲裁检验服务。四是要严把粮食入库质量关，对水分、杂质超标的，要在整理、晾晒合格后再入库，确保粮食储存安全。五是各地要公布监督举报电话，在实施最低收购价预案期间，发现不执行国家粮食收购政策和质量标准的，可以向中储粮各有关分公司和市、县级粮食行政管理部门进行举报。

三、加大对最低收购价政策执行的监督检查力度。中储粮各有关分公司及各有关地方储备粮管理单位，要加强对各自委托的收购库点的监管，检查督促收购政策落实情况，并及时对收购小麦的数量、质量进行验收，确保入库小麦数量真实、质量符合国家标准要求。各地粮食行政管理部门要按照

《粮食流通管理条例》和《粮食流通监督检查暂行办法》的有关规定，加强对夏粮收购工作的监督检查，对于违反国家粮食收购政策及有关规定的，一旦发现，要依法进行严肃处理。夏粮收购期间，国家发展改革委、国家粮食局将重点对最低收购价政策落实情况进行巡查，并对各地各有关单位开展检查的情况进行督查。

关于做好汛期安全储粮工作的通知

（国家粮食局 国粮电[2007]7号 2007年7月16日）

各省、自治区、直辖市及新疆生产建设兵团粮食局，中国储备粮管理总公司、中粮集团有限公司、中国华粮物流集团公司：

最近，淮河流域等地区发生了严重的洪涝灾害，洪水及内涝导致部分粮食企业库（厂）区进水，围墙倒塌，仓房受淹，少量粮食被水浸泡，造成了一定的损失。当前，我国其他地区将陆续进入主汛期，为做好汛期的安全储粮工作，确保库存粮食安全，防止出现重大储粮安全事故，现就有关工作通知如下：

一、加大检查指导力度，认真做好防汛准备工作。各地要在近期开展一次以防汛为主要内容的安全生产检查工作。重点检查粮食行政管理部门和下属企业的防汛意识是否到位，领导责任是否到位，防汛应急预案是否到位，救灾人员和物资是否到位。粮食企业是否已经按照《国家粮食局办公室关于山西稷山县粮库受淹造成粮食损失的通报》（国粮办展[2007]122号）精神开展安全生产隐患排查工作，是否已经针对隐患制订了切实可行的防范措施。请各地在2007年8月15日前将本次检查结果报送我局流通与科技发展司，我局将视情况组织抽查。

二、加强沟通协调，切实做好防汛和救援工作。各地粮食行政管理部门要加强与气象、水利等部门的沟通协调，及时掌握有关气象和汛情信息，指导企业做好防汛工作。地方粮食行政管理部门要加强与辖区内各类粮食企业的联系，全面掌握水患区内粮食企业和有水患危险粮食企业的基本情况和粮食库存情况。要针对汛情及时启动防汛应急预案，并动员社会力量，帮助企业做好防汛工作。大型粮食企业要发挥设施、设备和人员优势，主动帮助受灾企业做好潮粮整晒等救援工作，减少损失。有条件的地方，要提前将处于水患区域内的库存粮食调出。另外，各地要配合地方政府全力做好灾区粮食供应工作，确保粮食市场稳定。

三、密切关注粮情变化，确保汛期储粮安全。汛期高温、高湿的气候特点不利于粮食的安全储存。粮食企业要加强库存粮食粮情检查密度，扩大检查范围。检查的重点是高水分粮、新入库粮、露天囤垛存储的粮食。粮食企业要随时关注粮堆有无漏雨、返潮、被水浸泡等现象，一旦发现异常现象，要及时采取措施处理。地方粮食行政管理部门要注意汇总分析本地区库存粮食粮情变化趋势，并采取相应的对策措施，避免出现群发性储粮安全事故。

四、加强现场管理，做好夏粮收购期间的安全生产和储粮安全工作。收购企业要加强对收购现场人员、车辆的管理，禁止无关人员进入收购现场，防止出现意外伤害事故。要加强现场火源管理，禁止在收购现场、仓房内、储粮区内吸烟，禁止在收购现场、入粮仓房内动用明火。使用新竣工仓房装粮的企业，要加强对仓房沉降的观测，禁止使用未竣工仓房装粮。

关于做好粮油宏观调控保证市场供应的紧急通知

（国家粮食局 国粮电[2007]9号 2007年8月4日）

各省、自治区、直辖市及新疆生产建设兵团粮食局：

今年以来，我国居民消费价格总水平出现明显上升。近期，一些地区粮食和食用植物油等市场价格出现上涨，并影响到餐饮业和部分粮油制成品的价格，引起了社会和广大消费者的关注。为认真做好粮油宏观调控，保证市场供应，确保粮油价格基本稳定，现将有关事项通知如下：

一、正确认识市场形势。近年来我国粮食生产连年丰收，粮食和食用植物油供需总量基本平衡，目前全国粮油库存比较充裕，完全可以满足人民生活基本需要，市场供应是有物质保障的。各地一定要正确认识当前粮油市场形势，及时发布粮油供求及市场价格信息，指导企业做好粮油收购、加工、销售和供应等工作。

二、保证市场供应。确保粮油市场供应，是各级粮食行政管理部门的重要工作职责，也是事关国计民生和国民经济平稳运行的政治责任。各地要高度重视，进一步加大工作力度，采取有效措施，切实抓好当前粮油供应工作。要搞好货源组织调度，积极发挥地方储备粮油的吞吐调节作用，督促企业适当增加商品库存，确保市场供应不脱销、不断档，保持市场价格基本稳定。主销区以及库存薄弱地区要按照小麦、早籼稻最低收购价执行预案的要求，积极引导各类粮食经营企业到产区采购，充实地方储备和商品库存。大中城市要适当增加成品粮油加工数量和库存储备，保证成品粮油供应。要重点关注大中专学生、低收入困难群体和厂矿企业的粮油供应情况，保证人民群众的基本生活需要。要严格执行有关政策，认真做好受灾群众、水库移民、缺粮地区的粮油供应工作，及早安排落实粮食和食油货源。

三、积极做好粮食收购工作。当前，各地粮食行政管理部门要指导和督促国有和国有控股粮食企业充分发挥主渠道作用，努力做好小麦和早籼稻收购工作，保护种粮农民利益。要指导国有粮食企业把握好收购节奏，引导农民理性售粮，把价格稳定在合理水平。同时，要鼓励非国有粮食企业等多元市场主体积极入市收购，搞活粮食流通。

四、健全应急机制。各地粮食行政管理部门要按照《国家粮食应急预案》和本地区粮食应急预案的要求，进一步细化本地区粮食应急动用方案，健全应急机制，增强应急保障能力。要进一步完善粮油应急加工、储运、供应保障系统，切实做到粮油加工、储运、供应网络布局合理、衔接顺畅、运转正常，以更好地适应应急工作的需要。要加强对承担应急任务的加工、供应企业的指导、协调和监督，确保按要求完成应急任务。各地特别是主销区和库存薄弱地区，要根据市场需求及粮食应急需要，优化储备布局和品种结构，充实粮食、食油货源。各大中城市要适当增加小包装成品粮油的应急储备数量，保证在需要时有粮可用、有粮可调、有粮可供。

五、推进产销合作。粮食主产区和主销区要继续按照“政府推动、部门协调、市场调节、企业运作”的原则，进一步完善粮食产销协作的体制和机制。要采取积极措施，加强协调沟通，拓展合作方式，建立长期稳定的购销合作关系，为销区粮源提供可靠的保障，促进区域供求平衡，确保市场供应。当前，各地粮食行政管理部门要主动与铁路、交通等部门加强沟通，努力做好粮油运输工作，保证粮油运输通畅。对确需紧急调运的粮油，各地要及时上报，以便协调铁路、交通等部门统筹安排运力，保证作为重点物资运输。

六、加强市场监测。各地粮食行政管理部门要加强市场监测和预警工作，密切关注库存、销售、加工数量及价格走势等情况，及时对粮油供求形势及其变化趋势进行分析预测，并根据本地粮油生产、流通和消费的主要品种，进一步完善监测点的布局，提高监测频率和密度。要充分利用粮油市场信息监测网上直报平台，确保信息的准确性和时效性，提高监测工作效率。对出现的苗头性、趋势性情况，要及时加强跟踪。对于粮油价格出现剧烈异常波动，以及粮油供应出现脱销断档等重大情况，要妥善采取有效措施，并在第一时间向当地政府和国家有关部门报告。

七、加强监督检查。各级粮食行政管理部门要主动配合有关部门进一步加大对粮油加工、批发、零售等重点环节的监督检查力度，加强对大型粮油批发市场、超市和农贸市场的巡查，坚决打击囤积居奇、哄抬价格等违法行为，维护正常的市场流通秩序。要按照《粮食流通管理条例》的规定，加强对粮食经营企业库存情况的监督检查，进一步督促粮食经营企业保持必要的粮食库存量。

八、正确引导社会舆论。党和政府高度重视人民群众基本生活必需品的生产供应工作，保证生活消费需求是完全有保障的。当前粮油价格波动是市场供求关系变化的正常反映，各级粮食行政管理部门要全面、客观认识和分析当前粮油生产和供求形势及其变化趋势，正确引导社会舆论，稳定群众心理预期，为促进粮油市场价格基本稳定创造良好的社会环境。

稳定粮油供需关系到经济社会发展全局，做好粮油供应工作对保障广大人民群众的切身利益意义重大。各地粮食行政管理部门对此要高度重视，切不可掉以轻心，要以“三个代表”重要思想为指导，按照贯彻落实科学发展观和构建社会主义和谐社会的要求，进一步落实粮食省长负责制，加强领导，落实责任，精心组织，周密部署，认真做好粮油市场供应工作，为党的十七大胜利召开营造良好氛围。

关于认真做好秋粮收购工作的通知

（国家粮食局 国粮电[2007]13号 2007年10月29日）

各省、自治区、直辖市及新疆生产建设兵团粮食局：

目前，夏粮和早稻收购工作已基本结束，秋粮收购工作即将全面展开。为认真贯彻落实国务院第194次常务会议精神，切实做好秋粮收购工作，保护种粮农民利益，确保粮食市场和价格的基本稳定，现就有关问题通知如下：

一、正确认识形势，认真抓好秋粮收购工作。今年我国粮食生产继续保持良好的发展势头，夏粮和早稻增产，秋粮播种面积增加，有望继续增产。各地要充分认识到做好秋粮收购工作，对于稳定当前市场价格、保护种粮农民积极性、促进粮食增产和农民增收具有重要作用。要根据秋粮生产、收购形势和价格走势，结合本地区实际情况，及早安排和部署秋粮收购工作，明确有关措施和要求，保证秋粮收购工作顺利进行。要指导和督促国有粮食企业积极入市收购，争取多掌握粮源，为做好全年粮食购销工作打好物质基础。同时，要引导和鼓励粮食经营、加工企业和农村粮食经纪人等各类市场主体入市收购，搞活粮食流通。

二、积极搞好服务，指导企业控制好收购和经营风险。各地粮食行政管理部门要指导国有粮食企业积极做好仓容、人员、器材等收购准备工作。要强化为农服务意识，改善服务方式，提高服务质量，方便农民售粮。要坚持以质论价、优质优价，不准压级压价，损害农民利益。粮食行政管理部门要通过便民服务热线、定期网上发布消息等方式稳定市场预期，引导农民均衡理性售粮，把价格稳定在合理水平。要积极帮助企业正确分析供需形势和价格走势，把握好收购节奏，不要盲目抬价收购，避免造成企业经营亏损。要指导国有粮食企业发挥点多、面广、基础设施相对较好等资源优势，开展为农民、社会多元主体、大型龙头企业提供代购、代销、代储、代烘干、代运输等服务，提高设施资源利用率，实现优势互补、互利双赢。

三、加强与农发行沟通协调，落实好收购资金。各级粮食行政管理部门要主动加强与农发行的沟通和协调，积极争取农发行的大力支持。要会同农发行与粮食企业共同搞好市场分析预测，按照粮食收购的贷款政策，配合农发行做好粮食收购贷款发放工作，积极支持具备条件的粮食企业入市收购，确保符合条件的粮食购销企业收购粮食资金的需要，努力实现银企双赢，保证秋粮收购工作的顺利进行。

四、加强产销合作，积极充实粮食库存。粮食主产区和主销区要抓住当前粮食市场需求较旺、粮源充足、粮食收购资金政策有利等机遇，进一步加强产销合作。粮食主产区要组织企业利用各种渠道积极寻找用粮客户，面向主销区、产销平衡区、有粮食品种互补关系产区，开拓市场，积极促销压库。京津沪及东南沿海等粳稻、玉米消费量较大的地区，要根据市场需求情况，引导和组织粮食企业和转化用粮企业积极到主产区签订购销合同，落实粮源，充实库存。要抓住当前运力比较宽裕的有利时机，及时启动粮食特别是东北地区粳稻和玉米的运输工作，支持粮食主产区做好收购工作。要主动与铁路、交通等部门加强沟通，争取运力支持，保证运输畅通。对于粮食运输有困难的，要及时上报，以便协调解决。

五、把握好中央和地方储备轮换节奏，积极做好国家临时存储粮食的销售出库工作。中央和地方储备粮的轮换工作要服从和服务于国家宏观调控的需要。中储粮总公司和地方粮食部门要进一步加强对中央和地方储备粮轮换工作的指导，充分发挥储备粮的吞吐调节作用，为国家宏观调控和稳定市场粮价服务。当前特别要注意把握好中晚稻和玉米储备的轮换节奏，以稳定市场价格。要继续做好最低收购价粮和国家临时存储进口小麦的销售工作，保证市场需要。各地要督促有关承储企业认真履行销售合同，按规定积极出库，为秋粮收购腾出必要的仓容。

六、加强市场监测，进一步完善应急预案。各地粮食行政管理部门要加强市场监测和预警工作，密切关注粮油收购、销售、库存、价格变化及国际市场行情等情况，及时对粮油供求形势及其变化趋势进行分析预测，并根据本地实际情况，进一步完善监测点的布局，提高监测频率和密度。各地要进一步细化完善地方储备粮油应急动用方案，建立和完善应急粮油加工和供应的定点企业。特别是主销区和库存薄弱地区，要根据市场需求及粮食应急需要，组织好货源调度，要适当增加小包装成品粮油应急储备数量，保证市场供应不脱销、不断档。

七、加大监督检查力度，维护好收购市场秩序。为保证粮食合理有序流通，保持市场价格基本稳定，各级粮食行政管理部门要依据《粮食流通管理条例》、《粮食流通监督检查暂行办法》等有关规定，加强监督检查，切实维护好粮食市场秩序。对检查中发现的违法违规及违反国家粮食收购政策的问题，要按照有关规定严肃处理。

做好秋粮收购工作，确保粮食市场稳定，事关广大人民群众的切身利益。各地各有关部门要认真贯彻落实党的十七大精神，进一步提高认识，加强领导，精心组织，落实责任，确保今年秋粮收购工作的顺利进行。

关于做好当前食用植物油市场供应工作确保市场稳定的通知

（国家粮食局 国粮电[2007]15号 2007年11月7日）

为认真落实《国务院办公厅关于促进油料生产发展的意见》（国办发[2007]59号）和国务院领导同志关于做好食用植物油供应工作的重要批示精神，进一步加强食用植物油市场调控和信息监测工作，确保当前食用植物油市场供应和价格基本稳定，现将有关事项通知如下：

一、建立重点食用植物油企业信息报告制度。为加强市场监测，进一步做好信息分析和预警工作，为国家宏观调控提供可靠依据，根据《粮食流通管理条例》有关规定，我局决定建立重点食用植物油企业信息报告制度，由有关企业定期向我局报送生产、销售、库存、价格和进出口等情况。为了保证此项制度的顺利实施，请各省（区、市）粮食局抓紧对本辖区内的食用植物油加工企业进行调查摸底，在此基础上推荐重点食用植物油企业名单，于2007年11月15日前报送我局。重点食用植物油企业包括规模以上的各种所有制加工企业，初榨企业油料日处理能力原则上按照大豆1000吨、油菜籽和花生500吨掌握，精炼企业日加工能力按照500吨掌握。如上述企业实际生产总量低于本辖区食用植物油生产总量80%的，推荐企业的名单和标准可适当放宽。信息报告制度的实施时间和具体要求另行通知。

二、切实落实粮油加工和经营企业最低、最高库存量的有关规定。各地要按照《粮食流通管理条例》的规定，尽快研究制定本地区粮油加工和经营企业的最低和最高库存量的具体标准，并引导和督促有关企业认真履行最低、最高库存义务，保持必要的粮油库存量。各级粮食行政管理部门要加强监督检查，督促企业按规定严格落实。

三、抓紧充实和完善粮油应急加工和供应网点。各地要按照《国家粮食应急预案》和本地区粮食应急预案的要求，进一步充实和完善粮油应急加工和供应网点，增强市场供应保障能力，确保应急工作落到实处。应急加工和供应网点要落实到具体企业，做到责任到人。应急加工和供应企业名单要在2007年11月30日前报我局。对于报送全部名单确有困难的，可先行上报大中城市的指定企业名单。

四、进一步充实成品粮油及小包装粮油地方储备库存。各地特别是主销区和库存薄弱地区，要根据市场需求及粮食应急需要，进一步充实成品粮油地方储备库存，增强市场调控能力。京、津、沪等大中城市及敏感地区，要适当增加小包装成品粮油应急储备数量，确保10天以上的市场供应量，并积极做好货源组织调度工作，保证市场供应不脱销、不断档。自2007年12月起，各地要将成品粮油储备库存情况按月报送我局。具体统计处理在“国粮04表”中反映，增加备注指标即“成品粮库存、其中小包装库存”，“成品油库存（不含料折油）、其中小包装库存”，成品粮油及小包装库存应分品种填报。

关于切实做好国家临时存储粮食竞价销售出库工作的通知

（国家粮食局 中国储备粮管理总公司
国粮电[2007]17号 2007年11月16日）

各省、自治区、直辖市粮食局，中储粮各分公司，各有关粮食批发市场：

国家有关部门印发《国家临时存储粮食销售办法》以来，在各地、各有关部门的共同努力下，国家临时存储粮食竞价销售工作持续平稳顺利进行，对保证市场供应、稳定市场粮价发挥了重要作用。随着元旦、春节的临近，目前加工企业的用粮需求增加。为进一步做好国家临时存储粮食竞价销售出库工作，更好地满足粮食加工企业的需要，确保粮食市场稳定，现就有关问题通知如下：

一、加大工作力度，督促有关企业严格执行国家临时存储粮食销售出库的各项规定。国家临时存储粮食竞价销售的交易细则中，对买卖双方的权利、义务和违约责任等作出了明确规定。临时存储粮食的承储企业要严格按照合同规定的品种、数量、质量及时组织出库，不得设置障碍或以各种借口拖延出库进度，严禁在交易细则规定的出库环节有关费用标准之外，向买方额外收取或索要其他费用。有关省级粮食行政管理部门、中储粮分公司和粮食批发市场要按照《国家临时存储粮食销售办法》规定的职责分工，加大工作力度，督促各有关企业严格执行国家临时存储粮食销售出库的各项规定，确保出库工作顺利进行。

二、加强沟通协调，及时掌握粮食出库进展情况。有关省级粮食行政管理部门、中储粮分公司和粮食批发市场要进一步完善信息沟通和工作协调机制，及时了解和掌握各承储企业粮食出库进度，帮助企业协调解决出库工作中存在的困难和问题。有关粮食批发市场开具出库通知单和收到买卖双方签署的验收确认单后，要及时报告有关省级粮食行政管理部门和中储粮分公司。对出现商务纠纷的，粮食批发市场要抓紧协调解决，必要时提请有关省级粮食行政管理部门和中储粮分公司帮助协调。

三、加大监督检查力度，及时查处各种违规行为。各有关省级粮食行政管理部门要加强对交易过程和合同履约情况的监督检查，对干扰客户正常交易、设置障碍影响粮食出库、向买方额外收取或索要费用的承储企业，必须按有关规定严肃处理，并追究企业负责人和有关人员的责任，构成犯罪的，要依法追究刑事责任，决不姑息。对不按照合同约定出库的承储企业，国家有关部门和单位将立即停止拨付费用利息补贴，取消其托市收储资格，并公开予以通报。国家粮食局将会同有关部门和单位，结合粮食收购政策专项检查，对国家临时存储粮食销售出库情况进行重点巡查。各地粮食行政管理部门要向社会公布举报电话，积极接受举报、投诉，及时查处各种违法违规案件，维护正常粮食流通秩序。

关于进一步做好粮油市场供应工作的通知

（国家发展改革委 国家粮食局 财政部 铁道部 交通部
国粮电[2007]20号 2007年12月6日）

各省、自治区、直辖市及新疆生产建设兵团发展改革委、粮食局、财政厅（局）、交通厅（局），各有关铁路局：

2007年以来，国内粮食市场基本平稳。近期，受多方面因素的影响，小麦和面粉及南方销区的玉米出现不同程度上涨，特别是大豆和食用植物油价格涨幅较大，引起社会各方面的广泛关注。为进一步做好粮食宏观调控工作，保证市场供应，稳定市场价格，现就有关事项通知如下：

一、保证粮油市场供应。主销区、库存薄弱地区以及大中城市要积极组织企业到产区采购粮食，保证粮食供应，稳定市场粮价。各地要重点关注大中专学生、低收入困难群体和厂矿企业的粮油供应情况，保证人民群众的基本生活需要。要认真做好灾民、水库移民、缺粮地区的口粮供应工作，及早安排落实粮源。

二、完善粮油应急预案。各地要进一步细化粮油应急动用方案，尽快明确应急粮油加工和供应定点企业，以满足粮油应急供应需要。京、津、沪等36个大中城市及敏感地区，地方储备中要确保可供市场10天以上的成品粮油应急储备，包括部分小包装成品粮油，以保证应急需要。做好货源组织调度和小包装成品粮油的加工能力准备工作，保证成品粮油加工和供应。小包装成品粮油储备可与加工企业和商业经营企业周转库存结合起来，由政府给予必要的存储成品粮油补贴。各地粮食行政管理部门要对成品粮油储备承储企业定期检查，确保数量真实、质量良好。

三、加强粮油市场监测。各地要加强对粮油市场的监测和预警工作，密切关注粮油购销存及价格变化，分析国际市场行情，科学预测粮油供求形势及其变化趋势，定期发布粮食供求及价格信息，指导粮食企业努力做好粮油购销工作，正确引导粮油生产和流通。要注意粮油市场出现的新情况、新变化，重要情况要及时向省级人民政府和国家有关部门报告。

四、加强产销区合作。要进一步完善粮食产销协作，加强协调沟通，拓展合作方式，建立长期稳定的购销合作关系。京津沪及东南沿海等销区粮食主管部门要加强到产区粮食采购的组织工作，统计采购和运输需求，主动与铁路、交通等部门沟通，力争集中采购、集中装运。产区省粮食、经济运行部门要对销区组织采购和装运给予必要的协助。铁路、交通部门要加大东北粮食外运的力度，积极支持销区集中采购粮食的外运工作，尽可能做到同方向整列装载、整列运输，提高运输效率。

五、加强市场监管。各地要进一步加大对粮油加工、批发、零售等重点环节的监督检查力度，加强对大型粮油批发市场、超市和农贸市场的巡查，坚决打击囤积居奇、哄抬价格等违法行为，维护正常的市场流通秩序。要正确引导社会舆论，稳定群众心理预期，为促进粮油市场价格基本稳定创造良好的社会环境。

国家粮食局办公室文件

关于广东贸易职业技术学校等6个粮食行业职业技能培训基地准予备案的通知

（国家粮食局 国粮办人[2007]7号 2007年1月12日）

广东、重庆、青海、宁夏等省（自治区、直辖市）及新疆生产建设兵团粮食局：

为有效利用粮食行业现有教育培训资源，全面配合职业技能培训工作的开展，根据国家粮食局办公室《关于粮食行业职业技能培训基地实行备案管理的通知》（国粮办人[2005]209号），经审核，广东省贸易职业技术学校等6个粮食行业职业技能培训基地符合条件，现准予备案。希望你们严格按照国家粮食局《关于加强粮食行业特有职业（工种）技能培训工作的通知》（国粮人[2006]44号）的要求，不断加强自身建设，认真组织开展职业技能培训工作。

（附件略）

关于印发《2007年粮食财会工作要点》的通知

（国家粮食局 国粮办财[2007]13号 2007年1月23日）

各省、自治区、直辖市及新疆生产建设兵团粮食局：

《2007年粮食财会工作要点》已经国家粮食局领导批准，现印发给你们，请各地结合实际，认真贯彻落实。

2007年粮食财会工作要点

2007年，粮食财会工作要以邓小平理论和“三个代表”重要思想为指导，全面贯彻落实科学发展观和构建社会主义和谐社会的战略思想，认真贯彻党的十六届五中、六中全会，以及中央经济工作会议、中央农村工作会议、全国粮食局长会议精神，围绕粮食流通工作重点，切实抓好各项粮食财会工作。

一 继续做好政策性粮食财务挂账的集中管理工作，研究企业经营性粮食财务挂账的处理办法

全面完成政策性粮食财务挂账从企业剥离、上划到县以上（含县级）粮食行政管理部门集中管理工作，做好政策性挂账集中管理后有关财务处理和会计信息统计工作，准确反映政策性粮食财务挂账变化情况。配合有关部门研究完善政策性粮食财务挂账消化处理的具体措施。结合粮食财务挂账清理认定和政策性挂账从企业剥离工作，核实企业经营性粮食财务挂账，积极研究企业经营性财务挂账的处理办法，切实减轻企业负担。

二 落实国有粮食企业富余人员分流安置资金，切实做好职工的社会保障和再就业工作

认真落实《国务院关于完善粮食流通体制改革政策措施的意见》（国发[2006]16号）和国家发展改革委、国家粮食局等六部门下发的《关于印发进一步推进国有粮食企业改革和发展的意见的通知》（国粮财[2006]123号）文件精神，用好现行支持国有粮食企业改革的有关政策，争取地方政府和有关部门的支持，积极筹集国有粮食企业分流安置职工的资金，做好富余职工分流安置和社会保障工作。继续协商有关部门从粮食风险基金中专项安排一部分资金，用于企业分流安置职工。指导国有粮食企业做好下岗职工再就业工作，落实下岗职工再就业各项扶持政策，为下岗职工再就业创造良好条件。指导国有粮食企业充分利用现有资产开展多种经营，增加就业岗位，安置富余职工，促进和谐社会建设。

三 加强对国有粮食企业改革的指导，研究和探索粮食企业国有资产经营和监管的有效形式和办法

继续加强对国有粮食企业改革改制工作的指导，积极推进企业产权制度改革。严格按照国务院和有关部门的文件精神，规范企业改制，妥善处理好有关政策的衔接，切实维护职工合法权益。认真做好改制企业的国有资产评估和清产核资工作，确保国有资产安全。配合有关部门理顺国债投资、世行贷款投资形成的粮食仓储资产的产权关系，为推进国有粮食企业产权制度改革创造条件。加强对国有粮食企业产权制度改革情况的调研和检查，及时纠正各种违规行为。积极探索粮食企业国有资产的经营和监管的有效形式和办法，确保国有资产出资人到位。积极推进国有粮食企业现代企业制度建设。

四 争取和落实支持粮食产业化发展的财政、金融和税收政策，促进粮食产业化发展

继续加强与农业发展银行的沟通和协调，积极发挥粮食政策性信贷资金的作用，建立粮食信贷资金支持粮食产业化发展的机制。在已公布第一批重点支持的粮食产业化企业的基础上，联合农业发展银行共同审核确定第二批重点支持的粮食产业化企业，并落实粮食信贷资金支持产业化企业发展的政策。根据粮食产销衔接、粮食产业发展和粮食宏观调控的需要，在深入开展调查研究的基础上，积极争取财政部门和金融机构的支持，重点扶持一批产业化骨干龙头企业，支持企业做大做强，加快发展，为粮食宏观调控和社会主义新农村建设服务。

五 指导国有粮食企业加强财务管理，认真做好扭亏增盈工作

认真搞好粮食财务信息统计和财务分析工作，特别是选择部分重点国有粮食企业进行经营情况分析，及时掌握企业的经营情况和财务状况，为领导决策和粮食宏观调控服务。指导粮食企业贯彻执行《企业会计制度》和《关于粮油有关业务会计处理的规定》，规范会计核算，做好新旧会计制度衔接工作。加强财会理论研究，搞好财会人员队伍建设，通过粮食财会知识竞赛、财会研讨班等多种形式，促使粮食财会人员熟悉掌握财经法规和会计制度，进一步提高财会管理水平。

加强对国有粮食企业扭亏增盈工作的指导，建立扭亏增盈工作信息通报制度；指导各地积极落实各项财务政策，筹集粮食收购资金，支持企业搞好粮食购销，开展多种经营；指导企业加强财务管理，降低成本费用，提高经济效益。

六 配合有关部门完善相关粮食财务政策，为粮食宏观调控和粮食流通发展创造良好条件

配合财政部门加强对粮食风险基金的监管，确保粮食风险基金及时、足额到位。及时掌握各地粮食风险基金的使用情况，指导各地用好粮食风险基金，充分发挥粮食风险基金在促进粮食宏观调控和

现代粮食流通产业发展的重要作用。及时了解国有粮食企业在执行粮食最低收购价政策过程中的有关财务政策落实情况，协调有关部门完善相关财务政策，督促费用、利息补贴及时足额拨付到位。了解和掌握国有粮食企业税收政策执行情况，协调和配合财税部门完善粮食企业有关税收政策，为发挥国有粮食企业市场主渠道作用创造条件。

关于印发《国家粮食局关于加强因公出国（境）团组管理的办法》的通知

（国家粮食局 国粮办外[2007]15号 2007年1月26日）

各司室、直属单位、联系单位：

为进一步加强外事工作管理，严格外事纪律，坚决杜绝在因公出国（境）考察、培训等活动中发生违纪现象，结合我局实际情况，特制定《国家粮食局关于加强因公出国（境）团组管理的办法》。该办法已于2007年1月24日经局党组会讨论通过，现印发给你们，请按照执行。

国家粮食局关于加强因公出国（境）团组管理的办法

为进一步加强对我局因公出国（境）团组的管理，根据《中共中央纪委、外交部、监察部关于跨地区跨部门团组加强管理、监督和检查坚决制止公款出国旅游的通知》（外外管函[2000]426号）、《外交部关于对〈中共中央纪委、外交部、监察部关于对跨地区跨部门团组加强管理、监督和检查坚决制止公款出国旅游的通知〉执行情况的通报》（外外管函[2004]414号）、《国家发展改革委办公厅关于印发〈跨地区跨部门因公出国（境）团组管理办法〉及〈派遣团组和人员赴国（境）外培训暂行管理办法〉的通知》（发改办外事[2005]2060号）、《中央外事工作领导小组办公室、外交部关于坚决制止因公出访中不正之风的通知》（外外管函[2006]180号），及党中央、国务院有关严格管理因公出国（境）团组的有关文件精神，特制定本办法。

一、我局各组团单位必须认真贯彻执行党和国家有关外交、外事财务、纪检监察的有关规定，按照务实、高效、精简和节约的原则，组织有明确出访目的和实质内容的团组出国（境）执行相关公务。严禁以营利为目的组织团组出访，严禁高标准、乱收费。

二、机关各司室和局直属、联系单位根据业务工作需要，应于每年11月20日前提出下一年的出访计划报外事司审核和汇总。外事司根据审核结果，编制出下一年我局出访计划，报经局领导批准后，即严格按计划执行。除临时特殊出访任务外，不再增批新的出访团组。培训团组须按有关程序报经国家外国专家局批准后方可组织实施。

三、组团出访要有明确的公务目的及实质内容，切实配合全局的中心工作和本单位的任务。确有必要组团出访的单位，原则上业务单位每年组团出访不超过一次。

四、严格控制出访人数和时间。一般情况下，局领导的出访团组不超过7人，有关单位组织的考察团组不超过10人，访问一个国家一般不超过6天；访问两个国家不超过10天；访问三个国家不超过12天。未经批准，不得增加出访人数和出访国家数。培训团组一般不超过20人，在外时间不超过三周。考察和培训人员要与出访任务相关，人员构成要合理，严禁无关人员“搭车”出访。我局已退（离）休人员原则上不再派遣出国（境）执行公务。

五、对于列入计划的团组，组团单位实施时须按程序报批，签报（会签外事司）主管局领导和主管外事局领导，签报中要说明出访主要目的、计划时间、考察提纲、费用来源和出访人员名单等情况。经批准后再填写出国（境）任务报批件，由外事司审核后，报主管外事的局领导审批。副部级以上领导出访由外事司按有关程序经国家发展改革委报国务院审批。

六、外单位邀请我局人员出访，应将邀请函先送至外事司。邀请函要写明出访任务、国家和地区、时间，以及由谁负担出访费用等，但不得点名邀请某人出访（特殊任务除外）。外事司根据出访任务，商有关单位选派人员，并报局领导批准后，正式通知组团单位。

七、各出访团组经局领导批准后，要认真组织实施。加强外事纪律教育，严格按批准的时间和路线出访，不得随意更改和增加出访国家或地区。

八、各出访团组在出访前要认真做好准备，制订详细的考察和培训提纲，使考察和培训取得实质性收获。出访团组回国后，应在一个月内写好出访报告，报送有关局领导，并抄送外事司。

九、各出访团组和人员要认真执行财政部、外交部制定的《临时出国人员费用开支标准和管理办法》（财行[2001]73号），严格按照各项开支标准执行，不得随意突破。

十、根据外交部对因公护照管理的有关规定，出访人员一般要在回国后15天内，将护照送交外事司统一管理。

十一、我局各组团单位在组团过程中和出访期间，如违反国家有关因公出访的规定和外事纪律，外事司将会同监察局等有关单位对当事人进行严肃查处，并视情节追究组团单位负责人的责任。

十二、本办法自下发之日起开始执行，我局原有关于出国（境）团组管理的规定如有与本办法抵触的，以本办法为准。本办法由外事司负责解释。

关于印发《国家粮食局2007年新闻宣传要点》的通知

（国家粮食局 国粮办政[2007]45号 2007年3月15日）

各司室、直属单位、联系单位：

按照《国家粮食局新闻工作暂行规定》的有关要求，经局领导批准，现将《国家粮食局2007年新闻宣传要点》印发给你们，请积极配合局新闻办公室做好相关新闻的宣传工作。

国家粮食局2007年新闻宣传要点

2007年，是实施“十一五”规划和构建社会主义和谐社会的重要一年，也是巩固和发展粮食流通体制改革和粮食宏观调控成果，积极发展现代粮食流通产业，更好地参与和服务社会主义新农村建设的关键之年。粮食新闻宣传工作要以邓小平理论和“三个代表”重要思想为指导，认真贯彻落实科学发展观和党的十六届五中、六中全会精神，按照加快构建社会主义和谐社会的要求，围绕全局中心工作，以保护种粮农民利益，保障国家粮食安全为重点，重点宣传完善粮食流通体制、加强宏观调控、推进依法行政、推动科技进步、积极发展现代粮食流通产业工作。要点如下：

一 贯彻落实粮食流通体制改革各项政策措施，推进国有粮食企业改革和发展

继续宣传完善粮食流通体制改革各项政策措施；进一步推广宁夏粮食流通体制改革经验；各地开展产销协作的新举措和新机制；国有粮食企业改革、改制和扭亏增盈的典型做法；各地积极发展粮食产业化经营和培育龙头企业情况；全国粮食市场体系建设情况；粮食部门参与和服务社会主义新农村建设的政策措施及成效。

二 完善粮食宏观调控体系，增强政府调控市场能力

宣传粮食供求形势，及时发布粮食供求及市场价格信息、粮食最低收购价政策、最低收购价执行预案和最低收购价粮食销售等情况；宣传各地在健全地方粮食储备体系方面的经验和做法；增强《国家粮食流通统计制度》的宣传力度，强化各级粮食部门依法统计的职责，增强各类粮食企业尤其是非国有粮食企业的统计法治观念；加强对营养强化相关知识和食物营养强化进展情况的宣传报道。

三 加强粮食产业化体系建设，促进粮食行业发展

宣传粮食产业化经营的政策，及时公布粮油加工生产能力和产业结构调整指导目录；粮油加工

产业的结构调整和优化升级；建设粮食现代物流体系，大力发展散粮运输；推广先进的农户储粮技术设备，逐步建立农村产后服务体系；建立农村粮油购销网络，深入开展“放心粮油”进农村活动；对“ICC第十三届国际粮油科技大会”情况进行报道。

四 加强粮食法制建设，推进粮食依法行政

继续宣传《中央储备粮管理条例》和《粮食流通管理条例》以及《粮食流通监督检查暂行办法》、《粮食库存检查暂行办法》、《中央储备粮监管办法》等相关配套规章；粮食流通监督检查体系建设情况；2007年全国粮食库存检查工作开展情况；各级粮食行政管理部门开展粮食流通监督检查行政执法工作情况。

五 认真贯彻新修订的国家标准，加强对粮油标准质量的宣传

认真贯彻《稻谷、小麦、玉米储存品质判定规则》和其他新修订的国家标准，加强新制修订的粮食标准对保护国内粮油市场、对粮食行业的技术指导作用和保护农民利益的作用的宣传；对各地推进粮食质量监管工作经验开展宣传；对2007年全国粮食质量监测体系建设情况、各地加强质检队伍建设的有关情况和做法、推进粮食质检机构的行政许可工作等方面的典型进行宣传。

六 完善军粮供应体系，促进军供工作发展

对军用电子购卡实施情况、军用企业发展情况和军供粮源统筹工作完善落实情况进行宣传；对全国军粮供应管理会议及有关精神进行报道；对庆祝八一建军节纪念活动期间的双拥慰问工作进行宣传。

七 开展粮食行业教育培训工作的宣传

宣传粮食行业特有工种职业技能鉴定工作，确保鉴定工作有序开展；加强对代储中央储备粮企业保管、防治、检验人员持证上岗制度的宣传；各地开展对粮食行政执法人员培训和粮食行业特有工种职业技能鉴定培训的情况；全国粮食行业首届职业技能大赛的情况。

八 贯彻落实国务院第五次廉政会议和中纪委第七次全会精神，促进干部队伍的建设和机关作风的建设

及时报道局党组理论学习中心组和各单位贯彻落实国务院第五次廉政会议和中纪委第七次全会精神的学习情况，促进干部队伍建设和机关工作作风的建设；对局机关党建工作情况和优秀典型事迹开展宣传，积极迎接党的十七大的召开。

关于同意组建第二批国家粮食局工程技术研究中心的通知

（国家粮食局 国粮办展[2007]57号 2007年3月25日）

辽宁省粮食局、湖南省粮食局、陕西省粮食局：

你们报送的国家粮食局工程技术研究中心的可行性论证报告收悉。为适应新形势下保障国家粮食安全、构建粮食流通行业科技创新体系的需要，加强粮食科技成果转化能力建设，根据《国家粮食局工程技术研究中心组建管理办法》（国粮办展[2006]268号）规定，经专家组评审、考察和论证，并报局领导批准，原则同意你们在现有基础上组建国家粮食局工程技术研究中心。现将有关事项批复如下：

一、经专家论证，原则同意你们申报的3个国家粮食局工程技术研究中心的组建目标、发展方向、主要任务、运行机制和组建方案等内容，请抓紧开展这些中心的组建工作，组建期为2~3年。

二、工程技术研究中心的组建经费由承担单位自筹资金解决。有关部门或地方的配套经费可冲减相应数额的自筹资金。组建期内涉及基本建设内容，请按有关程序报批。

三、请你们充分发挥技术人才、科研和基础设施优势，实行“开放、流动、协作、竞争”的运行机制，广泛吸收先进技术和人才，注重中试基地条件建设，建立“产学研”相结合的机制，建立有效管理机制，加强应用粮食科技成果的工程化、集成化和产业化的建设，不断增强工程中心的成果转化能力和科技创新能力，为粮食流通产业的科技进步与发展提供技术保障和服务。

国家粮食局将对工程技术研究中心组建期间的有关工作进行检查，项目完成后，由省粮食局上报组建项目的验收总结报告，经我局组织验收合格后正式授予国家粮食局工程技术研究中心名称。

关于调整充实粮食市场监测点的通知

（国家粮食局 国粮办调[2007]58号 2007年3月27日）

各省、自治区、直辖市粮食局：

2006年5月，国家粮食局在全国启动了粮食市场监测信息直报工作。在各地粮食局的大力支持下，此项工作开展总体较好，但也存在部分监测点布局不尽合理、有些监测点信息报送情况不够及时等问题。为进一步做好粮食市场监测工作，更好地满足粮食宏观调控和应急工作的需要，在各省（区、市）粮食局认真审核、推荐的基础上，我局决定对粮食市场监测点进行适当调整和充实。现将有关事项通知如下：

一 调整后的粮食市场监测点及其监测内容

此次调整后，作为向我局直接报送监测信息的粮食市场监测点共327个（详见附件）。其中：基层粮食局和粮食经营企业175个，主要监测粮油的收购、出库价格；粮油加工企业52个，主要监测原粮（油）的进厂价格和成品粮油的出厂价格；转化用粮企业（饲料和工业用粮企业）11个，主要监测粮食的进厂价格；车站、港口码头11个，主要监测粮食的车（船）板价格、到站（港）价格，到岸价格和离岸价格；粮食批发市场53个，主要监测粮油的批发价格；零售超市和集贸市场25个，主要监测成品粮油的零售价格。

二 认真做好市场监测人员的培训工作

开展人员培训是做好粮食市场监测工作的基础和前提，对于提高信息监测质量具有重要作用。各省（区、市）粮食局一定要高度重视人员培训工作，特别是要抓紧搞好新增粮食市场监测点有关人员的培训，保证监测工作需要。培训的主要内容：一是粮食流通基础知识和价格基本理论；二是我局印发的《粮食市场监测方案》，准确掌握各类价格的内涵和采集要求；三是粮食市场监测信息网上直报系统的使用方法。

三 加强指导，切实做好粮食市场监测及信息直报工作

从2007年4月16日开始，新增粮食市场监测点正式启动信息直报工作。请各省（区、市）粮食局督促各监测点按照本通知规定的监测内容和有关要求，在每周一采集、整理当日有关粮食信息，务必于周二上午12：00以前通过我局政府网站上传数据。具体步骤：登录国家粮食局网站（http://www.chinagrain.gov.cn），进入“粮食宏观调控监测预警系统”，选择报价子系统，输入用户名和密码，进入价格录入平台，填写相关信息，确认无误后选择上传数据。新增粮食市场监测点的用户名和密码另行通知。

请各省（区、市）粮食局进一步加强对粮食市场监测点的工作指导和督促检查，及时了解各监测点对市场监测工作的意见和要求，帮助解决工作中遇到的困难和问题，确保粮食市场监测工作的顺利进行。

关于印发2007年粮食流通监督检查工作要点的通知

（国家粮食局 国粮办检[2007]64号 2007年4月2日）

各省、自治区、直辖市及新疆生产建设兵团粮食局：

《2007年粮食流通监督检查工作要点》已经国家粮食局领导批准，现印发给你们，请结合当地实际，认真贯彻落实。

2007年粮食流通监督检查工作要点

2007年，粮食流通监督检查工作要以邓小平理论和“三个代表”重要思想为指导，全面贯彻落实科学发展观和构建社会主义和谐社会的战略思想，认真贯彻党的十六届五中、六中全会，以及中央经济工作会议、中央农村工作会议、全国粮食局长会议精神，围绕粮食工作重点，切实做好监督检查工作。总体要求是：进一步加大对全社会粮食流通的监管力度，服务粮食工作大局；进一步加大中央和地方储备粮监管力度，全面落实“三严格、两确保”的目标；进一步加大体系建设力度，夯实监督检查工作基础；进一步加大制度建设力度，构建监督检查长效机制；进一步加大队伍作风建设力度，提高执法人员整体素质。

一 进一步加大对全社会粮食流通的监管力度，服务粮食工作大局

一是认真做好粮食库存检查工作。2007年，国家粮食局将进一步加强与各有关部门和单位的沟通、协作，严格按照《粮食库存检查暂行办法》的有关规定，认真组织各地开展粮食库存检查和抽查工作，并不断总结经验、完善措施，提高检查质量。在做好全国粮食库存检查的同时，结合粮食库存实际情况，重点强化对各类政策性粮食库存的检查，适时开展储备粮轮换、代储管理等随机抽查，建立经常性的检查制度。各地粮食行政管理部门要根据《粮食库存检查暂行办法》的规定，认真做好粮食库存自查、复查工作，会同有关部门及时、准确报送检查数据。同时，要做好对地方储备粮库存的监管工作，继续改进和完善地方储备粮在数量、质量、轮换和管理等方面的措施，夯实粮食宏观调控的物质基础。

二是开展专项检查，促进粮食宏观调控目标的实现。各地要加强对国家粮食最低收购价政策执行情况的检查，支持和配合执行主体做好监管工作。继续对军粮、退耕还林粮、水库移民粮、救灾粮等各类政策性粮食购销活动进行监督检查，确保国家政策的落实。要加强对已经取得粮食收购资格的粮食经营者的指导、服务和监管，并定期进行核查。督促粮食经营者严格执行国家有关法律、法规、规章、政策、标准和技术规范，确保落到实处。加强对粮食流通统计制度执行情况的监督检查，督促各类粮食经营企业和转化用粮企业自觉执行粮食流通统计制度，履行向当地粮食行政管理部门报送粮食购销存等基本数据和有关情况的义务。

三是进一步加强对粮食质量的监管。各地要切实履行好粮食质量的监管职责，重点加强对中央储备粮、地方储备粮、其他政策性用粮的质量监管。开展原粮卫生专项摸底调查，掌握不同性质库存粮食的卫生现状。各省（区、市）粮食行政管理部门要积极发挥粮油检测检验机构的作用，按照《粮食质量监管实施办法（试行）》和《粮食卫生标准》的要求，加强对粮食质量的监管，严防不符合卫生标准的粮食流入口粮市场。鉴于新的《谷物储存品质判定规则》（GB／T20569~20571－2006）国家标准已经从2006年12月1日发布实施，各地粮食行政管理部门和企业不得再按旧的标准鉴定陈化粮。各地要配合工商部门，对在新标准发布前已鉴定出的陈化粮继续加强监管，严防流入口粮市场。

四是认真查处涉粮案件。要高度重视对涉粮案件的查办工作。对群众反映强烈、领导关注的各类涉粮案件，特别是涉及政策性粮食购销及库存、严重侵害国家利益、扰乱正常粮食流通秩序的重大违法违规案件要重点查处；对情节恶劣、造成严重不良社会影响的重大案件，要按有关规定严肃处理并给予通报。进一步落实案件查处责任，明确管辖权限，提高办案效率，构建上下联动、分工负责的案件查处机制，努力将问题解决在基层，避免因执法不严、处理不当等原因造成重复举报、重复办案，同时做好案件处理的报送工作，对涉及其他部门管辖的案件，要及时沟通情况。要通过案件处理，及时发现监督检查工作的重点和难点问题，分析成因，总结规律，提出对策。

二 进一步加大中央储备粮监管力度，全面落实“三严格、两确保”的目标

一是加强沟通和协作，促进中央储备粮和谐共管。国家粮食局将与国家发改委、财政部、中国农业发展银行、中储粮总公司等有关部门和单位在中央储备粮质量监管、《粮食库存检查暂行办法》的培训和实施、粮食库存检查、《中央储备粮监管办法》的制定、中央储备粮网络监管体系建设等问题上，进一步加强信息交流，开展部门协作，切实履行中央储备粮的监管职责。同时，要积极探索做好适应中央储备粮垂直管理体系的监管工作机制。

二是加快中央储备粮监管体系建设。要加强调研工作，加快建设中央储备粮监管体系，前移监督检查关口，稳步推进对中央储备粮的动态监管，努力推动中央储备粮监管手段向科学化方向发展。在目前中央储备粮库存统计月报的基础上，增加与监督检查工作密切相关的信息指标，搭建监督检查工作平台，实时了解中央储备粮具体承储库点库存变化、轮换任务执行等方面情况，并逐步与有关部门和单位实现信息共享。

三 进一步加大体系建设力度，夯实监督检查工作基础

各地要按照国务院16号文件的要求，积极争取本级政府和有关部门对粮食流通监督检查行政执法工作的理解和支持。要落实专门的粮食流通监督检查行政执法机构，力争2007年底前，省级粮食行政管理部门尚未建立内设监督检查机构的，要千方百计，克服困难，全部建立起来；全国市级机构建设比例要达到80%以上；县级机构建设比例要达到70%以上。要配备必要的工作人员，人员不足的要根据工作需要，适当调整增加。各地不能因工作变动使行政执法人员减少，出现空缺要及时培训补齐。要将监督检查工作经费纳入本级财政年度预算，切实保障监督检查工作必要的经费支出。

四 进一步加大制度建设力度，构建监督检查长效机制

各地要继续抓好中央和地方出台的一系列粮食流通监督检查规章制度的贯彻落实，结合粮食流通监督检查工作面临的新情况、新任务，着力规范和完善有关制度。一是国家粮食局会同有关部门和单位研究起草《中央储备粮监管办法》，完善监管措施，推动中央储备粮监督检查工作向规范化、科学化方向发展。二是完善粮食行政执法文书，逐步建立统一的粮食流通监督检查行政执法文书格式。同时，还要建立粮食流通监督检查评议考核制度，研究制定相关评议考评办法。三是完善监督检查各项配套规章制度。已经制定规章制度的省（区、市），要在实践中进一步完善。尚未建立各项配套规章制度的，要抓紧制定、补齐。要继续加强监督检查的基础工作，按国粮检[2006]91号文件要求做好每半年一次的监督检查调查统计工作，继续加强各地粮食流通监督检查信息交流和报送工作。

五 进一步加大监督检查工作队伍的作风建设力度，提高执法人员素质

各地要按照胡锦涛总书记在中纪委七次全会上的讲话精神，切实加强思想作风、学风、工作作风、领导作风、生活作风建设，在粮食流通监督检查队伍中大力倡导“勤奋好学、学以致用，心系群众、服务人民，真抓实干、务求实效，艰苦奋斗、勤俭节约，顾全大局、令行禁止，发扬民主、团结共事，秉公用权、廉洁从政，生活正派、情趣健康”八个方面的良好风气。要以强化培训为切入点，立足于综合素质的提高，采取多种方式，造就一支通晓法律和粮食业务知识的作风过硬的监督检查工作队伍。重点抓好四方面工作：一要抓好资格培训。包括粮食库存检查资格和行政执法资格培训。根据《粮食库存检查暂行办法》的规定，对参加库存检查的人员进行专业培训，严格考核，全面落实粮食库存检查持证上岗制度，遴选一批真正懂政策、业务精的专家，建立库存检查人才库，推动监督检查工作队伍向专业化方向发展；对尚未取得行政执法资格的从事粮食流通监督检查工作的人员继续做好资格培训工作。二要搞好执法实务培训。在执法资格培训的基础上，将培训向深度和广度推进，开展案例培训、公共法律法规培训、标准案卷处理培训等，提高监督检查人员的执法水平。积极组织开展案例分析交流活动，解决行政执法理论和实践有机结合的问题。三要继续加强监督检查调研工作，推广交流先进典型经验，提高监督检查行政执法的实际工作能力。四要继续加大文明执法、依法管粮的职业教育。要珍惜来之不易的执法权，切实履行好《条例》赋予粮食行政管理部门的行政执法职责。对执法队伍，主要领导要亲自抓、亲自管，积极稳妥地推进各项监督检查工作。

关于公布国家粮食局优秀软科学研究成果奖2006年度获奖项目的通知

（国家粮食局 国粮办政[2007]68号 2007年4月6日）

各省、自治区、直辖市及新疆生产建设兵团粮食局：

根据2006年初国家粮食局软科学评审专家委员会办公室发布的课题研究方向，各有关单位申报并完成了56项课题。按照《国家粮食局优秀软科学研究成果奖励办法》的有关规定，经国家粮食局软科学评审专家委员会的认真评审，共评出国家粮食局优秀软科学研究成果一等奖4项、二等奖6项、三等奖11项。现予公布。

（附件略）

关于公布国家粮食局2006年度粮食工作优秀调研报告获奖名单的通知

（国家粮食局 国粮办政[2007]73号 2007年4月9日）

各省、自治区、直辖市及新疆生产建设兵团粮食局：

为推动粮食行业深入开展调研工作，不断提高粮食调研工作水平，发挥调研报告的借鉴和参考作用，2006年我局组织了粮食系统优秀调研报告征集和评选活动。各有关单位共提交的78篇调研报告，经国家粮食局软科学评审专家委员会组织有关专家认真评审，共评出获奖调研报告26篇，其中一等奖6篇、二等奖8篇、三等奖12篇。现予以公布。

（附件略）

关于建立粮食收购资格核查制度和信息共享机制的通知

（国家粮食局 国粮办政[2007]79号 2007年4月13日）

各省、自治区、直辖市及新疆生产建设兵团粮食局：

2004年以来，各级粮食行政管理部门认真贯彻落实党中央、国务院关于深化粮食流通体制改革的方针、政策，按照《中华人民共和国行政许可法》和《粮食流通管理条例》的规定，开展粮食收购资格审核工作。截至2006年底，全国30个省（区、市）县级及县级以上地方粮食行政管理部门受理了84117个粮食经营者粮食收购资格的申请，批准了81870个粮食经营者的粮食收购资格。

为更好地满足农民售粮需要，保护农民合法权益，维护粮食市场正常秩序，搞活粮食流通，各地粮食行政管理部门要按照《粮食流通管理条例》的规定和《国务院关于完善粮食流通体制改革政策措施的意见》（国发[2006]16号）的要求，健全粮食收购市场准入制度，认真开展粮食收购资格的核查和服务工作。

一、抓紧建立健全粮食收购资格核查制度。各地粮食行政管理部门要按照《粮食流通管理条例》的规定，结合本地实际，尽快建立健全粮食收购资格核查制度，包括对粮食收购资格审批制度、程序和管理的监督检查，对已经取得粮食收购资格的经营者的指导、服务和监管，对粮食收购资格审核和变化情况的备案和通报等。

二、加强对粮食收购资格审核的监督检查。各地粮食行政管理部门要按照《中华人民共和国行政许可法》和《粮食流通管理条例》的规定，加强对粮食收购资格审核的监督检查，及时纠正粮食收购资格审核中的违法、违纪行为。各省（区、市）粮食行政管理部门可以采用书面审查和实地检查的方式，开展本辖区内粮食收购资格审核的检查工作，重点检查县（市、区、旗）粮食行政管理部门实施粮食收购资格审核工作的制度是否健全，程序是否规范，行为是否合法。国家粮食局将于今年7~8月份组织省（区、市）粮食行政管理部门有关人员进行抽查。

三、开展对已经取得粮食收购资格经营者的核查工作。各地粮食行政管理部门要定期依法核查已经取得粮食收购资格经营者变化情况，加大对粮食收购市场监管力度。核查的内容包括：（1）《粮食收购许可证》登记的内容有无重大变化；（2）有无涂改、倒卖、出租、出借《粮食收购许可证》的行为；（3）是否遵守有关法律、法规和粮食收购政策。核查的对象是已经取得粮食收购资格的经营者。在核查过程中，坚持执法与服务相结合，不得妨碍粮食经营者正常的经营活动，不得索取或者收取被检查人的财物，不得谋取其他利益。

四、建立全国粮食收购资格信息共享机制。为促进粮食收购市场竞争有序、统一开放，更好地保护售粮农民利益，便于对跨省粮食经营者的服务和监管，我局决定从2007年起建立全国粮食收购资格信息共享机制。请各省（区、市）粮食行政管理部门将本辖区内截止到2007年3月31日已经批准具有粮食收购资格的经营者名录（包括粮食经营者名称、粮食收购资格许可证编号和办理粮食收购许可证机关，见附件1），于5月15日前报送国家粮食局。全国粮食收购资格信息将在国家粮食局政府网站公布，并向省级粮食行政管理部门通报。

五、建立粮食收购资格动态通报机制。各地粮食行政管理部门要按照《粮食收购资格审核管理暂行办法》（国粮政[2004]121号）的规定，在每季度结束后十日内将本辖区内上一季度的粮食收购资格审核和变化情况报给上一级粮食行政管理部门。省级粮食行政管理部门每季度结束后二十日内将本辖区内上一季度的粮食收购资格审核和变化情况报送国家粮食局（附件2）。国家粮食局将及时在局政府网站上更新各地粮食收购资格审核和变化情况，并通报给省级粮食行政管理部门。请各省（区、市）粮食行政管理部门将负责粮食收购资格审核通报工作的机构、人员、联系电话，于5月15日前报送给国家粮食局政策法规司。

各省（区、市）粮食收购资格信息报送采用纸制版和电子版。电子版采取Excel格式，发至fgc@chinagrain.gov.cn。

（附件略）

关于在粮食行业特有工种职业技能鉴定中加强考务管理严肃考试纪律的通知

（国家粮食局 国粮办人[2007]80号 2007年4月16日）

各省、自治区、直辖市及新疆生产建设兵团粮食局，有关中央企业：

为进一步加强粮食行业特有工种职业技能鉴定（以下简称鉴定）考务管理工作，严肃考风考纪，确保鉴定的公正性和权威性，现就有关事项通知如下：

一、切实加强对职业技能鉴定考务工作的组织领导。各省（区、市）粮食局及有关中央企业人事部门要从加强粮食行业人才队伍建设的高度，坚持“质量第一、社会效益第一”的原则，指导所属粮食行业特有工种职业技能鉴定站（以下简称鉴定站）按照有关规章制度和工作计划开展鉴定工作，并加强对所属鉴定站的管理，认真组织对鉴定考试工作的巡视和质量督导，保证鉴定工作的顺利进行。

二、确保试卷的保密安全。各省（区、市）粮食局及有关中央企业人事部门和各鉴定站要严格执行国家保密法律法规，按照《粮食行业特有工种职业技能鉴定试卷运转管理办法》，加强试卷接收、印刷、运送等全过程的管理，落实保密负责制，严防试卷泄密。

三、严肃考场纪律，杜绝舞弊现象的发生。各鉴定站要进一步严肃考场纪律，加强对考生的教育，维护考场秩序，杜绝违规违纪行为。对违反考试纪律、考场规则的考生，要严肃处理，维护职业技能鉴定工作的公正性；对考试工作人员违反工作纪律的，取消其工作人员资格，并通报批评；情节严重的，给予相应的处分。

四、加强对考试工作人员的管理。各鉴定站要按照要求配备足够的考评人员和监考人员，教育和督促考试工作人员认真履行职责，按照规章制度和工作守则办事。同时，各省（区、市）粮食局和有关中央企业人事部门要委派质量督导员到考场进行现场检查和督导，督促各鉴定站提高鉴定质量。

五、加大对鉴定违规行为的查处力度。各省（区、市）粮食局和有关中央企业对鉴定机构和个人的违规行为，要依法依纪严肃查处。同时，要设立并公布职业技能鉴定质量监督举报电话，自觉接受社会各方面的监督。对群众举报的问题要调查核实，认真处理，并及时将处理结果上报国家粮食局人事司、职业技能鉴定指导中心。

关于表彰2006年度全国粮食系统会计报表和财务分析工作优胜单位的通知

（国家粮食局 国粮办财[2007]86号 2007年4月27日）

各省、自治区、直辖市及新疆生产建设兵团粮食局：

2006年是“十一五”规划的开局之年，各地粮食部门在积极做好各项粮食流通工作的同时，较好地完成了国有粮食企业会计报表编报和财务分析工作，特别是财务分析的报送数量和质量都有了较大幅度提高，为服务粮食宏观调控和粮食流通产业发展发挥了积极作用。根据各地粮食会计报表和财务分析的报送情况，我局评选出湖北省粮食局等19个会计报表工作优胜单位、河北省粮食局等16个财务分析工作优胜单位，现予以通报表彰。

2007年，国有粮食企业开始执行《企业会计制度》和《关于粮油有关业务会计处理的规定》，各地粮食部门要适应新形势下粮食财务信息统计工作的需要，进一步做好粮食财务信息的报送工作，提高粮食财务信息质量。同时，要继续搞好财务分析，更好地为粮食流通工作服务。

关于建立国有粮食企业扭亏增盈信息通报制度和重点企业经营情况分析制度的通知

（国家粮食局 国粮办财[2007]91号 2007年4月30日）

各省、自治区、直辖市及新疆生产建设兵团粮食局：

2006年，各地粮食部门认真贯彻落实《国务院关于完善粮食流通体制改革政策措施的意见》（国发[2006]16号），一手抓改革，一手促发展，国有粮食企业经济效益明显好转，扭亏增盈工作取得显著成效。为了进一步加强对国有粮食企业扭亏增盈工作的指导，从2007年开始，我们拟建立国有粮食企业扭亏增盈信息通报制度和重点企业经营情况分析制度。现将有关情况通知如下：

一 建立国有粮食企业扭亏增盈信息通报制度

各地粮食部门要及时了解和掌握国有粮食企业扭亏增盈情况，包括：国有粮食企业扭亏增盈工作开展情况、采取的措施和取得的效果；在扭亏增盈中涌现的典型单位及其经验和做法等。按季以书面形式将有关情况报送我局财务司。

二 建立重点粮食企业经营情况分析制度

各地粮食部门在抓好国有粮食企业扭亏增盈工作的同时，要定期（每季或每半年）选择部分重点、有代表性的国有粮食企业，对其亏损和盈利状况进行深入的分析和对比，找出亏损的原因和盈利的经验，有针对性地进行指导，以促进企业经营管理水平和市场竞争能力的全面提升，更好地发挥国有粮食企业的市场主渠道作用。同时，以书面形式向我局财务司报送有关重点企业的经营情况分析。

三 加强对国有粮食企业扭亏增盈工作的指导

我局在各地上报有关材料的基础上，及时了解和掌握全国国有粮食企业扭亏增盈情况，并向有关部门和领导报送信息。同时，对各地在扭亏增盈中涌现出的典型单位和经验，以简报的形式进行推介，供各地学习和借鉴。

关于做好2007年最低收购价粮食收储库点仓房维修工作的通知

（国家粮食局 国粮办展[2007]99号 2007年5月11日）

河北、江苏、安徽、江西、山东、河南、湖北、湖南、四川等省粮食局：

为保证2007年粮食收购工作所需要的仓容，财政部拟安排部分中央财政补助资金用于你省最低收购价粮食收储库点的仓房维修。为做好这项工作，现将有关要求通知如下：

一、仓房维修项目应重点安排给省内执行最低收购价任务较重、仓容矛盾较突出的粮食主产市、县，特别是兼有小麦、稻谷两个品种最低收购价任务的地区。

二、补助资金原则上用于执行最低收购价任务库点的仓房维修改造，不能用于仓房和相关基础设施的新建项目。

三、仓房维修应按照仓储设施建筑和粮油储藏技术规范的要求进行，建议维修的主要内容为：仓顶维修、墙体修补、仓内地面维护、门窗及通风系统的改造等。仓房维修后，应满足上不漏、下不潮的基本要求，能密闭、防鼠、防雀，发生粮情异常变化时，能及时处理。

四、请抓紧与省财政厅联系，落实中央财政补助资金安排的具体方案，并积极争取地方财政支持。

五、中央财政补助资金下达后，请会同有关方面，抓紧制定仓房维修工作方案（包括拟维修的各库点名单、维修项目、维修费用、资金来源、建设方案、验收办法、完工时间等）。请将该方案于2007年5月底前报送我局备案，并在维修工作完成后，将工作总结及时报送我局。

关于对2006年度粮食仓储设施统计工作中成绩突出的单位和个人予以表扬的通知

（国家粮食局 国粮办展[2007]101号 2007年5月14日）

各省、自治区、直辖市及新疆生产建设兵团粮食局，中国储备粮管理总公司，中粮集团有限公司，中国华粮物流集团公司：

2006年度仓储设施统计工作已经完成。在统计工作中，各级粮食行政管理部门认真执行《国家粮食流通统计制度》，精心部署、认真审核、科学分析，重视粮食仓储设施统计工作，积极建立覆盖全社会范围的仓储设施统计体系，较好地完成了预定的统计任务，也涌现出一批业务过硬、工作扎实、尽职尽责的单位和个人。为进一步调动各地做好粮食仓储设施统计工作的积极性，经研究，决定对安徽省粮食局、新疆维吾尔自治区粮食局、北京市粮食局、陕西省粮食局、贵州省粮食局、河北省粮食局共6个单位和四川省粮食局朱静、江苏省粮食局黄熙荣、福建省粮食局宋剑峰、甘肃省粮食局李祥元、湖北省粮食局陈永红、河南省粮食局王锦凤6位同志提出表扬。

粮食仓储设施统计工作是一项事关储粮安全的基础性工作，政策性强、工作量大、任务艰巨，各级粮食行政管理部门要牢固树立科学发展观，继续重视并加强仓储设施统计工作，进一步提高统计数据的科学性、准确性和权威性，为粮食仓储工作作出贡献。

关于院校职业技能鉴定免理论知识考试有关问题的通知

（国家粮食局 国粮办人[2007]110号 2007年5月28日）

各省、自治区、直辖市及新疆生产建设兵团粮食局：

根据国家粮食局办公室《关于加强粮食行业特有工种职业技能鉴定工作的通知》（国粮办人[2006]246号）精神，现就院校毕业生申请相应职业技能鉴定免理论知识考试的有关事项通知如下：

一 免理论知识考试的范围及条件

应用型高等院校、职业院校、技工学校（以下简称各院校）的有关粮食专业，按照国家职业分类和国家职业标准设置课程，或使用根据国家职业标准编写的教材教学，其毕业生职业技能鉴定理论考试可与专业课考试相结合，理论考试的成绩按所学专业课的总平均分计算，达到60分及其以上的，经所在学校统一组织报名参加与所学专业相关的职业技能鉴定时,可免理论知识考试。

二 申请免试程序

（一）各院校可根据粮食有关专业设置的实际情况，组织毕业生申请职业技能鉴定免理论知识考试，并填写《粮食行业职业技能鉴定理论知识免试审批表》（详见附件，每个专业填写一份审批表，一式二份），经本省（区、市）粮食局人事部门审核后，报国家粮食局人事司、国家粮食局职业技能鉴定指导中心（以下简称国家粮食局鉴定中心）批准。

（二）国家粮食局人事司、国家粮食局鉴定中心组织对各院校申报材料进行审核合格后，批复免理论知识考试的专业及其相对应的职业和等级。

（三）批复后，各院校每年都要将根据国家职业标准设置的专业课程及有关教学方案，与该专业免理论知识考试学生名单一并报国家粮食局人事司、国家粮食局鉴定中心及本省（区、市）粮食局人事部门备案。

（四）专业课考试全部结束后两周内，各院校要将申请职业技能鉴定免理论知识考试的毕业生专业课成绩报国家粮食局人事司、国家粮食局鉴定中心及本省（区、市）粮食局人事部门备案。

三 工作要求

（一）各院校每个粮食专业可以根据培养方向和课程设置，申请相关的1~3个职业免理论知识考试，其毕业生可以申请其中一个职业相应等级职业技能鉴定理论知识免试。

（二）各粮食行业特有工种职业技能鉴定站要对各院校毕业生参加职业技能鉴定实际操作进行考

核，要严格执行国家职业标准，确保鉴定质量，引导学生增强技能操作水平和就业能力。

（三）各院校要将粮食有关专业教学内容与国家职业标准相互衔接，将职业技能鉴定纳入教学目标、教学计划和教学内容，不断加强学生专业应用能力和实际操作技能的训练，使学生在实践教学或职业技能培训后能够顺利通过职业技能鉴定考核。

（四）国家粮食局人事司、国家粮食局鉴定中心将定期组织对有关院校毕业生免理论知识考试和参加职业技能鉴定情况进行监督检查。一经发现弄虚作假，取消该院校申请免理论知识考试资格。

关于汲取安全生产事故教训加强粮食行业安全生产的通知

（国家粮食局 国粮办展[2007]111号 2007年5月28日）

各省、自治区、直辖市及新疆生产建设兵团粮食局，中国储备粮管理总公司，中粮集团有限公司，中国华粮物流集团公司：

2007年4月4日，安徽省霍邱县西湖粮食购销公司9名工作人员以及公司临时聘用的10名临时工在对麻纺厂储粮点实施熏蒸作业过程中，发现丢失1瓶磷化铝（规格500克）。事件发生后，现场人员立即组织追查，并于4月9日向公安机关报案，丢失药剂至今尚未找回。

2007年4月29日，中国华粮物流集团公司所属北良有限公司在清仓作业时，该公司聘用的庄河劳务公司职工李某在用钢钎疏通板结大豆时因用力过猛，身体失去平衡，坠入仓内出粮口，被粮食掩埋窒息死亡。以上事故发生后，安徽省粮食局、中国华粮物流集团公司分别立即派人赴现场组织事故处理，调查事故原因。

储粮化学药剂丢失、浅圆仓出仓作业粮堆埋人致死事故在粮食行业曾多次发生。近期仍然出现新的事故，说明当前粮食行业安全生产工作形势不容乐观，少数地方和粮食企业还存在安全生产责任不到位、安全生产重视不够等问题。各地区、各单位要认真汲取两起事故教训，切实做好粮食行业安全生产工作；对发生的事故须按照《生产安全事故报告和调查处理条例》（中华人民共和国国务院令第493号）的要求报告和处理。当前，夏粮收购工作即将开展，部分地区汛期即将来临，为进一步做好粮食安全生产工作，现就有关要求通知如下：

一、加强安全生产培训，切实提高粮食企业负责人安全生产意识。当前，部分粮食企业负责人还存在麻痹大意的现象，没有认识到自己所担负的安全生产责任。为此，各级粮食行政管理部门要加强对粮食企业负责人、企业主要安全生产管理人员的培训，让企业负责人了解相关的法律知识，掌握企业的安全生产状况，切实提高安全生产责任意识和危机意识，为做好安全生产工作创造一个良好的外部环境。

二、加强制度建设，严格按规定组织作业。两起事故反映出在部分粮食企业中存在有规不依、违规操作的现象，对此要引起高度重视。各级粮食行政管理部门要督促、指导粮食企业按照《国家粮食局关于加强粮食行业安全生产工作的指导意见》（国粮展[2006]190号），健全企业安全生产责任制，落实企业安全生产岗位职责，完善企业相关管理制度，建立规范的生产作业流程。企业要加强对职工业务的培训，加强对临时聘用人员的管理，严格按规定组织作业，防止安全生产事故的发生。

三、加强储粮化学药剂管理，规范熏蒸作业行为。各级粮食行政管理部门要积极推进储粮化学药剂中心库建设工作。储粮药剂中心库可以以区域内大型粮库为依托，在完善药剂库硬件条件和管理措施的基础上，为周边企业提供药剂代储服务，减少区域内药剂库的总体数量。要加强药剂库的安全保卫措施，严格执行双人双锁管理规定。严格药剂领用和库存管理，防止药剂丢失流失。开展熏蒸作业前必须制订科学周密的工作方案，并严格按规定做好各项防护工作，防止出现伤亡事故。熏蒸作业完成后要严格按规定要求处理药剂残渣和包装物，防止意外事件发生。

四、加强出租设施和聘用人员管理，防止安全生产事故发生。目前，部分粮食仓储企业将仓房出租、出借用于多种经营，或者将一部分仓储业务分包给其他单位，由此导致部分外来人员、物资、设备频繁进出库区或参与粮库生产作业，给企业安全生产带来隐患。为此，各级粮食行政管理部门要督促有关粮食企业在开展多种经营或分包业务时，必须在合同中明确安全生产责任、义务和安全生产规定。企业要加强对外来单位和人员的日常安全管理，不能以包代管。各级粮食行政管理部门也要将企业出租设施、分包业务列入安全生产检查和监管的工作范畴，并加强指导。

五、加强协调指导，做好安全防汛工作。我国部分地区即将进入汛期，各级粮食行政管理部门和粮食企业要加强与气象、防汛部门的沟通协调，加强预测预报，做好防汛、防台风、防泥石流、防雷击等各项准备工作。各地在汛期要重点关注水患区储粮化学药剂、危旧仓房和库存粮食的安全，并制定好应急预案和启动措施。

关于做好中央储备粮代储资格企业重大变更事项报告工作的通知

（国家粮食局 国粮办展[2007]116号 2007年6月11日）

各省、自治区、直辖市及新疆生产建设兵团粮食局，中粮集团有限公司，黑龙江农垦总局：

根据国家粮食局2006年第2号公告规定，中央储备粮代储资格企业在发生重大事项变更后应及时报告。但从最近我局检查的情况看，部分发生变更的中央储备粮代储资格企业没有报告，给中央储备粮的储存安全带来隐患。为严格制度，规范管理，现就中央储备粮代储资格企业重大变更事项的管理工作通知如下：

一、企业必须严格按规定报告重大变更事项。当企业以下情况发生变化时，应在发生变化的30个工作日内由企业按国家粮食局2006年第2号公告的规定格式和内容将变化情况报告企业所在地省级粮食行政管理部门。

（一）企业名称、企业法定代表人、企业所有制性质、企业联系方式；

（二）资格仓房油罐灭失；

（三）代储资格要求必备的设备、设施及检化验仪器损坏或已不符合资格条件；

（四）粮油管理员、粮油质量检验员数量已不符合资格条件；

（五）企业周边环境及交通条件已不符合资格条件；

（六）企业发生违反国家粮食政策的现象或发生安全生产、安全储粮责任事故。

二、中央储备粮代储资格重大变更事项报告要求。企业发生重大变更事项后，应认真填写“中央储备粮代储资格企业变更报告表”，详细描述相关事项变更前后的情况，并附上有关证明材料。请各省级粮食局、中粮集团有限公司和黑龙江农垦总局督促已经发生中央储备粮代储资格重大变更事项但尚未报告的企业，于2007年7月20日前填报变更事项、变更结果以及相关材料，同时要对企业报告信息进行核实，并对变更后是否符合代储资格要求提出意见，经汇总后以正式文件于2007年8月31日前报送我局流通与科技发展司。

三、加强中央储备粮代储资格企业管理。请各省级粮食管理部门、中国储备粮管理总公司按照《中央储备粮代储资格认定办法》、《中央储备粮代储资格认定办法实施细则》的要求，认真做好包括代储企业重大变更事项管理在内的各项代储资格企业管理工作，确保中央储备粮代储资格企业质量。

关于2006年全国粮食行业人事统计报表评审结果的通报

（国家粮食局 国粮办人[2007]121号 2007年6月20日）

各省、自治区、直辖市及新疆生产建设兵团粮食局，中国储备粮管理总公司，中粮集团有限公司：

2006年，各省（区、市）粮食局及有关中央企业克服难度大、人手少、任务重等困难，较好地完成了全国粮食行业人事统计、调查任务。为进一步推动人事统计工作的开展，提高统计报表质量，我局对各地报送的2006年全国粮食行业机构、从业人员及职工教育培训情况统计年报和全国粮食行政管理部门机构编制情况调查表进行了审核，现将有关情况通报如下：

在2006年的全国粮食行业人事统计工作中，绝大多数单位能够按照要求，认真填报、严格审核、及时报送，报表质量较高，我局还评出全国粮食行业机构、从业人员及职工教育培训情况统计全优报表单位10个，优秀报表单位10个，合格报表单位10个，全国粮食行政管理部门机构编制情况调查全优报表单位10个，优秀报表单位8个，合格报表单位9个。从审核情况看，也有个别单位的报表填报工作还存在一些问题：一是填写不规范；二是对个别统计指标理解不准确，统计口径掌握不一致，存在错统、漏统和重复统计的现象；三是对报表审核不够细致，前后数据存在相互矛盾的问题；四是缺少统计分析，需要说明的情况未附说明；五是行业统计没有采用国家粮食统计信息系统上报数据。还有一些单位不能按时报送报表。

希望受到表扬的省（区、市）粮食局及有关中央企业再接再厉，继续重视并加强人事统计工作，不断取得新的进步。存在问题较多的单位，要认真查找原因，采取有效措施，切实改进工作，使行业人事统计工作更好地为粮食流通工作服务。

关于同意宁夏粮油批发交易市场作为国家粮食局重点联系单位的批复

（国家粮食局 国粮办政[2007]129号 2007年7月4日）

宁夏回族自治区粮食局：

你局《关于提请宁夏粮油批发交易市场列为全国重点粮食批发市场的请示》（宁粮检[2007]55号）收悉。现批复如下：

宁夏是我国西北地区重要的粮食产区，每年粮食购销交易量较大，及时收集、整理和发布这些粮油品种的价格、交易情况，对搞活各地粮食流通，实施市场信息引导，调节粮食市场供求具有重要的参考作用。为进一步健全和完善我局重点联系批发市场制度，扩大粮食市场信息来源，增加粮食市场信息量，经研究，同意将宁夏粮油批发交易市场列为国家粮食局重点联系单位。请你局和宁夏粮油批发交易市场按照《国家粮食局办公室关于确定重点联系粮食批发市场的通知》（国粮办政[2001]273号）有关要求，做好相关工作，并于2007年7月12日前将单位负责人和信息员的姓名、职务、电话传真至国家粮食局政策法规司。

关于2006年度粮油工业统计报表评审结果的通报

（国家粮食局 国粮办调[2007]136号 2007年7月13日）

各省、自治区、直辖市及新疆生产建设兵团粮食局、粮食行业协会:

2006年，各地粮食部门和粮食行业协会认真贯彻执行《国家粮食流通统计制度》，不断提高对粮油工业统计工作重要性的认识，在各级粮食行政管理部门的积极努力下，粮油工业统计任务得以圆满完成。从各地工业统计报表报送情况看，各报表单位能够按照要求，认真负责做好报表填报、审核、报送等各项工作，报表质量有所提高。目前，各省(区、市)粮食局的汇总单位全部采用了专用统计软件报送报表，提高了粮油工业统计工作的效率，保证了统计数据的准确性。经严格考核，评出江苏省粮食局等18个2006年度粮油工业统计优胜单位和张志平等18名2006年度粮油工业统计工作优秀个人，予以通报表扬。希望各地粮食部门和粮食行业协会继续做好粮油工业统计工作，不断提高统计数据质量。

2006年度粮油工业统计资料已汇编完成，现随文印发，供各地工作参考。

关于印发《国家粮食局政府网站安全措施与应急预案（试行）》的通知

（国家粮食局 国粮办政[2007]138号 2007年7月16日）

各司室、直属单位、联系单位：

为贯彻落实《中共中央办公厅、国务院办公厅转发〈国家网络与信息安全协调小组关于确保党的十七大信息安全的意见〉的通知》（中办发[2007]15号）精神，确保国家粮食局政府网站信息和运行安全，现将《国家粮食局政府网站安全保障措施与应急预案（试行）》印发给你们，请认真抓好落实。

国家粮食局政府网站安全保障措施与应急预案（试行）

为切实加强我局政府网站安全保障工作，完善、规范和细化内部管理流程，建立健全以预防、发现、报告、处理为基础的网络安全管理长效机制，加强网络反病毒入侵和抗黑客攻击的能力，确保信息和运行安全，特制定安全保障措施并建立网站安全应急预案。

一 工作原则

在局党组领导下，网站安全保障工作坚持统一指挥、分级负责，严密组织、密切协同，快速反应、保障有力的原则，政策法规司、技术维护单位（北京宏联公司）和网站服务器托管单位（中经网数据有限公司）三方做到勤监管、早发现、早报告、早处理，共同维护好网站的信息和运行安全。

二 保障措施

（一）政策法规司管理工作职能

1. 加强对网络安全防护工作的监督检查，督促技术维护单位做好日常维护及网站运行状态的实时监测，保障网站的安全畅通。

2. 组织网站工作人员认真学习《计算机信息网络国际互联网安全保护管理办法》等有关规定，提高工作人员的维护网络安全的警惕性和自觉性。

3. 加强对各单位报送的上网信息的审核管理工作，确保信息的准确性、时效性。

4. 加强对网站的日常维护及运行状态的监督管理，按照早发现、早报告、早处置的原则及时处置和解决问题，保障网络运行正常。

（二）网站技术维护单位工作职责

1. 设专人每天不定时检查网站信息，及时审核发布，对有问题的信息及时报告，并按要求及时处理。

2. 对服务器中数据设置定期、不定期备份，并使用专用电脑对所有数据进行备份，在服务器出现系统问题时，启用专用电脑暂时提供服务。

3. 网站技术维护人员负责网站服务器和工作电脑的日常维护，及时更新杀毒软件、检测木马程序、系统漏洞补丁，一旦发现系统漏洞及时补救。定期检查防火墙的安全设置，保证系统的正常运行。

4. 发现服务器出现问题时，应在第一时间上报政策法规司主管司（处）领导，并及时与网站管理员和托管单位联系，尽快确认和解决问题。

（三）网站服务器托管单位工作职责

1. 负责提供符合放置服务器技术条件的标准数据中心环境，以保证服务器的正常运行。

2. 负责提供24小时的网络维护服务，必要时协助北京宏联公司技术人员进行现场维护服务器的维护工作。

三 应急预案

（一）网站信息安全

网站维护人员加强对网站“主页”信息的严密监控，防止主页被恶意篡改；备份正确主页信息，保障主页信息及时恢复；若主页被恶意更改，应立即停止主页服务并恢复正确内容，同时检查分析被更改的原因，在被更改的原因找到并排除之前，不重开主页服务。及时保存日志文件、监控记录异常情况，并向网站维护单位负责人和网站管理部门领导汇报。

（二）网站设施安全

对网站系统的恶意攻击，主要包括破解登录密码、使用专用工具恶意访问网站等手段，使网站系统访问速度受到影响，严重的可能使整个网站瘫痪。网站维护人员应备份系统环境及设置参数，一旦设备故障或受到攻击能及时恢复；必要时断开所有网络接口；保存网络设备日志文件，为分析防范攻击提供原始证据。

（三）突发事件应急处置

1. 发生网站设施遭受黑客、病毒攻击或通信中断等突发事件后，网站维护单位应立即通知网站管理部门，及时判断和提出解决问题的措施。

2. 发生网络环境受到攻击导致网站访问受到影响时，由网站维护人员在30分钟内与托管单位联系协调处置。

3. 发生影响网站正常运行的其他故障时，由网站维护人员及时赶到网站服务器托管单位机房，查找问题并进行处置。

（四）应急工作要求

1. 遇有特殊情况，网站技术维护单位应实行24小时轮流值班制度，主要负责人和管理人员的手机24小时开机，保证随时联系。事态严重时，所有人员应坚守工作岗位待命。

2. 技术维护单位要主动与网站管理部门配合，及时通报有关情况。

3. 政策法规司和技术维护单位在处理完突发事件后，应将情况进行分析、总结，并按程序上报局领导。

4. 各部门联系方式。

政策法规司：

颜　波　63906087　13910567375

赵素丽　63906263　13910525395

孔伟娟　63906276　13901226445

田　野　63906277　13521464992

网站维护单位：

徐　杨　13601092946

任　金　13671227506　51939933

刘　艳　13681166600

黄　磊　13693667446

网站服务器托管单位：

负责人　任西娜　68558456

机房24小时值班电话　68558455

关于授予32个县市级粮食局为国家粮食局县市级粮食行政管理部门依法行政示范单位荣誉称号的通知

（国家粮食局 国粮办政[2007]149号 2007年8月9日）

各省、自治区、直辖市及新疆生产建设兵团粮食局：

根据《国家粮食局办公室关于报送地方粮食行政管理部门推进依法行政情况的通知》（国粮办政[2007]72号）精神，在各省（区、市）推荐的基础上，经认真评选，决定授予北京市密云县粮食局等32个县市级粮食局“国家粮食局县市级粮食行政管理部门依法行政示范单位”荣誉称号，并确定为“国家粮食局建设粮食依法行政示范联系单位”（详见附件）。请各省级粮食行政管理部门指导和督促本省（区、市）联系单位认真贯彻落实国家有关法律法规，继续做好依法行政工作。各地粮食行政管理部门要以依法行政示范单位为榜样，认真学习先进经验，坚持合法行政、合理行政、程序正当、高效便民、诚实守信、权责统一的依法行政标准，努力开创全国粮食依法行政工作的新局面。

（附件略）

关于加强粮油市场监测工作的通知

（国家粮食局 国粮办调[2007]159号 2007年8月31日）

各省、自治区、直辖市及新疆生产建设兵团粮食局:

目前正值夏粮、早籼稻的收购旺季，南方中晚稻收购工作也即将展开。为进一步加强粮油市场监测工作，及时反映重点地区和重点粮油品种市场价格的变动情况，我局决定加大粮油信息监测频率，对部分粮油市场监测点实行信息日报制度。现将有关事项通知如下：

一、实行信息日报制度的监测点。根据当前粮油市场监测的需要，从小麦、稻谷主产省和粮食主销区的粮食市场监测点中选取部分监测点（名单见附件），实行价格信息日报制度，重点监测粮食主产区收购旺季的收购价格，以及粮食主销区大米、小麦粉、食用植物油的批发和零售价格。今后，我们将根据粮食市场的变化情况，对监测品种、监测区域和监测频率进行适时调整。

二、报送时间和内容。实行价格信息日报制度的监测点，要求于每个工作日上午12:00以前，通过“网上直报系统”报送前一日当地所监测粮油品种的价格信息。若粮油价格出现异常波动，需在第一时间向我局报告。信息日报的启动时间为2007年9月10日，终止时间另行通知。在日报报送期间，原周报制度不变。

三、加强督导，确保日报制度顺利实施。有关省（区、市）粮食局要及时通知各有关监测点做好各项准备工作，加强督促指导，确保粮油市场价格信息监测工作的顺利进行。在实行粮油市场信息监测日报制度过程中，若出现新情况和新问题，请及时向我局调控司反映（联系电话：010-63906286）。

（附件略）

关于同意山东省粮油交易中心作为国家粮食局重点联系单位的批复

（国家粮食局 国粮办政[2007]161号 2007年9月4日）

山东省粮食局：

你局《关于将省粮油交易中心纳入全国重点联系粮食批发市场体系的请示》（鲁粮产字[2007]62号）收悉。现批复如下：

山东省是我国小麦和玉米的重要产区，每年粮食购销交易量较大，及时收集、整理和发布这些粮油品种的价格及交易情况，对搞活各地粮食流通，实施市场信息引导，调节粮食市场供求，都具有重要的参考作用。为进一步健全和完善重点联系批发市场制度，扩大粮食市场信息来源，增加粮食市场信息量，经研究，同意将山东省粮油交易中心列为国家粮食局重点联系单位。请你局和山东省粮油交易中心按照《国家粮食局办公室关于确定重点联系粮食批发市场的通知》（国粮办政[2001]273号）有关要求，做好相关工作，并于2007年9月20日前将单位负责人和信息员的姓名、职务、电话传真至国家粮食局政策法规司。

关于同意北京粮油交易信息服务中心作为国家粮食局重点联系单位的批复

（国家粮食局 国粮办政[2007]162号 2007年9月4日）

北京市粮食局：

你局《关于将北京粮油交易信息服务中心列为全国重点联系批发市场的请示》（京粮文[2007]28号）收悉。现批复如下：

北京是我国首都，又是全国粮食主销区，北京粮油市场对全国粮油市场供求变化反应较为灵敏，形成的价格信息也具有较高的参考价值。为进一步健全和完善重点联系批发市场制度，扩大粮食市场信息来源，增加粮食市场信息量，经研究，同意将北京粮油交易信息服务中心列为国家粮食局重点联系单位。请你局和北京粮油交易信息服务中心按照《国家粮食局办公室关于确定重点联系粮食批发市场的通知》（国粮办政[2001]273号）有关要求，做好相关工作，并于2007年9月20日前将单位负责人和信息员的姓名、职务、电话传真至国家粮食局政策法规司。

关于印发《粮食行业特有职业（工种）技师和高级技师技能鉴定考评办法（试行）》的通知

（国家粮食局 国粮办人[2007]165号 2007年9月5日）

各省、自治区、直辖市及新疆生产建设兵团粮食局，各有关中央企业：

为加快粮食行业高技能人才队伍建设，做好粮食行业特有职业（工种）技师、高级技师的评价、选拔工作，根据国家职业技能鉴定的有关规定和《粮食行业特有工种职业技能鉴定实施办法（试行）》，结合粮食行业实际情况，我局研究制定了《粮食行业特有职业（工种）技师和高级技师技能鉴定考评办法（试行）》，经局领导批准，现印发给你们，请认真贯彻执行。

粮食行业特有职业（工种）技师和高级技师技能鉴定考评办法（试行）

第一章 总 则

第一条 为规范粮食行业特有职业（工种）技师、高级技师（或相当于技师和高级技师职业资格，下同）的鉴定考评工作，进一步完善粮食行业职业资格证书制度，加强粮食行业高技能人才队伍建设，根据《粮食行业特有工种职业技能鉴定实施办法（试行）》，制定本办法。

第二条 技师、高级技师资格是在高级技能人员中设置的职业资格，其名称和等级分别依据国家职业标准确定。

第三条 按照粮食行业特有职业（工种）国家职业标准，技师、高级技师资格考评适用本办法。

第四条 技师、高级技师资格考评包括技能鉴定和综合评审两部分，先进行技能鉴定，后进行综合评审。考评工作坚持公开、公平、公正的原则，做到坚持标准、严格考核、择优选才、保证质量。

第五条 按照统一标准、自主申报、社会考核、单位聘任的原则，凡符合技师、高级技师申报条件的各类人员，均可自愿申请参加相应的资格考评。打破资历限定，对掌握高技能、复合技能且有突出贡献的人员可适当放宽申报条件；突破年龄限制，鼓励更多具备高超技能的青年职工参加考评；打破身份限制，鼓励不同所有制企业的职工参加考评。

第二章 申报条件

第六条 技师、高级技师资格申报条件按照国家职业标准中有关规定执行。

第七条 技师、高级技师资格破格申报条件：

（一）技师破格申报条件（具备以下条件之一者）

1.具有本职业（工种）中级以上职业资格，地市级以上“劳动模范”（先进工作者）、“五一劳动奖章”等荣誉称号的获得者。

2.参与完成地市级以上科研项目，通过鉴定验收，并获得地市级三等奖以上的人员（报奖排名范围内，下同）。

3.具有本职业（工种）中级以上职业资格，在工作领域有所创新，取得相关专利的人员。

（二）高级技师破格申报条件（具备以下条件之一者）

1.具有本职业（工种）高级职业资格，省部级以上“劳动模范”（先进工作者）、“五一劳动奖章”等荣誉称号的获得者。

2.参与完成省部级以上科研项目，通过鉴定验收，并获得省部级三等奖以上的人员。

3.能解决本职业高难度技术操作和工艺难题，在技术改造、工艺革新、技术攻关等方面有重大突破，并取得明显经济效益或社会效益（创造直接经济效益50万元以上，须有相应权威机构或技术评审机构的鉴定证书或有效证明）的主要参与者。

第三章　资格审查

第八条　申报技师、高级技师人员应提交以下材料：

（一）《粮食行业特有职业（工种）技师、高级技师资格申报表》（一式三份）。其中，技术总结要求结合生产实际，技术观点准确，阐述明晰，全面反映本人技术水平和技术成果。

（二）《职业资格证书》或专业技术职务任职资格证书原件及复印件。

（三）身份证复印件。

第九条　各省（区、市）粮食局和有关中央企业粮食行业特有工种职业技能鉴定站负责本地区、本单位申报技师人员的资格审查和申报高级技师人员的资格初审工作；国家粮食局职业技能鉴定指导中心（以下简称国家局鉴定中心）负责申报高级技师人员的资格审查工作。

第四章　技能鉴定

第十条　参加技师、高级技师资格鉴定人员均应参加统一组织的技能鉴定考核。技能鉴定分理论知识考试和技能操作考核两部分：

（一）理论知识考试：重点考核国家职业标准中技师、高级技师等级知识要求，新工艺、新设备、新知识、新技能等方面的内容，注重技术革新、潜在能力、传授技艺等方面的考核。理论知识考试采用笔试方式进行。

（二）技能操作考核：重点考核现场分析、判断、解决本职业高难度生产技术问题和工艺难题的实际技能，采取现场实际操作、模拟操作或案例分析等方式进行。

第十一条　技师、高级技师理论知识考试和技能操作考核试题一律从国家职业技能鉴定试卷库（粮食行业分库）中提取。

第十二条　粮食行业特有工种职业技能鉴定站受国家局鉴定中心的委托，在各省（区、市）粮食局和有关中央企业人事部门组织领导下，负责本地区、本单位申报技师资格人员的技能鉴定工作；国家局鉴定中心负责申报高级技师资格人员的技能鉴定工作。

第十三条　技能鉴定理论知识考试和技能操作考核均实行百分制，成绩皆达60分以上者，可以参加综合评审。

第五章　综合评审

第十四条　国家局鉴定中心组织成立粮食行业职业技能鉴定专家评审委员会（以下简称“评委会”），对申报技师、高级技师职业资格等级人员进行综合评审。评委会委员一般不少于11人，由同行专家（具有国家高级考评员、高级职称或高级技师资格）和人事管理专家组成，评委会设主任委员、副主任委员各1名。按专业设若干答辩专家小组，每个专家小组由3~5名专家组成。

根据工作需要，可委托各省（区、市）粮食局和有关中央企业人事部门组成评委会对本地区、本单位申报技师职业资格人员进行评审。

第十五条　综合评审包括答辩和会议评审两个阶段。

（一）答辩。申报人员向专家小组介绍情况，并回答专家提问。介绍情况内容包括：解决和处理过的生产技术难题、技术革新或合理化建议取得的成果、传授技艺、参加职业技能培训和提高经济效益等方面取得的成绩。答辩题目由专家小组根据申报人的技术总结命制。

专家小组对答辩情况进行打分，成绩分优秀、良好、合格、不合格四个等次，合格以上者方可进入大会投票阶段。

（二）会议评审。评委会召开评审会议，对申报人工作能力、表现和实际贡献进行全面评议，并投票表决，确定通过人员名单。评委会主任负责签署评审意见。

（三）综合评审全过程要有专人记录，答辩成绩和投票情况均填入《粮食行业特有职业（工种）技师、高级技师资格申报表》。

第六章　资格认定

第十六条　国家局鉴定中心对通过技师、高级技师资格评审人员名单进行公示（公示期为7天），无异议的，由国家粮食局人事司核发相应等级的职业资格证书。

第十七条　取得技师、高级技师资格人员，其《粮食行业特有职业（工种）技师、高级技师资格申报表》存入本人档案。

第七章　聘任与管理

第十八条　技师、高级技师实行评聘分开管理。

第十九条　取得技师、高级技师职业资格证书的人员，由用人单位根据实际需要进行聘任，明确职责、权利和义务，并给予适当待遇。

第二十条　技师和高级技师要掌握和推广本职业（工种）的先进工艺、先进技术和先进经验，解决本职业关键性的操作技术和生产中的工艺难题，并了解和掌握相关职业（工种）的技术知识。

第二十一条　技师、高级技师因违法乱纪被单位辞退、除名、开除以及造成重大责任事故的，除解聘外，还应取消其职业资格。

第八章　附　则

第二十二条　本办法未尽事宜，按国家有关规定执行。

第二十三条　本办法由国家粮食局人事司负责解释，自颁发之日起执行。

关于印发2007年世界粮食日和爱粮节粮宣传周活动主题的通知

（国家粮食局 国粮办发[2007]169号 2007年9月10日）

各省、自治区、直辖市、计划单列市及新疆生产建设兵团粮食局：

为认真贯彻党中央、国务院提出的“建设节约型社会”的号召，在全国倡导爱惜粮食、节约资源的风尚，我局决定在2007年10月16日“世界粮食日”所在周开展“世界粮食日”纪念活动和“爱粮节粮宣传周”活动。宣传周主会场设在北京。

联合国粮农组织确定2007年“世界粮食日”的宣传主题是“保障食物权利”。经研究，我局决定将今年“爱粮节粮宣传周”活动的主题确定为“保障食物权利、爱粮节粮、共创节约型社会”。

请各地在积极做好“爱粮节粮宣传周”活动的同时，及时总结和推广当地粮食生产、储存、加工与流通中爱粮节粮的经验和做法，把节约粮食、共创节约型社会的行动落在实处。

关于公布全国粮食收购资格信息加强粮食收购资格核查与服务工作的通知

（国家粮食局 国粮办政[2007]209号 2007年11月26日）

各省、自治区、直辖市及新疆生产建设兵团粮食局：

2007年上半年，我局对全国粮食收购市场准入制度建设和资格审核情况进行了调查了解。从各地报送的情况看，目前全国粮食收购资格审核制度已经初步建立，基本实现了审核制度化和程序规范化。为便于接受社会对粮食收购资格审核工作的监督，促进粮食收购资格审核工作的规范化，加强对粮食收购行为特别是跨区收购行为的监管与服务，我局对各地报送的粮食收购资格信息进行了整理与分类，编制了“全国粮食收购资格信息系统”，近期将在国家粮食局政府网站上公布，供各级粮食收购资格审核机关及社会公众查询和了解。同时，我们将全国粮食收购资格信息刻录成光盘发放给你们，以供工作中使用。

此次调查发现，部分地区粮食行政管理机关在粮食收购资格审核过程中没有按照《粮食收购资格审核管理暂行办法》（国粮政[2004]121号）的要求对获得资格的经营者的许可证进行编号，或存在编号混乱、缺失等不规范情况。因此，请各地粮食行政管理部门按照要求，在定期审核过程中对本辖区内获得粮食收购资格的经营者信息进行更正和规范。

为及时掌握粮食收购资格审核和港澳台商及外商投资企业进入粮食收购市场的情况，今后要建立健全粮食收购资格信息更新制度，请各省（区、市）粮食行政管理部门于每季度结束后二十日内将本辖区内上一季度的粮食收购资格、具有粮食收购资格的港澳台商及外商投资企业的新增、变更、注销情况报送我局，由我局及时更新上网。2007年4月1日至12月31日的情况，请于2008年1月31日前报送。报送格式请严格按照附件1和附件2规定的格式，以纸质和电子版两种形式（其中电子版采取Excel格式）发至fgc@chinagrain.gov.cn。

（附件略）

关于转发劳动和社会保障部办公厅同意建立粮食行业2个特有工种职业技能鉴定站函件的通知

（国家粮食局 国粮办人[2007]227号 2007年12月19日）

广东省、西藏自治区粮食局：

2007年10月劳动和社会保障部批准在粮食行业新建广东省粮食科学研究所和西藏自治区粮食局粮油中心化验室2个特有工种职业技能鉴定站。现将劳动和社会保障部办公厅《关于同意建立民政农业体育等行业特有工种职业技能鉴定站等有关问题的函》（劳社厅函[2007]389号）转发给你们。

新批准建立的粮食行业特有工种职业技能鉴定站要严格按照国家粮食局办公室《关于建立粮食行业特有工种职业技能鉴定站的通知》（国粮办人[2005]208号）要求和《粮食行业特有工种职业技能鉴定站管理办法》，加强各项基础建设,建立健全各项规章制度,尽快开展鉴定工作。

关于印发《粮食质量档案样本（试行）》的通知

（国家粮食局 国粮办发[2007]228号 2007年12月19日）

各省、自治区、直辖市及新疆生产建设兵团粮食局，中国储备粮管理总公司，中粮集团有限公司，中国华粮物流集团公司：

为进一步加强粮食质量管理，建立与完善粮食经营企业内部质量管理制度，根据《粮食流通管理条例》、《国务院关于加强食品等产品安全监督管理的特别规定》及《粮食质量监管实施办法（试行）》的有关要求，结合各地建立粮食质量档案的工作经验，国家粮食局编制了《粮食质量档案样本（试行）》，现印发给你们，并就有关事项通知如下。

一、纳入粮食流通统计范围的粮食经营企业要在每批粮食入库后3个工作日内建立真实、准确、系统的粮食质量档案。质量档案保存期不少于6年。

二、各省级粮食行政管理部门可结合本地实际情况，在试行样本的基础上补充相关内容。

三、各地粮食行政管理部门要定期对粮食经营企业建立经营台账和粮食质量档案的情况进行监督检查。

《粮食质量档案样本（试行）》可从国家粮食局政府网站（www.chinagrain.gov.cn）或中国粮食标准质量服务网站（www.cngrain.org）下载。

关于浙江省粮油产品质量检验中心等3个粮食行业职业技能培训基地准予备案的通知

（国家粮食局 国粮办人[2007]235号 2007年12月29日）

浙江、湖南、贵州省粮食局：

为配合粮食行业特有工种职业技能鉴定工作的开展，加强对粮食行业职业技能培训工作的管理，根据国家粮食局办公室《关于粮食行业职业技能培训基地实行备案管理的通知》（国粮办人[2005]209号），经审核，浙江省粮油产品质量检验中心等3个粮食行业职业技能培训基地符合条件，现准予备案。希望你们严格按照国家粮食局《关于加强粮食行业特有职业（工种）技能培训工作的通知》（国粮人[2006]44号）的要求，不断完善培训设施，加强师资队伍建设，确保培训质量，为提高粮食行业从业人员的素质和业务水平作出新的贡献。

与粮食有关的其他部门文件

中国农业发展银行粮食流转贷款办法

（中国农业发展银行 农发银发[2007]96号
2007年4月30日修订）

第一章 总 则

第一条 为落实国家粮食购销政策，促进粮食流通，支持企业搞活经营，提高效益，加强中国农业发展银行（以下简称农发行）粮食流转贷款管理，维护借贷双方合法权益，根据《粮食流通管理条例》和《中国农业发展银行信贷基本制度（试行）》，制定本办法。

第二条 粮食流转贷款是指农发行向从事粮食流通的企业发放的除粮食政策性和准政策性贷款之外的，用于解决企业粮食经营资金需要的短期贷款。

第三条 粮食流转贷款的发放和管理应遵循政策导向，择优扶持，控制风险，全程监督的原则。

第二章 贷款对象、用途和条件

第四条 贷款对象。粮食流转贷款对象（以下简称借款人）是：

（一）粮食购销企业。

（二）依照国家有关规定取得粮食经营资格的商业、贸易、物流（包括储运、粮食批发市场及粮食批发交易企业）企业。

（三）具有地市级以上（含地市级）农业行政管理部门核发的《种子经营许可证》，从事粮食种子经营的企业。

（四）其他从事粮食流通的企业。

第五条 贷款用途。粮食流转贷款用于解决：

（一）借款人从其他企业调入粮食（含原粮、成品粮以及粮食副产品）的调销资金需要。

（二）借款人从粮食收购市场收购除准政策性粮食品种（稻谷、小麦、玉米、大豆）之外的粮食品种的收购资金需要。

（三）借款人经营粮食种子的合理资金需要。

第六条 贷款条件。借款人申请粮食流转贷款，除具备《中国农业发展银行信贷基本制度》规定的条件外，还应具备以下条件：

（一）生产经营活动正常，财务状况良好，产品有市场，生产经营有效益。

（二）经营管理制度健全，建立合规的财务、统计制度。

（三）经农发行评定，借款人信用等级原则上为A级（含）以上。省级分行可根据实际情况确定具体标准。

（四）历史信用记录良好，已借贷款的本息按期偿付，无违约行为发生。

第三章 贷款期限、利率及方式

第七条 贷款期限。粮食流转贷款期限，原则上根据借款人生产经营周期、还款能力由借贷双方协商确定，最长不超过1年。

借款人对不能按期归还的贷款，应在贷款到期20个工作日之前向开户行书面申请贷款展期，并提出展期理由、期限和还款计划。贷款展期期限累计不得超过原借款合同确定的贷款期限。担保贷款申请展期的，应由担保人（保证人、抵押人、出质人，下同）出具同意担保展期的书面证明，担保人不同意展期的，应另行提供担保人。

第八条 贷款利率。粮食流转贷款利率按照农发行有关商业性贷款利率规定执行。

第九条 贷款方式。粮食流转贷款一般采用担保贷款方式。对资信状况较好，信用等级在AA级（含）以上，能确保足额归还贷款本息的借款人；或者从农发行开户企业调入粮食的，在采取一定的风险保证措施后，可以发放信用贷款。

第四章 贷款办理

第十条 粮食流转贷款的申请、受理、调查、审查、审批、发放和收回按照《中国农业发展银行贷款基本操作流程》执行。

第五章 贷款监督与检查

第十一条 贷款使用的监督与检查。借款人应按粮食实际购进进度使用粮食流转贷款，并向开户行提供购进粮食的真实凭证；开户行根据借款人实际入库粮食数量、金额，检查贷款使用的合理性，确保贷款按约使用。当本笔贷款业务所采购的粮食全部入库后，开户行应对借款人商品粮食库存组织一次全面核查，及时收回结余贷款，并对所发放贷款的使用情况进行全面检查。

对借款人调入的粮食来源于农发行开户企业的，贷款行要主动与粮食销售方开户行衔接，核实调出（入）粮食的数量、价格与金额，根据购销合同及时发放贷款。

第十二条 粮食储存的信贷检查。开户行应定期检查借款人全部粮食库存，掌握借款人库存粮食的品种、数量、质量、成本。对粮食库存变动的，要检查是否与贷款占用情况相符，监督库存粮食去向。

对异地储存的粮食，开户行可直接实施信贷监督，也可委托储存地农发行实施监督。开户行应定期对异地储存商品粮进行检查，发现企业有违规操作或有虚假行为的应予制止纠正，停止异地储存业务。省级分行应加强对异地储存粮食的监督检查。

对借款人购入的粮食直接销售的，开户行应加强对临时存放的粮食和购销活动过程的监管。

第十三条 贷款回笼的信贷监督。开户行应根据借款人出库粮食品种、数量、用途、价格和结算方式，监督粮食的去向和货款回笼情况。借款人粮食销售货款应存入农发行，并按合同规定归还贷款本金及利息。

第十四条　支持开户企业之间的购销衔接。开户行要充分利用农发行客户群的优势，改进金融服务，运用好各类贷款产品的组合，促进购销企业与农业产业化龙头企业、粮食加工企业的购销衔接，把原来单个粮食购销企业的封闭运行，扩大到系统领域和产业范围。积极支持用粮企业从粮食流通企业调入粮食。

第十五条　加强对借款人经营情况的分析。信贷人员应定期调查分析借款人经营情况，及时掌握借款人经营及财务管理中存在的问题，采取措施防范和控制贷款风险。

第十六条　加强对粮食供求状况及价格走势的分析。开户行应通过对粮食供求状况及价格走势的分析，判断贷款的风险程度，指导企业有效规避贷款风险。

第六章　附　则

第十七条　农发行向从事流通的粮油企业发放的油料、油脂调销和准政策性油料收购（油菜籽、花生）之外的油料、油脂收购的贷款，以及农发行向具有地市级以上（含地市级）农业行政管理部门核发的《种子经营许可证》的企业发放的油料种子经营的贷款，比照本办法执行。

第十八条　本办法由农发行总行负责解释、修改。

第十九条　本办法自印发之日起施行，原《中国农业发展银行粮食流转贷款办法》（农发银发[2006]63号）、《中国农业发展银行其他粮食企业贷款办法》（农发银发[2005]129号）和《中国农业发展银行粮油种子贷款试行办法》（农发银发[2006]32号）同时废止。

中国农业发展银行粮食收购贷款办法

（中国农业发展银行 农发银发[2007]97号 2007年4月29日）

第一章 总 则

第一条 为落实国家粮食宏观调控政策，促进粮食市场的稳定，保护种粮农民利益，支持企业搞活经营、提高效益，加强中国农业发展银行（以下简称农发行）粮食收购贷款管理，维护借贷双方合法权益，根据《粮食流通管理条例》、《中国农业发展银行信贷基本制度（试行）》，制定本办法。

第二条 粮食收购贷款是指农发行向企业发放的用于自主收购粮食所需资金的贷款。粮食收购贷款仅包括稻谷、小麦、玉米、大豆四个粮食品种的收购贷款。粮食收购贷款属于准政策性贷款。

第三条 粮食收购贷款的发放和管理应遵循以下原则：

（一）执行政策。即以执行国家政策为前提，认真落实国家粮食宏观调控政策和扶持“三农”政策。

（二）择优扶持。即在为各类企业创造公平使用信贷政策收购粮食环境的基础上，对不同企业采取不同的信贷支持和管理方式，对资信状况好、效益高、风险低的企业予以优先扶持。

（三）控制风险。即以企业风险承受能力和贷款偿还能力为核心，综合运用多种手段，促进企业理性收购，防范和控制贷款风险。

（四）封闭运行。即粮食收购贷款实行“钱随粮走、购贷销还、全程监管、封闭运行”的管理办法。

第二章 贷款对象、用途和条件

第四条 贷款对象。凡在农发行开户具备粮食收购资格的企业，均属粮食收购贷款对象（以下简称借款人）。包括：粮食购销企业，农业产业化龙头企业，粮食加工和转化企业，以及依照国家有关规定取得粮食收购资格的其他企业。

第五条 贷款用途。粮食收购贷款用于解决借款人从粮食收购市场收购稻谷、小麦、玉米、大豆等粮食品种的合理资金需要。

第六条 贷款条件。借款人申请粮食收购贷款，除具备《中国农业发展银行信贷基本制度（试行）》规定的条件外，还应具备以下条件：

（一）具备粮食收购贷款资格。

（二）具有与申请贷款相适应的风险承受能力和贷款偿还能力。包括在粮食经营过程中能够做到“购得进、销得出、不亏损”；或者能够提供相应的贷款担保（抵押、质押、保证）条件；或者具有一定比例的自有资金或风险准备金等。

（三）已借贷款的本息按期偿付，无违约行为发生。未能按期偿付的，已落实切实可行的偿还计划。

第三章 贷款期限、利率及方式

第七条 贷款期限。粮食收购贷款期限，根据借款人生产或经营周期由借贷双方协商确定，最长期限不超过1年。在期限内实行购贷销还，封闭运行。

借款人对不能按期归还的贷款，应在贷款到期10个工作日之前向开户行书面申请贷款展期，并提出展期理由、期限和还款计划。对收购的粮食尚未销售，在正常保质期内且粮食质量完好的；或已经销售但销售货款在正常结算期内尚未回笼的，经审查同意后可办理展期。担保贷款申请展期的，应由担保人（抵押人、出质人）出具同意担保展期的书面证明，担保人不同意展期的，应另行提供担保人。借款人未申请展期或不符合展期条件的贷款，开户行不得办理贷款展期。总行另有规定的，从其规定。

第八条　贷款利率。粮食收购贷款利率按照农发行有关准政策性贷款利率规定执行。

第九条　贷款方式。粮食收购贷款一般采用信用贷款方式。对资信状况较好、能确保足额归还贷款本息的借款人，或者具有规定比例的自有资金，或风险准备金的借款人，可以采用信用贷款方式。自有资金或风险准备金的具体比例，由各省级分行根据当地实际情况确定。审批行或开户行认为借款人风险较大的，也可以采用担保贷款方式，或在办理企业有效资产抵押、担保或办理企业法定代表人的个人财产抵、质押后，部分采用信用贷款方式。

第四章　贷款办理

第十条　收购贷款资格认定。在粮食收购季节到来之前，借款人应向当地农发行提出申请收购贷款意向，开户行客户部门对借款人的收购贷款资格进行认定，并按照粮食收购贷款审批权限报有权审批行审核确认。对认定取得收购贷款资格的借款人，应通过适当方式及时向社会公告。

第十一条　贷款申请。借款人对一个收购季节所需贷款总量，可一次性提出申请。借款人申请粮食收购贷款，应填写农发行标准格式的借款申请书。对借款人概况、借款的目的和用途、借款金额、借款期限、还款来源及方式、担保方式等作出说明。同时应提供粮食收购贷款条件规定的各项资料，特别是能反映和表明自身风险承受能力和贷款偿还能力及其他保证贷款安全的有关资料。开户行应对借款人提交借款申请给予必要的指导和说明。开户行需要借款人提供的其他情况，应另附书面申请报告。初次向农发行申请借款的，还应提供《中国农业发展银行信贷基本制度（试行）》规定的具备贷款基本条件的各项资料。借款申请人已在其他金融机构借款的，应对借款金额、贷款方式及本息偿还情况作出详尽的说明。

第十二条　贷款受理。开户行收到借款人提交的借款申请报告及相关材料后，由客户部门负责受理审核借款申请人提交的材料。客户部门应对借款人的借款申请是否符合粮食收购贷款对象、条件、范围，借款申请是否符合粮食收购贷款使用意向，是否符合粮食收购贷款的用途等及时进行审核，并根据审核情况提出是否受理的意见。

第十三条　贷款调查。对同意受理的贷款申请，由开户行客户部门对借款人的信用状况及借款的合法性、安全性、盈利性等情况进行调查，核实抵押物、质押物、保证人情况，并围绕借款申请人的风险承受能力和贷款偿还能力进行重点调查。

对借款人申请一个收购季节的粮食收购贷款，应核定最高贷款额度。最高贷款额度的核定，一般根据借款人最近2~3年同品种同一个收购季节的粮食收购量、粮食市场价格和当年粮食销售合同及风险承受能力合理核定。对既申请粮食收购贷款、又有其他商业性短期贷款的借款人，粮食收购贷款的最高贷款额度应纳入其统一授信额一并安排。对符合授信条件的借款人，原则上应按规定授信，若授信额度不能满足借款人粮食收购资金需求的，对收购贷款应追加特别授信。

调查结束后，调查人应对调查情况形成书面意见，对申请材料的真实性和有效性特别是借款人的贷款风险承受能力和贷款偿还能力做出评价，明确提出能否贷款以及贷款种类、金额、期限、利率和方式等方面的意见，并将贷款调查书面意见连同相关附件按规定报相关部门进行贷款审查，最高贷款额度的核定应按贷款审批权限审批。核定的粮食收购最高贷款额度，应在粮食收购前批复并下达到开户行，由开户行根据借款人收购进度分次发放。

第十四条　贷款发放。对经审批同意发放的贷款，开户行应按相关规定与借款人签订借款合同，办理借款手续。对贷款发放前借款人资信、贷款条件发生重大变化，有可能危及贷款安全的，应停止办理贷款手续，重新进行贷款调查，并及时向审批行报告。

借款人收购粮食所需的收购启动资金，原则上用借款人自有或其他可支配资金，对所需收购启动资金较大的，可发放一定收购量的收购贷款启动收购。

第十五条　贷款收回。开户行应按"钱随粮走，购贷销还"的原则，及时从借款人的销售回笼款中收回贷款。借款人的贷款虽未到期，粮食销售回笼货款也不得周转使用。借款人贷款到期10个工作日之前，通知借款人筹措资金，按时归还贷款本息。

第五章　贷后监督与管理

第十六条　贷款使用的检查与监督。贷款发放后，开户行应按照粮食收购贷款封闭运行管理的要求，设立台账对借款人贷款使用情况实施全程信贷监督。

借款人应按借款合同约定的贷款用途使用粮食收购贷款，按粮食实际购进进度支取收购资金，并向开户行提供收购粮食的真实凭证；开户行根据粮食购进进度定期核实粮食收购数量及货款支付金额，并与所发放的贷款核对，确保贷款按约使用。开户行应在一个收购季节或某项收购业务结束后，对借款人商品粮食库存组织一次全面核查，及时收回节余贷款，并对所发放贷款的使用情况进行全面检查。

对借款人属集团性客户需将贷款预付分公司或收购网点进行跨区收购的，开户行应与借款人约定粮食入库地点、期限和预付资金的额度，定期检查借款人是否在约定的期限内将相应的粮食收购入库。

借款人跨区域收购的货款结算，原则上通过农发行系统内转账进行。属于跨区域直接收购的，借款人原则上应在收购所在地农发行开立相关存款账户，用于支取收购粮食所需要的现金，收购所在地农发行应提供现金服务，并协助贷款行监督借款人的资金使用。属于委托收购的，受托企业原则上应选择收购地农发行开户的企业，收购地农发行要积极配合收购企业开户行对受托收购企业实施信贷监督。

借款人自有资金参与收购的，应先使用自有资金或其他可支配资金包括销售定金、预收货款等，后使用农发行贷款。

第十七条　粮食储存的信贷监督。开户行应将借款人具有所有权的全部粮食库存纳入监督范围，掌握借款人库存粮食的品种、数量、质量、成本及变化情况。对于借款人将原粮加工为成品粮再销售的，开户行的库存检查应由原粮延伸到成品粮。信贷人员要定期查库，具体查库间隔时间由省级分行确定。对账实不符的应查明原因，占用农发行贷款的，应督促借款人限期落实弥补资金来源，对不能如期弥补到位的，应采取相应的信贷制裁措施，直至全部收回贷款。

对异地储存的粮食，开户行可直接实施信贷监督，也可委托储存地农发行实施监督。开户行应定期对异地储存商品粮进行检查，发现企业有违规操作或有虚假行为的应予制止纠正，停止异地储存业务。省级分行应加强对异地储存粮食的监督检查。

第十八条　粮食销售的信贷监督。借款人销售库存粮食应及时向开户行通报，具体通报方式、方法由当地分支行结合实际情况确定。开户行应根据借款人通报的销售的粮食品种、数量、价格和结算方式等情况，监督货款回笼归行。对逾期未回笼的，要查明原因，督促借款人采取措施清收。

对企业采取移库异地销售方式销售粮食的，开户行与销售地农发行要共同配合加强监督，掌握移库异地销售情况。

对粮食购销企业与加工企业联营的，开户行应按联营合同约定加强出库环节的监督，并相应延伸对粮食加工环节、产成品库存及销售环节的监督。产成品销售出库时，粮食购销企业或加工企业需提交合法有效的销售合同，并分期分批向开户行通报出库情况。

第十九条　货款回笼的信贷监督。借款人粮食销售货款应全额存入农发行，并首先全额归还贷款本金及当期应收利息，剩余部分应与借款人协商，在收回部分其他不合理贷款及欠息后由借款人自主支配。借款人到期贷款未偿还的部分，应及时采取风险补偿措施，从借款人风险准备金或处置抵押（质押）物收回，属于保证担保的贷款，要及时向保证人追偿。

第二十条　规范收购贷款台账报表管理。开户行应真实反映借款人商品粮食库存，及时登记粮食购入、销售和库存台账。以粮食初加工为主的粮食产业化龙头企业和加工企业的粮食购销台账登记时，粮食加工出库可暂不登记台账，待成品粮销售出库时折成原粮登记台账；以粮食深加工为主或原粮加工后物质形态发生根本变化的产业化龙头企业和加工企业的粮食购销台账登记时，粮食出库加工购销台账可作减量不减值处理，待终端产品销售收回贷款后做减值处理。

第二十一条　加强对借款人经营情况的分析。信贷人员应定期调查分析借款人经营情况，及时掌握借款人经营及财务管理中存在的问题，采取措施防范和控制贷款风险。

第二十二条　加强对粮食供求状况及价格走势的分析。开户行应通过对粮食供求状况及价格走势的分析，判断贷款的风险程度，指导和督促企业理性收购，把握商机及时销售库存粮食，有效规避贷款风险。

第二十三条　加强开户企业产销衔接。开户行应在信贷政策范围内，对具备贷款条件的产销合作企业或项目优先给予贷款支持。促进农业产业化龙头、加工企业与粮食购销企业的产销对接，规避粮食收购贷款风险。

第二十四条　借款人风险准备金的监督。借款人风险准备金应来源于本身的自有资金，也可由借款人法人代表及有关人员缴纳的风险抵押金等形成。借款人在贷款前，应根据开户行的要求，将风险准备金存入指定的准备金存款账户。借款人应承诺风险准备金在贷款本息未结清前，不参与自身的经营活动，借款人还清贷款本息后，可自主使用。

第二十五条　信贷处罚。对借款人违反本办法和借款合同约定，导致农发行贷款风险的，开户行应及时报告，并按规定给予相应的信贷制裁。农发行及有关人员违反本办法，视情节轻重追究相应责任。

第六章　附　则

第二十六条　油料收购贷款也属于准政策性贷款。农发行的开户企业，在国内油料收购市场收购油菜籽和花生的贷款业务，纳入准政策性油料收购贷款范围，比照本办法执行。

第二十七条　本办法由农发行总行负责解释、修改。

第二十八条　本办法自印发之日起施行。

关于做好小麦最低收购价贷款发放与管理工作的通知

（中国农业发展银行 农发银发[2007]132号 2007年6月8日）

各省、自治区、直辖市分行，总行营业部：

根据国家发改委、财政部、农业部、粮食局、农业发展银行和中储粮总公司《关于印发2007年小麦最低收购价执行预案的通知》（发改经贸[2007]1140号，以下简称《通知》）精神，现就做好小麦最低收购价贷款发放与管理工作通知如下：

一 高度重视小麦最低收购价贷款发放与管理工作

做好贷款发放与管理工作，是落实小麦最低收购价政策的关键环节，直接关系到国家粮食宏观调控政策目标的实现，关系到我行政策性银行职能的履行与可持续发展。今年由于小麦最低收购价政策启动与最低收购价粮食的销售、移库交织进行，特别是贷款供应方式调整后，贷款企业资金辐射面扩宽，贷款发放与管理面临的情况更加复杂，任务更加艰巨。为此，各有关分支行要统一思想认识，始终站在讲政治、讲政策、讲大局的高度，认真学习和领会《通知》精神，把支持最低收购价小麦收购作为当前业务工作的中心任务，加强组织领导，采取有效措施，以高度的政治责任感和使命感，履行好职能，扎实做好小麦最低收购价贷款发放与管理工作。

二 认真执行小麦最低收购价贷款统一承贷的规定

按照《通知》要求，小麦最低收购价贷款由中储粮直属企业统一向农发行承贷；在没有中储粮直属企业的地区，由中储粮分公司指定具有农发行贷款资格、资质较好的收储企业暂作为贷款对象，收购结束后，其贷款要全额划转到中储粮直属企业统一管理。这是国家对小麦最低收购价贷款方式的一项重大调整，各有关分支行要认真选择好贷款对象，密切配合相关中储粮分公司，准确把握《通知》精神，及时确定贷款承贷主体。同时，要做好委托收储库点及延伸收购库点的确定工作，确保托市收购的顺利开展。各有关省级分行要将确定的承贷企业、委托收储库点及延伸收购库点情况报告总行。

三 扎实做好小麦最低收购价贷款发放及资金供应

一是认真做好贷款报批工作。小麦最低收购价贷款采取一次申报审批、分次发放使用的办法。贷款需求总额测算后，要及时按程序在预案启动前办完贷款报批手续。贷款企业分次贷款额度必须满足委托收储库点及延伸收购库点启动铺底资金和正常收购的资金需要，其中日常资金占用可按委托收储库点及延伸收购库点一周收购资金需求量掌握。二是切实加强资金供应和管理。省级分行和二级分行要认真做好辖内小麦收购过程中信贷资金的需求预测和调拨工作。二级分行对辖内收购资金供应和管理负全责。贷款行必须掌握每个委托收储库点及延伸收购库点的收购进度与资金需求情况，并及时上报二级分行。二级分行根据上报情况及时与贷款企业确定后续贷款额度，并安排贷款行做好贷款发放和资金请调工作。贷款行要按照二级分行的安排及时足额请调资金。各级行要注意与当地人民银行支付系统工作日制的衔接，确保收购资金及时足额供应。三是确保现金供应。委托收储库点和延伸收购库点收到资金后，可按照企业启动收购和实际收购进度需要支取现金。各有关分支行要针对小麦收购现金需求量大、供应集中的特点，继续按照总行《关于加强夏粮收购现金供应工作的通知》（农发银发[2006]171号）文件精神做好现金供应工作。要紧紧依靠当地政府和人民银行，建立政府牵头、部门配合、共同参与的现金供应协调机制，特别是在收购旺季要请当地人民银行增加用于收购的现金供应额度及次数，必要时可争取当地公安部门的警力支持，确保现金及时、安全供应，保证农民售粮款的及时足额兑现。

四　有效落实封闭管理的措施

一是进一步明确封闭管理要求。各有关分支行特别是非贷款县级支行要增强大局意识，其履行封闭管理的职责不能变、工作任务不能减、信贷监管力度不能削弱。小麦最低收购价贷款实行统贷统还后，二级分行要充分发挥经营管理基础平台的作用，统一协调指挥辖内县级支行做好封闭管理工作，处理好贷款行与非贷款行的利益关系，搞好内部核算，实施正确的考核办法，落实各方信贷监管责任，防止工作脱节。二是把好小麦收购入库关。对最低收购价小麦收购入库，各有关分支行要主动配合中储粮公司落实入库质量监控措施，严把收购入库质量关。要积极为中储粮公司与委托收储库点签订委托收购合同提供服务。三是做好收购扫尾工作。各委托收储库点开户行在预案结束后，要及时核实收购数量，将委托收储库点的结余货币资金全额汇划到贷款企业开户行账户。贷款企业开户行收齐所辖各委托收储库点开户行汇划的结余货币资金后，要进一步核实收购数量，然后全额收回结余货币资金占用贷款。有指定非中储粮直属企业承贷的地方，要以省级分行为单位，与中储粮分公司共同将指定的非中储粮直属企业的贷款划转到中储粮直属企业统一管理。四是落实库存监管措施。贷款划转后，对验收不合格的小麦，各有关分支行要与中储粮分公司、贷款企业及委托收储库点共同研究，及时处置，全额收回所占用的贷款。对最低收购价小麦库存监管，实行属地监管与自行监管相结合的办法，各有关分支行要认真落实定期查库制度，及时掌握库存变化，按年度、分品种设台账进行监测，确保库贷挂钩、账实相符。

五　积极支持各类收购主体多渠道入市收购小麦

无论在小麦最低收购价预案执行地区，还是非预案执行地区，各级行要严格按照《中国农业发展银行粮食收购贷款办法》（农发银发[2007]97号）的规定，通过积极支持多渠道入市收购，解决好小麦收购资金问题。要重点支持农业产业化龙头企业、粮食加工企业和具备贷款条件的国有及国有控股粮食企业入市收购，以活跃和稳定粮食市场。对非预案小麦产区省级人民政府决定实行小麦最低收购价政策的，在落实利费和价差补贴的前提下，当地农发行可按照省级人民政府制定的执行预案，参照本通知精神给予信贷支持。对中央和地方储备粮企业按最低收购价入市收购小麦用于轮换和增储的，按照有关贷款办法积极给予支持。

六 加强部门协调和信息反馈

在小麦最低收购价贷款发放与管理工作中，各有关分支行要强化责任意识，增强工作的主动性，加强与中储粮分公司、贷款企业、各级粮食行政管理部门及其他有关部门的协调与配合，特别是省级分行要与中储粮分公司建立定期联席会议制度，加强信息交流和情况沟通。要充分运用各主流新闻媒体加强信贷政策宣传，为我行小麦最低收购价贷款发放与管理工作营造良好的外部环境。要进一步改进工作作风，相关省、地（市）两级分行要深入收购第一线，加强对基层行工作的检查指导，特别是要督促非贷款县级支行做好收购过程中的各项贷款管理与信贷服务工作。要增强敏锐性，对工作中出现的新情况和新问题要及时采取措施予以解决，要第一时间报告上级行，并同时向当地人民政府汇报，争取工作主动，确保最低收购价小麦收购不出大的问题。

预案启动后，各贷款行要认真做好台账登记工作，全面反映贷款发放和小麦购销存情况；委托收储库点所在支行要设立辅助台账，加强对小麦库存的监督。有关省级分行要每5日将本省贷款发放和小麦收购汇总情况上报总行，有关数据要与中储粮分公司及省粮食局汇总数据核对一致。上报时间为逢5日、10日期后第2天中午12时前，节假日顺延。电子邮箱：二处/客户一部/总行/公函。

此件有关省级分行要转发至县级支行。

关于确保汛期储粮安全有效防控贷款风险的紧急通知

（中国农业发展银行 农发银函[2007]186号 2007年7月23日）

各省、自治区、直辖市分行，总行营业部：

进入汛期以来，受持续降雨天气影响，淮河流域及四川盆地等一些地方发生了洪涝灾害。据国家气象中心预测，洪水将有可能达到建国以来的第二次洪峰。为保证粮食储存及贷款安全，现就有关问题紧急通知如下：

一、各级行要高度重视汛期粮食储存及贷款安全工作，特别是重点防汛地区，要将支持防汛抢险纳入农发行信贷服务范围，切实加强组织领导，密切部门配合，制定粮食储存及贷款安全应急预案，防患于未然，力争将洪灾可能造成的损失降到可控限度。

二、各级行客户部门要积极协助粮食承储企业提前备齐配足防汛抢险器材和物资，认真排查和消除各种粮食安全隐患，做好低洼易涝地区储存粮食的保管及安全转移，并视情况及时给予信贷支持。对中央、地方储备以及国家最低收购价等政策性粮食防汛所需资金不足的，可按企业实际需要掌握发放贷款，有补贴政策的，按规定从补贴资金中收回，没有补贴政策的，从企业费用补贴及其他资金来源中收回；对商业性粮食防汛所需资金不足的，要根据企业实际情况和还款能力等合理确定贷款额度和期限，落实还款资金来源，必要的可采取担保贷款方式。

三、要切实做好汛期粮食收购贷款发放与管理工作，坚持防汛与收购"两不误"的原则，针对汛期粮食收购及贷款供应出现的新特点，加强信贷服务，全力做好资金及现金供应，特别是最低收购价预案地区，要确保汛期农民售粮款的及时足额兑付和粮食收储安全。

四、要加强与当地政府防汛部门、粮食主管部门、中储粮分公司及粮食储存企业的配合，加强信息沟通，密切监测汛情、粮情和收购资金安排及供应情况，对发生重大险情及粮食安全事故的，各级行要在第一时间向总行报告，并紧紧依靠当地政府，配合有关部门切实做好灾害损失处理工作，有效防控贷款风险。

关于积极推进国有粮食购销企业产权制度改革促进粮油信贷业务可持续发展的意见

（中国农业发展银行 农发银发[2007]225号 2007年8月17日）

各省、自治区、直辖市分行，总行营业部：

随着粮食流通体制改革不断深化，国有粮食购销企业“三老”问题逐步得到解决，粮食政策性财务挂账剥离工作基本完成，国有粮食企业的改革已经进入产权制度改革的关键时期。为发挥好农业政策性金融的信贷杠杆作用，支持和促进国有粮食购销企业加快改革发展，有效防控信贷风险，实现粮油信贷业务的可持续发展，现提出以下意见：

一 充分认识支持国有粮食购销企业产权制度改革的重要意义

各级行要充分认识支持企业深化改革的重要意义，积极参与和推进国有粮食购销企业深化改革。首先，支持国有粮食购销企业产权制度改革是贯彻落实国务院粮改政策的要求。国有粮食企业产权制度改革是粮食流通体制改革的重要组成部分，是决定国有粮食购销企业改革成功与否的关键。《国务院关于完善粮食流通体制改革政策措施的意见》（国发[2006]16号）明确提出：“农业发展银行要会同有关部门研究制订促进国有粮食购销企业产权制度改革的信贷管理措施。”因此，农业发展银行要积极参与到改革过程中去，推动企业产权制度的改革。第二，支持国有粮食购销企业产权制度改革是农发行防控信贷风险的要求。在国有粮食购销企业产权制度改革过程中，企业多年积累的矛盾和问题将彻底集中暴露。改革必须支付成本，但由于改革配套政策没有完全及时到位，改革配套资金存在缺口，一些企业借改制之机挤占挪用农发行粮食收购资金贷款，悬空、逃废银行债务的风险增加。同时，国有粮食购销企业历史形成的大量不良贷款，必须通过其改革实现有效发展，才能逐步消化。如果国有粮食购销企业不进行产权制度改革，就难以生存并实现有效发展，也难以化解存量贷款风险。第三，支持国有粮食购销企业产权制度改革是促进粮油信贷业务可持续发展的要求。国有粮食购销企业长期以来是农发行最主要的贷款客户。在相当长时期内，粮油信贷业务仍将是农发行的主体业务；支持粮食产业发展，保证国家粮食安全，保护农民利益，仍将是农发行的基本职能。通过支持国有粮食购销企业深化产权制度改革，创新经营模式，才能有效促进粮食购销信贷业务的发展，实现农发行粮油信贷业务可持续发展，实现银企“双赢”。

二 积极推进国有粮食购销企业产权制度改革和经营机制转变

各级行要按照《国务院关于完善粮食流通体制改革政策措施的意见》（国发[2006]16号）以及国家发展改革委等六部门《关于印发进一步推进国有粮食企业改革和发展的意见的通知》（国粮财[2006]123号）的要求，积极参与本地区国有粮食购销企业产权制度改革政策措施的研究和制定，配合当地有关部门因地制宜、因企制宜地推进国有粮食购销企业产权制度改革。

（一）积极参与改革方案制订，引导企业改革方向。各级行要积极向当地政府汇报，加强与有关部门的沟通，争取政府和有关部门的支持，积极参与国有粮食企业产权制度改革方案的制订，掌握工作主动权。按照有利于国家粮食安全、有利于粮食流通体制改革、有利于企业发展、有利于农发行业务可持续发展的原则，实现国有粮食企业布局的合理调整。粮食是关系国计民生的重要物资，就全国而言，应确保国有或国有控股的粮食购销企业占主导地位，以保证国家粮食安全，但具体在不同的区域和不同的地方可以有所差别。一般情况下，地方储备粮经营管理企业实行国有独资或国有控股；粮食主产区的产粮大县，重点可保留1~2个仓储条件好、经营管理好、有持续发展能力的国有独资或国有控股形式的粮食购销企业，作为地方粮食宏观调控的重要载体；非粮食主产区和主产区的非产粮大县，可保留必要的国有独资或国有控股骨干企业；其他国有粮食购销企业，原则上应通过出售、股份制改造等形式，实行股份化、民营化改革。

（二）探索多种改革模式，规范企业产权制度改革。国有粮食购销企业产权制度改革可以根据本地的实际探索多种有效形式。当前的重点，一是鼓励有条件的国有粮食企业兼并和重组小型国有粮食购销企业，培育若干大型粮食企业集团。积极支持中央和地方储备粮管理企业以及经营效益好的国有粮食购销骨干企业，以现有仓储设施为依托进行兼并和重组，改变按行政区划设立的国有粮食购销企业小而散的格局，支持国有或国有控股的粮食企业集团化、产业化，做大做强。二是鼓励国有粮食购销企业通过资产出售实现产权置换，整体转制为民营粮食企业，国有资本彻底退出。三是支持其他社会资本参与国有粮食购销企业重组和股份制改造，实现国有资本部分或全部退出。重点支持农业产业化龙头企业、粮食加工企业通过收购兼并国有粮食购销企业，培育粮食购、销、加工一体化的大型龙头企业或集团；支持经营效益好的各种社会资本企业参与国有粮食购销企业的资产重组和股份制改造，优化企业资本结构；支持现代化物流企业以粮食批发市场为依托整合小型国有粮食购销企业。四是对于亏损严重，资不抵债的企业，按照《中华人民共和国企业破产法》，依法对其实施破产。

（三）推进国有粮食企业建立现代企业制度，切实转换经营机制。对国有粮食购销企业产权制度改革后仍然保留的国有或国有控股企业，要切实促进其转换经营机制。一是积极推进国有独资或国有控股粮食企业完善法人治理结构。促进企业建立规范的公司法人治理结构，建立集体决策和可追溯个人责任的企业制度，形成科学的决策体制和激励、约束机制。二是切实推进政企分开。积极支持企业作为自主经营、自负盈亏市场主体的自主经营活动，切实推进企业与政府及粮食行政管理部门在人财物等方面彻底脱钩，促进企业转换经营机制。三是着力推进国有粮食企业转变经营方式。充分利用国有粮食企业仓储条件好、网点分布广的特点，支持企业扩大购销网点覆盖面；引导国有粮食企业走粮食深加工之路，扩大原粮的转化能力，增强企业市场综合竞争力；支持国有粮食企业与农户结成粮食生产经营利益共同体，发展粮食订单生产、订单收购，促进产销衔接。

三 采取积极有效的信贷措施，促进客户结构优化

农业发展银行在推进国有粮食购销企业深化产权制度改革的同时，要按照区别对待、择优扶持、突出重点、调整结构的原则，支持和促进国有粮食购销企业产权制度的改革，支持和促进改革后各种所有制形式粮食企业的共同发展。

（一）创造平等融资环境，优先支持改革到位的企业。各级行要为改革到位的粮食企业创造平等

的融资环境，同等条件下优先支持改革到位的企业。国有粮食购销企业产权制度改革后，对取得粮食收购资格的，不论何种所有制形式，都可享受农发行收购贷款支持。对产权制度改革不到位或拒不进行产权制度改革的国有粮食购销企业，在粮食收购贷款资格的认定上要从严控制，企业占用的贷款要逐步压缩。

（二）有条件地实行贷款重组，促进企业改革到位。一是对实施资产重组的国有粮食购销企业改革，只要新组建的企业或主导重组的企业承担原有贷款债务，原企业债务可按重组贷款进行管理。有关重组贷款的核算反映和贷款五级分类均可按重组贷款的规定办理。二是重组贷款期限可延至3~5年，最长不超过8年；贷款利率可在中国人民银行利率政策和我行相关利率管理规定范围内适当优惠。三是按照《关于印发〈中国农业发展银行减免表外欠息管理办法〉的通知》（农发银发[2004]222号）规定减免或部分减免表外欠息。贷款重组的方式要因企制宜、灵活运用。各级行可以在有效保全债权、切实防范和降低风险、减少信贷资产损失、有效降低挽救成本的前提下，通过重新签订借款合同及其从属合同，对原企业经营性挂账等由企业自身消化的不良贷款就偿债主体、担保方式、期限、金额、利率、还款计划等做出调整。贷款重组审批权限及操作程序按总行有关规定执行。

（三）实施信贷退出战略，逐步优化客户结构。各级行应抓住企业产权制度改革的历史机遇，对传统的粮食购销客户按照“以退促进、有退有进、内紧外松”的原则，坚定不移地进行客户结构调整。一是自然退出。对不欠农发行贷款本息，资产规模小、经营量小的粮食购销企业和地处偏远、布点分散的企业，开户行可以不再发放新的贷款，使这类客户自然退出。二是强制退出。对在农发行仍有不良贷款余额，长期经营亏损、资不抵债、扭亏无望、停止经营或挤占悬空农发行贷款债务的企业，不得发放新的贷款，对其原有的不良贷款要依法进行保全，通过依法收贷的手段强制退出。三是主动退出。对“老粮”、“老账”问题尚未妥善解决，企业资产状况较差，但仍有一定经营管理能力的国有粮食购销企业，为减轻存量贷款的监管压力和消化历史包袱，应适度给予贷款支持，严格加强封闭管理，渐次压缩贷款，逐步将企业调整出去。

（四）全面落实贷款债务，采取有效措施保全我行债权。一是坚决遏制借改革之机逃废农发行贷款债务的行为。国有粮食购销企业改革过程中，各级行要严格按照“债随资产走”的原则落实贷款债务，对恶意转移、逃废银行债务的企业，要依法向人民法院起诉。对将原行政管理范畴内从事商品粮食经营的国有粮食购销企业合并成立一家国有独资或控股粮油资产管理公司，造成原有贷款债务悬空，又以有效资产对外投资或承包租赁，成立新的粮食购销公司套取农发行贷款的改革方式，必须坚决禁止。二是加强担保措施。各级行要抓紧做好粮食企业有效资产抵押担保工作，特别是《物权法》施行后，要尽快将粮食企业的粮食库存等存货进行动产浮动抵押。三是采取多种手段保全信贷资产。对经营状况差、严重资不抵债的国有粮食购销企业，要促其依法破产，从企业破产财产中收回部分贷款；对于负债过度、明显丧失偿还能力但经营状况正常的国有粮食购销企业，可以向人民法院提出申请，对债务进行重整。

四 加强领导，稳步推进

各省级分行要高度重视国有粮食购销企业产权制度改革工作，积极参与国有粮食购销企业产权制度改革全过程，严格监督企业清产核资和资产评估，防止信贷资产损失，及时解决改革过程中出现的新问题、新情况，确保国有粮食购销企业产权制度改革顺利进行。一是各省级分行要密切关注地方人民政府出台的国有粮食购销企业改革方案，对一些重大的问题及时向总行报告。二是以点带面、整体推进。在国有粮食购销企业产权制度改革滞后的地区，各级行可结合当地实际，选取1~2个企业作为产权制度改革的试点，争取重点突破、以点带面、整体推进。三是营造良好社会信用环境，有效防控贷款风险。积极宣传依法规范改制企业，对国有粮食购销企业利用改革之机悬空、逃废银行债务和挤占挪用粮食收购贷款的，要坚决采取严厉有效的制裁措施，绝不能手软，有关省分行要主动与地方政府沟通协调，并及时向总行和当地银监局报告。

关于做好中国华粮物流集团公司信贷资金供应和管理有关问题的通知

（中国农业发展银行 中国华粮物流集团公司
农发银发[2007]256号 2007年9月19日）

中国农业发展银行各省、自治区、直辖市分行，总行营业部；中国华粮物流集团公司各分公司及所属企业：

根据国家发展改革委、财政部、国资委、国家粮食局、国家工商总局和中国农业发展银行《关于部分世行贷款粮食流通项目单位加入中国华粮物流集团公司实行统一管理统一运营有关问题的通知》（发改经贸[2006]2017号）有关规定，为促进中国华粮物流集团公司（以下简称华粮物流公司）统一管理统一运营的顺利开展，有效落实中国农业发展银行（以下简称农发行）贷款债务，充分发挥世行项目单位整体功能，保障国家粮食流通安全，现将有关要求通知如下：

一 抓紧做好华粮物流公司上收企业贷款准备工作

凡地方粮食行政管理部门、有关中央企业与华粮物流公司签订了《世行项目单位移交协议书》上收到华粮物流公司管理，并在工商行政管理部门办理了企业名称变更登记手续的企业，要及时到农发行开立基本存款账户、撤销原账户，并立即与农发行开户行签订债务承接协议（原借款借据不变），将名称变更前未归还的农发行贷款本息划转到名称变更后的企业。企业名称变更后，要建立完备的资产、负债会计核算体系，接受农发行的指导和监督检查。

农发行相关分支行要积极协助华粮物流公司各分公司及尚未上收企业，做好地方政府及其有关部门和有关中央企业的工作，尽快办理移交和上收手续。同时，农发行相关分支行与华粮物流公司各分公司及有关企业要采取必要的措施，确保资产和应由企业承担的债务整体划转，切实防止逃废农发行贷款本息。

对已签订移交协议书并在工商行政管理部门办理了企业名称变更登记手续且与农发行签订贷款债务承接协议的企业，农发行要按照有关规定及时做好收购贷款资格认定和收购贷款额度测算、核定工作，按贷款审批权限进行报批。对没有完成上收工作、未与农发行签订贷款债务承接协议的企业，农发行不得发放新贷款。

二 明确对华粮物流公司的信贷支持政策

根据华粮物流公司业务需求，华粮物流公司分别开展政策性业务、准政策性业务和商业性业务。政策性业务包括华粮物流公司及其所属企业从事的中央储备粮油、地方储备粮油、最低收购价粮食收储业务和接受中央（或地方）政府委托并落实足额利费补贴的进出口业务、北粮南运业务。准政策性业务包括华粮物流公司及其所属企业在粮食主产区直接从事的小麦、玉米、稻谷和大豆收购业务及相关北粮南运业务。华粮物流公司及其所属企业从事的政策性业务和准政策性业务之外的粮油经营业务为商业性业务。农发行按照政策性、准政策性和商业性贷款相关政策要求，对华粮物流公司及其所属企业积极给予信贷支持。

华粮物流公司总部经营粮油业务的信贷需求，由农发行总行营业部按照有关信贷授权管理的规定办理。符合农发行贷款条件的所属企业自主开展的粮油经营业务，由所属企业在其农发行开户行分贷分还，并逐级上报总行备案；所属企业不能落实有效风险防范措施的，可向华粮物流公司申请信誉担保函，所属企业开户农发行根据华粮物流公司提供的保证担保，按有关规定发放贷款。

对华粮物流公司及其所属企业贷款管理和库存监管工作，按农发行的相关贷款办法执行。对华粮物流公司及其所属企业之间开展的粮油购销业务，贷款可按钱随粮走、此增彼减的原则掌握，同一省（区、市）内的由农发行省级分行组织办理，并报总行备案；跨省（区、市）的由农发行相关省级分行上报总行，农发行总行组织办理。收购资金实行严格的“购贷销还，库贷挂钩”封闭管理。

三 加强配合、搞好服务，实现银企双赢

农发行省级分行要积极与华粮物流公司分公司加强沟通，指导辖内企业上收和运营工作；农发行有关县市支行要与华粮物流公司所属企业密切配合，在粮油业务开展、信贷支持、资金结算等方面提供服务，做到既支持企业搞活经营，又确保农发行贷款安全，实现银企双赢。

农发行相关分支行和华粮物流公司所属分公司及企业要建立定期信息沟通机制，对企业上收和业务运营工作中出现的新情况和新问题，要积极协商解决，并及时向农发行总行和华粮物流公司总部报告。

关于做好秋季粮油收购信贷工作的通知

（中国农业发展银行 农发银发[2007]262号 2007年9月24日）

各省、自治区、直辖市分行，总行营业部：

秋粮收购工作即将展开，为确保秋粮收购工作顺利进行，切实做好今年秋粮收购信贷工作，现就有关问题通知如下：

一 充分认识今年秋粮收购信贷工作的重要性

今年秋粮丰收已成定局，做好今年秋粮收购信贷工作，关系到国家粮食安全、市场稳定和农民增收，关系到农发行信贷业务的可持续发展。在当前物价总水平整体上升的形势下，粮食收购价格较高，中晚稻最低收购价预案启动可能性不大，秋粮收购主要依靠企业市场化自主收购，农发行既要保证收购不出现大问题，又要切实防范风险，形势更加复杂，秋粮收购信贷工作任务更加艰巨。同时，粮食市场价格波动性增强，市场风险加大。尤其是东北等一些秋粮收购地区国有粮食购销企业产权制度改革不到位，去年玉米收购价格较高，目前部分企业玉米库存潜亏已经显现，也增加了今年秋粮收购信贷工作的难度。今年秋粮收购信贷工作与支持国有粮食购销、企业产权制度改革、促进企业库存粮食销售等多项工作交叉进行，是对农发行执行政策能力的重大考验。各级行一定要高度重视今年的秋粮收购信贷工作，把支持秋粮收购作为各项业务工作的重中之重，抓紧抓好。

二 切实把握好秋粮收购的信贷政策

今年秋粮收购将以市场导向为主，在粮食收购贷款的把握上要特别注意以下几点。一是要坚定不移地支持多渠道收购。要坚持通过多渠道收购的办法解决农民卖粮问题，在贷款客户的选择上要优先支持经营效益好、风险承受能力强的企业。首先要满足粮食储备企业增储、轮换及政策调控收购资金需求；其次要积极支持产业化龙头企业、粮食加工企业和其他粮食企业提高收购份额，择优支持风险承受能力强的国有及非国有粮食购销企业参与收购。二是切实把握好贷款条件。要灵活掌握自有资金比例和风险准备金比例，不搞“一刀切”。当企业收购粮食的价格明显脱离实际时，应相应提高自有资金比例或增加企业风险准备金，促进企业理性经营。对2006年度按市场价自主收购玉米、中晚稻、粳稻的粮食收购贷款，在新粮上市前未全部还清的企业，今年秋粮收购贷款要从严控制；对已经出现价差亏损且无弥补来源的企业，暂缓发放新贷款。三是中晚稻最低收购价预案区要做好信贷政策的衔接工作。在执行中晚稻最低收购价的江苏、安徽、江西、湖北、湖南、四川、吉林、黑龙江等省，要积极配合国家粮食宏观调控政策的实施，做好最低收购价预案启动的相关工作。在预案不启动的情况下，按照“购得进、销得出、有效益”的原则，积极支持各类粮食经营企业自主经营收购。对企业盲目抢购、哄抬价格等不理性收购行为不予支持，促使粮食价格保持在合理水平。

三 认真做好秋粮收购信贷资金供应与管理各项工作

要继续坚持和落实以往支持粮食收购的各项措施，确保各项工作措施及时到位。一是及早做好收购贷款资格认定工作。秋粮（包括玉米、中晚稻、粳稻）产区，应在9月底前完成秋粮收购企业贷款资格认定工作，夏粮和早籼稻收购贷款资格已经确认的企业，可以不再确认秋粮收购贷款资格。同时，要处理好收购贷款资格认定与发放贷款之间的关系，认定收购贷款资格不等于必须要发放收购贷款，是否发放贷款以及贷款发放进度取决于企业是否符合贷款条件，取决于企业风险防范措施落实情况。二是合理核定企业最高贷款额度。企业申请粮食收购贷款，应根据企业近3年的平均购销量和市场粮食收购价格，结合当年粮食购销合同和风险承受能力合理确定最高贷款额度。对仅申请粮食收购贷款的企业（包括农业产业化龙头企业和粮食加工企业）应由二级分行核定最高贷款额度；对既申请粮食收购贷款、又有其他商业性贷款的企业，粮食收购贷款的最高贷款额度应由省级分行核定。企业最高贷款额度必须在收购前批复下达到企业，由开户行根据企业收购进度分次发放。三是积极支持企业多种经营方式。积极支持粮食购销企业与产业化龙头及加工企业开展委托、联营收购，引导和支持企业以销定购、快购快销、理性经营。对企业采取委托收购方式的，委托企业应与受托企业签订合法有效的委托书，委托收购所需贷款应由委托企业统一承贷，收购资金由委托企业提供，受托企业收取一定的服务费或劳务费，粮食所有权属于委托企业。四是加强贷后管理，有效防范和控制贷款风险。要广泛开展企业有效资产抵押和法人代表个人资产抵押。督促贷款企业按借款合同约定的贷款用途使用粮食收购贷款，按粮食实际收购进度支取收购资金，严格实行收购贷款封闭管理。在收购业务结束后，对借款人粮食库存和贷款使用情况进行检查，对集团客户跨区收购存储的，省级分行要组织全面核查，并将集团客户跨省收购存储情况的检查报告上报总行。《物权法》实施后，要在有条件的地方和企业，积极开展存货抵押和应收账款质押，有效防范贷款风险。

四 加强领导、改进服务，营造秋粮收购信贷工作的良好环境

一是要加强对秋粮收购信贷工作的组织领导。各级行行领导要认真组织学习总行有关粮食收购贷款的政策制度和办法，结合本地实际制定措施；行领导要深入收购企业，抓好落实，确保秋粮收购顺利进行。二是切实改进信贷服务。及时以适当方式向社会公告获得收购贷款资格的企业，主动向企业发出贷款通知，提高办贷效率，妥善安排收购启动资金，保证秋粮收购资金供应。同时，加强与粮食等有关部门沟通，积极宣传收购贷款各项政策，引导企业理性收购。三是认真做好秋粮收购统计监测工作，各级行应按要求认真上报《收购进度旬报表》等各项统计报表，确保收购数据准确及时。四是加强调查研究，及时掌握和解决秋粮收购及收购资金供应和管理中的问题。要建立快速有效的情况反映和处理机制，对秋粮收购中出现的重大情况和问题，及时向当地政府和上级行反映。

关于将芝麻等特种油料收购纳入油料收购贷款支持范围的通知

（中国农业发展银行 农发银发[2007]302号 2007年11月7日）

各省、自治区、直辖市分行，总行营业部：

为贯彻落实《国务院关于促进油料生产发展的意见》（国办发[2007]59号）文件精神，促进我国油料生产，稳定食用植物油市场，总行研究决定，将农发行的开户企业直接从国内市场上收购芝麻、胡麻、油葵、油茶、油橄榄和棉籽等特种油料，纳入油料收购贷款支持范围。现就有关问题通知如下：

一 积极开展特种油料收购贷款业务

芝麻、胡麻、油葵、油茶、油橄榄和棉籽等特种食油，是我国食用植物油的重要组成部分，是豆油、菜籽油和花生油等大宗油品的必要补充。各行要充分发挥政策性银行的职能作用，积极开展特种油料收购贷款业务，大力支持各类企业收购特种油料，帮助恢复发展油料生产，促进国内食用植物油产需缺口问题的解决。

二 规范特种油料收购贷款管理

对企业收购芝麻、胡麻、油葵、油茶、油橄榄和棉籽所发放的油料收购贷款，属于准政策性贷款业务，各行应按照中国农业发展银行粮食收购贷款办法（农发银发[2007]97号）的规定执行。企业申请油料收购贷款，需要进行收购贷款资格认定，但已经具备粮食收购贷款资格，以及经审批已在我行办理了商业性贷款业务的企业，视同具备了收购贷款资格，不再重新认定。

三 特种油料收购贷款的核算

从文到之日起，对开户企业新收购芝麻、胡麻、油葵、油茶、油橄榄和棉籽所发放的油料收购贷款，在“190准政策性贷款”科目下的二级科目“19003油料收购贷款”科目中核算。已经发放的贷款，不再进行会计科目调整，仍在“30004油料流转贷款”科目中核算。

四 强化贷款风险防范措施

特种油料种植、消费的区域性特征明显，购销季节性强，储存期限短，价格波动大。各行要摸清当地特种油料的产供销情况，强化贷款风险防范措施，重点选择抗风险能力比较强的农业产业化龙头企业和油脂加工企业作为承贷主体。对具备条件的先采取担保贷款方式，当企业担保能力不足时，应在企业提供一定比例的自有资金和风险准备金条件下，采取信用贷款方式。对油料收购贷款实行购贷销还，封闭管理。

五 把握好油料收购贷款支持范围

经本次调整后，油料收购贷款支持范围包括收购油菜籽、花生、芝麻、胡麻、油葵、油茶、油橄榄和棉籽八个油料品种。对借款人收购上述品种外的其他小品种油料，仍属于商业性贷款业务。区域性比较集中的其他小品种油料收购，可否纳入油料收购贷款支持范围，须经省级分行向总行请示，由总行核批。

附 录

2007年大事记

一月

1月8日，国家粮食局召开全局干部职工大会，局党组书记、局长聂振邦同志作工作报告，对全局2006年的工作进行了总结，提出2007年的主要工作任务是：继续贯彻落实粮食流通各项政策措施，深入推进企业改革和发展；完善粮食宏观调控机制，确保粮食市场供求平衡和价格基本稳定；抓好两个《条例》的贯彻落实，建立健全粮食行政执法体系；推进现代粮食物流设施建设、农村粮食产后安全保障工程、科技创新体系建设；进一步加强机关党的建设、干部队伍建设和机关作风建设。郄建伟、任正晓、张桂凤、曾丽瑛同志出席大会。

1月30~31日，全国粮食局长会议在北京召开。会议主要内容是贯彻落实党的十六届六中全会、中央经济工作会议和中央农村工作会议精神，总结2006年粮食流通工作，分析粮食流通工作面临的新形势，交流各地推进粮食流通体制改革经验，研究部署2007年粮食流通的各项工作。聂振邦、郄建伟、任正晓、张桂凤、杨兵、曾丽瑛同志出席会议。

1月，为贯彻落实温家宝总理的重要批示精神，了解粮油生产形势、储备粮管理、粮食价格及走势，以及农资供应等情况，国家粮食局派出3个调研组，分赴湖北、山东、安徽等省进行专题调研。

二月

2月8日，为确保粮油储存安全和质量良好，指导粮油合理轮换，国家发展和改革委员会、国家粮食局、国家质量监督检验检疫总局、国家标准化管理委员会等4部门联合下发关于执行《谷物储存品质判定规则》国家标准的通知（国粮发[2007]19号）。原《粮油储存品质判定规则》（国粮发[2000]143号）和《稻谷和玉米储存品质判定规则》（国粮发[2004]43号）中对稻谷、玉米、小麦储存品质判定的相关规定即行废止。

三月

3月12~13日，全国粮食流通监督检查工作会议在安徽省合肥市召开。会议主要内容是总结2006年度全国粮食流通监督检查工作，部署2007年度粮食流通监督检查工作；交流各地开展粮食流通监督检查工作的经验，研讨粮食流通监督检查工作中存在的薄弱环节及解决的措施；表彰2006年度粮食流通监督检查工作先进单位。任正晓同志出席了会议。

3月28~29日，全国粮食系统纪检监察工作会议在湖北省武汉市召开。会议主要内容是贯彻落实中央纪委第七次全体会议和国务院第五次廉政工作会议精神；对2006年全国粮食系统纪检监察工作进行总结和交流，部署2007年系统纪检监察工作；各地汇报2006年工作情况和2007年工作安排。聂振邦、杨兵同志出席了会议。

3月28~29日，全国粮食标准质量工作会议在广西壮族自治区北海市召开。会议的主要内容是总结近两年粮食标准质量工作，分析粮食标准质量工作面临的新形势，研究部署2007年粮食标准质量工作任务；颁发第一批国家粮食质量监测机构标牌和证书；交流各地开展粮食标准质量工作的先进经验。任正晓同志出席了会议。

四月

4月11~12日，全国粮食调控与统计工作会议在青海省西宁市召开。会议的主要内容是总结2006年粮食调控和统计工作，并就如何做好2007年的粮食调控和统计工作进行座谈讨论；研究分析2007年粮食供求和购销形势；会审、汇编2006年度全国粮油统计年报；表彰2006年度全国粮食流通统计工作先进单位和先进个人。曾丽瑛同志出席了会议。

4月17~18日，全国粮食财会工作会议在湖北省武汉市召开。会议的主要内容是认真贯彻落实全国粮食局长会议精神，研究和布置2007年粮食财会工作；会审汇编2006年度国有粮食企业会计报表，研究完善国有粮食企业财务电讯报告指标体系；了解各地在推进粮食流通体制改革和国有粮食企业改革中有关财务政策落实情况，交流各地典型做法，进一步推动有关工作的开展；了解各地财政和金融机构支持粮食产业化发展的情况，研究进一步支持粮食产业化发展的有关工作；研究和布置2007年国有粮食企业扭亏增盈工作。任正晓同志出席了会议。

五月

5月25日,为切实做好夏粮收购工作，落实好《2007年小麦最低收购价执行预案》，保护好种粮农民利益，促进粮食稳定增产，农民持续增收，保持粮食价格基本稳定,国家粮食局印发《关于积极做好夏粮收购工作的紧急通知》（国粮电[2007]9号）。通知指出：一是统一思想、提高认识，统筹安排好夏粮收购工作；二是积极督促国有和国有控股粮食企业发挥好主渠道作用，引导和鼓励多元主体积极入市收购；三是进一步加大力度解决仓容问题，保证夏粮收购需要和储粮安全；四是加强协调沟通，落实好收购资金；五是正确履行市场监管职能，加强监督检查，维护好粮食购销市场秩序；六是加强领导，及时研究解决新情况和新问题。

六月

6月6日，为贯彻落实温家宝总理的重要批示精神，妥善解决部分粮食主产省仓容不足问题，缓解粮食收储压力，国家发展改革委、国家粮食局等部门联合下发通知，下达2006年最低收购价粮食第三批跨省移库计划。共安排跨省移库小麦计划200.5万吨。通知强调，做好最低收购价粮食跨省移库工作，是解决主产区仓容不足问题、保证储粮安全和确保2007年粮食收购工作顺利进行的重要措施，各地各有关部门要按照通知要求认真抓好各项工作的落实。

七月

7月20日，国家发展改革委、国家粮食局组成3个工作组，开展小麦最低收购价政策执行情况专项检查工作。专项检查工作组赴最低收购价启动地区的河北、江苏、山东、河南和湖北省开展专项检查。检查的内容包括粮食最低收购价政策执行情况、粮食经营者履行最低库存义务情况、最低收购价粮食储存及管理情况、最低收购价粮食销售和移库的出库情况以及其他有关情况。检查的重点是小麦收购环节政策落实情况。检查的目的是督促指导有关地区和有关单位，进一步落实好小麦最低收购价政策这项重要的支农惠农政策。

7月底，为贯彻落实全国质量工作会议精神，国家粮食局召开局长办公会议，研究提出八项措施：一是召开全国粮食质量监管工作会议，传达全国质量工作会议精神，认真学习领会温家宝总理的重要讲话。二是根据《国务院关于加强食品等产品安全监督管理的特别规定》要求，制定下发《国家粮食局关于加强粮食质量安全监管工作的实施意见》。三是开展粮食质量专项检查，8月份对中央、地方储备粮库存质量进行全面抽查，9月份开展全国粮食库存数量、质量大检查，国家粮食局会同国家发展改革委、财政部等部门对重点省份进行抽查。四是进一步强化粮食质量安全监管工作，严格执行粮食收购资格审核制度、粮食检验出证索证制度，加强军粮、救灾粮等政策性用粮的质量监管，确保托市收购粮的质价相符，防止有毒有害粮食流入口粮和饲料市场。五是进一步开展原粮卫生专项调查，进一步摸清各地原粮卫生状况，为开展原粮卫生监管和制订政策提供基础依据。六是进一步加强全国粮食质量检验检测体系建设，加强检验人员的培训与考核，提升检验队伍的综合业务素质，提高整体检验能力水平，尽快解决目前一些地方“检不了”、“检不出”、“检不准”、“检得慢”的问题。七是进一步加强粮食质量安全监管制度建设，建立和完善涵盖粮食流通全过程的质量监控和追溯制度、原粮卫生安全监测制度和粮食质量信息发布制度。八是切实加强粮食质量工作的组织领导。各级粮食行政管理部门把粮食质量工作列入重要议事日程，主要负责同志亲自抓质量工作。

八月

8月4日，针对一些地区粮食和食用植物油等市场价格出现上涨，并影响到餐饮业和部分粮油制成品的价格的情况，国家粮食局下发《关于做好粮油宏观调控保证市场供应的紧急通知》（国粮电[2007]9号）。通知指出：一是及时发布粮油供求及市场价格信息；二是搞好货源组织调度，积极发挥地方储备粮油的吞吐调节作用；三是要指导和督促国有和国有控股粮食企业充分发挥主渠道作用，鼓励非国有粮食企业等多元市场主体积极入市收购；四是要按照《国家粮食应急预案》和本地区粮食应急预案的要求，进一步细化本地区粮食应急动用方案；五是进一步完善粮食产销协作的体制和机制，促进区域供求平衡；六是进一步完善监测点的布局，提高监测频率和密度；七是加强对大型粮油批发市场、超市和农贸市场的巡查，坚决打击囤积居奇、哄抬价格等违法行为；八是要全面、客观认识和分析粮油生产和供求形势及其变化趋势，正确引导社会舆论，稳定群众心理预期，为促进粮油市场价格基本稳定创造良好的社会环境。

8月20~21日，为深入贯彻落实《国务院关于完善粮食流通体制改革政策措施的意见》（国发[2006]16号）和全国粮食局长会议精神，进一步做好粮食政策法规工作，国家粮食局在吉林省长春市召开全国粮食政策法规工作座谈会。会议主要内容是总结一年来的全国粮食政策法规工作，研究部署下一步工作重点；交流各地贯彻落实国发[2006]16号文件的措施和具体做法；专题研究进一步完善粮食政策和2008年粮食流通工作的总体思路、工作重点；研究讨论《粮食行政复议工作规程》和《粮食流通法》框架；对获得粮食行业依法行政示范点的单位授牌并进行座谈；表彰获得2006年度国家粮食局软科学优秀成果奖和粮食工作优秀调研报告的单位；邀请国务院法制办有关负责人做《中华人民共和国行政复议法实施条例》专题讲座。聂振邦同志出席了会议。

8月24~25日，为贯彻落实好国务院召开的全国产品质量和食品安全专项整治行动电视电话会议精神，国家粮食局在吉林省长春市召开全国粮食质量监管工作会议，启动全国粮食质量安全专项整治行动，提出集中4个月时间对所有库存粮食进行质量检查，全面开展军粮、水库移民粮、救灾粮、退耕还林粮等政策性粮食的质量检查，认真抓好原粮卫生专项调查，加强粮油标准制修订工作，推进质量监管制度、监测体系、质检技术装备建设。任正晓同志出席了会议。

九月

9月27日，国家粮食局召开党组扩大会议，贯彻落实国务院办公厅关于切实做好国庆和十七大期间安全工作的通知要求，传达学习中央国家机关各部门机关党委书记会议精神，专题研究部署做好安全稳定和粮油市场供应工作。会议要求，做好粮油购销工作，稳定市场价格，保证市场供应；认真落实全国安全生产电视电话会议精神；加强领导，强化责任制，维护稳定大局。

十月

10月23日，国家粮食局分别召开局党组会议和全体党员干部会议，传达学习党的十七大精神，对学习贯彻十七大精神工作进行部署。会议由十七大代表、局党组书记、局长聂振邦同志主持。会议传达了十七大会议的召开情况、胡锦涛总书记在十七大上所作报告精神和在十七届一中全会上的讲话等文件。局党组经过学习研究，对当前和今后我局十七大精神的学习贯彻工作提出了具体要求。一是要认真学习、全面深刻地领会十七大精神。全局党员干部要把认真学习贯彻十七大精神作为当前和今后一个时期内的首要政治任务。要紧密结合改革开放和现代化建设的生动实践，全面把握科学发展观的科学内涵和精神实质，用发展着的马克思主义指导客观世界和主观世界的改造，进一步把握共产党执政规律、社会主义建设规律、人类社会发展规律，提高运用科学理论分析和解决实际问题的能力，使广大党员、干部成为共产主义远大理想和中国特色社会主义共同理想的坚定信仰者、科学发展观的忠实执行者、社会和谐的积极促进者。二是要联系实际，认真贯彻落实好十七大精神。要根据十七大的战略部署，深入研究粮食工作中带有前瞻性、战略性、导向性的问题，着眼于粮食行业的改革、发展、稳定，进一步明确粮食工作的奋斗目标，理清粮食行业未来发展的总体思路，努力适应我国改革发展关键阶段粮食流通工作面临的新形势，深入分析粮食流通体制改革不断深化形势下的基本粮情，认真贯彻中央关于做好粮食工作和积极发展现代农业的各项方针政策，围绕确保国家粮食安全、切实保护种粮农民的利益和种粮积极性、保障城乡消费者口粮安全开展工作，大力推进放心粮油工程，不断加强粮食基础设施建设，努力探索新的流通组织形式，推动粮食生产和流通协调发展，为实现国民经济又好又快发展提供雄厚的物质基础，为推动科学发展、促进社会和谐、夺取全面建设小康社会的新胜利作出应有贡献。

为及时掌握主产省稻谷质量状况，国家粮食局于10月下旬、11月上旬分别对湖北、江西、湖南、安徽、四川5个省中晚籼稻质量和黑龙江、吉林、辽宁和江苏4个省粳稻质量进行集中会检。会检结果表明，主产省稻谷质量整体较好。中晚籼稻中等以上比例达到95%以上，整精米率提高明显（含仪器优化因素），整精米率大于50%和44%的比例分别为80.8%和93.7%；平均不完善粒率为4.4%。粳稻中等以上比例达到99%以上，整精米率大于60%和55%的比例分别为95%和98%；平均不完善粒率为3.1%。

十一月

11月1~3日，为进一步促进我国粮食流通体制改革，引导粮油企业参与国内外市场竞争，推广、宣传、展示粮油精品及中国名牌粮油产品，加强市场信息沟通及技术交流，国家粮食局与南京市人民政府共同举办第七届中国粮油精品展示交易会。聂振邦、张桂凤同志出席了交易会。

11月13日，国家粮食局在北京举办全国粮食系统财会知识竞赛决赛。各省（区、市）粮食部门共派出28个代表队参赛，竞赛产生了团体赛一等奖1名、二等奖2名、三等奖5名；个人赛一等奖4名、二等奖16名、三等奖30名。此次全国粮食系统财会知识竞赛从4月1日开始。在整个竞赛过程中，各级粮食部门高度重视，粮食财会人员踊跃参加，个人赛参赛率达到80%，参赛选手表现出了较高的思想政治素质和业务水平。通过竞赛，达到了学习贯彻财务会计制度、检验提高财会人员业务水平、增强财会人员职业道德意识、促进粮食财会队伍建设的目的。聂振邦、任正晓、杨兵同志出席了团体赛决赛活动。

11月17~18日，全国粮食系统办公室主任会议在浙江省衢州市召开。会议的主要内容是贯彻落实国务院领导同志关于加强政府自身建设，推动政府管理创新的讲话精神，研究探讨做好新时期办公室工作和加强队伍建设的措施；交流办公室在加强综合服务、推进管理创新和做好政务信息相关工作、提高公文质量等方面的经验与体会；通报国家粮食局信息系统建设情况和研究涉及各地粮食局信息系统建设的相关工作；研究探讨如何做好新形势下的政务公开及政府信息公开工作。

十二月

12月8~9日，由国家粮食局、劳动和社会保障部主办，江苏省粮食局承办，南京财经大学协办的首届全国粮食行业职业技能大赛（决赛）在江苏省南京市举行。本次大赛是新中国成立58年以来，粮食行业第一次举办的全国性职业技能比赛。大赛设粮油保管员和粮油质量检验员两个职业比赛。各省（市、区）粮食局以及新疆生产建设兵团粮食局、中国储备粮管理总公司、中粮集团公司共31支代表队、186名选手参加了决赛。任正晓同志代表大赛组委会致开幕词并宣布大赛开幕。

12月27~28日，全国粮油市场信息工作会议在福建省厦门市召开。会议的主要内容是，研讨如何围绕粮食流通中心，进一步做好粮油市场信息服务工作；研讨如何利用现有资源，充分发挥各分中心优势，建立起全国权威、高效、一流的信息服务网络；交流粮油竞价交易工作的新经验、新体会，研讨共同建设国家粮油交易中心交易平台，更好地利用交易平台开展远程交易；研究全国粮情会商系统维护和利用工作；总结2006/07年度粮油市场信息工作；表彰2006/07年度粮油信息网先进集体和先进个人。曾丽瑛同志出席了会议。

2007年，国家粮食局批准成立长沙、南京、石家庄、广州、济南、兰州6个国家粮食交易中心。

2007年，国家粮食局被评为中央国家机关文明单位、中央国家机关社会治安综合治理先进单位。

国家粮食局优秀软科学研究成果奖2007年度获奖项目名单

一等奖

项目名称：现代粮食流通产业发展战略研究

项目单位：国家粮食局课题组

项目负责人：聂振邦

项目组成员：颜　波　赵素丽　韩继志　陈玉中　方　进　熊贵斌　石少龙　任昌坤　廖小平　亢　霞　周　辉　孔伟娟　陈书玉　杨绪珍

主要执笔人：聂振邦　颜　波　陈玉中　任昌坤　方　进　廖小平　熊贵斌　石少龙　周　辉　亢　霞

项目名称：加强中央储备粮监管工作的思考与建议

项目单位：国家粮食局监督检查司

项目负责人：任正晓

项目组成员：刘小南　程传秀　赵文先　袁　辉　于英威　陈　玲　杨卫辰　周晓耘　邓　立　刘铁宏　张永刚

主要执笔人：赵文先　于英威　陈　玲

项目名称：湖南粮食产业发展战略研究

项目单位：湖南省粮食局

项目负责人：吴奇修

项目组成员：吴奇修　黄桂田　石少龙　周志和

主要执笔人：吴奇修　石少龙

项目名称：江苏省地方储备粮管理与运作研究

项目单位：江苏省粮食局

项目负责人：于国民

项目组成员：蔡连宏　童　敏　严志平　汤伯进

主要执笔人：孙　燕　许　刚　高　巍

项目名称：中国玉米工业加工发展对玉米供求平衡和流通的影响及相应对策

项目单位：吉林省粮食局

项目负责人：刘笑然

项目组成员：祝滨滨　朱励群　王　梅

主要执笔人：刘笑然　祝滨滨　朱励群

项目名称：以民为本，创新思维，树立新粮食安全观

——关于树立“以粮食为重点的综合化食物安全观”的研究

项目单位：国家粮食局科学研究院

项目负责人：程亨华　金松亭

项目组成员：程亨华　丁声俊　黄秉信　金松亭　李　静　许世卫
马　榕

主要执笔人：丁声俊　黄秉信

二等奖

项目名称：粮食信息化发展研究

项目单位：国家粮食局办公室

项目负责人：聂振邦

项目组成员：孙鉴奇　张树淼　吴永顺　段建丽　史京华　金　贤
麻国杰　刘莉华　郁士祥　杨　正

主要执笔人：郁士祥　吴永顺　孙鉴奇

项目名称：我国玉米深加工发展趋势及政策建议

项目单位：国家粮食局调控司

项目负责人：曾丽瑛

项目组成员：卢景波　陈家积　周冠华　姚秀敏　秦玉云　刘冬竹
张　云　罗守全　郭晓虹　李喜贵

主要执笔人：罗守全　郭晓虹　李喜贵

项目名称：我国粮食市场体系建设研究

项目单位：国家粮食局政策法规司

项目负责人：聂振邦

项目组成员：颜　波　赵素丽　韩继志　孔伟娟　贺　伟　陈玉中
周　辉　杨绪珍　肖　玲　于　涛

主要执笔人：田　野

项目名称：关于完善中央储备粮代储资格认定几个政策问题的研究

项目单位：国家粮食局流通与科技发展司

项目负责人：何　毅

项目组成员：唐柏飞　明幼芳　杨浩然　姚东春　李德富　林风刚　梁凌云

主要执笔人：林风刚　唐柏飞　梁凌云

项目名称：国有粮食企业人力资源管理问题初探

项目单位：湖北省粮食局

项目负责人：沈昌发

项目组成员：赵启玉　熊贵斌　龚　伟

主要执笔人：龚　伟

项目名称：关于宁夏粮食安全几个问题的探讨

项目单位：宁夏回族自治区粮食局

项目负责人：严彦召

项目组成员：严彦召　吴长青　郑书峰

主要执笔人：严彦召　吴长青　郑书峰

项目名称：广东省平战结合粮食应急加工研究

项目单位：广东省发展和改革委员会 广东省粮食局

项目负责人：张　军　张力军　李　敏

项目组成员：邵信辉　黄汉基　吴津伟　秘永福　王　震　胡连锋
冯光其　彭　愉　李晓纯　王鸿鸣　张伟令　李新春

主要执笔人：王　震　胡连锋　王鸿鸣

项目名称：关于完善新形势下粮食直接补贴政策促进粮食生产稳定发展的研究

项目单位：江西省粮食局

项目负责人：戴杭生

项目组成员：戴杭生　谌国鑫　袁志强　董明霞　杨建纲　刘龙恩　蒋　薇

主要执笔人：蒋　薇

项目名称：我国粮食流通宏观调控体系建设研究

项目单位：南京财经大学 江苏省粮食局

项目负责人：侯立军

项目组成员：张生彬　张国钧　周　敏　叶如生　万忠民

主要执笔人：侯立军　叶如生　周　敏

三等奖

项目名称：关于政府在粮食流通中转变职能的研究

项目单位：国家粮食局人事司

项目负责人：聂振邦

项目组成员：徐京华　陈军生　程继伟　林明亮　刘立春

主要执笔人：陈军生　林明亮

项目名称：中国小麦进口效率的国际比较分析

项目单位：国家粮食局外事司

项目负责人：聂振邦

项目组成员：刘　韧　王正友　尤宏业　杜海鹰　林　潇　孙　冰

主要执笔人：尤宏业　刘　韧　王正友

项目名称：部门预算基本支出中定员定额问题研究

项目单位：国家粮食局财务司

项目顾问：任正晓

项目负责人：邓亦武　朱传碧　温来成

项目组成员：邓亦武　朱传碧　温来成　王小龙　王明景　王耀鹏
李亚莉　秦　剑　胡耀芳

主要执笔人：邓亦武　温来成　王耀鹏

项目名称：以新型工业化思路推进湖南粮食产业化

项目单位：湖南省粮食局

项目负责人：吴奇修

项目组成员：吴奇修

主要执笔人：吴奇修

项目名称：关于完善粮食产销衔接合作机制创新产销合作新形势研究

项目单位：四川省粮食局

项目负责人：李益良　黎　明

项目组成员：李益良　黎　明　王海林　杨晓萍　罗斌武　谢　云
任　翔

主要执笔人：王海林　杨晓萍　罗斌武

项目名称：创新粮食产业化经营 积极服务新农村建设

项目单位：广西壮族自治区粮食局

项目负责人：梁雨祥

项目组成员：黄显阳 黄永蓬 梁金宁 张秉德 谭 漪 唐双贵 黄 毅

主要执笔人：梁金宁 张秉德 黄永蓬

项目名称：青海省粮食安全评价指标体系研究报告

项目单位：青海省粮食局

项目负责人：顾艳华

项目组成员：李 军 牛库山 胡玉敏 郭亚辉 刘永年 李兴明

主要执笔人：郭亚辉 牛库山 李兴明

项目名称：关于粮食应急体系建设理论研究与实证研究

项目单位：浙江省粮食局

项目负责人：陈聪道

项目组成员：叶晓云 王路平 孙 强 吴彤政 张 军 周 静
郑桂荣 李庆光 王 诚

主要执笔人：叶晓云 孙 强 吴彤政 周 静

项目名称：进一步完善上海粮食应急管理体系建设实务研究

项目单位：上海市粮食局

项目负责人：孟洪恩 夏伯锦

项目组成员：朱曙光 叶家祺 吴国梁 庄旦鸣 孙绪良 杨纵鲸
张 军 陈 蔚 李小伟 郑亚娟 赵 悠

主要执笔人：朱曙光 李小伟 赵 悠

项目名称：关于市场经济新形势下构建牧区粮食供应安全体系的研究

项目单位：内蒙古自治区粮食局

项目负责人：张国治

项目组成员：张国治 张天喜 李洪才 王立杰 杨翠仙 苗大森
刘荣梅 张晓春

主要执笔人：李洪才 杨翠仙

项目名称：粮食产业化发展方向问题研究

项目单位：河南省粮食局

项目负责人：刘大贵

项目组成员：孙柏梁　李春迎　张素勤　王修法　李志敏　冯志强　庆　凌　刘卫红

主要执笔人：张素勤

项目名称：关于改革与完善我市粮食行政管理体制的思考

项目单位：天津市粮食局

项目负责人：李久彦

项目组成员：李久彦　商树英　樊力生　吴维吉　路　杰　杨月年　于存江　邸力军

主要执笔人：邸力军

项目名称：我国粮食安全的新层次、新领域及对策研究

项目单位：中国粮食研究培训中心

项目负责人：张汉麟　何松森

项目组成员：孙咏梅　胡文国　刘向阳

主要执笔人：张汉麟　何松森　孙咏梅　胡文国　刘向阳

国家粮食局2007年度
粮食工作优秀调研报告获奖名单

一等奖

调研报告题目：关于冀鲁豫三省夏粮收获、收购和主要农产品、农资价格走势的调研报告

调研单位：国家粮食局调研组

调研组成员：聂振邦　颜　波　卢景波　唐柏飞　周　辉

调研报告题目：广西粮食产业化经营发展情况的调研报告

调研单位：国家粮食局财务司

调研组成员：任正晓　王耀鹏

调研报告题目：关于湖北、陕西两省夏粮收购情况的调研报告

调研单位：国家粮食局调研组

调研组成员：曾丽瑛　刘小南　刘冬竹　李福军　罗文娟　蒋例怡　李　玥

调研报告题目：关于小麦最低收购价政策落实情况巡查工作的报告

调研单位：国家粮食局监督检查司

调研组成员：刘小南　袁　辉　杨卫辰　邓　立　陈家积　唐瑞明　石春萍

调研报告题目：粮食经纪人是社会主义新农村建设的重要力量

——鲁、豫、冀、赣等11省（区）培育和发展粮食经纪人情况的调研报告

调研单位：中国粮食经济学会　中国粮食行业协会

调研组成员：宋廷明　李为民　吴　兢

调研报告题目：关于粮食产销合作若干问题研究

调研单位：浙江省粮食局

调研组成员：李林访　陈聪道　钟传厚　陈群华　孙　强　项慈若

调研报告题目：关于我省今年以来粮食供需和价格走势情况的报告

调研单位：广东省发展和改革委员会（粮食局）

调研组成员：张　军　李　敏　谢毅文　林善为　钟金清　崔　剑
仲爱华　马　源　邹　俊

调研报告题目：青海省国有粮食购销企业发展的调研报告

调研单位：青海省粮食局

调研组成员：顾艳华　张小娟　牛库山　刘伟红　刘永年　郭亚辉　杨文利

二等奖

调研报告题目：关于安徽省利辛县粮食收购及市场监管有关情况的调查报告

调研单位：国家粮食局调研组

调研组成员：聂振邦　颜　波　秦玉云　于　涛

调研报告题目：关于当前湖北省粮食工作情况的调研报告

调研单位：国家粮食局调研组

调研组成员：聂振邦　颜　波　张树淼

调研报告题目：关于小麦托市收购价格和质量标准执行情况的报告

调研单位：国家粮食局调控司

调研组成员：卢景波　刘小南　杜　政　唐瑞明　龙伶俐　李火金
杨卫辰　朱之光　周光俊　张素萍　王　华　刘　鹏　李　洵

调研报告题目：离休干部“双高期”管理服务工作调查与思考

调研单位：国家粮食局离退休干部办公室

调研组成员：邹振东　金连清　张景仓　李祥军　迟迅凯　王永圣　熊晓宝

调研报告题目：关于推进江苏粮油精深加工的对策建议

调研单位：江苏省粮食局

调研组成员：王元慧　于国民

调研报告题目：转变观念求发展　瞄准乡村谱新篇

——皖王集团、三八星地、良夫集团发展乡村粮油连锁经营调查

调研单位：安徽省粮食局

调研组成员：黄　红　褚绪轩　汤小波

调研报告题目：农户储粮现状与储量损失调查

调研单位：江西省粮食局

调研组成员：戴杭生　谌国鑫　袁志强　刘龙恩　蒋　薇

调研报告题目：创新订单形式　实现多方共赢

——湖南岳阳县发展“感情订单”调研报告

调研单位：湖南省粮食局

调研组成员：石少龙　余新奇　袁玉生

调研报告题目：四川粮食安全问题的调研报告

调研单位：四川省粮食局

调研组成员：李益良　谭嘉林　黎　明　张书冬　王海林　杨晓萍　蔡开泉

调研报告题目：陕西粮食现代物流发展战略研究

调研单位：陕西省粮食局

调研组成员：王晓森　李　娟　张　翔　李　晶　闫国强　赵登儒　姚进房

调研报告题目：甘肃发展粮食产业化经营的实践与思考

调研单位：甘肃省粮食局

调研组成员：朱　红

调研报告题目：我区农村粮食产后损失现状调查报告

调研单位：宁夏回族自治区粮食局

调研组成员：吴长青　蔡新国

调研报告题目：关于推进阿克苏地区粮食深加工产业化发展的思考

调研单位：新疆维吾尔自治区阿克苏地区粮食局

调研组成员：袁峻峰　蹇照明　蒋柄林

三等奖

调研报告题目：关于河北省夏粮生产和收购形势以及粮食产业化发展情况的调研报告

调研单位：国家粮食局财务司

调研组成员：邓亦武　罗文娟　赵　奕

调研报告题目：国家粮食局关于黑龙江省稻谷收购情况的报告

调研单位：国家粮食局调控司

调研组成员：周冠华　李　洵

调研报告题目：《北京市储备粮管理办法》执行情况的调研

调研单位：北京市粮食局

调研组成员：朱　雷　刘淑英　赵　红

调研报告题目：天津市养殖业用粮情况调研报告

调研单位：天津市粮食局

调研组成员：穆金生　吴维吉　颜书成　徐　剑

调研报告题目：辽宁省农村农户储粮损失惊人

调研单位：辽宁省粮食局

调研组成员：钱程广　王传龙　秦国庆　金庆文　董殿文　高树成
周　云　赵学工　邓会超

调研报告题目：吉林省国有粮食购销企业经营性财务挂账解决途径探索

调研单位：吉林省粮食局

调研组成员：李贺军　国玉文　陈俊喜

调研报告题目：关于农村粮食经纪人发展情况的调查报告

调研单位：江苏省粮食局

调研组成员：王建国　张国钧　郭金云　于渭琪　吉德轩

调研报告题目：一种值得大力推广的好模式

——马鞍山市龙升粮油合作社带农致富情况调查

调研单位：安徽省马鞍山市粮食局

调研组成员：叶晓京　袁明立　宁伦荣

调研报告题目：泉州市建立粮食质量卫生安全保障机制调查报告

调研单位：福建省泉州市粮食局

调研组成员：吴友平　吴丽娜　卓国南　董民钦

调研报告题目：合作共赢，和谐发展

——江西省宁都县推广优质稻生产、推进粮食产业化经营的调查

调研单位：江西省粮食经济学会

调研组成员：熊根泉　张德金　徐锦霞　眭达明　刘文中　黄建华

调研报告题目：从散粮汽车运输看黄淮海粮食现代物流的发展

调研单位：河南省粮食交易物流市场有限公司

调研组成员：曹濮生　屈新明　肖　磊　麻　峰

调研报告题目：关于荆州区和潜江市粮食局依法行政情况的调研报告

调研单位：湖北省粮食局

调研组成员：熊贵斌　刘海涛　陈晓辉

调研报告题目：长沙市粮食产业化发展状况调查报告

调研单位：湖南省长沙市粮食局

调研组成员：向力力　温建民　王柏林　黄玉池　蒋集政　彭文滋
刘加强　刘五强　葛晓明　尹含清　余舞娇

调研报告题目：关于利用国内外两个市场确保我省粮食安全情况的报告

调研单位：广东省发展和改革委员会（粮食局）

调研组成员：张　军　李　敏　谢毅文　林善为　钟金清　崔　剑
仲爱华　马　源　邹　俊

调研报告题目：粮食龙头企业参与统筹城乡经济发展实践的调研报告

调研单位：四川省粮食局

调研组成员：侯　勇　蔡开泉　罗　叶　黄玖辉　廖成珍　魏建国
刘　毅　鲁　冲　胥　镤

调研报告题目：渭南市在夏粮收购中着力解决企业收购难问题的调查与思考

调研单位：陕西省渭南市粮食局

调研组成员：赵英歌　王社斌　李卫明

调研报告题目：甘肃省油脂产业发展问题的调研报告

调研单位：甘肃省粮油贸易有限公司

调研组成员：朱 红 王全福 兰雄文 鱼金明 王宏斌 贺 钧
赵鹏举 孙俊勇

调研报告题目：关于“粮食订单”的实践与思考

调研单位：宁夏回族自治区吴忠市粮食局

调研组成员：邓建新 马恩宁 张惠安

调研报告题目：努力适应市场需要 积极发挥主渠道作用

——关于新疆昌粮集团米泉有限责任公司产业化经营情况的调查

调研单位：新疆维吾尔自治区昌吉回族自治州粮食局

调研组成员：张 梅 张世虎

粮食行业统计资料

表1 全国主要农作物播种面积(1978~2007年)

单位：千公顷

年 份	粮 食	稻谷	小麦	玉米	大豆	油 料
1978	120587	34421	29183	19961	7144	6222
1979	119263	33873	29357	20133	7247	7051
1980	117234	33878	28844	20087	7226	7928
1981	114958	33295	28307	19425	8024	9134
1982	113462	33071	27955	18543	8419	9343
1983	114047	33136	29050	18824	7567	8390
1984	112884	33178	29576	18537	7286	8678
1985	108845	32070	29218	17694	7718	11800
1986	110933	32266	29616	19124	8295	11415
1987	111268	32193	28798	20212	8445	11181
1988	110123	31987	28785	19692	8120	10619
1989	112205	32700	29841	20353	8057	10504
1990	113466	33064	30753	21401	7560	10900
1991	112314	32590	30948	21574	7041	11530
1992	110560	32090	30496	21044	7221	11489
1993	110509	30355	30235	20694	9454	11142
1994	109544	30171	28981	21152	9222	12081
1995	110060	30744	28860	22776	8127	13102
1996	112548	31406	29611	24498	7471	12555
1997	112912	31765	30057	23775	8346	12381
1998	113787	31214	29774	25239	8500	12919
1999	113161	31283	28855	25904	7962	13906
2000	108463	29962	26653	23056	9307	15400
2001	106080	28812	24664	24282	9482	14631
2002	103891	28202	23908	24634	8720	14766
2003	99410	26508	21997	24068	9313	14990
2004	101606	28379	21626	25446	9589	14431
2005	104278	28847	22793	26358	9591	14318
2006	104958	28938	23613	28463	9304	11738
2007	105638	28919	23721	29478	8754	11316

数据来源：国家统计局统计资料。

表2 全国主要农作物产量(1978~2007年)

单位：万吨

年份	粮食	稻谷	小麦	玉米	大豆	油料
1978	30476.5	13693.0	5384.0	5594.5	756.5	521.8
1979	33211.5	14375.0	6273.0	6003.5	746.0	643.5
1980	32055.5	13990.5	5520.5	6260.0	794.0	769.1
1981	32502.0	14395.5	5964.0	5920.5	932.5	1020.5
1982	35450.0	16159.5	6847.0	6056.0	903.0	1181.7
1983	38727.5	16886.5	8139.0	6820.5	976.0	1055.0
1984	40730.5	17825.5	8781.5	7341.0	969.5	1191.0
1985	37910.8	16856.9	8580.5	6382.6	1050.0	1578.4
1986	39151.2	17222.4	9004.0	7085.6	1161.4	1473.8
1987	40297.7	17426.2	8590.2	7924.1	1246.5	1527.8
1988	39408.1	16910.7	8543.2	7735.1	1164.5	1320.3
1989	40754.9	18013.0	9080.7	7892.8	1022.7	1295.2
1990	44624.3	18933.1	9822.9	9681.9	1100.0	1613.2
1991	43529.3	18381.3	9595.3	9877.3	971.3	1638.3
1992	44265.8	18622.2	10158.7	9538.3	1030.4	1641.2
1993	45648.8	17751.4	10639.0	10270.4	1530.7	1803.9
1994	44510.1	17593.3	9929.7	9927.5	1599.9	1989.6
1995	46661.8	18522.6	10220.7	11198.6	1350.2	2250.3
1996	50453.5	19510.3	11056.9	12747.1	1322.4	2210.6
1997	49417.1	20073.5	12328.9	10430.9	1473.2	2157.4
1998	51229.5	19871.3	10972.6	13295.4	1515.2	2313.9
1999	50838.6	19848.7	11388.0	12808.6	1424.5	2601.2
2000	46217.5	18790.8	9963.6	10600.0	1540.9	2954.8
2001	45263.7	17758.0	9387.3	11408.8	1540.6	2864.9
2002	45705.8	17453.9	9029.0	12130.8	1650.5	2897.2
2003	43069.5	16065.6	8648.8	11583.0	1539.3	2811.0
2004	46946.9	17908.8	9195.2	13028.7	1740.1	3065.9
2005	48402.2	18058.8	9744.5	13936.5	1634.8	3077.1
2006	49804.2	18171.8	10846.6	15160.3	1508.2	2640.3
2007	50160.3	18603.4	10929.8	15230.0	1272.5	2568.7

数据来源：国家统计局统计资料。

表3 全国主要农作物单位面积产量(1978~2007年)

单位：公斤/公顷

年份	粮食	稻谷	小麦	玉米	大豆	油料
1978	2527.3	3978.1	1844.9	2802.7	1059.0	838.6
1979	2784.7	4243.8	2136.8	2981.9	1029.4	912.7
1980	2734.3	4129.6	1913.9	3116.4	1098.8	970.0
1981	2827.3	4323.7	2106.9	3047.9	1162.2	1117.2
1982	3124.4	4886.3	2449.3	3265.9	1072.6	1264.8
1983	3395.7	5096.1	2801.7	3623.3	1289.8	1257.4
1984	3608.2	5372.6	2969.1	3960.3	1330.6	1372.5
1985	3483.0	5256.3	2936.7	3607.2	1360.5	1337.7
1986	3529.3	5337.6	3040.2	3705.1	1400.2	1291.1
1987	3621.7	5413.1	2982.9	3920.6	1476.0	1366.5
1988	3578.6	5286.7	2968.0	3928.1	1434.1	1243.3
1989	3632.2	5508.5	3043.0	3877.9	1269.3	1233.1
1990	3932.8	5726.1	3194.1	4523.9	1455.1	1479.9
1991	3875.7	5640.2	3100.5	4578.3	1379.5	1421.0
1992	4003.8	5803.1	3331.2	4532.7	1427.0	1428.4
1993	4130.8	5847.9	3518.8	4963.0	1619.1	1619.0
1994	4063.2	5831.1	3426.3	4693.4	1734.9	1646.9
1995	4239.7	6024.8	3541.5	4916.9	1661.4	1717.6
1996	4482.8	6212.4	3734.1	5203.3	1770.2	1760.7
1997	4376.6	6319.4	4101.9	4387.3	1765.1	1742.5
1998	4502.2	6366.2	3685.3	5267.8	1782.5	1791.0
1999	4492.6	6344.8	3946.6	4944.7	1789.2	1870.5
2000	4261.2	6271.6	3738.2	4597.5	1655.7	1918.7
2001	4266.9	6163.3	3806.1	4698.4	1624.8	1958.1
2002	4399.4	6189.0	3776.5	4924.5	1892.9	1962.0
2003	4332.5	6060.7	3931.8	4812.6	1652.9	1875.2
2004	4620.5	6310.6	4251.9	5120.2	1814.8	2124.6
2005	4641.6	6260.2	4275.3	5287.3	1704.5	2149.2
2006	4745.2	6279.6	4593.4	5326.3	1620.9	2249.3
2007	4748.3	6433.0	4607.7	5166.7	1453.7	2270.0

数据来源：国家统计局统计资料。

表4

各地区农作物播种面积（2006~2007年）

单位：千公顷

地 区	2006年	2007年	2007年比2006年增加	
			绝对数	%
全国总计	152149.5	153463.9	1314.4	0.9
北 京	319.5	295.0	−24.5	−7.7
天 津	429.8	434.0	4.2	1.0
河 北	8713.9	8652.7	−61.2	−0.7
山 西	3471.3	3653.2	181.9	5.2
内蒙古	6590.0	6761.5	171.4	2.6
辽 宁	3627.2	3703.9	76.7	2.1
吉 林	4815.2	4944.0	128.8	2.7
黑龙江	11678.3	11898.5	220.1	1.9
上 海	401.4	390.7	−10.8	−2.7
江 苏	7385.2	7407.7	22.6	0.3
浙 江	2511.4	2462.8	−48.6	−1.9
安 徽	8790.0	8853.9	63.9	0.7
福 建	2236.4	2191.2	−45.2	−2.0
江 西	5280.9	5245.1	−35.8	−0.7
山 东	10754.1	10724.4	−29.7	−0.3
河 南	13995.5	14087.8	92.3	0.7
湖 北	6900.6	7030.0	129.4	1.9
湖 南	7289.7	7390.7	101.0	1.4
广 东	4382.5	4363.1	−19.5	−0.4
广 西	5557.3	5594.4	37.1	0.7
海 南	699.4	754.3	54.9	7.9
重 庆	3073.9	3134.7	60.8	2.0
四 川	9341.9	9278.2	−63.7	−0.7
贵 州	4449.4	4464.5	15.1	0.3
云 南	5776.2	5801.9	25.7	0.4
西 藏	233.0	232.9	−0.1	0.0
陕 西	3983.5	4044.7	61.3	1.5
甘 肃	3658.7	3759.0	100.3	2.7
青 海	517.2	516.7	−0.5	−0.1
宁 夏	1109.3	1189.8	80.5	7.3
新 疆	4176.6	4202.6	26.0	0.6

数据来源：国家统计局统计资料。

表5 各地区粮食播种面积(2006~2007年)

单位：千公顷

地区	2006年	2007年	2007年比2006年增加	
			绝对数	%
全国总计	**104957.7**	**105638.4**	**680.7**	**0.6**
北京	219.6	197.5	−22.1	−10.1
天津	284.3	292.0	7.7	2.7
河北	6271.7	6168.2	−103.5	−1.6
山西	2833.3	3028.2	194.9	6.9
内蒙古	4936.8	5119.9	183.1	3.7
辽宁	3089.7	3127.2	37.5	1.2
吉林	4236.6	4334.7	98.1	2.3
黑龙江	10525.7	10820.5	294.7	2.8
上海	165.5	169.6	4.1	2.5
江苏	5110.8	5215.6	104.8	2.1
浙江	1253.2	1219.6	−33.6	−2.7
安徽	6443.4	6477.8	34.4	0.5
福建	1226.9	1201.0	−25.9	−2.1
江西	3547.1	3525.3	−21.9	−0.6
山东	6999.1	6936.5	−62.6	−0.9
河南	9455.9	9468.0	12.1	0.1
湖北	3902.3	3981.4	79.2	2.0
湖南	4545.4	4531.3	−14.1	−0.3
广东	2466.7	2479.5	12.9	0.5
广西	3133.2	2984.0	−149.2	−4.8
海南	379.1	402.6	23.6	6.2
重庆	2155.5	2195.8	40.3	1.9
四川	6455.5	6450.0	−5.5	−0.1
贵州	2836.0	2821.8	−14.2	−0.5
云南	4022.1	3994.5	−27.7	−0.7
西藏	171.7	171.8	0.1	0.1
陕西	3081.3	3099.8	18.5	0.6
甘肃	2598.8	2687.0	88.2	3.4
青海	301.6	301.8	0.2	0.1
宁夏	793.5	856.3	62.9	7.9
新疆	1515.4	1379.1	−136.3	−9.0

数据来源：国家统计局统计资料。

表6 各地区粮食总产量(2006~2007年)

单位：万吨

地　区	2006年	2007年	2007年比2006年增加 绝对数	%
全国总计	**49804.2**	**50160.3**	**356.1**	**0.7**
北　京	109.2	102.1	-7.1	-6.5
天　津	141.9	147.2	5.3	3.7
河　北	2780.6	2841.6	61.0	2.2
山　西	1024.5	1007.1	-17.5	-1.7
内蒙古	1806.8	1810.7	3.9	0.2
辽　宁	1797.0	1835.0	38.0	2.1
吉　林	2725.8	2453.8	-272.0	-10.0
黑龙江	3843.5	3462.9	-380.6	-9.9
上　海	111.3	109.2	-2.1	-1.9
江　苏	3096.0	3132.2	36.2	1.2
浙　江	769.5	728.6	-40.9	-5.3
安　徽	2853.7	2901.4	47.7	1.7
福　建	632.9	635.1	2.2	0.3
江　西	1896.5	1904.0	7.5	0.4
山　东	4093.0	4148.8	55.8	1.4
河　南	5112.3	5245.2	132.9	2.6
湖　北	2099.1	2185.4	86.3	4.1
湖　南	2654.2	2692.2	38.0	1.4
广　东	1242.4	1284.7	42.3	3.4
广　西	1427.6	1396.6	-31.0	-2.2
海　南	161.9	177.5	15.6	9.6
重　庆	808.4	1088.0	279.6	34.6
四　川	2859.7	3027.0	167.3	5.9
贵　州	1038.0	1100.9	62.9	6.1
云　南	1457.6	1460.7	3.1	0.2
西　藏	92.4	93.9	1.5	1.6
陕　西	1041.9	1067.9	26.0	2.5
甘　肃	808.1	824.0	16.0	2.0
青　海	99.7	106.2	6.5	6.5
宁　夏	322.4	323.5	1.1	0.3
新　疆	896.4	867.0	-29.3	-3.3

数据来源：国家统计局统计资料。

表7 各地区粮食单位面积产量(2006~2007年)

单位：公斤/公顷

地 区	2006年	2007年	2007年比2006年增加	
			绝对数	%
全国总计	**4745.2**	**4748.3**	**3.1**	**0.1**
北 京	4971.8	5168.4	196.6	4.0
天 津	4990.7	5039.2	48.5	1.0
河 北	4433.6	4606.8	173.2	3.9
山 西	3616.0	3325.6	−290.4	−8.0
内蒙古	3660.0	3536.6	−123.4	−3.4
辽 宁	5816.1	5867.9	51.8	0.9
吉 林	6433.9	5660.8	−773.1	−12.0
黑龙江	3651.5	3200.4	−451.2	−12.4
上 海	6725.5	6439.1	−286.4	−4.3
江 苏	6057.8	6005.5	−52.3	−0.9
浙 江	6140.6	5974.6	−166.0	−2.7
安 徽	4428.9	4479.0	50.1	1.1
福 建	5158.4	5287.6	129.2	2.5
江 西	5346.6	5401.0	54.4	1.0
山 东	5847.8	5981.1	133.2	2.3
河 南	5406.4	5539.9	133.5	2.5
湖 北	5379.2	5489.1	109.9	2.0
湖 南	5839.3	5941.3	102.0	1.7
广 东	5036.8	5181.2	144.4	2.9
广 西	4556.3	4680.3	124.0	2.7
海 南	4271.0	4408.4	137.4	3.2
重 庆	3750.4	4955.0	1204.6	32.1
四 川	4429.9	4693.0	263.1	5.9
贵 州	3660.1	3901.2	241.2	6.6
云 南	3624.0	3656.8	32.9	0.9
西 藏	5381.3	5464.0	82.7	1.5
陕 西	3381.4	3445.1	63.7	1.9
甘 肃	3109.3	3066.6	−42.7	−1.4
青 海	3305.3	3518.0	212.7	6.4
宁 夏	4063.2	3778.0	−285.2	−7.0
新 疆	5915.0	6287.2	372.2	6.3

数据来源：国家统计局统计资料。

表8 各地区稻谷播种面积和产量(2006~2007年)

单位：千公顷；万吨；公斤/公顷

地 区	稻谷					
	2006年			2007年		
	播种面积	总产量	每公顷产量	播种面积	总产量	每公顷产量
全国总计	**28937.9**	**18171.8**	**6279.6**	**28918.8**	**18603.4**	**6433.0**
北 京	0.7	0.4	6231.9	0.5	0.3	6153.8
天 津	14.1	10.3	7320.5	14.4	10.0	6968.6
河 北	88.7	51.2	5770.3	84.5	57.6	6810.2
山 西	1.5	0.7	4761.9	1.5	0.6	4162.8
内蒙古	72.0	51.8	7192.4	79.96	0.2	7536.6
辽 宁	624.9	426.6	6826.7	660.6	505.0	7644.6
吉 林	656.3	487.3	7425.0	669.9	500.0	7463.8
黑龙江	1992.2	1360.0	6826.6	2253.2	1417.9	6293.1
上 海	110.6	89.7	8108.8	109.1	86.0	7883.4
江 苏	2216.0	1778.0	8023.6	2228.1	1761.1	7904.2
浙 江	994.5	682.4	6861.7	954.3	636.9	6674.0
安 徽	2207.7	1333.1	6038.3	2205.2	1356.4	6150.6
福 建	890.6	499.0	5602.7	868.7	501.0	5767.3
江 西	3239.3	1808.8	5583.9	3194.3	1806.4	5655.0
山 东	127.3	105.0	8247.0	130.5	110.2	8440.6
河 南	571.3	404.6	7081.7	600.0	436.5	7275.0
湖 北	1975.1	1437.9	7280.2	1978.8	1485.9	7508.8
湖 南	3931.7	2414.5	6141.1	3897.2	2425.7	6224.2
广 东	1941.9	1015.9	5231.4	1939.0	1046.1	5394.8
广 西	2238.1	1150.1	5139.0	2126.7	1112.5	5231.4
海 南	296.4	134.2	4527.7	298.3	136.4	4572.1
重 庆	672.3	344.9	5130.2	652.1	491.6	7538.2
四 川	2081.9	1336.7	6420.7	2036.2	1419.7	6972.6
贵 州	679.6	424.2	6241.0	676.2	449.8	6652.2
云 南	1029.7	612.9	5952.0	990.2	589.7	5955.0
西 藏	1.0	0.6	6020.4	1.0	0.6	5500.0
陕 西	120.9	71.2	5890.8	115.3	73.0	6332.0
甘 肃	5.3	4.0	7570.6	5.3	3.4	6458.3
青 海	0.0	0.0		0.0	0.0	
宁 夏	88.3	76.6	8677.9	77.0	60.5	7862.3
新 疆	68.0	59.3	8716.2	71.0	62.5	8811.8

数据来源：国家统计局统计资料。

表9 各地区小麦播种面积和产量(2006~2007年)

单位：千公顷;万吨;公斤/公顷

地 区	小麦					
	2006年			2007年		
	播种面积	总产量	每公顷产量	播种面积	总产量	每公顷产量
全国总计	**23613.4**	**10846.6**	**4593.4**	**23720.6**	**10929.8**	**4607.7**
北 京	63.1	30.0	4758.2	41.4	20.4	4931.1
天 津	103.4	49.9	4825.9	104.9	50.6	4825.0
河 北	2504.5	1189.7	4750.3	2412.4	1193.7	4948.2
山 西	659.6	227.1	3443.0	712.3	220.2	3090.8
内蒙古	483.6	172.2	3560.8	533.4	175.6	3292.5
辽 宁	8.0	3.1	3875.0	12.4	5.3	4236.3
吉 林	1.1	0.3	2727.3	5.4	1.6	2875.7
黑龙江	243.5	93.0	3819.8	233.0	68.8	2952.5
上 海	31.4	11.3	3612.6	37.5	14.6	3900.3
江 苏	1912.7	901.6	4713.9	2039.1	973.8	4775.6
浙 江	45.4	15.7	3461.7	49.3	18.4	3731.2
安 徽	2307.8	1039.0	4502.2	2330.3	1111.3	4769.1
福 建	4.8	1.6	3300.0	4.5	1.5	3332.1
江 西	11.8	2.0	1734.7	11.2	2.0	1767.9
山 东	3556.6	2013.0	5659.8	3519.1	1995.6	5670.7
河 南	5208.5	2936.5	5637.9	5213.3	2980.2	5716.5
湖 北	1016.9	311.1	3059.2	1096.3	353.2	3222.0
湖 南	13.5	2.9	2148.1	13.6	3.2	2352.9
广 东	1.2	0.3	2500.0	1.0	0.3	3000.0
广 西	3.9	0.6	1557.0	3.9	0.6	1533.6
海 南	0.0	0.0		0.0	0.0	
重 庆	164.8	47.6	2888.3	199.7	61.1	3057.9
四 川	1287.2	443.6	3446.2	1316.8	451.7	3430.2
贵 州	243.9	45.1	1850.0	242.7	47.9	1971.9
云 南	437.7	93.0	2124.6	426.8	91.2	2137.1
西 藏	41.5	26.5	6394.3	40.3	26.5	6572.4
陕 西	1159.3	390.1	3365.0	1144.6	359.1	3137.2
甘 肃	958.5	260.7	2719.8	982.1	237.4	2417.4
青 海	151.8	59.4	3914.3	154.0	61.4	3985.7
宁 夏	250.3	83.3	3328.4	233.7	61.6	2634.2
新 疆	737.2	396.2	5374.5	605.8	341.3	5633.7

数据来源：国家统计局统计资料。

表10 各地区玉米播种面积和产量(2006~2007年)

单位：千公顷；万吨；公斤/公顷

地区	玉米					
	2006年			2007年		
	播种面积	总产量	每公顷产量	播种面积	总产量	每公顷产量
全国总计	**28463.0**	**15160.3**	**5326.3**	**29477.5**	**15230.0**	**5166.7**
北京	135.8	72.9	5367.7	139.0	76.5	5506.9
天津	150.9	79.7	5282.7	162.2	85.1	5246.0
河北	2799.9	1348.8	4817.4	2862.6	1421.8	4966.8
山西	1260.4	666.0	5284.0	1270.5	640.4	5040.3
内蒙古	1916.7	1130.0	5895.7	2012.5	1155.3	5740.7
辽宁	1983.1	1211.5	6109.1	1998.6	1167.8	5843.1
吉林	2880.7	2037.1	7071.5	2853.7	1800.0	6307.6
黑龙江	3305.1	1517.0	4589.8	3883.6	1442.0	3713.2
上海	3.9	2.7	6854.2	3.9	2.5	6410.3
江苏	378.2	197.0	5208.5	391.2	197.3	5042.0
浙江	22.0	9.4	4262.4	23.6	10.0	4229.5
安徽	623.2	267.7	4295.6	710.4	250.0	3519.3
福建	33.3	11.1	3336.8	34.7	11.8	3410.5
江西	14.8	6.1	4128.8	15.5	6.4	4109.3
山东	2844.4	1749.3	6150.0	2854.2	1816.5	6364.2
河南	2751.7	1541.8	5603.1	2779.2	1582.5	5694.2
湖北	431.9	203.8	4718.4	436.3	205.1	4700.0
湖南	196.1	100.2	5109.6	220.2	116.3	5281.6
广东	118.8	53.7	4517.4	132.8	59.2	4454.8
广西	516.3	198.5	3844.9	490.4	204.1	4161.5
海南	16.3	6.1	3749.2	17.6	7.0	3979.5
重庆	440.5	200.5	4551.6	453.7	234.2	5161.9
四川	1291.7	553.1	4281.8	1330.5	602.8	4530.7
贵州	734.9	336.7	4581.9	731.2	357.1	4883.8
云南	1251.2	478.0	3820.3	1282.1	498.6	3889.2
西藏	3.4	1.7	5014.7	3.3	1.7	5030.3
陕西	1129.8	456.1	4037.5	1154.0	493.9	4280.1
甘肃	517.7	218.6	4222.4	492.0	242.7	4931.9
青海	1.9	1.4	7407.4	2.3	1.3	5807.8
宁夏	182.5	127.1	6965.5	206.0	146.6	7114.6
新疆	526.1	376.7	7160.8	529.8	393.7	7431.0

数据来源：国家统计局统计资料。

表11 各地区大豆播种面积和产量(2006~2007年)

单位：千公顷；万吨；公斤/公顷

地 区	大豆 2006年 播种面积	2006年 总产量	2006年 每公顷产量	2007年 播种面积	2007年 总产量	2007年 每公顷产量
全国总计	**9304.4**	**1508.2**	**1620.9**	**8753.8**	**1272.5**	**1453.7**
北 京	11.9	2.5	2097.7	8.8	1.5	1644.0
天 津	13.2	1.6	1212.1	9.2	1.1	1228.3
河 北	210.9	39.5	1872.7	188.5	36.4	1928.7
山 西	221.1	27.1	1225.5	212.2	26.6	1253.0
内蒙古	940.7	130.3	1385.1	756.7	114.0	1506.3
辽 宁	128.9	38.0	2944.9	130.4	32.0	2454.6
吉 林	242.2	76.4	3154.4	444.9	78.3	1759.5
黑龙江	4246.1	652.5	1536.7	3808.8	419.8	1102.2
上 海	5.9	1.8	3100.5	6.2	1.4	2243.6
江 苏	213.0	53.4	2506.1	222.7	56.4	2530.9
浙 江	50.6	11.6	2293.4	50.5	11.9	2344.7
安 徽	975.3	126.3	1294.4	938.0	113.6	1211.3
福 建	52.8	11.4	2157.9	52.0	11.7	2247.7
江 西	88.8	18.3	2061.4	106.7	19.4	1816.8
山 东	182.9	44.5	2431.5	168.5	40.7	2413.1
河 南	539.1	67.8	1257.7	468.8	85.0	1813.0
湖 北	118.4	26.6	2246.6	114.8	25.5	2225.7
湖 南	73.6	17.1	2323.4	86.8	20.4	2350.2
广 东	64.6	14.9	2309.6	61.3	13.5	2206.0
广 西	92.1	14.0	1522.5	89.7	14.2	1578.5
海 南	2.1	0.4	1877.9	2.1	0.4	1990.7
重 庆	68.1	8.3	1218.8	72.9	13.3	1825.2
四 川	205.3	40.3	1963.3	209.9	46.0	2191.8
贵 州	121.9	14.1	1154.9	121.3	14.9	1231.0
云 南	83.6	10.9	1303.8	81.1	17.9	2209.9
西 藏	1.0	0.2	1826.9	0.6	0.2	2786.9
陕 西	182.3	24.1	1320.1	180.2	24.7	1368.5
甘 肃	89.0	13.1	1472.4	99.0	15.5	1564.3
青 海	0.0	0.0		0.0	0.0	
宁 夏	8.0	0.7	875.0	7.8	0.6	769.2
新 疆	70.9	20.6	2908.5	53.4	15.8	2961.2

数据来源：国家统计局统计资料。

表12 各地区油料作物总产量(2006~2007年)

单位：吨

地 区	2006年	2007年	2007年比2006年增加 绝对数	%
全国总计	**26403147**	**25687412**	**-715736**	**-2.7**
北 京	21656	21865	209	1.0
天 津	5000	4630	-370	-7.4
河 北	1337838	1380931	43093	3.2
山 西	146852	134537	-12315	-8.4
内蒙古	1011711	794372	-217339	-21.5
辽 宁	257100	263800	6700	2.6
吉 林	483666	287000	-196666	-40.7
黑龙江	350855	212824	-138031	-39.3
上 海	53062	36178	-16884	-31.8
江 苏	1764746	1450756	-313990	-17.8
浙 江	356037	330011	-26026	-7.3
安 徽	2103766	1991987	-111779	-5.3
福 建	236321	233012	-3309	-1.4
江 西	822948	826699	3751	0.5
山 东	3282121	3285976	3855	0.1
河 南	4600697	4839822	239125	5.2
湖 北	2544535	2547508	2973	0.1
湖 南	1095646	1101096	5449	0.5
广 东	775671	777222	1551	0.2
广 西	336000	338162	2162	0.6
海 南	61412	68432	7020	11.4
重 庆	289431	306773	17342	6.0
四 川	2030560	2042627	12067	0.6
贵 州	682440	696630	14190	2.1
云 南	246985	220566	-26419	-10.7
西 藏	54598	52262	-2336	-4.3
陕 西	413565	391476	-22089	-5.3
甘 肃	449943	423637	-26306	-5.8
青 海	243800	280175	36375	14.9
宁 夏	84334	77468	-6866	-8.1
新 疆	259851	268978	9127	3.5

数据来源：国家统计局统计资料。

表13 各地区油料作物播种面积和产量(2006~2007年)

单位：千公顷；吨；公斤/公顷

地 区	油料统计					
	2006年			2007年		
	播种面积	总产量	每公顷产量	播种面积	总产量	每公顷产量
全国总计	**11738.4**	**26403147**	**2249.3**	**11315.8**	**25687412**	**2270.0**
北 京	7.2	21656	3007.8	7.0	21865	3105.8
天 津	2.0	5000	2475.2	1.8	4630	2630.7
河 北	485.9	1337838	2753.3	498.3	1380931	2771.4
山 西	172.3	146852	852.3	166.8	134537	806.8
内蒙古	592.2	1011711	1708.4	532.5	794372	1491.7
辽 宁	106.6	257100	2411.5	106.8	263800	2470.2
吉 林	238.5	483666	2027.8	243.2	287000	1180.0
黑龙江	239.3	350855	1466.0	176.5	212824	1205.6
上 海	24.0	53062	2215.5	16.3	36178	2215.4
江 苏	668.1	1764746	2641.5	540.8	1450756	2682.7
浙 江	175.6	356037	2028.0	151.6	330011	2176.6
安 徽	935.4	2103766	2249.0	864.3	1991987	2304.7
福 建	105.9	236321	2232.0	101.5	233012	2294.8
江 西	601.3	822948	1368.6	603.5	826699	1369.9
山 东	793.6	3282121	4135.9	802.0	3285976	4097.4
河 南	1489.1	4600697	3089.6	1497.4	4839822	3232.1
湖 北	1244.9	2544535	2044.0	1171.7	2547508	2174.2
湖 南	690.8	1095646	1586.0	693.7	1101096	1587.2
广 东	316.0	775671	2454.5	310.6	777222	2502.0
广 西	155.4	336000	2162.2	152.8	338162	2213.4
海 南	29.5	61412	2080.4	32.9	68432	2080.0
重 庆	187.3	289431	1545.4	192.9	306773	1590.2
四 川	999.5	2030560	2031.5	996.1	2042627	2050.6
贵 州	430.8	682440	1584.2	433.1	696630	1608.4
云 南	141.5	246985	1745.0	135.9	220566	1622.8
西 藏	24.1	54598	2263.6	23.1	52262	2259.5
陕 西	249.2	413565	1659.5	252.1	391476	1552.7
甘 肃	298.4	449943	1507.8	278.7	423637	1520.2
青 海	146.5	243800	1664.3	150.6	280175	1860.5
宁 夏	66.6	84334	1265.3	51.1	77468	1514.7
新 疆	120.8	259851	2150.4	130.0	268978	2069.6

数据来源：国家统计局统计资料。

表14 农产品生产价格指数（2002~2007年）

（上年=100）

指 标	2002年	2003年	2004年	2005年	2006年	2007年
农产品生产价格指数	99.6	104.4	113.1	101.4	101.2	118.5
农业产品	100.0	107.4	115.9	101.6	104.5	109.8
谷物	95.8	102.3	128.1	99.2	102.1	109.0
小麦	98.1	103.0	131.2	96.4	100.1	105.5
稻谷	97.2	99.9	136.3	101.6	102.0	105.4
玉米	91.5	104.6	116.9	98.0	103.0	115.0
大豆	98.9	120.6	120.2	94.2	99.2	124.2
油料	104.8	119.4	116.6	91.3	104.8	133.4
棉花	103.4	135.3	79.5	111.8	97.1	109.6
糖料	86.0	90.5	104.9	111.6	121.1	100.0
蔬菜	95.1	110.4	105.2	107.2	109.3	106.9
水果	109.9	102.0	97.4	107.4	111.4	101.3
林业产品	98.3	107.0	104.6	104.8	112.8	104.4
畜牧产品	100.2	101.8	111.1	100.5	94.3	131.4
猪(毛重)	98.0	102.9	112.8	97.6	90.6	145.9
牛(毛重)	91.4	101.7	103.9	101.7	100.6	117.5
羊(毛重)	140.0	96.3	103.7	101.7	101.8	121.0
家禽(毛重)	106.1	101.0	111.3	105.6	97.2	117.0
蛋类	102.8	101.1	112.6	106.4	96.0	115.9
奶类	99.7	103.7	103.7	99.6	102.9	106.2
渔业产品	95.9	100.3	110.2	104.7	103.9	108.1
海水鱼类	104.9	104.0	109.2	104.2	109.6	110.1
淡水鱼类	93.1	98.7	111.5	106.2	99.9	106.8

数据来源：国家统计局统计资料。

表15 居民消费价格指数（2001~2007年）

（上年=100）

项 目	2001年	2002年	2003年	2004年	2005年	2006年	2007年
居民消费价格指数	**100.7**	**99.2**	**101.2**	**103.9**	**101.8**	**101.5**	**104.8**
食品	**100.0**	**99.4**	**103.4**	**109.9**	**102.9**	**102.3**	**112.3**
粮食	99.3	98.3	102.3	126.4	101.4	102.7	106.3
油脂	91.7	98.7	112.6	118.2	94.3	98.6	126.7
肉禽及其制品	101.6	99.5	103.3	117.6	102.5	97.1	131.7
蛋	106.0	102.6	98.6	120.2	104.6	96.0	121.8
水产品	97.1	96.7	100.3	112.7	105.9	101.2	105.1
菜	100.9	98.2	117.7	95.1	109.1	108.2	107.9
糖	104.6	97.3	97.5	102.2	104.0	111.2	101.6
茶及饮料	99.1	99.0	99.2	100.0	100.1	101.0	101.5
干鲜瓜果	99.9	103.1	103.0	104.0	102.2	117.9	102.2
奶及奶制品	99.1	99.0	99.2	100.5	100.9	100.9	102.7
烟酒及用品	**99.7**	**99.9**	**99.8**	**101.2**	**100.4**	**100.6**	**101.7**
烟草	99.6	99.9	99.8	100.9	100.4	100.2	100.8
酒	99.9	100.1	100.1	102.2	100.6	101.2	103.5
衣着	**98.1**	**97.6**	**97.8**	**98.5**	**98.3**	**99.4**	**99.4**
服装	97.6	97.4	97.6	98.3	98.1	99.0	99.4
鞋袜帽	99.0	98.0	97.7	98.3	98.3	100.2	99.0
家庭设备用品及服务	**97.7**	**97.5**	**97.4**	**98.6**	**99.9**	**101.2**	**101.9**
耐用消费品	96.1	95.9	95.8	97.1	98.8	100.8	101.6
室内装饰品	98.3	98.8	98.8	99.2	99.5	100.0	100.3
家庭服务及加工维修服务	101.5	101.2	101.1	101.9	104.4	105.8	107.2
医疗保健和个人用品	**100.0**	**98.8**	**100.9**	**99.7**	**99.9**	**101.1**	**102.1**
医疗保健	100.3	98.5	101.2	99.1	99.5	100.2	102.1
个人用品及服务费	99.5	99.5	100.2	101.2	100.8	103.2	102.1
交通和通信	**99.0**	**98.1**	**97.8**	**98.5**	**99.0**	**99.9**	**99.1**
交通	101.0	99.1	99.5	100.4	101.5	103.2	100.8
通信	96.8	97.2	96.1	96.8	96.6	96.4	97.1
娱乐教育文化	**106.6**	**100.6**	**101.3**	**101.3**	**102.2**	**99.5**	**99.0**
文娱用耐用消费品及服务	91.2	90.5	92.7	93.3	93.8	94.2	93.1
教育	113.6	103.7	104.3	103.4	105.1	100.0	99.6
文化娱乐用品	101.7	101.2	101.3	101.1	101.2	101.0	101.0
旅游及外出	100.3	95.9	95.4	100.6	99.6	103.1	102.3
居住	**101.2**	**99.9**	**102.1**	**104.9**	**105.4**	**104.6**	**104.5**
建房及装修材料	98.8	98.4	99.5	104.3	102.6	103.9	105.1
租房	108.6	104.4	103.5	103.0	101.9	102.7	104.2
自有住房	100.0	95.4	99.1	100.9	105.6	103.7	107.0
水电燃料	102.5	102.9	105.7	107.5	108.6	105.9	103.0

数据来源：国家统计局统计资料。

表16 主要农产品人均占有量和劳动力人均生产量（1980~2007年）

单位：公斤

指 标	1980年	1985年	1990年	1995年	2000年	2005年	2006年	2007年
主要农产品人均占有量								
粮食	326.7	360.7	393.1	387.3	366.1	371.3	379.9	380.5
棉花	2.8	3.9	4.0	4.0	3.5	4.4	5.7	5.8
油料	7.8	15.0	14.2	18.7	23.4	23.6	20.1	19.3
糖料	29.7	57.8	63.6	65.9	60.5	72.5	76.4	86.9
猪牛羊肉					38.3	47.2	40.3	42.4
牛奶	1.2	2.4	3.7	4.6	6.6	21.1	24.4	26.7
水果	6.9	11.1	16.5	35.0	49.3	123.6	130.4	137.6
水产品	4.6	6.7	10.9	20.9	33.9	39.2	35.0	36.0
平均每个农业劳动力生产量								
粮食	1089.0	1222.0	1357.0	1435.0	1407.0	1598.0		
棉花	9.3	13.4	13.4	14.7	13.4	18.9		
油料	26.5	50.8	47.9	69.2	89.9	101.6		
糖料	98.9	194.9	219.4	244.2	232.4	312.1		
猪牛羊肉					147.3	203.3		
水产品	15.5	22.7	36.7	77.4	130.2	168.6		
牛奶		8.1	12.6	17.7	25.2	90.9		
水果	23.1	37.5	57.0	129.6	189.5	532.3		

注：2006年、2007年劳动力人均生产量普查结果无。
数据来源：国家统计局统计资料。

表17 粮食成本价格变化情况表（1991~2007年）

单位：元/50公斤

年份	每50公斤平均出售价格				每50公斤总成本				每50公斤现金成本			
	粮食平均	稻谷	小麦	玉米	粮食平均	稻谷	小麦	玉米	粮食平均	稻谷	小麦	玉米
1991	26.1	28.5	30.0	21.1	21.4	21.4	28.7	16.8	11.9	11.7	17.1	9.0
1992	28.4	29.3	33.1	24.3	22.4	21.7	29.0	19.0	12.3	11.6	17.7	9.5
1993	35.8	40.4	36.5	30.2	23.6	24.0	30.2	18.7	13.1	13.1	18.1	9.7
1994	59.4	71.2	56.5	48.2	33.1	34.5	40.8	26.2	19.7	20.3	25.9	14.8
1995	75.1	82.1	75.4	67.0	44.3	45.8	51.6	37.5	24.6	25.2	30.2	19.8
1996	72.3	80.6	81.0	57.2	51.6	52.4	64.4	42.3	26.9	26.6	36.4	20.7
1997	65.1	69.4	70.1	55.8	51.1	50.3	57.8	46.7	26.8	25.8	33.5	22.6
1998	62.1	66.9	66.6	53.8	51.4	49.3	67.8	43.1	28.3	26.6	41.4	21.9
1999	53.0	56.6	60.4	43.7	49.6	48.0	62.5	42.3	29.4	27.7	39.0	24.6
2000	48.4	51.7	52.9	42.8	48.8	46.0	57.6	43.7	27.0	24.7	40.5	22.5
2001	51.5	53.7	52.5	48.3	46.3	44.6	57.4	40.4	25.5	24.2	34.3	20.7
2002	49.2	51.4	51.3	45.6	48.6	47.1	60.6	41.9	26.7	25.5	35.9	22.0
2003	56.5	60.1	56.4	52.7	51.8	48.7	61.9	44.7	27.5	26.0	35.7	23.3
2004	70.7	79.8	74.5	58.1	47.3	49.1	50.4	42.7	26.1	27.5	29.3	21.9
2005	67.4	77.7	69.0	55.5	52.3	55.8	57.3	44.7	28.1	31.0	32.6	21.8
2006	72.0	80.6	71.6	63.4	53.4	58.0	55.5	46.9	29.2	32.4	32.4	23.2
2007	76.3	85.3	70.7	71.4	56.4	60.4	55.6	52.6	30.9	34.3	32.5	25.6

注：2007年为粮食主产区数据。
数据来源：国家发展改革委统计资料。

表18 2007年粮食收购价格分月情况表

单位：元/50公斤

月 份	三种粮食平均	稻谷				小麦	玉米	大豆
		平均	早籼稻	晚籼稻	粳稻			
1月	73.5	81.9	76.1	78.5	91.0	73.6	65.2	121.1
2月	73.6	81.7	76.2	79.3	89.6	73.6	65.5	123.3
3月	73.6	81.8	76.5	79.5	89.3	73.5	65.7	130.9
4月	73.8	81.6	76.3	80.2	88.3	73.4	66.4	137.3
5月	74.5	81.7	76.6	81.0	87.5	72.9	68.9	138.9
6月	75.3	82.4	77.0	81.9	88.3	72.2	71.2	143.2
7月	76.0	83.2	76.9	82.5	90.4	72.5	72.2	145.0
8月	77.3	84.8	79.9	82.9	91.6	74.0	73.1	151.8
9月	78.3	86.1	82.7	83.3	92.3	75.2	73.6	156.4
10月	78.3	86.2	82.7	83.5	92.3	75.6	73.0	176.5
11月	78.3	85.7	82.5	84.8	89.7	77.6	71.8	202.5
12月	79.9	86.7	83.8	86.2	90.2	79.3	73.6	210.0
全年平均	**76.0**	**83.6**	**78.9**	**82.0**	**90.0**	**74.5**	**70.0**	**153.1**

数据来源：国家发展改革委价格监测中心统计资料。

表19 2007年成品粮零售价格分月情况表

单位：元/500克

月 份	标一早籼米	标一晚籼米	标一粳米	标准粉	富强粉
1月	1.36	1.49	1.71	1.32	1.50
2月	1.36	1.50	1.71	1.31	1.51
3月	1.36	1.49	1.71	1.31	1.51
4月	1.36	1.49	1.71	1.31	1.51
5月	1.37	1.50	1.70	1.32	1.51
6月	1.37	1.51	1.71	1.31	1.50
7月	1.37	1.52	1.71	1.32	1.51
8月	1.38	1.53	1.71	1.33	1.54
9月	1.38	1.53	1.72	1.33	1.54
10月	1.39	1.52	1.71	1.34	1.55
11月	1.40	1.53	1.72	1.35	1.57
12月	1.40	1.53	1.72	1.39	1.61
全年平均	**1.38**	**1.51**	**1.71**	**1.33**	**1.53**

数据来源：国家发展改革委价格监测中心统计资料。

表20 2007年粮食主要品种批发市场价格

单位：元/吨

月 份	三等白小麦	二等黄玉米	标一早籼米	标一晚籼米	标一粳米	三等大豆
1月	1558	1456	2361	2469	3045	2732
2月	1553	1456	2349	2483	3000	2704
3月	1544	1467	2351	2492	2985	2842
4月	1550	1488	2338	2492	2903	2857
5月	1530	1497	2332	2500	2917	2833
6月	1509	1537	2337	2525	2970	2965
7月	1497	1566	2365	2554	3000	3063
8月	1537	1566	2445	2624	3052	3276
9月	1536	1579	2492	2655	2957	3386
10月	1546	1560	2476	2645	2830	3502
11月	1596	1598	2468	2661	3037	4133
12月	1621	1654	2524	2666	3057	4323
全年平均	**1548**	**1535**	**2403**	**2564**	**2979**	**3218**

数据来源：国家发展改革委统计资料。

表21 2007年国内期货市场小麦、玉米、大豆分月价格表

单位：元/吨

月 份	小麦1	小麦2	玉米	大豆1	大豆2	豆粕
1月	1608	1675	1554	2676	3150	2223
2月	1426	1650	1523	2898	3030	2505
3月	1451	1670	1528	2939	3030	2514
4月	1400	1547	1534	2915	3200	2355
5月	1499	1556	1552	2984	3332	2360
6月	1426	1560	1502	3053	3200	2354
7月	1461	1470	1505	3091	3200	2407
8月	1480	2020	1501	3556	3675	2414
9月	1578	1885	1516	3553	3675	2872
10月	1574	1918	1528	4202	4467	3736
11月	1688	1938	1525	4304	4467	3818
12月	1621	1827	1602	4590	4826	3602

注：1.小麦1为郑州商品交易所硬冬白小麦，小麦2为郑州商品交易所优质强筋小麦。
2.玉米为大连商品交易所玉米。
3.大豆1为大连商品交易所国产大豆，大豆2为大连商品交易所进口大豆。
4.豆粕为大连商品交易所豆粕。
5.均为最近交割期月末结算价格，小数点后按四舍五入计。

数据来源：国家粮油信息中心统计资料。

表22 2007年美国芝加哥商品交易所谷物和大豆分月价格表

单位：美元/吨

月 份	小麦	稻谷	玉米	大豆
1月	172	223	159	264
2月	174	225	167	284
3月	161	222	147	280
4月	184	220	143	266
5月	180	224	144	293
6月	224	233	140	297
7月	231	230	128	306
8月	282	239	128	319
9月	345	258	147	364
10月	297	261	148	371
11月	319	283	151	397
12月	325	298	179	444

注：1.均为美国芝加哥商品交易所标准品。
　　2.均按美元整数四舍五入换算。
　　3.均为最近交割期月末当日结算价格。
数据来源：国家粮油信息中心统计资料。

表23 全国主要粮食品种收购量（1978~2007年）

单位：贸易粮，亿斤

年 份	粮食合计	小麦	大米	玉米	大豆	其他
1978	1022.03	235.36	399.14	209.33	43.20	135.00
1979	1185.00	312.51	440.19	256.19	41.00	135.11
1980	1176.42	279.22	442.90	271.55	59.30	123.45
1981	1251.10	283.66	484.21	281.60	82.52	119.11
1982	1473.49	386.72	580.06	285.48	80.33	140.90
1983	1975.91	552.66	662.48	467.55	81.96	211.26
1984	2233.17	685.40	771.62	517.61	76.47	182.07
1985	1585.10	533.22	602.58	274.84	100.66	73.80
1986	1890.64	568.40	651.74	436.62	130.74	103.14
1987	1984.02	563.24	628.74	569.72	121.94	100.38
1988	1886.08	534.78	637.18	482.94	138.70	92.48
1989	2008.04	571.10	724.58	517.54	124.00	70.82
1990	2472.90	729.32	863.20	674.56	132.24	73.58
1991	2284.60	678.49	762.00	667.68	116.44	59.99
1992	2082.87	768.28	654.52	524.34	81.22	54.51
1993	1846.79	674.62	501.00	493.99	121.24	55.94
1994	1845.28	646.08	539.52	437.00	146.44	76.24
1995	1888.76	625.00	612.28	487.12	104.50	59.86
1996	2383.96	722.96	676.43	844.93	87.56	52.08
1997	2307.08	920.04	702.11	538.43	103.04	43.46
1998	1930.90	559.12	512.40	773.48	70.20	15.70
1999	2561.54	772.66	637.22	1085.02	49.32	17.32
2000	2339.02	803.64	665.46	803.84	47.58	18.50
2001	2356.83	887.57	559.76	825.64	65.36	18.50
2002	2165.25	840.26	437.92	836.39	28.08	22.60
2003	1943.41	736.40	421.96	740.49	24.06	20.50
2004	1783.89	689.62	427.61	631.62	18.20	16.84
2005	2298.75	749.04	514.45	905.98	101.20	28.08
2006	2451.30	1207.99	430.69	684.94	98.44	29.24
2007	2033.48	946.63	397.01	601.66	64.29	23.89

注：1978～2002年粮食购销存数字按粮食年度统计，粮食年度是指当年4月1日至翌年3月31日。
从2003年开始，粮食统计年度改为日历年度。

数据来源：国家粮食局统计资料。

表24 2007年国有粮食企业粮食收购情况统计表

单位：亿斤

项 目	收 购						
	原粮	贸易粮	小麦	大米	玉米	大豆	其他
全 国	**2207.86**	**2033.48**	**946.63**	**397.01**	**601.66**	**64.29**	**23.89**
北 京	12.11	12.06	5.34	0.02	6.54	0.06	0.10
天 津	5.21	4.81	2.76	0.92	1.07	0.00	0.06
河 北	103.45	103.43	64.76	0.14	38.29	0.12	0.12
山 西	62.30	62.30	16.36	0.02	44.12	0.02	1.78
内蒙古	61.49	60.89	12.71	1.32	45.06	0.16	1.64
辽 宁	157.24	149.34	1.23	18.39	123.60	1.28	4.84
吉 林	199.99	194.07	0.04	12.37	180.74	0.74	0.18
黑龙江	230.94	200.98	6.07	64.71	82.82	45.54	1.84
上 海	8.50	7.12	0.74	3.30	2.34	0.00	0.74
江 苏	268.53	248.75	190.40	46.33	6.50	0.40	5.12
浙 江	14.96	10.34	0.40	9.82	0.06	0.00	0.06
安 徽	145.10	135.48	109.21	22.53	3.12	0.24	0.38
福 建	10.34	7.26	0.02	7.19	0.03	0.00	0.02
江 西	79.41	55.75	0.48	55.26	0.00	0.01	0.00
山 东	116.24	116.13	84.24	0.34	16.97	14.49	0.09
河 南	329.10	328.02	310.31	2.52	14.59	0.60	0.00
湖 北	104.98	87.66	45.91	40.41	1.32	0.02	0.00
湖 南	42.68	29.95	0.18	29.71	0.04	0.02	0.00
广 东	20.00	14.34	0.53	12.05	1.76	0.00	0.00
广 西	22.39	16.05	0.00	14.83	1.22	0.00	0.00
海 南	3.05	2.17	0.00	2.17	0.00	0.00	0.00
重 庆	15.70	11.42	0.82	9.08	1.40	0.00	0.12
四 川	70.01	56.92	21.40	30.50	4.28	0.00	0.74
贵 州	6.36	5.09	0.57	2.85	1.17	0.00	0.50
云 南	18.59	16.07	3.01	5.85	5.85	0.06	1.30
西 藏	0.28	0.28	0.26	0.00	0.00	0.00	0.02
陕 西	39.20	39.03	33.28	0.35	5.25	0.07	0.08
甘 肃	21.53	21.47	11.66	0.14	5.79	0.06	3.82
青 海	0.65	0.65	0.54	0.00	0.03	0.00	0.08
宁 夏	13.25	11.89	3.46	2.93	5.40	0.02	0.08
新 疆	24.28	23.76	19.94	0.96	2.30	0.38	0.18

数据来源：国家粮食局统计资料。

表25 全国主要粮食品种销售量（1978~2007年）

单位：贸易粮，亿斤

年份	粮食合计	小麦	大米	玉米	大豆	其他
1978	1068.69	373.90	354.78	175.22	32.49	132.30
1979	1135.81	388.06	365.20	213.58	35.96	133.01
1980	1283.36	451.35	402.86	260.29	40.88	127.98
1981	1444.65	512.70	424.58	324.45	47.80	135.12
1982	1542.08	571.61	457.89	319.34	54.36	138.88
1983	1600.64	601.18	499.53	291.70	57.75	150.48
1984	2083.57	739.93	687.70	386.39	71.05	198.50
1985	1712.98	615.70	601.26	265.62	64.58	165.82
1986	1869.54	723.62	648.78	271.40	64.26	161.48
1987	1838.16	728.66	616.00	284.76	71.10	137.64
1988	2018.20	777.04	607.60	379.72	81.34	172.50
1989	1786.22	704.36	513.24	369.22	69.30	130.10
1990	1806.66	714.98	554.10	344.62	68.34	124.62
1991	2086.60	817.00	653.48	209.26	280.52	126.34
1992	1800.00	649.40	608.89	327.46	51.36	162.89
1993	1340.06	569.70	425.70	217.64	45.98	81.04
1994	1529.68	665.64	521.88	224.26	46.80	71.10
1995	1852.84	741.52	579.36	314.00	124.06	93.90
1996	1468.11	618.05	451.90	269.34	71.36	57.46
1997	1366.13	487.86	408.59	326.47	85.88	57.34
1998	1223.19	427.42	359.09	329.70	69.72	37.26
1999	1870.65	627.43	484.18	639.52	87.88	31.64
2000	2511.38	792.38	605.96	943.70	129.10	40.24
2001	1705.74	645.12	431.12	514.98	87.84	26.68
2002	2414.00	946.60	631.10	710.30	102.10	23.90
2003	2690.74	1100.06	711.81	760.17	84.44	34.26
2004	2388.80	928.12	649.24	714.90	61.86	34.68
2005	2427.66	855.38	511.35	869.75	168.34	22.84
2006	2406.83	849.22	534.27	826.64	169.52	27.18
2007	2591.65	1020.8	579.2	778.07	178.55	35.03

注：1978～2002年粮食购销存数字按粮食年度统计，粮食年度是指当年4月1日至翌年3月31日。

从2003年开始，粮食统计年度改为日历年度。

数据来源：国家粮食局统计资料。

表26 2007年国有粮食企业粮食销售情况统计表

单位：亿斤

项 目	销售						
	原粮	贸易粮	小麦	大米	玉米	大豆	其他
全 国	2846.13	2591.65	1020.80	579.20	778.07	178.55	35.03
北 京	66.46	64.42	11.76	4.70	9.92	37.92	0.12
天 津	34.74	33.49	16.90	2.92	1.95	11.62	0.10
河 北	128.66	128.38	82.20	0.70	45.22	0.12	0.14
山 西	79.10	78.83	28.64	0.62	46.47	0.20	2.90
内蒙古	75.57	75.26	15.68	0.56	54.86	2.26	1.90
辽 宁	176.88	168.51	2.80	19.58	138.60	2.65	4.88
吉 林	240.69	232.11	0.34	17.75	193.74	19.08	1.20
黑龙江	336.89	304.54	26.87	69.08	133.46	72.49	2.64
上 海	36.03	32.15	4.98	9.39	9.76	7.24	0.78
江 苏	305.97	283.43	196.00	53.31	18.12	8.16	7.84
浙 江	34.95	28.05	5.57	14.40	6.90	1.00	0.18
安 徽	141.31	123.89	80.17	40.54	2.60	0.16	0.42
福 建	29.60	24.47	6.59	11.96	5.59	0.31	0.02
江 西	118.28	83.14	1.09	81.96	0.08	0.01	0.00
山 东	157.89	157.49	117.67	0.98	25.14	13.53	0.17
河 南	250.68	249.26	227.74	3.38	17.88	0.24	0.02
湖 北	117.45	89.96	24.36	64.14	1.40	0.02	0.04
湖 南	95.39	67.96	3.52	64.02	0.36	0.02	0.04
广 东	54.00	43.85	9.38	20.67	13.24	0.34	0.22
广 西	36.84	28.85	3.93	18.65	6.25	0.02	0.00
海 南	8.72	7.66	0.04	2.64	4.98	0.00	0.00
重 庆	27.27	21.20	4.26	12.97	3.55	0.04	0.38
四 川	88.20	71.13	20.20	39.80	9.81	0.16	1.16
贵 州	9.20	7.01	0.88	4.81	1.02	0.00	0.30
云 南	33.86	28.24	5.59	13.01	8.06	0.06	1.52
西 藏	1.06	0.92	0.60	0.28	0.00	0.00	0.04
陕 西	48.14	47.37	39.56	1.74	5.77	0.10	0.20
甘 肃	47.08	46.81	33.26	0.60	5.93	0.10	6.92
青 海	2.90	2.88	2.61	0.10	0.07	0.00	0.10
宁 夏	16.11	14.79	5.49	2.86	6.24	0.06	0.14
新 疆	46.20	45.60	42.12	1.08	1.10	0.64	0.66

数据来源：国家粮食局统计资料。

表27 全国粮油进口情况表（1980~2007年）

单位：万吨

年 份	粮食进口总量	谷物	小麦	大米	大麦	玉米	大豆	食用植物油
1980	1444	1391	1097	15	2	164	53	9.2
1981	1444	1387	1305	9	5	68	57	4.4
1982	1608	1572	1380	22	8	157	36	5.6
1983	1349	1349	1111	8	7	211	–	3.5
1984	1037	1037	987	13	5	6	–	1.4
1985	596	596	541	21	3	9	–	67.6
1986	769	740	611	32	20	59	29	45.6
1987	1628	1597	1320	54	–	154	31	51.1
1988	1534	1519	1455	31	8	11	15	21.4
1989	1654	1654	1488	93	25	7	–	105.6
1990	1369	1369	1253	6	6	37	–	112.2
1991	1343	1343	1237	14	75	0	–	61.2
1992	1174	1162	1058	10	83	0	12	42.0
1993	742	732	642	10	77	0	10	24.0
1994	909	904	718	51	132	0	5	308.0
1995	2069	2040	1159	164	127	518	29	353.0
1996	1194	1083	825	76	131	44	111	264.0
1997	705	417	186	33	187	0	288	274.6
1998	707	388	149	25	152	25	319	205.5
1999	771	339	45	17	227	7	432	208.0
2000	1357	315	88	24	197	0	1042	179.0
2001	1738	344	69	27	237	0	1394	165.0
2002	1417	285	60	24	191	1	1132	319.0
2003	2282	208	43	26	136	0	2074	541.0
2004	2998	975	723	76	171	0	2023	676.0
2005	3286	627	351	52	218	0	2659	621.0
2006	3183	359	61	73	213	7	2824	671.0
2007	3237	155	10	49	91	4	3082	838.0

数据来源：国家发展改革委统计资料。

表28 2007年国有粮食企业粮食进口情况统计表

单位：亿斤

项 目	进口						
	原粮	贸易粮	小麦	大米	玉米	大豆	其他
全 国	**87.47**	**86.26**	**0.52**	**2.56**	**0.00**	**83.18**	**0.00**
北 京	35.42	35.42				35.42	
天 津	12.14	12.14	0.02			12.12	
河 北							
山 西							
内蒙古							
辽 宁							
吉 林	16.76	16.76				16.76	
黑龙江	12.76	12.76				12.76	
上 海	5.96	5.96	0.32			5.64	
江 苏	0.26	0.22	0.18	0.04			
浙 江	0.48	0.48				0.48	
安 徽							
福 建	0.34	0.24		0.24			
江 西							
山 东							
河 南							
湖 北							
湖 南							
广 东	3.15	2.14		2.14			
广 西							
海 南							
重 庆							
四 川							
贵 州							
云 南	0.20	0.14		0.14			
西 藏							
陕 西							
甘 肃							
青 海							
宁 夏							
新 疆							

数据来源：国家粮食局统计资料。

表29 全国粮油出口情况表（1980~2007年）

单位：万吨

年 份	粮食出口总量	谷物	小麦	大米	玉米	大豆	食用植物油
1980	156	145	0	112	8	11	3.5
1981	98	84	0	58	14	14	6.3
1982	78	63	0	47	7	15	10.2
1983	110	75	0	58	6	35	15.6
1984	313	229	0	116	95	84	13.7
1985	918	804	0	101	634	114	16.2
1986	888	751	0	95	564	137	18.9
1987	739	568	0	102	392	171	5.6
1988	718	570	0	70	392	148	2.6
1989	609	484	0	32	350	125	6.2
1990	507	413	0	33	340	94	14.0
1991	1006	895	0	69	778	111	10.0
1992	1268	1202	0	95	1031	66	6.8
1993	1364	1327	0	143	1110	37	13.6
1994	1187	1104	11	152	874	83	27.0
1995	102	64	2	5	11	38	51.7
1996	143	124	0	26	16	19	47.4
1997	852	833	0	94	661	19	82.3
1998	906	889	1	375	469	17	30.9
1999	758	738	0	270	431	20	9.7
2000	1399	1378	0	295	1047	21	11.2
2001	901	876	45	186	600	25	13.4
2002	1510	1482	69	199	1167	28	9.7
2003	2221	2194	224	262	1639	27	6.0
2004	506	473	78	91	232	33	6.5
2005	1054	1014	26	69	864	40	22.5
2006	643	605	111	125	310	38	39.9
2007	1032	986	307	134	492	46	16.6

数据来源：国家发展改革委统计资料。

表30 2007年国有粮食企业粮食出口情况统计表

单位：亿斤

项目	出口						
	原粮	贸易粮	小麦	大米	玉米	大豆	其他
全国	**51.98**	**47.90**	**0.38**	**8.76**	**36.36**	**0.08**	**2.32**
北京	0.64	0.64					0.64
天津							
河北							
山西							
内蒙古	0.60	0.60			0.60		
辽宁	18.14	17.76		0.88	15.66		1.22
吉林	20.68	20.48		0.42	20.06		
黑龙江	10.22	7.08		6.66	0.04	0.08	0.30
上海							
江苏	0.16	0.16					0.16
浙江							
安徽	0.04	0.02		0.02			
福建	0.22	0.22	0.22				
江西	0.92	0.64		0.64			
山东							
河南							
湖北							
湖南							
广东	0.16	0.16	0.16				
广西	0.20	0.14		0.14			
海南							
重庆							
四川							
贵州							
云南							
西藏							
陕西							
甘肃							
青海							
宁夏							
新疆							

数据来源：国家粮食局统计资料。

表31 2007年国有粮食企业退耕还林用粮情况统计表

单位：亿斤

项 目	原粮	贸易粮	小麦	大米	玉米	大豆	其他
全　国	13.78	13.28	10.08	1.12	2.08	0.00	0.00
北　京	9.44	9.08	8.24	0.84			
天　津							
河　北							
山　西							
内蒙古							
辽　宁							
吉　林							
黑龙江							
上　海							
江　苏							
浙　江							
安　徽							
福　建							
江　西							
山　东							
河　南							
湖　北							
湖　南							
广　东							
广　西							
海　南							
重　庆							
四　川							
贵　州	0.66	0.56		0.20	0.36		
云　南	0.16	0.14		0.06	0.08		
西　藏							
陕　西	1.08	1.06	0.28	0.02	0.76		
甘　肃							
青　海							
宁　夏	2.44	2.44	1.56		0.88		
新　疆							

数据来源：国家粮食局统计资料。

表32 2007年全国国有粮食企业改革情况调查表

截至2007年12月31日　　　　单位：个，人

地区或单位	1.企业数	2.改制企业数						3.粮食产业化龙头企业	4.职工人数			5.安置职工人数			
												2007年		1998~2007年	
		(1)小计	(2)股份制	(3)兼并	(4)承包租赁	(5)民营	(6)其他		(7)小计	(8)在岗人数	(9)不在岗人数	(10)小计	(11)其中:粮食部门	(12)累计	(13)其中:粮食部门
总　计	**21439**	**21838**	**3899**	**3764**	**2812**	**2161**	**9202**	**1631**	**774396**	**472770**	**301626**	**105622**	**65749**	**1249364**	**775501**
北　京	232	2	1	0	0	0	1	2	9930	7233	2697	0	0	1943	1136
天　津	223	196	22	52	28	14	80	11	6713	4114	2599	0	0	5007	4824
河　北	893	328	48	17	0	60	203	67	33531	17487	16044	5200	1479	92022	55143
山　西	1965	358	132	67	52	20	87	26	39512	23579	15933	4498	4105	10592	5727
内蒙古	374	740	63	146	154	173	204	12	12650	10012	2638	3877	3373	27501	9948
辽　宁	604	337	23	16	126	33	139	36	15425	10403	5022	1096	1096	21213	16005
吉　林	980	189	16	9	46	28	90	9	26370	22181	4189	1598	490	24073	8929
黑龙江	1018	706	64	12	262	35	333	35	42548	33099	9449	13490	7851	105422	76155
上　海	183	77	24	0	18	3	32	1	11055	6408	4647	495	238	14643	11650
江　苏	1970	1649	220	185	807	75	362	54	48608	25118	23490	3972	3242	63868	38308
浙　江	349	5	0	0	0	0	5	16	15629	12443	3186	3	1	29118	14906
安　徽	1191	1540	264	224	186	50	816	86	48555	27982	20573	3147	3147	41900	52855
福　建	560	43	3	12	7	0	21	5	10125	6576	3549	0	0	11749	3573
江　西	1357	1018	273	37	122	33	553	86	42585	22692	19893	0	0	56123	33498
山　东	735	1719	762	132	179	265	381	85	87090	35441	51649	10305	6420	87842	60006
河　南	912	3326	912	48	185	388	1793	133	97150	58323	38827	13633	0	140682	96564
湖　北	836	2762	201	1680	148	392	341	549	24741	23165	1576	1585	1268	152462	61619
湖　南	383	1796	233	192	163	172	1036	84	14751	11835	2916	20430	15946	97838	46422
广　东	976	621	3	182	3	4	429	14	23401	12772	10629	821	778	51875	32049
海　南	61	508	0	0	0	0	508	0	962	962	0	260	0	260	0
广　西	1491	549	9	318	6	3	213	17	20900	6900	14000	2062	1231	10934	6831
四　川	830	1201	187	238	53	140	583	139	26679	18500	8179	1222	1222	55044	40839
重　庆	292	146	23	20	0	5	98	21	10601	6068	4533	303	280	25461	22380
贵　州	515	336	29	19	27	9	252	42	18238	8922	9316	2841	670	12920	10485
云　南	215	331	50	4	1	35	241	39	8591	6419	2172	663	252	14149	11064
西　藏	100	0	0	0	0	0	0	0	2002	1973	29	0	0	0	0
陕　西	667	632	145	86	98	125	178	34	16710	8899	7811	3867	3512	56139	25417
甘　肃	715	592	176	64	120	92	140	14	18790	11502	7288	5107	4200	21805	15011
青　海	46	25	3	0	2	3	17	0	1269	1117	152	1442	1442	3155	3116
宁　夏	111	45	3	0	13	0	29	0	1747	1331	416	1829	1829	4013	3515
新　疆	151	53	10	4	1	2	36	11	10205	6965	3240	1822	1631	7624	6391
兵　团	66	8	0	0	5	2	1	3	3588	2636	952	54	46	1987	1135
中　储	323	0	0	0	0	0	0	0	21011	17149	3862	0	0	0	0
中　谷	115	0	0	0	0	0	0	0	2734	2564	170	0	0	0	0

数据来源：国家粮食局统计资料。

表33 2007年全国国有粮食购销企业改革情况调查表

截至2007年12月31日

单位：个，人

地区或单位	1.企业数	2.改制企业数						3.粮食产业化龙头企业	4.职工人数			5.安置职工人数			
												2007年		1998~2007年	
		(1)小计	(2)股份制	(3)兼并	(4)承包租赁	(5)民营	(6)其他		(7)小计	(8)在岗人数	(9)不在岗人数	(10)小计	(11)其中:粮食部门	(12)累计	(13)其中:粮食部门
总　计	14778	14314	2724	2129	2275	1273	5913	987	547167	358000	189167	70173	41779	822006	523685
北　京	54	0	0	0	0	0	0	0	4220	3079	1141	2400	2400	3249	3152
天　津	71	27	2	0	18	0	7	6	4818	3262	1556	0	0	1991	1682
河　北	701	139	44	12	0	50	33	46	23553	15093	8460	540	261	66760	41582
山　西	964	231	85	39	33	16	58	22	16839	15048	1791	8947	6466	12322	8653
内蒙古	339	630	59	132	157	106	176	11	12143	9779	2364	0	0	22074	8522
辽　宁	503	305	2	7	84	33	179	28	12564	8991	3573	968	968	19233	14617
吉　林	757	84	16	9	21	10	28	7	19964	16996	2968	14182	0	23863	6164
黑龙江	640	497	31	30	250	6	180	22	34580	27543	7037	10448	6687	70354	51761
上　海	109	33	3	0	16	1	13	1	4616	2664	1952	337	183	5376	3751
江　苏	1486	1257	118	122	766	26	225	10	30298	18352	11946	2564	2431	40508	25862
浙　江	155	4	0	0	0	0	4	5	8982	7814	1168	0	0	12982	6812
安　徽	749	738	209	129	116	6	278	52	33410	24224	9186	6013	5356	34548	26142
福　建	283	14	0	2	1	0	11	5	7206	5215	1991	489	34	8926	5318
江　西	970	781	242	34	75	27	403	40	32912	18869	14043	0	0	38828	24351
山　东	417	1034	400	28	104	195	307	22	52091	18154	33937	1177	639	47500	28692
河　南	700	2658	700	0	185	372	1401	20	76197	37370	38827	0	0	60152	60152
湖　北	645	1159	172	783	134	15	55	384	21653	20385	1268	0	0	86457	34583
湖　南	304	1240	171	118	70	86	795	59	11934	10245	1689	9281	6069	85484	40275
广　东	858	540	3	152	1	4	380	13	20012	10828	9184	0	0	40050	24159
海　南	53	144	0	0	0	0	144	0	912	912	0	150	0	150	0
广　西	892	345	5	250	0	0	90	9	12977	5563	7414	2673	1816	6815	5075
四　川	631	770	111	135	14	95	415	108	19887	16218	3669	2764	2608	44379	32971
重　庆	178	89	17	20	0	0	52	20	10198	5948	4250	0	0	18212	13221
贵　州	258	197	18	2	18	4	155	16	10666	5948	4718	1242	1221	10007	9729
云　南	145	237	37	4	1	35	160	39	5775	4532	1243	445	0	11056	8445
西　藏	88	0	0	0	0	0	0	0	1605	1597	8	0	0	0	0
陕　西	530	501	104	63	82	102	150	27	10467	6507	3960	0	0	23424	18824
甘　肃	643	560	166	58	115	81	140	10	11709	8791	2918	5012	4125	20800	13936
青　海	46	25	3	0	2	3	17	0	974	824	150	280	280	1349	1310
宁　夏	78	39	2	0	12	0	25	0	1531	1168	363	251	225	1776	1065
新　疆	115	29	3	0	0	0	26	5	7811	6192	1619	0	0	3155	2653
兵　团	12	7	1	0	0	0	6	0	931	189	742	10	10	226	226
中　储	323	0	0	0	0	0	0	0	21011	17149	3862	0	0	0	0
中　谷	81	0	0	0	0	0	0	0	2721	2551	170	0	0	0	0

数据来源：国家粮食局统计资料。

表34 2007年全国国有粮食企业经营情况调查表

截至2007年12月31日　　　　单位：万元

地区或单位	利润（或亏损）总额		粮油销售收入		粮油销售成本		粮油费用总额		资产总额		负债总额	
	合计	其中：购销企业	合计	其中：购销企业	合计	其中：购销企业	合计	其中：购销企业	合计	其中：购销企业	合计	其中：购销企业
合　计	16,360	16,714	31,962,491	27,278,849	30,784,360	26,395,046	1,601,635	1,414,674	62,464,242	53,213,006	58,552,228	49,860,072
北京市	6,288	3,376	701,072	241,006	669,255	234,615	31,792	13,858	1,007,796	460,185	704,889	371,684
天津市	1,662	230	307,480	143,922	289,689	143,097	17,458	12,973	700,993	326,906	491,290	166,395
河北省	-2,725	4,888	1,015,620	966,492	924,541	876,016	33,957	31,040	1,426,379	1,213,168	1,140,340	916,279
山西省	-34,674	-21,799	639,214	598,301	618,677	577,706	29,547	23,696	1,777,024	1,243,644	1,768,257	1,176,008
内蒙古自治区	-3,903	-3,553	603,726	588,557	547,101	533,011	35,044	34,184	857,277	762,621	748,681	661,526
辽宁省	-31,204	-26,921	1,192,317	1,168,558	1,156,052	1,127,033	36,086	34,720	2,813,358	2,388,280	3,404,976	2,894,654
吉林省	-78,652	-80,376	2,375,366	1,323,842	2,245,777	1,256,624	132,987	89,298	2,903,626	2,277,041	2,847,334	2,270,216
黑龙江省	-22,645	-18,811	1,886,883	1,792,137	1,766,994	1,690,655	97,993	87,801	3,432,973	2,970,810	4,172,327	3,589,010
上海市	13,885	5,290	826,181	304,201	815,474	322,896	34,671	21,692	1,043,728	825,107	805,899	630,688
江苏省	30,308	15,493	3,001,816	2,939,663	2,924,409	2,885,014	59,602	56,190	3,331,470	2,937,556	2,922,010	2,585,821
浙江省	5,565	1,985	418,903	294,381	407,037	296,727	31,181	24,789	1,273,223	889,121	903,550	629,633
安徽省	9,608	9,549	1,129,946	1,082,822	1,118,094	1,072,112	46,799	45,863	2,153,515	1,964,781	2,320,579	2,126,184
福建省	1,668	2,060	320,104	272,728	320,763	269,930	13,069	11,162	751,732	517,772	541,982	377,190
江西省	7,577	5,216	931,150	859,188	915,812	851,212	25,958	20,698	1,595,770	1,182,301	1,532,527	1,199,118
山东省	27,607	6,431	2,640,322	1,300,324	2,469,866	1,187,172	66,903	35,248	2,929,459	1,769,281	2,468,558	1,528,879
河南省	4,444	8,469	1,774,858	1,667,449	1,740,272	1,643,295	92,592	85,028	4,453,756	3,992,273	4,735,877	4,225,784
湖北省	7,183	7,323	664,299	646,155	659,405	640,634	34,132	33,104	1,585,501	1,281,418	1,957,712	1,617,440
湖南省	300	963	413,319	400,612	388,304	375,330	19,584	17,550	1,005,501	890,354	877,254	770,776
广东省	3,939	4,316	833,190	616,351	802,753	603,543	45,698	35,962	2,350,480	1,828,248	1,975,278	1,487,880
广西自治区	-9,956	-1,973	288,186	278,422	290,992	283,406	14,290	12,979	954,613	666,105	862,313	549,219
海南省	-3,104	-128	77,914	77,611	77,188	76,950	1,784	1,781	278,955	122,914	296,667	110,046
四川省	1,435	3,163	756,751	723,118	739,560	707,087	29,989	27,207	1,503,611	1,338,828	1,190,120	1,010,915
重庆市	-12,484	-8,321	267,941	254,782	258,284	245,550	14,895	13,950	425,922	385,639	548,079	492,970
贵州省	-6,223	-3,443	142,871	125,415	137,160	121,737	8,861	8,149	678,706	480,812	700,449	520,002
云南省	4,378	2,758	417,445	371,103	344,094	306,300	20,734	15,627	860,266	781,555	650,378	587,436
陕西省	-17,199	-12,455	318,481	292,348	303,607	280,729	17,912	16,137	1,279,153	984,077	1,422,018	1,098,116
甘肃省	-9,813	-9,414	315,379	304,823	300,154	290,845	14,544	13,851	734,891	541,592	652,853	481,443
青海省	-981	-742	16,273	16,110	17,590	17,439	2,658	2,617	136,381	121,023	115,396	100,209
宁夏自治区	-3,013	-2,588	118,311	117,098	113,008	111,853	4,190	3,942	201,338	185,062	166,975	156,009
新疆自治区	6,984	6,028	405,886	350,043	359,187	303,267	20,588	17,441	824,827	692,514	686,511	587,393
中储粮公司	109,643	109,202	6,466,964	6,466,964	6,470,835	6,470,835	553,390	553,390	16,849,445	16,849,445	14,681,722	14,681,722
中谷集团	10,462	10,498	694,323	694,323	592,426	592,426	12,747	12,747	342,573	342,573	259,427	259,427

数据来源：国家粮食局统计资料。

表35 2007年获得中央储备粮代储资格企业名单

单位：万吨、个

序号	企业名称	批次	企业数量	取得资格类别	本次取得资格仓容	本次取得资格仓号
	河北		2		2.01	
1	河北泊头富镇国家粮食储备库	6	1	粮	1.56	7、13、8、9
2	河北藁城国家粮食储备库	6	1	粮	0.45	27
	山西		2		24.49	
3	阳高县 石粮站	6	1	粮	2.52	4~8、10~12、14~19、26~40
4	太谷县粮食局北阳粮站	6	1	粮	2.53	基18号、30~34号、38~42号
5	山西盐湖省粮食储备库	6	1	粮	3.00	1~4
6	大同市粮油储运公司	6	1	粮	13.19	主库区:1~26
7	山西盂县国家粮食储备库	6	1	粮	3.25	主库区:1、3、10、2、4、11、5、6、7、8、9
	内蒙古		4		8.56	
8	扎赉诺尔粮库	6	1	粮	2.81	立筒仓1~4、5~12，平房仓1、2
9	内蒙古阿荣国家粮食储备库	6	1	粮	1.57	1~16
10	呼伦贝尔市海拉尔区第一粮库	6	1	粮	1.91	1分库:1分库1~5
11	呼伦贝尔粮食收储库	6	1	粮	2.27	11、13~15
	辽宁		4		14.59	
12	辽宁省大石桥高坎粮食储备库	6	1	粮	4.35	101~120、201~224、301~306、401~413、501~517、601~617、801~806
13	兴城市东辛庄粮库	6	1	粮	1.37	6、7
14	鞍山南建国家粮食储备库	6	1	粮	6.18	1分库:立筒仓1~54
15	丹东滨江国家粮食储备库	6	1	粮	2.69	1~9号库
	吉林		1		1.93	
16	吉林梅河口国家粮食储备库	6	1	粮	1.93	26~29
	安徽		2		6.84	
17	安徽和县国家粮食储备库	6	1	粮	3.06	1~5
18	霍山县粮食收储有限公司	6	1	粮	3.78	1~11(新库)
	山东		1		1.40	
19	山东高密国家粮食储备库	6	1	粮	1.40	9~25
	山东		1		2.65	
20	日照中港粮油有限公司	6	1	油	2.65	1~9
	广东		1		4.00	
21	茂名市粮食收储有限公司	6	1	粮	4.00	1分库:1~4、5~6、7~16
	四川		2		6.63	
22	南充市粮油购销储运公司	6	1	粮	5.56	1~20
23	资阳国家粮食储备库	6	1	粮	1.07	11~14

数据来源：国家粮食局统计资料。

表36 2007年全国粮食仓储企业数量表

单位：户

地区或单位	合计	其中：非国有	分规模企业构成			
			2.5万吨以下	2.5万~5万吨	5万~10万吨	10万吨以上
全国总计	**18254**	**3108**	**15114**	**1655**	**991**	**494**
一、地方小计	**17880**	**3108**	**15096**	**1617**	**845**	**322**
北　京	92	18	48	17	14	13
天　津	75	7	49	7	7	12
河　北	1101	233	930	107	45	19
山　西	947	29	886	27	23	11
内蒙古	575	223	479	60	27	9
辽　宁	787	246	670	58	37	22
吉　林	855	112	753	42	43	17
黑龙江	688	78	467	132	70	19
上　海	95	31	65	14	6	10
江　苏	1398	153	1245	101	39	13
浙　江	148	28	74	27	33	14
安　徽	1012	147	844	119	39	10
福　建	733	137	685	35	12	1
江　西	1343	63	1234	74	25	10
山　东	909	358	734	87	59	29
河　南	1671	121	1365	185	91	30
湖　北	885	218	776	62	36	11
湖　南	521	160	370	77	56	18
广　东	519	125	415	62	30	12
广　西	401	27	343	29	22	7
海　南	46	4	38	4	4	0
重　庆	202	14	166	17	12	7
四　川	819	197	660	107	45	7
贵　州	237	13	206	26	4	1
云　南	260	75	215	27	15	3
西　藏	94	7	94			
陕　西	593	128	543	32	12	6
甘　肃	331	59	288	26	14	3
青　海	54	2	44	6	3	1
宁　夏	211	50	195	6	7	3
新　疆	178	44	120	39	15	4
新疆兵团	100	1	95	5		
二、中央单位小计	**374**		**18**	**38**	**146**	**172**
中储粮	253		3	15	100	135
中　粮	59		15	7	21	16
华　粮	62			16	25	21

注：2.5万吨以下不包括2.5万吨，2.5万～5万吨包括2.5万吨，5万～10万吨包括5万吨，10万吨以上包括10万吨。
数据来源：国家粮食局统计资料。

表37 2007年全国分地区仓房容量表

单位：万吨

地区或单位	合计	其中：非国有	有效仓容	其中：非国有	待报废	需大修
全国总计	**32030.1**	**2932.5**	**28735.6**	**2843.5**	**589.9**	**2704.7**
北 京	482.5	31.5	480.9	31.5	0.1	1.6
天 津	375.5	9.5	374.7	9.5	0.1	0.7
河 北	1778.3	204.9	1683.5	196.6	17.8	77.1
山 西	920.9	13.0	852.0	12.3	10.1	58.8
内蒙古	908.6	148.3	866.5	143.7	4.7	37.4
辽 宁	1681.5	292.4	1596.1	277.9	12.0	73.5
吉 林	1463.3	117.6	1323.0	117.4	34.0	106.3
黑龙江	2072.0	85.7	1913.6	85.2	19.1	139.3
上 海	328.2	62.2	323.3	61.8	0.2	4.7
江 苏	1927.1	178.2	1698.1	175.5	36.8	192.2
浙 江	747.0	26.3	712.4	26.0	15.6	19.0
安 徽	1785.0	182.2	1580.7	178.5	48.3	156.0
福 建	616.3	98.5	556.6	98.5	15.8	43.8
江 西	1681.8	16.9	1250.2	16.8	17.7	413.9
山 东	1975.0	421.1	1860.0	405.5	27.6	87.5
河 南	3191.5	191.0	2943.9	184.2	15.9	231.8
湖 北	1541.0	119.4	1306.8	118.5	29.5	204.7
湖 南	1613.4	180.6	1369.7	172.8	44.7	199.0
广 东	1072.5	187.0	990.8	186.8	18.8	62.9
广 西	690.0	45.7	595.5	45.6	27.3	67.2
海 南	69.7	1.3	65.1	1.3	0.5	4.1
重 庆	404.3	9.3	342.8	8.8	21.5	40.0
四 川	1597.4	92.2	1320.3	86.7	73.3	203.9
贵 州	371.5	8.7	312.5	8.2	15.1	43.8
云 南	478.7	38.9	423.6	34.7	13.3	41.8
西 藏	31.3	2.4	29.4	2.4	0.7	1.2
陕 西	704.9	71.7	638.6	66.8	18.1	48.1
甘 肃	477.2	31.9	428.9	28.8	11.9	36.3
青 海	119.6	2.3	104.4	1.6	1.8	13.5
宁 夏	230.5	43.1	202.9	41.6	4.4	23.3
新 疆	631.8	18.7	544.8	18.0	28.5	58.4
新疆兵团	62.0		43.8		5.2	13.0

注：将中央单位按属地原则分别汇总在各个省。
数据来源：国家粮食局统计资料。

表38 2007年全国粮油加工业主要产品生产量汇总表

产品名称	计量单位	代码	本年实际	去年实际
一、大米	**吨**	**01**	**43815046**	**38440371**
其中：特等米	吨	0101	15966300	13045960
标准一等米	吨	0102	24837850	22293740
标准二等米	吨	0103	2339745	2396121
其他	吨	0109	671151	704550
二、小麦粉	**吨**	**02**	**49659183**	**43458402**
其中：特制一等粉	吨	0201	22162200	18747400
特制二等粉	吨	0202	12294670	12505850
标准粉	吨	0203	5993707	4568497
专用粉	吨	0204	7026194	5120251
其他	吨	0209	2182412	2516404
三、食用植物油合计	**吨**	**03**	**18985316**	**17302148**
1．在合计中：菜籽油	吨	0301	3291835	2853145
大豆油	吨	0302	10686050	9467505
花生油	吨	0303	888358	873519
棉籽油	吨	0304	720647	578874
其他	吨	0309	3398426	3529105
2．在合计中：一级油	吨	0311	11664080	9241916
二级油	吨	0312	940990	1701727
三级油	吨	0313	1100688	986551
四级油	吨	0314	3366571	2926781
其他	吨	0319	1912985	2445172

数据来源：中国粮食行业协会统计资料。

表39 2007年全国粮油加工业主要经济指标汇总表

	企业单位数（个）	现价工业总产值（万元）	产品销售收入（万元）	出口交货值（万元）	利润总额（万元）	资产总计（万元）	负债合计（万元）	年末从业人数（人）
合 计	**11977**	**48807320**	**48908350**	**559383.4**	**1494239.3**	**25731649**	**16817818**	**419926**
其中：国有及国有控股企业	1150	3255773.5	3375832.3	89626	43265.7	2812062.9	2333410.9	49408
外商及港澳台商投资企业	122	12676763.4	13198514.8	194290.2	608613.3	6430441.2	4506749.8	28977
一、大米加工业	**7698**	**12571080**	**12640100**	**169819**	**245432.1**	**6361564**	**3976331**	**159393**
其中：国有及国有控股企业	800	1487357	1580081	80705	11409.2	1533869	1325939	22262
外商及港澳台商投资企业	19	194641.5	190660.7	55101	9197.3	181660.8	116583.8	2501
二、小麦粉加工业	**3184**	**11085150**	**10724510**	**82072.1**	**203909.2**	**5040665**	**3007090**	**147075**
其中：国有及国有控股企业	247	595079.5	588330.3	8920	1819	586334.1	460761.4	16540
外商及港澳台商投资企业	35	710381.9	722044.1	51472.1	11077.2	431376.4	253791	6390
三、食用植物油加工业	**1095**	**25151090**	**25543740**	**307492.3**	**1044898**	**14329420**	**9834397**	**113458**
其中：国有及国有控股企业	103	1173337	1207421	1	30037.5	691859.8	546710.5	10606
外商及港澳台商投资企业	68	11771740	12285810	87717.1	588338.8	5817404	4136375	20086

数据来源：中国粮食行业协会统计资料。

表40　2007年各地区粮油加工业主要经济指标汇总表

省 市	利润总额(万元)			资产总计(万元)			负债合计(万元)			年末从业人数(人)		
	合计	国有及国有控股企业	外商及港澳台商投资企业	合计	国有及国有控股企业	外商及港澳台商投资企业	合计	国有及国有控股企业	外商及港澳台商投资企业	合计	国有及国有控股企业	外商及港澳台商投资企业
合 计	**1494240**	**43266**	**608613**	**25731649**	**2812063**	**6430441**	**16817819**	**2333411**	**4506750**	**419926**	**49408**	**28977**
北 京	1966	20	92	121012	1071	14622	70178	191	6047	2225	39	180
天 津	56659	−32	50680	588346	7394	455369	444038	4671	357274	3650	51	1375
河 北	102366	−941	832	1344795	33472	70490	921276	27818	53744	13798	777	463
山 西	5113	−254		283849	100848	177717	77691			6848	2559	
内蒙古	4994	58		182972	13471		103291	12647		2016	67	
辽 宁	28531	−1164	15102	1178104	163461	318841	886237	151979	243338	9765	1478	1341
吉 林	7634	−969	1926	601497	166936	91744	664567	244474	52450	8787	1589	704
黑龙江	32112	3603	122	1344013	545300	67031	967002	465763	55972	27563	4302	522
上 海	62307	701	52003	552043	11364	271735	377083	9003	184389	4420	548	727
江 苏	183218	1290	124167	2751654	102000	1371211	1828573	89439	908154	37051	1749	4977
浙 江	36659	−7	24539	675430	76746	248738	481176	47799	163634	6548	1169	1075
安 徽	64679	4843		1557632	174141		909910	144892		34225	3161	
福 建	91178	43	44007	995159	27303	364763	570501	7095	269710	9963	291	1729
江 西	30404	754	3012	590554	75101	44974	232419	54733	25780	26529	3165	575
山 东	284641	21973	92837	4495920	342441	1224559	280038	2225505	832687	56890	6132	5356
河 南	64632	405	5054	1237682	108011	70288	888323	117939	58073	43153	4605	2220
湖 北	79418	3258	16623	1409484	98120	253958	740046	55175	188450	26765	1696	1153
湖 南	32605	722	3922	923327	79392	31906	482675	42994	14016	16062	2083	664
广 东	126449	123	82026	1375758	74351	823130	960431	61746	607553	10137	1003	3464
广 西	72136	2239	58786	715047	127648	422383	480924	132102	259095	7220	824	1062
海 南	520	23		5515	933		1652	115		443	98	
重 庆	17647	658		302854	117973		229336	91304		5354	2124	
四 川	29296	1150	13820	573044	73549	134944	358462	50365	105286	17354	1840	581
贵 州	3679	248		137059	48065		101090	50601		3910	1176	
云 南	3297	−152		183451	79287		117454	51270		4313	1018	
西 藏												
陕 西	24320	−50	7350	461612	32779	35528	271491	23696	19285	11723	949	474
甘 肃	6152	−35		188088	6113		124038	4561		5140	259	
青 海	1051	−341		46866	17217		34669	20044		1754	620	
宁 夏	7440	594		106426	261		48081			3401	5	
新 疆	33136	4506	11713	802460	107315	114226	544797	67799	101813	12919	4031	335
其中：兵团	5743	4057		86821	70353		47191	40476		3566	3001	

数据来源：中国粮食行业协会统计资料。

表41 2007年全国储备粮质量与储存品质情况统计表

地区	中央储备粮			地方储备粮		
	样品份数	质量合格率%	宜存率%	样品份数	质量合格率%	宜存率%
全国总计	**1706**	**97.1**	**97.8**	**2427**	**92.4**	**96.8**
北 京	58	100	100	205	80.7	99.6
天 津	35	100	100	101	100.0	100
河 北	100	100	100	47	100.0	0
山 西	49	100	100	43	90.7	100
内蒙古	100	100	100	50	100.0	100
辽 宁	95	99.2	97.8	80	96.1	94.9
吉 林	101	100	100	63	98.3	100
黑龙江	128	80.3	94.1	16	100.0	100
上 海	19	92.8	81.5	76	81.3	87.1
江 苏	64	100	100	210	86.5	95.5
浙 江	29	96.4	95.6	288	90.1	90.7
安 徽	79	98.4	100	67	75.3	99.2
福 建	14	100	100	209	79.1	96.3
江 西	74	94.6	100	13	100.0	100
山 东	127	98.6	97.1	166	97.5	100
河 南	163	97.8	98.6	23	100.0	100
湖 北	66	98.2	91	73	85.9	97.2
湖 南	44	100	100	0	0	0
广 东	43	88.1	91.2	123	99.0	99.2
广 西	34	100	92.3	53	93.5	87.4
海 南	8	100	100	6	100.0	100
重 庆	25	95.9	87.8	82	99.2	96.3
四 川	49	100	100	37	90.9	81.4
贵 州	29	100	100	36	92.0	100
云 南	19	100	90.6	36	99.8	90.2
西 藏	2	100	48	1	100.0	0
陕 西	49	100	100	71	96.6	98.8
甘 肃	30	100	100	0	0	0
青 海	2	100	100	27	100.0	100
宁 夏	14	67.7	100	20	86.3	100
新 疆	57	100	100	205	99.0	99.9

数据来源：国家粮食局标准质量中心统计资料。

表42 2007年发布、废止和转化粮油标准统计表

序 号	标准号	标准名称		发布日期	实施日期
1	GB/T 21118-2007	小麦粉馒头		2007-10-16	2008-01-01
2	GB/T 21122-2007	营养强化小麦粉		2007-10-16	2008-01-01
3	GB/T 21123-2007	营养强化维A油		2007-10-16	2008-01-01
4	GB/T 21119-2007/ISO 5529:1992	小麦 沉淀指数测定 Zeleny试验		2007-10-16	2008-05-01
5	GB/T 21121-2007/ISO 6886:2006	动植物油脂 氧化稳定性的测定（加速氧化测试）		2007-10-16	2008-05-01
6	GB/T 8231-2007	高粱		2007-10-16	2008-05-01
7	GB/T 21126-2007	小麦粉与大米粉及其制品中甲醛次硫酸氢钠含量的测定		2007-10-16	2008-05-01
8	GB/T 21304-2007	小麦硬度测定 硬度指数法		2007-11-23	2008-02-01
9	GB/T 21305-2007	谷物及谷物制品水分的测定常规法		2007-11-23	2008-02-01
10	GB/T 21309-2007	涂渍油脂或石蜡大米检验		2007-11-23	2008-02-01
11	LS/T 3704-2007	小麦硬度指数测定仪技术条件与试验方法		2007-09-29	2007-11-01
12	LS/T 15111：1-2007	南方小麦粉加工精度标准样品	特制一等	2007-03-16	2007-04-01
13	LS/T 15111：2-2007		特制二等	2007-03-16	2007-04-01
14	LS/T 15111：3-2007		标准粉	2007-03-16	2007-04-01
15	LS/T 15112：1-2007	北方小麦粉加工精度标准样品	特制一等	2007-03-16	2007-04-01
16	LS/T 15112：2-2007		特制二等	2007-03-16	2007-04-01
17	LS/T 15112：3-2007		标准粉	2007-03-16	2007-04-01
18	LS/T 15121：1-2007	早籼米加工精度标准样品	特等	2007-03-16	2007-04-01
19	LS/T 15121：2-2007		标准一等	2007-03-16	2007-04-01
20	LS/T 15121：3-2007		标准二等	2007-03-16	2007-04-01
21	LS/T 15122：1-2007	晚籼米加工精度标准样品	特等	2007-03-16	2007-04-01
22	LS/T 15122：2-2007		标准一等	2007-03-16	2007-04-01
23	LS/T 15122：3-2007		标准二等	2007-03-16	2007-04-01
24	LS/T 15123：1-2007	晚粳米加工精度标准样品	特等	2007-03-16	2007-04-01
25	LS/T 15123：2-2007		标准一等	2007-03-16	2007-04-01
26	LS/T 15123：3-2007		标准二等	2007-03-16	2007-04-01
27	LS/T 15211：1-2007	小麦储存品质品尝评分参考样品	2007年第一批	2007-03-16	2007-04-01
28	LS/T 15211：2-2007		2007年第二批	2007-06-14	2007-06-25
29	LS/T 15211：3-2007		2007年第三批	2007-10-14	2007-10-21

无废止和转化粮油标准。
数据来源：国家粮食局标准质量中心统计资料。

表43 2007年粮食质量检验机构检测样品统计表

单位：个，份

项 目			省级站	地市级站	县级站	合 计
参加统计的检验机构数			31	147	578	756
检测样品总份数			73388	66108	111587	251083
按类别分	原粮	中央储备粮	8321	4495	10983	23799
		地方储备粮	15970	16177	29750	61897
		其他政策性粮食	11133	13887	50496	75516
	油料		466	2137	3138	5741
	成品粮油		19492	19761	11951	51204
	饲料		3650	2908	153	6711
	其他		14356	6743	5116	26215
按任务分	粮食部门的任务		48303	46223	100087	194613
	工商、质检等部门的任务		9763	8273	3209	21245
	社会、企业委托的业务		15322	11612	8291	35225

数据来源：国家粮食局标准质量中心统计资料。

表44 国家粮食质量监测机构名单表

序号	挂牌机构名称	依托单位
1	北京国家粮食质量监测中心	北京市粮油食品检验所
2	天津国家粮食质量监测中心	天津市粮油质量检测中心
3	河北国家粮食质量监测中心	河北省粮油质量检测中心
4	河北邯郸国家粮食质量监测站	邯郸市粮油质量检测中心
5	河北石家庄国家粮食质量监测站	石家庄市粮食局粮油质量监测中心
6	山西国家粮食质量监测中心	山西省粮食局储粮检测中心
7	山西太原国家粮食质量监测站	太原市粮油质量监督检查站
8	内蒙古国家粮食质量监测中心	内蒙古自治区粮油质量检测中心
9	内蒙古呼和浩特国家粮食质量监测站	呼和浩特市粮油质量检测中心
10	内蒙古包头国家粮食质量监测站	包头市粮油质量检测中心
11	内蒙古乌兰察布国家粮食质量监测站	乌兰察布市粮油食品监督检测管理中心
12	辽宁国家粮食质量监测中心	辽宁省粮油检验监测所
13	辽宁沈阳国家粮食质量监测站	沈阳市粮油检测计量所
14	辽宁大连国家粮食质量监测站	大连市粮食局粮油检验监测站
15	辽宁鞍山国家粮食质量监测站	鞍山市粮油质量卫生监测站
16	辽宁铁岭国家粮食质量监测站	铁岭市粮油检测站
17	辽宁抚顺国家粮食质量监测站	抚顺市粮油监督监测中心
18	辽宁锦州国家粮食质量监测站	锦州市粮食质量监督管理站
19	辽宁辽阳国家粮食质量监测站	辽阳市粮油检验监测站
20	辽宁葫芦岛国家粮食质量监测站	葫芦岛市食品质量检验监测中心
21	辽宁营口国家粮食质量监测站	营口市粮油检验站
22	辽宁朝阳国家粮食质量监测站	朝阳市粮油监督检测站
23	辽宁本溪国家粮食质量监测站	本溪市粮油检测站
24	辽宁盘锦国家粮食质量监测站	盘锦市粮油检验监测站
25	辽宁阜新国家粮食质量监测站	阜新市粮油监测站
26	辽宁丹东国家粮食质量监测站	丹东市粮油食品质量监督检验站
27	吉林国家粮食质量监测中心	吉林省粮油卫生检验监测站
28	吉林松原国家粮食质量监测站	松原市粮油品质卫生检验监测站
29	吉林延边国家粮食质量监测站	延边朝鲜族自治州粮油品质卫生检验监测站
30	吉林通化国家粮食质量监测站	通化市粮油卫生检验监测站
31	吉林辽源国家粮食质量监测站	辽源市粮油卫生检验监测站
32	吉林白城国家粮食质量监测站	白城市粮油质量监测站
33	吉林四平国家粮食质量监测站	四平市粮油卫生检验监测站
34	黑龙江国家粮食质量监测中心	黑龙江省粮油卫生检验监测站
35	黑龙江佳木斯国家粮食质量监测站	黑龙江省粮油卫生检验监测站佳木斯分站

续表

序号	挂牌机构名称	依托单位
36	黑龙江讷河国家粮食质量监测站	讷河市粮油卫生检验监测站
37	黑龙江牡丹江国家粮食质量监测站	牡丹江市粮油卫生检验监测站
38	黑龙江哈尔滨国家粮食质量监测一站	哈尔滨市粮食研究所
39	黑龙江哈尔滨国家粮食质量监测二站	哈尔滨市饲料科学研究所
40	上海国家粮食质量监测中心	上海科茂粮油食品质量检测有限公司
41	江苏国家粮食质量监测中心	江苏省粮食局粮油质量监测所
42	江苏无锡国家粮食质量监测站	无锡市粮食局粮油质量监测所
43	江苏南通国家粮食质量监测站	南通市粮油质量检测站
44	江苏盐城国家粮食质量监测站	盐城市粮食局中心化验室
45	江苏连云港国家粮食质量监测站	连云港市粮油质量监测所
46	江苏常州国家粮食质量监测站	常州市粮油质量监督检测站
47	江苏南京国家粮食质量监测站	南京市粮油质量检测所
48	江苏镇江国家粮食质量监测站	镇江市粮油质量检测所
49	江苏江阴国家粮食质量监测站	江阴市粮食局粮油质量监测站
50	江苏常熟国家粮食质量监测站	常熟市粮油饲质量检验所
51	江苏太仓国家粮食质量监测站	太仓市粮油饲质量检测所
52	江苏如皋国家粮食质量监测站	如皋市粮油检测中心
53	浙江国家粮食质量监测中心	浙江省粮油产品质量检验中心
54	浙江杭州国家粮食质量监测站	杭州市粮油中心检验监测站
55	浙江温州国家粮食质量监测站	温州市粮油产品质量检测站
56	浙江余姚国家粮食质量监测站	余姚市食品检测中心
57	安徽国家粮食质量监测中心	安徽省粮油产品质量监督检测站
58	安徽滁州国家粮食质量监测站	滁州市粮油质量检测中心
59	安徽宿州国家粮食质量监测站	宿州市粮油中心化验室
60	安徽合肥国家粮食质量监测站	合肥市粮食局中心化验室
61	安徽蚌埠国家粮食质量监测站	蚌埠市皖北粮油质量检测中心
62	安徽淮南国家粮食质量监测站	淮南市粮食局中心化验室
63	福建国家粮食质量监测中心	福建省粮油质量监测所
64	福建厦门国家粮食质量监测站	厦门市粮食质量监督站
65	福建龙岩国家粮食质量监测站	福建省龙岩市粮油质量监督检验站
66	江西国家粮食质量监测中心	江西省粮油质量监督检验中心
67	江西宜春国家粮食质量监测站	宜春市粮油质量监督检验站
68	江西赣州国家粮食质量监测站	赣州市粮油质量监督检验站
69	江西上饶国家粮食质量监测站	上饶市粮油质量监督检验站
70	江西吉安国家粮食质量监测站	吉安市粮油质量监督检验站
71	江西九江国家粮食质量监测站	九江市粮油质量监测中心
72	江西抚州国家粮食质量监测站	抚州市粮油质量监督检验站

续表

序号	挂牌机构名称	依托单位
73	江西南昌国家粮食质量监测站	南昌市粮油质量监督检验站
74	山东国家粮食质量监测中心	山东省粮油检测站
75	山东济南国家粮食质量监测站	济南市粮食局粮油质量检测站
76	山东青岛国家粮食质量监测站	青岛市粮油质量检测中心
77	山东菏泽国家粮食质量监测站	菏泽市粮油技术监测发展中心
78	山东德州国家粮食质量监测站	德州粮食质量检验站
79	山东烟台国家粮食质量监测站	烟台市粮油质量检测中心
80	河南国家粮食质量监测中心	河南省粮油饲料产品质量监督检验站
81	河南商丘国家粮食质量监测站	商丘市粮油科技检验所
82	河南新乡国家粮食质量监测站	新乡市粮油饲料产品质量监督检验所
83	河南驻马店国家粮食质量监测站	驻马店市粮油质量检测中心
84	河南平顶山国家粮食质量监测站	平顶山市粮油产品质量监督检验所
85	河南郑州国家粮食质量监测站	郑州市粮油质量监测中心
86	河南安阳国家粮食质量监测站	安阳市粮油饲料产品质量监督检验所
87	河南洛阳国家粮食质量监测站	洛阳市粮油质量监督检测站
88	河南辉县国家粮食质量监测站	辉县市粮油食品饲料产品质量监督检测站
89	湖北国家粮食质量监测中心	湖北省粮油食品质量监测站
90	湖北荆门国家粮食质量监测站	荆门市粮油检验中心
91	湖北宜昌国家粮食质量监测站	宜昌市粮油食品质量监督检测中心
92	湖北武汉国家粮食质量监测站	武汉市粮油食品中心检验站
93	湖北黄石国家粮食质量监测站	黄石市粮油商品质量检测站
94	湖北十堰国家粮食质量监测站	十堰市粮油食品监测站
95	湖北襄樊国家粮食质量监测站	襄樊市粮油食品饲料质量卫生检测站
96	湖北恩施国家粮食质量监测站	恩施市粮油质量检测站
97	湖北随州国家粮食质量监测站	随州市粮食质量监测站
98	湖北沙洋国家粮食质量监测站	沙洋县粮油食品质量监督检测站
99	湖北公安国家粮食质量监测站	公安县粮油食品质量监督检测站
100	湖南国家粮食质量监测中心	湖南省粮油产品质量监测站
101	湖南常德国家粮食质量监测站	常德市粮油食品质量监督管理办公室
102	湖南邵阳国家粮食质量监测站	邵阳市粮油质量检测站
103	湖南娄底国家粮食质量监测站	娄底市粮油质量检测中心
104	湖南张家界国家粮食质量监测站	张家界市粮油质量检测站
105	湖南株洲国家粮食质量监测站	株洲市粮油质量检测中心
106	湖南益阳国家粮食质量监测站	益阳市粮油质量检测站
107	湖南怀化国家粮食质量监测站	怀化市粮油产品质量检测中心
108	湖南湘潭国家粮食质量监测站	湘潭市粮食质量卫生检验监测中心
109	广东国家粮食质量监测中心	广东省技术监督粮油产品质量监督检验站

续表

序号	挂牌机构名称	依托单位
110	海南国家粮食质量监测中心	海南省粮油产品质量监督检验站
111	广西国家粮食质量监测中心	广西壮族自治区粮油质量监督检验站
112	四川国家粮食质量监测中心	四川省粮油中心监测站
113	四川遂宁国家粮食质量监测站	遂宁市粮食质量监督检验站
114	四川宜宾国家粮食质量监测站	宜宾市粮油质量监测站
115	四川南充国家粮食质量监测站	南充市粮油监测站
116	四川泸州国家粮食质量监测站	泸州市粮油产品质量监督检验站
117	四川乐山国家粮食质量监测站	乐山市粮油食品监测站
118	四川广元国家粮食质量监测站	广元市粮油质量监测站
119	四川内江国家粮食质量监测站	内江市粮油质量检测站
120	四川巴中国家粮食质量监测站	四川巴中国家粮食质量监测站
121	重庆国家粮食质量监测中心	重庆市粮油质量监督检验站
122	重庆万州国家粮食质量监测站	重庆市万州粮油质量监督检验站
123	重庆永川国家粮食质量监测站	永川区粮油质量检验站
124	贵州国家粮食质量监测中心	贵州省粮油产品质量监督检验站
125	贵州铜仁国家粮食质量监测站	贵州省铜仁地区粮油产品质量监督检验站
126	云南国家粮食质量监测中心	云南省粮油产品质量监督检验测试中心
127	云南昆明国家粮食质量监测站	昆明市粮油饲料产品质量检验中心
128	云南红河国家粮食质量监测站	红河州粮油质量监测站
129	云南楚雄国家粮食质量监测站	楚雄州粮油产品质量监督检验站
130	云南曲靖国家粮食质量监测站	曲靖市粮油产品质量监督检验站
131	云南普洱国家粮食质量监测站	云南普洱粮油饲料产品质量监督检验站
132	西藏国家粮食质量监测中心	西藏自治区粮食储备局粮油中心化验室
133	陕西国家粮食质量监测中心	陕西省粮油产品质量监督检验所
134	陕西西安国家粮食质量监测站	西安市粮油质量监督检验站
135	陕西宝鸡国家粮食质量监测站	宝鸡市粮食局粮油检测站
136	陕西榆林国家粮食质量监测站	榆林市粮油质量监测站
137	陕西咸阳国家粮食质量监测站	咸阳市粮油质量监督检验所
138	甘肃国家粮食质量监测中心	甘肃省粮油质量监督检验所
139	青海国家粮食质量监测中心	青海省粮油检测防治所
140	宁夏国家粮食质量监测中心	宁夏回族自治区粮油产品质量检测中心
141	宁夏石嘴山国家粮食质量监测站	石嘴山市粮食质量监督检验站
142	宁夏吴忠国家粮食质量监测站	吴忠市粮食质量监督检验站
143	新疆国家粮食质量监测中心	新疆维吾尔自治区粮油产品质量监督检验站
144	新疆兵团国家粮食质量监测中心	新疆生产建设兵团粮油产品质量监督检验中心

数据来源：国家粮食局标准质量中心统计资料。

表45 全国粮食部门质量检验机构统计表

地区	截至2007年底粮食检验机构个数（通过计量认证）				2007年新增粮食检验机构个数		
	合计	省级	市级	县级	合计	市级	县级
全国总计	**389**	**32**	**145**	**212**	**89**	**29**	**60**
北　京	1	1					
天　津	1	1					
河　北	5	1	3	1	1	1	
山　西	2	1	1				
内蒙古	5	1	4				
辽　宁	53	1	14	38	2		2
吉　林	50	1	9	40			
黑龙江	11	1	10		1	1	
上　海	1	1					
江　苏	23	1	11	11	6		6
浙　江	4	1	3				
安　徽	12	1	4	7	5	3	2
福　建	20	1	8	11	21	2	19
江　西	74	1	11	62			
山　东	10	1	8	1	6	5	1
河　南	14	1	9	4	17	6	11
湖　北	30	1	7	22	4	1	3
湖　南	22	1	8	13			
广　东	1	1					
海　南	1	1					
广　西	1	1			1	1	
四　川	14	1	12	1	14	1	13
重　庆	4	1	3				
贵　州	2	1	1				
云　南	12	1	10	1	2	2	
西　藏	1	1			1	1	
陕　西	7	1	6		5	2	3
甘　肃	2	1	1				
青　海	1	1					
宁　夏	3	1	2		3	3	
新　疆	1	1					
新疆兵团	1	1					

数据来源：国家粮食局标准质量中心统计资料。

表46 国民经济与社会发展总量指标(1978~2007年)(一)

指 标	单 位	1978年	1990年	2000年	2006年	2007年
人口						
总人口(年末)	万人	96259	114333	126743	131448	132129
城镇人口	万人	17245	30195	45906	57706	59379
乡村人口	万人	79014	84138	80837	73742	72750
就业和失业						
就业人员数	万人	40152	64749	72085	76400	76990
#职工人数	万人	9499	14059	11259	11161	11427
城镇登记失业人员	万人	530	383	595	847	830
国民经济核算						
国内生产总值	亿元	3645.2	18667.8	99214.6	211923.5	249529.9
第一产业	亿元	1027.5	5062.0	14944.7	24040.0	28095.0
第二产业	亿元	1745.2	7717.4	45555.9	103162.0	121381.3
第三产业	亿元	872.5	5888.4	38714.0	84721.4	100053.5
支出法国内生产总值	亿元	3605.6	19347.8	98749.0	221651.3	261770.1
最终消费支出	亿元	2239.1	12090.5	61516.0	110595.3	128332.0
资本形成总额	亿元	1377.9	6747.0	34842.8	94402.0	110250.8
货物和服务净出口	亿元	-11.4	510.3	2390.2	16654.0	23187.3
固定资产投资						
全社会固定资产投资总额	亿元		4517.0	32917.7	109998.2	137239.0
城镇	亿元		3274.4	26221.8	93368.7	117413.9
#房地产开发	亿元		253.3	4984.1	19422.9	25279.65
农村	亿元		1242.6	6695.9	16629.5	19825.1
财政和金融						
国家财政收入	亿元	1132.3	2937.1	13395.2	38760.2	51304.0
国家财政支出	亿元	1122.1	3083.6	15886.5	40422.7	49565.4
金融机构人民币各项存款余额	亿元	1155	13943	123804	335460	389371
金融机构人民币各项贷款余额	亿元	1890	17511	99371	225347	261691
主要农业、工业产品产量						
粮食	万吨	30476.5	44624.3	46217.5	49804.2	50148.3
棉花	万吨	216.7	450.8	441.7	753.3	762.4
油料	万吨	521.8	1613.2	2954.8	2640.3	2548.9
肉类	万吨			6125.4	7089.0	6865.7
原煤	亿吨	6.18	10.80	12.99	23.73	25.36
原油	万吨	10405	13831	16300	18477	18666
发电量	亿千瓦小时	2566	6212	13556	28657	32777
粗钢	万吨	3178	6635	12850	41915	48966
水泥	万吨	6524	20971	59700	123676	136000

数据来源：国家统计局统计资料。

表46 国民经济与社会发展总量指标(1978~2007年)(二)

指 标	单 位	1978年	1990年	2000年	2006年	2007年
建筑业						
建筑业企业从业人员	万人		1011	1994	2878	3085
建筑业总产值	亿元		1345	12498	41557	50019
交通和邮电						
客运量	万人	253993	772682	1478573	2024158	2227761
货运量	万吨	248946	970602	1358682	2037892	2274449
沿海主要港口货物吞吐量	万吨	19834	48321	125603	342191	388200
邮电业务总量	亿元	34.1	155.5	4792.7	15325.9	19758.7
移动电话年末用户	万户		1.8	8453.3	46105.8	54728.6
固定电话年末用户	万户	192.5	685.0	14482.9	36778.6	36544.8
国内商业和对外贸易						
社会消费品零售总额	亿元	1559	8300	39106	76410	89210
货物进出口总额	亿美元	206.4	1154.4	4742.9	17604.0	21738.3
出口额	亿美元	97.5	620.9	2492.0	9689.4	12180.1
进口额	亿美元	108.9	533.5	2250.9	7914.6	9558.2
实际利用外资额						
外商直接投资	亿美元		34.9	407.2	694.7	835.2
外商其他投资	亿美元		2.7	86.4	40.6	35.7
国际旅游						
入境过夜旅游者人数	万人次	71.6	1048.4	3122.9	4991.3	5472.0
国际旅游外汇收入	亿美元	2.6	22.2	162.2	339.5	419.2
教育、科技、文化、卫生						
在校学生数						
#普通高等学校	万人	85.6	206.3	556.1	1738.8	1884.9
普通中学	万人	6548.3	4586.0	7368.9	8451.9	8243.3
普通小学	万人	14624.0	12241.4	13013.3	10711.5	10564.0
研究与试验发展经费支出	亿元			895.7	3003.1	3664.0
技术市场成交额	亿元		75.1	650.8	1818.2	2226.5
图书总印数	亿册(张)	37.7	56.4	62.7	64.0	65.9
期刊总印数	亿册	7.6	17.9	29.4	28.5	29.0
报纸总印数	亿份	127.8	211.3	329.3	424.5	438.7
医院、卫生院数	个	64311	62126	66095	60037	60525
执业（助理）医师	万人	103.3	176.3	207.6	199.5	201.3
医院、卫生院床位数	万张	184.7	259.2	290.8	327.1	343.8

注：1.由于计算误差的影响，按支出法计算的国内生产总值不等于按生产法计算的国内生产总值。
2.本表价值量指标中，邮电业务总量2000年及以前按1990年不变价格计算，2001年起按2000年不变价格计算，其余按当年价格计算。
3.社会消费品零售总额1978年为社会商品零售总额，即包括农业生产资料零售额在内。
4.2006年起，外商直接投资包括银行、证券、保险部门数据。

数据来源：国家统计局统计资料。